国际法治论

On International Rule of Law

何志鹏 著

图书在版编目(CIP)数据

国际法治论/何志鹏著. —北京:北京大学出版社,2016.8
(国家社科基金后期资助项目)
ISBN 978-7-301-27375-3

Ⅰ. ①国… Ⅱ. ①何… Ⅲ. ①国际法—研究 Ⅳ. ①D99

中国版本图书馆 CIP 数据核字(2016)第 186541 号

书　　名	国际法治论 GUOJIFAZHI LUN
著作责任者	何志鹏　著
责任编辑	王　晶
标准书号	ISBN 978-7-301-27375-3
出版发行	北京大学出版社
地　　址	北京市海淀区成府路 205 号　100871
网　　址	http://www.pup.cn
电子信箱	law@ pup.pku.edu.cn
新浪微博	@北京大学出版社　@北大出版社法律图书
电　　话	邮购部 62752015　发行部 62750672　编辑部 62752027
印 刷 者	北京宏伟双华印刷有限公司
经 销 者	新华书店 730 毫米×1020 毫米　16 开本　38.25 印张　666 千字 2016 年 8 月第 1 版　2016 年 8 月第 1 次印刷
定　　价	84.00 元

未经许可,不得以任何方式复制或抄袭本书之部分或全部内容。
版权所有,侵权必究
举报电话:010-62752024　电子信箱:fd@ pup.pku.edu.cn
图书如有印装质量问题,请与出版部联系,电话:010-62756370

国家社科基金后期资助项目
出版说明

　　后期资助项目是国家社科基金设立的一类重要项目,旨在鼓励广大社科研究者潜心治学,支持基础研究多出优秀成果。它是经过严格评审,从接近完成的科研成果中遴选立项的。为扩大后期资助项目的影响,更好地推动学术发展,促进成果转化,全国哲学社会科学规划办公室按照"统一设计、统一标识、统一版式、形成系列"的总体要求,组织出版国家社科基金后期资助项目成果。

全国哲学社会科学规划办公室

序[*]

摆在我们面前的是何志鹏教授的又一部新作。

这应该是我国第一部系统、深入并实证地研究国际法治问题的著作。

说它系统，是因为作者在书中全面地论述了国际法治各方面的重要问题，从国际法治的环境到国际法治的主体与客体，从国际法治的"法"到国际法治的"治"。通过对上述问题的研究，作者在努力地回答着他自己在研究起始时所提出的五个核心问题，即国际法治的国际环境或者国际社会究竟是什么样的？国际法治的过程中有哪些参与者或者行为者？需要依据法律进行治理的问题是什么？发挥作用的法律有哪样一些要求或者标准？如何使规则展现功能以达到至上的目标？作者对这些问题的回答或许并不能使每位读者完全信服，但我相信，在现阶段，问题大体如此，回答大体如此。

说它深入，首先是因为作者在上述五个问题的研究上，在考察已有研究成果的基础上，进行了独立的思考，或者提出了新的命题，或者作出了新的论证。例如，关于"国际法治"的概念，作者基于其多年的研究积累，在本书中概括为"国际社会各行为体共同崇尚和尊崇人本主义、和谐共存、持续发展的法律制度，并以此为基点和准绳，在跨越国家的层面上约束各自的行为、确立彼此的关系、界定各自的权利义务、处理相关事务的模式与结构"。与以往形形色色的定义相比，何志鹏教授对"国际法治"下的定义进一步揭示了何为"良法"中的"良"以及何为"善治"中的"善"，从而为"法"确立了价值目标的维度，为"治"明确了程序要求及方式与手段。

说它实证，是因为作者不满足于抽象的理论推导与演绎，而是关注现实世界中的问题，从实践中抽象理论问题，并以实践来验证理论的真伪。作者在本书的上编对国际法治的内涵、标准、核心架构、目标等国际法治的基础理论问题进行了深入的探讨，随后在本书的下编中分领域对国际法治的现状、问题及出路进行了考察和分析，以检验和证实作者关于国际法治所提出的各项论断。作者分别考察了人权、人道、武力使用、主权豁免、国际组织等领域

---

[*] 序言作者车丕照教授，任职于清华大学法学院，系中国国际经济法学会副会长、中国国际经济贸易法研究会副会长，中国国际法学会常务理事。

的"良法""善治"演进情况,对各领域中的法治现状进行了评估,并分别得出结论。例如,在对WTO体制进行了深入分析的基础上,作者在肯定WTO在法律实施方面取得的重要成就的同时,质疑了一些学者将WTO看作国际法治典范的观点。认为"它在发展权、知识产权等实体方面,在法律制定的民主程度和成员纳入的公正性上尚存在诸多未达到良法、善治的要求之处"。作者进而提出,观察WTO的贡献与局限,首先应从国际法的大语境中考虑WTO的制度体系,而不是将之作为完全独立的单元分析其长短优劣,同时还应考察其在国际法的体系中是否具有引领和示范的效应。其间,作者还提出和论证了"国际法治是一个'极限'式的维度,各种国际机制可能逐渐迈向、接近法治,却很难说已经达到了法治的理想"的观点。

自20世纪后半期以来,国际法治(international rule of law)一词在国际社会中的使用频率不断增高。联合国等国际组织对国际法治问题也逐渐予以重视。然而,从总体上看,它依然是一个小众话题。在中国知网上检索以"国际法治"为标题的文章及硕士、博士论文,15年来总共只有122篇。但国际法治依然是法学领域中一个价值不断显现的重大课题。正如本书作者所言:"国际法不仅要有它的现实,而且要有它的理想。""国际法治首先是作为这样一个理想体系而存在的,所以它有资格作为国际法的灵魂,引导国际法不断除旧布新,吐故纳新,见贤思齐,止于至善。"人们对更加美好的生活的追求是人类社会发展的重要动力。这种追求的结果,首先是人类生产方式的改进和物质生活水平的提高。与此同时,人们还必须改善人与人之间的关系。前者可归结为"生产力"问题,后者是以"生产关系"为核心的社会关系问题。著名经济学家阿玛蒂亚·森(Amartya Sen)曾在2007年"国际社会发展联合会"第15届研讨会的演讲中明确指出,经济的繁荣在何种程度上会促进人类生活水平的提高,很重要地取决于各种社会政策以及全社会和全世界不同人之间良好社会关系的培养。几千年来,人们已大体上摸索出如何在一国之内培养这种良好的社会关系,在全球化的今天,是该考虑如何在全球范围来培养这种良好的社会关系的时候了。如果对这种新的社会模式我们还无法清晰地加以描述的话,那么,国际法治至少是提供了这样一种可选择的蓝图。

如同国内法治的实现不仅需要经济、技术和制度等要素的支持,也需要学者们的鼓与呼一样,国际法治的实现也需要更多像志鹏这样的学者不断地呼唤和咏唱。我们期待着:歌未竟,东方白。

车丕照
2015年9月12日

目 录

上编 基本理论探索

第一章 国际法治的内涵 …………………………………………… 3
一、国际法治理念的兴起及深入探讨的欠缺 …………………… 3
二、作为国际法治理念外部环境的世界格局 …………………… 8
三、国际法治的主体 ……………………………………………… 13
四、国际法治的客体 ……………………………………………… 22
五、国际法治的"法" …………………………………………… 27
六、国际法治的"治" …………………………………………… 35
七、国际法治与"国际法的宪法化" …………………………… 42
八、小结 …………………………………………………………… 44

第二章 国际法治的意义 …………………………………………… 47
一、问题的提出 …………………………………………………… 47
二、国际法治应答着无政府社会的规范需求 …………………… 48
三、国际法治有助于提升良好的世界秩序 ……………………… 52
四、国际法治促进着21世纪的中国发展 ………………………… 58
五、国际法治牵引着跨学科的学术生长 ………………………… 63
六、小结 …………………………………………………………… 66

第三章 国际法治的标准 …………………………………………… 67
一、问题的提出 …………………………………………………… 67
二、一般意义上的法治并不限于形式法治 ……………………… 71
三、国际法的初级性使得形式法治的要求缺乏根基 …………… 78
四、国际法程序规范的欠缺使得形式法治的要求经常落空 …… 83
五、国际法的二元价值体系需要首先确立良法才能遵行善治 … 87
六、小结 …………………………………………………………… 92

第四章　国际法治的核心架构：国际社会契约 …… 94
一、问题的提出 …… 94
二、国际社会契约观念的起源与发展 …… 95
三、国际社会契约的内涵与外延 …… 103
四、国际社会契约的功能与价值 …… 107
五、既有国际社会契约的实践观察 …… 121
六、国际社会契约强化的条件与基础 …… 132
七、国际社会契约构建的价值取向 …… 138
八、国际社会契约的完善路径 …… 143
九、小结 …… 148

第五章　国际法治的实现路径 …… 150
一、国际法治操作层面的重要性 …… 150
二、着力规范国家行为 …… 152
三、重新界定国家利益 …… 155
四、清晰指引国家观念 …… 157
五、有效保障制度运行 …… 164
六、小结 …… 170

第六章　国际法治的近期方向：约束大国政治 …… 172
一、问题的提出 …… 172
二、法律格局中的大国政治 …… 174
三、新兴国家对大国政治的遏制 …… 177
四、小国团结对大国政治的制约 …… 180
五、通过国际制度消解大国政治 …… 182
六、大国自身观念进化对大国政治的变更 …… 185
七、小结 …… 187

第七章　国际法治的远景目标：和谐发展 …… 189
一、问题的提出 …… 189
二、和平与发展作为国际法治目标的成就与缺陷 …… 190
三、作为中国国际秩序构想的和谐世界 …… 194
四、和谐发展成为国际法治远景目标的可能 …… 202
五、促动和谐发展的因素 …… 212

六、和谐发展的阻碍与化解可能 …………………………………… 216
　七、经由国际法治的世界和谐:实现路径与中国定位 ………………… 221
　八、小结 ……………………………………………………………… 236

第八章　国际法治的终极理想:人本主义 ……………………………… 238
　一、导言 ……………………………………………………………… 238
　二、国际法的"国本主义"传统及其缺陷 ……………………………… 239
　三、国际法人本主义的理论与实践背景 ……………………………… 249
　四、国际法的人本主义图景 …………………………………………… 256
　五、人本主义国际法中的两对关系 …………………………………… 281
　六、人本主义和现实主义的结合与国际法治的危机 ………………… 289
　七、小结 ……………………………………………………………… 291

第九章　国际法治的中国立场 ………………………………………… 294
　一、问题的提出 ……………………………………………………… 294
　二、"国际法治的中国立场"的内涵 …………………………………… 295
　三、国际法治国家立场的可能:一个前设命题的确立 ………………… 295
　四、国际法治中国立场的必要性 ……………………………………… 301
　五、国际法治中国立场的可能性 ……………………………………… 306
　六、国际法治中国立场的基本取向 …………………………………… 309
　七、国际法治中国立场的构建路径 …………………………………… 314
　八、小结 ……………………………………………………………… 319

下编　实践领域分析

第十章　国际人权法治的成就、问题与改进 …………………………… 323
　一、问题的提出 ……………………………………………………… 323
　二、国际法治尺度在人权领域的适用 ………………………………… 323
　三、国际人权法治取得的突出成就 …………………………………… 326
　四、国际人权法治现存的问题 ………………………………………… 330
　五、国际人权保护法治化的建议 ……………………………………… 340
　六、小结 ……………………………………………………………… 345

第十一章　武力使用的国际法治反思 ………………………… 346
　　一、问题的提出 ……………………………………………… 347
　　二、人道干涉领域的国际法治问题 ………………………… 349
　　三、"保护的责任"观念的国际法治问题 …………………… 363
　　四、武力使用中的"正义"之谜 ……………………………… 376
　　五、小结 ……………………………………………………… 396

第十二章　国际法治体系与进程中的软法 …………………… 398
　　一、问题的提出 ……………………………………………… 398
　　二、软法的内涵及其在国际关系中的表现形式 …………… 399
　　三、软法在国际法律进程中的演化及内在动力 …………… 406
　　四、软法在国际法体系中的位置 …………………………… 409
　　五、软法在国际法治格局中的作用 ………………………… 418
　　六、小结 ……………………………………………………… 426

第十三章　习惯国际人道法的法治观察 ……………………… 428
　　一、禁止使用武力的失败和国际人道法的兴起 …………… 428
　　二、编纂习惯国际人道法：法治化的努力 ………………… 430
　　三、习惯国际人道法：国际良法？ ………………………… 433
　　四、习惯国际人道法：全球善治的一个方面？ …………… 438
　　五、小结 ……………………………………………………… 443

第十四章　主权豁免的法治尺度 ……………………………… 444
　　一、问题的提出 ……………………………………………… 444
　　二、绝对豁免的原则与实践 ………………………………… 449
　　三、限制豁免的探索与立法 ………………………………… 454
　　四、现有豁免原则的归结与废除豁免的证成 ……………… 464
　　五、中国的主权豁免实践与主张 …………………………… 485
　　六、小结 ……………………………………………………… 493

第十五章　国际司法的法治困境与未来方向 ………………… 496
　　一、问题的提出 ……………………………………………… 496
　　二、对科索沃独立案咨询意见的关键点评价 ……………… 497
　　三、对国际司法体制的认识与反思 ………………………… 503

  四、对中国与国际法互动发展的启示 …………………………… 506
  五、小结 …………………………………………………………… 510

第十六章　国际法治视野中的欧洲联盟体制 ……………………… 512
  一、欧盟作为区域体制的国际法治地位 ………………………… 512
  二、欧洲联盟体制在实现国际良法过程中的努力 ……………… 513
  三、欧洲联盟体制在善治领域的努力 …………………………… 520
  四、欧洲联盟国际法治进程的原因和面临的挑战 ……………… 524
  五、小结 …………………………………………………………… 530

第十七章　国际法治与联合国的未来 ……………………………… 532
  一、问题的提出 …………………………………………………… 532
  二、联合国的结构性问题与法治理想的偏离 …………………… 534
  三、联合国的改革过程与国际法治的困境 ……………………… 539
  四、国际法治的指引与联合国的未来方向 ……………………… 545
  五、小结 …………………………………………………………… 552

第十八章　WTO 的国际法治观察 ………………………………… 553
  一、问题的提出 …………………………………………………… 553
  二、作为国际法一部分的 WTO ………………………………… 556
  三、国际法的不成体系性 ………………………………………… 558
  四、WTO 在国际法治理想面前的缺陷 ………………………… 559
  五、WTO 对国际法治现实引领之可能 ………………………… 566
  六、"WTO 作为国际法治典范"论断话语化的后果 …………… 570
  七、小结 …………………………………………………………… 574

结　论 ………………………………………………………………… 576

参考文献 ……………………………………………………………… 579

索　引 ………………………………………………………………… 592

后　记 ………………………………………………………………… 600

上编

基本理论探索

第一章 国际法治的内涵

国际法治是一种关于国际关系发展方向与存在状态的理念。它意味着在当前无政府的世界格局中追求和推广法治的原则,构划和建设法治的制度,其核心表现是用规范的理念去构想全球治理、解决国际问题。均势和霸权体制的现实存在以及全球化导致的相互依赖加深,是在国际社会中考虑和推进法治的宏观背景。即使在无政府的国际社会里,也仍然存在着法治的可能。在当前的国际法治构想框架中,国家是基本的参与者,国际组织、非政府组织和个人也起着重要的作用;国际法治关切的事项不仅涵盖经济、文化、环境、人权等领域,也涵盖国家安全领域;国际法治关切问题的地域既可能体现在全球层面,也可能体现在区域层面。国际法治要求在不同的层面实现"良法"和"善治",即内容与目标设定良好、形式完善的规范在国际事务中被普遍地崇尚与遵行。

一、国际法治理念的兴起及深入探讨的欠缺

国际法治的核心是法治。法治是人类远古以来就一直崇尚的一种社会秩序形态。[①] 人们经常引用古希腊哲人亚里士多德2300多年前的论述追溯法治的源泉。亚里士多德提出了"法治优于一人之治"的主张。[②] 自此,法治在相当长的时间之内成为人们对于良好的社会秩序的理想。法治是以法律规范为基础而构建、维护社会秩序的治理结构体系;意味着依法办事的原则、良好的法律秩序[③];意味着社会应当主要根由法律来治理、社会整合应通过法律来实施和实现、立法政策和法律必须经由民主程序制定、法律必须具有

---

① 於兴中:《法治东西》,法律出版社2015年版,第5—8页。同时,学界认识到,法治是一个到现在为止也没有准确界定的至关重要的概念。David M. Walker, *The Oxford Companion to Law*, Clarendon Press, 1980, p.1093.

② Aristotle, *Politics*, 1287a 18—19; 中译文见〔古希腊〕亚里士多德:《政治学》,吴寿彭译,商务印书馆1965年版,第167—168页;颜一编:《亚里士多德选集·政治学卷》,中国人民大学出版社1999年版,第115页;苗力田主编:《亚里士多德全集·第九卷》,中国人民大学出版社1994年版,第112页。

③ 参见张文显:《中国特色社会主义法治理论的科学定位》,载《法学》2015年第11期;王利明:《法论:良法与善治》,北京大学出版社2015年版。

极大的权威性、稳定性、连续性、一致性,法律必须以公正地调整各种利益关系、平等地保护和促进一切正当利益为价值目标、法律应当能有效地制约国家权力、防止国家权力的失控与异变、并力求社会价值的衡平与互补。① 在相当长的时间内,由于治理范围和能力的限制,法治仅呈现于一国之内。一些优秀的思想家和实践家在确立法治的标准和推进法治的进程方面为人类作出了卓越的贡献。② 随着国际关系的日益社会化和理性化,人们对于法治的期待超越了一国国内体制的范围,而倡导在国与国的关系上建立法治。③ 自20世纪后半期以来,国际法治(international rule of law)这一词汇在国际社会上使用频率逐渐提高。当前,不仅在中外学者的论述④中,而且在联

---

① 张文显:《法学基本范畴研究》,中国政法大学出版社1993年版,第291—298页;张文显:《法哲学范畴研究》(前书的增补修订本),中国政法大学出版社2001年版,第160—166页。
② 亚里士多德提出:法治意味着"已经颁定的法律得到了人们普遍的遵守,被遵守的法律是制定得良好的法律"。Aristotle, *Politics*, 1294a 5;中译文见〔古希腊〕亚里士多德:《政治学》,吴寿彭译,商务印书馆1965年版,第199页;颜一编:《亚里士多德选集·政治学卷》,中国人民大学出版社1999年版,第138—139页。英国思想家洛克也提出法治意味着法律要公布、法律至上、法律面前一律平等等要素。〔英〕洛克:《政府论(下)》,叶启芳、瞿菊农译,商务印书馆1964年版,第88页。英国法学家戴西(A. V. Dicey,旧译戴雪)认为,法治意味着"绝对的法律至上或法律统治,而排除恣意的权力、特权或政府所拥有的广泛自由裁量权"。并具体指出法治包含的三个基本元素:第一,没有有关法律前,没有人会因为作出违反该法律的行为而受到惩罚,或是在肉体上或财物上有损失。亦即是说当权者不能有肆意的权力(arbitrary power),也不能在有人作出某行为后作出有追溯性(retrospective)的法律修改而惩罚某人。第二,没有人能凌驾于法律上。第三,法庭的决定是维护个人权益的最后防线。A. V. Dicey, *Introduction to the Law of Constitution*, 8th ed., Liberty Fund Inc., 1982 (based on the edition of 1915), pp. 198ff;中文本参见〔英〕戴雪:《英宪精义》,雷宾南译,中国法制出版社2001年版,第231—245页。20世纪以后的思想家关于法治的观点,可参见周天玮:《法治理想国》,商务印书馆1999年版,第77—104页。
③ Sir Arthur Watts, "The International Rule of Law", Josef Thesing, and Winfried Jung ed., *The Rule of Law*, Konrad-Adenauer-Stiftung, 1997, pp. 230—260;中文本见:亚瑟·瓦茨爵士:《国际法治》,载〔德〕约瑟夫·夏辛、荣敏德编:《法治》,阿登纳基金会译,法律出版社2005年版,第94—127页。
④ 对于国际法治的研究,源于西方。据笔者所见,讨论国际法治问题较早的文献是在20世纪60年代,例如 Alan Schechter, "Towards a World Rule of Law-Customary International Law in American Courts", 29 *Fordham Law Review* (1960) 313; William W. Bishop, "The International Rule of Law", 59 *Michigan Law Review* (1961) 553. 此后的研究由于国际环境偏离法治而并未深入。零星的文献包括 Eberhard P. Deutsch, *An International Rule of Law*, Charlottesville: University Press of Virginia, 1977. Ernst-Ulrich Petersmann, "How to Promote the International Rule of Law? Contributions by the World Trade Organization Appellate Review System," 1 *Journal of International Economic Law* (1998) 25—48. 进入21世纪以来,这一问题受到了更为广泛而细致的重视,出现了大量的文献,例如:Daniele Archibugi and Iris Young, "Toward a Global Rule of Law", *Dissent*, Spring 2002, pp. 27—32; James Crawford, "International Law and the Rule of Law", 24 *Adelaide Law Review* (2003) 3; Hans Köchler, *Democracy and the International Rule of Law: Propositions for an Alternative World Order*, Selected Papers Published on the *Occasion of the Fiftieth Anniversary*, Springer, 2001; Hans Köchler, *The United Nations, The International Rule of Law and Terrorism*, Fourteenth Centennial Lecture, Supreme Court of the Philippines & Philippine Judicial Academy; Robert E. Goodin, "Toward an International

合国的正式文件①中,国际法治的概念都屡见不鲜。就联合国而言,1992 年开始考虑将法律作为其议程之一;2005 年的《世界首脑会议成果文件》讨论到了在国家和国际层次遵守和实施法治的重要性,将法治作为一项价值观和基本原则,呼吁在国家和国际两级全面实行法治。② 2006 年联大则进一步通过了相关的决议,首次将"国家和国际两级法治"问题列入六委议题。③ 安理会对于法治问题进行了几次主题辩论④,并对妇女、和平与安全、儿童在武装

Rule of Law: Distinguishing International Law-Breakers from Would-be Law-Makers", *Current Debates in Global Justice*, 2005, pp. 225—246; Jacob Katz Cogan, "Noncompliance and the International Rule of Law", 31 *The Yale Journal of International Law* (2006) 189—210; Katharina Pistor, "Advancing the Rule of Law: Report on the International Rule of Law Symposium Convened by the American Bar Associations November 9—10, 2005", 25 *Berkeley Journal of International Law* (2007) 7; Simon Chesterman, "An International Rule of Law?", 56 *American Journal of Comparative Law* (2008) 331; Stéphane Beaulac, "The Rule of Law in International Law Today", in G. Palombella and N. Walker (eds.), *Relocating the Rule of Law*, Hart Publishing, 2009, pp. 197 ff; Hisashi Owada, "The Rule of Law in a Globalizing World: An Asian Perspective", *Washington University Global Studies Law Review* (2009) 8; Hisashi Owada, "The Rule of Law in a Globalising World," in Francis Neate, *The Rule of Law: Perspectives from Around the Globe*, LexisNexis Butterworths, 2009; Cesare P. R. Romano, "A Taxonomy of International Rule of Law Institutions", 2 *Journal of International Dispute Settlement* (2011) 241; James Bacchus, "Groping Toward Grotius: The WTO and the International Rule of Law", 44 *Harvard International Law Journal* (2003) 533—550; Jutta Brunnee and Stephen J. Toope, "The Rule of Law in an Agnostic World: The Prohibition on the Use of Force and Humanitarian Exceptions", in Wouter Werner et al. (eds.), *Koskenniemi and his Critics*, Cambridge University Press, 2015. Available at SSRN: http://ssrn.com/abstract=2547022. 本书中网络材料,除特别说明外,最后访问时间为 2015 年 12 月 30 日; Miodrag A. Jovanovic, "The Quest for International Rule of Law and the Rise of Global Regulatory Regimes—Some Theoretical Preliminaries", available at SSRN: http://ssrn.com/abstract=2641158 or http://dx.doi.org/10.2139/ssrn.2641158; Kenneth J. Keith, "The International Rule of Law", 28 *Leiden Journal of International Law* (2015) 403—417.

① By its resolution 44/23 of 17 November 1989, the General Assembly declared the period 1990—1999 to be the United Nations Decade of International Law. The main purposes of the Decade were, inter alia: (a) To promote acceptance of and respect for the principles of international law; (b) To promote means and methods for the peaceful settlement of disputes between States, including resort to and full respect for the International Court of Justice; (c) To encourage the progressive development of international law and its codification; (d) To encourage the teaching, study, dissemination and wider appreciation of international law. Also in A/RES/45/40, 48th plenary meeting, 28 November 1990; G. A. res. 47/32, 47 U. N. GAOR Supp. (No. 49) at 284, U. N. Doc. A/47/49 (1992). By its resolution 54/28 of 17 November 1999, the General Assembly decided that it would continue considering developments in the progress made in the implementation of the purposes of the Decade beyond its conclusion. 中国政府认为,加强法治有助于维护和平、促进发展和加强合作,有助于推动实现建立和谐世界的目标。见 2006 年 10 月 17 日中国代表段洁龙在第 61 届联大六委关于"国家和国际两级法治"议题的发言。联合国层面的法治问题,参见 http://www.un.org/en/ruleoflaw/。

② A/RES/60/1.

③ A/RES/61/39, A/RES/62/70, A/RES/63/128.

④ S/PRST/2003/15, S/PRST/2004/2, S/PRST/2004/32, S/PRST/2005/30, S/PRST/2006/28.

冲突中的地位、平民在武装冲突中的保护等相关领域的法治问题予以关注。① 建设和平委员会也在其日程中对于有关国家的法治问题表示关注。② 在联合国内还建立起了法治协调和资源小组(Rule of Law Coordination and Resource Group,由联合国副秘书长任组长,以秘书处为支持),在联合国秘书长办公厅(Executive Office of the Secretary-General)之内设立法治股(Rule of Law Unit),并"吁请联合国系统认识到法治对联合国参与的几乎所有领域的工作都十分重要,酌情在相关活动中系统地处理法治各方面的问题"。③ 2012年,联合国大会认为"推进国内和国际的法治,对于实现持续和包容性经济增长、可持续发展、消除贫困与饥饿以及充分实现包括发展权在内的所有人权和基本自由来说,至关重要,而所有这一切又会进一步增强法治"。④

中国学者对于这一问题的研究起于21世纪之初,近年来,在国际法治上出现了诸多的分析和讨论⑤,不仅使得国际法治的理论谱系初步呈现,并且逐渐进入主流话语体系。中国国家主席习近平在2014年6月和平共处五项基本原则发表60周年纪念大会上提出:"我们应该共同推动国际关系法治化。推动各方在国际关系中遵守国际法和公认的国际关系基本原则,用统一

---

① SC res 1325, SC res. 1820, SC res 1674, SC res 1612.
② http://www.un.org/en/ruleoflaw/.
③ 《国内和国际的法治》,联合国大会决议,A/RES/66/102, 13 January 2012.
④ 《国内和国际的法治问题大会高级别会议宣言》,联合国大会2012年9月24日决议,A/RES/67/1,30 November 2012,类似的措辞见于此后的联大决议之中:A/RES/68/116(18 December 2013)、A/RES/69/123(18 December 2014)、A/RES/70/118(18 December 2015).
⑤ 国内学者关于国际法治的研究,国际法学者在基本理论层面的分析,有车丕照、邵沙平教授等和笔者的研究,例如车丕照:《国际法治初探》,载《清华法治论衡》第一辑(清华大学出版社2000年版);邵沙平、赵劲松:《伊拉克战争对国际法治的冲击和影响》,载《法学论坛》2003年第3期;王莉君:《全球化背景下的国际刑事法院与国际法治》,载《环球法律评论》2004年第4期;邵沙平:《国际法的新发展与国际法治研究》,载《甘肃社会科学》2005年第6期;赵海峰:《悄然兴起的国际法治》,《国际司法制度初论》序,北京大学出版社2006年版;何志鹏:《国际法治:全球化时代的秩序构建》,载《吉林公安高等专科学校学报》2007年第1期;邢爱芬:《实现和谐世界的国际法治途径》,载《北京师范大学学报(社会科学版)》2007年第1期;宋健强:《和谐世界的"国际刑事法治"——对国际刑法的价值思考》,载《中国刑事法杂志》2007年第2期;何志鹏:《国际法治:和谐世界的必由之路》,载《清华法学》2009年第1期;何志鹏:《国际法治:一个概念的界定》,载《政法论坛》2009年第4期;邵沙平、苏洁澈:《加强和协调国际法治——国际法新趋势探析》,载《昆明理工大学学报(社会科学版)》2009第5期等;一些法理学者也从全球化的角度关注这一问题,例如朱景文:《略论全球治理和法治》,载《新视野》2008年第1期;黄文艺:《全球化时代的国际法治——以形式法治概念为基准的考察》,载《吉林大学社会科学学报》2009年第4期;一些国际法学者则进入到了具体问题的层面,例如:李杰豪:《析"先发制人"战略对国际法治的冲击与影响——兼评联合国集体安全体制改革》,载《湘潭大学学报(哲学社会科学版)》2005年第2期;郑玲丽:《国际贸易关系的法治与全球治理》,载《世界贸易组织动态与研究》2007年第12期;聂洪涛:《国际法治建构中的主体问题初探》,载《社会科学家》2008年第8期;孙璐:《国际法治视野中的反腐败》,载《当代法学》2009年第3期;侯瑞雪:《全球治理下的空间环境法治问题》,载《河北法学》2009年第11期等。

适用的规则来明是非、促和平、谋发展。"①中国国家总理李克强在 2015 年 4 月 13 日出席亚洲—非洲法律协商组织第 54 届年会开幕式发表的主旨讲话中指出,"当今世界,和平与发展仍然是时代主题,合作共赢更是大势所趋,推进国际法治是人心所向。但也要看到,世界并不安宁,亚洲和非洲的经济建设还面临着不少挑战,发展中国家的合法权益仍未得到充分保障。世界要和平,亚非要进步,各国要发展,都离不开法治和秩序。"②中国外交部部长王毅谈到,"一个坚定致力于对内推进法治的中国,同时也必然是国际法治的坚定维护者和积极建设者。"③外交部副部长刘振民提出,中国的和平共处五项原则作为一个开放包容的国际法原则体系,不断被赋予新的内涵,从"和平共处"到"和平发展",到"和谐世界",再到"合作共赢"的"命运共同体",既有传承,更有发展,必将以其强大的生命力和广泛的适用性,继续为世界和平与发展作出重要贡献。④ 但是,在相当长的时间里,国际法治这一概念的宏观背景、具体内涵、目标指向,仍然没有得到系统明确的阐述。虽然国际法治并不是一个非常艰深、难于理解的词语,它可以简单而直观地归结为法治原则的国际化,或者在国际社会中践行法治。如果我们简单地把法治阐释为"法律至上"的治理模式的话,国际法治就可以理解为在国际事务上推重法律至上的观念。进一步说,意味着国际社会在法治的原则下运行,亦即以法律规范为基础构建国际秩序、以法律规范为依据调整国际秩序、以法律规范为指针恢复国际秩序。⑤ 但是,"国际社会的格局以法治的方式形成"这样一个简略的表述是远远不够的。这种解释不能充分地揭示出国际法治的背景和目标,而需要更加充分的展开和深入的分析。鉴于国际法治在国际关系中法律的地位与影响日益重要,它将可能不仅是一句口号,而是一个重要的理论范畴和实在的奋斗目标,所以,有必要结合国际格局的发展状况对这几个

---

① 习近平:《弘扬和平共处五项原则 建设合作共赢美好世界——在和平共处五项原则发表 60 周年纪念大会上的讲话》,载《人民日报》2014 年 6 月 29 日第 2 版。
② 李克强:《加强亚非团结合作促进世界和平公正——在亚非法协第五十四届年会开幕式上的主旨讲话》,载《人民日报》2015 年 4 月 14 日第 2 版。
③ 王毅:《中国是国际法治的坚定维护者和建设者》,载《光明日报》2014 年 10 月 24 日第 2 版。
④ 刘振民:《建设国际法治的基础》,载《人民日报》2014 年 6 月 10 日第 23 版。
⑤ Sir Arthur Watts, "The International Rule of Law", 36 *German Yearbook of International Law* (1993) 15—45; Rene Foque, "Global Governance and the Rule of Law", in Karel Wellens (ed.), *International Law: Theory and Practice, Essays in Honour of Eric Suy*, Martinus Nijhoff Publishers, 1998, pp.25—44;车丕照教授在《法律全球化与国际法治》一文(载《清华法治论衡》第三卷)中将国际法治定义为"国际社会接受公正的法律治理的状态";并进一步将国际法治的内在要求表述为:第一,国际社会生活的基本方面接受公正的国际法的治理;第二,国际法高于个别国家的意志;第三,各国在国际法面前一律平等;第四,各国的权利、自由和利益非经法定程序不得剥夺。这些观点对于理解国际法治奠定了基础。

问题进行清楚的分析和回答,从而对这一概念的内涵予以深入的分析和明确的界定,这对于明确地认识和理解国际法治、更进一步的探索国际法治的操作问题、筹划与构建国际法律秩序具有基础性的意义。

鉴于前述的发展趋势和理论需求及体系性供给的不足,本书试图对于国际法治的基本问题初步提出较有体系的理解。在基本理念的层面上,本书的研讨尝试更准确地说明国际法治的含义,有必要深入细致地说明下列问题:(1)"国际法治"中所谓的国际环境或者国际社会究竟是什么样的?(2)国际法治的过程中有哪些参与者或者行为者?(3)需要依据法律进行治理的问题是什么?(4)发挥作用的法律有哪些要求或者标准?(5)如何使规则展现功能以达到至上的目标?这些问题揭示了国际法治的五个基本方面,即国际法治的背景、主体、客体、依据和方式。这些方面共同组成了国际法治所表现出的多元维度,是有助于我们深入理解、有效把握国际法治理论与实践问题的门径。

二、作为国际法治理念外部环境的世界格局

探讨国际法治的外部环境,也就是理清国际法治所处场域的问题。简单地说,国际法治存在与发展的环境、场景是国际关系。故而,预期对"国际法治"这一观念形成较为准确的认识,首先必须对当前国际关系的宏观样态、国际关系的结构格局与思想观念有一个概略而通盘的了解。当前,国际关系的基本状况可以从以下四个相互联系的方面进行阐释:

(一)一个无政府的世界

法治观念从国内走向国际,有着与国内法治很不同的地方。传统上,我们一直把法治视为一种治国方略或者社会调控方式①,意味着以法律为基础的国家,具体地说,涵盖着法律之治、人民主体、有限政府、社会自治和程序中立几个方面的因素。② 这就意味着,法治的概念很少考虑被适用到国际社会上来。③ 看清倡导国际法治这一主张所处的世界环境,首先应当认识到的就

---

① 张文显:《法学基本范畴研究》,中国政法大学出版社1993年版,第279、284页;张文显:《法哲学范畴研究》,中国政法大学出版社2001年版,第145、151页;同样的表述还见于张文显主编:《马克思主义法理学——理论、方法与前沿》,高等教育出版社2003年版,第336页(姚建宗撰);姚建宗:《法理学——一般法律科学》,中国政法大学出版社2006年版,第384—385页。
② 张文显:《法哲学范畴研究》,中国政法大学出版社2001年版,第158—160页。
③ 实际上,整个的法理学体系也显示出一种对国际问题的冷淡和漠然,所以,中国法理学者张文显教授曾经指出,长期以来法理学都仅仅是国内法的法理学,而很少考虑国际法。

是其无政府的特征,即在这个地球上尚未成功地建立起一个世界政府,这是我们思考国际关系法治化的一个最主要结构性前提。① 各个行为者主要基于自己的利益函数去采取行动、进行博弈、建立关系。② 国际社会和国内社会存在着一套完整而有效的政治与行政体系不同,迄今为止,世界上也还没有建立起如国内法律体系一样的、规范垂直运作的"宪政体系",也就昭示着在国际社会实行法治面临着比国内法治更多的困难和更复杂的问题。没有中央政府、没有一套自上而下的机构体系,基于主权平等的理念,更没有命令与服从的关系。所以,很难想象法律能够有效地实施。但是,这种无政府的状态并不意味着是无序的社会③,更不意味着法律不能渐次地在国际关系中更好地发挥作用。

(二) 一个有秩序的世界

虽然我们的世界从大局上看是"无政府"的,但它依然是一个"社会"。也就是说,没有世界政府的事实并不必然意味着国际关系的无序、混乱。实际上,国家在世界上存在数千年,在处理彼此之间事务方面已经形成并留下了丰富而有益的经验和传统,沉淀为几种不同的模式。这些知识和国家之间的力量使得国际社会并不是一个完全的"丛林社会",国家之间通过实验、试错,已经积累起了一些秩序形式。④ 在不同的事务领域、不同的地理区域发挥着强弱不等的作用。有秩序这一特征为国际关系的法治化提供了重要的正向因素,国际社会这种分层次、分区域、分条块的秩序样态为国际法治的形

---

① "国际无政府状态——这种状态来自于利维坦式的世界政府的缺失——被视为决定性的结构因素",〔美〕罗伯特·古丁、汉斯—迪特尔·克林格曼主编:《政治科学新手册》,钟开斌、王洛忠、任丙强等译,生活·读书·新知三联书店 2006 年版,第 607—608 页。"第一次世界大战结束之后,国际关系专家们一度低估了国际无政府状态的严重程度。"〔美〕康威·汉得森:《国际关系:世纪之交的冲突与合作》,金帆译,海南出版社、三环出版社 2004 年版,第 17 页。对于国际社会无政府体系的阐述和探讨,参见 John Baylis & Steve Smith, *The Globalization of World Politics*: *An introduction to international relations*, 3rd ed., Oxford University Press, 2005, pp. 47, 383; Edward Keene, *Beyond the Anarchical Society*: *Grotius, Colonialism and Order in World Politics*, Cambridge University Press, 2002, chs. 7, 8, 11; Hedley Bull, *The Anarchical Society*: *A Study of Order in World Politics*, 3rd ed., Columbia University Press, 2002, pp. 44—48.
② 现实主义的国际关系学者,如汉斯·J. 摩根索、肯尼思·N. 沃尔兹、约翰·J. 米尔斯海默、亚历山大·温特等对世界的无政府问题进行了较为丰富的阐述,参见 Robert J. Art and Robert Jervis, *International Politics*: *Enduring Concepts and Contemporary Issues*, 9th ed., Longman, 2008, chapters 1 & 2.
③ Hedley Bull, *The Anarchical Society*: *A Study of Order in World Politics*, 3rd ed., Columbia University Press, 2002, pp. 8—21, 38—44.
④ 国际关系中的英国学派对"国际社会"这个术语的正当性作出了重要的贡献。See, e. g., Hedley Bull, *The Anarchical Society*: *A Study of Order in World Politics*, Columbia University Press, 1977, pp. 25—73.

成与发展提供了可资借鉴的初步资源。①

(三) 一个全球化的世界

全球化包含着全球分工、全球问题、全球关注和全球解决四个层面。具体而言,即(1) 人类活动,特别是经济活动,在全球的范围内进行分工。大到民航客机,小到一条牛仔裤,都可能在全球的范围内组合资源和材料,最终形成成品;而商品、服务、投资等市场的全球化更是加重了不同地域的人与人之间、国家与国家之间的相互依赖。(2) 全世界的人在当今时代面临着一些共同的问题,也就是社会学家乌尔里希·贝克所称的"全球风险社会"。这种风险社会既包括自然引发的风险,例如全球气候变暖、臭氧层空洞;更多地包括人为的风险,例如全球性的金融危机、核武器的全球性威胁、难民的跨境流散。(3) 对这些共同问题以及一些非共同问题具有同样的关注,例如对于全球气候谈判、贸易谈判的关注,以及对于某国发生政变、某国选举、某国的人道灾难的全球性关注。(4) 各层次、各类型的行为体对于前述现象采取全球性的手段解决这些问题。如吉登斯所言,全球化意味着时空概念的变革②,意味着地球在变小、意味着天涯成比邻。人类由于求取利益和求知好奇等本性的驱动,通过经济手段把不同的地理区域联结在一起,即生产的全球化、销售链条的全球化和消费的全球化③;通过交通手段使原来遥不可及的地点变得彼此联系密切;通过互联网络使全球各个角落几乎可以达到信息同步。全球化的概念为国际法治提供了一个宏大的视野,使得人们更多地关注共同的家园、共同的处境、共同的未来,使得在全球化的立场上思考法治体系的问题具有必要性与可行性。④

当今,全球化给法律领域的事务带来了多重的影响,以至于学界提出了"法律全球化"的概念。⑤ 其中,国际法是受全球化影响最为广泛和深刻的一部分。⑥ 甚至可以说,法律全球化首先意味着国际法的全球化。⑦ 作为调整以国家为

---

① 有关国际秩序与国际法的演进,参见易显河:《向共进国际法迈步》,载《西安政治学院学报》2007 年第 1 期。
② Anthony Giddens, *Beyond Left and Right*, Stanford University Press, 1994, pp. 4—5.
③ David Held, Anthony McGrew, David Goldblatt, and Jonathan Perraton, *Global Transformations: Politics, Economics, and Culture*, Stanford University Press, 1999; Peter Dicken, *Global Shift: Mapping the Changing Contours of the World Economy*, 5th edn, Sage Publications Ltd, 2007.
④ Joseph S. Nye and John D. Donahue (ed.), *Governance in a Globalizing World*, Brookings Institution Press, 2000, pp. 253—268, 297—319.
⑤ 张文显:《全球化时代的中国法治》,载《吉林大学社会科学学报》2005 年第 2 期。
⑥ 车丕照:《法律全球化——是现实? 还是幻想?》,载《国际经济法论丛》,法律出版社 2001 年版。
⑦ 可能存在着一种误解,即认为国际法本来就具有全球性。而实际上,20 世纪以前的国际法在很大程度上是双边的国际法,充其量也仅仅是区域的国际法(比如,美洲的国际法、欧洲的国际法)。仅仅是在 20 世纪以后,人类社会才开始大规模的跨境交往,国际法才真正体现出了全球性,也就是安东尼·吉登斯所认为的决策与影响的广泛依存。

基本主体的国际人格者之间的权利义务以及行为方式的规范总体,国际法一直随着国际社会格局的发展与变化而不断更新。伴随着一系列新的规范出现①,一连串新的事件发生②,一些新的机构的问世以及原有机构的重整③,国际法经历着日新月异的发展。国际法的全球化不仅体现在其所处理的领域越来越广泛、越来越具有全球特征,比如国际人权法、国际环境法、特别是国际经济法的萌生与发展④,被称为国际强行法的规则开始受到人们的承认和重视⑤,条约法、海洋法、外交法等律领域的法律规则编纂得到了全球性的关注和遵循⑥,这使得国际法的渊源形式、治理模式发生了巨大的变革;国际法律实践的发展为国际法理论以及国家、国际组织在国际法中的应对提出了新的问题,国际法的整体框架面临着被重新审视与追问的局面。在这样的变革面前,即使是最保守的国际法学者也不得不承认国际法领域出现了一些新的因素,需要我们去重新认识和解释。更重要的,体现在国际法精神本质在

---

① 比如,GATT/WTO 体制为经济领域的国际法提供了新的范例,《国际刑事法院规约》的出现为国际刑法开辟了一块崭新的领地,《国家及其财产豁免公约》的通过为国家豁免问题的发展指出了新的方向。
② 例如,2001 年"9·11 事件"的发生与全球反恐体制的呈现;2008 年金融危机与国际金融乃至经济体系的重构;中国在 21 世纪对于全球事务的积极参与和一系列中国主导的区域合作体制的形成。
③ 例如,联合国在 20 世纪末以来的改革,特别是 2006 年 3 月 15 日决定成立人权理事会,对于国际法的运作会起到很重要的推动作用。
④ 国际人权法的迅速发展归功于第二次世界大战以后以联合国为主的国际组织的努力,还包括欧洲理事会等区域性组织、大赦国际(或称国际特赦组织)等非政府组织也为此作出了重要贡献。相关分析可以参见 Rebecca MM Wallace, ed. , *International Human Rights*: *Text and Materials*, 2nd ed. , Sweet & Maxwell, 2001; Henry J. Steiner, Philip Alston, *International Human Rights in Context*: *Law*, *Politics*, *Morals*, 2nd ed. , Oxford University Press, 2000. 国际环境法在 20 世纪以前仅仅小规模的存在,随着人类科学技术的发展、人类对环境影响程度的增加,才成为国际社会普遍关注的问题,这方面的进展与联合国的努力也同样密不可分,在区域层面上,欧洲共同体也进行了值得关注的努力。相关探讨可参见 Phillippe Sands, *Principles of International Environmental Law*, 2nd Edition, Cambridge University Press, 2003; Ludwig Kramer, *EC Environmental Law*, 5th ed. , Sweet and Maxwell, 2003; 作为一个法律研究领域,国际经济法源于全球性国际经济组织的出现与运作,其中关税与贸易总协定(GATT)及其继承者世界贸易组织(WTO)引起了最为广泛的重视,而世界银行、国际货币基金组织也分别起到了不同的作用;20 世纪 50 年代发展起来的欧洲经济共同体(以及此后的欧洲共同体、欧洲联盟)、20 世纪 90 年代发展的北美自由贸易区在区域经济一体化领域起到了重要作用。相关探讨,参见 A. F. Lowenfeld, *International Economic Law*, Oxford University Press, 2003; Asif Qureshi, *International Economic Law*, Sweet & Maxwell, 2003.
⑤ 国际强行法是"国家之国际社会全体接受并公认为不许损抑且仅有以后具有同等性质之一般国际法律始得更改之国际法律规则",也就是被视为具有强制约束力的国际法规范,这是对传统国际法基于国家之间同意的一种超越。参见万鄂湘:《国际强行法与国际公共政策》,武汉大学出版社 1991 年版;张潇剑:《国际强行法论》,北京大学出版社 1995 年版。
⑥ 这些领域的国际法律编纂主要体现在联合国国际法委员会的努力以及为此而召开的一系列国际会议上。比如 1982 年的《联合国海洋法公约》、1969 年的《维也纳条约法公约》、1986 年《关于国家和国际组织或国际组织相互间条约法的维也纳公约》、1961 年《维也纳外交关系公约》、1963 年《维也纳领事关系公约》不仅被视为缔约国所遵守的国际条约,而且也经常被视为对于各国所公认的国际法的一种阐述,几乎达到了世界普遍认同的程度。

进行着一场变革,一场应对全球化运作方式的、表现全球时代价值体系的变革。① 人们已经看到,在全球化的浪潮之中,国家的合法性被重新审视②,原有的统治格局被"治理"这一新的概念所覆盖③,非政府组织的兴起对于整个国际政治、经济、文化关系起到了相当重要的作用。④ 在这一系列的新现象和新问题之中,就包含着对于国际法存在的基础与意图实现的目标的重新定位。

(四) 一个转型中的世界

20世纪90年代以来,特别是新世纪初以来,国际局势面临着多方面的转型。其中最主要的是冷战的结束、两极体系、均势格局的瓦解。1997年的亚洲金融危机中西方大国的束手以及国际金融机构的作为乏力、2001年开始的WTO多哈回合命途多舛的多边贸易谈判吸引着人们对国际经济发展方向的反思和探索。⑤ 而由"9.11"事件而导致的对传统国家、国土安全的

---

① 关于全球化的运行要求与全球时代的价值追求,可以参考〔英〕安东尼·吉登斯:《超越左与右——激进政治的未来》,田禾译,译林出版社2000年版,第56—69页;〔英〕安东尼·吉登斯:《超越左与右——激进政治的未来》,李惠斌、杨雪冬译,社会科学文献出版社2003年版,第4—7页;〔英〕戴维·赫尔德:《全球大变革》,杨雪冬等译,社会科学文献出版社2003年版,第43—122页;Jan Aart Scholte, *Globalization: A Critical Introduction*, Palgrave Macmillan, 2005, pp.115—158.
② 比如,哈贝马斯认为,晚期资本主义国家的合法性危机的更深刻更根本的根源在于,晚期资本主义社会的思想意识,规范结构已经无法为国家提供合法性的支持。参见〔德〕尤尔根·哈贝马斯:《合法化危机》,刘北城、曹卫东译,上海人民出版社2000年版,第91—98页。伊曼纽尔·沃勒斯坦(Immanuel Wallerstein)的《国家合法性衰减》(路爱国译,2000年6月15日),参见http://www.iwep.org.cn/haiwaichuanzhen/42.pdf,也通过一些例证说明了这个问题。
③ 参见俞可平、张胜军主编的《全球化:全球治理》(社会科学文献出版社2003年版)中收录的有关论文,特别是俞可平的《全球治理引论》、罗西瑙的《面向本体论的权球治理》。
④ 参见何增科:《全球公民社会引论》,〔美〕戴维·布朗等:《全球化、非政府组织和多部门关系》,〔美〕迈克尔·爱德华兹:《公民社会与全球治理》,〔美〕莱斯特·萨拉蒙:《非赢利部门的崛起》,均载于李惠斌、薛晓源主编:《全球化与公民社会》,广西师范大学出版社2003年版,第123—184页。
⑤ See, e.g., Juzhong Zhuang and J. Malcolm Dowling, *Causes of the 1997 Asian Financial Crisis: What Can an Early Warning System Model Tell Us?*, ERD Working Paper No.26, October 2002; Markus Noland, Li-gang Liu, Sherman Robinson, and Zhi Wang, *Global Economic Effects of the Asian Currency Devaluations*. Policy Analyses in International Economics, No.56. Washington, DC: Institute for International Economics, 1998; T. J. Pempel, *The Politics of the Asian Economic Crisis*. Ithaca, Cornell University Press, 1999; Philippe Ries, *The Asian Storm: Asia's Economic Crisis Examined*. Trans. by Peter Starr, Tuttle, 2000; Joost Pauwelyn, "New Trade Politics for the 21st Century", 11 *Journal of International Economic Law* (2008) 559—573; Steven Bernstein and Erin Hannah, "Non-State Global Standard Setting and the WTO: Legitimacy and the Need for Regulatory Space", 11 *Journal of International Economic Law* (2008) 575—608; Andrew Green and Michael Trebilcock, "Enforcing WTO Obligations: What Can We Learn from Export Subsidies?" 10 *Journal of International Economic Law* (2007) 653—683; Steve Charnovitz, "The WTO's Environmental Progress", 10 *Journal of International Economic Law* (2007) 685—706; David J. Gerber, "Competition Law and the WTO: Rethinking the Relationship", 10 *Journal of International Economic Law* (2007) 707—724.

反思①,2008 年从美国开始的金融危机所引起的对自由主义和整个资本主义制度的质疑②,都昭示了世界的新变化。具有更为深远意义的是,作为美国次贷危机的连锁反应,2008 年以后的全球经济危机给世界格局带来了很多新的因素:保护主义的思想与实践威胁了多边经济贸易合作框架,WTO 多哈回合受阻,TPP(Trans-Pacific Partnership Agreement,《跨太平洋伙伴关系协定》)、TTIP(Transatlantic Trade and Investment partnership,《跨大西洋贸易与投资伙伴协议》)等区域合作体制先后诞生,中国、巴西、南非、俄罗斯、印度等国相对优势提升,形成金砖(BRICS)合作体系。学界基于军事、经济、科技、政治、文化等因素,而争论后冷战时代、后危机时代的世界格局究竟属于美国单极、还是美、欧、中、俄等多极,亦或是其他的情况。在这一大背景下,自由主义思想的普及而导致的"历史的终结"的观念③以及对文化多元性的关注而形成的"文明的冲突"的论调④都获得了广泛的关注。转型世界的观念揭示了国际关系法治化的机遇与挑战,世界发生着多方面的转型使得美国的霸权地位、现存制度与秩序的合法性被深入思考⑤,在这样一个转型而非稳定的时期,提出法治的世界结构与治理模式是有益的。

三、国际法治的主体

讨论国际法治的主体,即观察和探索国际法治的参与者,衡量其具体的范围和角色。具体探究哪些行为体参与到了作为一种国际社会运作模式的国际法治之中,哪些属于主导者、主持者,哪些是服从者。也就是"谁来治、治理谁"的层面。就现阶段的情况而言,国际法治的主体包括国家、国际组织、非政府组织和个人几个方面,国家之外的几种类型一般被称为"非国家行为体",在国际法治的体系中作用越来越明显。⑥

---

① 中国现代国际关系研究院美欧研究中心:《反恐背景下美国全球战略》,时事出版社 2004 年版。
② Marc Pitzke, "The World as We Know It Is Going Down", www.spiegel.de/international/business/0,1518,578944,00.html. Mark Landler, "The U. S. Financial Crisis Is Spreading to Europe", *New York Times*, September 30, 2008.
③ See mainly, Francis Fukuyama, *The End of History and the Last Man*, Free Press, 1992.
④ Samuel P. Huntington, *The Clash of Civilization and the Remaking of World Order*, Simon & Schuster, 1996.
⑤ Immanuel Wallerstein, *The Decline of American Power*, The New Press, 2003; Barry Buzan, *The United States and the Great Powers*: *World Politics in the Twenty-first Century*, Polity Press, 2004.
⑥ Mohammad H. Zarei and Azar Safari, "The Status of Non-State Actors under the International Rule of Law: A Search for Global Justice", in Charles Sampford, Spencer Zifcak, and Derya Aydin Okur (eds.), *Rethinking International Law and Justice*, Ashgate, 2015, p.233.

(一) 国家

国家在过去一直是、现在仍然是国际关系基本、关键、常见的行为体,这一点在未来相当长的历史时期内不会发生变化,因而也就必然是国际法治的核心主体。① 国际这一词汇,最狭义也最科学的理解是"国家之间的"。② 经典意义③的国际法就是国家间的法④,以国家为基本主体,包括一些国际组织、争取独立的民族和获得一定地位的交战团体⑤;国际法治中所用的"国际"在最基础的意义上也就是国家之间的,从这一意义上讲,国际法治意味着在国家之间建立起一种法律之治,也就是国家间的规制(international regulation)。这就意味着,尽管到了全球化的时代,虽然"全球治理"的观点已经

---

① 在传统上,国际法的主体被认为是能够承担国际权利和义务、具有通过提起国际求偿维护其权利之能力的实体。*Reparation for Injuries* case, ICJ Reports (1949), 179. 这一界定被认为是循环论证,或者说同义反复,因为究竟哪些可以成为国际法的主体在这个界定里很难进行清楚的罗列。Ian Brownlie, *Principles of Public International Law*, 7th ed., Oxford University Press, 2008, pp.57—58.

② 这一提法与英语、法语、德语的 international,西班牙语、葡萄牙语的 internacional,意大利语的 internazionale,俄语的международное 含义是非常接近的。

③ 在文本上"国际法"的提法最早可以追溯到古罗马的西塞罗。在其著作 *De officiis* (lib. III, 17, 69)中用到了"*ius gemtium*"一语。以后英语及罗曼语用"law of nations"或"droit de gens"来表述。直到 1780 年边沁(Jeremy Bentham, 1748—1832)在其《道德与立法原理导论》中用到了"international law"一词,一般认为,边沁是从法国国际法先贤那里学来这个词汇的。唯有德语、荷兰语、北欧和斯拉夫语言仍沿袭传统的语言(称为"Völkerrecht"或"Volkenrecht"等),但是这些国家的学者也颇觉这种称谓不妥。参见 Peter Malanczuk, *Akehust's Modern Introduction to International Law*, 7th ed., Routledge, 1997, p.1;〔德〕沃尔夫冈·格拉夫·魏智通主编:《国际法(第五版)》,吴越、毛晓飞译,法律出版社 2012 年版,第 2—5 页。在这里我没有采用"传统意义"这一提法,因为与"传统"相对应的是"现代",而对国际的这种理解虽然是传统的,但时至今日仍在世界各国有着强大的生命力和广泛的影响力,所以它仍然是经典的、主流的。

④ 一些早期和传统的教科书与工具书对于国际法这一概念的解释就体现出这种以国家为中心的观念,比如:"国际法,简言之,是国家之间的法律,或者说,主要是国家之间的法律,是以国家之间的关系为对象的法律。"王铁崖主编:《国际法》,法律出版社 1981 年版,第 1 页;王铁崖:《国际法引论》,北京大学出版社 1998 年版,第 3 页。值得注意的是,现在的国际法论著的一个普遍趋势是将国际法主体和渊源的范围扩大,扩大到基本上等同本文所采用的"跨国"的广度。参见 LassaOppenheim, *Oppenheim's International Law*, 9th ed., Vol. 1, Robert Jennings and Arthur Watts (eds.), Longman Group, 1992, pp.4, 16—22;中译本见于〔英〕詹宁斯、瓦茨修订:《奥本海国际法(第九版)》第一卷第一分册,王铁崖等译,中国大百科全书出版社 1995 年版,第 3、10—13 页;前书第一卷第二分册,中国大百科全书出版社 1998 年版,第 292—293 页;沃尔夫冈·格拉夫·魏智通主编:《国际法(第五版)》,吴越、毛晓飞译,法律出版社 2012 年版,第 7—14 页;I. A. Shearer, *Stark's International Law*, 11th ed., Butterworths, 1994, pp.3—7; Ray August, *International Business Law: Text, Cases, and Readings* (3rd ed.), Prentice Hall, 2000, pp.1—2.

⑤ 参见〔德〕沃尔夫冈·格拉夫·魏智通主编:《国际法(第五版)》,吴越、毛晓飞译,法律出版社 2012 年版,第 246—363 页;I. A. Shearer, *Stark's International Law*, 11th ed., Butterworths, 1994, pp.51—62; D. H. Harris, *Cases and Materials on International Law*, 4th ed., Sweet & Maxwell, 1991, pp.126—138; LassaOppenheim, *Oppenheim's International Law*, 9th ed., Vol. 1, Robert Jennings and Arthur Watts(eds.), Longman Group, 1992, pp.119—120;〔英〕詹宁斯、瓦茨修订:《奥本海国际法(第九版)》第一卷第一分册,王铁崖等译,中国大百科全书出版社 1995 年版,第 91—92 页。

开始流行①,但仍然没有达到"没有政府的治理"的程度。② 尽管传统的民族国家面临着诸多挑战,存在很多不适应性,但是完全放弃国家也是不可能、不必要的。民族国家在新的国际关系领域如果能够经过改革和变化,是可以适应全球化经济、政治、社会、文化的新情况的,国际社会以国家作为地理、经济、政治、文化利益的基本划分单位的格局长期不会变化。所以,国家、政府仍是国际法治的主要施动者,当然也是主要的受动者。这一点是以国家作为国际关系和国际法的基本主体为前提和基础的。作为国际法治的主体,国家仍然享有较为全面的权利和义务,包括拟议和制定国际规范、遵从国际规范、确立国际规范的落实与执行机制,等等。也就是说,国家不仅承担着确立国际法律规范的权力、权利与职责,而且也必须作为国际规范最基本的执行者、遵守者与监督者,全面地倡导、参与和推进国际社会的法治化进程。其行为方式不仅包括订立双边条约、多边条约,同时也包括与其他国际法、国际关系主体协同建立国际组织机构,并且可以单边制定规范;特别在很多情况下,国家可以通过单边行动确立或印证国际规范的存在与内容,对于法律的实施、

---

① See, e.g., Oran R. Young (ed.), *Global Governance: Drawing Insights from the Environmental Experience*, MIT Press, 1997, pp. 273—300; Martin Hewson and Timothy J. Sinclair (eds.), *Approaches to Global Governance Theory*, University of New York Press, 1999, pp. 3—22, 287—302;学者 Gerry Stoker 也为"治理"汇整为五个方面的定义,即(1)治理指除政府为国家的权力中心外,各种公私机构也都可以成为权力中心。(2)治理意味着"国家"与"公民社会"应该共负责任,即后者可承担原属于国家的责任。(3)治理是政府与其他行为者之间权力及资源相互依赖关系的交换过程。(4)治理是一种自主型的政策网络关系,且特定的行为者在某些领域中,既与政府合作,也拥有某些发号施令的权威。(5)治理是驾驭、控制的意思,那就是对于公共事务的管理,政府仍有责任进行管理方法和统治技术的创新,而引领公共事务的推动。Gerry Stoker, "Governance as theory: five propositions", *International Social Science Journal*, No 155 (March 1998), pp. 17—28.

② 即"Governance without Government",由美国学者罗西瑙倡导。参见〔美〕詹姆斯·N.罗西瑙:《没有政府的治理》,张胜军、刘小林译,江西人民出版社 2001 年版。有学者认为,这里的 government 指的不是政府,而是统治,所以这个词汇的意思是"没有统治的治理",从语法和语义上这种说法不是很能被接受。因为治理的概念超越统治,但并不是抛弃统治,在这个意义上,妥当的表述应当是"governance instead of government",而实际上罗西瑙在论证中没有对这个词汇的含义进行详细的解释,所以笔者这里依旧采用"没有政府的治理"这样的说法。联合国下属的全球治理委员会(Commission on Global Governance)1995 年发表《我们的全球家园》(Our Global Neighborhood,或称《天涯比邻》)的研究报告,指出"治理"就是各种公共的、私人的机构与个体,共同管理公共事务的方程式总合。更重要的是,治理是一个管理过程,但它的管理基础并不是"控制"而是"协调",尤其是公私部门彼此之间的互动与合作,而且治理并不是限于强调正式的控制规则,它还包括公私部门彼此之间的非正式合作关系。整体而言,"没有政府的治理"强调政府不该垄断所有的权威,而应该由多元的权力主体共同来进行协商、合作,而成为新的统治架构,也就是转而主张"市场分权""社会分权",甚或"地方分权"。依此,"治理"就是指国家权威与公民社会的合作,政府与非政府的合作,公共机构与私人机构的合作,强制与自愿的合作,甚至中央、地方及民间的合作所形成的政策网络关系。

运行核遵守起着很大的监督作用。① 国家以条约(其中包括形成国际组织的条约)方式构建起来的国际法律关系框架对国际法律体制的存在和运行起着奠基的作用。国家以反复实践和心理认同而形成的国际习惯法对国际社会的法律基础具有巨大的意义。因而,国家是国际场景中的主要行动者②,可以说,如果没有国家,国际法治将无所依托,无论是在规范确立还是在评价、实施上都将存在着重大的障碍。所以,当前国家是国际法治的核心主体。

当然,如乌尔里希·贝克所言,目前以民族国家为主导的"合法的"世界秩序正在创造性地走向自我毁灭。因而,国家需要转型,必须摆脱以往的民族国家在思想、理论、制度方面的狭隘性。③ 必须将国家认定为负责任的主体,而非免责的主体;是能够承担起责任的行动者,而非不负责任、仅享受特权的行为者。只有在这种情况下,国际法治才具备操作的基础,国际社会的法治化运转才是可能的。

(二) 国际组织

根据 20 世纪末出现的理解,治理的各种行动来自于政府,但又不限于政府,而包括了一系列公共机构和行为者。④ 由此,作为全球治理一部分的国际法治,其主体也不限于国家,而非国家行为体中最主要的就是国际组织(更为正式的称呼是政府间国际组织,intergovernmental organizations, IGOs)。现代的国际关系学者基于实证研究发现,国际社会已经在国际组织的影响下越来越制度化。制度不仅可以降低交易成本、提高良好声誉的价值、增强预测性、确定标准、提供有关其他国家行为的信息,而且能够在其他方式下改变国际环境的各个方面,使得合作有利于实现共同利益。⑤ 从多边主义的立场出发,国际组织是建构国家之间关系的重要方式之一。大批国际组织国际社会的重要性日益上升,在国际法治领域所起的作用越来越大。如果历史的发展轨迹有一些规律可言的话,断言国际组织在未来的一段时间凝聚力越来

---

① 比如,国家一般会制定关于领土、海洋、空间的法律规范来确立相关的制度;虽然有国际公约存在,但是国家的行为空间仍然很大;国家在财产与管辖豁免、引渡、庇护和外交保护等领域的行为不仅决定着国家在相关领域的态度,而且是国际立法的归依和指南。参见邵津主编:《国际法(第五版)》,北京大学出版社、高等教育出版社 2014 年版,第 101—118、128—133、167—207、40—46、86—93 页。
② Antonio Cassese, *International Law*, 2nd ed., Oxford University Press, 2005, p.3.
③ 〔德〕乌尔里希·贝克:《全球化时代的权力与反权力》,蒋仁祥、胡仁译,广西师范大学出版社 2004 年版,第 4 页。
④ 俞可平:《全球治理引论》,载李惠斌、薛晓源主编:《全球化与公民社会》,广西师范大学出版社 2003 年版,第 68 页。
⑤ 〔美〕莉萨·马丁、贝思·西蒙斯编:《国际制度》,黄仁伟等译,上海人民出版社 2006 年版,第 1 页。

强、其所推进的国际社会组织化倾向越来越明显应当不会太武断。

当代国际组织在种类以及活动范围上大大超过历史上的国际组织,它们之间的协调不断得到加强。以联合国为主导的全球性政治组织对于国际社会的民主化和国际和平与安全起到了很重要的作用;以世界贸易组织(WTO)为龙头的全球性国际经济组织的作用日益凸现,国际货币基金组织、世界银行集团等国际金融组织,也在经济全球化过程中起着不可替代的作用。与此同时,区域性国际组织蓬勃发展,不仅种类繁多、形式各异,而且发挥作用的领域不断扩大,一体化的程度不断加深。在主权的让渡上,区域性国际组织对国家主权的限制明显大于全球性国际组织。这些区域性国际组织推动了成员国在经济领域内的合作和世界经济的发展,在促进国际合作、协调国家关系等方面作出了巨大贡献,其建立和发展改变了各种政治力量的对比,加速了世界多极化的发展趋势。①

国际组织的决策形式多种多样。有些国际组织通过规范化的加权表决机制让全体成员参与重要决定;而另外一些国际组织,如联合国,则将一些决策权授予下属行为体,如安理会;有些组织获得了广泛的监督权并产生了争端机制;而另外一些组织则基本上只是"清谈馆"。② 这些多边组织在帮助国家解决战略互动困境发挥着重要作用。由正式的组织执行监督和强制实施功能对实现成功合作是必不可少的;采用非歧视性原则的多边规范对于确立国家之间的关系也有着良好的效果。国际组织的运作通过制度化的方式替代了国家之间的不同博弈类型,从而促进了国际社会朝向秩序化的进程。国际组织和主权国家相伴而生、共同发展,在不同的历史阶段有不同的发展趋势。在国际关系中的地位和影响此消彼长,形式上看类似零和博弈,一方所失即是另一方所得。但实质上双方竞争和冲突的结果应该是非零和博弈,即双方所面临的结果之和不等于零,而是双赢。③

国际组织通过提供交流平台、创造对话空间、倡导立法与政策方向,组织与推进国际社会立法等一系列方式为国际社会的法治化提供了促进剂。同时,一些国际组织所具有的立法、司法、执法功能打开了国际法真正法律化的

---

① 参见饶戈平主编:《国际组织法》,北京大学出版社1996年版;王慧:《战后区域性国际组织的特点及局限性》,载《山东师大学报(社会科学版)》2000年第6期;饶戈平、黄瑶:《论全球化进程与国际组织的互动关系》,载《法学评论》2002年第2期;饶戈平:《论全球化进程中的国际组织》,载《中国法学》2001年第6期;饶戈平:《试论国际组织与国际组织法的关系》,载《中外法学》1999年第1期。
② 〔美〕莉萨·马丁:《利益、权力和多边主义》,载〔美〕莉萨·马丁、贝思·西蒙斯编:《国际制度》,黄仁伟、蔡鹏鸿译,上海人民出版社2006年版,第35页。
③ 张丽华:《非零和博弈——国家主权和国际组织关系的再思考》,载《社会科学战线》2004年第2期。

大门,使得原来国际法仅属于国际实在道德的情况日渐得以改变。

(三) 非政府组织

非政府组织(non-governmental organizations,常被直接称为 NGOs)在国际社会法治化的进程中异军突起并为推动这一进程作出贡献。① 非政府组织是在地方、国家或国际级别上组织起来的非营利性的、自愿公民组织。② 1952 年联合国经社理事会在其决议中将非政府组织定义为"凡不是根据政府间协议建立的国际组织都可被看作非政府组织"。非政府组织始于 19 世纪中期,在第二次世界大战以后大规模发展。③ 很多非政府组织是围绕诸如人权、人道、环境或健康等具体问题而组织起来的。④ 在传统上,"非政府组织不具有国际法上的主体资格,但是它们是当代国际社会中不可缺少的重要角色,成为一股强大的力量,对各国政府及政府间组织产生不可忽视的影响"。⑤ 自 20 世纪 70 年代开始,非政府组织日益广泛地参与国际事务,它们在联合国体系内外的作用和影响不断增大,在各个领域里也得到了不同程度的承认。非政府组织的注册登记地点和主要活动地域长期聚集在西方发达国家。20 世纪 90 年代以来,发展中国家从事管理与发展的非政府组织相当活跃。而今,非政府组织已成为全球社会和政治的一个重要组成部分,成为国际法中的重要现象,也为国际法治带来了很多新的维度和问题。⑥ 有学者认为,公民社会和国家共生的现象,即世界主义国家的转型。⑦

非政府组织在国际事务中所发挥的作用和影响主要有:(1) 对特定的问题进行研究与教育,进行专门知识和信息的传播;特别提供和宣传非政府组

---

① Neal Riemer, Douglas W. Simon, and Joseph Romance, *The Challenge of Politics*, CQ Press, 2006, pp. 311—312.
② 一般认为,非政府组织一词最初是在 1945 年 6 月签订的《联合国宪章》第 71 条中正式使用的。该条款授权联合国经社理事会"为同那些与该理事会所管理的事务有关的非政府组织进行磋商作出适当安排"。
③ 王杰、张海滨、张志洲主编:《全球治理中的国际非政府组织》,北京大学出版社 2004 年版,第 124—167 页。
④ See, e. g. , Claude E. Welch Jr. , "Human Rights NGOs and the Rule of Law in Africa", 2 *Journal of Human Rights*(2003)315:327; Cedric Ryngaet, *Non-State Actor Dynancics in International Law: From Law-Takers to Law Makers*, Routledge, 2010; Thomas Daris. *NGOs: A New History of Transnational Civil Society*, C Hurst & co. 2014.
⑤ 王铁崖主编:《国际法》,法律出版社 1995 年版,第 565 页。
⑥ 国内学界的有关研究,参见刘海江:《国际非政府组织国际法规制研究》,法律出版社 2014 年版;李洪峰:《非政府组织制度性参与国际法律体系研究》,中国社会科学出版社 2014 年版;徐昕:《非政府组织对世界贸易组织事务的参与及制度性安排研究》,上海人民出版社 2012 年版。
⑦ [德]乌尔里希·贝克:《全球化时代的权力与反权力》,蒋仁祥、胡仁译,广西师范大学出版社 2004 年版,第 8 页。

织的观点与思想。非政府组织数量巨大,在各自的领域具有广泛的代表性,具有丰富的专门知识与经验。(2) 从事运作性发展项目,包括参与执行国际组织的项目,向目标群体提供各种各样的产品与服务,其中以咨询和信息为主,并提供分析和充当早期预警机制。在很多情况下,政府间国际组织同非政府组织进行协商。最初,联合国创造了这一机制;既而,联合国专门机构纷纷仿效;一些区域性的国际机构和组织,比如欧洲理事会、欧洲联盟、美洲国家组织等,对非政府组织也十分重视。在 1995 年的世界妇女大会和联合国的环境保护及可持续发展会议上,非政府组织起到了非常关键的作用。① (3) 通过倡议、游说等方式向政府反映公民关心的问题。据学者考察,跨国倡议网络正在形成,并在环境、反对暴力侵害妇女等领域发挥作用。② (4) 对政府和政府间国际组织的政策和行为进行监督,影响国家行为和认同。特别是在不同的利益冲突角色之间促成协调和妥协,影响政府间国际组织的决策过程。正如德国学者贝克所言,"公众的意识和许多调查报告都表明,针对一大堆规则,对规则爆炸的资本扮演反权力角色的不是国家,而是世界公民社会及其复数的代表。"③通过这种方式,非政府组织就有可能参与国际法的制定,监督国际法的实施。例如,消费者如果组织起来,进行良好的协调、有目的的动员,就可能成为一种锐利的武器。④ 在国际禁雷运动、国际刑事法院的建设与发展中,非政府组织起到了很重要的作用。⑤ (5) 以抗议和斗争的方式鼓励在社区水平上的政治参与。(6) 帮助监督和执行国际协议。非政府组织通过舆论导引国际社会的注意力能够解决很多问题。非政府组织在国际法的实施过程中意义和作用不可忽视。NGOs 不仅在国际立法中提出草案,参与国际会议的讨论,而且在国际法的实施过程中通过向有关委员会传递信息的方式促进国际法的实施,而且有时会采取实际行动对于国家遵守国际法形成压力。(7) 在紧急状况下进行人道主义救援。⑥

随着非政府组织数量的增多,它给社会带来机遇的同时也带来了潜在的问题。因为非政府组织出身的民间性、面向任务、由兴趣相同的人们推动,因

---

① 盛洪生:《当代国际关系中的"第三者":非政府组织研究》,时事出版社 2004 年版。
② 参见[美]马格丽特·E.凯克、凯瑟琳·辛金克:《超越国界的活动家:国际政治中的倡议网络》,韩召颖、孙英丽译,北京大学出版社 2005 年版。
③ [德]乌尔里希·贝克:《全球化时代的权力与反权力》,蒋仁祥、胡仁译,广西师范大学出版社 2004 年版,第 6 页。
④ 同上书,第 7 页。
⑤ 刘贞晔:《国际政治领域中的非政府组织(一种互动关系的分析)》,天津人民出版社 2005 年版。
⑥ 王杰、张海滨、张志洲主编:《全球治理中的国际非政府组织》,北京大学出版社 2004 年版,第 54—66 页。

为敢于质疑和对抗某些既得利益团体,因为具备不以"利润"为目的的天然使命,近年来经常被人们高度赞扬,将它们和勇敢、奉献、牺牲等美好字眼联系在一起。更有人士对 NGOs 抱有一种"新政治"的主观期待,期望这些新兴的第三种力量能担负起国际社会结构转型并进而促进国际政治民主化的历史使命。这当然仅仅是一种畅想。不仅在相当长的时间内,政府仍然是全球治理体制的主要角色;而且,非政府组织也并不是真正圣洁如天使一般的行为体,它们需要自己的资金来源,需要宣扬自己的使命,需要体现自己的存在感,这样就很有可能导致其目标的不纯洁、行为方式的变形、不适当地夸大自身的成就。如果有些组织被某些不利于国际合作、世界和平的势力所指使,他们还可能成为一种负面的力量。所以,一定要一分为二、客观谨慎地看待 NGOs 的存在和功能。

尽管可能存在一些消极因素和具体问题,非政府组织的兴起打破了长期以来一直由政府独占国际治理领域的局面。非政府组织的工作、作用和贡献引起了政府间组织的重视。

(四) 个人

个人在国际法治发展进程中具有不可忽视的作用。个人不仅牵动着国际法治的突破性进展①,而且决定着国际法治的贯彻落实。国际法在主权国家上升的过程中逐渐将个人客体化,但是 20 世纪以后显然情况又发生了变化,这个过程可以称为"人的回归"。② 个人在当代国际法体系之中最突出的地位体现在两个方面:第一,国际人权法和国际人道法的法律机制中,个人以权利主要持有者的身份受到高度的关注和保护。③ 第二,随着国际司法体制的逐渐完善,特别是国际投资法、国际刑法的发展,个人在国际司法活动中的地位日益受到关注。④ 基于条约,个人可以在国际仲裁庭中、国际法中承担

---

① 例如,参见刘大群:《一个人的公约》,载《北大国际法与比较法评论》,北京大学出版社 2012 年版。
② 参见何志鹏:《人的回归:国际法中个人地位之反思》,载《法学评论》2006 年第 3 期;并见本书第八章。
③ 当前,国际人权条约明确规定了个人在国际人权法中的地位,日内瓦四公约及相关议定书则规定了个人在国际人道法中的地位。
④ 关于个人与国际审判,参见 Kai Ambos, *Treatise on International Criminal Law: Volume II: The Crimes and Sentencing*, Oxford University Press, 2014; Elies van Sliedregt, *Individual Criminal Responsibility in International Law*, Oxford University Press, 2012; Héctor Olásolo, *The Criminal Responsibility of Senior Political and Military Leaders as Principals to International Crimes*, Hart Publishing, 2009; Page Wilson, *Aggression, Crime and International Security: Moral, Political and Legal Dimensions of International Relations*, Routledge, 2012; Mark W. Janis and John E. Noyes, *International Law: Cases and Commentary*, 2nd ed., West Group, 2001, pp.395—398.

刑事责任,意味着国际法的触角已经从国家、国际组织延展到了个人。国际刑事责任与国家元首、政府首脑、政府工作人员在执行职务过程中的豁免问题的交叉也使得国际法的基本理论受到拷问和反思①,这无疑有利于国际法的深入发展。而这些制度的构建,对于国际法体制的运作具有重要的作用。这些规范意味着国际法的主体发生了拓展,不仅限于国家、类国家和国际组织,还延伸到非政府组织和个人②;同时意味着国际法虽然从总体上还没有脱离弱法的本质,但是毕竟具备了明确的义务和责任制度,对于强化国际法的约束力和执行可能起到了重要的推动作用。个人在国际社会的秩序建构中受到重视,是人本主义在国际法领域的具体体现,是国际法未来发展的方向和价值基石。

根据国际法中纽黑文学派(New Haven School,或者被称为新港学派、政策定向学派)的观点,国际法是一个过程,而不纯粹是一个规则的总体。所有参与这个过程的都可以称为"参与者",而不纯粹是主体客体之间的差异。③ 无论从现实、还是从理想来看,国际法中"国际"这一概念被理解成"国家之间"这种含义都显得过于局限。虽然传统的学者认为国际法律行为归根结底是个人行为的观点忽略了集体作为一个系统的地位从而不能完全反映国际法律体制运行的真实情况,但是当代的国际法治系统和进程却不可能离开个人而存在。鉴于此种情况,如果将"国际"的意义等同于"跨国"(transnational)④,即意味着在地理上超越一国的边境,是最为合适的解释方法。这种解释下的国际既涵盖了国家之间的协商与制约、也包含了国家之上体制的管束和监督、还囊括了国家之下组织机构的协同与调整。而且,对于未来可能出现的新情况,这一概念还有拓展容纳的可能。

由此可见,国际法治并不仅仅局限在将个人作为终极目标和价值基准,

---

① 关于国际法基本理论中的个人地位问题,参见 Antônio Augusto Cançado Trindade, *The Access of Individuals to International Justice*, Oxford University Press, 2011; Kate Parlett, *The Individual in the International Legal System: Continuity and Change in International Law*, Cambridge University Press, 2011; Mark W. Janis and John E. Noyes, *International Law: Cases and Commentary*, 2nd ed., West Group, 2001, pp.338—342.
② Jan Klabbers, *International Law*, Cambridge University Press, 2013, p.107.
③ 参见白桂梅:《国际法(第三版)》,北京大学出版社 2015 年版,第 250 页;类似观点,见 Rosalyn Higgin, *Problems and Process: International Law and How We Use it*, Oxford University Press, 1994, pp.2—12.
④ 跨国的概念来自于美国法学家杰塞普。杰塞普在一本称为《跨国法》的专著中表述,跨国法是"all the law which regulates actions or events that transcend National frontiers…It includes both civil and criminal aspects, what we know as public and private international law, and it includes national law both public and private…Transnational situations…may involve individuals, corporations, states, or other groups", see: Phillip C. Jessup, *Transnational Law*, Yale University Press, 1956, p.2.

还要考虑个人在某些领域、某些情况下直接参与国际法律行为的事实。而且,国际法治除了以国家身份出面的"国家间机制",还有很多是以个人的集合——"人民"的身份直接出面的,这就包含了人民自决等一系列国际法理论与现实问题。①

四、国际法治的客体

国际法治的客体,是指国际法治所涉及的领域及其关注和处理的事项,也就是"治什么"的问题。粗略分析,国际法治的客体可以分为传统安全问题、非传统安全问题;后者又进一步分为经济问题、文化问题、环境问题、人权问题等。

(一) 传统安全问题

传统安全,也就是领土安全、军事安全的问题,涉及传统政治与外交,在当今仍然是国际法治的最主要问题。虽然从国际关系的主导局势来看,战争已经不再具有以前的重要性,虽然联合国宪章之中已经将使用武力和以武力相威胁作为禁止性的行为,但是在国际关系中,使用武力和以武力相威胁、特别是局部的武装冲突仍然很常见。所以,常规武器和非常规武器的配备、使用问题仍然是国际社会非常敏感的问题;与此同时,使用武力解决国际争端的情况也是国际社会极为关注的问题之一。在传统上,这些问题被视为"高政治"(high politics),法律似乎难于插手。但自从1787年的《英法条约》规定限制建造军舰的规模和通知军舰的配备以来,国际社会为军备控制和裁军的法律规范方面已经作出了令人关注的努力,其中既包括全球性的禁止或削减武器的条约②,也包括区域性及双边的军控与裁军条约。③ 在战争与武装冲突法领域,现在更重视的是国际人道规范,以日内瓦四公约和有关议定书作为主体。虽然这些规范存在着诸多不足之处,例如军控条约的成员国覆盖不全面、国际人道法的实施力受局限等,但是如果国际社会要向法治的方向

---

① 关于自决权的讨论,近年来由于国际情势的变化,获得了很多关注。有关讨论可参见何志鹏:《国际法上的自决迷题》,载《武大国际法评论》第17卷第2期,武汉大学出版社2015年版。
② 如1963年《禁止在大气层、外层空间和水下进行核武器试验条约》、1968年《不扩散核武器条约》、1972年《禁止细菌(生物)及毒素武器的发展、生产及储存以及销毁者类武器的公约》、1980年的《禁止或限制使用某些可被认为具有过分伤害力或滥杀滥伤作用的常规武器公约》及其四个议定书、1992年的《禁止化学武器公约》、1996年的《全面禁止核试验条约》。
③ 如1990年的《欧洲常规武装力量条约》、1992年北约和原华约组织29国达成的《欧洲常规武装力量人员上限协议》、1972年的《美苏反导条约》、1987年的《美苏中导条约》等。

迈进,则对于这些问题必须具备足够的法律关注和法律治理。

(二) 国际经济问题

在经济关系作为国家和国际社会利益的主要指标的情况下,国际法治必须高度重视并且妥善处理经济问题。经济问题主要是国际贸易领域的问题、国际直接投资领域的问题和国际货币金融领域的问题。① 必须承认,经济问题是国际事务诸领域中法治化程度最高的一个。从全球的角度看,作为多边贸易体制的 GATT/WTO 在确立国际贸易秩序方面作出了巨大的努力和重要的贡献。特别是经过乌拉圭回合的拓展,其范围从工业制成品扩大到农产品、纺织品和服装、知识产权、服务贸易以及投资措施。所以,有论者从国际经济宪法的角度来认识 GATT/WTO 这一体制。② 在国际货币金融领域,国际货币基金组织和世界银行作为二战以后稳定和发展国际金融秩序的组织机构,进行了多项的工作,在国际货币与融资方面确立了一系列的规范。其中,ICSID 为国际直接投资的争端解决也提供了制度基础和运作环境。从区域的角度看,欧洲联盟、北美自由贸易协定等区域一体化安排也形成了较为成熟的制度手段。但这些并不意味着国际经济法治已经实现。现有的体制在成员方面尚不能覆盖所有的国家,规范自身也存在着一些实体和程序上的不足,有待于通过进一步的改革发展,以达到法治化的目标。

(三) 国际文化问题

文化关系一般并不是国际关系中的核心问题,但是有的时候意识形态和宗教信仰却有可能塑造和改变国际关系。当前以"文明的冲突"为代表的理论③对于原教旨主义等问题高度关注,虽然有学者认为有可能建构起文明相融的国际关系观念④,但是这些都意味着文化问题在国际关系中的地位和作用不可忽视。如果不能很好地处理文化关系,就很有可能影响经济利益和军事安全。当前,国际社会对于文明关系的讨论多于实际的努力,在这方面除

---

① 〔埃及〕萨米尔·阿明:《全球化时代的资本主义——对当代社会的管理》,丁开杰等译,中国人民大学出版社 2005 年版,第 15 页。
② John O. McGinnis and Mark L. Movsesian, "The World Trade Constitution", 114 *Harvard Law Review* (2001) 511—605;中译本〔美〕约翰·O. 麦金尼斯、马克·L. 莫维塞西恩:《世界贸易宪法》,张保生、满运龙译,中国人民大学出版社 2004 年版。
③ 塞缪尔·亨廷顿关于文明冲突的观点在世界上引起了相当广泛的重视,当然,反对意见很多,而且卓有见地。
④ 对于文明间共存的讨论,主要见〔日〕大沼保昭:《人权、国家与文明:从普遍主义的人权观到文明相容的人权观》,王志安译,生活·读书·新知三联书店 2003 年版,第 16—23、315—369 页;〔德〕哈拉尔德·米勒:《文明的共存:对塞缪尔·亨廷顿"文明冲突论"的批判》,郦红、那滨译,新华出版社 2002 年版,第 15—28、46—63、251—299 页。

了《联合国宪章》《世界人权宣言》等基本文件比较含糊的规范之外,国际社会没有明确的法律约束。值得关注的倒是在文化遗产的保留和文化表现形式的保护方面。① 1995 年,联合国教科文组织收到世界文化和发展委员会提交的《我们创造的多样性》的报告,该报告提出了一个文化权利保护的议程。2001 年 12 月 2 日,第 31 届联合国教科文组织大会通过了《世界文化多样性宣言》。联合国教科文组织倡导的《保护和促进文化表现形式多样性公约》于 2005 年 10 月 20 日通过、2007 年 3 月 18 日生效,主要目标是保护和促进文化表现形式(cultural expressions)多样性,鼓励通过对话和国际合作提高发展中国家保护和促进文化表现形式多样性的能力,并重申各国拥有在其领土上采取保护和促进文化表现形式多样性的政策和措施的主权。该公约和《保护非物质文化遗产公约》《保护世界文化和自然遗产公约》共同构成了保护物质和非物质文化遗产、保护世界文化多样性的国际法体系。在这种情况下,国际贸易体制与文化多样性问题可能会形成冲突,需要采取相应措施实现文化与贸易的和谐。②

(四) 国际环境事务

环境问题虽然在以往的国家间关系中也有体现,但远不像现在这样密集并受到重视。③ 当前由于环境影响的普遍性,"全球共同财产"的观念已经非常深入人心,在环境领域进行全球治理的观念也受到了广泛的欢迎。保护人类环境、促进经济增长之间可能存在着矛盾,如何公平、有效率地解决环境问题是国际社会共同关心的问题。如何妥善地配置全球共同资源、有效地保护环境、促进可持续发展是亟需面对的课题,而法律是解决这一问题的良好途径。④ 在这一阶段,海洋水域污染的问题⑤、气候变化(全球变暖)的问题⑥、

---

① 〔新加坡〕阿努拉·古纳锡克拉、〔荷兰〕塞斯·汉弥林克、〔英国〕文卡特·耶尔:《全球化背景下的文化权利》,张毓强等译,中国传媒大学出版社 2006 年版。
② Tania Voon, "UNESCO and the WTO: a Clash of Cultures?" 55 *International & Comparative Law Quarterly* (2006) 635—651; Michael Hahn, "A Clash of Cultures? The UNESCO Diversity Convention and International Trade Law," 9 *Journal of International Economic Law* (2006) 523—544; Christoph Beat Graber, "The New UNESCO Convention on Cultural Diversity: a Counterbalance to the WTO?" 9 *Journal of International Economic Law* (2006) 549;郭玉军、李洁:《论国际法中文化与贸易冲突的解决——以 2005 年 UNESCO〈保护和促进文化表现形式多样性公约〉为中心》,载《河北法学》2008 年第 6 期。
③ Mats Rolén, *International Governance on Environmental Issues*, Springer, 1997.
④ Elli Louka, *International Environmental Law: Fairness, Effectiveness, and World Order*, Cambridge University Press, 2006.
⑤ Andree Kirchner, *International Marine Environmental Law: Institutions, Implementation and Innovations*, Kluwer Law International, 2003.
⑥ R. Schwarze, *Law and Economics of International Climate Change Policy*, Springer, 2001.

贸易措施对环境的影响①、跨国与区域环境问题受到了广泛的重视,国际环境领域已经建立起了一套复杂的(虽然同时也是薄弱的)法律体系②,形成了一些为国际社会所广泛接受的原则,其中"污染者偿付原则"和"风险预防原则"(或称预警原则)③对于处理国际环境问题具有重要的作用。④

(五) 国际人权关切

人权问题是逐渐进入到国际关系视野中的新问题。⑤ 公民权利与政治权利在国内政治生活中的承认、尊重与保障⑥,经济权利与社会权利通过国家以及非国家制度机构⑦予以贯彻和实施是国际法向国内法渗透的重要方面。⑧ 与此同时,由全面禁止武力使用和武力威胁而出现的和平权、由公害

---

① Bradly J. Condon, *Environmental Sovereignty and the WTO: Trade Sanctions and International Law*, Hotei Publishing, 2006;那力、何志鹏:《WTO 与环境保护》,吉林人民出版社 2002 年版。

② Philippe Sands, *Principles of International Environmental Law*, 2nd ed, Cambridge University Press, 2003; P. W. Birnie and Alan Boyle, *International Law and the Environment*, 2nd ed., Oxford University Press, 2002; Edith Brown Weiss, Stephen C. McCaffrey, Daniel Barstow Margraw, and A. Dan Tarlock, *International Environmental Law and Policy (Casebook)*, 2nd ed, Aspen Publishers, 2006.

③ Arie Trouwborst, *Evolution and Status of the Precautionary Principle in International Law*, Kluwer Law International, 2002.

④ Paul Stanton Kibel, *The Earth on Trial: Environmental Law on the International Stage*, Taylor & Francis, 2007; Rüdiger Wolfrum, *Conflicts in International Environmental Law (Beiträge zum ausländischen öffentlichen Recht und Völkerrecht)*, Springer, 2003; Elli Louka, *International Environmental Law*, Cambridge University Press, 2007; Sumudu A. Atapattu, *Emerging Principles of International Environmental Law*, BRILL, 2006; Donald K. Anton, *International Environmental Law: Cases, Materials, Problems*, LexisNexis/Matthew Bender, 2007; Lynne M. Jurgielewicz, *Global Environmental Change and International Law*, University Press of America, 1996; Roda Mushkat, *International Environmental Law And Asian Values: Legal Norms And Cultural Influences*, UBC Press, 2005; Lakshman D. Guruswamy, Burns H. Weston, Geoffrey W. R. Palmer, and Jonathan C. Carlson, *International Environmental Law and World Order: A Problem-Oriented Coursebook*, 2nd ed., West Publishing Company, 1999; Prue Taylor, *Ecological Approach to International Law*, Taylor & Francis, 2002; N. Neuhold, *Environmental Protection and International Law*, Springer, 1991; Alexandre Kiss and Dinah Shelton, *Guide to International Environmental Law*, BRILL, 2007; David Hunter, James Salzman, and Durwood Zaelke, *International Environmental Law and Policy*, 3rd ed., Foundation Press, 2006.

⑤ David P. Forsythe, *Human Rights in International Relations*, 2nd ed., Cambridge University Press, 2006; Philip Alston, Ryan Goodman, and Henry J. Steiner (ed.), *International Human Rights in Context: Law, Politics, Morals*, 3rd ed., Oxford University Press, 2007; David Weissbrodt and Connie de la Vega, *International Human Rights Law: An Introduction*, University of Pennsylvania Press, 2007.

⑥ Rachel Murray, *The Role of National Human Rights Institutions at the International and Regional Levels: The Experience of Africa*, Hart, 2007.

⑦ Oliver De Schutter (ed.), *Transnational Corporations and Human Rights*, Hart Publishing, 2006.

⑧ Richard Lewis Siegel, *Employment and Human Rights: The International Dimension*, University of Pennsylvania Press, 1994.

事件而确立起的环境权、由殖民地独立运动而出现的发展权等被称为"第三代人权"的集体人权问题由于连接着国家的基本权利而在国际论坛上被深入讨论。① 在这一领域,国际经济贸易领域的人权问题②、战争与武装冲突境况下的人权问题③(国际人道法)是近期受到关注的新理论焦点。而人口、移民、难民④这些传统的国际法所关注的人权问题依旧具有重要意义,针对不同主体也确立了不同的权利保护体系(如性别歧视与暴力、儿童权利、残疾人权利等)。⑤ 以区域法律规范与机制⑥和全球法律规范与机制⑦的方式对人权问题予以越来越多的重视,当前在人权问题的处理中有很多政治性的因素,使得本来应当真诚努力、提高人权保护水平的终极目标并没有真正达到,这在客观上需要更加重视法律的作用。⑧ 人权要求不仅允许非政府组织、而

---

① Shelly Wright, *International Human Rights, Decolonisation and Globalisation Routledge*, 2007.
② Thomas Cottier, Joost Pauwelyn, and Elisabeth Burgi (eds.), *Human Rights and International Trade*, Oxford University Press, 2006; Lance A. Compa, *Human Rights, Labor Rights, and International Trade*, University of Pennsylvania Press, 2003; Janet Dine, *Companies, International Trade and Human Rights*, Cambridge University Press, 2005.
③ René Provost, *International Human Rights and Humanitarian Law*, Cambridge University Press, 2005; Francisco Forrest Martin, Stephen J. Schnably, Richard Wilson, Jonathan Simon, and Mark Tushnet, *International Human Rights and Humanitarian Law: Treaties, Cases, and Analysis*, Cambridge University Press, 2006; Richard Ashby Wilson, *Human Rights in the 'War on Terror'*, Cambridge University Press, 2005; Mohamed Abdelsalam Babiker, *Application of International Humanitarian and Human Rights Law to the Armed Conflicts of the Sudan: Complementary or Mutually Exclusive Regimes?*, Intersentia Publishers, 2007;人道主义干涉仍然是这一领域的重要理论问题之一,如 Anne Orford, *Reading Humanitarian Intervention: Human Rights and the Use of Force in International Law*, Cambridge University Press, 2007.
④ Michelle Foster, *International Refugee Law and Socio-Economic Rights: Refuge from Deprivation*, Cambridge University Press, 2003.
⑤ S. James Anaya, *Indigenous Peoples in International Law*, Oxford University Press, 2000; Arlene S. Kanter, Mary Pat Treuthart, Eva Szeli, Kris Gledhill, and Michael L. Perlin (ed.), *International Human Rights And Comparative Mental Disability Law: Cases And Materials*, Carolina Academic Press, 2006; Bob Franklin, *The New Handbook of Children's Rights*, Taylor & Francis, 2007.
⑥ Albert H. Y. Chen, *Human Rights in Asia*, Taylor & Francis, 2007; Hidetoshi Hashimoto, *Prospects for a Regional Human Rights Mechanism in East Asia*, Taylor & Francis, 2007; Mashood A. Baderin, *International Human Rights and Islamic Law*, Oxford University Press, 2005; Obiora Chinedu Okafor, *The African Human Rights System: Activist Forces and International Institutions*, Cambridge University Press, 2007.
⑦ Michael B. Likosky, *Law, Infrastructure, and Human Rights*, Cambridge University Press, 2006; Dinah Shelton, *Remedies in International Human Rights Law*, Oxford University Press, 2006; Shiv R. S. Bedi, *The Development of Human Rights Law by the Judges of the International Court of Justice*, Hart Publishing, 2007.
⑧ Daniel Moeckli, Sangeeta Shah, and Sandesh Sivakumaran, *International Human Rights Law*, Oxford University Press, 2014; H. Hannum, S. James Anaya, Dinah L. Shelton, and Richard B. Lillich, *International Human Rights: Problems of Law, Policy, And Practice*, 4th ed., Aspen Publishers, 2006; Basak Cali, *The Legalization of Human Rights*, Taylor & Francis, 2007; Gibney Mark, *International Human Rights Law: Returning to Universal Principles*, Rowman & Littlefield Publishers, Inc., 2008.

且允许按世界公民的标准组织的国家群体,对其他国家内部的权威和合法性跨国性的施加影响。① 在人权的问题上,摆脱泛政治化的体系,进入到法律化的体系之中②,是未来国际法治发展的重要方面。

在国际法治所治理的具体事项领域基础上,还可以进一步区分为单个领域的治理和综合领域的治理。单个领域的治理是对某一事项的专门治理,比如对于政治问题的治理、经济问题的治理、农业问题的治理③、卫生问题的治理④、军事问题的治理⑤,还可以划分的更细,比如对于环境问题的中的保护动植物物种问题⑥、保护臭氧层问题⑦、保护越界危险废物转移问题⑧等进行分别的治理。综合领域的治理是非确定性、非专门性的,对政治、经济、文化等多个领域(但并不是包罗万象、无所遗漏的,因为现在意图进行无所不包的综合国际治理是不能达到的空想)的治理。

五、国际法治的"法"

考量国际法治,不能离开其所依据的规范基础。究竟有哪样一些层次和形态的规范可以作为依据,这些规范应当具备何种品质,是值得关注的问题。国际法治所依据的规则应当是"国际良法",也就是所有预期得以遵行的国际规范都是好的规范,这样的良好规范作为国际法治的基础才能够稳妥和健康地运行。为了符合良法的要求,国际法治的规则基础至少应当同时满足以

---

① 〔德〕乌尔里希·贝克:《全球化时代的权力与反权力》,蒋仁祥、胡仁译,广西师范大学出版社2004年版,第66页。
② Oliver de Schutter, *International Human Rights Law*: *Cases*, *Materials*, *Commentary*, Camlaridge University Precy, 2014. Paul Gordon Lauren, *The Evolution of International Human Rights*: *Visions Seen*, 2nd ed., University of Pennsylvania Press, 2003; David Weissbrodt, Joan Fitzpatrick, and Frank Newman, *International Human Rights Law*, *Policy*, *and Process*, 3rd ed., LexisNexis, 2001; Richard Falk, *Human Rights Horizons*, Taylor & Francis, 2007; Rein Mullerson, *International Law*, *Rights and Politics*, Taylor & Francis, 2007; Jack Donnelly, *International Human Rights*, 3rd ed., Westview Press, 2006.
③ 1945年成立的联合国粮农组织(FAO)以增进一切粮食和农业产品的有效生产和分配、提高营养和生活水平为宗旨。
④ 1948年成立的世界卫生组织(WHO)以消除社会疾病根源、提高人类健康水平为己任。
⑤ 1949年成立、总部位于布鲁塞尔的北大西洋公约组织(NATO)就是一个军事战略组织,在国际战争法方面存在着关于作战方法与手段的海牙战争法体系以及保护平民和战争受难者的日内瓦战争法体系。
⑥ 比如1973年签订的《濒危野生动植物种国际贸易公约(CITES)》谋求的就是在保护野生动植物种方面的国际合作。
⑦ 例如,1985年的《保护臭氧层维也纳公约》、1987年的《关于消耗臭氧层物质的蒙特利尔议定书》就针对氟氯化碳(氯氟烃)和哈龙进行国际规制。
⑧ 1989年的《控制危险废物越境转移及其处置的巴塞尔公约》就要求有关国家共同采取措施管理和处置危险废物,保护人类健康和环境安全。

下两个方面的评价指标:

(一) 法律规范基于妥当的价值目标

国际法治的法律规范在内容上应当是善的,其价值目标设定得合理,符合一般的伦理要求。具体而言,国际法治所依赖的规范体系应当符合以下三个方面互相联系的价值要求:

1. 人本主义

人类社会的一切制度,包括国际机制在内,都应当建立在人本主义的基础上,也就是以人的生存、福利、发展为出发点和终极目标,而不能着眼于人类之外的组织或事物。人本主义不仅是中国古代治国方略、天下理念的核心[①],也是西方自文艺复兴开始被高度重视的文化观念。当前,虽然环境伦理的兴起使人们开始反思以往的强势人类中心主义和以基督教文明为体现的西方中心主义进步观与现代性,但人类自身的存在方式与发展路向意味着人类不可能完全超出人类中心主义。从国际法治的精神内涵上看,应当强调以人为主的治理,而非以国为本的治理,所以这些规范应当建立在人本主义的基础之上。[②] 人、人的存在、人的生存状态、人的愿望与需求是人类社会的一切思想、行为、制度体系的起点、原因与归宿。

在这方面,应主要防止"物本主义""国本主义"和"世界主义"三种趋势。物本主义,就是以物质利益(经济增长指数是最常见的)为中心,忽视人在发展中的主体性;国本主义,或称国家中心(state centric),即以国家、民族的利益为名侵犯、压制个体的利益。防止国本主义一般难于做到,因为国家政府作为缔约者更容易考虑到小团体的利益,而忽略甚至出卖国民的普遍利益。传统的国际关系、国际法实践中,都是国本主义的。[③] 但是,随着经济全球化的推展,国际关系发生了变化,以"国家中心主义"为基础和前提的国际关系

[①] 中国古代管子所主张的以人为本的霸业观、老子所主张的顺应自然的无为施政观、孔子的仁德取天下的思想、孟子的仁政治天下的思想都体现出了人民在政治体系中的重要意义。参见阎学通、徐进等:《王霸天下思想及启迪》,世界知识出版社 2009 年版,第 3、58—63、71—77、112—120 页。

[②] 有学者对于人道主义干涉进行了法律分析,特别从自然法与实证法的角度讨论了人道主义干涉超越国家主权、确立国际法人道主义基础的理论问题。Nikolaos K. Tsagourias, *Jurisprudence of International al Law: The Humanitarian Dimension*, Manchester University Press, 2000. 人道主义干涉虽然由于一些国家的不当操作背上了恶名,但是从理论上说,国家并非至上的,现代国际法主张存在着"强行法"、国家拥有"保护的责任""对一切的义务"都意味着传统主权范式的转换。

[③] Robert Gilpin, *The Political Economy of International Relations*, Princeton University Press, 1987, pp.13—17; 有关评论,见郑先武:《全球经济新秩序的国际政治经济学解读——罗伯特·吉尔平"国家中心"现实主义观点述评》,载《国际论坛》2003 年第 5 期。

理念受到了动摇,国际关系中日益出现了越来越多的非国家行为主体;建立在相互依赖理论基础之上的新自由主义,强调了国家中心范式正在向世界政治范式转变。① 所谓世界主义,或者世界中心,就是主张国际制度或者实践应当为某种普世的、先验的世界利益服务。因为个人是一个实在的行为体,有明确的感知和评价能力;国家是一个拟人的主体,也还可以承担利益、意志等属人的对象;但世界却仅仅是一个集合,无法承担上述对象,所以不适于被确立为终极目标。

在国际法治的体系和进程中,有必要把关注的中心聚集到人的身上,也就是国际体系、国际制度应着眼并服务于人类普遍的、长久的幸福生活。虽然人是多样的、存在差异的,但是在最基本的方面,人是有共性的。在化约共性的基础之上,利用经济学和社会学的方法,去判断人类的共同利益取向与幸福追求并非不可能。政治家的宽广胸怀和政治精英的伦理观念,应当超越小团体观念,而维护更广阔的利益。国际社会在确立人本主义的世界格局价值观方面已经初步奠定了基础。例如,《联合国宪章》的序言中,首先就提到了"我联合国人民",而不是"缔约各国",同时也提到了对于基本人权重视,这从更深刻的意义上体现了国际社会契约的内涵。在1947年的GATT(后来被GATT 1994所继承)的序言中,也谈到了对于人的就业的重视。国际社会契约的缔结和实施可以进一步实现人本主义的目标,其中最主要的是对于人权的认可与保护。当前,国际人权法中的人权也就是确认和保护现存全球性、区域性国际人权体制所认可并保护个人的权利;国际人道法中的人权是以"日内瓦四公约"及有关议定书为核心的国际人道法规范体系所确认的人权;国际经济法中的人权是在经济事务中体现出的人权问题,主要为劳动者的权益、商事交往中的国民待遇等方面的问题。国际环境法中的人权集中体现为环境权,即个人的、集体的主张良好环境的权利。

就未来的方向而言,国际法治所依据的法律规则应当始终坚持权利本位。历史告诉我们,民主程序只是善法产生的一个必要条件,而绝不是充分条件。公众时常容易被宣传和鼓动所蛊惑,作出错误的选择。② 从民主程序本身讲,多数人之治也可能导致暴政(tyranny of majority),而这种暴政往往

---

① 蔡拓:《全球主义与国家主义》,载《中国社会科学》2000年第3期;刘杰:《论经济全球化与国际关系的结构性衍变———一种国际政治经济学视角的理解》,载《世界经济研究》2003年第2期;贾少学:《论国际法与国内法关系及法哲学研究范式的转换》,载《吉林公安高等专科学校学报》2007年第1期。

② 德国人在被纳粹政府统治之时,以高度的民主机制订立了隔离、屠杀犹太人的法律。

比独裁的暴政更加可怕。① 既然多数人会议决出包括、奴役某些人或者消灭少数人等"不良之法",那么如何才能保证法律在内容上的正当性呢? 在这一环节就应当归结到法律的本质,也就是以权利为基本因子、基石范畴这一点上来。法律应当始终将权利放在规则的首位。而这里所说的权利,应当是一个时代所有个体所追求的基本的、普遍的自由和利益。②

2. 和谐共存

一个法治文明的社会必须着眼于不同文明、不同文化、不同思想观念之间的和谐相处,共同发展。在相当长的历史时期内,不同国家、文明之间的冲突不仅是一种观念,也经常是一个事实。自从亨廷顿的"文明冲突论"发表以后,世界对文明之间的紧张关系的关注显著增加。对此,首先应当认识到,不同的文化、文明之间的差异、不解是一种正常的状态,关键是在这种状态下的心理。如果强化、夸大或者加剧此种冲突,就可能起到悲剧性的后果。文明间共存意味着不同历史背景、传统习惯和生活方式的人群之间的宽容、理解、对话与合作。可取的态度是努力去理解另一种文明,并在此基础上倡导文明间的宽容,以宽厚的心态营造宽松的国际环境,推进文明之间的和谐共存、合作交融。例如,西方发达国家高度赞赏并极力推行自由民主体制。但实际上,自由主义理念中的共和自由主义存在诸多问题。假如共和制度只是多元共存,并不意味着必然会导致和平。所以,共和与和平、民主与和平并无内在的本质联系,而且世界上并无绝对的民主国家,亦无绝对的专制国家。所有的国家都处在民主和专制之间的一个中间状态。说民主国家并无战争的论断非常模糊,任何一个参战的国家均可指责对方不民主、假民主。因而,如果想让全球化有效运作,就需要更多关注包括中国在内的发展中国家的文化观念,需要在国际社会契约中形成国家间的相互理解、彼此包容、有效合作和协调并进。只有切实地培养和导引文明之间共存的态度,才是真正的人本主义,才能真正地体现可持续发展。否则很可能是危险的体制、短期的发展、虚假的繁荣。

3. 可持续发展

在人类的信念中,世界是以人为中心的世界,但是却不能是只有人的世

---

① 在这里有很多古代的例子可以证明,比如古希腊审判苏格拉底和《圣经·新约全书·马太福音、路加福音》中记载的审判耶稣。
② 这种观点与张文显教授在其《法哲学范畴研究》中所指的略有不同。张文显教授用权利本位概念时所指称的"权利",就我个人的理解,仍然是法定权利;而且明确指出,人权的概念大于法学中所讲的权利;我则认为,如果与法定权利作为法律和法学的本位,只能解释法律,却不能超越法律、评价法律,这就使得法律失去了航标、失去了理论的指导;所以"权利本位"中的"权利"必须是人权意义上的、以社会伦理道德为基础的权利标准。

界。人生活在生物圈之中,所以必须处理好人与自然的关系。工业革命以后的大规模污染形成了很多不可逆的环境危害,引向了人类的自身生存与生活质量。当今,为了实现世界的和谐,有必要增进全人类的共同利益、追求人类与自然的和睦相处,通过节约资源、保护生态、控制污染等手段,实现全球的可持续发展。

现在的人类生活在一个由于交通、通讯的发达而日益缩水的世界之上,以往东西方国家之间可以相互隔绝,甚至可以"民至老死不相往来",现在确实处于深度的、复合相互依赖状态,"天涯若比邻"。贸易、投资所引致的生产全球化、消费全球化进一步导致了人口的世界性流动、知识与信息的世界性传播。如果说中世纪可以有《天方夜谭》《马可波罗行记》《镜花缘》之类的夸张描写外国风物的著作的话,现代世界的信息高速公路完全可以通过文字、图片、声音、视频的传输将真相公布到世界的各个角落。

随着现代科技的发展、生产效率的提高到来的是金融风暴、健康威胁等负面问题的全球流布。但人类面临着新的技术性风险,比如核风险、化学产品风险、基因工程风险、生态灾难风险等。在全球化的背景下,风险社会①的紧迫性更加明显,共同应对风险的必要性更加突出。这不仅由于经济全球化大大增加了风险的来源、造成了风险扩散,并在扩散的过程中形成新的风险,扩大或增强了风险的后果,更由于发达的现代通讯技术使更多的人意识到风险的潜在后果,也容易因为信息的不完整导致过度恐慌。工业社会的核心问题是财富分配以及不平等的改善与合法化,风险社会的核心问题就是伤害的缓解与分配。古典现代性的标志概念是财富和权力,反思现代性的标志概念则是风险和不确定性。这些风险摧毁了现代制度应对风险所依托的计算理性理念与方法,带来了公共的扩展与私人领域的再造双重结果,呼唤着利益观的改变,并推动着治理机制的变革。② 现实主义国际关系理论揭示了这样的道理:互不信任的国家之间会陷入安全困境,为了安全投入得越多就越不安全;不能合作的国家之间会形成囚徒困境,为了自己的利益而谋划却使所

---

① 风险社会这一概念自 1986 年由德国学者乌尔里希·贝克提出,1992 年在英语世界受到关注以后,已经成为我们思考国际问题的一个重要的知识语境,成为国际政治决策的关键点。后来,贝克又提出了"全球风险社会"的概念。在全球风险社会中,危机有生态危机、全球经济危机以及跨国恐怖主义网络所带来的危险三个层面。这些全球风险使世界上每一个人都可能受到影响或冲击;要应对和解决它们则需要在全球范围内共同努力。而且,这些全球性风险爆发于政治层面,不一定取决于事故和灾难发生的地点,而是取决于政治决策、官僚机构以及大众传媒等。技术进步在增加人类选择的同时,也把选择带来的风险变成现实。参见〔德〕乌尔里希·贝克:《风险社会》,何博闻译,译林出版社 2004 年版;〔德〕乌尔里希·贝克:《全球化时代的权力与反权力》,蒋仁祥译,广西师范大学出版社 2004 年版。
② 参见杨雪冬:《风险社会中的制度想象力》,载《文汇报》2007 年 9 月 17 日。

有的行为体都付出了最大的代价。① 在现代性制度枯竭的风险社会,必须发挥想象力"再造政治"以应对风险。这样的政治抛弃了传统的权力政治思维和行动模式,从不断产生出来的新的社会力量、组织形式和思想观念中汲取力量,建造出能够应对风险的制度结构。全球的共同风险要求各国形成基本整体性共识,相互合作才能保持人类整体存续。所以,面对这种"时空压缩"的全球化所引致的优势和问题,国际关系的行为体必须在竞争中合作,在合作中建立、强化规范与制度,促进跨国的信任和往来;在全球范围内增强信息透明度,建立有效的风险预警机制,并促进多元治理主体、多维治理模式、合作互补、即时解决问题的复合治理。② 里斯本小组在《竞争的极限》中指出,为应对全球风险社会,共同研讨并解决诸如人口爆炸、毒品泛滥、核武器扩散、种族与宗教的原教旨主义、气候灾难、大规模移民运动等全球性问题,实现世界和平目标,人类有必要将以人权保护、安全维持、消除贫困、文化交流、经济调控、环境保护等为目标的全球社会契约协调起来,通过将契约变成实践,促进平等、宽容与对话,以互助团结取代霸权和暴力。很多政府、政府间国际组织,包括 G8(Group of Eight,八国集团)、G20(Group 20,20 国集团)等非正式安排已经意识到建立信任、建立合作模式对于全球互动和往来的重要意义。与此同时,全球化的纵深发展形成了全球性质的公民社会,即由全球范围内社会不同领域积极活动的各种集团与机构如协会、自发性公民政治组织、非政府组织等构成的政府外的行为体。它们的运行为世界和谐、可持续的提供了重要的力量。

可持续发展意味着既注重当前人类的生存状态,又不进行耗竭式的生产与生活,也就是布伦特兰委员会提出的"既满足现代人的需求以不损害后代人满足需求能力"的发展模式。③ 它是以人为本的发展,是基于科学的发展,是协调环境的发展。环境保护的目标不是为了环境自身,而是为了人,所以可持续发展仍然是一个人本主义的目标,它是人的持续、人的发展,而不是环境的自身的持续、自然生态的发展。国际社会契约中倡导可持续发展,主要是从环境资源的角度,确定全球共同体的协调生产与生存方式,从长远发展的角度构筑国际体制的基本格局。当前的环境问题日益敏感,威胁着人类的生存与发展。

---

① Joseph S. Nye, Jr. and David A. Welch, *Understanding Global Conflict and Cooperation: An Introduction to Theory and History*, 8th ed., Longman, 2011, pp.294—295.
② 参见杨雪冬:《全球风险社会呼唤复合治理》,载《文汇报》2008 年 12 月 25 日。
③ World Commission on Environment and Development (WCED), *Our Common Future*, New York: Oxford University Press, 1987, p.43;世界环境与发展委员会:《我们共同的未来》,王之佳、柯金良、夏堃堡译,吉林人民出版社 1997 年版。

人类社会已经认识到了可持续发展的重要意义,并提出了实现可持续发展的一些原则①,其中最关键的部分当然是一系列的国际环境条约,其主要方式是确立目标的框架公约与规定具体权利义务的议定书相配合;同时在保护个别物种、维护和使用水资源等方面也出现了大量的国际条约。值得关注的是,在《北美自由贸易协定》和《欧洲联盟条约》中,可持续发展的理念也贯穿到具体的法律制度之中。在 WTO 的框架下,关于《实施卫生与植物卫生措施协定》(《SPS 协定》)、《技术性贸易壁垒协定》(《TBT 协定》)等协定的解释与分歧也与可持续发展密切相关。

当前的国际社会应当充分认识到人的核心价值和目的意义,充分认识到可持续发展的重要意义。从这个意义上讲,作为国际法治的根基的法律规范必须是以人为本的,必须是理性的配置资源、安排人与生态、自然环境的关系的,而决不能是以抽象的理念或者原则超越了人对于幸福的追求,或者盲目的强势人类中心主义割断未来发展的动脉。② 当代国际法治必须坚持可持续发展的目标。可持续发展意味着在地球上同时生存的人得到公平待遇(代内公平)的同时考虑后世各代的发展可能(代际公平);甚至考虑人与动植物、自然体之间的公平关系(域际公平)。要求人类以行星托管的原则妥善地对待生产与生活的环境,改变以往不可持续的生产与生活方式,在经济、社会、文化等方面保证发展质量和发展时间的延续。

因而,在理论上,国际法治的应然、终极、理想就应当是增进人民福利、实现全球社会的和谐与可持续发展。这需要解决两个方面的问题:一是主权的世俗化、实在化,即从具体权能和目标的角度理解主权,而非从抽象的原则出发去认识主权。只有这样才能将国际法治的规范落实到人的身上。二是多类人的可通约性问题。在人类生活的方式差距巨大的时候,讨论人类的共同价值是很困难的。但是,全球化带来了人类社会生活的趋同化,而这种趋同会导致人类的人的价值标准互相类似,在其中寻求相同的因子是可能的。

(二) 法律规范具有形式的妥当性

要求法律规范在形式上符合良法的要求,既要求存在着明确的法律规范,有要求这些法律规范构成一个有机的体系。在形式上,国际法治所依据的法律规则应当同时必须逻辑严谨、简明扼要、清晰易懂、体系完善,明了地

---

① 1992 年 6 月,联合国在里约热内卢召开的"环境与发展大会",通过了以可持续发展为核心的《里约环境与发展宣言》《21 世纪议程》等文件。2002 年的约翰内斯堡会议也阐释了可持续发展的实现路径。
② 参见何志鹏:《人的回归:国际法上之个人地位》,载《法学评论》2006 年第 2 期。

规定权利义务配置、法律责任的归责原则、归责方式,具有可预期性、可裁断性,其精神主线应当整体贯通,否则会陷入无尽的争论。① 法律规范的目标是理解、遵行和操作,而不能是理论上的争辩。这就需要法律有明确的位阶,表达得清楚明白,不仅一个法律文件的内部不能有矛盾,而且法律之间也应当彼此配合。

在西方的知识传统中,国际法,以及作为其根源的"万国法"最初的基础是自然法。自然法被认为是一种不成文的、但符合人类理性的、普遍的、世界公认的规则②,在国际协定不发达的时候,国家遵照共同接受的规范而行事,并认为这是国际社会的自然法;但是,自18世纪以后,国际协定逐渐增多,国际法主要成为一种约定法,但仍有自然法的印记。就现有国际法而言,多数以条约的方式体现为成文法,以往主要以习惯体现的规则逐渐经编纂而成文化。国际法从效力上将分为全球性的和区域性的,普遍的(对一切的义务)和特别的,强行的(强行法)和任意的,其中"对一切的义务"和"强行法"不为国家的行为和约定而改变,属于自然法理念的延伸。这些共同构成被国际社会接受的国际法渊源③。实际上,在国际法治的框架中,有约束的规范包括但不限于国际条约、习惯、具有约束力的国际文件,还包括各国涉及与外国国家及/或其私人关系的国内立法、判例法、跨国商事惯例。这些规范形成一个综合性法律系统。④ 当然,在这种意义上还面临着如何阐释这些原则和规

---

① 郑成良教授将法的这种品性称为法的"形式价值",参见郑成良主编:《现代法理学》,吉林大学出版社1999年版,第168页。
② 在从古希腊以降的西方政治哲学论著中,"自然法"这一概念屡见不鲜。但其内涵在不同的时代显然有不同的理解。素朴的唯物主义将之视为世界规律的一部分;神学论者将之与上帝的意志等同;客观唯心主义者将之视为绝对精神或者理性的表现。参见张乃根:《西方法哲学史纲(增补本)》,中国政法大学出版社2002年版,第20—26、44—47、70—76、87—89、108—113、123—178页。在被推为国际法创始者的荷兰法学家格老秀斯的著作《战争与和平法》中,经常使用"自然法"一词。
③ 现在,对于国际法的渊源,人们一般愿意援引《国际法院规约》第38条第1款的规定。但是,由于时代的局限性,国际法院规约所规定的渊源现在看来已经不够全面。至少国际组织的决议、二次立法和一些国家具有国际影响的单边规范应当考虑进来。现在有的学者认为,国际法并非一套单纯的、自成体系的实践或者机构,而应直接将那些复杂的规则、原则、理想、程序、政策、决定、命令、建议、协定、惯例、先例以及其他规则性的因素(也就是我们常说的"软法"和"硬法")集合起来,统称为国际法渊源。见:Terry Nardin, *The Rule of Law in International Relations*, International Legal Theory (Publication of the ASIL), Vol. V, No. 1, 1999.
④ 如果将国际法留在经典国际法(国家间的法)的层面,那么国际法治的规则范围和效力范围要远远大于这一点;如果将国际法的体系放大的话,那么国际法本身的特性就容易消失。所以国际法治未必与国际法的规范及运作相契合,而是更符合"跨国法"的内涵界定。

则、如何化解这些原则和规则之间的冲突的问题。① 要解决这一问题,首先应当在技术上分析冲突的真实性②,然后通过规范位阶、等级的分化③、价值筛选、效力排列的方式将冲突逐渐化解。不可否认,在这种努力做完之后,仍然会存在冲突,这需要进一步通过法律的"治理方式"来解决。

就当前而言,要求国际法治所依据的规范在形式上是好的,主要针对国际法不成体系的问题。迄今为止,处理跨国问题的规范是分散的,这对于实现法治是一个障碍。由于国际法治所处理的问题本身的复杂性、错落性,所以国际法治所依据的法律规则也必然是多层次的。不仅涉及用国际法的原则、规则调整国际关系,而且涉及具有跨国意义的国内规范,这使得国际法治中的"法"成为一个难于索解的词汇。国际社会已经认识到了国际法的不成体系问题,同时也长期关注国内法与国内法的关系问题,但是国际法制规范的体系化实践仍然未能实现。鉴于原有规则的重复、矛盾、漏洞,出现了法律制度体系的不健全,所以有人主张在现有法律的基础上,依据国际法治自身的要求与目的,重新订立一套规则。但是这个设想仍然遥远。基于此,国际法治不仅要依据现实既有的规则、还要考虑规则背后的合法性原则(也就是所谓的自然法),在适用规则的同时考虑未来规则的变革与发展。如果我们承认法律本身是一个庞大的系统的话,那就必须综合性地进行认识。从时间的纵轴上看,有其过去、有其未来;从社会的横轴上看,有此地的规范、有彼地的定则;有局部的规范、有整体的规则;从理论的深度看,有其存在的价值基础、当前的实在表现和发展的理想追求。如果将法律作为一个生长的体系,前述不同层次的规则就可以放到一个框架之中。

六、国际法治的"治"

徒法不足以自行。前述的妥善规范还必须能够由适格的组织机构监督和执行、被国家等国际行为体普遍认可、接受和遵从,并且在需要的时候形成

---

① 国际私法上所探讨的"法律冲突"的概念给我们做了很好的说明:此地的规则与彼地的规则之间存在着地域冲突;过去的规则和现在的规则之间存在着时际冲突;此种人之间的规则与彼种人之间的规则存在着人际冲突。在国际法治的层面上,还存在着法律的现实与法律的理想之间的价值冲突、国内法与国际法的位阶冲突、国际法之间的领域冲突等等。
② 有些冲突表面上看来是存在的,比如甲国的法律与乙国的法律(或者国际组织之间、国家法与国际组织法之间等等)内容不同,但是二者在适用上没有撞车的机会,所以实际上不存在冲突。这种情况借用一些国际私法学者的术语可以称为"虚假冲突"。
③ 奥地利籍美国学者凯尔森在其《法与国家的一般理论》(该书第十一章,中译本由沈宗灵先生译出,中国大百科全书出版社 1996 年版,第 141—182 页)中阐释了法律规范的等级体系。但是凯尔森的论述对于国际法律规范的位阶并没有进行深入讨论。在这方面的论述,参见车丕照:《国际法规范等级化的趋势及其影响》,载《吉林大学社会科学学报》1991 年第 3 期。

有效的救济机制,国际法治才能算真正实现。正如有宪法未必有宪政、有法律未必有法治,法律的蓝图必须演化为生活中的机制和运转,法治才不会是一个神话。也就是说,纸面上的规则只有演化成"活的法律",国际社会才能说存在法治。

(一) 国际法治的程序要求

法治有多元的理解可能。国际法治的运作方式应当是"全球善治",也就是规范的订立和运行程序是遵循着严格的法治标准的,同时,通过精心设计的执行程序和监督程序是规则真正落实为主体的权利义务配置和社会上的秩序安排,所有的主体都是秉承善意来构建和遵循这些规范的。具体而言,善治的具体运作标准具体表现在:

1. 民主而透明的国际立法进程

在立法环节,采用专家与民主相结合的立法程序,同时注意非政府组织的广泛参与。美国 1780 年的《马萨诸塞州宪法》第一部分第 30 条规定了三权分立的原则①,这是孟德斯鸠法治思想的体现。国际社会的法治也必须注重权力的分担与制衡。从程序上看,国际法治所依据的法律规则应当以民主程序确立。国际法治诸领域具有专门性,有专家进行草拟法案能够保证专业性和效率。与此同时,要提高立法的透明度。国际法治是多边治理而非单边治理的形式,所以要求民主和公正。采用民主的立法方式,可以使各有关方面都有机会参与规则制定,都能在其中表述自己的意见,试图维护自己的权利;只有这样,法律规则才有可能成为公知、公意的载体。② 也只有这样,才有可能在内容上实现规则的世界主义,即在承认价值与生活方式的多样性基础上,对各种社会状况和历史联系形成广泛的共识,通过立法使这种共识的全面发展。与此同时,还应当确立规则的更改与进化机制。由于法律是发展的,在执行规则的过程中,可能会发现法律规则本身有不健全、不周密、不合理之处;或者由于社会情况的变化使原来的法律规则显得陈旧、落后,这都需要在法律规则的运作过程中留有一套使规则在正常发展中成长变化的机制,包括规则的解释、修订,这样才能保证规则的完善性和可行性。

---

① "In the government of this commonwealth, the legislative department shall never exercise the executive and judicial powers or either of them; the executive shall never exercise the legislative and judicial powers, or either of them; the judicial shall never exercise the legislative and executive powers, or either of them; to the end it may be a government of laws and not of men."

② 当然,这里还可以进一步引申出问题:比如以国家为主体的国际法治存在以大国欺压小国的可能;以人民为主体的国际法治存在着一些民众的利益受到忽视的可能;而且由于缺乏国家之间的制约合理力量抗衡,决策一旦错误,就会导致毁灭性的结果。二者均有不利之处。那么如何达到最好的结果,有待于进一步探索。

2. 自觉而普遍的国际守法状态

在守法环节,所有的法律关系主体都能够以诚实信用为基础,妥善地遵守前述的国际规范。作为一个法治社会,法律规范应当得到全社会的普遍认可与遵守。社会秩序的形成是法律至上而非权力至上。法治所倡导的法律至上,首先是法律在政府之上,也就是政府服从法律的规定。法治被描绘成"我们政治传统中一个稀少而多变的原则",其核心包含着"规律和节制、体现在法律的政府而非人的政府的价值"。① 虽然在很多人看起来,法律至上的原则可能与国家主权相矛盾,但是在国际社会,可以按照社会契约论者所构想的那样,由各个主权者通过国际社会契约建立起一套秩序、机制,各国从遵从自身的诺言出发遵从国际规范与机制,这一点与现行宪政的原则及理念是一致的。国际法治同时意味着所有的国家都受制于法律的约束,而不存在着法律之上的特权国家。戴西(中国宪法学界一般译为"戴雪")为法治总结了三条原则:首先,恒常的法律的绝对权威或主导,而非专断的个人的影响;其次,法律面前的平等,或者一般法院所辖领地之上所有阶层平等的适用法律;再次,宪法乃法院界定和实施的个人权利之结果。② 践行法治就要求国家平等地遵守法律,共同维护法律所确立的秩序,只有这样才能够使国际社会由信任而产生信心,由信赖而萌生信仰,并进而在全世界形成尊崇法律的"法治文化"。

3. 严格而有效的国际法监督体制

国际法治应体现为国际社会依据规则去治理,而非依原则治理。就法治的目标而言,国际社会将长期采用多元的治理模式,而非一元治理的方式。这是由于任何一个国家和国际组织都没有一元治理的实力,所以缺乏现实性。然而,即使在多元治理的模式下,仍然需要明确的执行机构。任何一个好的法律规则都不能自己去形成其所要求的秩序。这就需要在规则之外出现一个执行机构,保证一套法律原则和规范能够在所意定的范围内广泛、平等、无歧视地适用,并对于主体的遵行情况进行监督、考察、评估,提出改正的建议和意见。这种机构既可以是一个条约自身建立的管理机构,也可以由一个既存的国际组织行使这方面的职责。只有通过一个执行机构的负责运作,才能使规则民主化、公开、透明地贯彻下去。

4. 权威而公正的国际司法机制

单纯的执行机构只是一个外在的监控,还应当建立主体之间的监督、控

---

① Allan Hutchinson and Patrick Monahan, *The Rule of Law: Ideal or Ideology*, Carswell, 1987, p. ix.

② A. V. Dicey, *Introduction to the study of the law of the Constitution*, edited by Roger E. Michener, Indianapolis: Liberty Fund 1982, based on 8th ed., 1915, pp. 187 ff.

告的体制,这就需要建立有效的争端解决和问责机制。在法律责任环节,要求经过法律确立的归责原则与方法被严格遵守,违法者的法律责任得以追究,也就是建立起一套权利的救济体制。① 法律规则所规定的权利和义务通过执行机构的监督、争端解决机制的程序基本上划定了正确与错误的界限,但仍然需要进一步落实。这就需要在规则之中或者规则之外确立权利的保障和救济机制,俾使侵权者受到惩戒、被扭曲的权利义务关系得以反正、被侵犯权利的主体不仅在道义上讨回说法,而且在利益上得到补偿。这需要在相应领域根据不同的情况设立切实可行的民事责任、刑事责任、行政责任等制度。争端解决机制是落实责任的步骤。争端解决的方式可以采取诉讼或者仲裁的方式,也可以独创适当的方式。在这方面值得借鉴的是 WTO 的争端解决机制,这一机制为维持良好的国际贸易纪律、建立国际贸易领域的法治作出了不可替代的贡献。司法环节是法律运行的重要环节,能否公平、公正、公开的解决纠纷涉及人们对于司法制度的信心。在司法环节,努力的方向是司法主体受到普遍的尊重,争端各方积极采用法律手段、而不是法律之外的手段解决争端;而且要求司法本身正当化,具体表现为司法过程给予当事方平等的权利,同时允许非政府组织和其他主体参与;司法结果反映出法律规范的至上性、规范的公正适用,而不是大国意志、强权政治;进而,司法裁决应当得到真实有效的履行。

(二) 依处理问题具体方式的分类

根据处理事项所采取的方式,可以分为政治手段处理问题和法律手段处理问题。②

1. 政治手段

国际法治的推进和践行,意味着即使是政治的体制与过程,也应当纳入法治的轨道。以政治的手段处理问题,即行为体之间通过首脑会见、国际会议、使馆活动等外交方式去解决问题。虽然汉斯·摩根索认为国际政治问题

---

① 何志鹏:《国际法治:现实与理想》,载《清华法治论衡》第4辑,清华大学出版社2004年版。
② 很多国际法教科书在涉及国际争端解决的时候会将争端分为"法律性质的争端"(可裁判的争端)和"政治性质的争端"(不可裁判的争端),这实际上是一种以解决方式来推断争端性质的、不够科学的分类方式。争端的分类主要应当从所出现的领域的角度,比如经济争端、领土争端、外交事务争端等。参见梁西主编:《国际法(修订第二版)》,武汉大学出版社2003年版,第334页。还有的分为法律争端、政治争端、混合争端、事实争端,其分类标准更显混乱。因为无论以法律的手段还是以政治的手段解决争端都可能会涉及事实认定的问题。邵津主编:《国际法(第五版)》,北京大学出版社、高等教育出版社2014年版,第437—438页;白桂梅:《国际法(第三版)》,北京大学出版社2015年版,第537—538页。很多英美的国际法教科书都没有涉及对国际争端进行分类的问题,如布朗利、Richard K. Gardiner, Antonio Cassesse, Shabtai Rosenne。

的特征在于以权力界定的利益(interest defined in terms of power),以区别于经济(以财富界定的利益)、伦理、美学和宗教①,但在当前语境下界定国际政治,似乎应当更多从方法和手段的角度去进行认识,而不是从处理的具体问题范围的角度去进行认识。② 现代的国际政治,关注的是国际体系的结构、国家之间的相互影响,而就客体而言,除了对于传统的和平与安全问题一如既往的重视之外,越来越关注经济问题(发展或者繁荣)、文化问题。③ 所以,国际关系中的政治可以从手段的方式进行理解,而政治手段的特征即是以力量对比作为形成格局、解决问题的核心要素、以沟通和谈判的技巧作为具体渠道。作为法治的治理模式,国际政治的各个方面,无论是国际会议、国际组织,还是双边与多边外交的进程中,都应当遵守规则,并越来越多地确立和遵从公开、透明、可预期的规则。

2. 法律手段

以法律的手段处理问题是国际法治推崇的手段。19 世纪以来,行为体之间逐渐推了从法律的角度去确立格局、设计行为模式、解决具体问题的模式。法律角度的特点是将权利义务的配置规范化、固定化,特别在程序上确立严格的规范。以往,在国际关系中,法律作为政治的"婢女"的地位非常明显,法律仅仅是以政治手段解决问题使用的载体:或者将政治的意图表达得更为堂皇,或者将政治斗争的结果装饰得更加庄严。现在,随着国内问题的国际化,也随着国际社会日趋理性化、社会化,法律的地位和作用受到了更多的重视。民事、内务、刑事等法律问题的国际合作大量增加,司法手段不仅在跨国协助的层面上得以加强④,而且在处理国家之间关系的很多问题上逐

---

① Hans Morgenthau, *Politics among Nations*: *The Struggle for Power and Peace*, Kenneth W. Thompson, David Clinton (eds.), 7th ed., McGraw-Hill, 2005, p. 5.
② 类似地,中国社会科学院法学所的孙世彦研究员曾经表达过这样一个观点:国际法和国内法的区别主要不是在所涉及的对象,因为现在很多国际法规范都对以往被界定为国内法问题的事项进行规范;而很多国内法规范也会渗透到国家之间的关系的领域(例如,对领海、毗连区、专属经济区、大陆架、国籍的国内立法)。所以,界定国际法最好从立法与法律监督、执行的形式,而不是从对象。我认为这种说法体现了国际法近期发展的一个趋势。
③ 例如,〔美〕约翰·罗尔克:《世界舞台上的国际政治(第 9 版)》,宋伟等译,北京大学出版社 2005 年版;Bruce Russett, Harvey Starr, and David Kinsella, *World Politics*: *the Menu for Choice*, 7th ed., Thomson Learning, 2004; Charles W. Kegley, Jr., Eugene R. Wittkopf, *World Politics Trend and Transformation*, 9th ed., Thomson Learning, 2004;〔美〕康威·汉德森:《国际关系:世纪之交的冲突与合作》,金帆译,海南出版社、三环出版社 2004 年版;〔美〕威廉·内斯特:《国际关系:21 世纪的政治与经济》,姚远、汪恒译,北京大学出版社 2005 年版。
④ 当前,国际社会在民事司法协助、刑事司法协助、引渡、共同治理腐败方面签订了为数众多的双边和多边条约。

渐拓展。①

政治手段解决问题和法律手段解决问题二者之间会有多方面的联系。这不仅由于在国际关系领域长期确立的以过法律来表达政治安排的传统;更重要的是,法律手段所确立的规范其灵魂必须是政治行为的结果,而欲使政治行为具有正当性的最佳途径是通过法律的手段予以确认。现代社会,越是成熟的整体体系,对于法律的依赖就会越强。比如,现在很多的外交关系都进入到法律化的轨道。在第一次世界大战结束之前广泛存在的秘密外交在今天已经非常少见,以联合国为代表的国际组织为外交事务程序化、规范化提供了重要的平台。

(三) 国际法治的手段分层

前文已述,国际法治就是要构建一种秩序,就是在各种领域的跨国关系、跨国事务上如何依法治理的问题。

1. 以治理手段划分

从治理的手段来看,可以粗略地分为强式、中式、弱式三种类型。所谓强式国际法治,就是规则本身较为明确、而且被较为严格的遵从的治理。这种治理一般有独立的执行机构和明确的监督措施。所谓中式国际法治,是指规则本身较为明确、遵从效果尚可的治理,这种治理一般靠"约定必须信守"这一原则来约束,经常没有独立的监督执行机制;所谓弱式国际法治,是指规则本身不够明确、遵从起来较为困难,或者虽然规则本身较为明确、但遵从效果不够理想的治理,这种治理一般是规则本身的内容较为含混、缺乏明确的义务规范和责任规范、基本没有确立起贯彻执行的机构的国际法治领域。

2. 以治理地域划分

就治理的地域范围而言,可以分为区域的治理和全球的治理。区域的治理是在某些特定国家(主要是地理距离较近、或者具有特殊关系的国家)之间形成的治理,全球的治理则是不以特殊地区、关系的国家为限制的、以普遍性为基础和目标(在这方面当然也不能要求无所遗漏)的治理方式。就现在而言,区域法治和全球法治是国际法治的两种基本样态。

在这里,值得注意并具有争议的问题是:国际法治所处理的问题究竟是国际事务还是国内事务?是公共事务还是私人事务?换言之,国际法治是国际问题的法治化,还是法治问题的国际化?从当前国际关系与国际法发展的状况看,国际法治已经包含了"国际事务的法治化"与"法治原则的国际化"

---

① 其中具有代表性的包括 WTO 的争端解决机制在国际贸易领域的贡献,国际法院在领土关系上的努力,欧洲、美洲和非洲的人权法院在区域人权问题上程度不同的成就。

两种情况。前者即在国际社会的层面上践行法治,国际的法治化;本来是国际的通过政治外交或军事途径解决的事务,后来进入法治化的轨道。比如维护世界和平问题、领土问题、国际贸易问题等。它所追求的是体制的一致性,是对孤立主义、保护主义和限制主义的否定,而这种秩序实际上是分层次的秩序、分领域的秩序、分程度的秩序。后者即事务在跨越国界的地域范围上由法律的途径解决,本来是国内的法律事务,后来进入到国际化的领域之内。比如刑事问题、人权问题、知识产权保护、环境资源保护、海洋和空间的利用等事项。国际事务的组织化、条约化使得越来越多的事件在全球化的浪潮中被推入"国际法治"的关注和治理范围,"国内事务"和"国际事务"的边界不断变化,越来越多的传统国内事务进入国际关切,国际事务的种类范围也在不断扩展,国际法治包含着国内法治的跨国化和国际事务的法治化双重内涵。

3. 以治理层面划分

从治理的运作层面来看,可以分为超国家之治、国家间之治、次国家之治。就现实而言,分析国际法治的类型必须考虑到以国家参与为主的国际法治态势。因而,国际法治运作的层面可以分为超国家之治(supranational governance)、国家间之治(international governance)、次国家之治(sub-national governance)①三类。从参与主体上看,在前两类国际法治的形成和运作过程中,国家(实际是代表国家的政府)作为直接的参与者,委派代表进行磋商、谈判、投票表决、商定规则,再将规则交给国家进行贯彻和实施,国家始终居于首要地位;所以均可以称为"国家参与型国际法治"(rule of law among nations)。在后一类国际法治的形成和运作过程中,民众是直接参与规则制定的主体,并且这些规则也直接为民众所使用,配置民众的权利和义务,所以可以称为"民众参与型国际法治"。就现状而言,国家参与型国际法治占据了事务法治化、国际化的大多数。国际法至今仍然主要是国家参与型的法律体系,而这种法律框架在东西方学界都没有受到明显的突破;只有少数规范是民众参与型的,而这些规范仅限于非国家干预的、可以由私人自由处置的权利方面,主要是跨国的商事规则。即使是私人建构的规范,国家仍然要作为最后的保障,使得法律权利得以维护、法律义务得以贯彻、法律责任得以追

---

① 超国家规制的最典型例证是欧盟,这一点已为各国学者所共同注意;次国家的规制是指一些跨国的民间团体特别是非政府组织(如国际商会、绿色和平组织)的活动。对于次国家规制的讨论,参见 Craig Warkentin, *Reshaping World Politics, NGOs, the Internet and Global Civil Society*, Roman & Littlefield Publishers, 2001; Stephen Tierney, "Reframing Sovereignty? Sub-State National Societies and Contemporary Challenges to the Nation-State", 54 *International & Comparative Law Quarterly* (2005) 161—183.

究。所以,国家参与型的国际法治是现阶段国际法治的最主要表现形式。就利弊而言,国家参与型的国际法治具有更强的可依赖性。因为从现实上看,国家力量非常强大,国家的行政机关仍然是最有效率的治理手段;在这种体制下法律规则体系可以较全面、顺利、有保障地贯彻;但是由于国家政府很难代表所有人,甚至很多时候都不能保证代表多数人的利益,因而国家的行为会掩盖国内的声音,造成实质的不真实和不平衡。民众参与型的国际法治能够具有更广泛的民主性,因为不同的利益群体的代表可以直接参与规则的制定;但其缺陷也是很明显的:国家为这种规则确定和执行留下的空间不多,民众机构本身不具有强制力,在关键时候还要借助国家(一旦国家否认就可能出现漏洞,公共秩序难以实现),所以其影响力较小,范围比较狭窄。这三个层次的治理模式是相互联系、相互制约、相互影响的;超国家的规制和次国家的规制虽然本身并不是作为平等主体的国家相互约束的直接产物,但在考虑国际法治的时候也没有理由忽视和排斥。从理想上看,很多领域的事务都寻求一种更有效和更具有约束力的治理方式,而国家之间的彼此牵制往往并不是最优的途径。因此,一方面要求超国家体制的逐次扩充,另一方面也对次国家的法律体制提出了更大的需求。这些区分的标准,再加上前问所述的对象范围(即主体)差异,国际法治可以详细地归为数十种具体情况。①

七、国际法治与"国际法的宪法化"

与国际法治概念同样引起学术界注意的,还有"国际法宪法化"(或称国际法宪政化、国际关系宪政化、国际关系的宪法之治)的观点,具体的称呼可能不一致,但其主张不外将国内宪政的经验和标准拓展到国际社会、国际法。那么,国际法的宪法化主张与国际法治的主张有什么异同呢? 可以从以下几个方面来理解:

第一,二者都是国际关系完善的一种理念,可以共同作为国际关系和国际法的理想状态设计和现实进程描述的方式。无论是法治,还是宪政,都可以在两个意义上使用:一是作为一种理想目标,即为国际关系设定的良好状态尺度;二是作为一种现实状态的描述,即用来说明那些符合此种尺度,或至少是显示出了相关端倪和迹象的国际关系实践,例如用国际法治来讨论欧洲

---

① 比如,欧盟是区域的、综合的、超国家的、强式的国际法治;亚太经济合作组织(APEC)是区域的、综合的、国家间的、弱式的国际法治;联合国是全球的、综合的、超国家的、中式的国际法治;北美自由贸易区是区域的、专业的、国家间的、中式的国际法治;国际商会是全球的、专业的、次国家的、中式的国际法治等。

联盟,用国际关系宪法化来讨论联合国。换言之,这两个概念都有静态和动态两重含义,在静态上,它们是国际关系可以为之不懈奋斗、可能永远也难以达到的"完美标准";在动态上,它们是国际关系持续改进、不断完善的体系和进程。

第二,二者的学术与实践源流存在着一些差异。法治的观念始于亚里士多德,进而在英国的理论家推进下枝繁叶茂、体系性发展的,戴西在其中作出了突出的贡献。宪政的观念来自近代欧洲(虽然亚里士多德的《雅典政制》英语大多翻译为"constitution",但是其希腊原文是 πολιτεια,即公民资格的意思,英语 constitution 的词源一般都仅仅会追溯到拉丁语的 constitutio,而不追溯到希腊语,这就意味着古希腊并没有宪政的概念),英国的不成文宪法实践、法国的成文宪法实践,美国在新大陆的探索为宪政提供了很好的实践范本,法国学者狄骥对宪政作出了丰富的阐述。

第三,二者所强调的重点存在一些不同。"国际法治"主张的是存在着妥当的法律,且这些法律得到了良好的遵守和运行。从这个意义上讲,国际法治可以体现在宏观、微观的各个层次,可以贯彻在静态和动态的各个方面,可以贯穿从法律的订立到监督执行、遵守归责的各个环节。而相比而言,"宪法化"则更主要是一个宏观的、顶层设计维度的概念,在形式上主张的是国际法规范要形成一个金字塔状的位阶体系、这个位阶体系能够在国际机制中真正被认可和实施;在内容上主张的是国际法规范要保护个体的自由和权利免受公共权力的侵蚀和剥夺。所以,国际法治是一个出现领域更广的体系性概念,国际法宪法化则是主要出现于大框架、大格局、大理念层面的宏观术语。

第四,二者的主张者有些重合。从学术史上,戴西既阐述了法治,也分析了宪政。作为宪法学家,戴西简明地分析了法治的要素(虽然可能逻辑性值得商榷),而他正是在对于宪法深刻了解的基础上进行分析的;具有坚实宪法学基础的国际法学者彼德斯曼,也是植根于对宪法体系、宪法理念的深刻理解和认同,去主张国际法的宪法化。从这样的例子看,法治可以作为宪法学者在超越宪法的维度上观察和推进法律规范和法律运行提升的话语模式。

第五,二者的基本主张、特别是在当代国际社会背景下,相同之处更多。尽管有着前述的宏观与体系的差异,在理论上看似乎二者有着很多的不同,但是如果仔细考量,会发现二者的相同点很多。我们可以通过以下的列表初步了解其对应的相同之处:

表 1-1　国际法治与国际法宪法化要求的比较

	国际法治	国际法宪法化
规范层面的低层次要求		存在着体系化的最高位阶的法律,法律规范形成妥善的位阶体系
运行层面的具体要求	善治:法律规范得到了良好的遵守和运行	法律规范通过组织安排和机制运转得到了良好的遵守和运行
规范层面的高层次要求	良法:国际社会所遵守和运行的法律规范都符合良好的价值要求,包含形式价值和实体价值。	法律规范做到了控制公共权力,认可和保护个体权利

从上表不难看出,除了浅层的宪法之治所主张的体系化的最高位阶法律不能涵盖国际法治的主张,二者在运行层面的要求、在法律规范的实体价值方面的主张是完全一致的。如果仔细研究,就会发现,国际法治在规范层面的形式要求实际上与国际法宪法化所提出的存在体系化的规范是相同的,所以在这个意义上讲,可以说,国际法治的主张已经涵盖了国际法宪法化所提出的诸项要求。或者也可以说,宪法之治是在法治的格局中强调法律整体性、位阶性而提出的一种主张。而在国际法仍然处于初级阶段的当代社会,法治的状态尚未达到,其中的宪政化思维也就仅仅处于初级阶段;对于法治的追求和推进同样也是对于宪法之治的认同和建设,对于宪政的呼吁和主张也同样是对法治的呐喊和投入。所以,二者的方向是相同的。

八、小　　结

根据上述的分析,可以这样理解国际法治这样一个概念:国际法治是指国际社会各行为体共同崇尚和遵从人本主义、和谐共存、持续发展的法律制度,并以此为基点和准绳,在跨越国家的层面上约束各自的行为、确立彼此的关系、界定各自的权利和义务、处理相关的事务的模式与结构。

从这个定义出发,我们判定:国际法治的主要着眼点在于国家之间的关系,但并不限于国家之间的关系。国家在这一体系中,既是施动者,也是受动者;既是确定规则、执行规则的行为体,也是接受规则、履行规则行为体。而同样在这一体系中扮演重要角色的还有国际组织,非政府组织,以及个人。这些行为体与国家一样,具有多重身份。行为体之间的多元、多层互动,形成了国际法治的"立体网状"结构,这种结构属于全球治理理论家所描述的全球治理的一种形式。

按照这个定义,我们认为:国际法治的思想和实践由来已久①,只是其法治的程度、范围有所不同;国际法治是一个现实存在的情况,而不是一个向壁虚构的思想惯性的产物;有的学者认为国际法治至今仍是十分有限的、特殊的法律现象,仅限于在北美、欧洲、日本和少数亚洲国家,这一说法是不符合实际的,至少是不准确的。与此同时,国际法治也是人们向往并为之奋斗的目标之一。② 从国内的角度讲,法治是一种信仰,意味着对规则依赖的社会精神状态。法治是一种理想,任何一个国家都不能真正、完全地做到,每一个国家的状态都可能是一条曲线、而法治的标准则是一条直线,用这条标准来衡量,有的国家近一些,有的国家远一些。但是法治如这些曲线的极限,可以无限接近,却不能达到。类似地,国际法治不是一个确定的模式,而可能存在多种类型和情况。

按照这个定义,我们还可以推断:国际法治既可以从静态理解,也可以从动态认识。国际法治包含了"国际法受到广泛的认可、尊重和有效的实施"(国际法之治)和"国际社会形成高水准的法律和完善的治理"(国际之法治)等不同层次的内涵。从静态上看,国际法治是一个尺度,是一个存在着自身理想的尺度,是一个衡量国际关系与国际法在某一阶段、某一领域发展程度的尺度。就法治而言,其存在着多个标准,比如宪法至上、分权制衡、公职选举、节制公权、保障民权③,作为一种理想,国际法治目标是国际社会的法治,也就是由国内社会类比国际社会、由作为国内社会基本元素的人(包括自然人、法人、非法人的机关、团体)来类比作为国际社会基本元素的国家。由于人类思想方法和基本情况的共通性,使"法治优于一国之治"这种论断在西

---

① 这一思想至少可以上推到意大利文艺复兴时期的思想家但丁(Dante Alighieri)。但丁在其约 1311 年的著作《论世界帝国》(De Monarchia)中提到为了实现人类的和平与正义,必须建立一个统一的君主国。
② 2000 年 9 月的《联合国千年宣言》所商定的目标就包括国际法治,具体内容为加强对国际法院和《联合国宪章》的遵守、采取协调行动打击恐怖主义、加倍努力反击世界毒品问题和打击跨国犯罪;1970 年 10 月 24 日通过的《关于各国依据〈联合国宪章〉建立友好关系和合作国际法原则宣言》(Declaration on Principles of International Law concerning Friendly Relations and Co-operation among States in accordance with the Charter of the United Nations)的弁言中也称"复念及联合国宪章在促进国际法治上至为重要"的措词,见 G. A. Res. 2625 (XXV), U. N. GAOR, Supp. 28, 121—24, U. N. Doc. A/8028 (1970)。
③ 对法治的标准,论述甚多。国内学者的观念和总结主要有:张文显:《法哲学范畴研究(修订版)》,中国政法大学出版社 2001 年版,第五章(第 145—186 页);汪太贤:《西方法治主义的源与流》,法律出版社 2001 年版;刘作翔:《迈向民主与法治的国度》,山东人民出版社 1999 年版,"中篇:法治的理念"部分;朱福惠:《宪法至上——法治之本》,法律出版社 2000 年版;王人博、程燎原:《法治论》,山东人民出版社 1998 年第二版;卓泽渊:《法治泛论》,法律出版社 2001 年版;卓泽渊:《法治国家论》,中国方正出版社 2001 年版。车丕照教授在《法律全球化与国际法治》(载《清华法治论衡》第三卷)一文中已对这一问题进行了简洁的分析,本书第三章亦对此进行了专门的研讨,在此不展开分析。

方和东方都有效,在国内社会和国际社会都有效。具体而言,国际法治的标准至少包括在一个超越国家疆界的地理范围内,订立完善统一的规范、执行共同的规则、遵从共同的约束、构建共同的法律价值观念,营造共同的法律理想。从动态上看,国际法治是一个不断发展的进程,是一个有其历史和现在、从过去走向未来的趋势。总的来说,国际法治使原来相对孤立自足的国家逐渐形成相互联系、彼此依赖的关系。国际关系的法治是一个社会现实①,不过现实中的国际法治距离理想的标尺还非常遥远,仅仅是出现了规则,有了初步的遵行体制;就国际法而言,现在它仍然是一个变动的法律体系,从好的方面说,它显示了国际法的开放性与时代精神,从坏的方面说,它表达了国际关系中法律的不确定、不稳定、难以预期的问题。如果说过去的半个世纪国际法的发展不可以道里计的话,那么,21世纪留给国际法的会有更多的疑惑、尴尬和突破。因此,从动态的意义上,我们可以说,国际法治处在一种初级阶段、分地区、分生活领域的零星分布的状态,而没有形成整体完善的格局。也就是说,虽然有一些现象可以归于国际法治,却远远没有实现国际社会的"法治"②。

---

① 但这并不意味着没有将之真正法治化的理论探索。国际经济法学者彼得斯曼教授就一直致力于此项工作,撰写了一系列的文章和专著。其在国际经济法方面的努力已经延伸到了国际公法方面。见:Ernst-Ulrich Petersmann, "Constitutionalism and International Adjudication: How to Constitutionalize the U. N. Dispute Settlement System?" 31 *New Tork University Journal of International Law and Politics* (1999)753.
② James Crawford, *Chance, Order, Change: The Course of International Law*, Hague Academy of International Law, 2014, p. 23.

第二章 国际法治的意义

在世界格局无政府环境的公认前提之下,国际法治力求形成更加安全和稳定的秩序,从目标上看,即努力避免现实主义国际关系理论所描述的权力斗争的场景,而按照自由主义国际关系理论对人性的基本论断,通过制度来固化和提升相互依赖格局下行为体之间的合作水平,推进建构主义国际关系理论所倡导的共同观念和良好文化。国际法治的理想模式和具体指标体系有利于在全球化的世界中实现安全、公正、可持续发展的国际秩序。就中国自身的立场和取向而言,倡导和参与国际法治有利于保持和提升新兴大国崛起的良好外部发展环境,有利于提升中国的话语能力和国际认同程度。在理论完善的层面上,对国际法治的探索和推进有利于充分借鉴国际关系学、法理学、宪法学及其他邻近学科的理论成果,通过跨学科的研究,提升国际法学科的理论自觉,逐渐丰富国际法学的理论资源,促动国际法的理论建构。

一、问题的提出

如前章所述,国际法治意味着国际社会各行为体共同崇尚和遵从人本主义、和谐共存、持续发展的法律制度,并以此为基点和准绳,在跨越国家的层面上约束各自的行为、确立彼此的关系、界定各自的权利和义务、处理相关的事务的模式与结构。由此,国际法治的要求与学术界讨论的"国际社会宪政化"(国际法的宪法化)有诸多相同之处。① 从动态发展的角度讲,国际法治是法治观念与原则的国际化②,以及国际关系与事务的法治化。前者植根于深厚的国内法治实践土壤之上,后者建立在国际关系发展历史的经验与教训总结的基础之上,目标是在国际关系中实现以法律为基础的善治③。但是,还存在着一个前置问题:在世界秩序的发展进程中,为什么要在国际关系中

---

① James Crawford, *Chance, Order, Change: The Course of International Law*, Hague Academy of International Law, 2014, pp.447—449.
② Brandeis Institute for International Judges, *Toward an International Rule of Law*, The International Center for Ethics, Justice, and Public Life, Brandeis University, 2010, pp.8—13.
③ 有关阐释,见张乃根:《国际法与国际秩序》,上海人民出版社2015年版,第6—19页。

提出和努力实现国际法治这样一个主张?① 本书拟从国际社会的格局与需求、中国发展的环境及挑战、学术发展的契机与前景的角度对国际法治的必要性问题进行初步的阐释。

二、国际法治应答着无政府社会的规范需求

国际社会总体上处于无政府的状态,这种无政府状态是认识和分析世界问题的前提与基础。此种状态既为实现法治构成了极大的挑战,也为形成法治带来了前所未有的机遇。主流国际关系理论为无政府世界的解读提供了三种视角②,而不同的视角都能够折射出国际法规范存在与良好运行的必要性。

(一) 现实主义视角中的世界与规范需求

虽然一些学者论断,国际法学家对于国际秩序的和平设想大多归于失败,法律主体很难遵从自己制定的规则③,但我们确实很难想象一个完全没有规则的世界。④ 基于现实主义国际关系理论,正如汉斯·摩根索揭示的,国际关系的主题是国家为权力而斗争。在传统的国际秩序中,国家作为主要的行为体,判断世界形势,并制定对外政策。由于国家之间缺乏基本的信任,所以每一个国家为了自身的安全和利益都采取了彼此防范的立场;特别在大国之间,更多体现为彼此对抗的关系。国家最为关注的是自身的军事权力,以国防开支、武器的数量与质量、人员的数量、质量、士气与领导能力为主要因素,并通过同盟、军控和均势实现脆弱的安全平衡。与此同时,也强调地理位置、人口数量、人口的年龄结构、人口的教育水平、健康状况、民族认同、政府的领导能力、国家的基础设施(包括整体科技水平、交通与运输系统、信息与通讯系统)、自然资源、财政状况、产业能力等方面。⑤ 根据这样的世界状态

---

① Samantha Besson and John Tasioulas (eds.), *The Philosophy of International Law*, Oxford University Press, 2010, pp. 89—90.
② James Crawford, "International Law and the Rule of Law", 24 *Adelaide Law Review* (2003) 3, at 7.
③ 〔法〕雷蒙·阿隆:《和平与战争:国际关系理论》,朱孔彦译,中央编译出版社 2013 年版,第 671、684 页。
④ Philippe Sands, *Lawless World: Making and Breaking Global Rules*, Penguin Books, 2006, p. 6.
⑤ 对于这些权力表现形式的具体分析,参见 John Rourke, *International Politics on the World Stage*, 12th ed., McGraw-Hill Humanities, 2007;中译本,参见〔美〕约翰·鲁尔克:《世界舞台上的政治》,白云真、雷建锋译,世界图书出版公司 2012 年版,第 271—280、284—288 页。

观念,只有世界政府这种梦想式的解决途径①,处于此前阶段的法治则既不可能,也不必要。但是,在这样一个权力世界中,存在着安全困境②,每一个国家都不认为自己处于安全状态。2013 年的斯诺登事件所揭示的美国棱镜计划,实际上是美国对自身安全忧虑的产物,也构成了对其他国家信息安全的威胁。欧盟与中国之间的光伏争端背后也是对于中国日益强大的实力的忧虑。同样,中国对境外非政府组织在境内的活动立法进行管理,在很大程度上也是由于对国家安全风险的考量。

从历史发展的维度看,从武力到外交、从外交到法律的进程反映了国家对于和平的国际秩序的需求和建设努力。形成主权平等、互不侵犯、互不干涉内政、平等互利、和平共处、和平解决国际争端、反对霸权主义等国际关系的基本准则③,这些都是传统国际法的核心规范。在经济方面的实力斗争一样激烈,国家之间计算的是 GDP 总量或者人均量的差异,贸易顺差或逆差,导致了国际经济发展受到了制约,南方国家处于相对贫困的状态。④ 凯尔森在 1944 年就提出,要通过规范和组织构建和平,国际新秩序应当通过以司法权为中心的、有行动能力的国际组织来实现,形成完全司法管辖权的国际社会法治。⑤

(二) 自由主义视角中的世界与规范需求

基于自由主义的世界格局观念,以国家为主的行为体之间因为相互依赖而寻求合作并未妥善合作而建立制度。从历史发展的进程上看,当今世界因

---

① E. C. Carr, *The Twenty Year's Crisis 1919—1939: An Introduction to the Study of International Relations*, 2nd ed., MacMillan Press, 1946, p. 84; Hans J. Morgenthau, *Politics among Nations: The Struggle for Power and Peace*, 7th ed., Kennth W. Thompson and W. David Clinton eds., McGraw-Hill, 2005, pp. 504, 512; Kennth W. Waltz, *Realism and International Politics*, Routledge, 2008, pp. 50—51.
② 现实主义国际关系理论中的安全困境(security dilemma)指此类情况:一国为保障自身安全而采取的措施,反而会降低其他国家的安全感,从而导致该国自身更加不安全的现象。John Herz, *Political Realism and Political Idealism*, Chicago University Press, 1951; Nicholas Wheeler and Ken Booth, "The Security dilemma", in John Baylis and N. S. Rengger (eds.), *Dilemmas of World Politics: International Issues in a Changing World*, Oxford University Press, 1992, p. 29.
③ 俞正樑等:《全球化时代的国际关系(第二版)》,复旦大学出版社 2009 年版,第 33—41 页。
④ 对于这些问题的深入阐释,参见 Charles William Kegley and Shannon Lindsey Blanton, *World Politics: Trend and Transformation*, 14th ed., Boston: Cengage Learning, 2012, chapters. 7. 8. 10, 11. 略早版本的中译本,参见〔美〕查尔斯·W. 凯格利:《世界秩序:走向新秩序?》,夏维勇、阮淑俊译,世界图书出版公司 2010 年版,第 3、4、5、12、13 章。
⑤ Hans Kelsen, *Peace through Law*, Chapel Hill: The University of North Carolina Press, 1944, pp. viii—ix, 5, 14; for comments, see Danilo Zolo, "Hans Kelsen: International Peace through International Law", 9 *European Journal of International Law* (1998) 317.

特网、航空器等所导引的时空压缩①可以被视为人类生活世界全球化的第三波。第一波是在大航海时代,西方的历史拓展成为世界的历史;第二波是19世纪下半叶以后,马克思和恩格斯在其《共产党宣言》中见证的大工业化和商业全球化时代;第三波则是以科技再度进步为物质环境以及冷战结束的社会环境所形成的生产、消费的全球分布,信息与观念的全球流转。在全球社会存在着人口与资源压力的情况下,人们很难对发生在外国的问题视而不见。② 国际关系理论中的新自由主义提出了一个基于相互依赖、彼此合作、形成制度的路径。③ 显然,为了解决安全困境、大国政治的问题,初步的方法可以借用现实主义的均势理论,在大国之间形成制衡,或者利用小国的团结在大国与小国之间形成制衡;但这些方法都很难保持长期有效,很难避免囚徒困境,难于维护世界稳定的局面。④ 因而,更适当的途径是国家之间进行合作,共同面对和商议解决面临的问题,在此基础上确立着眼于中长期的国际法规范,并通过一系列可行有效的手段保障和监督制度的运行,使得国家的行为具有明确的预期性。制度是对于国家本性的约束,是每一个行为体在追求自身利益却由于彼此对立、相互竞争、损人利己的手段无法达到目标的情况下进行合作的尝试的产物,其根本原则是"己所不欲、勿施于人",是国家在试错的基础上得到的经验。所以国家会珍惜其声誉(reputation, prestige)来保持和增加其合作的机会。如果将国家片面自利的单边行为视为恶,而将国家的协商互利视为善的话,我们可以论断,善是在恶的基础上相互触碰和交往而形成的,伦理和规范都是在自利的目标无法直接达到的社会实践中用理性推演出的结果。这就能够在很大程度上将松散、局部的、偶发的合作变成长期、稳定、整体的合作,避免国际社会的强权政治问题,也避免集体行动的困境,特别是"搭便车"的情况。从历史经验上看,贸易和投资领域的制度推进就是这种制度成功的范例,而不断出现的金融危机则是金融领域缺乏制度的失败例证。法律规范的有效确立和贸易政策审议、争端解决机制的运行改变了贸易壁垒高筑、贸易秩序混乱的状态。⑤ 如果能够在金融领域也

---

① Anthony Giddens, *The Consequences of Modernity*, Polity Press, 1990, p.64.
② David R. Andrews, "International Rule of Law Symposium: Introductory Essay", 25 *Berkeley Journal of International Law* (2007) 1.
③ 参见 Charles William Kegley and Shannon Lindsey Blanton, *World Politics: Trend and Transformation*, 14th ed., Boston: Cengage Learning, 2012, pp.21—51.
④ 何志鹏:《大国政治的终结:国际法治的目标探究》,载《吉林大学社会科学学报》2013 年第 3 期。
⑤ Jennifer Hillman, "An Emerging International Rule of Law? —The WTO Dispute Settlement System's Role in its Evolution", 42 *Ottawa Law Review* (2010) 269; Bernhard Zangl, "Is There an Emerging International Rule of Law?", 13 (S1) *European Review* (2005) 73.

确立类似的制度,同样可望抵御金融领域的系统风险,避免金融危机的出现和蔓延。

国际社会向何处去,在全球化的背景下如何面对共同的未来,应对全球性的问题,以适应国际社会从共存、合作到全球化的变革进程,本质上要求的是国际法的结构变革。① 作为合作的成果和基础的制度,反映着国际社会由面临的共同风险而形成的共同命运,为有效维护共同安全,行为体之间基于对话形成合作,基于反复的合作实践经验而制度化为规范,这些制度不断演进而至法治。法治促进着国家之间的有效合作,是政治利益冲突的一个理性选择进步,是约束政治不理智行为及恶性关系的成就。

(三) 建构主义视角中的世界与规范需求

根据建构主义国际关系理论,国际社会的行为体之间基于观念而认识世界、判断其他的行为体,并展开行动。② 在当代世界,存在着单边主义恶性膨胀、投资行为泛滥、道德风险提升的"现代性隐忧",这些现象的出现是由全球化规则失衡而导致的,其理论基础是社会达尔文主义的"丛林法则",全球化规则的制定者是富国的代理人,规则的运行不仅缺乏公正性,也缺乏透明度。为此,需要形成一种全新的全球化理念,塑造一个支持社会公正、促进经济与社会协调发展与共同繁荣的全球化模式,在"全球化道德"的基础上形成全球化的新模式。③ 为了树立这种共识,需要规范来提供载体;为了使这种共识得以持续,需要规范予以支撑。无论是从国内结构上看,还是从国际结构上看,法治都可以作为共识而成为人们的信仰和内在模式。行为体是由社会环境而产生社会认知,由社会认知而形成社会身份,又从社会身份而凝聚社会认同。规范作为道德和法律的表现,会成为社会认同的一部分,使得行为体由认同规范而自我塑造,以对自我的塑造为前提进一步进行社会塑造,从而强化规范、共建制度。

---

① Georges Abi-Saab, "Whither the International Community?", 9 *European Journal of International Law* (1998) 248; Bruno Simma and Andreas L. Paulus, "The 'International Community': Facing the Challenge of Globalization", 9 *European Journal of International Law* (1998) 266; Pierre-Marie Dupuy, "International Law: Torn between Coexistence, Cooperation and Globalization", 9 *European Journal of International Law* (1998) 278.

② Alexander Wendt, *Social Theory of International Politics*, Cambridge University Press 1999, pp. 92—190; Ronald L. Jepperson, Alexander Wendt, and Peter J. Katzenstein, "Norms, Identity, and Culture in National", in Peter J. Katzenstein, *The Culture of NationalSecurity:Norms and Identity in World Politics*, Columbia University Press, 1996, pp.17—32.

③ 参见唐任伍:《"扶强抑弱"的全球化规则研究》,北京师范大学出版社 2006 年版,第 80—90、163—166 页。

(四) 对以上三个视角的归纳

综合以上三个视角,我们基本能够得到现代世界需要国际法治的拼图。21 世纪的国际社会,在一定意义上仍然可以说是"不同的世界、不同的梦想"。虽然人类面临着全球化的现实,但也存在着很多分化的情势。这种分化的世界,既包括因为地域和主权而在政治和法律上分化的世界,也包括因增长与财富而在经济上分化的世界,还包括因为意识形态和宗教信仰而在文化上分化的世界。前述三种视角的整合在趋同而分裂的世界现实中的整合。三种视角所描述的国家行为方式不是相互隔绝、对立的,而是可能取决于不同的事务领域、不同的具体环境而同时在一个国家身上存在。国际社会存在着分层的制度,国家在分层的体系内有不同的行为方式。就此可以作出这样的论断:国际法治存在着中间层与扩散层:自由主义者所关注的经济问题是国际法治的坚实核心,并向军事安全等高政治问题和环境人权等低政治问题这两端扩散。① 国家之间为了安全与权力而斗争的状况是国际关系的底色,但是国家之间为了避免资源浪费、抵御与应对风险,存在着进行合作的可能,从合作走向制度的全球治理趋势则为国际法治打开了大门。

三、国际法治有助于提升良好的世界秩序

在全球化的时代背景和全球治理的主张之下,国际法治是最适合的手段,是解决时代主导矛盾的有效途径,是维护国际社会秩序最稳定和成本最低的方式。有学者提出,国际法社会法治目标和现实路径是全球化时代难以回避的重大课题。国际社会实行法治是一个不可逆转的历史过程,其现实基础来自于国际社会的内在变化,并认为国家原子化、从无政府文化向公民文化的转变,从地缘政治向新型政制模式转化的变革趋势。② 具体而言,国际法治的指标体系有助于促动如下方面的进步:

(一) 建构安全的国际秩序

如前所述,我们所面对的国际关系,是一个趋同而分化的世界上的多层次、多维度关系。各国和人民已经明确地感受到了广泛存在的社会风险,并

---

① 对国际法分层秩序的初步分析,参见何志鹏:《国际法的遵行机制探究》,载《东方法学》2009 年第 5 期。
② 张胜军:《试论当代国际社会的法治基础》,载《国际论坛》2007 年第 2 期;张胜军:《当代国际社会的法治基础》,载《中国社会科学》2007 年第 2 期。

急切地需要解决这些风险,这同时也就引致了全球性的风险。从安全的角度看,没有规范的国际社会会形成并强化安全困境,最终导致任何一个国家的安全都无法得到有效的保证。国家是世界舞台上的主角,都具有自身存续与发展的基本需求,主权、利益、实力是其最关心的、以权力界定的利益的几个方面。① 国家通过外交的手段塑造和平的环境,但是使用武力始终是最后的保障。②

此时,可取的方案就是以制度为基础,确立相对稳定的秩序,避免过大的波动和方向性混乱,确立规范、推动良性的渐进式变革,引领世界秩序的平稳存续,切实实现可持续的发展。这就是分化世界中的共同法治理想的根源。③ 国家之间的有效合作依赖于变革,而不是革命。在资源已经相当稀缺的情况下,国家之间进行对立和斗争的成本是巨大的,天翻地覆、落花流水的革命显然会给世界带来灾难性的影响。"当各国对于未来所追求的目标达成一致并对当前需要进行改革或改变的事情达成共识时,那么和平也能够明显地得到进一步巩固。"④只有在国际法治的理念指引之下,国家之间才有可能逐渐建立信任,并推动良好制度的建立,在制度的运行过程中维护共同的安全,防范全球风险。

在传统安全领域,有学者指出,尽管安理会的功能是政治化的,以维护国际和平与安全为宗旨,威胁世界的和平与安全可能构成对国际法的违反,二者也并不一定重合。尽管如此,安理会并非对法治毫无兴趣。联合国的旧金山制宪会议上曾经协调努力,保证正义原则,倡导用法治来指引联合国安理会的行动。⑤ 20世纪60年代开始,安理会的政治行为与法治建立起日益密切的联系,依赖于法律、创制着法律;同时,越来越主张强化法治的重要性。⑥ 2003年9月24日,联合国安理会就正义与法治的问题进行了辩论,最后形

---

① 邢悦、詹奕嘉:《国际关系:理论、历史与现实》,复旦大学出版社2008年版,第137、169—223页。
② 俞正樑:《国际关系与全球政治——21世纪国际关系学导论》,复旦大学出版社2007年版,第109—129页。
③ 对于这一问题的讨论,参见何志鹏、孙璐:《可持续发展的国际法保障》,载《当代法学》2005年第1期;何志鹏、孙璐:《世界正义的发展与主权利益的选择:国际人权司法化与中国立场》,载《当代法学》2011年第3期。
④ 〔美〕乔治·H. 奎斯特:《国际体系中的进攻与防御》,孙建中译,上海人民出版社2008年版,第199页。
⑤ Herbert Vere Evatt, *The United Nations*, Harvard University Press, 1948, p. 36; See also Documents of the UNCIO, vol. 1, pp. 129—130(特别关注中国代表的声明)。
⑥ Jeremy Matam Farrall, *United Nations Sanctions and the Rule of Law*, Cambridge University Press, 2007, pp. 15—16.

成了安理会主席声明,重申了安理会工作中法治的至关重要地位。① 同样,当代世界最紧迫的非传统安全问题,如破除金融风暴所导致的全球经济放缓状态,解决碳排放所引致的环境恶化、资源耗竭、气候变化,解救那些最不发达的国家的贫困状态,都有赖于法律提供基本的框架和具体的指针。

(二) 促进公正的国际秩序

国际法治的目标在于划定权力范围,明确行为边界,防止强权政治。全球化的进程对于国家主权带来了很多新的挑战,国际组织的职责与能力使国际关系的形式更加多样化,跨国公司的迅速发展和强大能力对于国际格局构成了影响,非政府组织的积极运作更是丰富了国际关系运行的图景。② 当行为体变得多元化时,各参加者的地位和作用如何,需要有一个明确的规范体系来予以界定,避免缺位与越位。③

在传统的国际关系图景里,主权以及源于不干涉原则塑造和强化了国际无政府状态,因而没有一个立法机构能够制定具有约束力的法律,也不存在一个司法机构能够权威地确定和记录各国接受的规则,解释什么时候、如何运用这些规则,并确定违反这些规则的情形,而且世界政治中鲜有执行机构有效地执行国际规范,其结果就是,由国家自身来决定存在着哪样一些规则、何时运用这些规则、如何执行这些规则。④ 在这样的世界中虽然存在着多种多样的国际法规范,但是,由于国际关系的不对称性⑤,大国与小国之间在国际关系中所处的地位存在相当大的差异,所以国际法规范的运行远不如人意,经常存在着大国不遵守规则却无法对其施予依据规范的惩治、小国在规范面前谨小慎微却依然动辄得咎的情况。因而,在实践中经常看到的现象就

---

① Simon Chesterman, *The UN Security Council and the Rule of Law: The Role of the Security Council in Strengthening a Rules-based International System*, Final Report and Recommendations from the Austrian Initiative, 2004—2008, Institute for International Law and Justice, New York University School of Law, 2008, pp.6—9.
② 牟富强、刘强:《现代国际法律秩序的思想基础》,载《社会科学研究》2008年第2期。
③ 参见黄德明、李若瀚:《论欧盟国际制裁法律基础的革新》,载《当代法学》2013年第3期;王彦志:《非政府组织参与全球环境治理——一个国际法学与国际关系理论的跨学科视角》,载《当代法学》2012年第1期。
④ Charles William Kegley and Shannon Lindsey Blanton, *World Politics: Trend and Transformation*, 14th ed., Cengage Learning, 2012, pp.304—306.
⑤ Brantly Womack, *China among Unequals: Asymmetric Foreign Relations in Asia*, World Scientific, 2010, pp.22—24.

是:国际法规范缺乏普遍性①,国家利用国际法对于现有的规范进行辩护②,强大国家经常毫不顾忌道德或者正义的要求,对国家利益进行赤裸裸的追求。③ 尼加拉瓜诉美国的案件之后,美国就撤出了法院诉讼进程,并且撤销了对于国际法院管辖权的认可。④ 这就是令国际社会、特别是中小国家非常不满意的大国强权,或称权力政治的现象,这种现象在现实中广泛存在:大国利用自己的力量与影响在国际事务上任意行动,不仅威胁着国际和平与安全,更影响着世界的公正与稳定。国际法变成强国压迫弱国和宣传自身政策的工具⑤,维护了现有的等级制度⑥,并产生了"结构性暴力",也就是国际社会上制度性的不公正状态。⑦

国际法治的基础是规范的公布,这些规范必须列明哪些行为体享有何种权利、承担何种义务,应当以何种方式参与到国际事务中来,通过这种法律规范设定各行为体的范围与边界之后,就会去除以往罩在主权等概念之上的模糊认识和操作遮蔽,形成这些范畴的准确内涵,从而对于主权国家与国际机制的关系、非政府组织、个人地位等国际法问题有更明确的认识。⑧

国际社会经历了数次规范化的努力,当前,国际法规则已经在相当多的领域订立,对于当今国际交往中的多数问题进行了权利义务的设定,并明确了技术要求。由于规范的清晰性,使得国家可以明确地了解权利义务的范围和正确的行为方式;由于规范的可预期性,所以基于规范的行动理论上能够预见到可能发生的效果;由于遵行规范的平等性,因而弱小的行为体可能得

---

① Adda Bozeman, *The Future of Law in a Multicultural World*, Princeton University Press, 1971; Adda Bozeman, *Politics and Culture in International History*, 2nd ed., Transaction Publishers, 1994.
② Martti Koskenniemi, *From Apology to Utopia*: *The Structure of International Legal Argument*, Reissue with a New Epilogue, Cambridge University Press, 2005, pp. 159—180.
③ Hans Morgenthau, *Politics among Nations*: *The Struggle for Power and Peace*, 7th ed., edited by Kenneth W. Thompson and W. David Clinton, McGraw-Hill, 2005, pp. 285—286.
④ John F. Murphy, *The United States and the Rule of Law in International Affairs*, Cambridge University Press, 2004, pp. 255—256.
⑤ John Galtung, "Violence, Peace and Peace Research", 6 *Journal of Peace Research* (1969) 168; Christian Bay, "Violence as a Negotiation of Freedom", 40 *American Scholar* (1971) 634.
⑥ Jack L. Goldsmith and Eric A. Posner, *The Limits of International Law*, Oxford University Press, 2005, pp. 167—183.
⑦ Ige F. Dekker, "The New International Economic Order and the Legal Relevance of Structural Violence", 12 *Revue Belge de Droit International* (1976) 466; Ige F. Dekker, "Reconsidering the Legal Relevance of Structural Violence", in Erik M. G. Denters and Nico Schrijver (eds.), *Reflections on International Law from the Low Countries*, Martinus Nijhoff Publishers, 1998, pp. 324—343; Joseph Nevinsa, "(Mis)representing East Timor's Past: Structural Symbolic Violence, International Law, and the Institutionalization of Injustice", 1 *Journal of Human Rights* (2002) 523.
⑧ Rosalyn Higgins, *Problems and Process*: *International Law and How We Use It*, Oxford University Press, 1994, pp. 48—55.

到法律的护卫,从而避免被欺凌、损害、边缘化。① 有的学者提出要在国际上建立常设、稳定、独立、公正、自治、有效的司法机制。这一理想听起来非常美好,但是在没有一个真正国际公认的权威之时,这种理想的实现非常艰难。其原因不仅在于司法力量薄弱,也在于大国任意利用司法权来强制小国,更在于大国违背法律却无法受到有效的惩治。值得关注的是,2010 年 6 月,国际商会(ICC)成员国在坎帕拉通过的《罗马规约》关于侵略罪的修正案,界定了侵略罪的概念,但是受到了联合国五大常任理事国的反对。如果能够探索出全球性的规范框架,这种局部、具体法治的努力就可能容易得多。以规则为基础的国际体系能够增加行为的可预见性,防止霸权国的独断专行,保证基本公平的秩序。

(三) 推动发展的国际秩序

国际法治的进步有利于凝聚全球共识,促进多元文化。世界上长期存在着是否存在普世价值的激烈争论。这种争论的背后是一些大国以自身的文化来作为世界的模范,以自身的好恶作为衡量他国观念与行为的标尺,倡导自身文化的优越性。以殖民者的心态看待其他文化,将其他国家、民族看作"非文明国家"的传统意识依然经常作祟。简言之,就是大国沙文主义。正是这样的思想招致了其他国家的反对,形成了论战和斗争。一国国内的法治模式移植到另外一个国家,并不一定能得到认可。实践表明,一些国家试图在国际发展领域和冲突后地区的重建政策上促进法律和制度的建设,却鲜有成功。斯蒂芬·汉弗雷认为,推进法治最好被理解为一种剧场,台上的关于良好生活的道德故事,意图给人启发、让人仿效,却没有注意到其自身的内部矛盾。② 正是在这个背景下,中国才指出:在建设国内法治方面,世界上不存在适用于一切国家的法治模式,各国有权选择适合本国国情的法治道路,同时各国的法治实践可以相互借鉴,取长补短,共同发展。③ 如果能够通过国际商谈的方式,阐明在全球化的共同生活方式语境下,一定会出现一些共同的观念和意识,一次作为基本的价值共识,并以规范的方式奠定人类共同体法律秩序的基础,则相关的争论会少很多,国际社会的基本价值也就不会是有与无之间的争论,而是更为细节、技术化的研讨。

---

① 赵建文:《条约法上的善意原则》,载《当代法学》2013 年第 4 期;何志鹏:《保护的责任:法治黎明还是暴政重现?》,载《当代法学》2013 年第 1 期。
② Stephen Humphreys, *Theatre of the Rule of Law: Transnational Legal Intervention in Theory and Practice*, Cambridge University Press, 2010, pp. xxii—xxiii, 9.
③ 常驻联合国副代表王民大使在第 68 届联大六委关于"国内与国际法治"议题的发言,2013 年 10 月 10 日。

世界的主题从战争与和平走到了和平与发展,又应当进一步走向和谐发展。① 在一个全球化的世界,需要既延续现代性又反思现代性,从而实现公平的发展,对所有参与者都有益的发展。发展的最终受益者应当是个人,个人的发展是所有制度的目标,个人福利的妥善保障。人类社会的根本目的是服务于人;从贸易规范的建立,到投资争端的解决,从人权公约的遵行,到环境事务的谈判,国际法都应体现人本主义的世界观、文明观、制度观、发展观。② 国际实践应当服务于人;但以往的国际关系更多是大国争雄,英雄的历史,个人被湮没无闻。国际法治作为良法善治的价值尺度,人民自身自由与福利的需求。有助于促进世界人民福利的真正实现。所有这些状态的维持、理想的维系,都必须依靠一套清晰而有效的规范,而不能指望某一个仁善的大国或者某几个大国的慈爱来为世界提供公共物品,实现有效的稳定秩序。就当代世界的任务而言,最需要的是达到一系列平衡:既给国家拓展自身实力的成长机会,也约束国家滥用自己的实力、走向强权政治的可能;既允许世界性大国的崛起,又防止大国成为霸主,威胁世界的安全。既推进全球化经济的运行,由避免全球一体的金融体系演化成殃及世界的灾难。既鼓励各国的建设与发展,又防范生态危机。所有这些目标都需要有一个较为精致的尺度来指引和协调。这个尺度最适合的承担者就是法律。法律作为价值排序表能够相对客观、公正、公开、明确地指引以国家为主的行为体的行动,而且安全议政制的手段或者道德的方式都不会明确、细微到可以有效操作的程度。

国际法治的主张适应了国际社会对于法律规范与法律秩序的渴求,展现了各国在观念和实践上的进步,国际社会经历了用武力来解决争端的时代,经历了主权国家彼此原子化共存、以外交来协调关系的时代。国家之间争夺权力、彼此竞争、彼此的合作不稳定,自身的利益没有稳定的预期,所以在任何意义上,无论对于大国而言还是对于小国而言,都不是理想的状态。因此,各国际关系行为体都更倾向于从确立规范与发展规范的角度为世界的秩序寻求出路。国际法治的理论在这样一个外在环境下发展,初步形成了良好的土壤和气候,有着较为充分的生长空间和发展潜力。

---

① 何志鹏:《从"和平与发展"到"和谐发展"——国际法价值观的演进与中国立场调适》,载《吉林大学社会科学学报》2011年第4期,并参见本书第七章。
② 参见王彦志:《国际投资争端解决的法律化:成就与挑战》,载《当代法学》2011年第3期;叶兴平:《〈北美自由贸易协定〉争端解决机制的创新及意义》,载《当代法学》2002年第7期;孙璐:《国际贸易体制内的人权》,载《当代法学》2004年第4期。

四、国际法治促进着 21 世纪的中国发展

中国的经济崛起与政治转型在亚洲和世界范围内都受到了高度的关注。① 中国的和平发展需要何种国际环境、需要如何展示中国的形象,是一个关键问题。无论是从官方外交还是从公共外交的角度,国际法治都是中国发展的最佳外在目标与环境,倡导和建设国际法治都有利于中国的大国崛起之路。②

(一) 中国作为负责任的大国的形象需要以法治的途径予以确立

中国曾经在相当长的历史时期占据着世界最发达国家的地位,但是在西方国家的现代化进程中相对落后,并经历了 19 世纪中期的内忧外患。这些因素刺激了中国的思想觉醒和制度革新。③ 中国在清朝末年通过洋务运动意识到了工业化道路的必要性,1911 年以后通过国家形式的变化,意识到了结束帝制的必要性④;1949 年以后通过改造与建设逐渐实现了独立自主,1978 年以后通过改革开放实现了繁荣富强。到了 21 世纪前半期,又一次作为在国际上具有举足轻重地位的国家屹立于世界民族之林。一个新兴的发展中大国受到了世界各国的瞩目。中国必将以更加积极的态度投入世界治理之中。而此时的世界,不仅与 1840 年鸦片战争时不同,也与 1919 年巴黎和会、1945 年联合国成立之时有很大的差异。前文已述,20 世纪后半叶,通过国际社会的组织化进程、条约化进程,法治的国际社会已经初露端倪。在这样的背景下,中国以何种方式、何种态度参与到世界治理之中,显然必须考虑法治的要求与理想。

虽然中国曾经在相当长的历史时期采用朝贡的体系确立与周边国家的关系,形成了一套基于"礼教"的华夷秩序,但这种"宗藩体系"的模式当前已经不再具备历史基础,国家之间不分大小强弱一律平等的观念已经成为各国

---

① 〔美〕威廉·W. 凯勒、托马斯·G. 罗斯基编:《中国的崛起与亚洲的势力均衡》,刘江译,上海人民出版社 2010 年版,第 1、17—51 页。
② 中国学者的分析,参见曾令良:《论中国和平发展与国际法的交互影响和作用》,载《中国法学》2006 年第 4 期;朱文奇:《中国的和平发展需要国际法》,载《法学家》2004 年第 6 期;戴轶:《国际法视角下的中国和平发展》,载《社会主义研究》2007 年第 3 期;蔡高强:《大国崛起与国际法的发展——兼谈中国和平崛起的国际法环境》,载《湘潭大学学报(哲学社会科学版)》2009 年第 4 期。
③ 参见陈旭麓主编:《中国近代史》,高等教育出版社 2010 年版,第 45—48、168—170、210—283 页。
④ 参见李育民:《近代中外关系与政治》,中华书局 2006 年版,第 253—307 页。

公认的原则。虽然真正的平等可能永远也不能做到①,但这种形式上的平等却是当代国际社会特别强调的。由于厚往薄来的天朝大国思想在中国具有主导地位,朝贡体系实质上可能没有对周边国家的剥夺和凌辱,但是表面的不平等仍然无法推行。更重要的是,当代国际经济贸易的高密度交往使得周边国家以朝贡促进贸易的动机不复存在。中国要在世界上树立起负责任的大国的形象,就必须审时度势,就必须符合并引领国际治理的潮流。

如果古代社会的大国可以藉武力来治理世界,殖民时期的大国可以藉财富来治理世界,20世纪的大国可以藉综合实力来治理世界,未来的大国就必须藉观念与规范的权威来参与世界的治理。大国不是以帝国和统治者的姿态来君临世界,而仅仅是以国际共同体负责任的一员的身份来引领、积极参与国际事务的治理。故而,中国必须前瞻性地看到这一点,在这样一个以规范为导向的世界秩序中,武力、财富这些物质层面的因素更多是在规范和观念背后起作用,而不是直接站在前台发挥功能。中国作为具有代表性的发展中大国,应当更多地展现立法过程的导引和参与,守法与法律监督环节的严肃与认真,对司法过程的信心和信任。由于在长期的历史沉淀中,中国对法律制度都比较疏远②,而当代中国,在这些方面的热情与主动性还相对不足。改革开放以来的发展所引致的身份转变还没有完全妥善地反映在国际法律意识上。③ 当然,中国参与WTO十余年的努力为中国以更加投入的态度参与国际法治奠定了良好的基础,其经验可以逐渐移植到其他领域。因此,法治的理念对于中国而言具有鲜明的现实意义:在很大程度上,"以开放倒逼改革"就包含了以国际社会的法治理念推进中国社会的法治转型的理念。当中国的改革开放面临着一些机制上的障碍的时候,我们采取的很多措施就是利用"国际法治"来推进"法治中国"的建成与完善。2013年9月正式成立的中国(上海)自由贸易试验区就是国务院推进政府职能转变的一次尝试。而政府职能的转变,从根本上就是法治政府,使政府的权力在法律的权威之下、法律的框架之中运行的问题。从这个意义上讲,直面国际法治的发展,就是在努力促动和牵引中国朝着法治的方向迈进。一个法治的中国能够以更加清晰和健康的形象引领世界,进而促动世界的法治化进程。④

---

① Gerry Simpson, *Great Powers and Outlaw States: Unequal Sovereigns in the International Legal Order*, Cambridge University Press, 2004, pp.25—61.
② 〔美〕黄仁宇:《万历十五年》,中华书局2007年版,第135页。
③ 例如,在投资领域的身份转换还没有完全融入到当代中国的国际法意识。参见王彦志:《中国在国际投资法上的身份转换与立场定位》,载《当代法学》2013年第4期。
④ 参见高风:《国际法发展新动向及中国的外交实践》,载《外交学院学报》2004年第2期;马冉:《从国际新秩序角度看中国和平发展的国际法意义》,载《中州学刊》2009年第2期。

中共十八大报告在阐述过去五年中国外交工作取得的新成就时,提出"推动全球治理机制变革,积极促进世界和平与发展,在国际事务中的代表性和话语权进一步增强,为改革发展争取了有利国际环境。"这是中国首次在官方文件中使用"全球治理机制"的概念,表明全球治理不仅仅作为外交事务和世界现象而存在,更作为可操作的机制和制度而存在,可以认为是国际制度或者全球法治的同义语。2015 年,中国最高领导层还就全球治理问题进行了集体学习。值得注意的是,中国没有把全球治理限于经济事务领域,而是涵盖经济、政治、安全、社会和其他新领域,中国在这份影响重大的文献中表达了对于变革的全球治理积极参与的心态和愿望。因而,法治中国、法治世界不仅仅是中国的梦想,更是行动。作为中国公共外交的一个层面,倡导国际法治的立场有助于传扬新的理念和树立新的形象。

(二) 中国自身的强大需要以国际法治的环境支撑

在经济上,中国经过数十年改革开放政策的推动,解放了蕴藏在中华大地上的民众的潜力,开发了中国疆土内资源的力量,现在已经成为世界 GDP 总量第二的国家,而且经济学家预期,有望在 20 年左右的时间成为 GDP 第一的经济大国。但是,这种经济力量的强大对于中国而言并非都是积极正面的因素,它还有可能带来相当大的负面反应和诸多压力。其中特别值得关注的是相互关联的四种论调,即中国霸权论、中国威胁论、中国殖民论、中国责任论。只有通过倡导和促进国际法治,才有可能有效地应对和化解这几种论调中的不利因素,促进中国的良性发展:

1. 通过法治道路否证中国霸权论

这是一种由霸权稳定论①所导致的遏制中国的观念。在国际关系的现实主义谱系中,有一派学者持这样的理论:世界秩序由霸权者提供全球规范而确立。作为霸权者的大国在全球秩序中自身也获得收益。但规范的运行过程中,霸权者会耗费自身的资源,形成衰退;而新兴的国家即可能挑战原有的霸权国家,成为新的霸权者。实际上,现在处于唯一超级大国地位的美国境内,就有很多观察者以这样的思路看待中国。所以,他们给美国提出的建

---

① "霸权稳定论"(Hegemonic Stability Theory)是现实主义国际关系理论的重要观点,20 世纪 70 年代由美国学者金德尔伯格在《萧条中的世界,1929—1939》一书中提出。Charles Kindleberger, *The World in Depression, 1929—39*, University of California Press, 1973, pp. 291—308. 罗伯特·吉尔平在更广泛的国际关系中延续了这一观点:Robert Gilpin, *The Political Economy of International Relations*, Princeton University Press, 1987, p.86. 霸权稳定论是一个复杂的学说,包含很多合理的因素,但很多学者仅仅关注霸权衰落和霸权替代的部分。

议就是遏制中国的发展,在国际问题中以各种方式给中国添麻烦、造障碍。2011 年美国提出并于此后落实的"重返亚太战略"就是此种思维的表现。虽然美国的对外政策具有多方的促动因素,但是霸权衰落理论的影响显然不容忽视。因而,棒杀中国的论调和行为在世界上并非无中生有、耸人听闻。如果没有一套内容明确、操作严格的规范体系,中国的发展壮大显然会受到既有大国的任意扼杀和阻滞。中国与日韩美菲等国在东海防空识别区的实践生动地说明了此种状况。这就需要中国充分利用当代国际法的积极因素,在国际法变革的道路上通过倡导法律更新而克服消极因素[1],从而减轻中国发展的阻力,提升中国睦邻友好与世界整体合作战略意图的顺利实现。[2]

2. 通过法治体系化解中国威胁论

与通过政治、军事、经济力量打压中国的模式具有异曲同工之妙的,还有把中国视为威胁的各种版本和说辞。虽然很多国家和人民都将中国的复兴与发展作为世界和平的重要力量,但是,在传统国际关系的理论框架和实践框架之中,中国的和平发展不仅面临着复杂的国际环境,而且在观念上存在着很多怀疑和抵触。很多学者从历史发展的经验出发,认为没有国家是和平崛起的,因而和平崛起很可能仅仅是一种托辞。根据陈安教授的分析,中国威胁论并不新奇,早在一个多世纪以前的"黄祸论"其实已经表露出西方国家意图丑化中国的一种心态。[3] 而今,一些周边国家被灌输了中国威胁的观念,认为"强国必霸",中国强大以后,一定会对周边国家形成不良影响,在领土和海域上对周边国家形成威胁。他们担心在"罗马治下的和平"(pax Romana)"不列颠治下的和平"(pax Britannica)"美利坚治下的和平"(pax Americana)之后出现"中国治下的和平"(pax Sinica)的情况。另一种观察路径是一些学者则主张,中国人口众多,也会形成世界沉重的负担和威胁。他们看到的并不是数目庞大的中国游客在世界各地所促进的消费,也没有考虑中国在世界各地以自己的劳动促进当地的经济增长,而是仅仅考虑了人口压力给他们本国人形成的莫须有的竞争。有的人认为,中国经济逐渐强大也是对他们的威胁,因为此消彼长的关系,中国的强大就必然意味着这些经济体相对收益的减少。在这样一些思想观念的引导之下,如果没有固化国际合作

---

[1] 参见余敏友、刘衡:《论国际法在中国的发展走向》,载《武汉大学学报(哲学社会科学版)》2010 年第 5 期;周忠海:《中国的和平崛起需要加强研究的国际法问题》,载《河南师范大学学报(哲学社会科学版)》2004 年第 4 期。

[2] 参见阎学通:《国际政治与中国》,北京大学出版社 2005 年版,第 81—89、201—233 页。

[3] 陈安:《"黄祸"论的本源、本质及其最新霸权"变种":中国威胁论——中国对外经济交往史的主流及其法理原则的视角》,载《现代法学》2011 年第 6 期;有关评论,参见 Branislav Gosovic, "China—'Threat' or 'Opportunity'? On Professor An Chen's Article Rebutting 'Yellow Peril'/'China Threat' Calumnies",载《国际经济法学刊》第 20 卷第 2 期(2013)。

的法律制度的存在和有效运行,虽然中国并不会被孤立,但是其处境仍然会很艰难。这些以中国的发展和强大为威胁的国家会减少与中国合作的机会,提高中国发展的门槛,为中国的前进创设障碍。如果中国能够积极参与以国际法为基础的全球治理,展示出一个友好、合作的大国形象,显然会有利于中国自身的发展。① 如果破除了传统的现实主义观念,以国际法治的观念来更多地关注国家之间的相互依赖、国家在全球风险社会中的制度性合作、战略性对策,并建树国家之间的全球观念、共同利益、共同未来的理念,就不难看出,历史上虽存在过有罗马治下的和平、不列颠治下的和平和美国治下的和平,但中国不期望建立其治下的和平。对于世界各国而言,中国的发展不仅不会是威胁,而且将成为全球法治体系的重要力量、国际合作发展不可或缺的部分,也是国际社会法治化发展的必然结果。

3. 通过法治实践戳穿中国殖民论

中国在走向大国的富强之路上,逐渐增加了对外投资。由于一些国家对中国缺乏了解和信心,当然在一定程度上也由于中国的一些企业或者个人的不当言行导致一些国家的民众产生了误解,所以就衍生了这样一种说法:中国企业的国际投资并非真正意义上的谋求双赢或者多赢,而仅仅是追求自身的利益。在这样的误解基础上,形成了"后殖民主义"或者"新殖民主义"的论调,将中国视为欧洲19世纪以前殖民主义掠夺的翻版,认为中国就是在攫取这些国家的资源,以此激起投资者东道国的反对,增加中国投资的成本或者降低中国投资的可能。在这种情况下,如果没有良好的法律制度,中国政府一方面很难妥当地维护本国投资者的利益,另一方面也很难有效地约束中国投资者的行为。规范的欠缺就会深化双方的不信任感,产生误解甚至引致冲突激化本来可以通过法律途径有效解决的矛盾。中国威胁论和中国殖民论都是"唱衰中国"的表现,中国要走出这些论调的阴影,一方面要坚持不懈地发展自己,另一方面要充分利用法律规范的力量,为中国的发展营造一个健康持续稳定和谐的外在环境。

4. 通过法治话语驳斥中国责任论

中国虽然是一个大国,但是从任何意义上都算不上是一个强国。庞大的人口基数就足以使 GDP、环境、资源等方面呈现出的形势不容乐观,经济发展的良好模式至今仍在探索之中,而未能真正形成。但有些论者则将中国归为发达国家,要求中国在减少碳排放、维护世界和平等方面承担更大的责任,认为稳定世界的贸易、金融、和平秩序,中国有不可推卸的重要责任。显然,如

---

① 潘抱存、徐聪敏:《中国"和平崛起"与当代国际法》,载《法学杂志》2004年第3期。

果按照这些论者的观点,中国要承担起这些责任,不仅超过了中国自身的能力,而且也远远超过了中国的发展阶段,会使中国人民背上过于沉重的负担。因而,这是一种"捧杀中国"的论调,同样会阻碍中国的发展。① 为了解决这个问题,就必须准确地理解法律原则,并遵照现有的国际法体系,厘定不同国家在国际事务上应当承担的义务和责任,同时进一步主张和论证"共同但有差别的责任""可持续发展"等理念的正当性,维护中国的发展环境,把握中国的发展机遇。

为了纠正这些对中国不利的论调,特别为了防范和控制这些论调所引致的对于中国发展、对于世界的和平与稳定不利的后果。应当推进中国国内的法治建设,并积极参与建构一个法治世界的环境。②

五、国际法治牵引着跨学科的学术生长

国际法治是国际法实践和国际法理论的发展契机。纵观学术发展的历史,有一些观点和学说风靡一时,却难免在不久之后成为过眼烟云;有些则能够成为不废江河万古流的长青之树。如正义、至善、自由、社会契约、法治、人权,这些主题都扣住了人类生活的基本需求、基本困惑、基本矛盾,所以能够经历人类数百年乃至上千年的历史而兴盛不衰。法治是法律职业的追求,是法律人的尊严与荣誉。③ "国际法治"因为允诺了正义、和平、安全、合作,提供了政治发展的激励④,所以不会是那类昙花一现的主题,而属于能够立足于持续、稳定发展的重要论域。

(一) 国际法治是国际法理论体系丰富的观念源泉

国际法在历史上长期受自然法与实证法两大学派影响,具有特色的学说非常缺乏。这种理论生态既不如国际关系,也不如法理学。虽然有政策定向学派、女性主义学派等学说,但基本上没有建立起自身的话语体系,没有将国

---

① 张胜军:《"中国责任论"可以休矣》,载《人民论坛》2007年第6期。
② Mattias Kumm, "International Law in National Courts: The International Rule of Law and the Limits of the Internationalist Model", 44 *Virginia Journal of International Law* (2003—2004) 19; Robert S. Summers, "Principles of the Rule of Law", 74 *Notre Dame Law Revie* (1998—1999) 1691; André Nollkaemper, "The Nexus Between the National and the International Rule of Law", http://worldjusticeproject.org/sites/default/files/the_nexus_between_the_national_and_the_international_rule_of_law_nollkaemper.pdf.
③ Jeremy Waldron, "The Rule of International Law", 30 *Harvard Journal of Law and Public Policy* (2006) 15.
④ Martti Koskenniemi, "What is International Law for", in Malcolm D. Evans (ed.), *International Law* 4th ed., Oxford University Press, 2014, p.29.

际政治和法学理论、国际法实践深入、有机地结合起来。而国际法治的理念以先贤在政治学的场域中对于法治的讨论①为基础,建立在国际法自身特色的基础上,与法理学紧密结合,触及国际事务的伦理和国家行动的逻辑,有助于形成具有国际法特色又有跨学科张力的理论体系。

国际法治还没有成为国际法领域的基本概念,很多国家似乎还需要跨越一些逻辑障碍接受法治这一来自于国内体制的概念走向国际社会。② 有助于提升国际法的理论意识和理论自觉,以这一核心概念为起点,构建一系列的概念群,涵盖一系列的基本论断、命题,形成一个简约而明确的理论体系。这是因为国际法治的概念展现了国家之间进入紧密接触、经常交往时代所面临的核心问题,即妥当的国际社会格局如何形成的问题,为国际关系与国际法的学术研究带来了生机与活力,提供了一套简约而内涵丰富的理论。从这个意义上讲,国际法治的理论体系能够基于法理学、借鉴国际关系其相关学说,显示出国际法理论的自身特色。一些高等学校和研究机构已经认识到了这一概念的丰富理论价值,专门设置了联合的研究团队。③

(二) 国际法治是观察与评判国际实践的价值核心

国际法治是讨论国际法实践有益的理论源泉,在国际法治的学术讨论中可以确立国际法的价值尺度。关涉国对法治的分析,要求研究者以法理学中

---

① 柏拉图在《法律篇》中提出,"如果一个国家的法律处于从属地位,没有权威,我敢说这个国家一定要覆灭"。柏拉图对国家机构进行了设计,界定了一些罪行,构划了刑事惩罚和审判程序方面的法律制度,并且要求司法程序应力求公正,强调法律不仅要治民,更要治吏。主张坚持国有制的前提下,把土地分配给个体公民,由他们各自进行耕种,并且这种对土地的耕作权是不容侵犯的。加强在婚姻、继承方面的方法,《法律篇》不同于《理想国》的根本特征是,放弃了共产、公妻制。从立法层面禁止一些有违背继承制度的行为,禁止断绝父子关系,并对具有管理财产能力的后嗣予以规定等。其他方面的立法,强调尊重个人对财产的权利。
② 例如,在很多语言里,"法治"就是"法治国家",例如德语的 rechtsstaatlichkeit,西班牙文的 Estado de derecho,葡萄牙文的 estado de Direito。此时,在国际层面上倡导法治原则首先面临的是法治的第一要义"法治政府"该如何安置的问题。所以,很多国际法的著作还仅仅是在国内法的角度上讨论法治,而非国际治理。例如 Marcelo D. Varella, *Direito Internacional Público*, 5a ed., São Paulo: Saraiva, 2014, pp.157, 211, 253, 437.
③ 2012 年 12 月 28 日,由中国政法大学牵头、武汉大学、厦门大学、南开大学、对外经济贸易大学参与协同共同组建了全球治理与国际法治协同创新中心,旨在探索跨学科、跨部门、跨国界的新型合作机制,为解决国家面临的重大国际法律问题提供智力支持,培养国际化的一流法律人才。中央编译局、外交部条约法律司、商务部条约法规司、最高人民法院民四庭等作为协同单位。此外还联合了加拿大蒙特利尔大学等国外高校。一些国家也建立了在国际事务上促进法治的机构或者项目,例如加拿大"国际治理创新中心"(The Centre for International Governance Innovation)与澳大利亚研究理事会、联合国秘书处的法律事务办公室、联合国大学合作的国际法治项目,研究法治作为基本的治理价值、官员的伦理、基本的宪制原则、一系列制度建设等问题。http://www.cigionline.org/project/building-rule-law-international-affairs.

对法的价值的分析为学术渊源,进一步在法的价值中找到国际法体系与过程的特殊性,在政治与伦理之间找到国际法存在的意义。与国际关系的理论与实践密切结合,不仅对国际法律事务进行程序层面的合法性研究(legality),也进行实体层面的正当性研究(legitimacy)。① 其所关注的不仅限于国际法本身的不成体系,也包含着国际法规范背后的政治力量和伦理导向。② 由此,国际法治的理论自身也会不断地健全,从而对于国际政治的基本理论范畴,如战争与和平、民族与民族主义、全球化与国家主权、现代化与现代化道路③,提出自己的判断和指引。

(三) 国际法治是审视与建议国际发展的理念基础

国际法治的理论体系更有助于超越对于国际法的静态认识,从系统与程序的角度理解国际法。国际法治是一个国际社会已经开始为之奋斗的目标,但更是一个需要进一步的建设的方向。罗萨琳·希金斯指出,国际法不应当仅仅被视为是一个规则集合,而更适于被理解成为一套与社会环境协调、不断发展变化的动态体系。④ 一些学者、一些国家的政府工作人员,愿意用"根据国际法,某种观点或者做法是否正确"这样的思路来表述问题,在关于外交邮袋的尺寸、东海防空识别区的建立问题上,这样的表述方式屡见不鲜。此种思路虽然不能说是错的,但显然没有抓住国际法的精髓。国际法是一套不断变化的体系,虽不上精深,但确实博大。在很多国际法规范边界不清、解释多样的前提下,对国际法的认识可能是多样化的。一些国家可以突破国际法的既有规定,以"不遵守"或者"违背"的方式创制性的规范⑤,这就充分说明了国际法的可塑性。在这个意义上,符合国际法实际情况的阐释方式应当是:"某种观点或者做法是否有机会成为新的国际法?"这就是一种动态发展、积极塑造、主动参与的思维。

---

① Dencho Georgiev, "Politics or Rule of Law: Deconstruction and Legitimacy in International Law", 4 *European Journal of International Law* (1993) 1.
② Dennis Jacobs, "What Is an International Rule of Law?", 30 *Harvard Journal of Law & Public Policy* (2006) 3.
③ 将这些方面作为国际政治基本理论范畴而进行阐述,参见周敏凯:《国际政治学新论》,复旦大学出版社2006年版,第184—251页。
④ Rosalyn Higgins, *Problems and Process: International Law and How We Use It*, Oxford University Press, pp. 2—12.
⑤ Jacob Katz Cogan, "Non-Compliance and the International Rule of Law", 31 *The Yale Journal of International Law* (2006) 189; Rosalyn Higgins, *Problems and Process: International Law and How We Use It*, Oxford University Press, pp. 18—22. 对于这个问题的进一步网上讨论,参见 Symposium: Discussion of Cogan's "Non-Compliance and the International Rule of Law" (by Joost Pauwelyn) and Cogan Reply to Pauwelyn (by Jacob Katz Cogan), see http://opiniojuris.org/2007/03/.

国际法的这种特征有可能成为强权者的统治工具,利用和操纵国际法维护其自身的利益,罔顾国际社会的需求,强化其自身的影响。但另一个方面,如果能妥善地将国际法治的各项指标用来衡量现有的国际法规范及实践,就能够提供认识和克服国际法律制度局限性的理论标尺①,由此妥善使用国际法动态发展的特性,引领国际法理论与实践的健康发展。从这个意义上看,国际法治的理论适于引领国际法整体的理论深化与反思,对于国际法学术研究的深化具有重要的作用。

六、小　结

法治的思想在人类社会中已经有了数千年的历史,今天已经成为一个得到各国学者、各国政府、国际组织普遍认同和赞许的概念。国际法治作为一个朝阳初起的理念,不仅获得了学界的关注,更被联合国《千年宣言》《世界首脑会议最后文件》《法治宣言》所倡导,所以同样能够生命长久,伴随人类的成长。

在全球治理众多的方式之中,最根本的是法治。国际法治是无政府社会建立整体、有效、良性秩序的需求。在多元主体中,以国家和国际组织为主要的行为体;在多种方式之中,以基于规范的治理模式为母体,其他方式作为母体的补充与修正。"在国家间相互依存日益增强和全球化问题日趋突出的世界里,一国的稳定与振兴离不开世界的整体和平与发展,而国际和平与发展又必须建立在包括国内法治在内的国际法治的基础上。"②

从学术发展的意义上讲,国际法治不是网络上风靡一时的语言,不是街上流行的裙子款式或色彩,也不是受人追捧的手机样式,而是一个历久弥新、具有深刻理论内涵和广泛实践领域的意义的主题。因而,应当以更加真诚的态度、深入的研讨和坚实的努力,面对新的形势、新的问题,在国际法治的总体空框架下不断凝练出新的规范、新的理念。

作为一个负责任的大国,中国在完善本国法治的同时,应当为推进国际法治的建设作出贡献。中国是全球治理的积极参与者,也必然是国际法治的主要践行者、推动者、倡导者。法治中国的实践是整个全球法治的一部分。所以在参与国际法治的过程中要不断加强自身的话语能力,深化自身的责任观念,从而为国际社会的健康发展作出有益的贡献。

---

① 何志鹏:《国际法治:良法善治还是强权政治》,载《当代法学》2008年第2期。
② 曾令良:《法治中国与国际法治紧密相连》,载《法制与社会发展》2013年第5期。

第三章　国际法治的标准

国际法治的评价指标应当以实体上的"良法"和形式上的"善治"为尺度。有学者从法学理论的角度，认为法治应当限于追求形式上的目标，而不适于考虑实体要求。这种观点虽然对于一些国家内部的法治而言具有指导意义和正确性；但是，这并不是一个具有普适性的论断。整体而言，法治并不应仅限于形式领域，更应当有正义的追求，由此回应"法律乃公正与善良之艺术"的论断；就国际法体制而言，鉴于其尚处于初级、不成熟的法律状态，不适于仅仅考虑形式，而必须同时强调实体价值追求。国际法不成体系，单纯追求形式法治在相当长时间内是不可能完成的任务；国际法的程序不足，树立形式法治在很多领域都会因为无法实施而目的落空；国际法的二元体系使得缺乏实体法价值的形式法治容易误入歧途。因而，国际法治并非片面的"国际法之治"，而是妥当国际法的善治。在相当长的历史时期内，对于国际法治的倡导，应当将良法和善治有机地结合在一起进行研讨和构建。

一、问题的提出

构建与完善法治是国内与国际社会共同的主旋律。① 前面的两章讨论了国际法治的内涵及其对于理论与实践、世界与中国的意义，但现实中的国际法治建设却步履缓慢，困难重重。这种难以令人满意的状态，一方面源于国际机制复杂的官僚体制和长期的低效率习惯，另一方面也是因为对国际法治的具体标准缺乏明确的认识。或者说，对国际法治的指向、要求不明确，导致以国家为主的国际行为体在这一问题上的讨论没有目标、没有重点、没有方向。那么，国际法治试图达到一种什么样的社会秩序状态呢？它在国际关系中的具体要求是什么呢？此种问题需要我们通过法理学中的法治理念探

---

① 参见凯瑟琳·亨得利：《全球时代的法治与经济发展》，载奥斯汀·萨拉特编：《布莱克维尔法律与社会指南》，高鸿钧等译，北京大学出版社2011年版，第657—670页。就中国而言，2011年3月10日，全国人大常委会吴邦国委员长在十一届全国人大四次会议第二次全体会议的工作报告中提出，到2010年底，涵盖社会关系各个方面的法律部门已经齐全，中国特色社会主义法律体系已经形成。

讨,结合国际关系与国际法的情况,进行分析和研究。

陈弘毅教授认为,澄清法治的概念十分重要,否则只是抽象和空泛的口号,不能替代仔细和理性的思考。① 然而,法治(rule of law, *Rechtsstaat*, *État de Droit*)这样一个未来发展方向的指针,其内涵远不像初看"法律之治"的那样清晰。② 法治是一个包含着多维价值的概念③,也是一个内涵可能会随着时代的发展而变化的概念④,当前,在法理学界,对于法治的要求方向存在着不同的观点。有些学者认为,法治应当是一个仅仅包含形式要求的概念,例如,约瑟夫·拉兹提出了一个观点:法治的概念是一个形式的概念,它没有说明法律如何被制定:有暴君、多数人的民主或其他方式。它也没有说明基本权利、平等或正义。在一定意义上,甚至认为法治理论的形式性意味着它缺少实质内容。"如果法治是良法之治,那么解释其本质就是要提出一种完整的社会哲学。但是,如果这样,这一术语就缺少了任何有价值的功能。……信仰法治就等于相信正义必胜。"⑤而另一些学者则主张,法治应当是涵盖实体要求和形式要求双重指向的理念。一些西方学者明确地认识到了这种差

---

① 陈弘毅:《浅谈法治的概念》,载《民主与科学》2007 年第 3 期。
② Simon Chesterman, "An International Rule of Law?" 56 *American Journal of Comparative Law* (2008) 331.
③ 《布莱克法律词典》从五种意义上阐释了 rule of law(法治)这个术语:(1) 一种实体法律原则(A substantive legal principle),例如"under the rule of law known as respondeat superior, the employer is answerable for all wrongs committed by an employee in the course of the employment";(2) 常规而非武断权力的至上,也称"法律至上"(The supremacy of regular as opposed to arbitrary power, Also termed *supremacy of law*),例如"citizens must respect the rule of law";(3) 人人均受制于法域内的通行法律的原则(The doctrine that every person is subject to the ordinary law within the jurisdiction),例如"all persons within the United States are within the American rule of law";(4) 作为一种理念,一般宪法原则来自于法院决定私人权利的司法判决(The doctrine that general constitutional principles are the result of judicial decisions determining the rights of private individuals in the courts),例如"under the rule of law, Supreme Court caselaw makes up the bulk of what we call constitutional law";(5) 宽泛地指法律裁定和基于法律的裁定(Loosely, a legal ruling; a ruling on a point of law),例如"the *ratio decidendi* of a case is any rule of law reached by the judge as a necessary step in the decision"。参见 Bryan A. Garner (ed. in chief), *Black's Law Dictionary*, 10th ed., Thomson Reuters, 2014, p.1531.
④ 沈宗灵认为,历史上有三次人治与法治的争论,第一次在中国的春秋时期,表现为儒法之争;第二次在古希腊,表现为柏拉图的人治观念和亚里士多德的法治观念的分歧;第三次在资产阶级文化兴起之时,体现为资产阶级思想家与封建专制护卫者之间的论战。人治与法治争论的核心问题包括:(1) 国家治理主要依靠什么;(2) 对人的行为指引主要依靠一般性的法律规则,还是依靠针对具体情况的具体指引;(3) 在政治制度上应当实行民主还是专制。参见《中国大百科全书·法学(修订版)》,中国大百科全书出版社 2006 年版,第 92—93 页;《中国大百科全书》第 2 版,中国大百科全书出版社 2009 年版,第 6 卷第 216—217 页;而在现代社会考量法治,还需要考虑人与自然的和谐等因素,参见《辞海》第 6 版,上海辞书出版社 2009 年版,第 560 页。
⑤ Joseph Raz, *The Authority of Law*: *Essays on Law and Morality*, Oxford University Press, 1979, p.211;中译本见〔英〕约瑟夫·拉兹:《法律的权威:法律与道德论文集》,朱峰译,法律出版社 2005 年版,第 184 页。

异,并将之分别称为"薄法治"和"厚法治"。①

在国内法理学界,也存在着此种关于法治内涵的争论,张千帆教授提到,法治就是依法之治,其中不包括民主和人本的含义,这些是形式概念之外的实质目标,法治不应关注民主、自由这些制度因素。② 王人博教授认为,原旨主义(fundamentalism)和普世主义(ecumenicalism)理性的法律秩序既是合理的,也是可能的。不讨论基本价值和道德要求,但就法律秩序自身而言,不同文化按自己的观念去证立法治。③ 黄文艺教授对这一情况进行了较为全面的总结,第二次世界大战以来,国际法学界法治研究中最具理论对抗性的问题,即形式法治与实质理论的分野与论争。富勒、罗尔斯、菲尼斯、拉兹、萨默斯等对实质法治理论提出挑战;梁治平、王人博等学者认同形式法治,此前的讨论多属实质法治理论。④ 黄文艺教授还提出,从形式法治概念出发,法治主要包括三个基本要素,即法律可预期原则、法律普遍适用原则和法律纠纷的有效解决原则。⑤ 因而,主张将法治的概念仅限于程序的领域。

法理学层面的争论也同样投射到了国际法治的概念之上。由于国际法治这一术语仍然是一个很年轻的概念,所以存在着很多方面的争论。这些争论不仅存在于法治的状态是否在国际场合中需要和可行,更存在于国际法治应当仅仅追求法律进程的形式,还是形式与实体同样作为要素。⑥ 也就是说,在国际法治的尺度上出现了"全面法治"和"程序法治"的不同理解。⑦瓦茨认为,国际法治包含着法律的完整和确定、法律面前的平等、没有专断权、法律的有效实施四个要素⑧;彼德斯曼教授的国际法治观侧重于强调在规范中体现人权,也就是一种实体层面的法治要求⑨;而汉斯·考施勒教授

---

① Randall Peerenboom, *China's Long March toward Rule of Law*, Cambridge University Press, 2002, p.3.
② 张千帆:《法治概念的不足》,载《学习与探索》2006年第6期。
③ 王人博:《一个最低限度的法治概念——对中国法律思想的现代阐释》,载《法学论坛》2003年第1期。
④ 黄文艺:《为形式法治理论辩护——兼评〈法治:理念与制度〉》,载《政法论坛》2008年第1期。
⑤ 黄文艺:《全球化时代的国际法治——以形式法治概念为基础的考察》,载《吉林大学社会科学学报》2009年第4期。
⑥ Kenneth J. Keith, "The International Rule of Law", 28 *Leiden Journal of International Law* (2015) 403—417.
⑦ 刘亚军、杨健:《知识产权国际法治探析》,载《吉林大学社会科学学报》2014年第1期。
⑧ Sir Arthur Watts, "The International Rule of Law", Josef Thesing, and Winfried Jung ed., *The Rule of Law*, Konrad-Adenauer-Stiftung, 1997, pp.253—264;中文本见亚瑟·瓦茨爵士:《国际法治》,载[德]约瑟夫·夏辛,荣敏德编:《法治》,阿登纳基金会译,法律出版社2005年版,第102—117页。
⑨ Ernst-Ulrich Petersmann, "The WTO Constitution and Human Rights", 3 *Journal of International Economic Law* (2000) 19; Ernst-Ulrich Petersmann, "International Rule of Law and Constitutional Justice in International Investment Law and Arbitration," 16 *Indiana Journal of Global Legal Studies* (2009) 513.

的国际法治观则更注意批判在武力使用、国际武力干涉、国际审判方面所存在的各种问题,特别要求实现分权制衡,可以视为是程序的国际法治的追求。① 中国国际法学者和法理学者都进行过一些关于国际法治的讨论,国际法的学者体现了对国际实体和程序问题的共同重视,而法理学者似乎更强调形式和程序的层面。车丕照教授提出,当前的国际法治只能是"国际法之治",其基本目标应该是建设一个更有秩序、更有效率和更加公平的国际社会。② 在无政府的国际社会基础上,建构国际法治只能是国际法之治,其基本目标应当是建设一个更有秩序、更有效率和更加公平的国际社会。③ 那力教授和杨楠博士认为,维护人权、促进发展、达成国际争端的和平解决是国际法治发挥功能的过程,关键不在于界定状态。④ 黄文艺教授认为,国际法治主要包括法律的可预期原则、法律的普遍适用原则和法律纠纷的有效解决原则三个基本要素。国际法治是契约型法治、多元分散性法治,可区分为全球层次和区域层次。⑤ 笔者在对国际法治进行解析的时候,也分别从法律的实质追求和法律的形式与程序两个方面提出了良法和善治两大方面,分别讨论了各自的指向,将国际法治归结为"法律规范在国际事务中得到了良好的遵守和实施,而这些得到遵守和实施的法律规范都是好的规范"。⑥ 并据此认为,国际法治的核心是国际良法和全球善治,其现阶段理想是实现国际法之治,最终理想是实现国际社会的法治转型。⑦

前述国内外学者对于国际法治的要求与标准所进行的有益探索,为我们进一步深入思考提供了重要的参考。那么,我们希求的国际法治是仅仅强调善治,还是同时强调良法和善治? 这是本章力图着重分析的问题。

---

① Han Köchler, *The United Nations*, *International Rule of Law and Terrorism*, The Supreme Court Centenary Lecture Series. I: July 2000—June 2001; II. September 2001—June 2002. Manila: Supreme Court of the Philippines/Philippine Judicial Academy, 2002, pp. 550—571.
② 车丕照:《我们可以期待怎样的国际法治?》,载《吉林大学社会科学学报》2009 年第 4 期。
③ "(国际法治是)国际社会接受公正的法律治理的状态。……国际法治的内在要求(为):第一,国际社会生活的基本方面接受公正的国际法的治理;第二,国际法高于个别国家的意志;第三,各国在国际法面前一律平等;第四,各国的权利、自由和利益非经法定程序不得剥夺。"车丕照:《国际法治初探》,载《清华法治论衡》第一辑(2000);车丕照:《法律全球化与国际法治》,载《清华法治论衡》第三辑(2002)。
④ 那力、杨楠:《国际法治:一种手段而非一个目标》,载《东北师范大学学报·哲学社会科学版》2012 年第 1 期。
⑤ 黄文艺:《全球化时代的国际法治——以形式法治概念为基准的考察》,载《吉林大学社会科学学报》2009 年第 4 期。
⑥ 这一概念借鉴了亚里士多德对法治的定义。"法治应包含两重意义:已成立的法律获得普遍的服从,而大家所服从的法律又应该本身是制订得良好的法律。"见〔古希腊〕亚里士多德:《政治学》,吴寿彭译,商务印书馆 1965 年版,第 199 页。
⑦ 何志鹏:《国际法治:一个概念的界定》,载《政法论坛》2009 年第 4 期。

二、一般意义上的法治并不限于形式法治

前文已揭,国际法治判别标准的纷争源于法哲学层面关于"法治"究竟包含什么的辩论。自亚里士多德在人类历史上首先阐释法治开始,这一术语长期被理解为要求良法和善治。被广泛讨论的英国法学家戴西对法治的分析则在法律的形式和实体两方面提出了更细致的要求。然而,在实证法思想的影响下,以拉兹为代表的法哲学家认为法治应当理解为仅仅要求法律的形式与程序,却不包含对法律自身的、来自社会道德的要求。传统观点被视为"厚法治",缩减后的观点被称为"薄法治"。从当代世界的法治追求看,不应当局限于就形式和程序来看待法治。

(一) 良法和善治是法治的传统要素

从法治的一般理论看,良法与善治是不能断然分开的两个方面。从最古老的著述而言,亚里士多德阐释了法治的两个维度:第一,法律得到了良好的遵守;第二,有关的法律是良好的法律。① 英国学者戴西②在《英宪精义》中

---

① 值得注意的是,亚里士多德所采用的古希腊文 εὐνομία(拉丁化为 eunomia)在不同的译本里采用了不同的意思。例如 Aristotle, *Politics*, translated, with Introduction and Notes, by C. D. C. Reeve, Hackett Publishing Company, 1998, p.115:"But GOOD GOVERNMENT does not exist if the laws, though well established, are not obeyed. Hence we must take good government to exist in one way when the established laws are obeyed, and in another when the laws that are in fact obeyed are well established (for even badly established laws can be obeyed)." [1294a,下同]"洛布经典"中的《政治学》一书也采取了"良好统治"这一词汇:"Hence one form of good government must be understood to consist in the laws enacted being obeyed, and another form in the laws which the citizens keep being well enacted (for it is possible to obey badly enacted laws)." Aristotle, *Politics*, with an English Translation by H. Rackham, The Loeb Classical Library, William Heinemann Ltd., 1944, p.317. 中文的两个译本却分别采用了"法治"(吴寿彭译本,商务印书馆 1965 年版,第 198 页)和"法制"(颜一、秦典华译本,苗力田主编《亚里士多德全集》第九卷,中国人民大学出版社 1994 年版,第 135 页)的概念,这种措辞和某些英译本一致:"We have to distinguish two senses of the rule of law—one which means obedience to such laws as have been enacted, and another which means that the laws obeyed have also been well enacted." Aristotle, *The Politics of Aristotle*, Translated with an Introduction Notes and Appendixes by Ernest Barker, Oxford University Press, 1946, p.175. 虽然在具体措辞上存在差异,但是纵观亚里士多德在《政治学》和《尼各马可伦理学》中重视法律、认为法治是较好的国家(城邦)治理方式的观点,这里的分析可以被理解为关于法律治理标准的分析,而且很多西方学者也是这么断定的(参见 Andrés Rosler, *Political Authority and Obligation in Aristotle*, Clarendon Press, 2005, p.190),该词汇在罗念生、水建馥编的《古希腊语汉语词典》(商务印书馆 2004 年版)解为"好秩序,法治,守法"(第 345 页);在 *Greek-English Lexicon* (with a Revised Supplement, compiled by H. G. Liddell and R. Scott, Oxford: Clarendon Press, 1996)中被解读为 "law binding" (p.723),所以笔者将之理解为法治,或者依法治理的因素。

② 在中国宪法学界,这个名字依据传统译为"戴雪"(见第一章第一部分注释),而国际私法学界则译为"戴赛"或者"戴西",例如李双元等翻译的《戴西和莫里斯伦冲突法》(中国大百科全书出版社 1998 年版),肖永平:《法理学视野下的冲突法》,高等教育出版社 2008 年版,第 68 页;值得注意的是,商务印书馆 2012 年影印出版的 Dicey, Morris & Collins on the Conflict of Laws 第 14 版使用了《戴雪、莫里斯和柯林斯论冲突法》。《中国大百科全书·法学》(中国大百科全书出版社 2006 年版,第 45、93 页)统一使用了"戴西"这一名称。

阐释了作为宪法基本原则的"法治"概念,被很多人认为是对法治这一概念的权威解读。戴西所关注的法治包含三个方面:(1) 常规法律的绝对最高或者优越地位,而限制政府专断权力的影响、排除任性、特权、甚至广泛的任意权威的存在;(2) 法律面前人人平等,即一般法庭所实施的一般法律对于所有阶级的平等适用,特别避免官员免于常人的义务;(3) 宪法是私人权利的结果,而不是原因。① 虽然戴西的观点受到了不少的批评②,而且随着时代的发展,实践也出现了很多情况需要对戴西的观点进行限定③,但是这些归纳对于理解现代法治概念仍有关键意义。虽然近代以来的学者更多强调法治在程序角度的意义,例如认为法治包括施予义务的法规必须公布、法律必须通过公正的司法程序被诚信地适用、国家政府应当遵行立法、行政、司法权力分立和制衡的原则、排除权利的任意实施、法律在形式上应当普遍适用于所有人。④ 哈耶克认为,"撇开所有技术细节不论,法治的意思就是指政府在一切行动中都受到事前规定并宣布的规则的约束,这种规则使得一个人有可能十分肯定地预见到当局在某一情况中会怎样使用它的权力,和根据对此的了解计划它自己的个人事务"。⑤

(二) 法治内涵在现代社会的发展仍要求良法和善治

法治的内涵是不断发展的。从最基本的"崇尚法律秩序、反对混乱无序"出发,到吸纳一系列的合法性原则,直到要求法律认可和遵循一些基本价值,法治这一概念具有了开放性的特征。⑥ 康德在他所处的时代,对于人类的历史发展进行了思考,并认为实现普遍的正义是人类最难的问题,也是

---

① Albert Venn Dicey, *Introduction to the Study of the Law of the Constitution*, edited by Roger E. Michener, Indianapolis: Liberty Fund 1982, based on 8th ed., 1915, pp.120—121.
② 〔英〕戴维·米勒、韦农·波格丹诺主编:《布莱克维尔政治学百科全书》,邓正来等合编中译,中国政法大学出版社 2002 年修订版,第 726、727 页。
③ David M. Walker, *The Oxford Companion to Law*, Oxford University Press, 1980, p.1074.
④ Peter Cane and Joanne Conaghan, *The New Oxford Companion to Law*, Oxford University Press, 2008, pp.1037—1038; Kermit L. Hall (ed.), *The Oxford Companion to American Law*, Oxford University Press, 2002, pp.150, 372; B. Z. Tamanaha, *On the Rule of Law, History, Politics, Theory*, Cambridge University Press, 2004; T. S. Allan, *Constitutional Justice: A Liberal Theory of the Rule of Law*, Oxford University Press, 2001.
⑤ F. A. Hayek, *The Road to Serfdom*, Routledge, 2001, pp.75—76;〔英〕弗里德里希·奥古斯特·哈耶克:《通往奴役之路》,王明毅、冯兴元等译,中国社会科学出版社 1997 年版,第 73 页(需要提醒的是,该页注释误将戴西译为狄骥,如不核查可能引起认识混乱)。
⑥ George Thomas Kurian (ed. in chief), *The Encyclopedia of Political Science*, CQ Press, 2011, pp.1494—1495.

人类发展的最终目标。要想达到这一目标,必须走法治的道路。① 张文显教授认为,法治经历了两个阶段,第一阶段是从人治到法治(以法而治,rule by law;或依法而治,rule of law)。第二阶段是从以法而治(依法而治)到良法善治(governance of good law)。并进一步指出,从工具主义的以法而治和依法而治到良法善治的变迁实际上则是意味着公共治理模式的实质革命,以法律的"人性化""人文化""人权化"而消解了"法律暴政",实现了形式正义与实质正义的统一。和谐精神的导入正引领着中国法治迈向以良法善治为表征的和谐法治。② 由此深入论证了其此前提出的"和谐法治"观念。③ 正由于此,张文显教授所理解的法治要素既包括程序的内容,也包括法律形式上的要求,以及一些基本的法律价值,例如"法律必须建立在尊重和保障人权的基础之上""法律必须以平等的保护和促进一切正当利益为其价值目标""法律应力求社会价值的平衡与互补",法治由此成为一个融汇多重含义的综合观念。④ 周永坤教授在回顾了法治自古希腊、经古罗马、中世纪的阿奎那、近代洛克、卢梭和孟德斯鸠直至20世纪各国的实践之后,认为法治除了法律至上、具有分权制衡等制度之外,更重要的是拥有保障基本人权的良法,这是法治的根本目的和灵魂。⑤ 张恒山教授也认为,在历史每一阶段,法律都体现着那个时代的正义观念和要求。⑥ 在欧洲大陆,一些德国学者指出,虽然历史上确曾有过立法与正义的分离这样的观念,当代法治国家的一般信念却是法律必须重视正义准则。⑦

---

① 〔德〕康德:《历史理性批判文集》,何兆武译,商务印书馆1990年版,第8—15页;Kant, H. Reiss (ed.), *Political Writings*, H. B. Nisbet (trans.), Cambridge University Press, 1970, pp. 45—49.
② 张文显:《和谐精神的导入与中国法治的转型——从以法而治到良法善治》,载《吉林大学社会科学学报》2010年第3期。
③ 张文显:《走向和谐法治》,载《法学研究》2007年第4期。
④ 张文显:《法哲学通论》,辽宁人民出版社2009年版,第376—379页;并见张文显:《法治与法治国家》,法律出版社2011年版,第5、13—16、25—28页。
⑤ 周永坤:《法理学》,法律出版社2004年版,第542—547页。
⑥ 张恒山:《法理要论》,法律出版社2002年版,第67页。
⑦ 德国经历过严格的崇尚形式上的法律规范的时期,后来实现了较大的扭转。研讨法治应包含正义的论述,参见〔德〕G. 拉德布鲁赫:《法哲学》,王朴译,法律出版社2005年版,第185—186页;〔德〕N. 霍恩:《法律科学与法哲学导论》,罗莉译,法律出版社2005年版,第278—279页;〔德〕阿图尔·考夫曼、温弗里德·哈斯默尔主编:《当代法哲学和法律理论导论》,郑永流译,法律出版社2002年版,第188—192页。"大多数市民对法律制度的遵守是基于共同的法律确信,而这种共同确信根据的是得到认可的社会道德的基本价值。"〔德〕伯恩·魏德士:《法理学》,丁小春、吴越译,法律出版社2003年版,第153页。法国在相当长的时间内远离这些法哲学层面的讨论,在实践中以立法为核心参照。但近年也发生了变化,既认识到了法律自身论证的意义,也认可法律规则的内容应由道德或者政治所论证的事实。见〔法〕米歇尔·托贝:《法律哲学:一种现实主义的理论》,张平、崔文倩译,中国政法大学出版社2012年版,第20—22页。对于西方这种趋势的分析,参见〔日〕大木雅夫:《东西方的法观念比较》,华夏、战宪斌译,北京大学出版社2004年版,第65—75页。

关于法治是仅仅包含善治，还是也包括良法，在一定程度上将我们带到了实证法与自然法学派的争论之中。实证法学派认为法律问题仅仅是就规则而进行的分析和论证，应当是价值无涉的①；而自然法学派则倾向于法律应当具有道德性，应当是符合社会之善的规范。如果粗略地划分，主张形式法治者大多属于实证分析法学派，例如拉兹就被认为是"排他性实证主义"最著名的捍卫者②；而主张实质法治论者则大多属于自然法学派。卡多佐通过一系列的案例试图说明，如果一切都通过程序来进行，当然是一个理想的状态。但是，法律自身的不确定性意味着在法律进程之中一定要有着哲学层面的法律目标和社会价值的考量。③

根据传统，英美法系的法律在很大程度上来自于法官的创造，实践中法官违反程序的可能性很小。但很大程度上是法官关于法律所应维护的权利的实体理念左右着法治是否呈现。④ 根据卡多佐的分析，如果对法律的起源、发展和目的不太了解，就容易陷入迷途。⑤ 大陆法系的法治，基础是法典，有法方能治。法典的实体部分是法治的核心和关键。德国的萨维尼在19世纪坚持法律必须反映沉淀的意志的知识和传统，反对匆忙地制定法典，也就是要求有了良法、才能有形式的程序和良好秩序⑥，而法官在审理案件的时候，也仍然有着理解和适用法律的空间⑦，此时，公平正义的理念就渗透到了法律的实施过程之中。追求的不仅是形式的法治，更是实质的法治。进一步思考：什么是法律？恶法是法吗？有趣的是，如果按照自然法学派的"恶法非法说"，则只要说明法治是法律之治就可以了，因为恶法会被排除于"法律"的范围之外，但这种理论上的纷争很容易导致法律的效力在不同的时间、不同地点、不同人那里有不同的认识。如果我们不是从西方法律思想史的变迁角度，去认知从自然法学派的兴盛到实证法学派的崛起，直至自然法学派以新的面貌复兴；也不仅仅考量中国自身的愿望和需求，我们至少可

---

① 关于现代实证法的学术传统及新发展，参见陈锐编译的几本文集：《法律实证主义：思想与文本》《法律实证主义：从奥斯丁到哈特》《作为实践理性的法律》，清华大学出版社 2008、2010、2011 年版。
② 拉兹主张法律中应当排除道德的因素。Joanne Raz, "Legal Positivism and the Source of Law", in Joanne Raz, *The Authority of Law: Essays on Law and Morality*, Oxford University Press, 1979, p.47.
③ Benjamin N. Cardozo, *The Growth of the Law*, Yale University Press, 1924, pp.21—26.
④ Roscoe Pound, *Jurisprudence*, West, 1959, vol. II, p.245.
⑤ Benjamin N. Cardozo, *The Growth of the Law*, Yale University Press, 1924, pp.56—58.
⑥ *Encyclopædia Britannica*, 15th ed., Encyclopædia Britannica Inc., 2010, vol. 10, pp.481—482.
⑦ 考夫曼特别提出，法官的判决并非制定法的精确复写，法官的审判活动也并非简单的三段论，因而，法学并不仅仅是一门技术。参见〔德〕考夫曼：《法律哲学》，刘幸义译，法律出版社 2004 年版，第 72—90 页。

以说,张文显教授的这种洞见其实是对法律技术主义的一种提醒,也就是要求在法治的维度中,实体法律应当体现出价值层面的灵魂。正如彼得·斯坦和约翰·香德所言:人们希望法律能保障社会秩序,但更希望法律能够促进公平。①

(三) 法治实践表明"无良法,难称善治"

法律是可以粗略地分为良法和恶法的,实证法学派认为,只有法律和非法律,善法和非善法这种区分对于法治并无意义。拉兹提到了法治概念与"善"的分离,"一种根植于否定人权、普遍贫穷、种族隔离、性别歧视以及宗教迫害的非民主性法律体系,在总体上可能比任何更为开明的西方民主法治体系更符合法治的要求。……它可能是非常糟糕的法律体系,但是在某一方面它却表现出了优越性:它符合法治的要求。"②问题在于,一种剥离了法律的伦理、使得法律不再具有道德性、没有了人们心中的正义的形式法治,符合法治的本意,或者,社会直觉吗? 这种基于法律的保证符合法治的标准吗?如果我们把民主、人权与法治看成是两个独立的要求,民主意味着表达自由和多数表决(voice and vote),人权意味着在社会可供资源的前提下满足人们的需求,而法治意味着依法行事,则法治的要求就仅仅是实证法学派所主张的对法律自身进行逻辑推断的技术体系,"法律乃公正与善良之艺术"(Jus est ars boni et aequi)③的最原初认识就不复成立了。

笔者并不主张恶的、或者不符合社会情况的法律必然不是"法律",但是,我们至少可以论断:这种存在着社会价值瑕疵的法律即使施行,也不能称之为"法治",而且在实际运作中,它也容易走向失败。良法的治理才算是法治,非良法的治理,包括禁止表达自由的法律的统治,即使表面上非常有秩序,仍然不是法治。④ 如果按照实证法学派的"恶法亦法"的观点,则进一步

---

① Peter S. Stein and John Shand, *Legal Values in Western Society*, Edinburgh University Press, 1974, pp.1—2.
② Joseph Raz, *The Authority of Law*: *Essays on Law and Morality*, Oxford University Press, 1979, p.211;中译本见[英]约瑟夫·拉兹:《法律的权威:法律与道德论文集》,朱峰译,法律出版社2005年版,第184页。
③ 此语来自古罗马的塞尔苏斯,见 Dig. 1, 1, 1, 1;另见优士丁尼(这一名字在国内史学界和法学界长期被称为查士丁尼,系按英语发音翻译,优士丁尼则是依拉丁文发音翻译)《法学阶梯》:"法学是关于人和神的事务的知识,是关于正义和非正义的科学。"
④ "看一种社会组织结构是否为法治,不能只看法律的表现形式,更重要的是看法律追求的社会价值目标。"王人博、程燎原:《法治论》,山东人民出版社1998年第2版,第106页。"法治不但要求一个社会遵从具有普遍性特征的法,而且还要求这种被普遍遵从的法必须是好法、良法、善法。"刘作翔:《迈向民主与法治的国度》,山东人民出版社1999年版,第99页。"法治的基点在人,个人优位观念是其基本信条,"姚建宗:《法治的生态环境》,山东人民出版社2003年版,第5页。

产生了德国纳粹时期那些令人厌恶的规则是否应当被遵从的问题。① 除了在道德上违背人性的"恶法"不应当视为法治的基础之外,还有一些不太符合状况或难于操作或实施的法律,在出台之后很难实施,此种情况显然也不能认为是法治状态。以国内法治的经验而言,如果立法本身存在着问题,其获得人们认可和遵守的几率会比较低。历史上很多的例子都证明了,那些不符合法律所处理的事务的内在规律、不符合法律所处社会情境的规范都会被边缘化,进而消失其效力。中国曾经订立过一些交通领域的法规,例如认定闯黄灯属于违法,要扣分罚款,不仅在订立之初就受到了很大的阻力,而且在以后的实施过程中,也被很多执法部门所忽略,并在实施数日后被中止。美国历史上曾经有在宪法的层面上禁酒的经历,也同样受到了贩私酒这种行为的抵制,并被逐渐抛弃。法治是一种具有道德指向的概念,它比法律之治更加严格、更加复杂。无数的案例都说明,良法是善治的基础,而非孤立于善治的因素。

如果法治仅仅意味着法律面前人人平等、正当程序、同样情况同样对待,这只不过就是一种严格有序的"统治"或者"治理",非常接近法律工具主义。② 而这样的法律观念显然是违背人们对法律的期待和常识的,很难被认为是法治。笔者认为,理论研究可以超越常识,但如果无法解释常识,甚至于被常识所否定,那就不是常识的错误,而是理论的偏差。作为形式法治论首倡者的富勒对单纯的形式法治也持怀疑态度,他认为,纯粹的邪恶体制是不能符合法治标准的。③ 斯蒂芬·汉弗雷进行了一段引人深思的分析:"法治"(rule of law)这个词表面上看是同义反复:如果不能"治",它还是法吗?或者说,难道事实上不是其"治"使得"法律"区别于"规则"?简言之,"法治"这一短语比起仅仅作为实证法的"法"捕捉住了,或者增加了哪些缺项?……在一个给定的语境下,法律可能容忍或者支持贫穷、暴力或者无知。然而,当提到法"治"的时候,显然被认定提供了额外的因素,在法律中注入了质量因

---

① David M. Walker, *The Oxford Companion to Law*, Oxford University Press, 1980, p.1075.
② 对于法律工具主义的历史与影响的分析与批评,参见 Brian Z. Tamanaha, *Law as a Means to an End: Threat to the Rule of Law*, Cambridge University Press, 2006. 彼德斯曼还进一步认为,强调形式和程序的观点本质上还是"以法而治"(rule by law)而非真正的"法律之治"(rule of law), Ernst-Ulrich Petersmann, "Competing 'Principles of Justice' in Multilevel Commercial, Trade and InvestmentAdjudication: Need for More 'JudicialDialogues' and Legal 'Cross-Fertilization'", *The Global Community: Yearbook of International Law & Jurisprudence 2011*, Oxford University Press, 2013, vol. I, p.163.
③ Lon Fuller, *The Morality of Law*, Yale University Press, 1969, p.159.

素,或者意味着法律的具体配置,从而避免出现前述的后果。①

法治的灵魂在于良法,没有良法的严格治理就很难区别于人治和德治。② 正如诚实信用、公序良俗等原则是对契约自由这一基本底色的限定一样,法律的规范及运行也应当始终着眼于对基本自由的确认和确定边界。侯健剖析了形式法治存在的缺陷,认为实质法治是较为妥当的理论,并提出了"多元实质法治论",认为法治的类型是多样的,在一定条件下,不同法律、不同政体、不同文化,均可为法治的实行提供基础和条件。③

法治的自由社会中立法者的功能在于创制和维护人作为个体保有尊严的条件。此种尊严不仅需要承认其公民与政治权利,而且要求建立能使其人格全面发展所必需的社会、经济、教育条件。④

根据道格拉斯·诺斯和瓦利斯、温格斯特的研究,社会秩序的理想状态是能够保护产权、确认人权、实现决策透明、自由竞争,特别是通过自由开放的组织形态促进公民社会的形成与发展,从而禁止强迫与暴力、避免政府寻租的权利开放秩序(open access orders),这种秩序会促进社会的发展和繁荣;而以身份限制个人权利的社会属于权利限制秩序(limited access orders),这种秩序是社会落后、贫穷的主要原因。⑤ 这几位作者虽然是从制度经济学的角度认识问题的,但同样可以用法学的立场来予以透视:良好的社会结构绝不仅仅是妥善的程序设计,还需要维护一些最基本的价值理念。由此推论,

---

① "What is law if it doesn't rule? Or: isn't it precisely the fact that it 'rules' that distinguishes a 'law' from a 'rule'? What, in short, does the phrase 'rule of law' capture or add that mere 'law', the positive law itself, lacks?... In a given context, law may condone or underpin poverty, violence, or ignorance. Here, however, reference to the 'rule' of law is apparently thought to supply some extra ingredient, injecting some *quality* into law, or denoting a particular configuration of law, that insures against these outcomes." Stephen Humphreys, *Theatre of the Rule of Law: Transnational Legal Intervention in Theory and Practice*, Cambridge University Press, 2010, p.3.

② "既然政治学制定着人们该做什么和不该做什么的法律,它的目的就包含着其他学科的目的。所以这种目的必定是属人的善。"亚里士多德:《尼各马可伦理学》,廖申白译注,商务印书馆 2003 年版,第 6 页。

③ 侯健:《实质法治、形式法治与中国的选择》,载《湖南社会科学》2004 年第 2 期。

④ "The function of the legislature in a free society under the Rule of Law is to create and maintain the conditions which will uphold the dignity of man as an individual. This dignity requires not only the recognition of his civil and political rights but also the establishment of the social, economic, educational and cultural conditions which are essential to the full development of his personality." —Clause 1 of the report of Committee I of the International Congress of Jurists at New Delhi, 1959, in *1952—2012: Congresses and Major Conferences of the International Commission of Jurists*, International Commission of Jurists, 2012, p.34.

⑤ Douglass C. North, John Joseph Wallis, and Barry R. Weingast, *Violence and Social Orders: A Conceptual Framework for Interpreting Recorded Human History*, Cambridge University Press, 2009, pp.1—3.

自由、人权作为一个社会秩序的基本前设,法律只是从技术的角度确立权利的实施方式与具体边界,所以法律始终是为实现自由的社会、实现个人的人权而服务的。到现在为止,人们基本已经达成了共识:法律中一定有道德的成分,区别仅仅在于道德的具体内容何在,究竟有多大的道德成分;以及重视法律的哪些方面。换言之,认为法律是道德无涉的观点已经不存在了。从这个意义上讲,笔者同意自然法学者罗伯特·乔治(Robert George)的论断:现代自然法学者与实证法学者并无本质差异,二者都认为法律中不可能没有道德的因素,其差异仅仅在于各自强调的领域不同。① 因此,法治并非单纯的"法律之治",而应当是"良法善治",必须表达法律自身的合法性、正当性价值,与正义与自由这两个同样重要的价值紧密相关,法治可以保护民众免受任意的权力的施行。②

由上可知,法治的一般理解并不仅限于法律的形式与程序。从法治的历史看,实践并没有真正揭示从厚法治到薄法治的发展进程,反而是从薄法治走向厚法治的进程。欧洲史上薄法治的理解带来了纳粹时期的灾难后果,并导致了法哲学中自然法学派的复兴。现代国家的很多经验都证明,良法和善治必须紧密结合才符合人们心中的法治观念,道德和技术意义上不好的法律很难实施,而且,严格实施缺乏理性的法律并不能算是法治。

三、国际法的初级性使得形式法治的要求缺乏根基

如前所述,法治在一般定义上应当是良法与善治的有机结合。退一步说,即使在当代,如一些法理学者所分析的,法治在某一意义上、在某些国家的语境之下,可以被理解成形式的要求,亦即法律之治;在国际法的场景中,也不能按照这样的模式来理解和认识。这是因为国际法与国内法存在着最显著的差别:国际法是初级法,国际法治并不仅仅是国内法治在国际社会中的应用。③ 在国际层面上,作者支持厚法治而非薄法治的理念。如前所述,一般意义上的法治也经常强调厚的法治。退一步说,即使在西方社会一些高度发达的法律领域,法治可以按照"薄"的方式理解,也不能认为世界各国都如此,更不能认为国际社会可以如此。这一论点的主要理由是,由于共同的宗教背景和历史进程,西方社会对于社会价值已经达成了一致。但是在世界

---

① Robert P. George, *In Defense of Natural Law*, Oxford University Press, 2008, pp. 17—19.
② Peter Cane and Joanne Conaghan, *The New Oxford Companion to Law*, Oxford University Press, 2008, p. 1037.
③ 〔美〕伊恩·赫德:《联合国安理会与国际法治》,付炜译,载《浙江大学学报(人文社会科学版)》2013 年第 5 期。

的其他部分,此种价值并无共识。公平与效率、自由与秩序之间的紧张状态在很多社会,特别是转型社会中非常明显。如果没有法律在道德关注层面的完善,这些社会不可能实现真正意义上的法治。

(一) 成熟的法律体系与初级的法律体系对法治的强调因素不同

在一个法律观念、法律运行尚处于初级阶段的社会,法律的道德性既不可能被隐去,也不应当被忽视。如果社会上的法律规范具有实体的道德指向,既有助于人们去信服和遵从法律自身,也有利于形成一个良性运行的社会,而不是暴政。这一论断不仅适用于各个国内法体制,也适用于国际法体制。在法律体系尚处于初级阶段的时候,强调良法非常重要;当法律体系已然成熟之时,社会各群体对于基本价值已经达成一致,则法治可以只讨论程序的问题。如果前面的推断是正确的话,那么我们很容易理解西方学者关于法治的分析:因为在这些国家良法的问题已经基本解决,法律的基本价值在立法者、执法者、司法者、守法者之间均达成了共识。而具体操作的层面则存在着诸多的分歧,所以他们才强调善治,认为在法治的体系中仅强调遵守规则即已足够,在规则自身的领域可以争论的问题并不很多。但是,对于不具有这种思想与制度背景的国度而言,对于那些基本规范层面尚存在矛盾或者诸多不足的国家,特别是对于法律体系尚处于初级阶段的、性质特殊的国际社会而言,对于基本价值领域存在很多争论的国际法而言,情况却并非如此。在个人的基本权利与自由还没有真正获得制度和观念的建构的领土上,宣示人权、避免以民主的形式吞噬人权、避免以"法治"的形式扼制人权仍然是一个艰巨的社会任务。这种境况与高度发达的国内法体制是不同的。在这个阶段,追求法治的理想,绝不可能像西方国家那样,面对一个已经成熟的法律规范,去探讨遵循法律的问题,而必须将确立良好的法律和以良好的模式确立法律、遵行法律、执行法律和裁断法律放在同一个体系之内分析和认识。

(二) 国际法是初级法

在国际法领域,显然还不是法律规范比较成熟的状态。[1] 从武力使用、人权保护到海域划分、知识产权,人们存在着广泛的争论。尽管近年来

---

[1] H. L. A. Hart, *The Concept of Law*, 3rd ed., Oxford University Press, 2012, pp. 319—323; Samantha Besson and John Tasioulas (eds.), *The Philosophy of International Law*, Oxford University Press, 2010, pp. 178—179.

国际法已经取得了突飞猛进的发展,其初级法的状态并没有根本改变。①与国内法长期关注正义的尺度不同,"传统的观念认为国际法的主要目的在维持一个有秩序的国际关系,而非在维持一个正义的国际关系。不过晚近国际法发展,却正在不断努力使国家间的关系尽可能符合正义的原则,一方面替国家谋求正义的待遇……另一方面,则为个人谋求正义。"②奠定当代世界基本国际法律秩序的1945年《联合国宪章》序言就充分反映了这一点。③

与此同时,国际法的不成体系是一个被学者清楚认识、被国际社会广泛关注的问题。④ 国际法不成体系的根源是国际关系的无政府状态,也就是说以国家为基本主体的国际格局处于横向的状态,无政府社会中的规范很难具有体系性;国际法处理的问题日渐增多,这些规范之间的不成体系就变得更为明显。⑤ 当前的国际法,在一个没有中央机关的国际社会之中,处于以约定为主要模式、以横向为基本状态的时代。这种不成体系对于程序问题当然有影响⑥,但最主要的是在价值层面的影响。当今的世界,一方面我们看到的是全球化的趋势,另一方面我们面对的是碎片化的事实。这种碎片化既基于客观因素的地理割裂,也基于经济发展的不平衡所形成的贫富差距,还由于一些国家的霸权行为所强化的文化帝国主义。在全球化的总体背景之下,我们的世界仍然是一个被政治权力、经济财富、信息和技术所割裂的世界。正是基于这样的语境,第三世界国家才在20世纪60—70年代争取国际经济

---

① John F. Murphy, *The United States and the Rule of Law in International Affairs*, Cambridge University Press, 2004, p.12.
② 丘宏达:《现代国际法》,陈纯一修订,修订二版,三民书局2006年版,第9页。
③ "我联合国人民
同兹决心
欲免后世再遭今代人类两度身历惨不堪言之战祸,
重申基本人权,人格尊严与价值,以及男女与大小各国平等权利之信念,
创造适当环境,俾克维持正义,尊重由条约与国际法其他渊源而起之义务,久而弗懈,
促成大自由中之社会进步及较善之民生,
并为达此目的
力行容恕,彼此以善邻之道,和睦相处,集中力量,以维持国际和平及安全,接受原则,确立方法,以保证非为公共利益,不得使用武力,运用国际机构,以促成全球人民经济及社会之进展……"
——王铁崖、田茹萱编:《国际法资料选编》,法律出版社1982年版,第818页。
④ International Law Commission, Report of the Study Group on Fragmentation of International Law, 54th Session of the International Law Commission, Geneva, 29 April—7 June and 22 July—16 August 2002, A/CN.4/L.628, para 4.
⑤ Hedley Bull, *The Anarchical Society: A Study of Order in World Politics*, 4th ed., Palgrave Macmillan, 2012, pp.141—150.
⑥ Randa Salama, "Fragmentation of International Law: Procedural Issues Arising in Law of the Sea Disputes", 19 *Australian and New Zealanal Maritime Law Journal* (2005) 24.

新秩序,90年代以后批评全球化的民主赤字,才会有财富鸿沟、数字鸿沟这样的问题。

(三) 国际法需要实体层面的法治要求

法治的基本目标是在一个诉求多元的社会中解决政治冲突。国内法的核心问题是如何通过有效的形式和程序实现人们已经达成共识的正义;而国际法的核心问题则是如何在不同的正义理解之中折中协调,找到一个基本的正义尺度。郑成良教授认为,对于法律价值无涉和感情中立的逻辑实证分析必须在"法律制度本身的实质正当性和正义性问题已经得到解决"、人们准备"以合作的态度来对待法律制度"的前提下进行。因而,"公正与不公正的问题,说到底是一个价值选择问题和情感取向问题",逻辑分析"所能发挥的作用是非常有限的,它只能说服那些不需要说服的人,而需要说服的人永远不会被说服"。[①] 根据这一论断西方法学家对于形式法治的主张是完全可以理解的。这是因为,20世纪以前西方有着长期的人权观念和人权传统,法律蕴含着社会价值的观念已经渗透到人们对于法律认知的骨髓之中,所以戴西在阐释法治的时候才可以仅仅强调个人不应不经法律的审判而被监禁和处分。这是因为他深刻地知道,从《大宪章》的时代开始,保护个人的自由就已经是法律精神的一部分,法律不可能任意剥夺人的自由和权利。此时,强调程序正义就足够了。而20世纪上半叶分析法学最为昌盛的德国,经历了一段纳粹掌权统治的时代,当时站在官方立场、为统治者服务的法学理论,更希望抽去法律之中维护基本人权的内涵,而仅仅从形式的角度维护一种社会秩序,一种哪怕是邪恶和血腥的整饬状态。自其前者而论,国内法论已无需考量实体层面的问题;自其后者而论,国内法治不希望人们去追究实体层面的要求。不过,前者的成本是社会共识,后者的代价是恶法之治。

人们公认,国际社会是一个初级社会,所以国际法也是初级法。国际社会是一个多元化并存的社会。表面上看,如果只考虑形式而不讨论实质的道德价值,则有可能以法治之名将社会重新引向霸权政治的格局。弱势一方在形式平等的社会秩序中会更加弱势。由于国际法是初级法,它不仅缺乏权威的中央立法机构,而且是一个相对缓慢的渐进过程。国际法治的第一重阻碍就是国际法的不成体系。因为在国际关系中不存在组织和规范的层级,国际制度可能以多种方式出现功能和范围的冲突,并导致价值冲突。因此,国际

[①] 郑成良:《法律之内的正义》,法律出版社2002年版,第7页。

社会的首要关注是达成更多的社会价值共识,并建立良法,减少规范之间的冲突。由是言之,对于国际法实体层面的社会价值的分析,对于国际立法、国际行为有着重要的实践意义。① 曾令良教授认为,国际层面的法治是全球治理的核心价值和原则,注重冲突和冲突后社会的治理,是以发展作为长远框架的法治。② 刘芳雄提到,对于公正和安全的期盼,使得国际法治成为国际社会的理想。③ 关于国际法治,人们在基本价值层面争论的问题包括:在贸易自由与环境保护之间,何者应当具有优先地位?在经济发展和减少碳排放之间,究竟该如何平衡?国家及其财产是否应当享有豁免?在什么意义上享有豁免?在应对气候变化的问题上,究竟是共同但有差别的责任,还是共同且没有差别的责任?在使用武力的问题上,究竟什么构成自卫、什么不属于自卫?安理会决定采取武力打击的条件应当具有哪些方面?在金融创新和金融监管之间,应当如何确立适当的界限?所有这些关乎国际法前沿重大问题的争论,都还远没有形成一致的观点。由此可见,在当前的社会阶段,在国际实践中对于形式法治的要求很难行通;甚至可以说,追求形式层面的法治很有可能是盲目地沿着一条错误的道路步伐整齐地迈向深渊。在这种情况下,需要在世界范围内就一些实体层面的规范形成一致,国家之间增加彼此的身份认同和规范共识,基于这样的前提才能形成善治。无论是安全的社会秩序,还是稳定的社会局面,都应当建立在尊重大小国家的基本权利、特别是表达自由和发展权的基础之上。否则,如果不能确立最低限度的良法,追求善治只能是一个愿望良好而无法实现的目标。自其前者而论,国内法论已无需考量实体层面的问题,自其后者而论,国内法治不希望人们去追究实体层面的要求。不过,前者的成本是社会共识,后者的代价是恶法之治。国际法应当对大国进行限制和约束。每一个国家在国际社会,应当犹如每一个个人在国内社会一样,享受免予强迫、免予任意干预的自由。从这个意义上,我们可以作出这样一个论断:国内法经历了对于实体正义高度关注的阶段,特别是西方国家的自然法阶段,在这方面基本上已经不复存在实质矛盾,现在可以集中精力处理程序和形式的问题;而国际法作为初级法,特别是随着世界局势的深入发展,当前仍然高度关注实体正义的问题,此时,不适合抛开实质正义,只讨论形式层面的法治。

---

① 高岚君:《国际法的价值论》,法律出版社 2006 年版,第 36—45 页;罗国强:《论自然国际法的基本原则》,武汉大学出版社 2011 年版,第 177—188 页。
② 曾令良:《联合国在推动国际法治建设中的作用》,载《法商研究》2011 年第 2 期。
③ 刘芳雄:《国际法治与国际法院的强制管辖权》,载《求索》2006 年第 5 期。

四、国际法程序规范的欠缺使得形式法治的要求经常落空

在衡量国际法治的是非高下问题上,与国际法自身的初级性一样需要考虑的因素是,作为初级法律体系,国际法的实施机制、国际司法体制不够发达,很多国际制度都没有配备相应的程序,在总体上更是缺乏统一的程序制度体系,在形式上也很难要求集中一致。很多国际法规则都仅仅是国际事务中的伦理或行为准则。如果仅仅强调国际法治中的形式要求,就不得不忽略这些规则,也就忽略了国际法在很多领域的进步。加之,国际关系与国际法中长期存在着国家主权与个人尊严之间的紧张状态,"人道主义干涉""保护的责任"、WTO 谈判中工业化成员和发展中成员之间的不同立场都反映了这一点,此种现实要求首先解决实体争议。因此,单纯追求形式法治在国际法体系中是无法实现的。

(一)国际法治包含一些程序上的要求

在一个法律制度完善的社会体制中,实体层面的价值问题基本达成共识,形式要求和程序规范也有明晰的指标,可以按图索骥,为这样的法治而努力;而在法律制度不够完善的社会秩序中,价值领域可能存在多种分歧,更主要的是,形式要求也并不明确,而且程序规范更是远非发达。所以,单纯的追求形式法治,很可能事倍功半、劳而无功。因而,虽然人们对于国际法治应当或者必然包括程序上的公平已经达成共识[1],但进而言之,如果没有善治层面的努力,良法也会变成空洞的术语。[2] 所以,一些国际法学者主张以国内法院来填补国际法治丢失的一环[3];强调在跨国关系中强化国内和国际的司法[4];有的学者提出,《北美自由贸易协定》(NAFTA)是国际经济规制进化共

---

[1] Judge Kevin Burke, "Understanding the International Rule of Law as a Commitment to Procedural Fairness", 18 *Minnesta Journal of International Law* (2009) 357; Filippo Fontanelli, Giuseppe Martinico & Paolo Carrozza (eds.), *Shaping Rule of Law through Dialogue. International and Supranational Experiences*, Europa Law Publishing, 2010.

[2] Mary Ann Glendon, "The Rule of Law in the Universal Declaration of Human Rights", 2 *Northwestern Journal of International Human Rights* (2004) 1.

[3] André Nollkaemper, *National Courts and the International Rule of Law*, Oxford University Press, 2011.

[4] Ernst-Ulrich Petersmann, "How to Promote the International Rule of Law? Contributions by the World Trade Organization Appellate Review System," 1 *Journal of International Economic Law* (1998) 25; Ernst-Ulrich Petersmann, "International Rule of Law and Constitutional Justice in International Investment Law and Arbitration," 16 *Indiana Journal of Global Legal Studies* (2009) 513.

识的例证,这种共识就是国际化和私有化,双边投资条约的广泛使用和投资者与东道国之间通过仲裁来解决争端就是其表征。① 国际法治的概念包含在国际关系中以来法律而非专断的权力,用法律代替武力来解决争端,实现法律作为、且应当作为国际合作以实现社会目标的工具,维护并推动个人的自由与尊严。② 我们这里需要讨论的仅仅是,实体正义是否应当作为国际法治的必要组成部分?

(二) 国际法程序规范的模糊与不足

在程序问题上,国际法与国内法存在着显著的差异。③ 国际法与国内法最大的不同存在于以下事实:国际法缺乏普遍的强制性,无法保证基本行为体遵行规范,特别在出现违背规范的情势时不能保证受到有效的惩治,虽然凯尔森曾经努力将各国的单边强制措施视为国际法的强制力④,但这种论点的说服力是非常有限的,因为他很难区分丛林状态下的正义恢复努力和所谓的国际法的强制性。也正是由于缺乏这种强力的后盾,按照哈特的理论,很多国际法规范只是确定了第一性义务,却没有规定第二性义务。⑤ 国际法不仅在立法层面上是分散的,国家以自身意愿为驱动力选择参与与否;在执法的层面也主要靠自身的行为(自助,self-help)而彼此约束。从根本上缺乏强制手段。除了 WTO 的贸易政策审议机制、国际人权领域的普遍定期审查制度、各人权条约的定期报告等相对松散、缺乏实质约束力的制度,绝大多数国际条约都只能靠参加者自身的主动自觉。至于国家责任制度,则同样软弱,不仅到现在为止国际社会关于国家责任还没有作出一项有效的法律规范,而且看起来短期之内也建立不起这样的一套规范⑥;至于国家的刑事责任,就

---

① Charles N. Brower and Lee A. Steven, "Who Then Should Judge?: Developing the International Rule of Law under NAFTA Chapter 11", 2 *Chicago Journal of International Law* (2001) 193.
② William W. Bishop, "The International Rule of Law", 59 *Michigan Law Review* (1961) 553.
③ John F. Murphy, *The United States and the Rule of Law in International Affairs*, 2004, p. 11; John F. Murphy, *The Evolving Dimensions of International Law: Hard Choices for the World Community*, Cambridge University Press, 2010, p. 12.
④ Hans Kelsen, *General Theory of Law and State*, Harvard University Press, 1945, pp. 325—363; Hans Kelsen, Robert W. Tucker (rev. and ed.), *Principles of International Law*, Holt, Rhinehart and Winston, 1966, pp. 16—87.
⑤ H. L. A. Hart, *The Concept of Law*, 3rd ed., With an Introduction by Leslie Green, Oxford University Press, 2012, pp. 79—88, 208—231.
⑥ 联合国的国际法委员会(ILC)在国家责任的国际立法方面作出了很多的努力,2001 年二读通过《国家对国际不法行为的责任条款草案》。虽然该草案在国际法院的"隔离墙"案中被援引,但是仍然不能视为国际公约。有关情况,参见 James Crawford, *State Responsibility: The General Part*, Cambridge University Press, 2013; James Crawford, Alain Pellet, and Simon Olleson (eds.), *The Law of International Responsibility*, Oxford University Press, 2010.

更是争论激烈,难有共识。① 而且,主权豁免这一从中世纪后期传下来的国际法基本规范使得追究国家责任困难重重。至于国际司法,必须承认的是迄今仍没有一项被普遍接受的体制和一套通行的国际诉讼规范,没有一个国际司法机构能够强制国家或相应的国际行为体参与到法律诉讼中来;国际法院的强制管辖权必须以国家最初的一份承诺为基础,而这种承诺是可以撤销的。国际刑事法院力图有所突破,确立了基于安理会决议的、不以自愿为前提的管辖权。但这样的规定与安理会的大国一致原则相结合,就变成五大常任理事国可以免于在国际刑事法院受诉的模式。② 乐观地看,WTO 的争端解决机制(DSB)和欧洲联盟的法院(ECJ)运行相对妥善,可以被视为国际司法体制的范本,但是,WTO 的 DSB 所涉及的范围以与贸易有关的问题为限;而 ECJ 也仅仅可以处理欧盟成员国内部的争端,只有这种典范的意义进一步扩大,才能算是真正有效的国际司法组织与机制。黄文艺教授认为,国际法治与国内法治的主要差异在于国内法治属于强制性法治和一元型法治,国际法治属于契约型法治,具有多元分散性。因而既存在着 WTO 这样的全球层次法治,也存在欧盟这一类的区域层次法治。③

而包括条约、习惯国际法、一般法律原则在内的庞杂而充满内部矛盾的国际法渊源体系,使得法律的普遍性受到了广泛的质疑。因为双边条约、多边条约、区域习惯、双边习惯的大量存在,使得普遍国际法的概念基本被架空。而被国际法学者推崇的强行法(jus cogens)又因为一些大国的任意解释

---

① 国际法委员会(ILC)1996 年的《国家责任条款草案》试图规定作为国家不法行为的国际罪行,但是,中、美、法等很多国家的代表提出反对。参见梁西主编:《国际法》,武汉大学出版社 2011 年第 3 版,第 121 页;黄瑶主编:《国际法》,北京大学出版社 2007 年版,第 290—293 页。

② 《国际刑事法院规约》第 13 条"行使管辖权"规定:"在下列情况下,本法院可以依照本规约的规定,就第五条所述犯罪行使管辖权:……2. 安全理事会根据《联合国宪章》第七章行事,向检察官提交显示一项或多项犯罪已经发生的情势;"由此可见,即使非缔约国,也可能受国际刑事法院的管辖(同时参考第 12 条"行使管辖权的先决条件")。而安理会在管辖方面的权力非常重要,因为第 16 条"推迟调查或起诉"规定:"如果安全理事会根据《联合国宪章》第七章通过决议,向本法院提出要求,在其后 12 个月内,本法院不得根据本规约开始或进行调查或起诉;安全理事会可以根据同样条件延长该项请求。"关于安理会常任理事国对国际刑事法院管辖权的制约,参见 Hans Köchler, *Global Justice or Global Revenge? The ICC and the Politicization of International Criminal Justice*, Lecture delivered at the World Conference for International Justice "United against the politicization of justice" organized by the General Sudanese Students Union, Khartoum, Sudan, 6 April 2009, http://i-p-o. org/IPO-Koechler-ICC-politicization-2009. htm (visited on 2014-03-02); Hans Köchler, *World Court without a World State: Criminal Justice under the Dictates of Realpolitik?* Commentary on the Idea and Reality of the International Criminal Court Ten Years after the Coming into Force of the Rome Statute, Vienna, 1 July 2012, http://i-p-o. org/Koechler-ICC-Realpolitik-IPO-OP-1July2012. htm (visited on 2014-03-02).

③ 黄文艺:《全球化时代的国际法治——以形式法治概念为基础的考察》,载《吉林大学社会科学学报》2009 年第 4 期。

陷入霸权的危境。同时,法律的平等适用和确定性经常也无从谈起,因为哪些法律应予适用,哪些法律不应适用,不仅当事国各执一词,就连处理案件的法官也不能完全确定,这就使得争端解决没有一个明确的预期。例如,中国与日本、菲律宾等国在一些海域、小型岛屿划界上的争端,首先就源于其所认识的国际法规范的不一致。例如,就钓鱼岛而言,《马关条约》是否延及钓鱼岛?如何认识1895年日本内阁阁议的法律性质?如何理解《开罗宣言》和《波茨坦公告》的措辞?如何看待《旧金山和约》的效力?如何解释1978年8月12日《中华人民共和国和日本国和平友好条约》第4条的含义(特别考虑中国曾经在谈判中反对这一条)?① 如果我们扩大历史和地理的视角,就会发现,从常设国际法院开始,一直到现在国际法院,其法官审理案件的主要任务都不在于寻找法律,而在于为了某种目标而作出选择。②

由此看来,国际层面的法律遵行、实施、责任追究都处于初级的状态。此时,如果不考虑从良法的层面在国家之间凝聚共识、促进合作,而单纯主张促进形式层面的法治,则很可能事倍功半,甚至南辕北辙。第一次世界大战之后的莱比锡审判,由于缺乏实体规范的正当性使得程序上的尝试几成闹剧;第二次世界大战之后的纽伦堡审判由于缺乏起码的实体法基础,使得以戈林为代表的被诉者认为这只是一个战胜者的政治过程,是一个赢家通吃、缺乏正当性的司法机构与过程。而苏联、英国、美国等盟国军人未被起诉和审理的事实,也和20世纪90年代的前南斯拉夫特别刑事法庭没有接受对北约一方战争犯罪的起诉一样,使公众对于审判的公正性提出质疑。所有这些问题,并非与形式和程序的完善无关,甚至可以说,在很大程度上确实是一个程序有待完善的问题;但是,在没有妥当的实体规范的国际社会中,形式上的追求可能被在国际体制中具有更大话语权和行动力的大国所操纵,离我们心中的法治越来越远,离强权政治越来越近。③ 正由于此,西方学者在9.11事件后痛定思痛,认为缩小全球不平等仍然是全球法治中一个至关重要的问题。④ 刘雪斌教授等提出,平等性、规范性和司法性等国际法治要素与国际

---

① 对于这个问题,很多中国学者从历史和国际法的角度进行了探索,这些文献获得了国内学者的关注。而西方学者对这个问题的观察可能为我国政府和学界提供更多有益的视角和对策基础,例如 Carlos Ramos-Mrosovsky, "International Law's Unhelpful Role in The Senkaku Islands", 29 *University of Pennsylvania Journal of International Law*. (2008) 903, at 922—931; William B. Heflin, "Diayou/Senkaku Islands Dispute: Japan and China, Oceans Apart", 18*Asian-Pacific Law & Policy Journal* (2000) 1.

② Rosalyn Higgins, *Problems and Process: International Law and How We Use It*, Oxford University Press, 1994, p.3.

③ 何志鹏:《国际法治:良法善治还是强权政治》,载《当代法学》2013年第1期。

④ Daniele Archibugi and Iris Young, "Toward a Global Rule of Law", *Dissent*, Spring 2002, pp. 27—32, at 31.

人权法律保护成就的契合,表明国际人权法治由理想转变为现实。① 但是,在实践中,我们不得不面对的现实就是很多国家的人权状况远不如人意,但国际程序却毫无办法。甚至可以说,在人权领域,国际制度在日常中呈现了两个极端:或者极弱对于一些侵犯人权的行为视而不见,任由政府无视民众的基本权利;或者极强,对于一些行为大动干戈,推翻原有政府,这种行为则大多带入新的人权危机。

国外的学术著作和政府官方的会议议程、决议并没有对国际法治的概念和具体外延予以阐释。但是,从其所强调的具体内容上可见一斑。联合国《国内和国际的法治问题大会高级别会议宣言》以及秘书长报告关注的法治焦点是冲突之后的持续和平、有效的保证人权以及持续的经济增长和发展;法律的基本原则在于法律的公布、平等的适用、独立的裁判、从个人到国家都遵从法律。法律必须与人权的标准和要求相一致,所以特别提出反毒品、反腐败、反恐怖主义。还要求确保遵守法律至高无上、法律面前平等、对法律负责、适用法律的公平、分权、决策的参与性、法律的确定性、避免专断以及程序和法律规范的透明度。② 也就是说,国际社会一直在主张良法的治理,而非仅仅法律的善治。

五、国际法的二元价值体系需要首先确立良法才能遵行善治

国际法体系最突出的问题在于国际法价值取向的二元性。这就导致了在国际法领域首先必须解决核心的实体价值,才有可能面向法治的形式。

(一) 无政府的国际社会存在着主权与人权的二元价值紧张

法治意味着政府在法律规定的范围内行事,法律需要公布,要约束官员的自由裁量,非经正当程序不能施与刑罚。如果认为从形式的角度可以界定国际法治的基本指标,例如要求政府要受法律限制、法律的形式要具有合法

---

① 刘雪斌、蔡建芳:《国际人权法治初探》,载《吉林大学社会科学学报》2011年第2期。
② *Declaration of the High-level Meeting of the GeneralAssembly on the Rule of Law at the National andInternational Levels*, Resolution adopted by the General Assembly, A/RES/67/1, 30 November 2012; *Report of the Secretary-General on the Rule of Law and Transitional Justice in Conflict and Post-Conflict Societies* (S/2004/616);"在国际一级,法治为国家的行动提供可预测性和合法性,加强其主权平等,加强国家对其境内受其管辖的所有个人的责任。全面履行《联合国宪章》以及包括国际人权框架在内的其他国际文书所载的义务对于共同努力维护国际和平与安全、有效地应对新出现的威胁以及填补国际犯罪的问责空白非常重要。"联合国大会:《伸张正义:加强国内和国际法治行动纲领》,秘书长的报告,A/66/749, 16 March 2012。

性,包括法律要公布、面向未来、具有普遍性、能够平等适用、并具有确定性,实现法律之治而非人的统治,实现客观而非主观的治理模式、激情而非理性的秩序确定手段,将这些作为国际法治的基本范畴,那么法治的目标在国际法的领域一定会落空。因为"法治政府"在国际法上究竟约束作为国际共同体主要成员的国家政府,还是约束国家之间的组织机构,在国际实体法上尚无一致的认识。在国内法的意义上,善治意味着政府自身定位的重新调试。但对于国际法而言,不仅立法层面的很多任务还没有完成,更主要的是,不存在世界层面的政府,主权原则仍是国际法的起点考量。[1] 此时,国际法的立法、变法、守法和执法都面临着一个核心的困惑:究竟是维护以国家为基本行为体的安定秩序,还是追求以个人为主的人权?

在国际法领域,最困难的问题是,价值基点如何确立,也就是我们熟知的主权与人权的优越性。国际法的**直接主体**[2]、主要主体、原生主体是国家,国家是国际法律关系最直接的参与者,国际法律权利的主要享有者和国际法律义务的直接承担者[3],在这种环境中,似乎保证国家的基本独立与自由是国

---

[1] Hersch Lauterpacht, *The Function of Law in the International Community*, Oxford University Press, 1933, reprinted 2011, pp. 3—6.

[2] "直接主体"是指直接享有国际法上的权利、承担国际法上的义务和责任、参加国际法律行为、具有国际求偿资格的行为体。这一概念被国际法学者凯尔森在《共产主义的法律理论》、詹宁斯和瓦茨在《奥本海国际法》等著述中使用,也被国际法院、国际法委员会等国际法律机构所采纳。参见 Hans Kelsen, *The Communist Theory of Law*, Frederick A. Praeger, Inc., 1955, p. 182; Robert Jennings and Arthur Watts, *Oppenheim's International Law*, 9th ed., Longman, 1992, Vol. I, p. 849; Reparation for injuries suffered in the service of the United Nations, Advisory Opinion: *I. C. J. Reports 1949*, p. 174, at 178; *Yearbook of the International Law Commission*, 1995, Vol. I, p. 49.

[3] 虽然当前国际组织的国际法律行为能力被广泛认可,很多西方学者都主张国际法主体的范围拓展到公司和个人,如 Lori F. Damrosch, Louis Henkin, Sean D. Murphy, and Hans Smit, *International Law: Cases and Materials*, 5th ed., West, 2009, pp. 447—449; Richard K. Gardiner, *International Law*, Pearson Longman, 2003, pp. 264—265; Noemi Gal-Or, "NAFTA Chapter Eleven and the Implications for the FTAA: the Institutionalization of Investor Status in Public International Law", 14: 2 *Transnational Corporations* (2005) 121, at 131; Jose E. Alvarez, "Are Corporations 'Subjects' of International Law?", 9 *Santa Clara Journal of International Law* (2011) 1. 一些中国学者也认为个人的国际法主体地位问题可以讨论,见梁西主编:《国际法》,武汉大学出版社 2011 年版,第 74—77 页;但国家的重要性从来未被撼动。Malcolm N. Shaw, *International Law*, 7th ed., Cambridge University Press, 2014, pp. 151—153; Malcolm D. Evans (ed.), *International Law*, 3rd ed., Oxford University Press, 2010, pp. 284—289;《国际法院规约》明确规定"在法院得为诉讼当事国者,限于国家"(第 34 条第 1 款)。由此可以论断,国家是国际法律关系的直接参加者,因而是国际法的直接主体(direct subject);与之相对,尽管很多学者和国际组织倡导,公司和个人仍很难直接参加国际立法、守法、司法、执法环节,而只能是依据国际法要求国家采取某些政策、避免某些行为,所以最多只能是国际法的间接主体(in direct subject)。James Crawford, *Brownlie's Principles of Public International Law*, Oxford University Press, 2012, pp. 114—118; Hisashi Owada, "International Environmental Law and the International Court of Justice: Inaugural Lecture at the Fellowship Programme on International and Comparative Environmental Law", 2 *Iustum Aequum Salutare* (2006) 5, at 10.

际法的价值立足点,传统的国际法也确实以主权平等和独立作为强调的焦点。① 但是,国家是一个集合体,真正的行为者仍然是国家背后的个人。对于人民而言,法律没有规定即是私人的自由;政府则只能在法律的轨道之内行事,不能利用法律的不清晰或者漏洞。而在国际体系中,法治究竟是约束作为国内法意义上政府的国家还是赋予国际社会主要行为体的国家以自由和权利,还没有明确的共识②,这也使得国际法的问题更为复杂。③ 这种二元基点的价值界定方式虽然在大多数情况下并无问题,因为常态下主权应当是促进和维护人权的,就如中国常说的"人民政府为人民",美国先哲林肯所言的"民有、民治、民享"④;但不能排除特殊情况下主权与人权的冲突或者对立的事实。如果考虑施米特所分析的,主权主要就是要考虑非常状态⑤,那么主权与人权之间的紧张就是国际法必须认真对待的问题。

(二) 国际法治应当建立起人本主义的基本理念

从人本主义的角度讲,如人类的任何组织、行动和制度,国家的服务对象、国际法的服务对象,最终应当是个人,使个人能够良好地存续和发展。国际社会的最终价值并不是国家,所有的国际、国内制度都是为了人类的目的而存在的,服务于人类的福利,而非主权国家的福利;国家是人民的委托者,国际法应当约束立法者,而不是私人。正是从这个意义上讲,Jeremy Waldron 才说,传统国际法将个人作为客体(object),如果从"目标"的意义上理解 ob-

---

① 康德在《永久和平论》中对于国家的自在性、自主性、独立性予以了肯定,参见〔德〕康德:《历史理性批判文集》,何兆武译,商务印书馆 1990 年版,第 99 页;Kant, H. Reiss (ed.), *Political Writings*, H. B. Nisbet (trans.), Cambridge University Press, 1970, pp.94—95. 黑格尔对于国家在国际法中的自主性有着充分的认识,参见〔德〕黑格尔:《法哲学原理》,范扬、张企泰译,商务印书馆 1961 年版,第 346—351 页;G. W. F. Hegel, Allen W. Wood (ed.), H. B. Nisbet (trans.), *Elements of the Philosophy of Right*, Cambridge University Press, 1991, pp.366—371. 黑格尔的法律观点,参见 G. W. F. Hegel, T. M. Knox (trans.), H. B. Acton (Introduction), John R. Silber (Foreword), *Natural Law: The Scientific Ways of Treating Natural Law, Its Place in Moral Philosophy, and Its Relation to the Positive Sciences of Law*, University of Pennsylvania Press, 1975; Ernst-Ulrich Petersmann, "International Rule of Law and Constitutional Justice in International Investment Law and Arbitration," 16 *Indiana Journal of Global Legal Studies* (2009) 513.
② Jeremy Waldron, "The Rule of International Law", 30 *Harvard Journal of Law and Public Policy* (2006)15.
③ Jeremy Waldron, "Are Sovereigns Entitled to theBenefit of the International Rule of Law?", 22 *European Journal of International Law* (2011) 315.
④ 英语原文是"government of the people, by the people, for the people",来自林肯的"葛底斯堡演说",《林肯选集》,朱曾汶译,商务印书馆 2010 年版,第 278 页。
⑤ 〔德〕卡尔·施来特:《政治的神学》,刘宗坤、吴增定译,上海人民出版社 2015 年版,第 3 页。

ject 这个词汇,是符合现代需求的。① 所以,个人的自由与福利又成为国际法的价值基点。联合国人权委员会早就认识到,法治是保护人权的基础因素(rule of law is an essential factor in the protection of human rights),法治有助于社会关系的法律发展,法律秩序的妥善持续,保障国家不任意滥用自己的权力。② 从另一个侧面说,人权也是法治的题中应有之义。此时,国际法需要树立保护人权的共同标准,反对酷刑,约束国家的立法权。③ 值得注意的是,虽然根据罗尔斯的正义论,一般意义上的正义主要是一种程序上的要求和体现④,但是到了国际的领域之中,罗尔斯就更加强调人民(而不是国家)的自由平等,在尊重和保护人权的基本前提之下形成合宜的"万民法"。此时,罗尔斯借鉴了卢梭、穆勒对于人的自由的强调,特别是康德在《永久和平论》中实现世界公民权利的主张⑤,在尊重各国内政的前提下提出了世界正义的设计图景。⑥ 因此,当代国际组织体系的核心目标在于推动和鼓励对所有人人权和基本自由的尊重。⑦

(三) 以人权为基础的国际法治体系需要在实体和程序上构建

法治的核心在于维护个人的自由,法治的根本目标是实现人的自由。法律的主要功能在厘定伦理规范,形成自由可靠的边际。20 世纪后半叶,在全世界范围内人权的话语已经成为普遍的信念,体现在多数国家的宪法与《联合国宪章》之中,这时人权成了所有法律的基本准则和所有法律人的共同语言(lingua franca),在此种情况下各国的法治也可以仅仅从形式的角度予以分析和阐发,并将法律价值层面的深刻理论问题交给法哲学家去探讨和争论。《联合国宪章》可以被视为国际法治的核心,其序言部分即提出了一系列的实体性目标。如果没有这些目标,则联合国的组织、机构、运作过程都缺

---

① Jeremy Waldron, "The Rule of International Law", 30 *Harvard Journal of Law and Public Policy* (2006) 15.
② Commission on Human Rights, *Strengthening of the Rule of Law*, resolution 1993/50.
③ René Foqué, "Global Governance and the Rule of Law: Human Rights and General Principles of Good Global Governance", in: Karel Wellens (ed.), *International Law Theory and Practice. Essays in Honour of Eric Suy*, Martinus Nijhoff Publishers, 1998, pp. 25—44.
④ John Rawls, *A Theory of Justice* (original edition), Harvard University Press, 1971, p. 53; John Rawls, *A Theory of Justice* (revised edition), Harvard University Press, 1999, p. 61.
⑤ I. Kant, H. Reiss (ed.), H. B. Nisbet (trans.), *Political Writings*, Cambridge University Press, 1970, pp. 105—108.
⑥ John Rawls, *The Law of Peoples, with "The Idea of Public Reason Revisited"*, Harvard University Press, 1999, pp. 82—83; 119—120;〔美〕罗尔斯:《万民法:公共理性观念新论》,张晓辉、李仁良、邵红丽、李鑫译,吉林人民出版社 2001 年版,第 87—88、127—128 页。
⑦ Universal Declaration of Human Rights, General Assembly, A/RES/3/217 A, 10 December 1948; World Conference on Human Rights, General Assembly Res. 47/122, 18 December 1992.

乏起码的合法性基础。① 但问题在于,当作为主权者的政府忽视人权时,国际法当如何处理? 当作为主权者的政府成了大规模人权灾难的制造者时,国际法应当采取何种立场?② 这里最突出的例子就是国际法上的干涉问题。如果国际法的价值体系立足于国家,则国际法理所当然地强调主权平等,强调国家的自由,国家的内政是不容干涉的。③ 但是,如果国际法的价值目标在于个人,则国家政府的正当性基础在于维护基本人权,国际社会甚至其他国家就可以进行干涉,如果干涉的结果能够挽救一国的人权危机,提升一国的人权水平,这种干预就是可以接受的。④ 国际法学者争论的"人道主义干涉"问题、特别是 21 世纪以来出现的"保护的责任"的问题,就揭示了在这个领域存在的矛盾。一些国家坚持主权至上、内政不容干涉、国家完整与独立

---

① 对于这一观点的展开,参见 Blaine Sloan,"The United Nations Charter as a Constitution",1 *Pace Year Book of International Law* (1989) 61;Bardo Fassbender,"The United Nations Charter as Constitution of the International Community",36 *Columbia Journal of Transnational Law* (1998) 529;Pierre-Marie Dupuy,"The Constitutional Dimension of the Charter of the United Nations Revisited",*Max Planck Yearbook of United Nations Law*,Volume 1 (1997),pp. 1—33;Bardo Fassbender,*The United Nations Charter as the Constitution of the International Community*,Martinus Nijhoff,2009,pp. 77—109.
② 有的学者指出,恐怖主义和酷刑问题使得"正义战争"的理论重又回到了人们的视角之中。Steven P. Lee (ed.),*Intervention, Terrorism, and Torture: Contemporary Challenges to Just War Theory*,Springer,2007,pp. 3—19;基于科索沃及阿尔及利亚的实践对这一问题的分析,参见 Helle Malmvig,*State Sovereignty and Intervention: A Discourse Analysis of Interventionary and Non-interventionary Practices in Kosovo and Algeria*,Routledge,2006,pp. 77—104.
③ 见《联合国宪章》第 2 条第 7 款、1965 年联大《关于各国内政不容干涉及其独立与主权之保护宣言》、1970 年联大《国际法原则宣言》、1981 年联大《不容干涉和干预别国内政宣言》。不干涉原则是国际法和国际政治中一个颇具争议的问题。争论点在于"干涉"和"内政"两个方面。在当代,并非只有武力干涉才算是干涉,其他强迫、专横的方式也可能属于干涉;而内政的范围则随着国际社会的发展在不断缩小。梁西主编:《国际法》,武汉大学出版社 2012 年第 3 版,第 59—60 页;白桂梅:《国际法(第三版)》,北京大学出版社 2015 年版,第 180 页;杨泽伟:《国际法(第二版)》,高等教育出版社 2012 年版,第 66—67 页;有的学者认为,国家在其主权范围内实施的、符合国际法的行为不得干涉,反之,如果一国实施的行为违反国际法律义务,则国际社会是可以干涉的。按照这样的思路,值得追问的问题是:哪些是违背国际法的? 哪些国际法义务是可以选择的? 哪些国际法义务是必须承担的? 结合 2012 年国际法院审理的德国诉意大利一案,就能看出,即使是被视为强行法(*jus cogens*)的规范,也有可能被违背,而且被国际司法机构认为受制于国家豁免规范。*Jurisdictional Immunities of the State (Germany v. Italy: Greece intervening)*,*Judgment*,*I. C. J. Reports 2012*,p. 99,paras. 94—97.
④ 一些西方学者认为,需要限制主权,增加主权的人权责任。Jennifer M. Welsh (ed.),*Humanitarian Intervention and International Relations*,Oxford University Press,2004,pp. 29—51;另一些学者指出,国家中心模式面临着危机,Michael Rear,*Intervention, Ethnic Conflict and State-Building in Iraq: A Paradigm for the Post-Colonial State*,Routledge,2008,pp. 65—78;在实践中,国际社会的干涉已经成为一种现实。Janne Haaland Matláry,*Intervention for HumanRights in Europe*,Palgrave,2002,pp. 231—239;Anne Orford,*Reading Humanitarian Intervention: Human Rights and the Use of Force in International Law*,Cambridge University Press,2003,pp. 82—125;Aidan Hehir,*Humanitarian Intervention after Kosovo: Iraq, Darfur and the Record of Global Civil Society*,Palgrave Macmillan,2008,pp. 53—70.

不容侵犯;另外一些国家倾向于人权最优,国际社会可以对此种情况予以干涉。① 理论上的分歧导致了实践上的困局,从利比亚到叙利亚,国家之间争执不休②,而埃及自"阿拉伯之春"以来的遭遇更是让人们反思干涉的后果究竟如何。其中最敏感的问题就是"人道主义干涉"。③ 在干涉的问题上,进行干涉的国家能够承担起主权者的保护责任,应该作为考虑是否推翻据称为失败国家政府的基本前提。④ 国际法在这种核心价值问题上的悬置未决状态使得片面强调形式限于困顿,而无法真正达到法治的预期。⑤ 为了解决这个问题,以及一系列与此相像的问题,需要国际社会不仅确立明晰的程序规范并在运行过程中妥善施行,而且形成广泛接受的实体标准。

六、小　　结

国际社会正在经历着从大国霸权走向不断组织化和法治化的过程。⑥ 对于中国而言,在价值上有很多是需要参与和讨论的,如果只强调善治,可能陷于被动。中国在践行国际法治方面取得了可观的成就,包括为国际法治的核心价值和目标提出新的理念和原则,全面参与国际立法和国际决策,积极参与国际维持和平与建设和平行动以及构建地区安全,积极扶植中小发展中国家的法治能力建设,努力参加和实施多边国际条约,创造性地解决港澳问题和其他国际争端,大力促进国际法在中国的教学、传播与研究等。但与此同时,中国在国际法治的未来进程中仍然面临着严峻的挑战,包括顺应国际法治人本化的趋势、提升在国际立法和决策中的地位与影响、接受国际司法

---

① 干涉问题不仅在法律上面临着巨大的挑战,在理论上也存在着重要的争论。J. L. Holzgrefe And Robert O. Keohane (eds.), *Humanitarian Intervention: Ethical, Legal, and Political Dilemmas*, Cambridge University Press, 2003.
② 正是在这个意义上,学者正确地指出:规范理论与国际社会的现实在国际法上构成了紧张状态。Aidan Hehir, *Humanitarian Intervention after Kosovo: Iraq, Darfur and the Record of Global Civil Society*, Palgrave Macmillan, 2008, pp.5—10.
③ Ian Hurd, "Is Humanitarian Intervention Legal? The Rule of Law in an Incoherent World", 25 *Ethics & International Affairs* (2011) 293; Ellery C. Stowell, *Intervention in International Law*, John Byrne & Co., 1921, pp.51—276.
④ 研究者认为,干涉者是否遵循人道法的基本原则,达到何种效果,都是需要认真考量的。James Pattison, *Humanitarian Intervention and the Responsibility to Protect: Who Should Intervene?*, Oxford University Press, 2010, pp.99—175.
⑤ 有的学者甚至进一步认为,国际法应当作为国家行为的渊源,而非评价国家行为的固定标准。Ian Hurd, "Is Humanitarian InterventionLegal? The Rule of Law in an Incoherent World", 25 *Ethics & International Affairs* (2011) 293.
⑥ Arthur Watts, "The International Rule of Law", 36 *German Yearbook of International Law* (1993) 15;黄颖:《国际社会组织化趋势下的国际法治》,载《昆明理工大学学报》2000年第7期。

机构的管辖权、完善对外关系立法体系、国际法人才的精英化培养与储备等方面。① 中国政府应当更加积极地参与国际法的立法与实施,从相对被动的规则接受者转变为更加主动的规则制定者和参与者。②

无论是西方对法律素朴的理解,还是中国的思维传统,都倾向将法律与公正的社会秩序联系起来。法治将若干种法律的理想和追求用一个简约有力的词汇凝聚和提炼到一起,从而更加鲜明直接地指引政治体系或者法律规范及其运行发展的方向,评价政治法律环境及个案的善恶、成败、优劣、得失。实质法治事实上是对法治作出"形式+实体"的界定,而并不是不要形式只要实体。实质法治面临的最大困惑是,它所包含的内容过于广泛,几乎涵盖了所有的法律之善,因而,它究竟应当排除哪些方面来显示出这一概念的独特性,仍然是有待进一步思考的问题。③ 拉兹的论述确实提醒我们注意这样的问题:如果把实质问题和程序问题都放到法治这样一个概念之中来,就可能导致法治包罗万象、庞大混杂的局面,而过于宽泛的概念界定会冲淡法治概念的独特性和必要性,导致其缺乏边界和特色的结果。如果我们回到拉兹提出的问题,具有实体层面要求的"法治",特别是"国际法治"会不会变成一个包罗万象的口袋,将所有的问题都囊括进去呢?答案仍然是清晰而否定的。因为法治仍然是对于治理模式和治理格局的宏观价值考量,它对于具体的技术层面的问题并不关涉。因此,"国际人权制度是否应当统一""安理会是否应当对使用武力的条件予以更具体的确立"可以被认为属于法治领域的问题,而"WTO争端解决中的举证责任""紧追权开始与结束的时间"就不属于法治领域的问题。

综上,形式上的法治在国际社会不能脱离规范实体领域的发展而实现。我们乐于承认,正当程序的问题在国际法治之中不仅必要,而且占据着重要的地位。然而,鉴于国际法当前"国家是国际社会的基本成员,而各种非国家实体处于国家的统辖之下或基于国家授权而成"④的状态、国际关系的基本格局,抽空对于法律实质价值的要求,不仅不可行,也是不可能的。因而,在相当长一段时间内,追求国际法治的目标,不仅要注重分权、以法律的原则施行权力,更要注重保护权利。⑤ 为此,良法与善治如硬币的两面,不能真正分开,因而同样重要。

---

① 曾令良:《中国践行国际法治30年:成就与挑战》,载《武大国际法评论》2011年第1期。
② 王子研、罗超、李何佳:《国际法治的革新者:中国的角色转换与策略》,载《武大国际法评论》2012年第1期。
③ Cesare P. R. Romano, "A Taxonomy of International Rule of Law Institutions", 2 *Journal of International Dispute Settlement* (2011) 241—277.
④ 车丕照:《国际社会契约及其实现路径》,载《吉林大学社会科学学报》2013年第3期。
⑤ Geir Ulfstein, "Institutions and Competences", in Jan Klabbers, Anne Peters, and Geir Ulfstein, *The Constitutionalization of International Law*, Oxford University Press, 2009, pp. 60—67.

第四章　国际法治的核心架构：国际社会契约

　　国际社会契约是世界秩序的顶层设计理念和结构性设计。作为一种行为方式，它表现为一系列主权国家通过意思表示转让各自权能给作为国际公权力的国际机构，授权其在所有成员的维度上协调利益与行动的协议安排。作为一种思想观念，其内涵意味着用社会契约的理念和观点来认识和理解国际社会组织化的格局，以及在国际关系中推广契约的实践。当今国际社会契约的尝试主要表现为封闭性、开放性、普遍性、专门性的形式。国际社会契约的理念有助于认清国家主权的实质、解读无政府背景下国际秩序的方向以及国际组织的人格基础；培养和发展国际社会契约的实践有利于保障世界和平与安全，有助于维护国际关系的组织化趋势，能够更有效地塑造主权国家的行为模式，奠定经由国际法治实现世界和谐的基石。威斯特伐利亚和约可以被视为国际社会契约的前期尝试，虽然其本身并没有建立起国际社会契约，但是主权平等的观念和国际协定的安排却构成了国际社会契约不可或缺的基础。第一次世界大战之后的国际联盟和第二次世界大战之后的联合国是国际社会契约的重要尝试，通过这些努力，国际社会建立公权力的构想逐渐付诸实践。当前，尽管国际社会的组织化进程还存在着诸多弊病，例如组织权威、效率和公正性的欠缺，但是全球风险社会的现状对于国际社会契约的要求越来越紧迫。因而，在未来的一段时间，国际社会契约应当予以强化，在实体价值上与国际法治的要求看齐，在程序价值上注重主体适格、签订程序合理，能够有效执行，特别是在运作中不断更新。通过局部契约的不断深化和整合，整体契约的改进与完善，形成牢固的世界秩序结构性框架，为形成国际法治构建良好的基础。

一、问题的提出

　　数个世纪以前，西方先哲托马斯·霍布斯（Thomas Hobbes, 1588—1679）、约翰·洛克（John Locke, 1632—1704）、查理·路易·孟德斯鸠（Charles de Secondat, Baron de Montesquieu, 1689—1755）、让-雅克·卢梭

(Jean-Jacques Rousseau,1712—1778)等曾经用社会契约①的理论和观念挑战长期占据政治社会中的君权神授理论②,以人民在自然状态下订立的契约③来解释国家的形成,由此在思想上重构政府的位置、规划人与国家之间的关系,并进而论证出人民权利的理念。社会契约理论虽然存在着诸多问题,不过基于其表面的解释力和对于社会发展所具有的重要引导价值,所以数百年来绵延不断,薪火相传。④ 而今,国际关系面临着深刻的变革,国际社会组织化的趋势和全球化的浪潮以前所未有的速度和规模推动着国际关系的格局和结构的发展,同时也带来了一系列的理论与实践难题。⑤ 这些难题要求我们认真思考并审慎分析国际关系中的若干概念和理论。⑥ 在这样的当口,是否可以借鉴和发展社会契约的假说,用"国际社会契约"这一理念来界定和阐述世界秩序国际格局中的主要问题,重新发现一个贯穿当前国际政治法律体制的理论线索,为国际社会的格局发展提供一套新的解释和指引范式,为国际关系的法治化提供一个更具坚实基础的理论模型呢?本章就试图沿着这样的思路,探究国际社会契约的内涵与外延、观念与实践、现状与未来。

二、国际社会契约观念的起源与发展

国际社会契约的观念具有比较悠久的历史。有学者认为,中国古代的儒家思想中就有社会契约的痕迹。⑦ 当然,对社会契约进行深度剖析、使得社

---

① 唐士其:《西方政治思想史》,北京大学出版社 2008 年版,第 184—218 页。
② 查士丁尼皇帝在西方第一个提出君权神授思想,竭力将君权和神权结合在一起,实行专制统制。奥古斯丁提出,君主职位是上帝为实现自己的目的而设立的,这一论述奠定了中世纪西欧君权神授的理论基础。
③ Thomas Hobbes, *Leviathan*, Cambridge University Press, 1996, pp. 121—128; Montesquieu, *The Spirit of Laws*, Cambridge University Press, 1989, pp. 127—128; John Locke, *Two Treaties of Government*, 2nd ed., Cambridge University Press, 1988, pp. 331—333; Rousseau, *The Social Contract and other Later Political Writings*, Cambridge University Press, 1997, pp. 49—53.
④ 〔美〕布莱恩·史盖姆斯:《社会契约演化论》,申海波、杨培雷译,上海财经大学出版社 2012 年版;林奇富:《社会契约论与近代自由主义转型》,光明日报出版社 2010 年版;徐向东:《自由主义社会契约与政治辩护》,北京大学出版社 2005 年版;〔英〕迈克尔·莱斯诺夫:《社会契约论》,刘训练、李丽红、张红梅译,江苏人民出版社 2006 年版。
⑤ 对于国际关系中一系列新问题的描述与分析,参见〔美〕威廉·内斯特编著:《国际关系:21世纪的政治与经济》,姚远、汪恒译,北京大学出版社 2005 年版;〔美〕罗伯特·J. 阿特、罗伯特·杰维斯:《政治的细节》,陈积敏、聂文娟、张键译,世界图书出版公司 2014 年版,第10—16 章。
⑥ 关于新生国际问题对于国际关系理论与实践的挑战,参见〔美〕约翰·罗尔克:《世界舞台上的国际政治》,宋伟等译,北京大学出版社 2005 年版。
⑦ 冯川:《儒家思想的社会契约性质》,载《江苏社会科学》2007 年第 5 期。

会契约的理念走向世界、让世界都接受,主要来自西方学界。因此,分析国际社会契约观念的基础,有必要主要从西方社会认知。

(一) 社会契约论的文化基础

在西方知识界,国际社会契约这一概念具有深厚的知识传统和思想渊源。欧美诸国堪称国际社会契约最成熟的地区,而这一地区也正是历史上社会契约理论最为繁盛的疆域。社会契约论①为其提供了丰富的理论营养,为国际秩序的形成与发展提供指引和启迪,引导人们为人类未来构划更为美好的蓝图。② 那些可以归结为国际社会契约的实践也是遵循着社会契约的观念而发展的。由于这种继承性,国际社会契约与社会契约论的理论模型的内在构架是相同的。它们都采用了原初(自然)状态(即国际社会的无政府状态)的假设,进而推出无政府状态的弊端,在此背景下主体之间通过签订契约转让其原本所具有的自由(任意性),赋予一个中央机构调配资源、指挥行动的权能,从而脱离无政府状态,进入到政府状态,彼此承诺服从指挥与支配。从学术资源的角度看,社会契约论的阐发者霍布斯同样分析了国际社会的自然状态,即无政府状态,这对人们思考国际社会契约、转让权力形成更高级的社会秩序是具有重要意义的。1790 年,法国的一位反对大革命的间谍声称他得到了一份卢梭的《社会契约论》续篇手稿,其内容即是将社会契约的理念推广到国际社会之中,以消除战争、形成国家之间的联合。该间谍又称他鉴于此份手稿危害法国的君主制,所以将其销毁。虽然卢梭的研究者对于该手稿的真实性存在争论③,但无论如何,通过国际社会契约的方式解决国家之间冲突的观念可以上溯到 18 世纪。康德的国际秩序、世界和平思想中就具有了社会契约的面貌④,康德观点的现代继承者罗尔斯、哈贝马斯则

---

① 社会契约理论的古典论者霍布斯、卢梭、洛克,现代论者罗尔斯、诺齐克等虽然对于契约所论证的目标存在差异,但是论证结构基本一致。对于社会契约理论存在着若干批判,也有一些新分析,但是其对于宪政国家的理论意义是不可磨灭的。参见〔英〕迈克尔·莱斯诺夫等:《社会契约论》,刘训练、李丽红、张红梅译,江苏人民出版社 2006 年版,第 49—171、333—379 页。

② F. M. Ozkaleli, "International Social Contract", *Paper presented at the annual meeting of the Midwest Political Science Association, Palmer House Hilton, Chicago, Illinois*, 2004-04-15. www.allacademic.com/meta/p84315_index.html (2009-05-26).

③ Grace Roosevelt, "Jean-Jacques Rousseau, the Count D'antraigues and the International Social Contract Tradition", 30 *History of Political Thought* (2009) 97.

④ Andrew Hurrell, "Kant and the Kantian Paradigm in International Relations", 16 *Review of International Studies* (1990) 183—205.

从不同的方面论证了以国际社会契约而确立国际秩序的可行性。① 另有学者从国际商法作为社会契约、税收国际化需要国际社会契约等角度论证了国际社会契约的必要及内容。② 总体看来,西方中世纪及其后的契约观念、契约文化为国际社会契约的观点奠定了基础。

(二) 国际社会契约与社会契约论的差异

必须看到,国际社会契约论和传统的、以国内社会为场域的社会契约论存在着很多方方的差异。特别是二者在目标、手段和论证真伪上有着很多的不同:

首先,在论证的方式上,传统的社会契约论是一种追溯性的假说。它指向历史,通过设想人和国家的过去,力求说明当今的国家体制在初民时期如何形成。无论是霍布斯的社会契约论、孟德斯鸠的社会契约论,还是洛克的社会契约论、卢梭的社会契约论,甚至罗尔斯的社会契约论,都包括三个环节:第一,自然状态,也就是人类在没有进入国家、政府的阶段。霍布斯将其想象为一切人对一切人的战争,卢梭将其想象为人人自由的美好状态,罗尔斯设定一个未知自身地位的无知之幕之后的选择者。第二,缔约时刻。即人们在一起订立一个契约,放弃自己的部分自由,将权利交给政府。在这个缔约时刻,人们进行了一个重要而伟大的抉择,我们可以理解为一个重要的变革,甚至是一场社会结构的化学反应,从此自然状态结束,转而进入缔约后的新阶段。第三,国家状态。如果从法律的视角观察,就是原有的平行社会结构转变为纵向的社会结构,人与人之间原来仅有的一种关系方式,即"权

---

① 罗尔斯的观点主要体现在他的《万民法》一书中。泰松认为,罗尔斯为世界秩序的未来构划了一种新的图景,不是以国家为单位,而是以人民为单位构成社会契约,但是在对于威胁世界和平的地域所采取的容忍和妥协却算不上是一种好的方式。Fernando R. Tesón, "The Rawlsian Theory of International Law", 9 *Ethics & International Affairs* (1995) 79—99.

② Bruce L. Benson, "Customary Law as a Social Contract: International Commercial Law", 3 *Constitutional Political Economy* (1992) 1—27; Allison Christians, "Sovereignty, Taxation, and Social Contract", 18 *Minnesota Journal of International Law* (2008), Univ. of Wisconsin Legal Studies Research Paper No. 1063. Available at SSRN: http://ssrn.com/abstract=1259975; Arend Lijphart, "The Structure of the Theoretical Revolution in International Relations", 18 *International Studies Quarterly* (1974) 41—74; Ronald A. Brand, "Sovereignty: The State, the Individual, and the International Legal System in the Twenty First Century", 25 *Hastings International and Comparative Law Review* (2001) 279; Russell S. Sobel, "The League of Nations Covenant and the United Nations Charter: An Analysis of Two International Constitutions", 5 *Constitutional Political Economy* (1994) 173—192; M. Cherif Bassiouni, "ThePerennial Conflict between International Criminal Justice and Realpolitik", 22 *Georgia State University Law Review* (2006) 541—560; Kristoffer Lidén, Roger Mac Ginty & Oliver P. Richmond, "Introduction: Beyond Northern Epistemologies of Peace: Peacebuilding Reconstructed?", 16 *International Peacekeeping* (Special Issue: Liberal Peacebuilding Reconstructed) (2009) 587—598.

利—义务"结构(如果我们大体上认定前契约的自然状态也有这样的一种基本到的关系的话)的一部分转化为"权力—服从"的结构。政府可以命令人们去做什么、不做什么;政府可以集中配置资源,从事一些个人无法完成的事业。后契约时代,政府与人民的关系明晰起来,但也存在着不同的理论解释:霍布斯认为,基于社会契约的利维坦一劳永逸地获得了人民的服从;卢梭则认为,人民仍然保有推翻不好政府的权利。无论如何,这些都试图推回到人们从未见到的初民时期,试图提出一种对于遥远的过去的解释。而国际社会契约论则不做回溯性的解释,更强调着眼于国际体制的现实和未来,分析和审视国际社会契约的实践基础及发展可能,进行现实评价和前瞻式的建议。

其次,在关切的主题上,传统的社会契约理论的目标是解释和指引国内的权力—权利结构。多数先哲引入社会契约理论都试图说明人权的必要性,少数人则试图证明主权的至高性。无论如何,其关切都在于国内的宪政、主权和人权的问题,重在指引国家权力在国内运作之应然,阐释个人权利之价值;而与此相对,国际社会契约论的目的则是解读主权国家在国际场合中可能的行为方式,在阐释国家权力在国际社会运作之方向,去除对国家主权理解的遮蔽。前者论证国家体制的形成,分析主权的绝对性或者自然权利(人权)的合法性;后者建立在主权国家作为一个给定事实的基础之上,考量的是国际关系层面的社会化和秩序构建。至于主权来源如何,不是国际社会契约所关注的问题。

再次,在讨论的依据上,社会契约理论大多与历史资料相悖或于史无征[①],所以包括罗尔斯在内的学者都认为社会契约的条件、过程与内容是假设的、虚拟的构想。而国际社会契约论则由于发展较晚,可以借助于社会契约论,以及人类文明发展数千年来的重要经验教训,面向未来,形成一种更值得期待的社会场景。换言之,虽然社会契约论在"个人—国家社会"层面的社会公权建立及演进过程的理论推断上存在着诸多疑点,但在当代,"国家—国际社会"层面的社会公权之启动及走向完善,却可以借这一理论躯壳予以发展,形成一套有指引力的理论体系。

(三) 政治哲学中的相关学说

与此同时,国际社会契约的观念还承接了诸多相关、相近的思想观念,正

[①] 笔者对传统社会契约理论的简短批判,参见何志鹏:《非社会契约论》,载《安徽大学法律评论》第 5 卷第 1 期,安徽大学出版社 2005 年版。笔者的观点是,国家权力并非源于社会契约,而是源于历史选择和社会分工。

是这些思想理念促动着国际社会契约的理论与实践成长。其中最主要的包括:

1. 西方先哲关于世界秩序的思想实验

康德在18世纪末就已经提出了一些国际社会契约的雏形观念。例如,他在《道德形而上学》中提出,国家彼此间的外部关系处于无法律的状态,这种自然状态是一种战争状态(与霍布斯、卢梭的观点非常相近),按照原是社会契约的观念,民族之间会为了免受侵犯而结合。① 既然各国自由的自然状态(战争状态)并不符合人们的预期,所以人们有义务去摆脱这一状态以便进入法律状态。如果不能形成此种转变,则各民族的权利、各国的财产都难保永久。如果想达到各国的权利稳定永久的目标,国家之间就要联合,从而进入真正的和平状态。② 尽管这种世界的联合体,在康德看来仍然是暂时的、可以随时解散的,但是其中所蕴含的世界和平观念,国际秩序中的全球公民主义观点,为了达致和平而必须建立国际社会契约的观点,却永远闪耀着理性的光芒。这一观点在当代被哈贝马斯的沟通理性、戴维·赫尔德的全球治理等所发展③,被主张国际法宪政主义的学者们所继受。④

2. 马克思主义构想的国际社会场景

马克思主义和列宁主义中都有关于世界历史和世界未来的判断。马克思和恩格斯曾经在数部文献中设想过共产主义的未来场景,这是一个世界和谐的场景⑤,"新社会的国际原则将是和平"⑥。从经典马克思主义,到以毛泽东、邓小平为代表的中国马克思主义,世界和平始终是人们追求的目标。⑦

---

① Immanuel Kant, *The Metaphysics of Morals*, Introduction, translation, and notes by Mary Gregor, Cambridge University Press, 1991, p.151. 中文见于〔德〕康德:《法的形而上学原理》,沈叔平译,商务印书馆1991年版,第179—180页。
② Ibid, p.156. 中文同上书,第187—188页。
③ 〔德〕康德:《历史理性批判文集》,何兆武译,商务印书馆1990年版,第97—144页;〔德〕哈贝马斯:《交往行为理论》,曹卫东译,上海人民出版社2004年版,第83—101页;〔德〕哈贝马斯:《后民族结构》,曹卫东译,上海人民出版社2002年版,第70—132页;〔英〕戴维·赫尔德、安东尼·麦克格鲁编:《全球化理论:研究路径与理论论争》,王生才译,社会科学文献出版社2009年版,第283—306页。
④ James Crawford, *Chance, Order, Change: The Course of International Law*, Hague Academy of International Law, 2014, pp.453—457.
⑤ 参见马克思:《1844年经济学哲学手稿》,人民出版社1985年版,第77页;恩格斯:《共产主义原理》,载《马克思恩格斯全集》(第4卷)第357—374页;马克思和恩格斯:《共产党宣言》,载《马克思恩格斯文集》第2卷,人民出版社2009年版。
⑥ 《马克思恩格斯全集》(第17卷),人民出版社1975年版,第9页。
⑦ 毛泽东曾提出:"我们的战争……不但求一国的和平,而且求永久的和平。……牺牲虽大,时间虽长,但是永久和平和永久光明的新世界,已经鲜明地摆在我们的面前。我们从事战争的信念,便建立在这个争取永久和平和永久光明的新中国和新世界的上面。"参见《毛泽东选集》(第2卷),人民出版社1991年版,第476页。"我们希望和平。但是如果帝国主义硬要打仗,我们也只好横下一条心,打了仗再建设"。参见《毛泽东外交文选》,中央文献出版社1994年版,第297页。邓小平指出:"在较长时间内不发生大规模的世界战争是有可能的,维护世界和平是有希望的"。参见《邓小平文选》(第3卷),人民出版社1993年版,第127页。

根据最初的设想,是要通过暴力革命来达到全人类的共同解放,也就是人们所熟知的"全世界无产者,联合起来"。他们的思路在当时的历史条件下具有合理性。但是,鉴于当今世界的总体资源承受力如此脆弱,人类革命性行动的破坏能力如此之大,必须非常谨慎地面对世界的变革策略,避免再次大规模革命可能产生的毁灭性效果;因此,发展的马克思主义设想,最佳的选择是渐进式的改革,而非通过暴力革命达到服务于全人类利益的效果。如此推理,形成并发展以国家为基本主体的国际社会契约,显然是更为妥当的方式。

3. 主流国际关系理论关于世界格局的论断

国际社会契约的观点也在国际关系理论层面被接受、认可和促动。现实主义国际关系理论很早就认可了国际契约的理论与实践:从修昔底德到霍布斯,思想家们形成了一个观念,即国家之间为了追求安全和生存的基本需要,可以通过缔结条约的方式来相互承诺、相互保障。虽然这些并不构成"社会契约",但其中的契约精神是非成重要的,即国家为了根本价值而放弃一部分自由,这与国际社会契约的机理是一致的。自由主义(特别是新自由制度主义)关于相互依赖和国际制度的理念则更奠定了国际社会形成整体契约的坚实基础。自由主义者认为,国家之间在无政府的状态下既有冲突,也有合作;如果将类似国内的制度安排拓展到国际社会,国际法、国际组织、国际机制也能发挥功能,使得国际社会的秩序得以有效地维持。英国学派[①]对于国际社会、世界历史和国际法的重视同样为国际社会契约的拓展提供了广阔的空间。建构主义关于国际社会思想共同体的观念都对国际社会契约思想的理论化具有重要的启示作用。[②] 因而,国际社会契约论是在对现实主义进行反思的基础上严肃思考对于世界格局提出的严峻问题,吸纳和融合自由主义而与建构主义相兼容的思路。[③]

[①] 关于英国学派的基本观点,参见〔英〕巴里·布赞、理查德·利特尔:《世界历史中的国际体系:国际关系研究的再构建》,刘德斌等译,高等教育出版社 2004 年版。有关评论,参见张小明:《国际关系英国学派:历史、理论与中国观》,人民出版社 2010 年版;章前明:《英国学派的国际社会理论》,中国社会科学出版社 2009 年版;苗红妮:《国际社会理论与英国学派的发展》,中国社会科学出版社 2009 年版。

[②] 参见陈拯:《建构主义国际规范演进研究述评》,载《国际政治研究》2015 年第 1 期;李鞍钢:《现实建构主义视角下的国际体系变迁》,载《国际关系研究》2015 年第 1 期;王逸舟:《西方国际政治学:历史与理论》(第二版),上海人民出版社 2006 年版,第 179—208、215—231 页;秦亚青:《文化于国际社会:建构主义国际关系理论研究》,世界知识出版社 2006 年版,第 1—106 页;白云真、李开盛:《国际关系理论流派概论》,浙江人民出版社 2009 年版,第 82—93、288—296、230—252 页。

[③] 关于通过建构注意的路径整合现实主义、自由主义的观点,参见 David L. Rousseau, *Identifying Threats and Threatening Identities: The Social Construction of Realism and Liberalism*, Stanford University Press, 2006.

4. 现代思想家对于现代性的反思

当 20 世纪中叶以后,工业社会的问题显现出来,很多社会学家、未来学家对于后工业社会、后现代性、反思现代性等问题进行了分析和阐述。① 国际社会契约的观念与罗马俱乐部提出的《增长的极限》②、布伦特兰委员会提出的《我们共同的未来》③以及吉登斯提出的现代性发展④、乌尔里希·贝克提出的"风险社会"理念⑤也紧密相连。世界需要从政治利益、国家利益驱动的程序转换到全球利益、全球需要驱动的社区需要的程序。全球化进程中国际间利益的相互依存度逐步增强为全球性新契约达成提供了适宜的土壤。国际间权力分化的质的分歧性使新社会契约的达成带来新的机遇。⑥

(四) 国际社会契约思维的萌生与发展

从现有的文献中不难看到,20 世纪下半叶以来,国内外学者已经提出过国际社会契约或者与之相类似的概念。例如,早在 1974 年,柯恩就提出,在海洋、环境不可预期的风险面前,所有的人都是脆弱的。人们最终会签订一项全球社会契约。⑦ 欧洲联盟执委会主席德洛尔 1993 年提出了"全球社会契约论"。他认为,在自由贸易时代,工业化国家将产业迁到低工资的发展中国家,或者发展中国家以低工资为基础来拓展贸易,这对工业化国家和发展中国家的劳工都是不道德和不公平行为。为了保障劳工利益,全球劳工均应被置于一种新的"社会契约"之下,使他们受到差不多的待遇和保障。⑧ 1997 年,里斯本小组提出了四个方面的全球性社会契约:基本寻求契约,以

---

① 例如丹尼尔·贝尔 1973 年出版的《后工业社会的来临》(*The Coming of Post-industry Society*),他认为,"理论知识的积累和传播"是后工业社会中社会变革的直接力量;阿尔温·托夫勒的《第三次浪潮》将"超工业社会"定义为"继农业革命和工业革命之后的第三次浪潮",描述了信息社会的图景;约翰·奈斯比特的《大趋势》阐述了从工业社会向信息社会的过渡及信息社会来临的基本特征。
② Donella H. Meadows, *Limits to Growth : A Report for the Club of Rome's Project on the Predicament of Mankind*, Universe Press, 1972.
③ World Commission on Environment and Development, *Our Common Future*, Oxford University Press, 1987.
④ Anthony Giddens, *The Consequences of Modernity*, Polity Press, 1991;中文学界的相关研讨,参见陈华兴:《现代·现代性·后现代性——论 A. 吉登斯的现代性理论》,载《浙江社会科学》2006 年第 6 期;洪晓楠、吴迪:《吉登斯现代性思想再反思》,载《厦门大学学报(哲学社会科学版)》2005 年第 1 期。
⑤ Ulrich Beck, *Risk Society : Towards a New Modernity*, Mark Ritter (trans.), Sage Publications, 1992; Ulrich Beck, *World at Risk*, 2nd ed., Polity Press, 2008.
⑥ 卓成霞:《国际关系视野中的社会契约反思与重构》,载《盐城师范学院学报(人文社会科学版)》2012 年第 3 期。
⑦ Maxwell Cohen, "From Nation State to Global Social Contract", *The Montreal Gazette*, Dec 27, 1974.
⑧ 杨志清:《难以自圆其说的"全球社会契约论"》,载《社科信息文荟》1994 年第 16 期。

消除不平等;民主契约,以实施全球调控;文化契约,以实现宽容和国际对话;地球契约,以保障可持续发展。[1] 2000年的时候,杰夫·法克斯就提出了在全球经济的政治体系中引入全球社会契约的概念。但是,他所说的"全球社会契约"指的是在与经济利益相对的社会利益(如劳工权益、社会保障等)领域签订的全球契约。[2] 类似地,本世纪初,英国首相布莱尔、荷兰首相科克、瑞典首相佩尔松和德国总理施罗德在福利国家改革的过程中所呼吁签订的新的国际社会契约,其目标也是建立一种国际的机制,以落实降低失业率、增加社会投资、提高医疗保健和教育服务的标准等社会主张。[3] 一些学者也用这一概念来指代劳工与雇主之间确立的维护基本社会权利的社会规范。[4] 斯蒂格利茨提出,发展中国家自身促动经济成功发展而且得以持续,很难普遍成功,但有了全球社会契约,成功的国家会远比过去多。[5] 2008年,南希·波塞尔(Nancy Birdsall)也提议建立新的全球社会契约,以处理日益增长的不稳定性和世界经济的全球化。她建议发达国家考虑发展援助的思路,从单纯的跨国援助(外援)到建立起完善的实施跨国社会契约规范的全球政体。发展议程是一个全球社会契约,我们在这个发展的航船上同舟共济。[6] 2009年11月7日,英国首相布朗呼吁金融机构建立全球"经济与社会契约",构建一个风险和回报能够正当配置的未来,以反映金融机构对于社会的全球责任,保证全球纳税人不再承受银行破产而导致的后果。布朗所说的"社会契约"显然指的是通过国际机制来确立和保障金融机构的社会责任,特别提到了通过全球资本安排(例如托宾税)来防范和抵消风险。[7] 我国也有学者提出:为了促进全球化的健康发展,需要有全球社会契约的概念;而且需要形成一系列管理全球社会契约的机制和组织。[8]

---

[1] 参见里斯本小组:《竞争的极限:经济全球化与人类的未来》,张世鹏译,中央编译出版社2000年版,第180—198页。
[2] Jeff Faux, *Toward a Global Social Contract: The Politics of the Global Economy* (Speech Presented at the Latin American Faculty of Social Sciences 25th Anniversary Conference on October 25th, 2000 In Mexico City), www. epi. org/publications/entry/webfeatures_viewpoints_mexico_grand_bargain/.
[3] 周弘:《福利国家向何处去》,载《中国社会科学》2001年第3期。
[4] Dan Swinney, "Labor, Community and the Creation of Wealth: Towards a Contemporary Development Strategy for the Social/Solidarity Economy Movement", March 26, 2006.
[5] Joseph E. Stiglitz, *Making Globalization Work*, Norton, 2007.
[6] Speech of Nancy Birdsall at the Dutch Scientific Council for Government Policy on December 7, 2008, www. cgdev. org/content/article/detail/1423664/.
[7] Alastair Jamieson, "G20: Gordon Brown calls for global tax on financial transactions", www. telegraph. co. uk/finance/newsbysector/banksandfinance/6520339/G20-Gordon-Brown-calls-for-global-tax-on-financial-transactions. html.
[8] 袁志刚、邵挺:《全球化进程中的基本矛盾与协调机制》,载《学术月刊》2007年第11期。

同时,值得关注的一个现象是,"全球契约"(global convernent)的概念在西方学者中流传已久。罗伯特·杰克逊面对国际社会的各种问题,提出主权国家多元主义关系应当高举自由的旗帜,尊重人的多样性①;在全球恐怖主义问题面前,戴维·赫尔德也提出了以全球盟约作为针对政治暴力挑战的民主化方案的思路。②

还有一些学者直接使用了"国际社会契约"这一术语。罗尔斯认为,自由的、"体面的"社会之间可以建立起国际社会契约,以成为国际人民的法(或称"万民法")的基础。③ 盛洪在核裁军的问题上深入分析,认为国际社会所确立的《不扩散核武器条约》和《全面禁止核试验条约》等减少核武器和最终全面禁止核武器的努力,可被视为"国际社会契约"。④ 但是盛洪的这一用法只注重了国际、契约,而没有社会,也没有**社会**契约的含义。考夫曼以国际社会契约为格局分析了预防性战争的法律基础问题。⑤

值得说明的是,学者提出的既有国际社会契约观点与本书在立意上多有不同;更重要的是,他们并没有就这一问题进行基本理论层面的探讨;全球契约的观念也没有作为一个基本概念而被充分展开和深入论证。因而,笔者认为,有必要进一步研讨国际社会契约的观念及其实践。

三、国际社会契约的内涵与外延

国际社会契约既是对于未来的构想,也是对于现实的总结、归纳和评价。所以,有必要从不同的侧面去认识国际社会契约。

(一) 作为实践与观念的国际社会契约

在不同的语境中,或者处于不同的目的,我们可能从行为方式和思想观念两个维度去理解国际社会契约这一概念。

---

① Robert Jackson, *The Global Covenant Human Conduct in a World of States*, Oxford University Press, 2003.
② David Held, *Global Covenant: the Social Democratic Alternative to the Washington Consensus*, Polity Press, 2004.
③ John Rawls, *Law of the Peoples*, Harvard University Press, 1999, pp. 4—5, 58ff, 88ff. 关于 Grotius 和 Rawls 的不同之处参见 Christoph A. Stumpf, *The Grotian Theology of International Law: Hugo Grotius and the Moral Foundations of International Relations*, Walter de Gruyter, 2006, pp. 103, 114, 148.
④ 盛洪:《终结核达尔文主义》,载《新青年·权衡》2006 年第 4 期。
⑤ Whitley Kaufman, "What's Wrong with Preventive War? The Moral and Legal Basis for the Preventive Use of Force", 19 *Ethics & International Affairs* (2006) 23.

1. 作为行为方式的国际社会契约

在行为方式的层面上,国际社会契约是主权国家之间的一种明示或默示的同意,其内容是将一定的主权权能委托给国际组织机构或国际体制,由该机构或体制指引和协调国家行为以实现共同利益的制度实践。因而,国际社会契约也就是国家之间为了形成一个更有序的社会而缔结的契约。

首先,从背景方面分析,国际社会契约行为出现于国际社会的"关键转折点",即国家之间处于无政府社会的状态之下,每个国家靠自己的实力获取自己的存续与安全;但同时又面临着诸多来自自然界和人类自身的不安全因素威胁。由于这种靠实力生存的逻辑对于每一个国家来说都充满威胁,而且国家之间难于理性配置资源、协同解决问题,所以通过确立契约来突破困境。①

其次,从主体方面考察,国际社会契约涉及的是国家之间的"社会契约",而不是存在于国际社会之中的"全球契约"。这里强调"国际",即由国家作为契约主体,而不是由跨国公司、非政府组织之类行为体参与,也不是穿透国家由人民之间所签署。考虑到国家在世界秩序中的核心地位,"没有政府的治理"②实际上仍然很遥远,所以此种契约在相当长时间之内由国家来进行签订,人民则由国家来代表和引领,而不是直接参与。③ "国家是国际社会的基本成员,而各种非国家实体处于国家的统辖之下或基于国家授权而成。所以,国际社会契约的主体只能是国家。"④

再次,从内容角度界定,国际社会契约打造的是宏观的、用于确立社会架构、建立社会制度的契约,而不是国家之间关于微观、具体的社会问题而签订的契约。其处理问题的范围更为宽广,广泛地涉及政治、经济、社会、文化等各个方面,而不仅仅局限于社会领域。

---

① Hans Morgenthau, *Politics among Nations: The Struggle for Power and Peace*, 7th ed., revised by Kenneth W. Thompson and W. David Clinton, McGraw-Hill, 2005, p. 505; Hedley Bull, *The Anarchical Society: A Study of Order of Order in World Politics*, 3rd ed., Palgrave Macmillan, 2002, pp. 8—19;〔英〕马丁·怀特、赫德利·布尔、卡斯滕·霍尔布莱德编:《权力政治》,宋爱群译,世界知识出版社2004年版,第63—64页。
② James Rosenau and Ernst-Otto Crempiel (eds.), *Governance without Government: Order and Change in World Politics*, Cambridge University Press, 1992.
③ 国际社会契约的第一重主体(原初主体)应当是国家,因为国家是国际社会的当然主体,是自动的行为者。而国际组织(如现存的欧盟、联合国、WTO、IMF)实际上都是国际社会契约初步形成而构建的次生主体,也就是说,国际组织的资格是在缔约中塑造的。所以第一层的国际社会契约不能包括国际组织;但是在第一重契约已经签订之后的后续契约可以达到这一效果。在国家将权能委托给国际组织之后,国际组织(如EU)可以通过一些次级文件,这些不是契约,而是根据契约的权能运作;但是在国际组织的主持下订立的公约则属于新的契约,或者是契约的发展。也就是说,次生国际社会契约可以是通过组织缔结的。
④ 车丕照:《国际社会契约及其实现路径》,载《吉林大学社会科学学报》2013年第3期。

最后,从缔约后果判断,国际社会契约形成的是一种组织关系,而不是交易关系。也是就说,国际社会契约不同于一般的国际契约(即条约)①。其活动的方式主要是通过思想来指引行动、形成组织、建立机构,通过制度来构建关系。从这个意义上,国际社会契约是为了解决国际关系的现实与世界和谐的理想之间的矛盾而进行的重要活动。

2. 作为思想观念的国际社会契约

作为一个理念和意识,国际社会契约是理解当前各种模式国际合作的一把钥匙,它不是从权力政治的角度去理解国际关系,而是从国家与人民允诺的视角观察世界变革。这样,它就支撑着国家之间能够通过契约转让权能、进行合作的开放态度;认同着国家之间以契约方式进行合作解决共同面临的问题的精神;坚信着国家之间必将通过契约方式走出孤立的原子状态、消极的共存状态,走进更加有机的社会状态。即在前述实践或类似的行动中所体现出的主权者承诺义务、让渡权力的理念,是主权国家与其他国家交往合作、参与国际组织机构的一种思想基础。更确切地说,国际社会契约是将语言作为行动、通过语言来指引行动,将制度作为一种以语言为符号的实践,表达人们理想中的规定性,实现人际关系在国际层面的基本特质。

由此我们可以说,国际社会契约是以民族国家为主的国际行为体基于自主和自愿协商而将权能转让给国际机构的协议,属于全球治理的纽结部分,在国际关系中发挥着全面深远的影响。

(二) 国际社会契约的基本形式与状态

以社会契约的视角观察国际实践,可以说,从 19 世纪的国际行政联盟,到 20 世纪中后期国际组织的大量兴起,无不是国际社会契约的探索。此类实践和试验种类繁多,宗旨各异。根据地理和性能两个标准区分,可以将国际社会契约分为 4 种形态②:

---

① 国家的条约实践是国际契约,拉丁法谚"约定必须信守"(pacta sunt servanda)以契约法为渊源,转而成为国际法的基石原则。这种契约中的绝大部分还不能构成权能让渡的社会契约,而很可能仅仅是安排一件事,或者是确立一种规范。但是这种实践本身却促进着国家的社会化,为将来的国际社会契约奠定了制度基础(条约的签订程序以及条约的效力)和心理基础(对于国家承担义务和责任的接受)。国际契约逐渐增多,彼此联系,国家生存在网络化规范的条约体系之中,虽然仍然是无政府社会,但是国家(除了特别情况)已经不完全是丛林状态下的强者生存。所以,契约的网络与其他并行的一系列进程一起促进着国际社会的形成。

② 从国际组织的类型角度,饶戈平教授区分了三个标准、六种组织:普遍性组织与封闭性组织;一般性组织与职能性组织;政府间组织;超国家组织(饶戈平主编:《国际组织法》,北京大学出版社 1996 年版,第 49—58 页),从理论逻辑上颇有启示意义,本书部分地借鉴了这一思想。

1. 封闭性专门国际社会契约

即同一地理区域或符合某一特定标准的国家、地区在某一方面的事项上为实现共同利益而确立规范、构建机构,协调行动。例如北大西洋公约组织;经济合作与发展组织;北美、西非等地的自由贸易区;欧洲、美洲、非洲的人权机构;其中欧洲理事会以《欧洲人权条约》及其一系列议定书为基础,以欧洲人权法院为标志性机构,是专业区域国际契约的有益探索;为协调经济政策、维护民族经济权益、保护国家资源而建立的石油输出国组织、可可生产者联盟、天然橡胶生产国协会也是这样的契约安排。① 中俄等国形成的上海合作组织作为封闭性的专门国际社会契约是这一领域的新探索。②

2. 封闭性综合国际社会契约

即处于同一地理区域或属于统一类型的国家(在某些情况下,也包括地区)采取组织化的方式,通过条约加强全方位合作,形成一个共同体。当前,国际社会以区域为划分标准划定的封闭性国际社会契约在欧洲、美洲、非洲、阿拉伯国家渐次发展。欧洲联盟是区域国际社会契约的典范。它以市场一体化为先导,并结合原子能、煤钢等战略物资的一体化管理,形成了一个世界上最具特色的区域体制。从欧洲煤钢共同体、欧洲原子能共同体、欧洲经济共同体三个欧洲共同体到1986年以后单一的欧洲共同体,再到1993年以后的欧洲联盟,欧洲一体化的程度逐渐加深;从6个成员到28个成员,欧洲一体化的地域范围不断扩大;从1957年《罗马条约》到2009年《里斯本条约》,欧洲一体化实现了从法德和解、自由市场到共同外交立场,组织机构的运行制度不断完善、能力的不断增强;以欧洲联盟法院(Court of Justice of the European Union)的司法权能为保障,理事会、委员会和议会的民主安排为核心,欧盟建起了一个超国家的结构体系,作为成员的主权国家在很多时候完成了权能让渡。欧盟处理事项的广泛以及在某些领域对从属性原则的解释推进了欧盟权能的扩大,欧盟法/共同体法的优先性与直接适用性是欧盟具有超国家性质的关键特征。③ 此外,阿拉伯国家联盟、非洲联盟、东南亚国家联盟等,也都是行之有效的区域性法律体制,是不同等级层次的区域国际社会契约。

3. 开放性专门国际社会契约

即在某一方面、某一领域具有共同利益的国家之间进行深度合作,建立

---

① 《中国大百科全书·法学》,中国大百科全书出版社2006年修订版,第189—190、213页。
② 参见赵华胜:《上海合作组织:评析与展望》,时事出版社2012年版;王健:《上海合作组织发展进程研究:地区公共产品的视角》,上海人民出版社2014年版;潘光:《稳步前进的上海合作组织》,时事出版社2014年版。
③ Ramses A. Wessel, "The International Legal Status of the European Union", 2 *European Foreign Affairs Review* (1997) 109.

规范、形成机构、运作制度的模式。当前,由于国际社会相互依赖的提议增强,符合相互依赖的状况日益明显,国家之间在多个方面、以多种方式塑造了专业性的国际社会契约。其中比较有影响的是在经济贸易领域的世界银行、国际货币基金组织、世界贸易组织(WTO,1947—1994年间为关税与贸易总协定或称GATT)①,人权领域建立的联合国人权机构,在发展方面、环境方面、某些产品领域也出现了具有强制性或者指导性的共同体。② 这些专业社会契约在特定的领域建构起了规范,对于稳定国际格局起着重要作用。③

4. 开放性综合国际社会契约

理想的、预期实现宪政秩序的国际社会契约必须着眼于全球开放的、综合性的国际社会契约。其中最为突出和典型的实践是联合国。作为战后秩序枢纽的联合国,尽管存在着很多价值和功能上的弊端和不足,其积极价值仍然不容忽视和否认。它在借鉴国联经验教训的基础上发展了国际公共权力,安理会的维持和平功能、常任理事国的安全功能,以及大会、经社理事会、国际法院在各自处理事项范围内的职能使得联合国成为迄今为止较全面、普遍的国际社会契约。它有助于建立和维护总体和平和发展的世界环境,使各国体会到所面临的自然风险、商业风险,并增强通过协调、协作,应对共同风险、迎接和创造共同未来的合作意识及契约尝试。联合国在人权、经济与社会发展、环境保护方面凝聚了各国的共识,确立了一些具有操作功能的机制,为协调各国的工作和合作作出了有益的贡献。如果没有联合国,国际格局难免更加混乱无序。

四、国际社会契约的功能与价值

国际社会契约作为人类群体建造公共产品实践活动的一种表现,需要通过一定的步骤达到客观世界和主观世界的统一,在顺应自然界基本规律的前提下改善自身存在的状态,达致人与人、人与自然之间的和谐。

(一) 理论价值

作为一个为解决当代国际关系的核心纽结问题所提供的新型理论架构,

---

① 对于经济领域的主要开放性国际社会契约的绩效分析,参见何志鹏:《国际经济法治:全球变革与中国立场》,高等教育出版社2015年版。
② 如果说联合国人权理事会属于联合国一部分而非独立的话,联合国的主要人权条约建设委员会则具有独立性;国际劳工组织、国际民航组织、国际海事组织、世界卫生组织均属专门、开放的国际社会契约。
③ José E. Aloarez, *International Organizations as Law-maker*, Oxford University Press, 2005.

国际社会契约是国际关系多种实践的总结与归纳。作为一种观念,国际社会契约思想的提出,有助于推动相关理论问题的分析与追问,解释当前的国际关系理论中所存在的一系列困惑;有利于更有助于指引实践的探索和发展,解决与国际秩序实践有关的一系列障碍和问题。与此同时,将国际社会契约的实践发展脉络纳入法治的理论框架之中,有助于对其未来发展的趋势与方向的准确把握和指引。

1. 剖析国际社会的秩序基础

国际社会契约理论有助于从理论上更为具有解释力地阐释国际关系的结构。国际社会契约的理念是整合国际社会意识、形成国际制度并进行完善的关键认识基础;国际社会契约的信念所促进的主观上的共同思想意识和客观上的共同环境与挑战是世界格局获得进步的重要动因。

国家主权构成了无政府状态的基础,构建了国际法的二元结构①,也凸现了经由契约进入组织社会的重要性。国际社会契约理论是对于主流国际关系理论进行扬弃和整合的一个概念,有利于我们超越古典现实主义的核心理念,结合自由主义的制度合作理念和建构主义的国家共同观念思想而形成的国际关系结构模型。国际社会契约观念蕴含着主流国际关系理论对于实际未来的理想。现实主义国际关系理论建立在人性恶的假设之上,注重无政府状态下的霸权体系或者均势秩序。② 当前国际关系的无政府状态,与主权原则是相映成趣的。国家之间的主权平等观念,主权对内最高、对外独立的观念,其初衷虽在于避免外国的不当干预,但客观上导致了国家的任意性增加,所以是无政府状态的重复和增强。值得注意的是,马基雅维利、霍布斯、黑格尔等思想家推崇国家主义,认为国家是最高理性,是自由的最高体现。国家之间不存在达成社会契约的可能和必要,国际无政府状态的正当性不言而喻、不证自明。但是,以康德等为代表的世界主义思想家则追求一种超越主权国家之上的国际社会契约。③ 人类社会发展的实践在沿着康德设想的路线前进,虽然有曲折、有困顿,"道阻且长",但并非南辕北辙。认为世界政府是摆脱无政府状态的唯一途径,否则国家之间就会落入为了权利而斗争的漩涡之中,在这种冲突状态下无法形成稳定的秩序。而国际社会契约则是世

---

① 国际法的二元结构,是指国际法要关注各项事务必须透过国家、政府这一层级去间接完成,而不能直接达致目标的状态。而国际法究竟应维护国家的自由与独立,还是提升位于各国之内的人民的权利与福利,是当前国际法的价值争点。
② Jack Donnelly, *Realism and International Relations*, Cambridge University Press, 2000, pp. 43—103.
③ 郭树勇:《关于国际政治的社会性》,载《教学与研究》2006 年第 7 期。

界政府的必经之路。①

国际关系理论中的自由主义信赖国际制度(institutions),认为通过制度可以形成一个长久的合作机制。国家之间的各种合作机制,本质上都是契约精神和契约架构的表现。在这个意义上,国际社会契约是国家进入国际制度的重要形式。国际社会契约从观念落实为实践,通过一系列具体契约的缔结和实施形成各个方面、各个领域的实体规范和程序规范,为国家的行为与关系确立了一系列的准则。国家之间的契约作为更高级的制度形式,通过约束主权而促进国际关系的社会化,抵御全球风险社会所可能造成的问题。而且,契约关系的进一步发展就会形成小规模的国际社会契约,这种社会契约将国家之间的合作更进一步地制度化,甚至形成了固定的体制甚至组织,以协调国家的行为。② 国家需要改变国家利益的界定方式,脱离现实主义的思想体系,不再将其他国家看成与本国相对立、相竞争的行为体;不再去遏制其他国家,而是通过契约来协同行动,建构国际组织机制。进入国际社会契约时期以后,一系列契约初步建立起国家间、甚至超越国家的机制,国家之间的合作增多,国家实力在国际社会中所起的作用降低,国际组织的资源配置能力提高,国际社会进入到了一个初步的"共和阶段"。

国际关系理论中的建构主义强调国际社会的理念,此种理念符合国际社会契约的思维与实践。国家在社会中生存,形成集体认同,在结构的塑造和演变过程中被社会化。③ 从这个意义上看,国际社会契约是国家的社会化高级阶段的必然产物。因而,国际社会契约可以努力保障实际的共同利益,并由于客观环境和主观认同而构建起共同的利益。在签订国际社会契约时,可以表达客观情势对于国家的要求,表现民众的愿望对于国家的要求;在实施国际社会契约时,可以将表达的准则落实为国家的行动和关系,起到约束国家的作用。因而,在国际社会契约签订和运作的过程中,国家从一个任性的行为体演变成一个规则之内的行为体;国家之间、国家与人民之间的关系也从共存走向合作,从怀疑走向互信,从征服走向共进,培养起兼容并蓄的文化品格,树立世界理想和包容、宽恕和团结的国际精神。经过国际关系的社会化,国际社会从无政府到类政府/准政府的超国家体制,最终有可能出现世界政府。国际社会契约在国际契约的基础上进一步促进着国际关系的社会化。

---

① HeikkiPatomäki, *After International Relations: Critical Realism and the (Re)construction of World Politics*, London and New York: Routledge, 2001.
② C. f., e. g. the several article in Peter Mayer and Volker Rittberger (eds.), *Regime Theory and International Relations*, Clarendon Press, 1995.
③ Alexander Wendt, *Social Theory of International Politics*, Cambridge University Press, 1999, chapters 3, 4, 6, 7.

在国际契约时期,国家在社会化的过程中,但并没有形成整体的"有政府社会",国际社会契约的出现,使得世界上零星、碎片地出现了超国家的"有政府社会",这是国际社会契约和国际契约的本质差异。

所以,国际社会契约的观念和实践与国际关系理论联系非常密切,是跨越现实主义,经过制度自由主义的发展而达致建构主义模式的重要途径。从这个过程上看,国际社会契约观念对于理解国际社会的发展方向非常重要。

2. 解读国际关系的组织化进程

虽然从国内社会的角度讲,设想国家主权基础的"社会契约理论"并不具有历史事实的可证明性,但回顾国际社会的发展,却可以说历史实践印证了国际社会契约的成长进程。具体而言,国际组织显示出了社会契约的各项特征。设想人类社会组织形成的社会契约理论认为,人最初处于一种自由但危险的"自然状态"。人们为了能够协调行动、集体对抗风险而签订契约,摆脱自然状态,将权利授予给国家(政府)并转变为权力。[①] 由此,国家对人民负有承认及保障其权利的义务,人民在国家的支配与引领下共同行动。这一思路虽然于史无证,但是对于国际格局颇有启示意义。因为,一个多世纪以来,国际社会的情形在很大程度上印证着社会契约的步骤。理论上,国家在国际关系中享有充分的自由,但是出于社会心理的原因和功能的原因,国家之间要进行交往,在交往的过程中,为了能够更好地配置资源,配合行动,确立权利和义务,国家之间签订了双边或者多边条约;但是这种条约由于缺乏长期性和有效的监督及外部约束力,国家会考虑寻求更好的措施。同时,为了让所有国家更好地面对共同的挑战,营造共同的未来,国家之间也愿意构建一些新的体制。这种新体制的表现形式就是国际组织。在形成组织的时候,要确立组织的行动范围,同时也必须赋予组织以相应的权能,是指具有提供国家之间的交流平台、推进国家之间的合作、协调国家之间行动以及解决国家之间的争端的功能。为了实现这些功能,国家本身必须改变其原有的至高无上的姿态,将一些权能让渡给国际组织,这就构成了国际社会契约。这种契约的方式和程度多种多样,但精神是一致的,那就是集中国家的一部分权能,对国家有一定的约束力。

对于国际组织在国际事务中的权能格,学界有过不同的认识。主流观点有约章授权说、隐含权力说和客观人格说。有人认为国际组织的人格是集体

[①] 参见霍布斯、孟德斯鸠、洛克、卢梭等思想家的相关著述,但是这个理论的细节部分在不同的思想家那里是不同的。

人格的组合,即一些国家在数量上的叠加①;有的则不明确地说明国际组织人格的来源而认为具有一种抽象的人格,并从而推演出某些具体人格②;还有人认为国际组织的人格源于习惯法③,另一些人则归因于国际组织章程/规则的授权。④ 笔者认为,国际社会契约的结构模式可以比较简单清楚地解读国际组织的法律人格、法律地位的源泉问题。国家是国际社会的自然人格体,其人格是完全的、自主的;这种完全、自主的人格体可以通过正当程序表达自己的意愿,处置自己的自由。因而,国家之间通过签订契约来转让一部分自由、而将这种自由权能赋予给一个新的组织机构,是国家理性、自由选择的结果,也是国家自由得以更充分实现的途径。所以,国际组织的初始资格即来自于国家的授权。⑤ 在授权的基础上,通过契约的巩固和执行过程中的惯性,国际组织可能会具备更多的权能。⑥ 因此,国际组织是次生的(secondary)国际人格者,是国家之间拟制的国际关系行为体,它不具有自己的领土、人民,也没有自生的权利。但这种次生性和拟制性并不妨碍其在国际关系中起到枢纽作用,就如现在公司、政府这些拟制的主体在经济社会生活中的地位一样。

在国际组织运转的初级阶段,契约的印记很明显,人们会从国际组织是否具有人格开始探索,国际法院审理的联合国求偿案就是这样。但是,随着问题一个个地解决,组织的契约特色就会减弱,指引、协调、乃至约束国家的特色就会凸现。就像很多组织在发展的过程中都会显示出一种自动、自发、自我更新、自我完善的特征一样,国际组织也会在运转的过程中形成一些自身的独立性。世界卫生组织向国际法院请求裁断核武器使用的合法性问题,这本身并不是其成员国建立这一组织时赋予该组织的职能;欧洲经济共同体在20世纪60年代涉足环境领域,这也不是其当时所依据的基础条约中具有有的内容。成员国在协商确定政府间国际组织的功能的同时,必须在基础性

---

① 这就意味着,在国际组织缔约的时候,被视为各成员国集体缔约。参见朱文奇、李强:《国际条约法》,中国人民大学出版社2008年版,第66页。
② 参见同上。
③ 参见同上书,第67页。
④ 万鄂湘、石磊、杨成铭、邓洪武:《国际条约法》,武汉大学出版社1998年版,第89—100页;万鄂湘、石磊:《论国际组织缔约能力的法律依据》,载《武汉大学学报(哲学社会科学版)》,1994年第6期。
⑤ Henry G. Schermmers, "The International Organizations", in Mohammed Bedjaoui, *International law: achievements and prospects*, Martinus Nijhoff Publishers, 1991, pp. 71—74.
⑥ 例如国家与国际组织缔约的问题、国际组织的豁免问题,参见 Joseph A. Bongiorno, "Sovereign immunity and international organization: The case of DeLuca v. the United Nations", 10 *International Journal of Politics*, Culture, and Society 317 (1996); Alexander Samuel Muller, *International organizations and their host states: Aspects of Their Legal Relationship*, BRILL, 1995, pp. 21—24.

条约中明确该组织的各项权力,否则就无法实现该组织的功能。问题在于,一个政府间国际组织除了基础性条约所明文规定的权力之外是否还存在可推定的权力或隐含的权力。如果不承认这种隐含的权力,可能会使国际组织无法从事为实现其宗旨所必需的行为;如果承认这种隐含权力则可能导致国际组织权力的滥用。在国际组织法尚不够发达的情况下,比较稳妥的方法是由政府间国际组织的成员国在基础性条约中明确规定该国际组织是否享有隐含的权力,如果享有,如何界定及行使这种隐含的权力。原《欧共体条约》第235条对欧共体的隐含权力作了如下规定:"在共同市场的运作过程中,如果本共同体的行为的确为实现本共同体宗旨所必要,而且本条约尚未规定必要之权力,理事会根据执委会的提案,并与大会协商后,应以全体一致的方式采取适当措施。"这种组织的扩张使得契约的痕迹越来越淡,国家被约束的现象越来越多。当前,WTO的运转就比较充分地说明了这一点。在国际组织前进的道路上,会有波折,会开倒车,但是这种国际社会契约化的总体方向是不会逆转的。

因此,国际组织的人格来自该组织成员国的社会契约授权;但是该组织有可能在社会契约的基础上强化运作,形成约束成员国的新机制,其人格的范围有可能在契约的基础上拓展。正如国家的权能可能不断拓展一样。

3. 促进国家主权的理念去魅

国际社会契约的理念实践有助于对国家主权的内容与作用重新审视,并得出更为清晰的见解,无论是在国内的维度上,还是在国际的维度上。国家主权是现代政治、法律中的核心概念,但是关于国际主权的具体内涵、地位和功能,不仅曾经长期存在着争论,而且目前仍然存在着问题。① 笔者认为,主权本来是个简单的现象,但是太多的伪饰和欺骗遮蔽了主权的真实,以至于将主权营造成一个神话,形成了很多自相矛盾或者无法自圆其说的认识或者误区。国际社会契约理论的提出,有助于去除主权概念和理论上的一些遮蔽。不是从主权国家的维度,而是从超越主权国家的层面检视国家主权的理论内核和操作机理。此时不难发现,国际社会契约观念在以下方面有所助益:

第一,认清主权的来源与性质。源自中世纪晚期的主权神话,带有很多当时的思想特征和文化色彩。最早对于主权问题进行系统阐述的法国思想家让·博丹虽然试图论证主权的重要意义和最高性质,但是他主要还是从"君权神授"的角度来理解主权的来源,或者从社会秩序的内在需求来说明

---

① 〔日〕筱田英朗:《重新审视主权:从古典理论到全球时代》,戚渊译,商务印书馆2004年版;〔美〕保罗·卡恩:《政治科学:新亚权概念四论》,郑琪译,译林出版社2015年版。

主权的必要性的。此后,霍布斯试图用社会契约来证成主权的基础,并得出了主权应无限制的结论。卢梭则从类似的自然状态、社会契约假设推出了主权者应受制于人民公意的结论。主权究竟来自何处这一问题实际上从来没有得到有效的解决,而是一直悬置在政治哲学的诸般问题之中,只是人们可能认为它不再重要,不再深入讨论而已。虽然人们可以从功能论的角度说明整合和有效配置资源的行为体(主权者)及其权威(主权)具有存在的必要性,但这仍然不能向我们解释主权是如何呈现和形成的。可以说,当我们从历史的进程中观察和思考国际社会契约的确立和发展,就不难发现,作为分析主权来源的君权神授和社会契约理论的虚构性。当我们发现人类社会只有到了制度相对发达、知识积累和实践相对丰富的现代阶段才有可能议定和签署"社会契约"来完成一个权力体制的建构之时,就不难得出结论:在契约观念尚未培育、契约尝试尚未成熟的初民时期,是不可能存在"社会契约"的思想和实践的。因此,由社会契约来形成主权只是一些晚近社会哲学思想者一厢情愿的设想,却不具有真实性,也就不能作为进一步解读人权、死刑存废、政府行为规范的有效基础,更难以解决政治发展中不断涌现的理论难题和实践疑窦。而由于主权国家自身无法应对现代性中的诸多挑战,也就说明了主权不可能在任何意义上是有形或者无形的"神"(无论称之为"上帝""纯粹理性",还是"绝对精神")所确立的最优选择的模式。这也就迫使我们在更为切实的历史立场上去观察主权的来源与性质。马克思主义的历史唯物主义观提供了一个很好的分析视角。主权国家更适合被理解为人类社会发展过程中的一种治理形态,是人类在一定的发展阶段、面对各种自然的、人群内部的挑战而在多种治理模式中进行筛选而形成的制度。它随着社会的发展而发展,在社会发展的需求超越了主权国家这一形态的时候,人类就会进一步追求、寻找其他的社会治理载体。国际社会契约就是主权国家的历史延伸,同样有待于在国际关系的不断推进中完善、改良,并也有可能在一定的历史新阶段被弃置或替换。至少就当代而言,以国际风险社会为主要特征的世界场景呼唤着国际社会契约,主权的神话有机会被重新拷问,并得出更为合理的认识和理解。国际社会契约的签署和实施可以刺破很多国家的神话和主权的面纱,就如宪政制、民主制会刺破君主的神话一样,让主权从神坛走下,直接作为调控的职能而受到审视和安排。主权既不来源于神授、天意,也非来自于社会契约,而是人类社会发展中的分工和习俗。

第二,理解主权的范围与限度。国家主权是有边界的,而绝非如很多人所误解的,主权具有至高无上性,只有无拘无束,主权才能得以很好地保障。让·博丹将主权视为是一种超越于一国法律之上的权力,他认为主权者仅需服从神法和自然法,而不受其他法律的约束。特别是从国内法的角度,博丹认为主权者凌驾于国内法之上,根本不需遵守其自身制定的国内法。但是,国际社会契约的存在和发展会为这样的观点提出更多的限制。路易斯·亨金认为,国家具有自主权,国家基于此种权利,可以通过一种国际"社会契约"来构建一种国际政治体系。① 在分析主权与干涉的问题时,亨金还提到了国家受制于国际社会契约,根据该契约,国际组织机构获得了治理、为保护共同同意的价值而进行干涉的权能。② 宣称主权至高无上的意图在于避免对于国家代表的合法性进行争论,也避免国内政令无法统一和有效实施的弊病。问题在于,如果主权的作用在于引领人民实现富裕,那么主权的实施是可以被置于阳光之下的,即使有国际社会的监督也不会有影响;那种损害人民权益的主权约束不可能在国际社会契约中被认可。如果主权包含着主权操纵者谋取私利、戕害人民的内容,那这样的权力不正应当受到约束吗?而且,主权理论所宣称的"对内最高、对外独立"的君主或者政府权力在历史上都被视为暴政,不久即被推翻。在真实世界中从来没有真正长久地存在过。故而,主权如果不能被妥善约束,将遭受覆灭的威胁。从国际社会契约的维度观察,主权就不再是至高无上的,而变成一个中间层。有的学者主张,国际社会契约与国内社会契约的最大区别在于国际社会契约可以退约,而国内社会契约已经不再有这种可能性。③ 笔者认为,从现阶段的国际社会契约初级阶段进行衡量,这种说法是有道理的,但是从长期的角度看,这种区别可能会被突破。国内宪政体系是促使政府在正当轨道上运用主权的体制,国际社会契约是在国际社会中限制主权的尺度。④ 主权国家在国际社会契约的全局性体系中具有中枢地位,国际社会契约的发展促进着主权神话的进一步消解,促进着政府以更体现人本主义的态度面对国内、国际问题。

第三,洞悉主权的功能。传统的政治哲学对于主权功能的探讨很多还有着教条主义的痕迹。随着国内宪政的成熟和国际社会的理性化发展,主权正日益褪去其神秘的面纱,更为世俗、更为清晰地显露在人们面前。由世界面

---

① Louis Henkin, *International Law: Politics and Values*, The Hague: Martinus Nijhoff Publishers, 1995, p.11.
② Louis Henkin, "The Mythology of Sovereignty", in Ronald St. John Macdonald (ed.), *Essays in Honor of Wang Tieya*, Martinus Nijhoff Publishers, 1993, p.356.
③ Howard Williams, "Kant on the Social Contract", in David Bouchier and Paul Kelly (eds.), *The Social Contract from Hobbes to Rawls*, Routledge, 1994, p.146.需要注意的是,社会契约不同于一般的交易契约,一般的交易契约可以在付出一定代价的基础上违约、退约,但是社会契约的授权基本上是不可逆的,也就是说,人不能回到设想中的自然状态。
④ 对于国家主权的具体分析,参见何志鹏:《主权:政治现实、道德理想与法治桥梁》,载《当代法学》2009年第5期。

临的共同压力和科技发展所形成的巨大动力造就的客观条件和国家对自身及全球命运日益清晰的主观条件下,国际社会契约具有紧迫的必要性和操作可能性。国际社会契约的订立和执行所形成的国际体制新格局,对于在国际宏观视野下重新审视和认知主权有着重要的意义。在现代的国际社会,主权的提出经常是避免外来的不当干涉,而不是主张不受拘束的自由。不受拘束的自由仅仅对暴君有意义,对于理性发展的国家而言,这是大敌。主权是国际法和国际关系的核心概念,是政府合法性的基础,其真正本质是对内引领,对外代表;具体表现为国家的掌控职能、管理职能、交往职能,国家政府在国内的人民中起着领导、组织、凝聚、引导、规范、约束的作用,其职能是政府作为国家的代表,引领人民采取集体行动。主权的表现即是政府的调控本身,超越这一表现的"神圣不可侵犯"都是虚张声势。主权可以营造秩序,使个人行为成本最小化,但也可能被滥用,形成暴政。在这一意义上,主权是可以受到约束并且应当通过制度化的手段予以约束的。国家参与国际社会契约的缔结和操作,应当被视为主权功能的重要部分,主权者也就在彼此的承诺和约束中得到了提升和完善,构成了更为高阶的世界秩序模式。

4. 阐释国际法的属性与效力

"国际组织的扩增使国际组织在国际关系中占有一定的重要地位。这就在国际法上提出了许多问题,使传统的国际法发生了变化。"①长期以来,人们对于国际法作为法律的属性存在着质疑。② 这种质疑的核心就在于,由于国际社会契约的缺位,而国家之间互相不具备管辖的关系,建立在尊重主权、国家之间地位平等之上的国际法体系只能形成一个平位(horizontal)的法律秩序,而无法向国内发一样形成一个垂直(vertical)的法律秩序。在这样的前提下,国际法的运作基础就只能是"约定必须信守"(pacta sunt servanda,或称有约必守)这样的信条,而缺乏足够的监督体制和实施职能。这种没有任何具备实质强制力的法律体系就只能是弱法。那些主张国际法是法的论者,无论其基于实证分析还是抽象推理③,都无法弥补国际法约束力缺乏的先天不足。而能够弥补此项缺陷、克服这种弱点的基本途径即是形成和完善国际社会契约,将该契约作为各国家、国际组织和其他国际行为体均应遵守

---

① 王铁崖:《国际法当今的动向》,载《北京大学学报(哲学社会科学版)》1980年第2期。
② 边沁将国际法称为"国际法理学",奥斯丁则将之称为"国际实证道德"。以后的法学家直接提出"国际法是法吗?"这样问题的减少了,但很多人都在试图证明和回答这一问题,证明疑问仍然广泛存在。
③ 美国学者路易斯·亨金以表面上是实证的方式说明"绝大多数国家在绝大多数情况下遵守了绝大多数国际法",虽然这种说法的基础值得怀疑;凯尔森、哈特则从其所界定的法律概念入手,分析了国际法属于法律。

的基本规范(grundnorm)①,并依照此契约形成就有广泛约束力和高度权威的国际执法、司法机构,使国家在法治的轨道内运行。当前,一些国际法逐渐发展,在一定程度上获得了更强的约束力,就是因为在一些领域国际社会契约已经初步形成,一些具有超国家性质的机构初步建立②,这对于国际法律制度而言,无疑是一个值得肯定的现象。而要使得国际法更加健康地发展,就必须促进国际社会契约在更为广泛的地理范围、事项范围上充分地展开。

由此可以看出,对于国际社会契约理论的深入思考有助于打破主权的迷信与教条、消解国家的神话;同时也是促进国家合作、保障国际制度合法性的基础,并可以用来解释和指引全球时代的国家心理和国家行为,解读中国和平崛起的宏观背景与可能。

(二) 实践功能

在当前国际法迅速增长、国际组织逐渐强化但又存在着大量理论难题和实践障碍的世界秩序格局下,国际社会契约的观念和理论框架有助于认清当前和未来民族国家的地位、作用,确立国际关系的主题,作为一个实践方略,国际社会契约对于预见国际体制的发展方向、建构未来的世界秩序具有基石性的地位。③ 其中特别值得关注的是,"国际组织卓有成效地参与和推动者国际法实施机制的发展"。④ 国际社会契约思维的确立和发展、国际契约精神的培育和坚持,对于推进国际关系的良性发展具有积极的意义。国际社会契约是国际社会关系发展过程中认知与行动的结合,是人的有目的的实践在国际秩序上的表现。⑤ 这就意味着,人类不是仅仅被动地接受国际社会格局的现实,而是积极主动地参与其中,通过实践为其生存、发展寻求道路,以实践表达意识,以实践确立其所希求的社会状态。国际社会契约的目标虽然宏远,但对于各国人民而言,十分必要。在现代社会中可以显现以下的功能和作用:

1. 保障国际社会的和平与安全

国际社会契约的存在和运作会为国际社会的各个成员提供更加稳定和

---

① "基本规范"是凯尔森最有影响的一个法学概念,凯尔森以这一概念来表达所有规范的最高依据、最终基础,也就是使所有规范得以有效的规范。Hans Kelsen, *Pure Theory of Law*, 2nd ed., Max Knight trans. 1967, pp. 193—203
② 例如,欧盟的运作可以视为区域国际社会契约的尝试;WTO 可以视为以全球性为目标的经济贸易领域的国际社会契约的尝试。
③ 关于国际社会契约内涵与功能的讨论,参见何志鹏:《国际社会契约:法治世界的原点架构》,载《政法论坛》2012 年第 1 期。
④ 饶戈平主编:《国际组织与国际法实施机制的发展》,北京大学出版社 2013 年版,第 11 页。
⑤ 马克思主义哲学认为,实践是人作为存在体的最基本的特色。参见《马克思恩格斯选集》第 1 卷,人民出版社 1995 年版,第 67—68 页。

和平的环境。在前社会契约相当长的历史时间之内,自卫权都是主权的重要表现之一。① 国家为了自身的安全可以扩充军备,可以采取武力。这种权能体现出了国际社会的初级、原始色彩。如果与国内社会对比,不难发现,在一个健康的法治社会中很少看到每个人整天挂念自己的安全;因为制度会以最低的成本给他们以充分的安全保证②,因而没有必要每个人都把准备武器、携带枪支或刀具等作为常态。人们相信国家会为他们的安全营造良好的环境。在很多国家,平民持有和携带武器是违法的,那些守法的公民并不因此而感到生活在危险之中,就是因为有了妥当的制度保障。不难想象,如果国际社会契约能够不断地推广和完善,则国家的安全、世界的和平将主要由国际制度来保障,这种保障的成本比起每个国家自己维护安全要低很多。国家的自卫权就会降低为一种补充机能或临时机制,仅在制度不能顺利、及时发挥作用的时候使用(如国内法中的正当防卫)。以此推知,国际社会契约不是陷国家于危险之中,而是为国家提供了更充分、稳定、低成本的保障。③ 例如,在索马里海盗的问题上,如果国际社会能够在国家的内部问题上有更多的援助和支持方式,索马里的内部危机就有可能更有效地得以解决,各国船只在亚丁湾附近的风险也就从而降低。

2. 维护国际关系的组织化趋势

国际社会契约的直接功能是促动国家参与到国际组织之中,使得国际关系脱离原子化,而增加组织化、机构化的因素;最终目标是实现真正的全球共同体④,一个全球共同发展的和谐世界。其切近的功能是形成适度、彼此配合、密切协作的国际社会契约体系,使国家的行为更多地受到约束,国际社会的法治化水平逐渐提高。其具体形式可能体现为联邦,或者世界政府,国家变成中间层。这可能是一个很具乌托邦色彩的思路,但却是国际社会持续发展的最佳选择。康德设想的永久和平构想、马克思和恩格斯的共产主义信念、哈贝马斯的世界公民理论和赫尔德的全球契约设想都是世界秩序在这个意义上的展开。赫费曾把国际社会契约分成两个层面:国际法律社会契约

---

① 《联合国宪章》第51条:"联合国任何会员国受武力攻击时,在安全理事会采取必要办法,以维持国际和平及安全以前,本宪意不得认为禁止行使单独或集体自卫之自然权利。会员国因行使此项自卫权而采取之办法,应立即向安全理事会报告,此项办法于任何方面不得影响该会按照本宪章随时采取其所认为必要行动之权责,以维持或恢复国际和平及安全。"
② 〔美〕约拉姆·巴泽尔:《国家理论》,钱勇、曾咏梅译,上海财经大学出版社2006年版,第62—63页。
③ 真正的问题在于:如果国际社会契约的约束力不均衡,则制度下的大国霸权,比无制度的大国霸权可能更恶。这里关键是基础契约的议定和操作,程序民主和程序正义的问题。
④ Jack L. Goldsmith and Eric A. Posner, *The Limits of International Law*, Oxford University Press, 2005, pp.216—223.

(international-law social contract)克服国家的自然状态,世界共和国由此在国家面前具有合法性;国际公民社会契约(international-civic social contract)直接面对个人,世界共和国由此在公民面前具有合法性。这一契约区别于传统的全球法律契约(单国之间的法律约定,国家仍保持在无政府状态)和全球国家契约(只针对国际争端的解决)。① 这一选择的最大障碍是主权、民族国家利益。存在这种障碍的核心有二:(1)对国际制度的不信任;(2)对国家权力舍弃的恐惧。对于第一个因素,在绝大多数情况下,有了良好操作的制度不会比没有制度更坏,这是法治发展的经验;对于第二个因素,腐败的政府、专制的国家领导可能不希望权力旁落,但是对于人民而言,这却不是忧虑所在。由于相互依赖的客观条件,导致国际社会契约的逐渐成形,国家之间因为此种社会契约的存在及其制度运作而逐渐形成共同的身份、心理的认同,建构起共同的文化,形成全球的共同体。②

为此,国家之间需要以民主方式、通过国际社会契约的坚实努力,在世界上建构一个有规范位阶秩序的国际社会,从而将国际无政府状态导向更有序治理的层级结构。当然,对于国际民主体制不能抱浪漫主义的心态,因为民主不一定科学,经常低效率,民意可能被误导,违背科学或者形成暴政;所以民主必须以人权和科学为根基,形成法治的机制、构建宪政的体系。人的主体地位进一步提高,由国际社会契约深化和提升为全球社会契约。人通过适当的代表程序作为世界公民参与缔约程序。人权作为全球市场的宪法中不可或缺的一部分,不仅体现在国家之间的发展援助、国际共同的权利与标准、全球经济活动的质量保证(如对金融交易征收托宾税)等方面上,而且体现在人的价值的根本认可上。③ 通过像蓝本和图纸一样的规范设定,到作为静态格局和基本框架的组织结构确立,再到机制的动态运行、配置资源,最终实现权利义务关系的良好秩序,在世界上实现国际社会之法治④,国际法超越其既有的形态,完成质变,形成全球法。由此在全球的范围内实现人本主义,也就是高度重视人、人类的地位与意义⑤,实现人的自由、解放与全面发展,

---

① Otfried Höffe, *Democracy in an Age of Globalization*, Springer, 2007, pp. 218—219.
② 在这里必须明确的是,只有国家将其权力移转给公平无偏袒的国际制度之时,这种体系才是安全可信赖的;如果将权力转移给利益偏私的体系,特别是以公共利益为借口的国家、国家集团利益体系,则可能造成更大的不正义和人类风险。
③ David Held, *Cosmopolitanism*, Polity Press, 2010; Garrett Wallace Brown and David Held, *The Cosmopolitanism Reader*, Polity Press, 2010, pp. 229—286; Ulrich Beck, *Cosmopolitan Vision*, Ciaran Cronin (trans.), Polity Press, 2006, pp. 99—129.
④ 参见车丕照:《我们可以期待怎样的国际法治?》,载《吉林大学社会科学学报》2009年第4期;何志鹏:《国际法治:一个概念的界定》,载《政法论坛》2009年第4期。
⑤ Aleksandar Slavkov Milanov, "Legal Status of Humankind in International Law", (December 3, 2009), Available at SSRN: http://ssrn.com/abstract=1517623.

实现国际体制的真正善治,实现高层次的世界和谐。①

为了建设一个更好的国际秩序,国家需要在生存方式上经历从实力到身份的转变。根据国际社会契约的观念,国际秩序的构建应当伴随着国家社会化的进程,与国家之间基于契约的合作密切联系,也就是在契约的方向上发展和推进国际关系,而不是进一步强调大国强权的单极模式或者两大阵营对垒的冷战模式。契约本身不意味着社会化,但是在国家之间签订契约、履行契约、监督契约实施的过程中,国际关系的社会化程度会提高。它有利于破除现实主义所设想的国家之间的原子状态,摆脱国家之间的对立状态,破解"安全困境",通过自由主义的前提,走入建构主义设想的共同身份状态。

3. 塑造主权国家的行为模式

作为国际关系社会化、有序化的形式,国际社会契约必须反映国际关系发展的趋势。其核心是更有效地限制大国强权,结束强权政治的格局,由此构建起国际法治的基础框架。确立目标、采取行动、验收行动效果,不断反思行为,并调试行动国,形成新的框架。

在政治、经济、社会、文化等领域确立和实施的国际社会契约,不仅有助于确保主权国家在理性的轨道内运行,而且能够实现国家主权的理想目标。从政治伦理学的角度,主权、政府的目标均在与维护和实现人民的权利。但是在前社会契约时期,主权的这种"王道"理想与国家之间争夺资源、利益的"霸道"现实无法契合,所以伦理层面的主权功能从未得以充分发挥。由于国际社会契约没有充分建立起来,主权看似没有固定的、体制性的约束,但实际上一直处于强权政治的风险之中,其本身并不稳定。其最为鲜明的体现即国家之间的侵略、吞没和征服。在这种情况下,强者的主权是一种率意而为,容易演化为霸权;弱者的主权只是一种装饰,即使提出诉求也很难避免被侵犯和欺凌。在此种意义上,主权所设想的"对内最高、对外独立"都不能实现,平等更是无从谈起。前社会契约时期的国家仅仅是表面上更加自由,本质上却经常面临巨大的动荡和挑战。

当国际社会契约渐次建立并成熟之后,主权的理想功能就有了更好发挥的环境。国际社会契约是人类主动、有意识的实践活动,是在国际关系无政府状态下的一种追求更有效果的积极努力。人类在国际体制不容乐观、难以

---

① 作为具有深厚中国文化基础(在易经、孔子的著作中,以及以后的中庸中均有体现)、也符合世界其他文化口味的观念(空想社会主义思想家圣西门、英国理论家魏特林都提出过和谐的主张),和谐世界必须通过去意识形态化、去政治化的方式去理解。只有不标榜意识形态,这一观念才有可能被广泛接受,否则这一主张自身就可能被其他国家看成是中国威胁的一种表现。

令人满意的背景下,不是消极被动地接受这个结果,而是主动采取措施,力图改变人类的无政府状态,通过人的能动参与而改变社会的历史。从全局发展的观点看,国家是一个在四维空间中的行为体。在普通的三维空间中,国家与其他国家产生领土、海洋、空间、经济、环境等方面的关系,与本国国民产生多元的联系;在时间轴上,国家与本国的政治文化传统、世界的文明传承、与其他国家的关系发展史以及未来规划相结合。通过社会契约,国家承诺遵守规范,并在国际社会契约所确立的监督、惩罚措施之下,履行义务,主权行使的任意性逐渐降低。通过国际社会契约可以保障国家的基本权利,确定国家的基本义务,真正实现国家之间在法律人格上的平等。在存在国际社会契约的情况下,每一个国家都依照国际社会契约承担相应的义务,同时也都明确地享有一定的权利,国际机构有资源、有机制来确保此种权利实现。此时,权利就有了制度支撑和物质保障,国家的主权也就能更稳定、更可预期地实现。当然,腐败的官员、不能服务于人民的政府,在国内以宪政的程序被替换,在国际上以法治的方式被问责,这并不是对主权本身的威胁,而是将主权中不健康因素予以剔除,保证主权合法有效的正当途径。正如在一个价值设定良好、妥善运作的政府中,人权可能得到充分保障一样,在国际社会契约体系中,主权也能得到更充分的保障和实现。

4. 促进国际关系由法治走向和谐

国际社会契约不仅在国家间乃至超国家的层面上确立了国际组织,增进了主权的互动,促进了全球治理;而且奠定经由国际法治而实现世界和谐的结构框架和观念基础。在次国家的层面上促进了非政府组织等民间团体(市民社会)的发展(一系列 NGOs 在联合国、WHO、WTO 所讨论的环境、贸易等问题上的努力可见一斑),从而为主权的世俗化、"去蔽"提供了重要的思想与制度条件。也为世界的民主、宪政提供了机会。通过将国际社会契约观念贯彻到国际行为、国际关系之中,能够促进国家在世界格局中从身份到契约的转换,也就是国际秩序从强权到规范的转换。国际社会契约签订以后,会超越简单的国际民主,而采取更有效率的决策机制①,这对于世界应对危机而言是至关重要的。民主作为一种利益磨合机制,本身存在着效率低下的问题;民主模式是科学决策的前提,但本身却很可能并不科学;民主意味着

---

① 国际社会契约和民主的关系包括两个层次:第一层,以国家民主的方式形成初级契约;第二层,当初级契约经过运转,形成更有效的决策机制以后,国家之间的直接民主会减少。这就像公司建立之前投资方的直接民主和公司成立后的分权治理结构。所以,较为成熟的国际机制形成的合意不再是以国家之间的直接民主方式而形成的。

意志自由,却很可能存在着伦理偏差。①

　　国际社会契约是国际宪政的核心、国际法治的基石。第一章已经对国际法治与国际宪政(国际主义立法化)的关系进行了概略的梳理。不难看出,国际法治、全球宪政、国际社会契约这些不同的概念,其终极目标都是一致的,都是为了实现全球时代的人本主义。国际法治的重点是强调规则至上,形成法律的约束力和对于法律的广泛信仰;国际宪政则更注重国家之间、国家与国际组织之间、国际组织之间、公法主体和非公法主体之间的权力、权利、义务结构。② 国际社会契约更强调国家在当前社会中的地位与角色,以及国际社会组织化背景下的权力合法性。全球宪政应当是建立在尊重和保护人权基础上的权力分配,国际法治则是权力分配之后妥善运行权力的制度体系;国际社会契约为分配权力、遵行制度提供了一个程序上的基础。因而,国际社会契约是国际法治得以成立的观念基础和基本实践部分,是国际宪政的基石性文件得以形成、国际宪政得以贯彻的起点理念。

　　国际社会契约的观念渗透到社会制度、管理、规范之中,可以明确国际社会组织化的方向和目标,改变旧的制度体系(结构体系),建立新的结构体系,从而推进国际法治,完善全球治理。③ 国际法治的标准是国际良法和全球善治,国际社会契约本身就是良法的最主要部分,是宪法性的法律,是其他法律合法性的判断标准,也是善治的基本前提,通过契约确定权利义务的配置,决定国家行为的方式,是国际格局宪政化、法治化的关键环节。④

五、既有国际社会契约的实践观察

　　虽然完全的、全面的国际社会契约至今尚未实现,但并不是说在人类的历史上没有国际社会契约的思想和实践。从 1899 年的海牙和平会议到 1998

---

① 比如,2009 年哥本哈根全球环境峰会的无果而终就意味着全球民主的无效率;用民主的方式决定是否进行某一项工程(例如建设大坝)很可能缺乏科学依据;古希腊的苏格拉底被判死刑则是民主暴政的突出例证。
② 次级国际社会契约可以通过国际组织缔结。国际组织(如 WTO)中国家直接参与的表决方式仍然是民主;而欧盟的理事会、委员会、议会的表现就不是在国家的民主。
③ 例如,文同爱提出,将来的国际社会可能是契约构建的整体,而国际法就是契约的基本表现方式。文同爱:《生态社会的环境法保护对象研究》,中国法制出版社版 2006 年版,第 285 页。
④ 因为国际社会契约是法治的文本基础和体制基础,是宪政的结构前提,没有良好的契约,很难形成有效的法治体系。国际法院针对 1996 年核武器合法性问题的咨询意见(*Legality of the Threat or Use of Nuclear Weapons*, Advisory Opinion, ICJ. Reports 1996, p. 226)、2010 年针对科索沃独立问题的咨询意见(www.icj-cij.org/docket/files/141/15987.pdf)不尽如人意,基本原因就是国际社会没有形成明确的规范。所以,必须强调国际社会契约的建构。

年的建立国际刑事法院国际会议,国际社会契约已经发展了近一个世纪,国际社会的进步有目共睹。1919 年巴黎和会之后出现的国际联盟、1945 年诞生的联合国、1994 年出现的 WTO 以及 1998 年建立国际刑事法院的《罗马规约》,均形成了对相应主权国家的社会契约关系,这些国家愿意让渡较重要的国家权能,并保证遵守国际条约,接受有关国际机构的强制性制裁。对于这些人类经验和教训的反思,有助于未来国际社会契约的建构。

(一) 国际社会契约的萌芽与发展

国际社会的法治未来依赖于国家之间改变猜忌和怀疑的关系,更多的沟通和合作,并建立制度,通过形成国际社会契约而逐渐强化国际政治的伦理化、正当化进程。当代国际社会契约的实践建立在以往国际关系中为构建秩序和公正而进行的一系列努力中。① 其中既包括长久以来人类社会的契约实践,特别是国家之间的条约实践所形成的国家权利义务观念和契约程序经验,也包括在国际交往的探索中积累经验、总结教训,由此导致国际规范逐渐成熟、全球伦理初步形成。但其中最重要的还是国际关系近代化以来国际法的三次里程碑式的进步,即威斯特伐利亚和约、国际联盟和联合国。

1. 威斯特伐利亚和约

威斯特伐利亚和约体系本身并不能归类于现代意义上的国际社会契约,但是它的存在是国际社会契约存在的基本前提、发展的基础环境。如众所知,1648 年的威斯特伐利亚和会及其签署的一系列威斯特伐利亚和约②不仅结束了 30 年战争,而且在国际关系的格局上作出了重要的努力:(1) 政教分离。《威斯特伐利亚和约》终结了西欧教权作为王权"共同屋顶"的政教合一体制,曾一统欧洲的教权体系已趋于瓦解,民族国家开始登上历史舞台,国家之上不再有任何权威,这虽然仅仅是对既有格局的一个认同,但仍然在法律上转换了欧洲地区的政治格局。在威斯特伐利亚和约签订后,欧洲世界进入了一个可以被称为"威斯特伐利亚体系"的格局之中,此间欧洲依旧战乱频仍,不过这些战争体现的是民族国家之间为了各自的国家利益而呈现的矛盾,而不是像中世纪那样,经常为了某一宗教原则理解的不一致而爆发战争。(2) 确立了国家独立、主权、领土完整这些后世国际关系和国际法的基本原则。和约对瑞士和一些帝国选侯、邦君和各邦的自由规定的条款(第63、64、

---

① Rosemary Foot, John Lewis Gaddis, and Andrew Hurrell, *Order and Justice in International Relation*, Oxford University Press, 2003, pp. 24—154.

② Treaty of Westphalia, Peace Treaty between the Holy Roman Emperor and the King of France and their respective Allies, http://avalon.law.yale.edu/17th_century/westphal.asp, accessed on 2015-09-16.

65 条)构成了后世国家主权的基本内容。(3) 确立了约定必须信守和对违约方施加集体制裁的原则。《威斯特伐利亚和约》第 123 条规定:"为保证和约的效力,所有参加方均应有义务防卫和保护本和约的每一条款不受任何人的侵犯,无论其宗教。如果出现了违背事宜,侵犯方与被侵犯方之间应当尽量采用友好和解或者司法程序来解决问题,而不采取敌意手段。"第 124 条进一步规定:"如果相关争议三年之内仍未解决,友好的手段和司法途径归于无效,则本和约中有关的每一方都必须与受害者一起,提供谋划和武力,协助他还击侵害者。即使如此,亦不能破坏各国及其君主在其境内的行政管理权。不允许任何国家以武力追求其权利,但如果已然发生或者将要发生武力使用的状况,每一方均应努力采取正常的司法手段,违背者将被视为和平的侵犯者。由于帝国的法律涉及逮捕和判决的执行,故法官的判决应予执行,无论其情况如何。"这些条款初次确立了缔约国不得破坏和约、对违约国家可以实行集体制裁的制度,可以被视为后世集体和平制度的基础,也为 20 世纪的战犯审判埋下了伏笔。(4) 开启了以国际会议解决争端的先河。在威斯特伐利亚和约签订以后几百年的时间里,这种模式不断推进、不断完善,成为解决国际矛盾和争端的基本方法。(5) 和约确立起了宗教平等原则,承认宗教信仰自由原则,新教教徒因此具有与天主教教徒相同的权利(第 49 条)。这中对人权的关注成为近代早期国际关系中一个重要组织部分,为宗教平等原则奠定了法律基础。(6) 确立了常驻外交机构的制度,创制了民族国家独立和平等交往的新范式。①

从上述简单的分析可知,威斯特伐利亚和约虽然并没有建成国际社会契约,却为后世的国际社会契约作出了重要的思想与制度准备。② 这些规范和实践影响、规范着国际社会,对于在欧洲建立、此后推行到全世界的以平等和主权为基调的国际关系格局和国际交往的契约化(而非身份化、实力化、对立化)格局具有开拓意义。19 世纪的"欧洲协调"是在此基础上国际合作的进一步完善③;以此为基础,欧洲诸国达成管理莱茵河、易北河等国际河流的协定,在交通、运输、电信、邮政、公共卫生、经济贸易、战争与和平等许多领域

---

① 虽然今天看来,这种安排意义并不鲜明,甚至束缚了国际体系的发展。但当时,摆脱教权的约束是推动社会进步的关口。通过突破教权、确立主权,促使国家体系和国际关系初步构建,为赢取欧洲的总体发展至关重要。没有主权原则,就没有民族国家,就没有国家之间的平等交往,也就不会有后世的国际体制。John Baylis, Steve Smith, and Patricia Owens, *The Globalization of World Politics: An Introduction to International Relations*, 5th ed., Oxford University Press, 2011, p. 43.
② 杨泽伟:《国际法史论》,高等教育出版社 2011 年版,第 54—58 页。
③ Mark Mazower, *Governing the World: The History of an Idea*, Allen Lane, 2012, pp. 3—12.

形成了更多的国际条约。① 如果国际关系可以理解为"从武力到外交、从外交到法律"②的变迁,则威斯特伐利亚体系是国际合作建立制度的重要实践,是契约精神在国际关系中的奠基,是国际社会契约得以探索的基础。③

2. 1919 年出现的国际联盟是国际社会契约的初步尝试

第一次世界大战不啻于给沉浸在科技进步和经济发展的幸福美梦中的欧洲人一次当头棒喝。他们看到的不仅仅是人性的缺陷,更是战争的残酷、国家之间关系的脆弱。为挽救国际危局,美国总统威尔逊于 1918 年初提出了"十四点"作为战后世界和平纲领,他主张:"成立一个一般性的各国联合组织必须依据具体的协定,其目的是向大小各国同样提供政治独立和领土完整的相互保证。"④这些主张受到了欧洲各国的高度重视和响应。当年 11 月,第一次世界大战结束,欧美各国力图合作,重建和平。国家之间试图通过"巴黎和平会议"(简称巴黎和会)构建战后国际秩序。为了减少武器数目、平息国际纠纷、维持民众的生活水平,英法等国倡议成立了国际联盟(简称国联),这是国际社会组织化的重要步骤。1918 年底,南非将军史末资⑤撰写了名为《国际联盟:操作建议》的小册子,对于国联的建立和运行提出了具体而系统的建议。⑥ 1919 年 1 月 25 日,巴黎和会全体会议上通过了建立国联的决议,并决定设立以威尔逊为首的特别委员会负责起草《国际联盟盟约》。威尔逊认真阅读了史末资将军的建议,并以此(也包括其他建议)为基础拟定了《国际联盟盟约》草案。⑦ 威尔逊和史末资的观点为国际社会契约的初步形成奠定了结构设想上的基础。

---

① 郭树勇:《关于国际政治的社会性》,载《教学与研究》2006 年第 7 期。
② "In relations between nations, the progress of civilization may be seen as movement from force to diplomacy, from diplomacy to law." Loius Henkin, *How Nations Behave: Law and Foreign Policy* (2nd ed.), New York: Columbia University Press, 1979, p. 1.
③ 参见梁西著,杨泽伟修订:《梁著国际组织法》(第 6 版),武汉大学出版社 2011 年版,第 19—22 页。
④ 王绳祖、何春超、吴世民编选:《国际关系史资料选编(17 世纪中叶—1945)》(修订本),法律出版社 1988 年版,第 472 页。
⑤ 扬·克里斯蒂安·史末资(Jan Christiaan Smuts,1870. 5. 24—1950. 9. 11)是南非政治家和将军。在 1919—1924 年和 1939—1948 年先后两次任南非总理。其最大的成就之一是在威尔逊思路的基础上创立国际联盟,起到了实施引导的关键作用。后来它又为和平敦促成立一个新的国际组织形态——联合国而付出努力,他撰写了《联合国宪章》的序言,是唯一一位既签署了《国际联盟盟约》又签署了《联合国宪章》的人。Joseph Kochaneka, "Jan Smuts: Metaphysics and the League of Nations", 38: 6 *History of European Ideas* (2012) 1—20.
⑥ 他主张,国联应具有总揽一切国际事务的权力,应被授权管理以往一直由国际行政机构承担的一切事务;国联不仅要成为处理争端和防止侵略的组织,还应成为在战争废墟上建立起来的新国际体系的基础;国联为承担各种复杂任务,应建立起有力的组织机构。Jan Christiaan Smuts, *The League of Nations: A Practical Suggestion*, The Nation Press, 1919.
⑦ Charles Howard Ellis, *The Origin, Structure and Working of the League of Nations* [1929], The Lawbook Exchange Ltd., 2003, pp. 81—84.

《国际联盟盟约》于1919年4月28日通过,并作为《凡尔赛和约》的一部分于1920年1月10日生效。1月16日,国际联盟行政院在巴黎举行首次会议,11月15日,国联第一届大会在日内瓦召开,国联开始正式运行并发挥作用。《国际联盟盟约》序言中,规定国联以防止战争、维持国际和平与安全、促进国际合作和保证各国严格遵守国际义务为其宗旨。这一规定表明,指望国际关系中的自生秩序,只会使人类更早消亡;国际社会发展到了需要全体成员充分合作、建立共同机制来防止战争、维持秩序、确保生存与发展的程度。

当然,必须看到,由于人类社会的资源积累不足,实践经验缺乏,国际联盟这一国际社会契约的理想主义尝试并未成功。尽管国联成员国最多时达到59个(1934—1935年),先后有63个国家参加,但其权能一直比较局限。国联的主要问题可以归结为4个方面:(1)机构运作中的大国政治。国联的失败在一定程度上归因于其仅显示出了列强之间的斗争,维护战胜国的意志,而未能考虑国际秩序的平衡发展。《国际联盟盟约》的内容是在美、英、法等作为一战的战胜国的主导下拟定的,使国联具有战胜国的联盟的性质,凡尔赛体系应法国的要求而加入了极其苛刻的条款,向德国强加了巨大的割地赔款及限制军备条款①,埋下了德国在20年后挑起更大规模战争的祸根,这为国际关系的理性化发展留下了深刻的教训。与此同时,大国立场的对立削减了国联约束各国行动的可能。各战胜国组建和运作国联多出于私利,而非提供国际公共物品。美国作为倡导创建国联最积极的大国,由于国会的牵制而未能加入;苏联长期被排斥在外,德、意、日由于自身的侵略倾向对国联持抵制态度,相继退出。这导致国联的国际力量薄弱,最终陷入瘫痪。(2)治理结构上的缺陷。《国际联盟盟约》的宗旨简略含混,不仅维持和平与安全和解决争端的条款空洞无力,而且大会和行政院职责不明,权限不清,互相掣肘。国联决策采取全体一致原则,使会员国普遍拥有否决权,国际机制难于对国际威胁采取有效行动。国联也没有自己的武装力量,无法通过军事手段来强制实施决议、惩治违约的国家;有限的经济制裁实施也不理想。因而,虽然国联正式解散于1946年4月,但其机构职能早在1939年就已陷于瘫痪。正由于此,爱德华·卡尔才在《20年危机》中重申现实主义观念的重要意义。(3)主权国家在关键问题上的自主性。《国际联盟盟约》规定,会员

---

① 战胜国与其他战败国亦分别签署了条件苛刻的和约,战胜国与奥匈帝国的奥地利部分签署《圣日耳曼条约》,奥匈帝国被划分为多个民族国家;与保加利亚签署《那依条约》,保加利亚失去爱琴海出海口,并须赔款4.45亿美元;与匈牙利签署《特里亚农条约》,匈牙利领土大幅减少;与土耳其签署《色佛尔条约》,彻底瓜分奥斯曼土耳其的领土。后来的土耳其共和国只剩下伊斯坦布尔、其附近小部分领土及小亚细亚的部分。

国可自行退出,这在理论上意味着国际社会契约的签订者可自行收回让渡的权能,在实践中导致国际权力不稳定。盟约还规定,当事国在不接受国际争端和平解决程序的 3 个月之后,可诉诸战争。这使国联防止武力使用的规范效力微弱,给战争提供了依据。实践中,国联对 1931 年日本侵华、1935 年意大利入侵阿比西尼亚、1939 年德国入侵波兰均束手无策。(4)立场考量的单向性。巴黎和会仍然显示出强国支配和压制弱国的基调,而未能给包括中国在内的贫弱国家的正当主张予以认真地对待和积极的支持。① 凡尔赛体系在很大程度上体现了这些帝国主义列强的意志和利益,弱小国家及殖民地对盟约的内容几乎无发言权。中国在巴黎和会上请求归还青岛,却没有被认可。这就说明了当时的国际社会契约本质上仅仅是列强的俱乐部,而没有真正的普及到西方之外的世界。事实上,除了 1899 年和 1907 年的海牙和会之外,非西方国家参与国际立法的机会非常少。

尽管存在着诸多缺陷与局限,国际联盟所具备的社会发展的进步意义仍然不容否认。作为一般性、普遍性国际社会契约的首次努力,国际联盟肩负着崇高的理想。国际关系的参与者试图约束作为国际关系的基本行为体、即国际法基本主体的国家,通过协商来订立社会契约,设立并让渡部分权能给相应的机构,从而形成国际社会的公共权力,来保障和监督此种国际社会契约的执行,以此建构并维护各成员共同遵从的社会秩序。理论上看,这种安排会束缚国家的手脚,使其行为不再自由。但从国家自身对于安全、利益和秩序的追求而言,这种自由的牺牲是必要的、值得的。因为绝对的自由从来是不存在的,以往主张的国际关系中没有规范和制度约束的自由最后导致了混乱,导致了行为体安全感的缺失;而建立国际社会契约之后,各成员可以在契约确立的秩序中更加稳定地、可预期地享有其相对的自由。它表明了人类的理性选择,证明了人类具备订立国际社会契约、构建国际权力机构的能力。

3. 1945 年诞生的联合国是第二次世界大战结束后国际社会契约的新努力

国际格局的社会化进程和国家的理性化发展意味着国际社会契约不会停顿,而会继续探索下去。国际格局的风云变幻导致了第二次世界大战的空前深重劫难不幸降临,但世界各国的知识精英和领袖并没有放弃希望,而是认真总结战争的惨痛教训,再次认识到国际政治格局重新规划的重要价值,只有通过订立国际社会契约、建立并妥善运作公共权力,才有可能约束国际社会成员的行为,结束国际社会的混乱局面。国联的经验教训则为新一代国际社会契约的建立与运行提供了技术基础,使世界各国在更高的起点上展开

---

① 会议的重大决定由美国总统伍德罗·威尔逊、英国首相劳合·乔治和法国总理克里孟梭主持。以顾维钧为主的中国代表团对于山东半岛的主张没有得到认真考虑。

新的构想与尝试。战后的世界秩序建立在以开罗会议、德黑兰会议、雅尔塔会议和波茨坦会议为基础的雅尔塔体系之上,1945年的旧金山,联合国制宪会议一致通过《联合国宪章》,并于10月生效,正式成立了联合国。

《联合国宪章》站在了一个更高的起点上面对国际问题。它为纠正和防止国联治理结构的弱点,明确规定了宗旨与原则,并确立了新会员国入会条件、停止会员国权利、开除会员国等制度,同时,划分了六个主要机构的权限,特别明确了大会与安理会的不同职能;形成了措施更加有力、程序更加有效的集体安全机制;大会采取2/3多数和简单多数两种表决方式,否决权仅保留于安理会的五个常任理事国。联合国还可拥有安理会支配下的武装部队。这些规范提高了联合国的行动活力和权威性。与此同时,联合国更提升了非西方国家的地位和作用,不仅中国作为大国成为安理会的常任理事国,而且国际法院、国际法委员会等机构也非常明确地要求考虑不同文化和法律传统。虽然冷战期间联合国的运行长期被美苏两极对垒所困扰[1],但是,联合国大会和安理会所提供的国际协商场域、国际法院的司法运作为世界走向和平共存、国际秩序的良性发展,为世界的政治、经济格局的改善起到了不可磨灭的推进作用。此后的世界格局,虽然仍然风起云涌,但通过协议的方式解决问题,消除对抗,以组织化的方式建立秩序、促进合作,成为国际关系的主流。国际社会契约从地理、行业的功能等方面的尝试渐次增多,而且得以完善。[2]

(二) 国际社会契约的历史性进步

当代国际关系与国际法体系是国际社会契约的初级阶段,虽然真正全球性、全领域的国际公共权力尚未确立,但行业化、区域化构建的国际社会契约却经历了很多实践检验。尽管还没有达到理想的强度与效果,但契约的数量、规模,机构的完善程度、机构之间的网络关系引领了20世纪以后国际关系的基本变革[3],已经取得了突破,迈出了决定性的步伐。从历史演进的纵向维度看,国际社会契约从无到有,从构思到实践,从设计到施行,每一个点滴的发展都是人类治理结构的巨大进步。

一个世纪以来,国际社会契约的探索,已使国际组织具有国际法的主体

---

[1] John W. Young and John Kent, *International Relations since 1945: A Global History*, Oxford University Press, 2004, pp. 177—191.

[2] 具体事例参见王绳祖主编:《国际关系史·第六卷》,世界知识出版社1995年版,第六卷,第482—523页;王绳祖主编:《国际关系史·第七卷》,世界知识出版社1995年版,第7—17页。

[3] 《中国大百科全书·政治学》,中国大百科全书出版社1992年版,第135页。

地位,通过立法、行政、司法活动独立地协调国家行动。① 而国家(或类国家实体)作为有关机制框架内部成员,则需服从贸易政策审议、贸易争端解决、人权定期报告、来文审议等体制的管理,遵守契约的义务,即默示地转让了一些权能;在欧洲理事会、欧盟的体系中,各自形成了较为成熟的超国家人权和市场制度,作为成员的国家已经明示地放弃了或转让了一些权能。欧盟等一些国际组织初步具备了通过"国际社会契约"安排国家管理权能的让渡②,进而代表成员国形成单一的国际行为体,对国际问题进行统筹规划。在这些国际组织的运行过程中,国际条约、外交关系、主权豁免制度逐步规范化,国家在这些组织机构的运作之中逐渐社会化。主权国家愿意让渡较重要的国家权力,并保证遵守国际条约,接受有关国际机构的强制性制裁。联合国的维持和平功能,联合国安全理事会常任理事国的安全功能,以及 WTO 的贸易政策审议及较为法治化的争端解决职能,已然初具了类似国内法保证方面的强制地位,为成员树立了一个较为良好的法治运行模式。③ 在分析《联合国宪章》第 51 条关于自卫权的法律性质的时候,弗莱切和奥林认为,国家和人民的自卫权"不仅延伸到现代联合国宪章的体系,而且延伸到国际社会契约的根本基础"。④ 同样,皮科也认为联合国的动力机制和程序是国际共同体各个成员之间的"国际社会契约",无论该成员的规模、力量如何,它是联合国的核心,是世界制度中政府间组织的工作机制以及解决问题的出路。⑤ 这些实践对于推进国际合作、缓和局部冲突、增加人民福利、促进社会发展起到了积极作用。

(三) 国际社会契约的困境与困惑

但是,由于历史进程的初级性,以及主权观念根深蒂固的影响,这些国际社会契约安排还存在着一些困境和问题。主要是:

1. 国际社会契约的监督执行机制不力

国际社会契约的理想是美好的,但与国家、政府这种具有长期稳固基础

---

① Philippe Sands and Pierre Klein, *Bowett's Law of International Institutions*, 6th ed., Sweet & Maxwell, 2009, pp.268—443.
② 主权让渡在国际法理论中仍然充满争论,但是欧盟的实践却使研究者不得不面对主权让渡的事实。如果考虑前南、卢旺达特别刑事法庭的实践,考虑 WTO 争端解决机构对于很多成员的裁决,否定主权部分让渡显然是十分困难的。
③ 郭树勇:《关于国际政治的社会性》,载《教学与研究》2006 年第 7 期。
④ George P. Fletcher and Jens David Ohlin, *Defending Humanity: When Force Is Justified and Why*, Oxford University Press, 2008, p.146.
⑤ Giandomenico Picco, "The UN: An Instrument That Requires Skill", *Russia in Global Affairs: Journal on Foreign Affairs and International Relations*, No. 3, 16-09-2003, http://eng.globalaffairs.ru/numbers/4/493.html.

的利益共同体比较起来,国际机构的说服力在很大程度上是道义上的,所以对于国家的约束力也就比较弱。国家在不实质关涉自身利益的时候愿意去附和"全球伦理""共同价值",但只要与自身利益密切相关,他们就会想方设法逃避,找各种借口、以各种方式解释规范、扩张自身的利益,减少承担的义务。所以,尽管国际社会契约是国家之间组织化的一种安排,但其机构运转大多权力不足、执行效果差。即使在各国之间高度依赖、共同利益日渐凸显的当今世界,国际无政府状态仍是世界政治的一个根本结构特征,国家之间的争斗也仍是世界政治的基本方面。① 当前的国际社会契约理念还没有完备,很多国家不认为国际社会契约是必要的,更喜欢自顾自为地独断专行;有些国家以邻为壑,损人利己。由于契约订立存在着民主赤字,契约运作规范化不足,契约执行存在程序正义的缺失,所以国家之间地位不平等,大国可跳出契约约束、享有超越契约的特权。《联合国宪章》等国际文件对于国家的具体权利义务、特别是国际组织的权利义务都没有明确的列举。这就导致了国际局势中的不稳定因素增多。对于强大的成员而言,组织机构没有约束力,仅能对弱小的成员采取行动。这种选择性的执行方式本身就意味着契约的不妥当、不完善、不公正。以联合国为例,以五大常任理事国为核心的安理会承担着维护国际和平与安全的主要责任,也是联合国最有执行力的机构,它有权作出全体会员国都有义务接受并执行的强制性决议。但五大常任理事国享有否决权,即使是涉及本国的事项,他们也不需要回避。这在制度上就导致了所有意图对常任理事国不利的提案均被该国否决,就保证了这些国家不会成为安理会谴责的对象。他们也就成了国际和平与安全的特权者。所以,在联合国的历史上,除了由于大国之间的角力而出现的少数例外,安理会绝少触及大国的核心利益。国际人权机构同样存在着对于国家的约束力不足的问题,国际劳工组织(ILO)在保护劳工权益不具有实施的权能,至于环境领域的契约落实情况,就更值得忧虑了,很多规范没有真正的执行条款,国家不遵守也没有什么后果。在国际关系社会化之后,大国就始终而且必然是国际秩序的基本定调者,大国对于国际法律体制的怀疑和拒斥,决定了这一国际体制势必难能实现理想。

2. 不同国际社会契约之间的配合不足

当前的国际社会契约,仍然只是由不成体系的国际法规范在不同的领域不均衡地形成的一些制度。这些制度不仅自身存在缺陷,而且彼此也缺乏配合。各项国际社会契约之间职能重合、冲突,缺少良好的协调机制。人权机

---

① 时殷弘、潘亚玲:《论霍布斯的国际关系哲学》,载《欧洲》1999 年第 6 期。

制的重合是最明显的问题。就联合国的人权体系而言,《公民及政治权利国际公约》和《经济、社会、文化权利国际公约》两大机制已经以不歧视原则涵盖了所有主体在社会生活中的各项权利;但是在这两个体制之外,仍然存在着对妇女、儿童、移徙工人及其家庭成员、残疾人权利进行保护的协定和机构,依然单独而特别地存在着防止酷刑、防止强制失踪等方面的协定和机构。这些机制的参加国都需要定期提交报告,接受专家组的审核,其中势必存在着功能的重置和资源的浪费。如果同时考虑在欧洲、美洲和非洲存在的人权协定和人权机构,此种重复就更增加了一层。

国际社会契约之间的冲突主要体现在宗旨、目标和功能不同的契约之间安排的问题。例如,负责贸易的 WTO 会倡导贸易自由,而环境领域、保护野生动物、人权领域的协定与组织则更关注产品或服务的环境影响、生物多样性后果和劳工标准等内容。这些目标不同的协定体系之间存在着内在的紧张关系。出现上述问题的关键原因还是国际社会的分散化、无政府状态,不存在将国家组织统一起来的顶层设计,这就导致了国家处理国际权力和资源的无效率和秩序困境。就现状来看,国际社会契约运行比较健康平稳的领域,国际法治的水平比较高,国际秩序较为平稳、可预期;反之,缺乏国际社会契约的领域,国际法治的水平比较低,例如金融危机就是因为国际社会对于金融创新、衍生金融物品缺乏协调监管。在一些地区、一些事务领域之中存在和发展的国际社会契约至今尚不成体系,仅仅是通过"国际法之治"①而构成的一套狭窄、不充分、不平衡的机制,难以确立世界秩序。

3. 国际社会契约自身的价值定位偏差

关于国际社会契约价值定位的问题,主要体现在两个方面:

(1) 文化多元与普世价值之间的紧张状态。国际社会契约的实践试图通过机构建设和运转维护共同的利益,这里就出现了文化多元论与普世伦理观的冲突。前者认为,文化多元化、政治多极化的境况中不可能达成道德共识、建立普世伦理。后者根据自然法观念,人类拥有共同的理性,也就存在公认的伦理标准。② 越是成员广泛的国际社会契约,这方面的问题就越突出。例如,在人权方面,亚洲国家提出了"亚洲人权观",特别是中国强调以生存权和发展权作为人权的根本,这是对西方主张的以自由、平等为基础的人权

---

① "国际法之治"是指基于国际法的治理,是国际法之的初级阶段;其高级阶段是"国际之法治",即国际事务上实现法治原则。参见车丕照:《国际法治初探》,载《清华法治论衡》第一辑,清华大学出版社2000年版;何志鹏:《国际法治:和谐世界的必由之路》,载《清华法学》2009年第1期。

② David Boucher, *The Limits of Ethics in International Relations: Natural Law, Natural Rights, and Human Rights in Transition*, Oxford University Press, 2009, pp.245—283.

观念和体制提出的不同声音。由于不同国家在契约机制中所具有的权重不同,契约的导向也就各异。联合国推行和平、安全、自由、民主的价值理念,世界银行则更强调民主和善治。当贫困国家抱怨发展援助不足的时候,也有观点认为即使给这些贫困国家更多的钱他们也不会用于发展,而只会增加腐败,这些没有造血功能的国家不能靠输血而获得健康,只能靠大手术来完成机能再造。实际上,统一的伦理标准来自统一的生活场景,各国当前的巨大差异不宜盲目扩大普世伦理的范围。虽然文化的多元、政治的多极之间相互共享、相互依赖,各国分别确立的道德准则有着众多相同或近似的伦理要求,国际社会契约的实施仍应坚守以协商对话为基调的机制,而不是以制裁惩罚为基调的机制。在这方面,一些国际机构动辄进行经济制裁的方式值得反思。

(2) 发达大国与欠发达国家对于"公正"的不同理解。当发达国家充满热情地倡导民主、人权的时候,处在贫病交加状态下的欠发达国家更注重其基本的生存状态。对于发展中国家而言,虽然在世界范围内建立了规范经济行为的全球规则,并以此为基础建立了经济运行的全球机制,但很多国际制度安排并没有公正、全面地考虑所有国家、人民的利益。联合国在20世纪60—70年代通过一系列会议倡导国际经济新秩序[1],这种具备国际正当性的观点在20世纪80年代以后被西方发达国家主导的全球化话语冲击溃散,国际经济新秩序的理想很难转化为现实,其结果是贫富国家、人群之间分化严重,减少贫困的目标未能达到。富国仅仅将其财富的1%转移到穷国,穷人饥寒交迫、流落街头、贫病而死。[2] 世界上很多人处于欠发展和贫困状况之中,贫富差距拉大。30年前,世界人口中20%最富有的和20%最贫穷的之间的收入差距是30倍,如今扩大到60倍。国际经济贸易上的保护主义,特别是农产品问题上的保护和壁垒是对全球化的客观情势的一种反动。[3] 国际货币基金组织(IMF)并非促进全球增长和稳定的中央银行,而是一个条件严格、充满卡特尔意味的贷款者;WTO虽然从原初的关税减让发展到多元结合,但是一些成员利用其规则并不完全真诚地保护自由贸易,而是作为保护主义的工具,并以现行规范弱化保护劳工、公共健康和环境的职责。现有的国际贸易法体系对于劳工标准的强调与其他基本经济投入的自由化相矛盾,

---

[1] 参见〔日〕村瀬信也:《国际立法:国际法的法源论》,秦一禾译,中国人民公安大学出版社2012年版,第142—148页。

[2] Richard Smith, Towards a global social contract, BMJ 2004; 328 (3 April), http://www.bmj.com/cgi/content/full/328/7443/0-g.

[3] Manuel Belo Moreira, "Globalization: the end of the social contract in agriculture?", 6th IFSA European Symposium, Vila Real, Portugal, April 4—7, 2004.

淡化了全球化世界的愿景。① "科学及其技术应用和商品与服务生产所取得的突飞猛进,只要不能满足所有仍被剥夺权利的人的需要,在人类发展意义上就不能构成进步。"②当今的国际制度对于作为全球化基础的金融领域远没有形成有效的治理体系,导致金融危机频频爆发③,威胁世界各国的经济和政治安全。在环境领域,很多发达大国主张以现存的污染作为承担减排义务的基础,而不考虑国家的经济能力,更不关注发达国家在历史上对人类污染造成的危害。这与中国等国家一直坚持的"共同而有差别的责任"形成了对于环境公正的不同主张。在贩运毒品和武器情况严重,政治、种族和宗教冲突威胁着人们的安全,教育、健康保障、社会服务、收入支持覆盖不全面,来自穷国的移民影响着人们的幸福感的时代,国际社会的很多理想难以实现。

六、国际社会契约强化的条件与基础

自 19 世纪发展起来的、各种形式的"国际社会契约"为国际社会契约留下了很多经验,国际社会的进一步发展在国际治理环境上、治理手段上、人类观念上的促动,对国际社会契约制度的发展和理念的强化,具有重要的借鉴意义,构成了国际社会契约提升的基础。

(一) 全球风险的现实存在迫使国家通过契约摆脱困境

20 世纪 80 年代以来,由经济全球化引领的全球化现象凸显于世。在经济全球化的历史过程中,生产要素跨越国界,在全球范围内自由流动,各国、各地区的经济相互交织、相互影响、相互融合成整体,即形成"全球统一市场",这就导致世界各国在经济的链条上荣辱与共;而更为广阔的全球化则包括互联网引发的信息全球迅速传播、厄尔尼诺现象等全球性环境问题的存在、疾病的全球性蔓延(包括具有长期影响的 HIV/AIDS,2003 年的 SARS

---

① Karen E. Bravo, "Transborder Labour Liberalization, A Path to Enforcement of the Global Social Contract for Labour?", *FLJS Policy Brief*. The Foundation for Law, Justice and Society 2009 www.fljs.org/uploads/documents/Bravo.pdf.
② 联合国经济及社会理事会:《关于透明度、问责制和公民参与的报告》,E/C.16/2012/4。
③ 1914 年前各国都遵守金本位的机制,形成的是一种稳定的投机,从而使货币危机影响减小;而 1914—1945 年间对金本位遵从减弱,因此爆发银行危机和货币危机的频率增加。1945 年至 1970 年间只有一次银行危机,虽然货币危机也存在,但破坏力很小,1970 年后银行危机与货币危机的双危机(twin crisis)同时爆发又开始出现。相较而言,战争期间的危机破坏力最大,现在情况次之。见 Franklin Allen and Douglas Gale, *Understanding Financial Crisis*, New York: Oxford University Press, 2009;有关数据参见 M. Bordo, B. Eichengreen, D. Klingebiel, and M. Martinez-Peria, "Is the Crisis' Problem Growing More Severe?", *Economic Policy*, 2001(4), pp.53—82.

等)、核武器的全球威胁、恐怖主义的全球影响(21世纪开启以来,恐怖事件连续不断,如2001年的"9·11"事件、2002年印度尼西亚的巴厘岛爆炸、车臣人质劫持、2004年的马德里列车爆炸、2004年的俄罗斯别斯兰人质事件、2005年的伦敦地铁爆炸、2006年的印度孟买城铁爆炸、2007年的巴基斯坦卡拉奇爆炸袭击、2014年的尼日利亚博尔诺州学校被劫持大量学生、2015年的土耳其安卡拉自杀式爆炸袭击、2015年的法国巴黎恐怖袭击、2016年的比利时布鲁塞尔爆炸案)等。这种人类生活方式的转变将时空进行压缩,使得人类生活环境的共同性增多,全球社会成为一个即时互动、突然加速的地球村,作为现代性的后果,物质产品、人口、标志、符号以及信息等跨越时间和空间进行高速、密集的运动。

全球化的现象与趋势既带来了很多值得欣喜的现象,也带来了很多问题。它不仅意味着人类视野和活动范围的扩大,也意味着国际风险的多元化。当代世界各国都面临着"风险社会"的现象,在全球化时代具有普遍性和跨国性。风险社会是科技和经济的不断发展所带来的副作用,具有高度的不确定性、显现的时间滞后性、发作的突然性、超常规性、超常的传染性、传播与渗透的全球性以及人们无法回避的临近性等特征①;风险社会的真实呈现消除了自然与文化之间的差异,成为现代性的一个新阶段。风险从一种具有威胁性的未来概念转化为影响人们当前行为的参数,并且与人们的价值判断相联结,揭示出国家、政府控制风险能力的匮乏。

全球化的力量则加速了风险社会的形成,并推波助澜使得工业化社会道路上所产生的危险不再囿于某一地区或领域,而产生跨领域、全球性影响,任何一个民族国家都很难单独面对这些风险或者规避这些风险,形成全球风险社会。资本垄断市场、被剥削的工人的高度集中超越了国家的规制能力,也使得地域化的分割在经济问题上意义降低。在反垄断、劳工与消费者保护、社会保障等领域为了防止市场的"创造性破坏"的后果而出现了跨地域的运动。经济规模的增大、交通通讯技术的发展,使得原有的国家规制手段不敷见效。对紧急事件的预警状态不再局限于国内,而是延展到全世界。人类技术的发展和地球环境的危机导致国家之间已经到达斗争的终点、竞争的极限,迫使各国就未来紧急状态的立场进行共同协商,应对和处理灾难性风险。这就是吉登斯所描述的"失控的世界"、乌尔里希·贝克所讨论的"全球风险社会"。② 此时,以政治行动来转移人类风险、保护人类利益的信仰,变成前

---

① 中央编译局薛晓源教授发表"全球化与风险社会"演讲,http://intranet.cpa.zju.edu.cn/show.aspx?id=4963&cid=198.
② 〔德〕乌尔里希·贝克:《风险社会》,何博闻译,译林出版社2009年版;薛晓源、周战超编:《全球化与风险社会》,社会科学文献出版社2005年版。

所未有的达成共识和合法化的资源,民族国家秩序原则开始受制于变化、各种替代可能性的存在和偶然性。从这个意义上,世界风险社会是一个潜在的变革性社会,全球风险具备着推动全球结构发展的历史性力量。①

后冷战时代的世界格局体现为军事单极性、国家间经济关系上的多极性以及跨国层面上权力分配的无序性。② 在这个多极性、多元化的人类群体面前,摆着诸多共同问题、共同命运,从而有共同目标、共同事业。"第二次世界大战结束后的几十年里,一种世界大家庭的意识似乎即将形成。……所有国家都需要合作而不是对抗。"③这样,就有可能而且必须用订立内在的全球社会契约伦理的方式来建立人类共同体,以应对共同伦理问题。④ 这就会巩固国家之间通过签订契约、采取协调或者共同的措施来抵御共同风险、解决共同问题、构划共同未来的观念。从这个意义上讲,全球风险社会是国际社会契约的基础条件,也是运用国际社会契约所要解决的问题所在。

(二) 国际关系的历史进步使得契约结构具备制度基础

从历史的大维度上看,人类从工业社会走到充满风险的后工业社会,各国政府在面对经济全球化时代的风险文化与风险社会时,不仅需要反思现代性,而且需要在风险管理能力方面有所加强,在治理机制方面予以跟进。值得欣慰的是,与宏观社会背景相适应,国际结构也在逐渐进步和发展。

用外交的手段约束和控制武力是国际治理方式取得的第一个重大进步。虽然用谈判的方式防止战争、降低战争风险、在战争结束后确立稳定秩序的做法,在东西方的历史上都不乏先例,但形成一个较为稳定的多边格局却是威斯特伐利亚和会议后才摸索出来的治理模式。17 世纪,欧洲各国在 30 年战争(1618—1648)结束之后召开威斯特伐利亚和会,形成了威斯特伐利亚体系,不仅初步确定了欧洲各国的边境,而且明确了民族国家独立的原则,为国际关系和国际法的发展奠定了基础。19 世纪,拿破仑一世战败后,《维也纳会议最后议定书》及有关条约、宣言和文件⑤构成了维也纳体系。该体系以

---

① 〔德〕乌尔里希·贝克:《风险社会的"世界主义时刻"——在复旦大学社会科学高等研究院的演讲》,王小钢等译,载《中国社会科学辑刊》2009 年冬季卷,复旦大学出版社 2010 年版。
② 〔美〕约瑟夫·S. 奈:《国际关系:理论与实践的关联》,邓正来译,载《中国社会科学辑刊》2009 年冬季卷,复旦大学出版社 2010 年版。
③ 〔美〕亨利·基辛格:《世界秩序》,胡利平、林华、曹爱菊译,中信出版集团 2015 年版,第 473 页。
④ 包利民:《全球化的伦理观照》,载《维真学刊》2001 年第 2 期。
⑤ 1814 年 5 月 30 日,反法联盟国家同法国签订了《法、奥、俄、英和普和平条约》,根据和约第 32 条规定,参战各方于 1814 年 10 月 1 日至 1815 年 6 月 9 日在奥地利首都维也纳举行会议。广义的维也纳协定还包括《储蒙条约》、1814 年《巴黎和约》、1815 年《巴黎和约》《维也纳条约》、神圣同盟、四国同盟。

均势原则、正统主义和补偿原则等为指导思想,在拿破仑帝国瓦解后的欧洲,建立起新的政治均势,并维持了欧洲列强间的和平与协调。这一被称为"欧洲协调"的机制是在多种政治协定及外交经验累积的过程中逐步建立及发展起来的。① 尽管此种大国协调的本质仍是强权政治,但与战争相比,会议协调毕竟是一种进步。欧洲协调对维持欧洲近百年的大国均势和相对稳定的局面起到了重要作用,同时它发展了"会议外交",使得定期或不定期的会议成为一种制度,其具体运作形式也对日后国际组织的出现提供了可资借鉴的经验。

第一次世界大战之后的国际社会,不仅进一步延续了会议外交的模式,而且在此基础上增强了规范约束的力度,通过国际社会的组织化来确保国际安全。会议外交虽然缔造了短期的稳定与和平,不过从更广阔的视角看,19世纪的国际法仍然是欧美国家之间的行为准则。当时,欧洲主要大国实行扩张政策,列强为争夺亚洲、掠夺非洲而进行各种斗争,对亚、非等殖民地的人民而言,则是一场"人为刀俎我为鱼肉"的残酷过程,这是更大范围的不稳定。这种区域的大规模不平等导致了人性的扭曲,也酝酿了欧洲国家内部的纷争,引发了第一次世界大战。两大军事集团胜负分出后,各国召开巴黎和会,签订了一系列和平条约。② 这些条约及其派生的许多较小的条约和协定,构成了战后的和平安排。在第一次和第二次世界大战之间的年代里,几乎每一件国际性的重大的政治事件,都是这些安排的直接或间接的产物。国际联盟是国际关系初步构建社会契约的重要尝试,通过反复试验积累了大量的经验和教训,人类的治理能力在这个过程中得到了很大的提高。

第二次世界大战的局势使得很多国家不仅考虑如何在战争中取得胜利,也考虑如何发展新型的国际关系格局。雅尔塔会议及其他一些国际会议对战后世界秩序作出了安排③,反法西斯战争的胜利和雅尔塔体系的建立为国际关系的发展翻开了新的一页。战争后的纽伦堡审判、东京审判以战争罪与

---

① 维也纳会议后,1818年的亚琛会议及其所制订的五国同盟、1820年的特拉波会议、1821年的莱柏克会议及1822年的凡罗拿会议同样也是欧洲协调的组成部分。
② 协约国和参战各国1919年6月28日同德国签订了《凡尔赛条约》,9月10日同奥地利签订了《圣日耳曼条约》,11月27日同保加利亚签订了《纳伊条约》,1920年6月2日同匈牙利签订了《特里亚农条约》,1923年7月23日在洛桑与土耳其签订了最后的和平条约,该条约于1924年8月6日生效,和平得以重建。与此同时,1921—1922年冬,与太平洋有利害关系的各国在华盛顿召开会议并缔结了一系列条约,旨在将维持远东的现状建立在坚固的基础之上。具体细节,参见〔英〕卡尔:《凡尔赛—华盛顿体系形成:两次世界大战之间的国际关系》,徐蓝译,商务印书馆2009年版。
③ 具体战争过程及国家之间的错综关系,参见〔英〕汤因比主编:《国际事务概览·第二次世界大战(共11卷)》,关仪、郑玉质等译,上海译文出版社2007年版。

种族屠杀的罪名判处了多名纳粹和日本高级将领死刑。① 主要资本主义国家在美国"马歇尔计划"②的扶持下以及第三次科技革命的推动下,进入了高速发展和空前繁荣的时期。亚非地区的殖民地人民发起了殖民地解放运动,导致殖民地体系彻底瓦解。第三世界的崛起及其在国际舞台上的重要作用,改变了世界力量对比,打破了数世纪以来形成的以欧洲为中心的国际格局,促使世界历史逐渐走出欧洲列强主宰的时代。

第二次世界大战之后的世界见证了国际社会组织化的格局。1945年10月24日,联合国成立,以防止战争,并在日后的工作中向解决环境、贫穷问题以及促进全球合作等方向发展。虽然战后世界政治局势形成了社会主义和资本主义两大阵营的对峙③,但由于核武器的震慑以及国际机制的制衡,持续约半个世纪的"冷战"国际关系并没有产生大规模的热战。自1948年至2016年3月底,联合国安理会共授权进行了71项维和行动,还先后组织制定了从不扩散核武器到和平利用外层空间等数百个国际条约。④ 在经济领域,国际金融领域的布雷顿森林体系、国际货物贸易领域的GATT/WTO体系在战后建立并不断发展,在一段时间内为稳定世界经济作出了不可替代的贡献。

从威斯特伐利亚体系到联合国、WTO体系的国际关系组织化历史,见证了国际社会理性化、国际社会民主化的进程,国家强权在这一过程中逐渐减弱,国家之间从明显的对立(战争与征服)走向对话(合作与组织),国际社会契约关系初步确立,人类社会的进步在行为体和行为方式的角度具备了缔结更广泛的国际社会契约的可能。

(三) 伦理关怀的普遍提高使得公众广泛接受国际契约观念

国际社会的理性化是国际社会契约得以发展的重要思想保障。作为一个事实,全球化已经构成我们所在世界的知识语境,形成了一个包含全球尊

---

① 值得注意的是,由于美国的私心以及当时国际形势等方面的关系,对日本战争罪行的清算远远不及德国彻底,如美国出于自身战略利益需要让日本保留了天皇制,在日本侵华战争期间犯有严重战争罪行的冈村宁次等未被起诉。

② 第二次世界大战以后,战胜国吸取了第一次世界大战的惨痛教训,没有向战败国索赔,而且美国国务卿乔治·马歇尔(George Marshall)的"经济复苏计划"(即"马歇尔计划")要求美国国会拨款上百亿美元,用于欧洲的重建。但是,在《巴黎和约》中,苏联的敌人匈牙利、芬兰和罗马尼亚必须向苏联及其卫星国支付3亿美元(根据1938年的价值)的赔偿,而意大利则必须赔偿3.6亿美元。意大利的赔款主要在苏联、希腊和南斯拉夫三个国家之间分享。

③ 战后初建,苏联占领东欧,创造一个防止西欧进犯的"缓冲区"。与此同时,美国和苏联加强两国在欧洲的军事力量,以防备可能的侵略。这就开启了苏联与欧美国家之间的冷战。

④ 关于国际联盟和联合国体制的分析,参见 Russell S. Sobel, "The League of Nations covenant and the United Nations charter: An analysis of two international constitutions", 5 *Constitutional Political Economy* (1994) 173—192.

重意识发展、社会价值变迁、全球秩序建构、人类关系变革等在内的持续进行的过程。因而,在风险治理中必须树立全球化语境下的风险意识、反思意识、责任意识和前瞻意识,并在针对风险的治理中建构合作意识。面对各种偶然和意外,需要扬弃民族利益至上的价值观,树立一种立足于全球利益、提倡团结互助的全局观念、大局理想和全球伦理意识。① 这一点,不仅在经济领域需要提倡②,而且在安全、环境等领域同样要提倡。信息技术的发展也一样会促进国际伦理的形成。③

全球共同伦理是抵御和化解全球风险的观念基础。在人类社会中,有一些观念、制度是地域性的、特殊的,但有一些则是普适的,这是人作为人的共同结构,面临共同的生存环境的必然选择。盛洪认为,在现代民族国家构成的国际政治框架下,每个民族国家都可以根据自己的利害判断自由签约,包括拥有退出的权利。但在这里,每个国家只从自己的利益出发,不关心别的国家,不考虑世界共同利益。民族国家理论假设:如果每个国家的权利边界确定,追求自己利益的民族国家之间可以通过平等谈判或投票,达成有利于世界共同利益包括永久和平的合约。实际上,平等谈判或投票不能解决所有的冲突。不仅要有权利结构,还要有道德共识,一个社会才能够有效运转。④ 道德决策可能对于多国主义有关键意义。⑤ 当前的国际社会,以维护和保障和平为起点,以经济发展为主导,以维护环境和生态健康为基石,形成了可持续发展的共同关怀。这一共同关怀的基础是人本主义,也就是以人作为发展的逻辑起点和终极目标的理念⑥,具体体现为人权保障的观念、贫富协调的观念、和谐发展的观念。这些观念使人们对世界的未来充满共同的关注,他们把世界各个角落发生的事件看成是一个共同体内部的问题,从而提出共同的关注。⑦

国际社会形成的共同关怀、共同关注是国际社会契约得以落实的关键环

---

① 俞吾金:《偶然性、风险社会与全球伦理意识——在凤凰卫视"世纪大讲堂"的讲演》,载《文汇报》2005 年 9 月 26 日。
② Thomas Donaldson, *The Ethics of International Business*, Oxford UniversityPress, 1989.
③ Robert Schultz, *Information Technology and the Ethics of Globalization*: *Transnational Issues and Implications*, Information Science Reference, 2009.
④ 盛洪:《终结核达尔文主义》,载《新青年·权衡》2006 年第 4 期。
⑤ Norman E. Bowie, "Moral Decision Making and Multinationals", 1 *Business Ethics Quarterly* (1991) 223.
⑥ 1972 年的《斯德哥尔摩宣言》始终把人类发展、人权实现作为环境保护的首要关切;1992 年的《里约环境与发展宣言》更明确地提出:"人类处在关注可持续发展的中心。"2002 年的《约翰内斯堡可持续发展宣言》也将消除贫困、建立尊严放在首位。
⑦ Norman E. Bowie, "Moral Decision Making and Multinationals", 1 *Business Ethics Quarterly* (1991) 223.

节。人类环境的自然压力和国际格局的社会压力迫使人们采取集体行动,人们的思想意识使得人们愿意采取集体行动,人类文明的制度变化使得国际社会可能采取集体行动,缔结国际社会契约。国际社会的共同关怀形成了国际社会契约缔结的主观条件。

(四) 世界沟通方式的改进提供了国际社会契约的操作条件

人类社会从原始社会进化到今天,不仅国内、国际政治体制在变革,科学技术、生产生活方式更是取得了根本性的突破。而通信技术和互联网的快速发展,各民族国家之间政治、经济和文化的联系和交往得到了空前加强,使得治理手段必须应对,也使国家之间签订社会契约、履行社会契约、监督社会契约成为可能。首先,互联网的广泛使用可以使国家、民众以低廉的成本、实时的速度交换意见,通过互联网传递的文本、声音、图像,不仅能够使国际社会契约的动议、草拟、签订更加便利,而且有利于信息的公开和透明,为契约的实施与监督奠定基础。其次,电报、电话等通讯设施以及卫星广播电视等媒体的广泛使用,同样便利了信息的传播,提升了契约各阶段得以实现的可能性。再次,高速铁路、高速公路和航空事业的发展在人员和物资移动上为更正式的人员会谈提供了条件,这是国际社会契约真正得以订立和执行的保障。

七、国际社会契约构建的价值取向

国际社会契约是迈向国际法治的基本框架结构,是达到世界和谐结果的必要过程。通过国际社会契约的手段,有助于追求全球人类共同繁荣的目标。虽然这种宏远的目标很难有非常明确的规划,但仍然必须有更明确的方向与思路。作为未来国际秩序的奠基,国际社会契约必须以承认、尊重、维护基本人权,实现民主、法治为价值取向,形成良好的国际法治、世界秩序的宪法之治的支柱。[①] 这种价值取向可以从内容和程序两个方面进行分析。

(一) 国际社会契约在内容层面的价值取向

国际社会契约的内容和精神实质必须基于良好的价值目标。这些目标与国际法治的要求是共通的,也就是贯彻人本主义、可持续发展、文明共存的

[①] Jack L. Goldsmith and Eric A. Posner, *The Limits of International Law*, Oxford University Press, 2005, pp. 216—223.

原则。①

只有倡导人本主义,抵制强权政治,国际社会契约才会是正义的、正当的安排。国际社会的历史发展、人类思想观念的不断提升要求在国际社会契约中全面体现人的价值。鉴于在国家主权作为国际制度前提与基础的情况下,人本主义经常不能得以充分地体现,而很容易陷于大规模利益集团的纷争之中而无声无息,所以有待在国际社会契约中进一步强化。在国际社会契约中将人本主义作为关键价值,也就是将国际社会契约的目标定位于保护和实现人的安全、发展和幸福,这是国际社会所有成员之间最根本、最主要的共同价值,是国际社会契约之所以签订的根本利益着力点。②

只有主张和谐共存,倡导理解和宽容、避免文化歧视,国际社会契约才会是真正健康和积极的。国际社会契约的存在就是要预防冲突,有效地化解冲突,所以必须将文明之间的和谐共存作为一项重要的价值目标,并在国际社会契约的实体规范和制度中坚实地体现出来。

只有倡导持续发展,有效地应对风险社会,国际社会契约才能够不断完善和提高。国际行为体通过缔结国际社会契约的方式来共同抵御风险,是处于生态、资源困境的人类的最佳选择。在这方面,任何一个国家或者地域性的国家集团都无法独力达到目标,而必须进行广泛的国际合作。这正是国际社会契约可以发挥作用的领域。基于此一前提,国际社会契约的内容必须体现出全球合作面对共同风险的一员和措施,特别防止以邻为壑的生产模式、抢占他国资源的不理性手段,以及剥夺他国的片面自利态度。为此,国际社会契约需要成为协调国家权力和利益的有效工具、应对风险的宏观架构,使各级治理发挥实效。③ 但真正实现可持续发展,必须在全球的维度上通过协调资源和规制发展模式而完成。

(二) 国际社会契约在程序层面的价值取向

要想将国际社会契约的蓝图转化成现实中的国际关系样态,仅仅有梦想是不够的。这需要在国际事务中、特别是处理具体问题的国际契约、国际公权力的制度建构中贯彻以下理念:

1. 国际社会契约的主体必须符合基本的资格要求

从缔约主体的角度,具有合法性的缔约主体主要包括两个方面:一个方

---

① 对于这几项实体价值标准的探讨,参见本书第一章第五部分。
② David Armstrong, *Revolution and World Order*, Oxford University Press, 1993, p.32.
③ Margaret P. Karns and Karen A. Mingst, *International Organizations: The Politics and Processes of Global Governance*, Lynne Rienner Publishers, 2004, pp.277—353.

面是国家,因为国家作为国际行为者,是首要的缔约方,也是自动的缔约主体。另一个方面是国际组织,由于先前存在的缔约行为,一些国际组织具备了国际社会主体的资格,他们也可以参加缔约。在这个方面,值得注意的是,在当代国际关系中,国家仍然是基本的、核心的行为体,无论是非政府组织、跨国公司,还是个人,其国际行为的能力还都不够强,不足以直接承担义务、履行责任。所以在"国际社会契约"而非"全球契约"的阶段,绝大多数非政府组织①、公司、个人不能签订契约。② 在这种背景下,如果过急地主张并促动其他行为体直接参与国际社会契约的确立过程,则大国可能以其他行为体的名义消解和侵蚀其他国家的独立性和完整性,以有关的权利对主权和国家平等构成威胁。换言之,虽然国际社会契约的核心价值是人本主义,但在不具有成熟的条件与环境之时,借用"人权""人民自决""保护的责任"这些理由和口号企图弱化国家,不仅不利于人民的自由与发展,而且最终有可能造成和深化强权政治和大国霸权的问题。③

2. 契约的签订过程应当符合国际契约的基本要求

国际社会契约本质上是国际社会民主体制。在当前,虽然国家之外的行为体直接签署国际社会契约仍有不少障碍,做不到真正的全球公民缔约(也许永远做不到),但是人民的关注、监督,公众在各个环节和领域的参与却是十分必要的,应当在技术所及的范围内促进和扩大公众参与。这包括弱小国家参与决策(vote)的权利,特别是注意公众获取信息、表达观点(voice)的自由。所以必须关注小国的代表权、参与权和决策权。当前,秘密外交的时代已经过去,然而国际决策的公开透明还没有完全达到,小国在国际社会中仍然无权力、无声音、脆弱而恐惧。契约目标的正当性、契约内容的妥当性都应避免少数精英自行决定的状态,应当更注重对世界各国民众公开、透明,从而避免《多边投资协定》(MAI)设计过程中秘密谈判,最终被公众所不容的尴

---

① 红十字国际委员会(ICRC)是一个例外,身为非政府组织,ICRC 在很大程度上获得了国际法主体的资格。这是由其历史而确立的地位。很多 ICRC 的官员都表示,在 20 世纪以后,几乎没有任何非政府组织能达到这样的程度。

② 戴维·赫尔德等提出的全球契约在很大程度上设想一种全球公民资格,这些公民直接订立契约。David Held, *Cosmopolitanism*, Polity Press, 2010, pp. 27—55. 必须承认,这种设想很理想,但是很难真正实现。不仅当前国家作为主要行为体的世界格局公民难于直接参与,未来国家中间化之后仍然很难实现直接民主。古希腊的哲人就已经分析了大规模群体的民主难于实现。现代经济学家在阐释集体行动的逻辑时,也展示了大规模民主决策的巨大障碍。

③ 对于此类问题的分析,参见何志鹏:《保护的责任:法治黎明还是霸权再现》,载《当代法学》2003 年第 1 期;何志鹏:《大国政治中的正义谜题》,载《法商研究》2012 年第 5 期;何志鹏:《从强权入侵到多元善治》,载《法商研究》2011 年第 4 期;何志鹏:《大国政治中的司法困境》,载《法商研究》2010 年第 6 期。

尬局面。① 有学者提出,在国际社会预设规则中尽量反映发展中国家的重要利益。在所谓"国际社会契约"形成的过程中更多地贯彻"民主立法"的精神,以创设更好的国际法治。② 与此同时,国际社会契约的缔结程序,在很大程度上就是国际条约法中的缔约问题。条约法的理论与实践中的诸多原则,特别是国际强行法的问题具有重要的意义;而在缔约的程序中如何达到公正与效率相结合、自由与秩序相平衡,同样是非常值得关注的价值导向。

3. 国际社会契约必须树立良好的遵循和保障机制

契约的履行是将纸面上的约定转化为实践中的世界秩序的关键过程。在这方面,首先强调国家的自觉遵守。在经验上看,为了调和不同利益集团冲突,国际社会契约会表现为确定性和模糊性的统一。如果国家有意曲解这些模糊性规则,在不违背纸面规则的情况下违背契约初衷,就很难保障契约的妥善实施。因而国家的秉持诚意(bona fides)遵守约定,至关重要。其次,国际社会的软性约束也是值得期待的国际社会契约遵循基础。广泛地讲,约定的遵守力量可能基于约定自身所彰显的国际社会的共同利益,也可能出于国际压力(舆论),或者是国家自身对于规范的信仰。国家出于声誉(reputation)以及其他利益的考虑而遵守国际社会契约是此种约定的约束力主要来源;被社会化的国家自愿服从国际共识、遵从世界理念维持国际制度也是一个值得考虑的因素。③ 再次,硬性的国际社会契约监督机制的形成。如果主权国家违反国际社会契约,又未设定有效的惩罚措施,则此种契约最终难免

---

① 经合组织(OECD)1991年开始构思多边投资协议(MAI)并付诸实践,通过秘密磋商形成了一份高度自由化的条约草案,集中反映了西方国家关于国际投资多边立法的要求。但是在OECD内部,各成员对协议条款意见分歧,在外部,由于草案内容泄露,非政府组织及社会公众强烈反对。1998年12月3日,OECD最终决定不再进行MAI谈判。Russel Alan Williams, "The OECD and Foreign Investment Rules: The Global Promotion of Liberalization", in Rianne Mahon and Stephen McBride (eds.), *The OECD and Transnational Governance*, UBC Press, 2008, p.128; R. Eccleston, "The OECD and Global Economic Governance", 65 *Australian Journal of International Affairs* (2011) 243; 刘笋:《从MAI看综合性国际投资多边立法的困境和出路》,载《中国法学》2001年第5期。

② 黄颖:《国际社会组织化趋势下的国际法治》,载《昆明理工大学学报(社会科学版)》2009年第7期。

③ Andrew T. Guzman, How International Law Works: A Rational Choice Theory, Oxford University Press, 2007, pp.71—118; George W. Downs and Michael A. Jones, "Reputation, Compliance and Development", in Eyal Benvenisti and Moshe Hirsch (eds), *The Impact of International Law on International Cooperation: Theoretical Perspectives*, Cambridge University Press, 2004, pp.117—133;江忆恩认为,在共同利益和共赢程度不足以支撑集体行动的情况下,国家一方面仍然有可能在信息充足、劝说者富有权威、重复说服等条件下形成共有的偏好和信念,扩大国际合作;另一方面也有可能出于增加国际地位、荣誉和威望或惮于国际社会的谴责、羞辱、惩罚引起国际地位丧失的考虑而加入到集体行动和国际契约中。

解体。以往的国际法没有良好的救济机制,国家违背约定之后缺乏有效的惩治措施。而现在的国际法越来越多地形成了国家责任规范,这就保证了未来国际社会契约的运作能够更强有力地执行。① 在此方面,国际组织发挥的功能居于主要地位,通过国家报告或者缔约国指控,特别是司法机制的运行促进国家遵守约定。国际司法机制产生、发展、强化对于违约的救济以及国家责任的确定和落实具有重要的意义,所以有必要进一步提高国际司法机构的效率。最后,在国际社会契约的执行上,同样要促进公众参与,要确立一个良好的公众获取信息和表达意见的渠道,要允许公众关注,而不能恐惧公众。"防民之口,甚于防川"的中国古训值得铭记。在这一维度上,很多非政府组织已经起到了相当的作用,特别是在人权、环境、劳工等领域所扮演的角色应予肯定。未来的国际社会契约的实施还需要在公众参与的广泛程度、管辖权限范围、判决权威的水平上进一步强化。

4. 国际社会契约体制应具有自净的能力

国际社会契约是构建权力的契约,而国际权力与国内权力一样,都应当受到良好的监督,所以必须确立起分权制衡、自我完善、自我更新的健康监督机制。② 没有监督的权力,不能置于阳光之下的权力机构,就一定会产生腐败。国际社会契约运行初期的核心任务是强化其功能,避免其过软;而在逐渐成熟之后则要强调规范其运行,避免其过大、过强。因为权力、制度会有其内生的惯性,会自我拓展、自我强化。组织自我发展、自我强化的方向往往以权力的扩张为其指向,而国际社会契约的这种公权力同国内政府的权力一样,存在着变成特权的倾向。因此,随着社会的发展、客观情势的变化,国际社会契约的具体内容规定一定无法一劳永逸地解决问题,而必须顺应时代的发展而进行不断地转变。所以,必须充满反思精神和自我审视的能力,更多地研讨国际社会契约所设定的目标和宗旨是否得以很好地完成,而非仅仅考虑自身的权力和利益的拓展,是否有更大的事项领域。这也就要求在契约中确立更新和发展的程序,通过这样的程序保障国际公共权力妥当运行。

在面对共同的命运、共同的挑战,意图解决共同的问题、迎接共同的未来的时候,人类需要在更广阔的领域、更高的层次上形成国际社会契约,将更多的国家权能让渡给跨国机制,从而避免大国对自身实力的滥用,维护小国的

---

① William Slomanson, *Fundamental Perspectives on International Law*, 6th ed., Wadworth, 2011, pp.73—75.

② Jan Klabbers, "Checks and Balances in the Law of International Organizations", 13 *Ius Gentium* (2007) 141; David M. Baronoff, "Unbalance of Powers: The International Criminal Court's Potential to Upset the Founders' Checks And Balances", 4 *Journal of Constitutional Law* (2002) 800.

权益,实现各国人民的基本尊严与自由,促进社会公正,提升世界各国人民的民主。但同时又必须防范全球性公权力的腐败和滥用,确保契约终极目标得以维护。

八、国际社会契约的完善路径

而今,国际社会在建立契约、遵行契约方面所取得进步离真正的国际社会法治化目标仍然相去甚远,还需要国家不断努力,通过合作、交流、降低彼此之间的疑虑和猜忌,去提升国际社会的制度化水平,促进国际法的发展与进步。这就要求结合国际社会契约的价值标准与发展目标,探索国际社会契约的完善路径。

(一) 国际社会契约演进的三个阶段

国际社会契约的演进过程大概会经历以下三个阶段:

第一阶段,当世界上国际社会契约没有得到发展的时候,国家之间的关系更接近自然状态,古典现实主义所设想的国际关系形态占据着主要的地位。国家之间存在着战争、征服、欺压,国家之间的关系、国家的行为没有准则,仅仅依循强者生存、弱肉强食的丛林法则。每一国家都需要强大的军事、经济力量来保持自己的生存、安全和稳定,或者取得优势。国家之间的沟通不足,彼此之间多视为敌人或者竞争对手。国家之间的联盟是随机的、暂时的,国家之间的对垒和斗争是其存在的常态。国际关系经常会处于非基于道德的状态之中。国家之间靠实力主导,需要在主要考虑国家的权力、实力的国际关系格局中找到自己的身份,这种身份安排是没有充分考虑全球伦理道德的,国家的行为受制于实力。

第二阶段,随着人类生产能力和彼此交往的发展,由于相互依赖的客观情况和风险社会的压力,为应对共同问题,国家之间通过签订契约可以在彼此之间营造一个权利义务相对稳定的结构,国家与其他国家展开基于契约规范的交往。当国家之间逐渐形成一系列的契约,以及此种契约的逐渐丰富和强化,国际社会构建起一套国家之间的横向契约网络。随着国际社会契约的逐渐确立,国际关系就越来越走出丛林状态,而进入理性状态。虽然这一结构很初级,但是毕竟摆脱了国家行为的不可预期性、国家间关系的无序性;虽然这一阶段的国际关系,还远未达到为共同的利益而携手努力的程度,但是,不应当片面强调国家之间的这种对立和斗争,而应当考虑使国家之间相互沟通,在思想意识上形成更多共同点,相互理解,增加信任;与此同时,更应当让国家之间意识到共同的危机、风险,让世界各国有机会共同解决问题。因而,国际社会虽然仍是一个无政府社会,但并不是前社会化的状态,不是一个无序的社会。每一个国家都将自己置于由契约交织成的网络之中,通过契约协调国家的权利义务,通过契约来塑造自己的行为。此时,国家是契约网络上的一个节点,在契约的权利义务关系中确定自己的行为方式,国家的行为受制于自身的允诺。

第三阶段,在更加远景的未来,随着国际契约进一步深化,在契约安排后呈现出较为稳定的权利义务结构,更随着由国际组织代表的国际社会被授权者的资源掌控能力提高,国家之上的机构功能强化,国家之间的关系会超越彼此之间的直接约定,而形成伞状国际体制中的复杂身份。国际社会可能会进一步发展为以建立在全球公民基础上的"全球契约"为基石的结构,进入更高级的宪政、法治阶段。经过国家之间契约的固化,契约机制的完善,超越横向契约的、具有纵向特征的"社会契约"逐渐将国家身份化,国家成为有机的国际体制中的一员,与其他国家共同在国际组织的协调和配置下进行活动。此时,国家在国际法治的框架之下、有机的国际关系之中进一步身份化,国家的行为受制于其在国际体系中的地位。①

这三个阶段跨越了由身份到契约、由契约再到身份的过程,标志着国际社会秩序的螺旋形上升。

图 4-1 以国际社会契约为参照的国际关系演进

(二) 国际社会契约整合的三种方式

作为国际法治的重要实现路径,国际社会契约不会从天而降,不会一蹴而就,不会无经坎坷而直接完善。大体上,我们可以认定这样一整个进程,"国际社会契约化将是一个从契约到组织的过程,从经济契约化到社会契约化的过程,从部分国家的契约化到全部国家的契约化的过程。"②具体而言,可以有以下三种成熟的方式:

---

① 如果国际社会契约能够在基础层面保证人权和民主,则可以设想,世界国家的情况肯定不会比现在民族国家更坏,只可能更好。这是价值层面的判断,事实层面的判断就是:民族国家将进一步社会化,成为具有很大独立地位的联邦的"州""省"或者"邦"。
② 车丕照:《国际社会契约及其实现路径》,载《吉林大学社会科学学报》2013 年第 3 期。

1. 局部国际社会契约的逐渐深化

如前所述,世界很多区域都已形成成熟程度不一的国际社会契约,如欧洲联盟、非洲联盟、美洲国家组织等;在很多领域都构建了来自不同区域的国家的国际社会契约,包括经济领域的 WTO、国际货币基金组织、世界银行集团;公共健康领域的国际卫生组织,交通通讯领域的国际海事组织、万国邮政联盟、互联网名称与数字地址/分配机构(ICANN)[①]等。这些区域契约和行业契约从较为初级的行业集团,到较为高级的国家间或行业间的联合体,形成了庞大的谱系。基于这些契约而形成的机构的运转都在很大程度上受限于主权,由于主权国家的独立性而阻碍了契约的妥善运行,因而有待于通过实践而逐渐深化。完善国际社会契约的基础是国家之间在互信的基础上更为广泛地参与国家社会化的进程,以更为开放的态度看待国际机制的建立、整合与强化。

国际社会契约依赖于国家从戒备到信任,从局部利益到整体利益,从短期利益到长远利益,从政治、强权的安全观、利益观到机制、法治的安全观和利益观的转变。当前,各种分化的利益阻碍或弱化了全球、整体风险意识,国家经常着眼于短期的、局部的利益,而无法形成整体、长期的利益。因而,需要在安全问题上对国际机制予以更多的信任,赋予更多的权能。其深化的关键方面包括:发达国家实施比较公平又能真正促进经济发展的贸易制度,对开发中国家的"环境服务"有所补偿;作为富裕、能源消耗量大的发达国家,对全球变暖问题负起特殊责任,在不会降低生活水平的前提下大幅降低排放量;改革全球金融体系,降低其不稳定性,将风险与获益转移到已开发国家;对各种制度(法律)进行改革,以确保不会出现新的全球垄断现象。国际社会契约必须由全球机构来实施;而如果此种机构不基于民主政治,就很可能被资本利益所左右,阻碍国际社会契约的执行与监督。因而,必须解决民主赤字的问题,实现决策结构的开放,专家和决策者之间的闭门协商必须转化为多种能动者之间的公开对话;建立一个以人的福利与发展为基础的全球体系,逐步消除全球经济体制的失衡。在此前提下,扩大国家通过契约而进行授权的范围,深化国家通过契约而进行授权的程度,有些契约体制还有可能拓展成员(国)的数量。可以初步估计,各国在这些方面的努力,拓展国际组织机构的权能范围会使国际社会契约更加成熟。

2. 局部国际社会契约的相互协调

为了实现国际社会契约的近期目标,在全球风险社会中,需要借助既有

[①] ICANN 的地位很特殊,虽然掌握了非常大的互联网权力,但它是一个非政府组织,位于美国,很多论者认为,它受美国政府影响。2013 年斯诺登事件使得公众对美国政府监控互联网的正当性发生质疑,ICANN 与美国政府的关系也略为疏远。

的国家、市场、公民社会这三个层面的现代系统,通过有效的规范,使得既有的制度有效地整合,并顺利地运转。小规模的契约容易形成小圈子,这种小圈子一方面可能为更大的圈子积累经验,另一方面也可能对形成更大的圈子构成障碍,恰如关税同盟所造成的贸易创造和贸易转移的效果。关键在于如何使用较为封闭的契约机制。如果谋划小集团利益,增加与其他机制的对抗,则负面意义就可能大于正面价值。为了降低负面效果,需要各个体制之间增强沟通,寻找合作机会,协调行动,在适当的时机进一步整合。① 这里既包括不同区域契约之间的协调,如亚洲与非洲的协调、非洲与欧洲的协调,以解决地域授权规范的不一致导致的差异与不平衡的问题;也包括不同领域契约之间的协调,例如达成贸易与环境问题的协调、环境与健康问题的协调、贸易与金融的协调、海运与陆运、空运体制的协调。客观体现国家之间的相互依赖、塑造其共同的文化和价值观念、完成国际社会契约整合的基础力量显然是国家。只有国家推动契约的开放化发展,才能提高整个社会的透明度和信任水平,才能加强现有制度的能力,提高制度之间的合作水平,把制度安排贯彻到行动中,有效地利用现代技术,最大程度地解决风险。②

3. 整体国际社会契约的调整

在完善、协调局部社会契约的基础上,最关键、最主要的努力在于整体社会契约的提升。这种提升的核心思路是在联合国已经形成的机制和经验的基础上进行改革,而不是重起炉灶、另辟蹊径。具体而言,调整的方面包括:

第一,整体契约的思维调整。鉴于国家间复合相互依赖的状况,各国政府需要在全局性的国际社会契约中实现社会福利和公民权利,建构优良的教育、生活环境以及有效率的福利措施,维系经济良性增长、缩小收入差距,赢得全球进步。如果想使国际社会的规范与制度妥善运转,就必须对于国际社会契约的价值进行调整,强化契约规范的内在伦理体系,面向人类持续而和谐发展。具体措施则体现在联合国改革的规范价值层面,即着眼于培养国家的风险意识、风险应对能力,提高公民的参与度和自觉性;树立新的国家利益观念,营造畅通的沟通渠道,拓展国际行为体之间的合作空间,缔造国家间的交流平台,形成真正的互利共赢场域。

第二,整体契约的结构完善。此种完善的目标是强化契约所建立的机构及其间的关系,主要体现在联合国改革的机构层面。通过审视联合国各机构的权力与职责,理顺机构之间的关系,促进联合国内部的宪政化发展。现阶

---

① Jan Klabbers, Anne Peters, and Geir Ulfstein, *The Constitutional of International Law*, Oxford University Press, 2009, pp.67—74.
② 参见杨雪冬:《全球风险社会呼唤复合治理》,载《文汇报》2008 年 12 月 25 日。

段最主要的任务包括对冗余人员和机构进行裁撤,拓展大会的职能,密切大会与安理会的分权与制衡关系、提升非政府组织在多边决策场合的参与权,理顺国际刑事法院、国际法院与安理会的关系,等等。

第三,整体契约的机制提升。由于即使在联合国这样的多边国际机制里,也依然是实力主导的结构,国家之间在大会、安理会和其他机构中集团化,形成倡导者和追随者的集团,在集团之间采取敌对、封锁甚至更升级的斗争方式;在集团内部则对不服从强权者采取排斥、声讨的方式,这会使得即使有妥当的契约规定也无法良好地履行,远离法治所倡导的善治模式。因而,有必要完善契约的执行机制,强化契约的遵循机制和监督机制。就联合国而言,当务之急显然是改良安理会的决策机制,促进《联合国宪章》中关于主权、领土完整、不干涉内政、禁止使用武力等规范的实施与监督,逐渐形成并沉淀宪政民主结构,为更高级的国际社会契约做准备。

根据前述的设计,国际社会契约必须继续强化,而不是退缩或者削减;必须将区域的、行业的社会契约逐步整合,形成全球层面的社会契约。国家之间需要以积极的态度参与国际社会契约的拟定,以实现国家之间平等、公平的发展作为前提和根本出发点,并以诚实信用的方式遵守这些规范,避免"集体行动的逻辑",克服市场失灵,促进互利共赢,实现持续发展。健康的国际社会契约应当按照如下伞状结构进行发展:

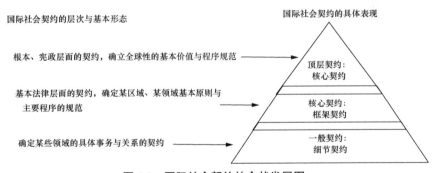

图 4-2　国际社会契约的伞状发展图

其中的顶层契约需要各国政府和由国际社会契约所授权的跨国体制充分构思和协商,在对联合国进行改革的基础上逐渐完成;核心契约则借助现有的国际法各基本部门的核心条约,进一步组织化、规范化,在地域和行业的范围内形成国际社会契约的基本组织框架;一般契约则是以安排权利义务的国际条约确立国家的基本行为规范。国际社会契约必须高扬合作的旗帜,倡导实现共同利益的全球性规范,沿着上述的完善与升级路径,促进国家之间的协调合作、共同努力,逐渐积累起一个完整有序的契约安排体系,形成全球善治的基本格局,促进发展的全球性和长远化,为了实现世界的和平发展、和谐共进而奠定基础,这对于人类才具有更加深远的意义。

九、小　　结

　　国际社会契约的观念,既是来源于人类智慧的构想,也是国际关系多种实践的总结与归纳;国际社会契约的观念和实践可以为国际社会的发展提供制度基础。各国政府和国际社会的主要行为体可以通过国际社会契约的缔结与实施过程达到世界和谐的结果,以国际社会契约的手段追求全球人类共同繁荣的目标。所以,这一观念不但有利于推动相关理论问题的分析与解答,更有助于指引实践的探索和发展。

　　人类社会的发展与进步不仅体现在科学技术和生产生活方式上,同样体现于思想观念和制度文化中。国际社会契约的目标虽然宏远,但对于各国人民而言,十分必要。国际社会契约是一种观念,是国际关系多种实践的总结与归纳;也有利于推动相关理论问题的分析与解答,更有助于指引实践的探索和发展。通过国际社会契约的过程达到世界和谐的结果,以国际社会契约的手段追求全球人类共同繁荣的目标。国际社会契约的观念和实践可以为国际社会的发展提供制度基础。即使国际社会契约是符合现代国际格局发展趋势的,也无法一蹴而就,而是需要长期、艰辛、复杂的努力。长期,意味着国际制度必须逐渐改进,而不能采取突变的革命模式;艰辛,意味着由于国家利益界定是不统一的,国际社会契约的发展会有很多障碍,必须通过实践慢慢克服;复杂,意味着不同的领域、不同的区域会有步调和形式的差异,必须长期接受国际社会总体的无政府状态和国际法的不成体系。

　　当我们从中国的视角来看待国际社会契约的问题,就不难得出这样的论断:中国从过去一个半多世纪以来的屈辱和苦难历史中走来,通过坚强努力,追求着民族的伟大复兴,国家的和平崛起。只有作为世界人口、地域大国的中国发展起来,才有可能抵御全球的风险;中国的繁荣发展也会促进国际社会契约的订立与完善,形成更为公正、有效的国际社会契约体系,并使其得到更好的遵循与实施;同样,国际社会契约的路径是实现中国和平发展,促进中国所主张的和谐世界理想得以实现的重要方式。对于正在成为世界强国的中国而言,因为国际关系中的中国因素和中国事务中的国际因素逐渐增多,所以中国必须考虑世界的前途以及中国在其中的地位和作用。中国所确立的世界和谐的目标、和平发展的战略,都应当与国际社会契约的缔结、实施结合起来。只有这样,行为的结果才更有预期,国家自身的目标也更容易达到。

在中国日益明确地认识到要积极投入全球治理、作为国际制议的倡导者和供给者的背景下,中国必须在这种契约化的进程中迅速、妥善地发展自身,并考虑世界的前途以及中国在其中的地位和作用,积极参与到契约的倡导、筹划和制定进程中去,特别在海域领土划界及争端解决、国际经济体制的完善、人权与主权的关系、恐怖主义的防范等问题上提出自己的方案和议程,为缔结健康的国际社会契约、经由国际法治而实现世界和谐这一目标作出更多的努力。

第五章 国际法治的实现路径

国际法治的生命力不仅在于为国际关系提供了一种值得长期奋斗的理想,也在于在现实中指引各类参与者的思维模式和行为方式。推进和实现国际法治,纽结在于指引和约束国家的行为,与之紧密相连但又具有独立意义的则是在新的时代背景下清晰地界定国家利益。为了解决这对关键的问题,需要引导国家建立新的利益观念,将人本主义、文化和谐、可持续发展的理念树立、并入和深化,成为其利益的考量因素。与此同时,通过构建和巩固国际制度,保证国际关系的参与者,特别是国家在理性的轨道中运行。为达到上述期待,需要多元互动:不仅需要国家、国际组织、非政府组织的共同努力,更需要理论界、知识分子的倡导和贡献。

一、国际法治操作层面的重要性

如果说人类会从一种低级状态走向高级状态的话,那么国际社会从无政府状态,到初步建成法律体制,再到法律良好运行符合这样一个总体上的规律。法治是各国普遍追求的目标,也是确立和维持社会秩序、促进和实现社会正义、推动社会进步的有效手段。与此同时,一个由法律奠基的、稳定的国际社会秩序,也是符合绝大多数人愿望的世界未来发展前景。因而,国际社会很早就提出了建设法治的观点,并在国际知识界和以联合国为代表的国际组织中提出了"国际法治"的概念。[①] 国际法治这一术语不仅被世界各地的学者所使用,而且也被很多政府官员和国际组织所主张。著名国际刑法专家巴西奥尼提出,世界秩序应当建立在法治的基础之上。[②] 根据学者的解说和联合国的文件,国际法并不仅仅是纸面的条约、习惯和各国承认的一般法律

[①] See, e.g., Ernst-Ulrich Petersmann, "How to Promote the International Rule of Law? Contributions by the World Trade Organization Appellate Review System", 1 *Journal of International Economic Law* (1998) 25.

[②] M. Cherif Bassiouni, *Introduction to International Criminal Law*, Transnational Publishers, 2005, p.27.

原则的集合①;更是一系列鲜活的实践,形成一个个相互交织、相互影响的进程。② 国际法治意味着在国际关系中以法律作为基准配置各行为主体权利义务、构建一套可预期的社会秩序、形成一套社会价值体系。③ 当我们使用"国际法治"这一概念来描述国际法的理想目标时,主要是利用其所代表的一系列国际社会价值对国际关系与国际法的发展进程进行方向引领。从发展的意义上看,国际法治是法治理念的国际化,是国际关系的法治化④,加强国际法治有利于维护国际社会的正义和公平、促进和平与发展,有利于巩固和发展各国间的友好关系,符合各国人民的共同利益。

国际法治是一种美好的理想,而实践中的问题在于,国际层面的法治仍然进展缓慢。从理想与现实相对照分析的角度,对于国际法治的分析需要通过对现有国际关系进行充分认识与分析、评价与批判之后,指出未来的方向与路径。在现实主义国际关系学者所揭示的主权国家林立的无政府体系之中,国际秩序存在着法治的可能吗? 换言之,怎么样才能实现国际法治? 应当如何使国际法治落实到国际关系的现实之中? 需要哪些主体采取哪些行动才能够使国际法治不至于只流于一种口号? 这就需要我们在辨析促进法治的因素、阻碍法治的因素的基础上,分析如何发挥积极因素、排除和减弱阻碍因素,进而促进国际法治的形成。

但是,国际法治的目标看起来千头万绪,存在着多样主体(如国家、国际组织、非政府组织、私人)、多个领域(如军事安全、经济、环境、人权、司法事务)、多重层面(如国家之间、国家与国际组织之间、国际组织之间、国家与非政府组织之间、国际组织与非政府组织之间、国家与私人之间、国际组织与私人之间、跨国私人之间)、多种方式(如订立规范、协商问题、合作、司法解决争端)。在这样一个复杂的系统中,如果不找到关键的环节,则多头并进、多

---

① 条约、习惯和各国承认的一般法律原则是《国际法院规约》所明确认定的国际法渊源,也被绝大多数国际法学者所认可。多数学者认为国家单边行为、国际组织的决议可能构成国际法渊源,王铁崖先生则认为严格意义上的渊源仅仅包括这三项。参见 Andrew Clapham, *Briely's Law of Nations*, Oxford University Press, 2012, pp. 55—64; Jan Klabbers, *International Law*, Cambridge University Press, 2013, pp. 25—40; Vaughan Lowe, *International Law*, Oxford University Press, 2007, pp. 36—99;王铁崖:《国际法引论》,北京大学出版社1998年版,第56—97页。
② Rosalyn Higgins, *Problems and Process: International Law and How We Use It*, Oxford University Press, 1994, pp. 2—12.
③ 对于国际法治的内涵与目标,参见车丕照:《国际法治初探》,载《清华法治论衡》第一辑(清华大学出版社2000年版);何志鹏:《国际法治:和谐世界的必由之路》,载《清华法学》2009年第1期;何志鹏:《国际法治:一个概念的界定》,载《政法论坛》2009年第4期;以及本书第一章、第三章。
④ 对于国际关系领域的法治问题的探讨,参见 George Thomas Kurian (ed. in chief), *The Encyclopedia of Political Science*, CQ Press, 2011, p. 1496.

面出击,国际法治很难真正有效地施行。这就需要找到国际法治的"阿基米德点"。笔者认为,国际法治的"阿基米德点"应当从国家入手。国际社会的主要行为者是国家。在当前国家作为主要行为体的国际关系中,不可能脱离国家而形成某种全球秩序。[①] 国家是国际法治必须考虑而不可忽视的主体与方面;而且,在当今国家具有重要的地位和大量的资源掌控权力的情况下,国家如何行为在国际关系的格局中具有重要意义,对于国际法治能否实现具有不可替代的意义。因而,国家是国际法治的纽结。

二、着力规范国家行为

由于国家是国际关系的主要行为体、原初行为体、核心行为体,国际法的基本主体,所以指引与约束国家的行为是国际法治的直接条件。只有做到了有效地约束国家,其他行为体才愿意接受法律的指引和约束。

(一) 国家行为对国际法治的关键意义

在国际关系中,国家比起其他的行为体更为强大,行为范围更为广阔,行为方式更为全面。所以,国家的行为决定着国际关系的形态。如果国家都能够在法治的轨道上行为,则法定的权利义务就能得以实现,法律的程序就会得到遵守,法律的尊严就会得到维护,违法的行为就会受到追究,国际法治的实现就不存在实质的障碍;反之,如果国家的行为都与法治的要求相背离,则其他行为者的努力大多会付诸东流,国际法治就只能停留在空想的层面。

具体言之,国家的行为意味着国际组织能够正常运作,决定着国际组织的效力与效率。如果国家积极参与国际组织的形成,推动国际组织实现其职能,在组织中能够正面地与组织机构和其他成员协调,则该组织能够有效地进行活动,较为充分地发挥作用。如果国家在国际关系中采取一种防御、抵触甚至进攻的态势,则国际局势就剑拔弩张;如果国家更多地与其他国际行为者合作,则整个国际关系就会比较融洽。如果国家与其他国家以互谅互让、求同存异的方式相处,则可能出现较为缓和的国际秩序;如果国家在国际

[①] 有些学者在全球化的背景下提出了没有政府的治理(governance without government)的观点,参见 James N. Rosenau, Ernst-Otto Czempiel (ed.), *Governance without Government: Order and Change in World Politics*, CambridgeUniversity Press, 1992. 实际上无论是构建世界政府,还是多层次的治理结构,都不可能抛弃主权国家,当然,国家在此需要重新定位。相关讨论,参见〔美〕米歇尔·曼:《全球化是否终结了民族国家》,载俞可平主编:《全球化:全球治理》,社会科学文献出版社 2003 年版,第 111—143 页。应当肯定,全球化的很多表现对民族国家及主权构成了挑战,但是国家的核心意义并未因此而消除。俞可平:《全球化与国家主权》,社会科学文献出版社 2004 年版,第 38—50 页。

社会中采取一种崇尚法律、遵守法律的态度,以务实的态度参加国际法律的制定,以真诚的态度遵守国际法律的原则与具体规范,愿意通过国际司法机制解决争端并服从其裁决,国际法的权威就得以尊重,国际司法体制的效率与效力就会加强①,国际法治的实现就不会有大的障碍。反之,如果国家不遵守国际法,则即使存在一套完美的国际法典也一样形同虚设。所以,国家的行为意味着国际法治的现状与发展前景,而且意味着人的生存状况与未来期待、意味着非政府组织的存在可能和发挥作用的机制。所以,引导与约束国家的行为,使之积极参与、支持、遵守法律规范体系及其运作,是国际法治实现的核心问题。

(二) 指引与约束国家行为的必要性

当前仍在很大程度上主导国际关系的理论——现实主义认为,国家处于丛林之中,通过争取权力而自保,这种观念导致了国家的防御和敌对态势,导致了整个国际关系的紧张状态。不过,很难想象,如果真的像现实主义者所描述的那样,每一个国家的行为都不受制约,所有国家都为所欲为,那整个国际社会(如果还能称为社会的话)必然陷入一片混乱之中,成为一个恐怖慌乱的世界,未来不可预期,国家之间没有稳定的关系,毫无秩序可言。所有的允诺都没有约束力,以强凌弱的现象会被认为是理所当然,暴力冲突是解决矛盾的最好途径。这种景象不符合任何一个行为者的利益,无论军事安全、政治稳定、经济增长、社会发展、文明进步,都需要稳定的、可预期的环境,这一切的根基都在于国家受着自身理性、承诺和外在力量的约束。所以,指引与约束国家是所有主体利益最大化的必然选择。

(三) 指引与约束国家行为的可能性

我们长期生活在一个国家行为受指引和约束的国际社会中而不自觉。从绝对的意义上讲,国家不受约束地行事的情况从来没有真正地存在过。这就如同绝对的自由仅仅是一种幻想一样②,国家的任性也不可能完全实现。国家行为在国家诞生之时就一直在两个方面承受着约束:一方面是国内人民

---

① "由于法院能否充分发挥作用于主权国家是否同意接受其管辖权密切相关,国家对其的信任就直接影响到法院未来发展的空间。"邵沙平主编:《国际法院新近案例研究(1990—2003)》,商务印书馆2006年版,第564页。
② 现代政治哲学几乎没有人认为自由是绝对的,参见〔英〕昆廷·斯金纳:《自由主义之前的自由》,李宏图译,上海三联书店2003年版,第6—8、11—14页;〔英〕霍布豪斯:《自由主义》,朱曾汶译,商务印书馆1996年版,第26—28页。以赛亚·伯林更是将自由分成积极自由和消极自由两个方面,〔英〕以赛亚·伯林:《自由论》,胡传胜译,译林出版社2003年版,第186—204页。

的承受能力,当超过承受能力时,人民有可能反抗的事实给国家的行为构成了内在约束;另一方面是国家间性①,其他国家出于安全、发展以及道义的理由,给国家的行为构成了外在的约束。所以,国家仅能在内在界限和外部藩篱中间的地带享有一定范围的自由。这也就进一步揭示了"国家主权"的外延,虽然传统学术资源让人们相信主权意味着"对内最高"和"对外独立"②,但是任何一方面都不可能是彻底的、没有限度的。

因而,在国际法治的视野中,国家从来不是、也永远不会是一个至高无上、不容置疑的行为体。③ 作为国际社会的基本行为体,它享有权利,同时也承担义务(国家基本权利和义务,但是应当更多)。正如前面已经分析过的,国家所享有的主权不是一个在任何时候都可以用来对抗任何外在、内在的约束的概念(主权在当代世界的含义),而是一种服务于人民、引领与代表人民的权能。重新认识主权,就需要认识到主权者有滥用权力的可能、权力异化的可能。而随着国家内部民主化程度日趋加深,国家之间的利益联系加大,整个世界日趋变成一个利害攸关的整体,国家所受到的内在和外在约束就进一步增多,国家也就越来越"社会化"。任何一个大国都不可能强大到可以摆脱内在和外在的约束,任何一个小国也都没有弱小到不可能给其他国家带来影响。④ 欲求更好地发挥主权者的功能,必须对国家的行为进行引导和约束,使之在法治的轨道上行进,而不至于偏离甚至将自身异化。从此不难看出,国家行为自实际受着内外双重约束,这种约束在当前向着法治化的方向迈进是具有可操作性的。

(四) 指引与约束国家行为的基本途径

在考虑约束国家行为的时候,不能回避的一个前提是当前的国际社会仍

---

① 国家间性意味着国家在国际社会中不是孤立的、原子主义的,而是在国家间共有的观念体系内进行认知和活动的,所以,国际社会是一个无政府的社会,却不是一个混乱无序的杂合体。参见 Thomas Diez and Jill Steans,"A Useful Dialogue? Habermas and International Relations", 31 *Review of International Studies* (2005) 127—140;袁正清:《交往行为理论与国际政治研究——以德国国际关系研究视角为中心的一项考察》,载《世界经济与政治》2006 年第 9 期。"国家间性"的概念源于"主体间性",参见后文对主体间性的注释。

② 主权理论的最初阐发者是法国学者让-博丹,其《论共和国六卷书》分析了主权的性质。参见 Jean Bodin, *On Sovereignty: Four Chapters from the Six Books of the Commonwealth*, Julian H. Franklin (ed. & Trans.), Cambridge University Press, 1992, esp. pp.1—3. 以后的论者分成两条线,即从国内宪政和国际地位认识国家主权,前者包括卢梭、洛克;后者包括努斯鲍姆、摩根索等。

③ 陈端洪:《宪政与主权》,法律出版社 2007 年版,第 190—224 页。

④ 例如,美国虽然很多时候会采取单边行动,但它在带领北约各国攻打南联盟、攻打阿富汗、攻击伊拉克时,仍然试图争取国际社会的支持;而非洲的很多国家在中华人民共和国政府恢复联合国合法席位上作出了贡献。

然是一个无政府的社会,也就是没有世界政府自上而下地要求国家、命令国家。国家虽然受着一定的约束,但是现有的对国家的约束比起国内法对个人、公司的约束小得多,国家的自由范围也就广阔得多。在这种情况下,对国家行为的有效约束就必须内外共进,软硬兼施。从主体上看,应当在两方面同时着手对国家行为的约束:一是内在约束,二是外在约束。其中内在约束即自我约束,鼓励和推动国家在澄清有关概念、认清某些现实的基础上自行控制;外在约束则是充分发挥现存的对国家进行监督和制约的机制,并逐渐强化,通过多元互动形成一个积极能动的国际社会网络。从方式上看,对国家行为的约束分为软约束和硬约束两个方面。软约束是指从观念和伦理的角度对国家进行指引和劝导;硬约束则是指从制度的维度对国家进行调整和规制。而无论是内在约束、外在约束,还是软约束、硬约束,都离不开对国家利益这一概念的清晰界定。

三、重新界定国家利益

规范国家行为的着力点在于让国家重塑观念,重新考量其利益何在。由于当前的世界是以国家作为主要行为者的,国家汇集了地域管理、军事防御、经济建设、文化传承等一系列职能,不存在一个普遍性的自上而下的权威来命令或要求国家应当做什么、不得做什么。所以国家行为需要国家利益这一的指向标。引导与制约国家的行为,最主要的一点就是使国家清晰地界定国家利益。[①] 国家在国际关系中经常被视同个人。故而,人的行为、心理同样可以类比国家。如果进一步考虑到国家决定、行为都是具体由个人作出的,则这一点就更为重要。如果一个国家将自己的利益界定为于所有其他国家相对立,则其势必会采取一系列敌对的行为;反之,如果国家建立起一种相互依存的利益观念,国家就不会轻易地采取对抗行为。

(一)重新界定国家利益对于约束与指引国家行为的重要性

社会心理学的研究表明,行为者在社会上的动机、行为在很大程度上都是由其利益所决定的。[②] 在国际社会中,这一论断仍然成立。一个国家将其利益界定在哪些区域、哪些人群、哪些问题,对这个国家的行为具有直接

[①] 〔美〕玛莎·费丽莫:《国际社会中的国家利益》,袁正清译,浙江人民出版社2001年版。
[②] 〔美〕戴维·迈尔斯:《社会心理学(第8版)》,侯玉波、乐国安、张智勇等译,人民邮电出版社2006年版,第98—102页。

影响。① 在传统上，人们愿意将国家利益界定为国家安全、领土完整、社会制度和经济繁荣。② 不能否认，在国际关系中，以权力、物质来界定的利益对于指引国家的行为具有至关重要的作用。③

国家非常不愿意放弃国家利益去遵循原则或者遵守规则，因而，在利益面前，规则是软弱的。但同时，在资源稀缺的前提下，又不可能达到满足所有国家的利益的结果。④ 任何一种国际协调都意味着利益在主体间的调和与再分配，也就是一些主体放弃一些利益，另一些主体获取一些利益。在这种情况下，如果没有规范起作用，结果就是谈判能力主导，也就是权力主导，这就陷入了强权政治(power politics, real politick)。在国际法治的语境下，需要做的即是使国家社会化，通过伦理与规范重新界定国家利益。

(二) 重新界定国家利益的必要性

现在，人们则将国家利益的结构划分为安全利益、发展利益、荣誉与尊严利益等。⑤ 这种利益被界定为国家的根本关切，国家行动的核心目标。但是，实践表明，这些界定本身可能并不是十分理性的。例如，将国家自身看作存在着严重的安全危机的国家会注重军事威慑，增强军备，这会使其他国家忧虑，同样提高军事能力，最终反而会导致所有国家都不安全，也就是学术上分析的"安全困境"⑥；一个国家注重财富增长而鼓励出口，最终可能会导致本国遭到其他国家以提高关税的直接形式或者反倾销、反补贴的间接形式的

---

① "国家利益是外交和国际关系中最持久、最核心的概念。"楚树龙：《国际关系基本理论》，清华大学出版社 2003 年版，第 34 页。"国家利益是国家对外行为的根本动因，是制定对外政策的基本依据，决定国家之间相互关系的性质，是解释和证明国家对外政策和理性的重要工具。"张贵洪主编：《国际关系研究导论》，浙江大学出版社 2003 年版，第 175—176 页。

② 张贵洪主编：《国际关系研究导论》，浙江大学出版社 2003 年版，第 174 页。

③ 以权力界定的国家利益是国际政治的最主要内容；以物质界定的国家利益是国际经济的最主要内容，参见〔美〕汉斯·摩根索：《国家间政治》，徐昕等译，北京大学出版社 2006 年版；中国与相邻、相向国家之间的海域划分，利益的让渡十分艰难；中越、中俄、中印的边界问题长期引起关注。

④ 比如，中国与邻国的水资源划分使用就是一个很值得关注的问题，有关研讨参见闵庆文、成升魁：《全球化背景下的中国水资源安全与对策》，载《资源科学》2002 年第 4 期；〔法〕弗兰克·加朗：《全球水资源危机和中国的"水资源外交"》，载《和平与发展》2010 年第 3 期；朱新光、张文潮、张文强：《中国—东盟水资源安全合作》，载《国际论坛》2010 年第 6 期。

⑤ 王缉思：《摩根索理论现实性与非现实性》，〔美〕汉斯·摩根索：《国家间政治》，徐昕等译，北京大学出版社 2006 年版，译序第 3—5 页；楚树龙：《国际关系基本理论》，清华大学出版社 2003 年版，第 38—42 页；张贵洪主编：《国际关系研究导论》，浙江大学出版社 2003 年版，第 172—175 页。

⑥ Herbert Butterfield, *History and Human Relations*, Collins, 1951, pp. 19—20; John Herz, *Political Realismand Political Idealism*, Chicago University Press, 1951; John H. Herz, *International Politics in the Atomic Age*, Columbia University Press, 1959, pp. 231—232; Alan Collins, *The Security Dilemma and the End of the Cold War*, Keele University Press, 1997, pp. 11—14.

对抗,最初的目的无法达到。而试图利用他国的资源与环境(在国外砍伐森林加工出售、在国外开采石油等矿产)提升本国的经济增长的做法,也没有考虑到国家之间相互依存的事实。所以,国家利益的界定本身是存在着问题的。① 从实践上看,传统的国家利益界定将其他国家假想为竞争者,甚至敌人;而忽视了协作和共同利益的重要性,这会使国家在零和博弈的结果设定下制定策略,而由于缺乏应有的信息沟通、实际上又存在着交易成本,最终会导致负和博弈,让各国利益反而受损。为了避免这种悲剧的重演,各国有必要重新协商界定利益。

(三) 重新界定国家利益的可能性

虽然对国家利益可能存在着多重的界定,可能随着不同时间、不同人而有不同的理解②,但是对于国家的行为和决策而言,总体上还是有规律可遵循的。国家利益是动态调整的,作为一个综合加权指数,它决定于国家内部和外部两个方面的因素,又可从不变因素和可变因素两个方面来分析。就可变因素而言,社会生产方式和国家政体形态构成了内生变量,而国家的外部环境所包含的和平与冲突、大国关系与国际组织内的合作氛围、邻国和相近区域的经济基础及其景气程度等相关成分构成了外生的变量。③ 国家利益的界定与客观的情况有着重要的联系,但同时也在很大程度上决定于国家的心理因素:战略目标、对本国状态的定位、对国际局势的判断与预测、对于安全、公正、财富、秩序等价值的界定和排序。正由于国家利益不是僵化不变的,所以可以在适当的内因和外因作用下将国家利益进行重新界定。在国际法治的理想图景之中,非常有必要结合新的国际环境和观念体系界定国家利益。

四、清晰指引国家观念

国家观念的妥当引导会给国家行为与利益造成非常好的软约束。国家不会自发地改变行为方式,国家利益也不可能自动的构成。这些都需要在观

---

① 这里的问题包括:谁的利益(统治集团的利益还是普通民众的利益)?哪些利益(物质的还是精神的)?多长时间的利益(短期、中期还是长期的)?对这些问题的深入分析会得出结论:国家利益本来是一个复杂的、很可能是含混的概念。参见阎学通:《国际政治与中国》,北京大学出版社2005年版,第22—26页;楚树龙:《国际关系基本理论》,清华大学出版社2003年版,第35—38页。

② 阎学通:《国际政治与中国》,北京大学出版社2005年版,第26—29页。

③ 关于国家利益的范围和决定因素的阐释,参见王逸舟:《国家利益再思考》,载《中国社会科学》2002年第2期。

念上逐渐改变,而观念的转变依赖于理论的指引,需要一系列的原则和价值目标。从这个意义上说,理论并不总是黯淡的。① 透过纷繁的现象理清规律、认清现实,洞察背后的问题、指明出路,这是国际关系理论所以欣欣向荣的原因。当前的国家,虽然不可否认地被军事、经济实力所左右(现实主义的国际关系观),被物质利益所推动(自由主义的国际关系观),但是,伦理观念对国家的约束、法律规范对国家的指引与评价功能同样不容忽视(建构主义的国际关系观)。② 观念在国际关系中发挥作用的领域十分广泛,它为国家建构价值体系,让国家明确什么是好的、什么是值得做的,从内因上为国家转变狭隘的利益观、确立共存、合作、共进的国际法治观具有重要意义。

(一)全球时代国家行为与利益观的基点

试图约束国家的行为、重新界定国家的利益,必须首先具有明确的基点。这一基点就是国家存在的正当性基础,是国际关系的基础和目的,是国家利益的起点与归依,同时也是国家行为必须考虑而不能放弃的重要因素。一个法治体系之所以能够成立和存续,是因为对所有的当事人都会带来好处。具体而言,虽然他的行为受到约束,但约束行为带来的收益大于其成本。法规的制定在体现了一定的激励相容机制③后人们才会有遵守的内在动力,否则人们会想方设法规避法律,甚至像某些大国那样无视原来的协议,进行违背或者破坏。在现代国际社会的整体环境下,更加清晰和全面地界定国家利益应当着眼于以下几个方面:

1. 基于人本主义界定国家利益

在人本主义的基础上界定国家利益,意味着在确定国家利益的时候,要

---

① 也许有一些仅仅是语言游戏的理论确实是灰色的,但是直指社会生活前沿的理论应当充满生机和活力。也只有不断成长和自我更新的理论才能为现实的发展提供有益的启发。在这方面,很多西方学者做得都非常出色。比如,哈贝马斯将他的社会交往理论应用于欧洲一体化和全球化,波斯纳将法律与经济、语言的关系研究与现实法律生活紧密结合起来。
② 西方国家对于伊朗、阿富汗的态度变化是鲜明的例证。美国等西方国家与伊朗、阿富汗都曾经非常亲密,进行过多方的援助与支持,而后来都走向对立,甚至武力冲突。
③ "激励相容"是经济机制理论的专业术语。评价一个机制或一个制度的优劣,关键在于在自由选择、自愿交换、信息不完全及决策分散化的条件下,该机制或制度能否达到既定目标。而评价的标准,一个是信息效率问题,即所制定的机制或制度是否只需较少的信息传递成本,较少的关于消费者、生产者及其他经济参与者的信息;二是该机制或制度的激励相容问题,即在所制定的机制或制度下,每个参与者即使追求个人目标,其客观效果是否也能正好达到设计所要实现的目标。激励相容的根本问题就是如何调动人们的积极性的问题,即通过某种制度或政策的安排来诱导人们努力工作,使得努力工作的收益大于所付出的代价。进而使人们的自利和社会利益有机地结合起来。而激励相容的不足在于无法解决参与者的个人偏好。因为每个人的偏好在历史的进程中是一个潜移默化的过程。培育参与者的个人偏好,即信念是激励相容机制能够实现目标的更有效保证。

避免一些缥缈的口号和空话,意味着放弃直接将意识形态自身作为国家利益,而忽视人的真正利益的做法。① 换言之,即更为实用和世俗地界定国家利益,将国家利益与具体人群的具体要求结合起来。根据历史发展的脉络和哲学的一般原理,我们认为,人本主义应当作为实现国际法治的根本立场。人本主义的核心意义在于承认人的终极目的性。整个世界的目的、历史的"必然方向",在相当长的时间内非人类所能确知,甚至不能认定这些问题本身是不是伪问题。② 所以,探讨我们所处的时间与空间的问题,就不应当过度强调客观、外在的终极性,转而应当注重人自身的状态和前景。作为心理学的一般常识,人的感觉是一切较高级、较复杂的心理现象的基础,是人的全部心理现象的基础。③ 对宇宙、对自然环境、对社会的认识无不源于人的感觉,以及以此为基础形成的意识、思维和情感。很难想象,一个制度体系如果不能给人带来幸福,它有何价值可言。所以,即使在人们对以往的强势人类中心主义提出质疑的今天,仍然必须承认:在人类的评价中,世界、制度的中心必然而且只能是人,只是我们需要更广的领域维度、更长的时间维度来衡量人的幸福。当不同阶层、不同地域的人类利益要求不同时,依据理性的原则进行衡量和协调,而非将统治者的偏好作为国家利益,或者将国内由于金钱、影响等因素而占优势的群体的偏好界定为国家利益。

当我们对于这个基本的理论问题达成共识之后,就不难论断,转换了国家利益界定方式的国家会将国际体制基点逐渐真诚地落到人本主义之上。当前,随着法治意识的深入和宪政制度的推广,无论在国际社会还是在国内社会,尊重人、爱护人、重视人的观念已经初步形成。法治与宪政的观念密不可分。宪政的灵魂在于尊重和保护人权。④ 国际法治追求的是实现一个有法律作为社会秩序调整工具的世界状态,人是这种状态的终极关怀。在国际关系上,欲求真正实现法治,必须首先对人予以充分的关注,进一步突破国家

---

① 汉斯·摩根索同样反对从意识形态出发界定国家利益,并由此在国际社会采取行动,特别反对 20 世纪 50 年代到 60 年代美国对中国和越南等地所采取的政策。但摩根索主要是从国家实力的角度来界定国家利益的,而不是从人本主义的立场出发的。
② 康德在其著作中通过一系列所谓的"二律背反"说明人自身认知的有限性,对这些宏大的问题不能给出不相冲突的答案,但是现代物理学通过时空不平坦的预设(爱因斯坦)和对大爆炸的分析(霍金等)初步揭示了宇宙发展的基本情况(参见〔英〕史蒂芬·霍金:《时间简史》,许明贤、吴忠超译,湖南科学技术出版社 2007 年版,第 8、28—34 页),但是这些解释都无助于人们心中的基本疑惑的解释:世界如何产生? 生命如何产生? 人类如何产生? 人类会向何处去? 所以,我个人的立场是"有限的科学主义",即不对人类不能解释的问题穷追不舍,因为这些问题对人类的生活状况没有什么影响,或者人类无法抵御其影响;在这个前提下思考人类自身的问题,即如何让人类生活得更加美好。
③ 彭聃龄主编:《普通心理学》,北京师范大学出版社 2001 年版,第 75 页。
④ 张千帆:《宪法学导论:原理与应用》,法律出版社 2004 年版,第 24—25 页;〔德〕卡尔·施米特:《宪法学说》,刘锋译,上海人民出版社 2005 年版,第 173 页。

中心主义的藩篱,保护个人的权利。尊重和保障人权,是法治的重要内容。使公民的权利得到切实的法律保障。具体包含国际人权法中的人权、国际人道法中的人权、国际经济法中的人权和国际环境法中的人权等方面。国际人权法中的人权也就是确认和保护现存全球性、区域性国际人权体制所认可并保护个人的权利;国际人道法中的人权是以《日内瓦四公约》及有关议定书为核心的国际人道法规范体系所确认的人权;国际经济法中的人权是在经济事务中体现出的人权问题,主要为劳动者的权益、商事交往中的国民待遇等方面的问题。国际环境法中的人权集中体现为环境权,即个人的、集体的主张良好环境的权利。与此同时,国家于国际机制越来越多地鼓励私人对国际事务的参与,支持个人对国家的质疑与诉求。在这个大环境下,国际秩序的人本氛围会推动国家以人权、人道、人的发展为基点来界定国家利益。① 这样就会形成一个良性循环和螺旋式的上升。

2. 立足文明共存确立国家利益

国家利益,既可以在国家之间相互争夺、文明之间彼此冲突的假设下确立,也可以在一种文明相容的假设下确立。在国际法治的视野中,民族国家、地域文明之间会存在着差异,但是这种差异并不构成歧视或者敌对的基础。所有的文化、文明都应当在相互理解和包容的情况下和平共处,和谐共进。如果认为只有西方的文明才是值得称道的,甚至认为是一种普世文明,对其他文明持一种先入为主的蔑视态度②,则世界很可能被淹没在霸权的秩序中,而绝不会是法治文明。为了使国家培养起一种对法律的"内心确信",必须训导国家,使之在确立利益观的时候认定文明之间是可以包容互鉴、和谐共存的,特别需要破除西方中心主义的观念,改变西方话语一统天下的局面,防范基督教文明的盲目优越感,构建一种文明间平等、互相借鉴、互相学习的观念体系。③ 在国家之间交往日益紧密、相互依赖程度日益加深的时代,文明间共存不仅是一种美德,也是人类生存之必须。④

有这种文明共存的观念的国家订立的国际规范会更加稳定地秉持文明

---

① 我国国际关系学者已经有将人的生存与发展作为国际政治(关系)的起点和归宿的阐述。参见徐长春:《国际政治的逻辑》,世界知识出版社 2007 年版,第 24—30、255—259 页。
② 比如文明冲突论者荒唐地认为伊斯兰文明和儒家文明都是富有侵略性的,塞缪尔·亨廷顿在《文敏的冲突与世界秩序的重建》中认为亚洲、伊斯兰世界的兴起都是对西方文明的挑战。
③ 以文化定义的世界高速发展是当前世界的一个显著特点,参见〔日〕入江昭:《20 世纪的战争与和平》,李静阁、颜子龙、周永生译,世界知识出版社 2005 年版,第 173 页。
④ 有的理论家认为,现在,人类已经从"国家世界"走向"社会世界",所以相应的国家互相对立、构建营垒的观念应当改变。〔德〕恩斯特—奥托·岑皮尔:《变革中的世界政治:东西方冲突结束后的国际体系》,晏扬译,华东师范大学出版社 2000 年版,第 79 页。

共存的整体状态理想,保障法律的制定体现文明之间和谐共存的精神,在尊重各民族、文化传统、宗教信仰的前提下,保护各民族的优秀文化遗产,避免其在全球化的进程中被遗忘和消磨,同时促进国家之间进行交流和借鉴,增加国家之间的理解和信任,以世界和谐的目标作为国际社会各行为体的指南,确立国际规范。现在,联合国教科文组织(UNESCO)在文化遗产方面的努力已经作出了初步的贡献①,但是在文明之间共存、共荣方面,特别是在比较敏感的宗教信仰差异、经济发展差距的弥合、贫困国家边缘化等问题上,有待于设立和完善规范的空间还很大。

3. 着眼持续发展考量国家利益

国家利益可以着眼于短线的局部利益,也可以着眼于长线的整体利益。长远的整体利益显然是更明智的选择,也更能显示国家的眼界和气度。全球化的现实和发展趋势意味着在人类的观念中,时间和空间进一步压缩。人类在地球之外没有可选择的生存空间,一个共同的生物圈构成了人类共同生存与发展的环境。当前,国际社会共享一个地球,具有共同的利益;而且从经济角度看经济的一体化使得人类面临着一个共同的市场,各国之间有着互利的关系。日益尖锐的资源与环境问题、日益一体化的经济体系、核武器巨大的毁坏潜力,都对人类的发展前景构成了不容回避的限制条件。此时,如果不能把握好维护全人类共同利益、保护国家利益与保障个人利益之间的关系,没有树立起公正、合理的利益观,而仍然固守狭隘、自私的国家利益观,将国家的短期、局部利益放在全球的和平、安全之上,梦想一国脱离其他国家而独立发展,是根本不可能的。所以每个国家都必须有合作、发展、和谐、共赢的利益观,在全球的通盘考量、宏观局势的框架下形成自身的利益取向。从这个意义上讲,人类能够形成一个利益的基本共识。共同的生产、生活与发展环境,共同面临的人口剧增、清洁淡水不足、生物多样性丧失、土壤荒漠化、臭氧层缺失等问题构成了人类唇亡齿寒的共同利益,这一情况会使各国考虑在国际法中注入持续发展的生活方式理念,基于利益共同体的历年来建立一系列共同遵守的规则。现有的国际法规范在构建一个可持续发展的世界方面仅仅是初见成效。其中最关键的部分当然是一系列的国际环境条约,其主要方式是确立目标的框架公约与规定具体权利义务的议定书相配合;同时在保

---

① UNESCO 1972 年的《保护世界文化和自然遗产公约》为保留、维护世界遗产作出了重要贡献,至 2008 年共确定了 800 多项世界遗产,为人类文明的传承提供了法律支持;2003 年的《保护非物质文化遗产公约》在习俗、语言、民间传说等的保留方面作出了新的贡献。在 2008 年 5 月 12 日中国四川大地震之后,UNESCO 对地震区大熊猫保护区、青城山和都江堰水利工程文化遗产的损坏进行了评估。参见"Loss and Damage Assessment after China Earthquake", http://whc.unesco.org/en/news/439.

护个别物种、维护和使用水资源等方面也出现了大量的国际条约。值得关注的是,在《北美自由贸易协定》《欧洲联盟条约》《跨太平洋伙伴关系协定》(TPP)中,可持续发展的理念也贯穿到具体的法律制度之中。在 WTO 的框架下,关于《SPS 协定》、《TBT 协定》等协定的解释与分歧也与可持续发展密切相关。在以后的国际法制定、解释、实施的过程中,还应当进一步以经济发展与环境资源相协调的方式确立行为模式,对于国际社会的所有行为者进行全方位的指引和约束。

(二) 国际伦理观的确立与知识分子的推动

为了形成更符合人类共同利益的世界秩序,前述的理念必须贯穿到整个国际关系之中。而为了达到这个目的,所有的国际关系行为者都必须而且必然要参加到这一进程中来。国际组织的决议、报告会督促国家改变旧观念、树立新理念①;非政府组织(包括恐怖组织)的一系列行为也使国家意识到了人类的脆弱和国家合作的重要意义;国家之间的商谈以及国家自身的态度与行动同样对于确立新的理念具有重要作用。但是,在这所有的行动者之中,尤其值得强调的是理论家、知识分子的作用。

上述的观念和理想需要先行者的鼓动和宣介才能形成为现实。此时,具有独立思想和批判精神的知识分子应当承担起为社会作出应有贡献的职责。② 虽然片面强调个别人物在历史上作用的"天才史观"或者"英雄史观"难免偏颇③,但是忽视关键人物在历史发展中的巨大作用也是错误的。④ 历史无数次雄辩地证明,关键人物可能推动历史向着对人类有利的方向发展,也可能会使人类蒙受灾难。因而,不仅政治上的领袖、思想上的巨人会左右历史的车轮,每个人都可能会对历史的发展起到作用。⑤ 虽然认为一本书、一个概念改变世界的论断可能有些夸张,但不容置疑的是,没有古往今来的

---

① 例如,在 20 世纪 60 年代以后为建立"国际经济新秩序"所进行的努力中,联合国大会的一系列决议使西方发达国家认识到发达国家与发展中国家的相互依赖;联合国的一系列环境峰会使国家认识到了保护环境与发展经济的关系,确立了"共同但有区别的责任原则",WTO 关于自由贸易、知识产权与公共健康等问题的报告使国家对全球化、健康权等问题有了深刻的认识。
② 王义桅:《超越国际关系:国际关系理论的文化解读》,世界知识出版社 2008 年版;罗国强:《国际法本体论》,法律出版社 2007 年版。值得关注的是,作为国际关系和国际法领域的新生代学者,他们不约而同地提出了酝酿和形成一种建立在中国立场上的国际关系/国际法理论的观点。
③ 马全民等:《哲学名词解释(上册)》,人民出版社 1980 年版,第 250—252 页。
④ 同上书,第 226—227 页;[美]悉尼·胡克:《历史中的英雄》,王清彬等译,上海人民出版社 1964 年版,第 10—12 页。
⑤ [美]悉尼·胡克:《历史中的英雄》,王清彬等译,上海人民出版社 1964 年版,第 19—39 页。

这些伟大著作和异彩纷呈的学说、理论,世界就不会有今天。这一点不仅在自然科学领域被牛顿、爱迪生、爱因斯坦等一再证实,在社会科学领域也同样颠扑不破。柏拉图、亚里士多德、老子、孔子、洛克、卢梭、康德等深邃的哲人为铸就今天的社会作出了巨大的贡献,修昔底德、格老秀斯、马基雅维里、摩根索等伟大的思想者为今天的国际关系格局有着奠基性的影响。很明显,如果没有卡逊的《寂静的春天》、没有58个国家152位科学家协助编写的《只有一个地球》、没有罗马俱乐部发人深省的报告①,就不会有世界各国对于工业化负面影响的反思、对环境问题的重视,就不会有世界环境与发展委员会的里程碑式的报告《我们共同的未来》,就不会有全球可持续发展战略的制定和实施。② 所以,在当前,知识界可以进一步从相互依赖和全球共存的角度影响国家,使国家不至于狭隘地界定其利益,而是把自身利益放到一个地域范围更广、时间区段更长的系统之内进行确立。

所以,知识分子的任务不应当仅仅是解释世界,还应当尽其所能地去改变世界。③ 以独立和批判为精神品格,以天下为己任,以至善为高标,不断的启蒙、宣讲,通过清晰的理论阐述、以理论为基础的伦理指向、以伦理指向为基础的对策建议,知识分子和理论家可以如指路明灯,为国家利益界定、国家行为选择发挥作用。④ 这些行为能够促进国家把握住方向性的原则,避免历史进程发生人类整体不希望看到的情况。这种影响会是长期、深刻的。

从伦理观念入手,主要形成的是一种国家的自我制约,也就是突出并崇尚理念的价值、突出文化的意义,将有关界定国家利益的影响因素以及良好的行为模式展示给国家,由国家通过理性行为进行选择,这是国际法治得以实现的内在因素。

---

① 〔美〕蕾切尔·卡逊:《寂静的春天》,吕瑞兰、李长生译,吉林人民出版社1997年版;〔美〕芭芭拉·沃德、勒内·杜博斯:《只有一个地球》,《国外公害丛书编委会》译校,吉林人民出版社1997年版;罗马俱乐部的报告包括《增长的极限》(1972)、《人类处在转折点》(1974)、《重建国际秩序》(1976)、《超越浪费的时代》(1978)、《人类的目标》(1978)、《学无止境》(1979)、《微电子学和社会》(1982)等,其中《增长的极限》(*The Limits to Growth*)(丹尼斯·米都斯:《增长的极限:罗马俱乐部关于人类困境的报告》,李宝恒译,吉林人民出版社1997年版)最为著名。
② 其中最值得关注的是全球和很多国家的《二十一世纪议程》(Agenda 21)。
③ 参见马克思:《关于费尔巴哈的提纲》,载《马克思恩格斯选集(第1卷)》,人民出版社1995年版,第58页。
④ 例如,约瑟夫·奈1999年主要从美国的立场上分析了重新界定国家利益的问题。Joseph S. Nye, Jr., "Redefining the National Interest", *Foreign Affairs*, July/August 1999.

五、有效保障制度运行

国际法律制度的有效运行构成了国家行为与利益的硬约束。清晰地界定国家利益不仅需要观念的更新,同样需要制度的塑造。与此同时,必须认识到,清晰地界定国家利益仅仅对约束国家行为起一部分作用。因为国家并不总是理性的行为体。国家与个人一样,可能存在非理性的情况。此时,伦理的劝导就可能会软弱无力,如果没有进一步的机制提供一种外在约束,国际法治仍然摇摇欲坠。这就需要国家之间、国家与其他非国家主体形成约束、合作相交织的复杂关系。

(一) 完善、强化国际法的制定与实施程序

虽然行成于思,不过行胜于言,在国际法治的实现中,规范的制定与实施比规范的理念更重要,这是真正影响国家利益、约束国家行为的环节。由于规范的作用,确保国家只能在伦理与法律规范的范围内追求利益的最大化,一旦触及伦理与法律所划定的边界,则可能受到道德上的谴责、法律的处罚。也就是国家的行为被规则反弹,无法达到利益增加的目的,反而使其利益被削减。国家处在国际社会的网络中,国际社会的规则、制度不止是限制国家的行为,更重要的是改变国家的偏好。国家被国际社会社会化了。① 规范可以引导利益、利益会指导行为;反过来,利益与行为又塑造规范。因而,国际法治的实践阶段决定着国际法治的成败。

1. 作为秩序的构划阶段的国际立法

有法可依,是法治的前提。在国际关系的情境中,法律作为价值排序、利益调节的工具,通过权利义务的设定来体现国际秩序理念。② 如果试图要求国家行进在法治的轨道之中,就需要先铺设这样一条法治的轨道。换言之,使国家、国际组织、非政府组织,各得其所、各安其分、各守其职,首先需要建立一套完善的、行之有效的规范作为国家行为的标准与依据。这个轨道可能不会一蹴而就,很可能只是在国家行进的面前有很短的一段,进而在国际社会中一边行进、一边继续。这符合人类不断试错、不断发展的经验的一般规

---

① 〔美〕玛莎·费丽莫:《国际社会中的国家利益》,袁正清译,浙江人民出版社2001年版,第6—17页。
② Alan Boyle and Christine Chinkin, *The Making of International Law*, Oxford University Press, 2007; Anthony Anghie, *Imperidism, Sovereignty and the Making of International Law*, Cambridge University Press, 2007.

律。但是却不能容忍无政府状态的长期存续,不能任由国际社会的大部分国家作为法外国家、处于脱轨的状态却无所作为。所以,必须依据新时代背景下的理念制定和完善国际规范。当前,国际法律规范的形成与发展方向必须以正当的方式表达人本主义、文明共存、可持续发展这三个基本理念,必须不断完善国际立法,在政治、经济、社会、文化各个领域形成法律体系,做到有法可依。很多人认为,国际法是一种国家之间的协调意志①,虽然这一说法并不全面②,但也必须承认,国家之间共同确立的规范优于各国以自身的努力所确立的秩序。这是因为各国自行其是,按照最小支付与最大收益的企图采取策略,就会导致对其他参与者的不了解而形成的高成本、低效率,难于形成有效的均衡,造成整体资源的浪费。而国家之间通过协商而形成的结构格局则有可能共同实现节约成本、共享效益的目标。这对于避免资源的无效率重置、减少国家之间的猜忌和误解是十分重要的。在国际立法领域,十分急迫的问题是提高民主化水平。以民主的方式订立法律,会提高国际法的认同程度,确立国际法的正当性与合法性。③ 当前无论是双边立法、多边立法,还是国际组织立法,都存在着公开、透明程度不强,民主参与机制不健全的问题,这一问题如果不能改变,将会影响到国际法律体系的权威,加剧国际法的不成体系的情况④,破坏国际法普遍化的目标。⑤ 与此同时,也必须增强规范本身的操作性。现在联合国正在着力于盘点联合国法治建设资源,建立法治协调和资源小组及其秘书处法治股,成为协调全系统法治活动的中心,从战略上规划好法治建设资源,提高效率,为建立有效和持久的法治基础提供帮助,

---

① 例如,在中国,这一说法大概始自周鲠生教授。参见周鲠生:《国际法》,商务印书馆 1976 年版,第 8 页。继承这一观点的有很多,如梁西主编:《国际法》,武汉大学出版社 2005 年版,第 21 页;"国际法是以国家协议的方式确立的",赵建文主编:《国际法新论》,法律出版社 2003 年版,第 10 页;"国际法规则是国际社会就某一问题达成法律上的共识之结果",黄瑶主编:《国际法》,北京大学出版社 2007 年版,第 3 页;"国际法是各国妥协与合作的产物、是各国协调意志的体现",杨泽伟:《国际法的政治基础》,载曾令良、余敏友主编:《全球化时代的国际法——基础、结构与挑战》,武汉大学出版社 2005 年版,第 21 页;亦见于杨泽伟:《国际法析论》,中国人民大学出版社 2007 年版,第 11—12 页。
② 比如,引渡、承认等国际法行为是国家单方面决定的;而国家关系中的单边主义也同样是不容忽视和否认的国际法问题。
③ Mattias Kumm, "The Legitimacy of International Law: A Constitutionalist Framework of Analysis," 15 *European Journal of International Law* (2004) 907—931.
④ 国际法委员会:《第 52 届会议报告》,第九章 A(1)
⑤ C. G. Weeramantry, *Universalising International Law*, Martinus Nijhoff Publishers, 2004; "Constructive Non-Compliance with International Rules", *Paper presented at the annual meeting of the ISA's 49th Annual Convention*, *Bridging Multiple Divides*, *Hilton San Francisco, San Francisco, CA, USA*, Mar 26, 2008. 2008-05-19, http://www.allacademic.com/meta/p252707_index.html; Jacob Katz Cogan, "Noncompliance and the International Rule of Law", 31 *Yale Journal of International Law* (2006) 189.

促进可持续的和平与发展。①

2. 作为秩序的形成阶段的国际守法

国家为什么遵守国际法是国际法理论中的关键问题之一。从国际法治的视角分析,由于国际法的制定符合国家的利益观,有可能被国家所乐于遵守和接受。② 国家在国际法的范围内行事,会提高国家行为的合法性和正当性,会提高国家的形象与声誉,增强国家的软实力。所以,多数国家会尊重并履行国际法;而且,即使是那些违背了一些国际法原则或规则的国家,也不会公然反对或否认国际法规范的作用,转而采取其他的策略,例如声称他们是根据另外的国际法规则去采取行动的;或者被宣称违背的规则本身并非对其有约束力的国际法规范。③ 包括中国在内的很多国家认为,加强国际法治必须维护《联合国宪章》的权威,必须严格遵循国际法规则,必须坚持国际法的统一适用,国际法的遵守和实施。要把握好国内管辖事项与国际事务之间的界限。要坚持和维护以《联合国宪章》为核心的国际法律秩序,按照《联合国宪章》的规定处理国际事务。

但是,有的美国学者提出,不守法可以作为国际社会的一种进步。④ 他们的逻辑是:这些法律在被违背和忽视的情况下失去效力,国际社会在荒芜的法律田野上订立新的法律。⑤ 这种思路是错误的,特别是对于非常崇尚正当程序的美国人而言是非常荒唐的。用单边的违法行动来表达对法律的不满,或者通过不遵守法律来废弃法律是不合适的,这种做法不仅会使一些规范的效力受到质疑,而且会抽取整个法律体制的基础,破坏人们对于国际法的整体信念和信仰。正当的方式是通过正常的条约修订程序来确立新的法律规范。所以这些学者的说法仅仅是为大国强权寻找托辞,本质上不利于国

---

① 中国代表段洁龙 2007 年 10 月 25 日在第 62 届联大六委关于"国内和国际的法治"议题的发言,中华人民共和国外交部网站,www. fmprc. gov. cn/ce/ceun/chn/xw/t375578. htm.
② Duncan B. Hollis, "Why State Consent Still Matters: Non-State Actors, Treaties, and the Changing Sources of International Law", 23 *Berkeley Journal of International Law* (2005) 1.
③ 梁西主编:《国际法(第 2 版)》,武汉大学出版社 2003 年版,第 8 页。
④ See, e. g., Michael Byers and Georg Nolte (ed.), *United States Hegemony and the Foundations of International Law*, Cambridge University Press, 2003; Wade Mansell, "Goodbye to All That? The Rule of Law, International Law, the United States, and the Use of Force", 31 *Journal of Law and Society*, (2004) 433—456.
⑤ Jacob Katz Cogan, "Noncompliance and the International Rule of Law", 31 *The Yale Journal of International Law* (2006) 189—210. An online Discussion of Cogan's "Non-Compliance and the International Rule of Law" by Joost Pauwelyn and Jacob Cogan's Reply, see www. opiniojuris. org/posts/1175179427. shtml.

际法治的实现。①

依法制约和监督权力,是法治的重要环节。对国家进行监督,是实现国际法治的焦点问题。为了使国际法真正落实为国家的权利和义务,有必要设立和完善权威、高效的执法机制,纠正国家的不当行为,这一点在当今的国际社会还没有形成。②

3. 作为秩序维护阶段的国际司法

公正有效地进行司法活动,是法治的重要保障,这一点在国际社会中尤为重要。对于扭曲的国际秩序进行矫正,对于滥用的权利和被侵害的行为者予以法律上的追究,是国际监督的继续。只有建设更为公正、高效、权威的国际司法制度,通过独立的审判落实义务、保障和恢复权利,国际法律秩序才能持续和稳固。

如果对现有的国际司法体制进行简单评价的话,可以说,全球性的国际司法体制仍然比较薄弱,而区域性的国际司法体制相对成熟;涉及军事安全领域问题的国际司法体制进展缓慢,涉及经济贸易领域的司法体制发展迅速;国际司法的过程中有着大国强权的痕迹。国际法院今年来受理案件的数量增多,但是主要处理的问题仍然在领土争端和其他技术性较强的领域。③国际刑事法院虽然被寄予厚望④,但是大国的观望和拒斥会使刑事领域的国际司法必然前途坎坷,而且,很多非洲国家及其民众已经对国际刑事法治的公正性产生了怀疑。⑤ 与之相对的是被广泛信任和频繁利用(同时也不堪重负)的欧洲人权法院、欧洲联盟法院,以及 WTO 的争端解决机制。⑥

---

① Nicole Deller, Arjun Makhijani, and John Burroughs (eds.), *Rule of Power or Rule of Law?: An Assessment of U. S. Policies and Actions Regarding Security-Related Treaties*, The Apex Press, 2003.
② 从理论和理想上讲,安理会应当是一个国际社会的执法机构,但是长期的冷战使安理会数十年处于瘫痪状态;冷战后的美国霸权又使得安理会的决议缺乏公正性和有效性。WTO 实施的贸易政策审议机制和联合国各项人权公约所建立的人权报告机制也仍然是相对薄弱的机制,对于国际守法的监督职能还不够有力。
③ 邵沙平主编:《国际法院新近案例研究(1990—2003)》,商务印书馆 2006 年版,第二十一章;刘芳雄:《国际法治与国际法院的强制管辖权》,载《求索》2006 年第 5 期。
④ 参见张胜军:《国际刑事法院的普遍管辖权与自由主义国际秩序》,载《世界经济与政治》2006 年第 8 期。
⑤ C. f. e. g., William A. Schabas, *Introduction to the International Criminal Court*, Cambridge University Press 2004; Antonio Cassese, "The Statute of the International Criminal Court: Some Preliminary Reflections", 10 *European Journal of International Law* (1999) 144—171, M. Cherif Bassiouni, "Policy Perspectives Favouring the Establishment of the International Criminal Court", 52: 2 *Journal of International Affairs* (1999) 12.
⑥ 严格地说,WTO 的争端解决机制还不是一个司法机制,但是从实质上看,该机制和国际司法机制没有质的区别。

预期的国际司法体制应当在现有的基础上进行整合和强化。① 为了避免司法的低效率和国家对司法机构的不认可,转而采取单边行动,应当改变由于法律的不成体系而造成的司法资源重置的现象,应当在军事、人权、经济等不同的事项领域、区域、全球等不同的层次合理地分配司法资源,并且以法律制度的权威化为基础,加强司法体制的权威,增加国际行为体对于司法制度的依赖和信任。

(二) 国际社会行为者法治化的多元互动

从制度体系入手,主要形成的是对国家的外在监督和制约。其中包括国际组织对国家的制约,国家之间的彼此制约、非政府组织对国家的制约和私人(包括自然人、法人及其联合)对于国家的制约;其采取的手段既包括合作的模式,也包括在法律上所允许和支持范围内的对抗模式。其目标在于通过制度的设立和运行,使国家对利益进行更清晰的界定,对行为方式、行为范围、行为后果有更准确的认知,进而保证其行为在法律的轨道内。对于偶然超越法律轨道的行为存在着及时有效的法律救济手段,使法律所设计的秩序得以建成和维护。

1. 通过国家间的相互制衡约束国家

国家生活在国际社会之中,正如人生活在社会中一样,可能会有从众、被人说服等群体影响②,其他国家以及整个国际社会的状态和趋势对国家的行为有着强大的力量。国家的行为通过国家之间的谈判而被约束是国际谈判的主旨和目标。在谈判的过程中,国家会自行筹划对自身的行为进行约束,更好地在国际社会的角度理性地界定自己的目标;更重要的是,在彼此的交往中,通过讨价还价,通过确立规范(国际条约)来设立外在约束,对国家的行为进行制衡。与此同时,在国家之间的交往、合作过程中相互借鉴,共同遵守国际条约③,并逐渐形成国际习惯,固化为国家自觉,逐渐显露的主

---

① See, e.g., Connie Peck and Roy S. Lee (ed.), *Increasing the Effectiveness of the International Court of Justice*, Martinus Nijhoff Publishers/UNITAR, 1997, pp.42—76.
② 〔美〕戴维·迈尔斯:《社会心理学(第8版)》,侯玉波、乐国安、张智勇等译,人民邮电出版社2006年版,第153—163、181—183页。
③ 各国实施国际条约的法律和实践,通过各国对本国实施国际条约的立法和实践的介绍,增进相互间了解,促进国际条约在各国国内得到有效遵守和实施;各国解释国际条约的原则和实践,通过各国交流其解释和适用国际条约的做法和经验,扩大各国在解释国际条约方面的共识,增强运用国际法的能力。

体间性①会增强国际社会的结构,提高国家的社会化水平。

2. 通过国际组织的运作来约束和引导国家

国际组织作为国家之间进行沟通和决策的平台,会便利国家之间相互约束的机制。但国际组织的功能不止于此。国际组织不仅是国际实现战略目标的工具,还扮演了价值确立者和规范传播者的角色。因为国际组织作为一定国家进行合作的较为固定的制度体系,会加强国家社会化的程度,会通过自身的运作(比如成立专家组研究作出报告)而在国家之外形成一种力量,其所确立的程序性规范会对国家的行为直接造成影响;其所形成的实体性规范直接地、前瞻性地、概括性地确立国家的权利和义务,而非个案分别确定国家的行为模式。① 从这个意义上讲,国际组织作为制度的供给者主导着全球治理的步调与方向。②

国际组织通过推进国际法的发展指引和约束了国家行为。国际条约、外交关系、主权豁免制度的规范化与国际组织的努力有关;一些国际组织初步具备了通过"国际社会契约"安排国家主权的让渡③,进而对国际问题进行统

---

① 主体间性(inter-subjectivity,也称主体际性、主体交互性)概念源自现象学的创始者胡塞尔。他在认识论的意义上使用这一术语,旨在解决认识论上的先验"我们"如何可能的问题。其现象学以意向性构造对象,最后归于先验自我。为了避免唯我论,他提出了主体间性理论。他认为主体性是指个体性,主体间性是指群体性,主体间性应当取代主体性。他认为认识主体之间的共识或知识的普遍性的根据是人的"统觉""同感""移情"等能力。海德格尔后期的著述使得主体间性具有了哲学本体论的意义,关涉自由何以可能、认识何以可能的问题。主体间性解释存在或活动中的人与世界的同一性,不是主客对立的关系,而是主体与主体之间的交往、理解关系。主体间性的根据是生存本身,生存不是在主客二分的基础上进行的主体构造和客体征服,而是主体间的共在,是自我主体与对象主体间的交往、对话。主体间性不把自我看作原子式的个体,而看作与其他主体的共在。这是对西方近代哲学把主体看作是原子式的孤立个体的反思。主体间性概念的提出,使得社会科学在认识论方面出现了重大的转向:从关注主体性和认知上的"主—客"关系转向关注主体与主体之间的关系,进而把人类认知的对象世界,特别是精神现象不再看作客体,而是看作主体,并确认自我主体与对象主体间的共生性、平等性和交流关系。另一方面,主体间性的认识论哲学也改变了"存在"这一哲学范畴的基本内涵。它认为"存在"不是主体性或客体性的,而是主体间的共在。〔德〕海德格尔:《存在与时间》,陈嘉映、王庆节译,生活·读书·新知三联书店1999年版,第一篇第二、四、五章。社会学、伦理学中的主体间性主要强调作为社会主体的人与人之间的关系,关涉人际关系以及价值观念的统一性问题。哈贝马斯认为在现实社会中人际关系分为工具行为和交往行为,工具行为是主客体关系,而交往行为是主体间性行为。他提倡交往行为,以建立互相理解、沟通的交往理性,达到社会的和谐。〔德〕哈贝马斯:《交往行为理论》,曹卫东译,上海人民出版社2004年版,第84—85、90—101页。

① Brett M. Frischmann, "A Dynamic Institutional Theory of International Law", 51 *Buffalo Law Review* (2003) 679—811.
② 张贵洪主编:《国际组织与国际关系》,浙江大学出版社2004年版,第342—349页。
③ 主权让渡在国际法理论中仍然是一个没有定论的问题,很多学者持否定的态度,但是欧盟的实践却使研究者不得不面对主权让渡的事实。如果考虑前南、卢旺达特别刑事法庭的实践,考虑WTO争端解决机构对于很多成员的裁决,否定主权部分让渡显然是十分困难的。

筹规划的程度。国家与国际组织的合作、国际组织之间的合作为国家取得更广泛、更准确的信息,在决策中采取更适当的立场、降低国家之间磋商的交易成本起到了重要的作用。①

3. 通过非政府组织发挥引导、监督、协助的功能

非政府组织在半个世纪以来发展迅速,不仅成为全球治理的不可忽视的力量,也是国际法的重要关注点。② 非政府组织对于国家、国际组织的专业咨询、政策建议和行为监督的功能对于保证国家在法律允许的范围内行为具有重要的意义。③ 非政府组织的积极行动会逐渐形成"全球公民社会",这种自上而下的治理,对国际组织、国家的行为模式,对国际法律体制的构建和运作都有重要的影响。④

4. 通过私人在国际法上的行为作用于国家

国际法治不仅是有法之治,更应当是尚法之治。这在很大程度上依赖于私人的觉醒。在公共外交和公众外交的范围内,个人不仅可以通过表达观点对国家的态度和行为施加影响,公民的参与也可以改善国际制度的内容和结构⑤,更有可能通过进入国际司法程序而对国家产生对抗与制约的效果。

六、小　　结

当前,在国际法整体上仍然处于较为薄弱的规范体系状态的背景下,国际社会应当首先为实现国际法治而努力。建设和完善法治是一项艰巨、长期的历史任务,通过努力不断发展、健全和完善。通过层层深入的追问和探寻,可以看出,国际法治的实现需要在多个层面进行努力才可能逐步接近。作为国际法治的前提和基础,需要通过知识分子运用其理性与智慧来进行认识和反思,从而确立国际社会的发展方向与一般原则;继而以国际合作的方式⑥、以民主的程序在国际社会上形成与前述方向相符合的国际法律规范体系,成为国际社会所有行为者的行为准则。这些准则的妥善订立与实施可以对国

---

① Simon Chesterman, "An International Rule of Law?", 56 *American Journal of Comparative Law* (2008)331—361.

② Steve Charnovitz, "Nongovernmental Organizations and International Law", 100 *American Journal of International Law* (2006) 348—372.

③ 刘贞晔:《国际政治领域中的非政府组织(一种互动关系的分析)》,天津人民出版社2005年版。

④ 〔日〕星野昭吉:《全球社会和平学》,梁云祥、梁海峰、刘小林译,北京师范大学出版社2007年版,第368—384页。

⑤ 同上书,第167—173页。

⑥ 宋秀琚:《国际合作理论:批判与建构》,世界知识出版社2006年版。

家的行为进行引导和约束。这是国际法治的关键环节,需要系统而非孤立地界定利益,长期而非短视地界定利益。只有国家在法治的框架中行动,而不是忽视甚至违背这一框架,人作为发展的核心的目标才能真正落实,国际法治的各项指标才可能真正达到,国际法治才有可能转化为现实的秩序,而不至于仅仅是空谈或假想。同时要注意的是,法治是一种理想状态,类似于数学中的极限,无论是在国内的范围还是在国际的层面,都不会真正达到,但可以通过不同层次的努力不断趋近法治的理想。就中国而言,20世纪70年代改革开放以来这个国家已经从一个主要基于安全战略格局思考问题的国际秩序的疏离者,转变成国际社会的参加者,数十年来为进入国际体系作出了很多努力。中国在建设本国法治的同时,日益关注和推进国际法治的进程。

第六章 国际法治的近期方向：约束大国政治

　　法治的要义在于缔造公正的社会秩序，社会秩序公正的核心则在于保护弱者，因此，国际法治的着力点在于消解那种忽视小国诉求的大国政治，破除强权争霸的国际关系格局，维护弱者的尊严和利益。大国政治在世界秩序、国际关系的历史上长期存在，至今仍然未能明显摆脱。大国政治具有客观现实性，但存在着公正缺失、秩序不稳、自由匮乏、效率低下等明显缺陷，所以需要予以变革和消解。具体实施有并列而行又相互交织的多种方案：可以通过新兴大国对于大国政治进行遏制，也可以通过小国之间的团结对于大国政治进行制约，更可以通过国际制度消解大国政治。除了这种外在约束之外，大国自身的观念变革也是改变大国政治的重要动因。归根结底，大国政治的终结有待于以法治的方式解决，需要国际格局从简陋的体系发展成为精致的体系。终结大国政治是未来国际关系的理想，这一理想的实现非一时一刻可以完成。但是人类为了未来的发展，必须迈出坚实的步伐，为国际关系的法治化不懈努力。

一、问题的提出

　　大国政治，或称强权政治，是少数大国决定世界秩序、决定资源分配、决定各国利益的状况。大国政治在文化上体现为大国沙文主义，在行动中体现为霸权主义。大国、强国把本国的利益看得高于一切，在同弱小国家的交往中表现出大国民族优越感，将自己的意志强加于人，甚至粗暴地干涉别国内政，不尊重以至侵犯别国的主权和独立，谋求全球或者地区的统治地位。[1]中国在鸦片战争、第二次鸦片战争、中法战争、中日甲午战争中签订的一系列丧权辱国的不平等条约[2]，在九·一八之后求告国联却未能维护自身权益的

---

[1] 参见《中国大百科全书·政治学》，中国大百科全书出版社1992年版，第6、36页。
[2] 〔美〕费正清、刘广京编：《剑桥中国晚清史》，中国社会科学院历史研究所编译室译，中国社会科学出版社1985年版（2007年重排印本），上卷第201—204、205—256页，下卷第70—140、247—270页；姜涛、卞修跃：《中国近代通史第二卷·近代中国的开端》，江苏人民出版社2007年版，第91—186、498—563页；虞和平、谢放：《中国近代通史 第三卷·早期现代化的尝试》，江苏人民出版社2007年版，第228—292、386—435页。

经历①、在第二次世界大战后期雅尔塔会议上被分割利益的遭遇②,都表明了大国政治在国际事务中长期的主导性;21世纪,从2002年的阿富汗战争、2003年的伊拉克战争、2011年针对利比亚的行动、2011年美国在巴基斯坦击毙拉登、2012年西方国家针对叙利亚的行动③,凸显了国际法的不对称性,揭示了人类并没有走出大国政治的状态,与《伯罗奔尼撒战争史》中所描述的古希腊城邦之间的关系并没有明显进步。④

大国政治的终结,要求在国际关系中终结大国强权统领国际秩序的状态,形成一个尊重国际民主、保护国际人权、践行国际法治的局面。需要注意的是:(1)终结大国政治,并不意味着终结大国。因为不仅是现在,而且在相当长的一段历史时期内,大国都是一种客观存在,国家之间的力量差距、客观状况差异都是一种现实情况,人口、地域、经济发展、政治力量、文化水准的对比都是不容否认、不以人们的愿望而改变的。国家之间的大小之别不可能消弭,而且也没有必要消弭。(2)终结大国政治,也不意味着否认或者反对大国在国际关系中所具有的重要地位、所应当承担的更大责任。国家之间存在着大小强弱之别,在一项国际事务上具有不同的地位和能力,对于解决国际争端、处理国际问题,均具有不同的功能,不仅是可以理解的,而且也是必然的。如果人为地削平其差异,不仅不符合国际关系的历史与现实,而且也将不利于国际问题的有效解决。⑤ (3)终结大国政治是对现实的改良和促进。大国在国际事务中具有更重要的作用是一种现实。如果不看到这种现实,而片面地主张国家之间的平均、平等,就是错误的;同样,如果仅仅看到大国在国际社会中所具有的积极作用,而不充分考虑在现实中的危害与问题,那么,

---

① 张宪文等:《中华民国史·第二卷》,南京大学出版社2006年版,第400—408页。
② 王绳祖主编:《国际关系史·第六卷(1939—1945)》,世界知识出版社1995年版,第349—350页。
③ 对于这些问题的国际法分析,参见 Hans Köchler (ed.), *The Iraq Crisis and the United Nations: Power Politics vs. the International Rule of Law*, International Progress Organization, 2004;梁西:《国际法的危机》,载《法学评论》2004年第1期;朱文奇:《利比亚战争与国际干涉的新模式》,载《西安政治学院学报》2011年第5期;徐崇利:《人道主义干涉:道德与政治"合法婚姻"的产儿?——以北约空袭利比亚为例的分析》,载《法商研究》2011年第4期;何志鹏:《从强权入侵到多元善治——武力干涉领域国际法的现存框架与演进方向》,载《法商研究》2011年第4期;刘军华:《从国际法视角看西方对叙利亚的干涉》,载《南京财经大学学报》2012年第4期;朱文奇:《中国与北非中东变局中的国际法》,载《中国法学》2012年第4期;何志鹏:《大国政治中的正义谜题——阿拉伯变局与国际法价值反思》,载《法商研究》2012年第5期。
④ Francis Anthony Boyle, *World Politics and International Law*, Duke University Press, 1985, p.15.
⑤ 大国不仅是现实主义国际关系理论的核心概念,也为国际关系理论中的英国学派所重视。参见〔英〕巴里·布赞:《美国和诸大国:21世纪的世界政治》,刘永涛译,上海人民出版社2007年版,第47—78页。

这种分析也就失去了解决问题、指引现实未来发展的能力。因而，必须对于大国政治的现实、问题以及改善可能进行深入的研讨。

二、法律格局中的大国政治

大国政治贯穿于国际关系的历史和现实之中，体现在军事、经济、政治、文化诸领域，也自然呈现在法律事务里。它具有历史和现实的必然性，不过也有着相当多的弊端的问题，需要在未来构建妥善世界秩序的过程中予以改变。

（一）法律体系中大国政治的现实性

虽然国际法在过去的数百年间已经得到了长足的发展，几乎渗透到人类生活的每一领域，国际关系、世界秩序在上个世纪末、本世纪初经历了巨大变化[1]，行为体的种类与数量逐渐增多[2]，但这仅仅是表象，而非实质。在法律规则数量繁多的背后，是规范的平面化、碎片化、不对称性和软弱性，在各类行为体纷纷活动的背后，是国家特别是大国的核心、主导地位。在主旨上仍然是强权高于真理的大国政治。在法治的尺度下，大国政治核心问题在于大国操纵和控制着国际事务的基本方向，不顾其他国家的利益，甚至故意给有关国家制造麻烦，以一己之好恶确立国际关系的格局，并采取措施，党同伐异，破坏规则，任意妄为。总体观察，近百年间，国际法仍然经常在大国意志的基调下发挥有限的作用，国际关系仍然是以权力为本位而非以规则为主导的格局。[3] 因而，大国政治导致了在国际关系中阻碍法治建立和破坏法治局面的状况，使法律边缘化，仅仅沦为强权的附庸、政治的晚礼服，"国际法往往被忽视，甚至被否定"。[4]

大国政治，作为一种权力、实力为基础和导向的国际秩序确立模式，在当

---

[1] 30年来，世界政治变迁大体经历了1978年到冷战结束，经济自由、政治民主大行其道的阶段；20世纪最后10年，西方大国内部调整，但仍占主导世界秩序、制度及价值观的阶段；以及21世纪初，西方经济地位和美国"软实力"所下降，全球化负面效应突出，民主、自由、人权、法治、理性、市场经济多位一体的发展模式受到严峻挑战的阶段。参见王缉思、唐士其：《三十年世界政治变迁（1979—2009）》，重庆出版社2012年版；〔英〕吉迪恩·拉赫曼：《世界30年：全球政治、权力和繁荣的演变（1978—2011年）》，曹槟、高婧译，中信出版社2012年版。

[2] 参见〔英〕苏珊·斯特兰奇：《国家与市场（第二版）》，杨宇光等译，上海人民出版社2006年版，第25—30页；〔英〕苏珊·斯特兰奇：《权力流散：世界经济中的国家与非国家权威》，肖宏宇、耿协峰译，北京大学出版社2005年版，第13—25,57—75页。

[3] John Baylis, Steve Smith, and Patracia Owens, *The Globalization of World Politics*, 5th ed., Oxford University Press, 2011, p.280.

[4] 参见王铁崖：《国际法引论》，北京大学出版社1998年版，第2页。

前具有其合理性和客观现实性,而且也在一定程度上、一定意义上对于当今的世界格局具有正面的塑造意义。在一个没有权威和稳定的超国家体制有效运作的国际无政府格局之中,国家为了自身的存续与安全,要求权力、争取实力、求取自身的生存与发展,当然是明智之举,也是这个国家的必然选择。正因为如此,各国才始终坚持国际关系与国际法中的主权原则,要求国家在领土的基础上的独立存在、平等交往、有效控制、有力自卫。这是国家在国际无政府社会中的生存逻辑,同样是无政府国际体制的自然结果。①

(二) 法治视野内大国政治的缺陷

虽然存在上述的合理性与现实性,大国政治仍然存在着很多弊端和缺陷,显然并不是人类理想的世界秩序,它只能考虑维护国家的基本生存,却不能形成一个美好的世界。就如同霍布斯所预想的自然状态不可能是理想状态一样②,它只是提供了一个世界秩序的基础逻辑,却不能提供这个世界的发展方向和未来图景。这种基于权力的世界格局不可避免地存在以下问题:

1. 公正缺失

在国际关系中以大国的意志决定好恶,公共物品的均衡性存在缺失,呈现出民主赤字。在国际问题中,大国决定国际事务的走向和具体决策,武断随时可能发生;小国由于权力不足,对决策缺乏影响,因而国际格局片面有利于大国,小国的利益被边缘化。"软弱无能的失败国家"论断的背后是一种成功国家的思维范式,实际上是对弱小国家的威胁。更重要的是,作为胜利者的大国决定国际秩序中的惩罚和奖励,在纽伦堡审判、东京审判、前南特别法庭中都存在着同样的问题:只有失败者一方作为被告,胜利者一方却作为法官。在这种"选择正义"的情况下,审判的公正性是很难保证的。

2. 秩序不稳

由于大国政治,规则的普遍适用性、可预见性被破坏,形成了少数国家霸权的局面;由于阻挠国际立法,使得国际社会有些问题无法可依;由于本国的强大力量,破坏既有的国际立法,形成有法不依的情况;由于对国际机制进行阻挠,形成了执法不严或者无法执行的状况。大国不守法,还振振有词,形成

---

① Yasmin A. Dawood, "Reflections on Power, Politics, and Partisan Gerrymandering", 13:3 *The Good Society* (2004) 31—35.
② Thomas Hobbes, *Leviathan* (Reprinted from the Edition of 1651), Oxford University Press, 1943, p.96.

了违法难究的恶果。由此,法律成为大国政治中的法律,以法律体制为形式的大国政治。这就导致了国际政治秩序的不稳定,国家行为与利益不可预期。例如阿富汗的塔利班可能在不同的时期被大国利用或抛弃,索马里的人道灾难被人忽视,利比亚的情势却被放大和聚焦。

3. 自由匮乏

一个相对完善的国际秩序应当让所有国家有机会表达自己的观点,按照自己的意志去行动,能够安全无虞。而由于大国完全可以依自身的力量维护其利益和意志,所以按照国家能力不同,保证小国的自由是更为重要和迫切的。大国政治是大国权力对小国权利的侵蚀,是大国意志对小国自由的覆盖,使大国任性对小国需求的支配。在这样的情况下,小国想自由地表达自己的观点和立场,采取行动实现自身的利益,是很难达到的。因而大国政治是对自由的吞噬。

4. 效率低下

大国之间的斗争、竞争往往意味着资源的浪费,在安全的名义下满足着一些人征服的欲望和一些人营利的贪婪。大国政治意味着斗争、竞争和博弈,在此种境况下就难免出现因徒困境、安全困境的问题,导致整体最优、效率最大化的目标难于形成。

良法善治与强权政治经常是对立的。[1] 当前,国际法虽然存在,但大国政治的倾向明显,出现了政治霸权、经济剥削、文化渗透、法律虚无的状况,世界普遍性的问题无法得到合作解决,各国各行其是,对于全球性的议题,大国出于自身的利益而进行反对,延误了集体行动的机会。

(三) 改变大国政治的必要与可能

由于大国政治存在上述的不足,所以我们需要一场变革,深刻地改变世界的基调和旋律。纵观人类社会的历史,国际秩序的发展进程呈现出由武力强权走向理性合作的总体趋势。国家之间的斗争、对立,特别是以武力方式体现的争夺越来越多地被对话、合作所替代。在经历了第一次世界大战和第二次世界大战的惨痛教训之后,人们认识到,在这个资源日显稀缺的社会中,以武力为方式的恶性竞争只能导致整体损失扩大、无人得利的结果。所以,国家之间不仅在思想观念上,而且在行动上体现出了对战争和武力使用的避免。这不仅包括 1928 年的《巴黎非战公约》,而且体现在 1945 年《联合国宪章》和 1970 年《国际法原则宣言》之中。而国家之间如果想建立良好的合作

---

[1] Robert A. Friedlander, "Power Politics and the Rule of Law: Professor Schwarzenberger Reconsidered"; 24 *DePaul Law Review*. (1974—1975) 836.

关系,就必须脱出霸权主导、强权决定的框架,而逐渐形成一个更加民主、公平、妥当的格局。

终结大国政治,使国际关系结构性的变迁,属于世界格局的"质变",既非一朝一夕所能达到,也非一厢情愿所能实现。然而,这种情况在任何意义上都不意味着我们没有必要去讨论改变和终结大国政治,不意味着不需要国际关系的行为体付出努力去实现世界格局的量变,从而逐步推动一个更加文明、更加法治、更加公正、更加合理的法治秩序逐渐形成。

国际社会是由能动的行为体组成的。无论是其中的国家、国际组织,还是非政府组织等,虽然有时会目光狭隘、思想局限、行为专断蛮横,但是随着彼此交往的试错、探索,国家与各种行为体都会慢慢理性化,拓展视野、成熟观念、改良行为。当行为体发觉大国政治存在缺陷之时,就一定会采取行动,唤醒各国,形成新的格局。

三、新兴国家对大国政治的遏制

终结大国政治的诸般手段之中,最经常出现的是新崛起的国家对于既有大国进行挑战,并进而在总体状态上遏制大国政治的延续。

(一) 新兴国家遏制大国政治的逻辑理性

国际关系理论往往将国家看成是第一的、理性的行为体,并将国家在国际社会中的存在方式类比于人在群体中的生活方式。在社会学中,社会分层是一个被广泛接受的概念①,所以国家在国际共同体中也同样是分层存在的。② 结构现实主义国际关系理论通过系统结构(structure of system)及其行动单元(interacting units)的概念,以均势的总体秩序将国家进行了分层,在不同的社会模型下,国家分别属于霸权国与霸权之外的国家、势力较大、相互抗衡的国家和各自的追随者,等等。③ 根据历史学家伊曼纽尔·沃伦斯坦的

---

① 社会分层是社会结构中最主要的现象,因而成为社会学理论的重要的传统领域之一。卡尔·马克思和马克斯·韦伯提供了不同的、但是最基本的社会分层理论模式和分析框架,分别对社会分层的本质、决定要素、形式等作出了不同的理论解释。参见李路路:《论社会分层研究》,载《社会学研究》1999 年第 1 期。
② 〔美〕迈克尔·罗斯金等:《政治科学(第九版)》,林震等译,中国人民大学出版社 2009 年版,第 449 页。
③ Kenneth N. Waltz, *Theory of International Politics*, McGraw-Hill, 1979, pp. 99—100, 124—128.

分析,国家可以分为中心国家和边陲国家①,这当然也是一种分层的方式。霸权稳定论者则重点关注既存霸权国家和新兴、潜在的霸权国。② 根据上述的人类智慧积淀,笔者认为,在当前的世界状态下,国家可分为领导性国家(主导型国家,leading power)、挑战性国家(challenging power)、追随型国家(following power)和边缘型国家(marginal power)。领导性国家即在国际体系中居于主导地位的大国;挑战性国家即在国际体系中地位正在上升、权力逐渐增加的崛起型国家;追随型国家是加入到大国主导的阵营之中、成为一国同盟者的国家;而边缘型国家则是由于力量或利益取向而处于大国主要关切之外的国家。根据约瑟夫·奈的界定与分析,国家对于权力的追求,不仅包括其内部的军事力量、经济力量等硬实力(hard powers,或称硬权力),还在很大程度上包括政治与观念的影响等软实力(soft powers,或称软权力)。③ 在一个资源稀缺的世界上,新兴的挑战型国家一定会对主导型大国在力量上构成竞争,在行为上构成控制,对原来资源配置的单向倾斜予以平衡。因此,新兴大国对于传统大国构成遏制。每一个新兴的大国都有其发展战略。19世纪之前,大国之间,往往通过战争的方式来交替,形成原有大国衰落、新兴大国崛起的局面。而20世纪以后的大国之间往往通过经济与文化的影响决定其地位,新兴国家经常在经济上占据主要地位之后,转而在国际事务上增加话语权,在国际秩序上开始除旧布新的努力。所以,在新兴国家的崛起过程中,一定会与原有的大国争夺其他国家的支持,其结果就是挑战了原有的大国政治秩序。崛起的新兴国家对传统大国的挑战、与既存大国相抗衡使其自身发展的必然逻辑,其自身利益的必然需求。然而,挑战型国家在于既存大

---

① I. Wallerstein, "Dependence in an Interdependent World: The Limited Possibilities of Transformation within the Capitalist World-Economy", 17 *African Studies Review* (1974) 1. 伊曼纽尔·沃伦斯坦的依附理论(或称"依赖理论")有着深刻的学术基础。20世纪50—60年代,当一些学者反思现代化理论的时候,阿根廷经济学家普雷维什(Raúl Prebisch)在拉丁美洲经济委员会研究拉丁美洲的实际发展,得出了与古典经济学判断相反的结论:国际贸易并没有让所有参与国发挥到比较优势、相互得益,而是穷国财富减少、富国财富增加,二者同步进展。因而他倡导了依附理论。保罗·巴兰(Paul Baran)根据马克思主义政治经济学完善了这一理论,引起了各家重视,依附理论从而得到发展。德国经济学家安德烈·甘德·弗朗克(Andre Gunder Frank)以其较为激进的"宗主—卫星论"使依附理论成为马克思主义的一支;多斯桑托斯(Theotonio Dos Santos)则考虑边陲国家对内对外的关系,创建了"新依赖理论"。巴西前总统费尔南多·恩里克·卡多佐在流亡期间曾写过许多相关论著。伊曼纽尔·沃勒斯坦在前述研究基础上,进一步发展其中的马克思主义,称为"世界体系理论"。与沃伦斯坦提出这一理论时间相近,埃及经济学家萨米尔·阿明(Samir Amin)也提出了"中心—外围积累模式"。有关背景阐述,参见樊勇明:《西方国际政治经济学》,上海人民出版社2006年版,第84—110页。
② 〔美〕罗伯特·基欧汉、约瑟夫·奈:《权力与相互依赖》,门洪华译,北京大学出版社2012年版,第40—47页。
③ Joseph S. Nye Jr., *Soft Power: The Means to Success in World Politics*, Public Affairs, 2005, pp. 1—31.

国相抗衡的时候,会提出一些表面上是普世的理论、原则和规范,由此来确立其主张的正当性、维护其利益的稳定性。这样一来,挑战型国家在为自身争得崛起机遇的同时,也革新了国际秩序,对原有的大国体系进行了改良。

(二) 新兴国家遏制大国政治的历史经验

17世纪,新兴的荷兰在战败西班牙海军、逐步到达替西班牙商船对称霸世界海洋地位的时候,格老秀斯撰写了《论海洋自由》①,"不仅为荷兰资产阶级的扩展提供了法律依据,而且为资产阶级国际法奠定了基础"。② 这种海洋自由的观点实际目的是反对西班牙、葡萄牙的海洋封锁,促进荷兰崛起,但客观上却对世界海洋规则作出了贡献,衍生了迄今为止在海洋法中仍有重要意义的"公海自由"原则。同样,美国在反对英国殖民统治的独立战争进程中,1776年由大陆会议通过了《独立宣言》③,提出了"人人生而自由平等、有追求幸福的权利"的观念,这不仅是针对英国的反抗,也是对于新的世界格局的预言、对于新的历史时代的宣告,直至今日仍然是世界人权法的经典文献,为构建人本主义的国际关系奠定了基石。再如,在第一次世界大战之后,新兴大国美国提出了基于威尔逊十四点的国际秩序主张,后来由于美国观念与以英法主导的传统欧洲现实政治观念难以融合,所以在1919年的《凡尔赛条约》体系之外又构建了1922年的华盛顿体系。这一体系抵制了日本独占中国的野心,拆散了英日同盟,削弱了英日两国的海上力量。④ 这种努力至少在转型阶段会导致大国政治的状态有所缓和,形成一个相对合理的状态。类似地,当前,中国、巴西、俄罗斯、印度等在经济上兴起的"金砖国家"BRICS对于经济大国进行约束也是新兴国家抗衡既有大国扭转大国政治的一种方式。

(三) 新兴国家制约大国政治的利弊

以大国钳制大国是最直接、在实践上最符合国家的观念和行为方式,但是其效果却不尽如人意。通过大国之间的制衡来制约大国的随意,对大国政治有所限制,其优点至少以下两个方面:第一,避免单向的霸权体制,形成约束大国的状态,在助益新兴大国的成长的同时,给其他国家带来发展机遇。新兴大国在硬实力的基础上拓展软实力,形成文化的多样性。第二,在观念上,均衡,决策上平衡。特别是在政治上具有影响的国家,对于大国进行制

---

① 〔荷〕雨果·格老秀斯:《论海洋自由,或荷兰参与东印度贸易的权利》,马忠法译,上海人民出版社2013年版。
② 《中国大百科全书·外国历史》,中国大百科全书出版社1990年版,第403页。
③ 参见同上书,第629页。
④ 刘德斌主编:《国际关系史》,高等教育出版社2003年版,第219—227页。

衡,会使得国际关系更加公正。例如,安理会的常任理事国之间出现的制衡,特别是在2011年至2012年针对叙利亚的问题上,中俄对英法美的否决态度就是这样的情况。

这种方式的缺点在于,大国从根本上没有消除大国政治的意愿,新兴大国崛起之后不一定消解大国政治,很可能更希望强化大国政治。所以,大国之间的抗衡依然是按照古典现实主义国际政治理论的均势(balance of power)观念而进行的。① 这种观念的理论前设是国家之间彼此猜忌和怀疑,各自追求相对收益,相互进行缺乏沟通和信任的"囚徒困境"式的博弈,很可能造成双输的结果。美苏之间在冷战时期的军备竞赛就可以说明这个问题。与此同时,国家之间由于相互对立、竞争形成联盟式的群体,群体之间对立、争夺资源仍然会造成世界资源的浪费,不能达成一个理想的状态。

四、小国团结对大国政治的制约

制约大国,并不纯然是"城头变幻大王旗"的大国间博弈,小国也在其中具有重要的作用。

(一) 小国团结制约大国政治的理论可能

虽然大国经济、人口规模巨大,军事、政治、科技实力强大,领域面积庞大,但并不是说它可以左右世界上的一切事务,并不是说国际事务可以完全由它来决定、世界资源可以完全由它来分配。大国再大,也没有大到可以忽略既有的其他国家;小国再小,也没有小到可以被忽视和放弃。特别是,如果中小型国家联合起来,以一个立场和声音与大国进行抗衡,则大国的霸权就很可能受到很强劲的制约。所以,通过小国之间的团结,成为一股可以抗衡大国的力量,形成国家之间的新格局。

当小国面临共同的问题、共同的危险之时,小国就有必要团结起来。而在现在的国际政治、经济、文化领域,小国经常共同面临着大国吞噬、覆盖、侵犯的威胁,这就构成了小国团结的共同理性基础。与此同时,每一个国家都是具有理性的。当任何一个小国单独的力量都不足以抵挡被边缘化的危险之时,小国就可能用协商理性来实现生存理性,就会采用团结的方式。

---

① 均势是现实主义国际政治观念中的基本方面,在18世纪就被国际法学者所认可。例如瑞士国际法学者瓦特尔就按照均势的原则分析当时欧洲的政治体制。Emmerich de Vattel, *The Law of Nations*: *Or*, *Principles of the Law of Nature*, *Applied to the Conduct and Affairs of Nations and Sovereigns* (first published in London by G. G. and J. Robinson in 1758), Liberty Fund, 2008, p.496.

(二) 小国团结制约大国政治的实践范例

在当代世界,小国团结起来抗衡大国的例子很多,七十七国集团(Group of 77)就是小国团结的代表。七十七国集团作为一个发展中国家为扭转其在国际贸易中的被动地位,在反对超级大国的控制、剥削、掠夺的斗争中逐渐形成和发展起来的经济组织,成立于 1964 年。其宗旨是在国际经济领域内加强发展中国家的团结与合作,推进建立国际经济新秩序(NIEO),加速发展中国家的经济社会发展进程。在 20 世纪 60 年代以后,经济规模仅仅属于中小型的诸多发展中国家团结一致,以联合国为平台,为建立 NIEO 而进行了艰苦的努力。这种努力虽然算不上取得了最终的成功,但是在世界历史上留下了深刻的印记,在其主张下实施的普惠制、欧盟—非加太地区伙伴协定①为经济秩序的良性发展奠定了基础。至 2016 年,成员国已增至 134 个②,但仍沿用原名。七十七国集团反映了发展中国家为维护切身利益而走向联合斗争的共同愿望,为推动南南合作和南北合作作出了重要贡献。不仅在经济方面其贡献为人所公认,在其他领域的立场也受到了重视。例如,国际法学家伊恩·布朗利就曾以其 1999 年 9 月 24 日的外长会议宣言为根据,反对北约空袭南联盟。③ 这充分说明,小国团结的力量对于大国强权起到了一定的制约作用。

(三) 小国团结制约大国政治的利弊

从优长上看,小国的团结一致立场和共同行动能够对大国的任意形成冲击,而且形成的制约模式较大国之间彼此钳制更为公正。从弊端上看,小国团结相对艰难,因为需要找到共同的利益基点、共同的威胁或者危险,而且具体安排较为复杂,也容易被分化和瓦解。④ 有的日本学者提出了生活的泛政治化和人们远离政治的观点⑤,而布热津斯基和斯考克罗夫斯特则提出了

---

① 1975 年 2 月 28 日在洛美签署了第一个《欧洲经济共同体——非洲、加勒比和太平洋(国家)洛美协定》,1976 年 4 月 1 日起生效,有效期 5 年,规定欧共体在 5 年内向非加太地区国家提供 33.6 亿欧洲货币单位(约合 42 亿美元)的财政援助;此后"洛美协定"在 5 年或者 10 年有效期结束后就进行更新,最新的洛美协定于 2000 年签署,有效期 20 年。有关评论,参见陈安主编:《国际经济法学(第六版)》,北京大学出版社 2013 年版,第 102—105 页。
② http://www.g77.org/doc/members.html,2016 年 5 月 2 日访问。
③ Ian Brownlie, *Principles of Public International Law*, 7th ed., Oxford University Press, 2008, p.744.
④ 在关税与贸易总协定乌拉圭回合的知识产权谈判中,发展中国家原来团结一致,对抗发达国家集团的立场;后来,一些小国被大国拉拢,不再坚持其立场,或者干脆反对发展中国家的立场。
⑤ 参见〔日〕加藤节:《政治与人》,唐士其译,北京大学出版社 2006 年版,第 7—8 页。

"全球政治觉醒"的概念,也就是人们在政治上积极了起来。① 不过实际上,任何一种观点都没有经过调查研究,都属于定性的臆想。可以认为,世界政治与国内政治的情况一样,没有什么本质上的变化。人们生活在一个日益全球化的时代,面临着诸多自然和人为的风险,但人们的政治性与团结性并没有因此而明显觉醒。从国际关系上,各国依然为了本国所界定的利益而努力,追求存续和安全,并进而计算得失。从这个意义上看,小国如果不能形成共同的利益,就不可能团结一致;在不能发现统一的威胁和危险之时,就很难考虑共同的道义和理想。

五、通过国际制度消解大国政治

通过行为体之间动态的互动而对大国政治进行约束,其效果难于持久。借助于制度的确立和运行,大国行为的模式得以逐渐明晰,并在习惯和观念的作用下变成大国行动的指南。

(一) 国际制度消解大国政治的逻辑理性

如果国家在国际社会仅仅是原子式的生存,则大国政治的避免、抑制很难长期稳定;即使采用新兴国家制衡和中小国家团结制约的方式,也仅仅是临时的,不能持久。只有组织化的生存环境才能使国际关系更加稳定,才能使大国政治得到更为有效的控制和约束。良好国际秩序的实现绝不会是一个自发的进程,治理有方的政治实体是其前提条件,贯穿于这一进程的始终。

国际组织的生成机制,正如讨论国内宪政、法律、主权和人权问题中经常采用的经典社会契约理论所分析的②,依靠任何一个国家的力量都不足以单独解决其所面临的困境,这种困境有可能是外部的,例如全球变暖,也可能是彼此之间的,例如关税和非关税壁垒;也可能是国家内部的,例如人权问题。③ 此时,国家之间采取了合作的方式,这一点也为国际政治理论的自由主义所肯定。④ 而在合作中,交易成本最低、边际效益最大的方式就是确立制度。这种制度既可能是双边的,也可能是多边的,但所有的制度的共同特

---

① 〔美〕兹比格涅夫·布热津斯基、布兰特·斯考克罗夫特:《大博弈:全球政治觉醒对美国的挑战》,姚芸竹译,新华出版社 2009 年版。
② 〔法〕卢梭:《社会契约论》,何兆武译,商务印书馆 1980 年版,第 21—23 页;〔英〕洛克:《政府论(下卷)》,叶启芳、瞿菊农译,商务印书馆 1964 年版,第 5—8 页。
③ 〔美〕卡伦·明斯特:《国际关系精要(第三版)》,潘忠岐译,上海人民出版社 2007 年版,第 267—305 页。
④ Robert Keohane and Joseph S. Nye, *Power and Interdependence*, 3rd ed., Pearson Education, 2004, pp.29—31.

点都是前瞻性地确立相对长期和稳定的行动安排,概括性地确立行为体的权利与义务;并且对于成熟的制度而言,建立一个执行机构,来推进和控制国家之间的合作进展,并且塑造明确的运作机制来监督制度遵行与实施的情况。这就非常类似于在一个原始的地域上画好了设计蓝图,并且建筑了房屋和道路,这样行为体就更多在房屋中居住,在道路上行走,而不是反之。制度中的行为体更易提高起社会化的水平,更容易受制度的控制,更能够避免个别行为体的单边主义行动。这正是哈贝马斯等学者所提出的主体间性①和秦亚青教授主张的关系②的重要价值。此时,制度成为一个约束国家行为的网状结构,网的力量避免了国家的任意,从而也就避免了大国政治的泛滥。

(二) 国际制度消解大国政治的实践探索

从 19 世纪上半叶对于国际河流的制度性安排,到国际邮政、电信组织的建立,再到 20 世纪初国际联盟、特别是 1945 年联合国的建立,为创造一个更加和平、更加稳定的国际秩序进行了一步步坚实的努力,大国的意志、霸权的影响会更加明显;如果没有这些制度,确立一个健康的、持续发展的体制更不可能。20 世纪对于国际关系和国际法而言,是一个组织化的时代,是一个条约化的时代。简单地说,就是一个制度高速、高度发展的时期。如果说,国际关系在 20 世纪以后确实取得了进步的话,那这种进步与制度的建立和运行有着密不可分的关系。③ 一个鲜明的对比是,在贸易领域,由于 1947 年关税与贸易总协定(GATT)的临时适用及其继承者 1994 年 WTO 的成立半个多世纪以来,世界上没有再出现过关税大战或者其他的贸易危机。而由于在国际金融领域没有建立起有效的组织与纪律,所以区域和全球性的金融危机间断性地爆发,并产生灾难性的影响,波及实体经济领域。④ 在这种危机中,大国经常是核心和关键,小国却是主要的受害者。⑤ 究其实质,就是因为制度所

---

① 〔德〕哈贝马斯:《交往行为理论·第 1 卷》,曹卫东译,上海人民出版社 2004 年版,第 74 页;哈贝马斯:《合法化危机》,刘北成、曹卫东译,上海人民出版社 2004 年版,第 38—45 页;童世骏:《没有"主体间性"就没有"规范"》,载《复旦学报》2002 年第 5 期。
② 参见秦亚青:《关系本位与过程建构:将中国理念植入国际关系理论》,载《中国社会科学》2009 年第 3 期。
③ 〔美〕约瑟夫·格里科、约翰·伊肯伯里:《国家权力与世界市场:国际政治经济学》,王展鹏译,北京大学出版社 2008 年版,第 258—259 页。
④ Thomas Cottier and Markus Krajewski, "What Role for Non-Discrimination and Prudential Standards in International Financial Law?"; Gary Hufbauer and Daniel Danxia Xie, "Financial Stability and Monetary Policy: Need for International Surveillance"; Sean Hagan, "Enhancing the IMF's Regulatory Authority", 13 *Journal of International Economic Law* (2010) 817, 939, 955.
⑤ 例如,利比亚与叙利亚的国内混乱甚至政权易手在很大程度上与全球金融风暴引致的经济衰退有关,希腊所形成的社会局面更是直接源于金融风暴。

起到的作用不容忽视,这些存在的组织纪律对于约束大国的影响而言是非常必要和关键的。从法律的视角看,组织与制度即为构建全球法律体制的努力。①

(三) 国际制度消解大国政治的问题解析

在制度与组织约束大国政治的问题上,有几个方面值得注意:

第一,如果大国驾驭国际组织和制度,是否会导致大国政治的强化而非削弱? 从逻辑和理论的角度,国际组织成为大国的羽翼,组织为大国所操纵的情形并非不可能发生。② 但是从历史的经验来看,这种情况却并不太多。这是因为组织有自身存续的逻辑,也就是在自己发展的过程中不断强化组织机制、监督职能和约束力量,这一点往往与大国的意志并不完全一致。所以,组织生存与发展的逻辑会在很大程度上遏制大国政治的机会。

第二,大国违背组织的制度规范,甚至脱离组织的行为是否意味着组织的失败? 这种情况无论是在逻辑上还是在实践中都有出现。特别是在第一次世界大战以后出现的国联,苏联、日本、德国、意大利等国家纷纷违背规范或脱离组织,确实证明了组织的软弱性;美国一开始就没有加入国联,更是妨碍了这一组织的权威和力量。③ 但是,这在任何意义上都不意味着组织不存在,规范没有意义。因为组织规范即使没有受到良好的遵守,即使在违背的时候没有及时有效的归责原则和惩罚措施,也仍然确立了一个正确与错误、善与恶的尺度,也仍然使国际社会的行为体认识到这些行为体的错误行为,也仍然降低了违背规则者的名誉和声望。从经济分析的视角看名誉和声望在当代社会就是国家合作的成本、获得收益的机会④,所以违规的行为会使它们陷于被动的局面之中,这种制度环境的影响大大优于没有制度的丛林局面。

第三,组织之间是否可能存在矛盾与冲突,从而使国际关系处于新的困境? 由于国际关系的无政府性,国际组织制度是高度分散化的,无法形成一

---

① 〔美〕安妮—玛莉·斯劳特:《世界新秩序》,任晓等译,复旦大学出版社 2010 年版,第58—130 页。
② Hans Köchler, *Global Justice or Global Revenge? International Criminal Justice at the Crossroads*, Springer, 2003.
③ Peter Malanczuk, *Akehurst's Modern Introduction to International Law*, 7th ed., Routledge, 1998, pp. 23—24.
④ George W. Downs and Michael A. Jones, "Reputation, Compliance, and International Law", 31 *Journal of Legal Studies* (2002) s 95; Rachel Brewster, "The Limits of Reputation on Compliance", 1 *International Theory* (2009) 323; Andrew T. Guzman, *How International Law Works: A Rational Choice Theory*, Oxford University Press, 2008, chapter 3.

个体系化的宪政格局。① 所以,组织之间由于各自不同的宗旨和原则、规则与制度,相互冲突的机会很大。但是,组织之间的冲突在大多情况下并不是直接的、故意的,而是附带的。② 此时,采用国际法上条约解释的一般原则大多可以化解这种矛盾。而且,由于组织之间的冲突大多是规范层面和操作层面的,而不是正面的利益冲突,所以这种矛盾至少不会回归到大国政治,而会对大国政治进行削弱和消解。

在控制大国政治的各种手段之中,国际社会的组织化最为艰难,因为往往需要国家之间建立长期的目标,付出巨大的谈判成本,在制度构建和权利分配上存在着诸多实体和程序上的障碍,而且存在着谈判中失败和谈判后崩溃的风险。但是,国际制度一旦建成,就有其自身的演进力量,而且在客观上构成了国际关系发展的关键,所以国际法治之路尽管艰难,却仍然是破除大国政治、形成妥当国际秩序的必然方向。③

组织的规则、组织的运作使得国际社会从权力主导迈向规则主导,规范、组织随着自身的发展越来越清晰,进而通过国际社会契约的订立和运作④,由组织的力量和机制约束国家,使大国成为组织中的一分子。⑤ 这样一来就提高了国家的社会化水平,由此形成共同的文化观念,发展为建构主义的理论。

六、大国自身观念进化对大国政治的变更

大国政治的一个重要原因就是行为体之间的猜忌与怀疑,国家在国际关系中抱持相互防范的心态,而非相互信任的立场。如果这种心态转变了,国家之间建立起互信的安全认同,那种相互图谋、企图争利的行为方式就会大幅降低,大国政治的几率也就会降低。⑥ 国家作为理性的存在,其行为方式

---

① Michael N. Barnett and Martha Finnemore, "The Politics, Power, and Pathologies of International Organizations", 53 *International Organization* (1999) 699.
② 例如,WTO 作为多边贸易体制在发展过程中出现了与环境保护、公共健康等事项的矛盾,但这些矛盾都不是本质对立,而仅仅是进行过程中的冲突。
③ Lucio Levi Titolo, "The Transition from Power Politics to the Rule of Law", 24:1 *The Federalist Debate* (2011) 4—5.
④ 参见何志鹏:《国际社会契约:法治世界的原点架构》,载《政法论坛》2012 年第 1 期。
⑤ Cf., Stephen D. Krasner, "Structural Causes and Regime Consequences: Regimesas Intervening Variables", Robert O. Keohane, "The Demand for International Regimes", in Beth A. Simmons and Richard H. Steinberg (eds.), *International Law and International Relations*, Cambridge University Press, 2007, pp. 3—39.
⑥ 〔美〕杰普森、温特、卡赞斯坦:《规范、认同和国家安全文化》,卡赞斯坦主编:《国家安全的文化:世界政治中的规范与认同》,宋为、刘铁娃译,北京大学出版社 2009 年版,第 52—53 页。

系按其所设定的利益目标引导而成。① 国家利益,从现代建构主义的国际政治理念而言,并不是一成不变的给定尺度,而是一个在社会中塑造的、可以被社会所改变的概念。② 在这个前提下,我们就不难看出:

(一) 大国自觉的利益观念变革

国家自身可以通过信念的转换而改变自己的利益观。大国在实施霸权的时候也在进行自我建设或者自我消解。究竟是使其更为强大,还是使其消亡,不仅取决于其所处的外部环境,也取决于内部的政治格局、文化样态和社会矛盾。③ 例如,国家可以从一种文明冲突的利益观改换成文明相容的利益观;可以从一种无政府状态下相互斗争的利益观改换成相互合作的利益观;可以从追求相对收益的利益观转换成关注绝对收益的利益观;可以从注重短期、本国局部福利的利益观转换成注重长期、人类整体福利的利益观;可以从追求意识形态优越性的利益观转换为注重平等对话的利益观;可以从注重抽象的国家损益的利益观转换为关注民生幸福的利益观;可以从片面关注经济发展指数的"物文主义"利益观转换为切实体会人民感受的人文主义利益观。为此,该国的精英阶层可以通过建立新的理念而改换原来的大国政治思维,其知识分子也应当扮演重要的角色。大国自身的觉醒对于大国政治的终结具有重要意义,第一次世界大战之后美国提出的"十四点"就是这种利益观念重塑的(虽然不是成功的)典范之一。

(二) 经过沟通实现大国的观念变革

国家对利益内涵存在重新评估和认定。在国家自身变革的同时,国家之间也可以通过相互说服和劝解来使其他国家转换观念。大国对小国、小国对大国的说服与信任都有重要意义,中国古史名著《战国策》中记载了大量的

---

① 国家利益作为国际关系的核心概念,对于国家决策、国家行为具有重要的意义。参见阎学通、阎梁:《国际关系分析》,北京大学出版社2008年版,第66—70页。
② 对于这一观点的分析,参见方长平:《国家利益分析的建构主义视角》,载《教学与研究》2002年第6期;方长平、冯秀珍:《国家利益研究的范式之争:新现实主义、新自由主义和建构主义》,载《国际论坛》2002年第3期;方长平:《国家利益的建构主义分析》,当代世界出版社2002年版。
③ 参见〔英〕爱德华·吉本:《罗马帝国衰亡史》,席代岳译,吉林人民出版集团有限责任公司2008年版;〔俄〕尼古拉·伊万诺维奇·雷日科夫:《大国悲剧:苏联解体的前因后果》,徐昌翰等译,新华出版社2010年版;〔美〕弗朗西斯·福山:《美国处在十字路口:民主权力与新保守主义的遗产》,周琪译,中国社会科学出版社2008年版;〔美〕彼得·J.卡赞斯坦、罗伯特·O.基欧汉(Robert O. Keohane):《世界政治中的反美主义》,朱世龙、刘利琼译,中国人民大学出版社2012年版;〔美〕弗朗西斯·福山:《国家构建:21世纪的国家治理与世界秩序》,黄胜强、许铭原译,中国社会科学出版社2007年版。

游说事例,在很多时候都是靠说明道理来改变原来国家的意图和观念的。在现代国际关系中,更是经常存在着通过劝说而改变他国立场的事实。这些情况说明,通过国家之间更多的信息传递、信息共享,更多的沟通而建立信任,从而放弃相互之间的猜忌立场是可能的。进而言之,通过国家之间的沟通来是国家转换思维模式、行为方式,放弃大国政治的做法,也是可能的。

(三) 大国观念变革的利弊分析

在实践中,观念的转变与客观实践的发展往往是相辅相成、协同进化,而不是孤立存在、自行演进的。实际情况往往是,人们按照一个美好的理想去塑造国际关系,这种塑造即可能存在着缺陷,有可能取得一些进展。继而,国家又将关系探索进行总结和反思,提出更新的观念。这也是马克思主义哲学所主张的意识与存在的关系。超前的观念会在实践中由于脱离现实而失败,滞后的观念则会拖后社会的发展,带来损失。所以,观念变革的难点是寻求并确立适当的观念。观念的变化往往比制度的变化更加缓慢,也更加稳定,对大多数人来说,观念变革需要先看到实验、试点成功之后,才能实现。所以,当今国际关系中的现实主义观念很难祛除,就是因为人们没有充分的例证和信心去放弃对他国的防范和猜疑,没有充分的证据去支持国际制度的稳固有效发展。在这种情况下,大国政治的思想观念很难消除。

七、小 结

终结大国政治是国际关系的一个长期的理想目标,在近期难于实现。约束大国,实现大小国家在法律上的平等,很可能需要几代人的艰苦努力。但人类不能因困难而放弃理想。"人在拼搏中进取,摆脱被动的局面;人在拼搏中看到自己的力量,部分地掌握自己的命运,挣来比现状美好的前景。人拥有巨大的潜力并有使用这种潜力的本能。人一旦决心,同时也被允许进入准备行动的状态,就会把已有的潜能变作改变状态和布局的动能。"[1]康德在他所处的时代就开始构想世界的永久和平;马克思和恩格斯在他们的环境下就开始设计共产主义,所以,今天的人们也应当为了消除大国政治而进行构想和努力,不仅应当注意国家在现实中如何行为的问题,也应当重视在价值上国家应当如何行为的问题。[2]

---

[1] 陈中梅:《荷马史诗(下)》,中国书籍出版社 2006 年版,译本序,第 2—3 页。
[2] 参见〔美〕小约瑟夫·奈:《理解国际冲突:理论与历史(第五版)》,张小明译,上海人民出版社 2005 年版,第 305—311 页。

实践理性指导着人们不断前进。反思国家之间应如何和平共存,在何种情况下走向互利合作,如何进一步做到和谐共进,这是一个具有挑战性的问题。其挑战性不仅体现在理论层面,更主要是一个实践问题。理论可以总结实践、构想可能;但实践可能开辟更加广阔的空间,为理论提供更多的分析范例和检验机会。邓小平在20世纪80年代提出了"搁置争议、共同开发"的观念①,就构想了一种国家之间的交往方式,特别针对国家之间在存有争议的海域如何展开合作开辟了一条道路。此种设想在现实中施行的效果如何,需要在实践中观察,也只有在实践之中,方能真切地解析此种理论的真实性和有效性。同样,国际关系中的大国政治作为一种现实的存在,应当如何予以驯服,并缔造一种更加适当的国际环境,这不仅仅是一个理论问题,更多有待于国家之间通过相互间的沟通与实践,逐渐试错,寻求到正确的道路,并在实践中完善,在浩瀚的宇宙中寻求人类的可持续发展道路。

---

① 参见《邓小平文选(第三卷)》,人民出版社1993年版,第87页。

第七章　国际法治的远景目标:和谐发展

国际法治作为世界秩序的规范性评价尺度,其评判、反思与指引的功能有赖于国际事务的价值设定,而价值的冲突又使我们求助于更高层次的"元价值观"的确立。20世纪中期以来,国际法以和平与发展作为价值观,带来了国际法的进步,但也存在仅仅看到国家之间的消极共存而阻碍了国家之间的合作、国家利益的片面界定导致国际对立与大国霸权、强势人类中心主义形成环境恶化等不足。在此种语境下,带有东方文化特征的和谐概念融入到国际法的价值观中,可能带动国际法规范与功能的超越。和谐发展是对西方主流价值观的扬弃,强调在尊重多元、文明共存的背景下追求共同的繁荣与发展。国际社会为达到和谐发展需要在观念和制度上进行渐进改良,中国也需要建立尊重多元、直面冲突、倡导人本、崇尚法治的和谐观,与各国一起努力突破困境,也解决中国自身的两难状态,在以妥善的方式解决、化解冲突的基础上达到和谐,在经由法治秩序的阶段后建构和谐。

一、问题的提出

作为世界秩序的发展方向和评判国际事务优劣的尺度,国际法治必须有其价值目标,才能有效地发挥指引的功能,才能对国际关系的发展进程进行有效的反思和评判。这些价值目标可以分为局部的和全局的、近期的和远期的、暂时的和终极的。与国内法的基本价值相似,无论是武装干涉的条件、海域的划定,还是人权的保护、贸易措施的评判,国际法的规则设定与运行也追求公正、效率、自由、秩序等社会价值目标。[1] 但是,仅有这些价值目标是不够的。因为这些价值目标的内涵本身可能存在着不同的理解,需要更为明确的界定;而且不同的价值目标之间,例如公正与效率之间、自由与秩序之间可

---

[1] Martti Koskenniemi, "The Turn to Ethics in International Law", *Thesaurus Acroasiarum*, Vol XXXIII (K. Koufa ed, Athens, Sakkoulas 2010), 375—394; Anne Orford, "The Destiny of International Law", 17 *Leiden Journal of International Law* (2004) 441; R. St. J. MacDonald, "Solidarity in the Practice and Discourse of Public International Law", 8 *Pace International Law Review*, (1996) 259.

能存在着矛盾冲突。① 在这样的时候,就需要一个更根本性的理念作为衡量与取舍的根本,这种更具根本性的尺度可以被称为国际法的"价值基点"或者"元价值观"。国际法元价值观的确定与变革不仅体现了国际法律体系的核心命题,而且反映了整个国际社会的总体格局与发展方向。基于上述命题,可以认为,20 世纪中叶以后,国际法呈现出的规范与实践是以和平与发展为元价值观的,而 21 世纪的新现象和问题则昭示着国际法应当发展到以和谐发展为元价值观的新阶段。在这样一个变革的环境中,稳步发展的中国应当为确定此种元价值观形成更为鲜明的立场、作出更多的贡献。因而,进一步分析中国构想、主张和追求的和谐世界世界秩序的内涵,探究中国提出和谐世界理念的动机②,审视和谐世界实现中的路径与困难,特别是国际关系、中国周边关系中的思想文化以及利益冲突,对于深入认识国际法治的价值目标,对于中国国际关系战略的选择,具有借鉴和指引意义。因此,本章拟从历史发展和国际关系理论、国际法律规范和操作的角度对这一问题进行初步的分析。

二、和平与发展作为国际法治目标的成就与缺陷

遏制战争、确保和平,并在和平的环境中谋求发展,长期都是国际关系的基本命题,并成为国际法系统的价值目标。不过,由于国际社会的结构性缺陷,和平与发展作为国际法治的元价值观存在诸多缺陷,有待弥补和升级。

(一) 传统的国际法围绕战争与和平而展开

20 世纪以前,国际社会的主题是战争与和平。相应的,国际法就被分成了两个部分:战争法与和平法。③ 自威斯特伐利亚和约确立现代国际法的基调以来,国际法就一直围绕战争与和平的问题而确立规则、实施规则。④ 而在战争与和平的规则背后,隐含的是各国争夺资源的企图,也就是通过划分界限来确立各国满足贪欲的边界。各国在战争的过程中争夺资源,战争结束时以实力为尺度分配利益。如果利益配置不均,或者经过时代发展,情势发

---

① 张文显主编:《法理学(第三版)》,高等教育出版社 2007 年版,第 301—303 页。
② Suijian Guo and Jean-Marc F. Blanchard(eds.), *Harmonious World and China's New Foreign Policy*, Lexington Books, 2010.
③ 这种国际法的二分法是传统国际法的定论,比如,被称为"国际法之父"的格老秀斯就以《论战争与和平法》而闻名于世;瓦特尔的《万国法》也将战争与和平进行对等的论述(分别为该书的第三卷和第四卷)。
④ 《王铁崖文选》,中国政法大学出版社 2003 年版,第 151—152 页。

生了变化,就可能再度爆发战争,重新分配利益。所以,战争是政治的延伸,和平是战争的结果,也是酝酿下一场战争的根源。以战争与和平作为国际法主题显示出一种建立在现实主义基础上的国际法价值观,也导致了国际法本身的虚无状态。①

(二) 20 世纪中叶以后的国际法聚焦于和平与发展

大约在第二次世界大战结束、联合国建立之后的不久,国家之间的规则除了为了构建和平而努力之外,也开始关注经济交往与社会发展的问题。战争词汇在国际法语境下的非法化。尽管客观上仍然存在着局部的战争和武装冲突,但是从国际法的角度看,动用武力已经不再是各国在国际社会正当权利的表达方式了。国际货币基金组织、世界银行和关税与贸易总协定的建立,以及《世界人权宣言》、一系列的人权条约的通过,国际人道法的构建与发展,使得国际社会可能在和平的大环境下协商、合作,甚至建立制度、共同遵守。② 正是基于这样的历史背景,中国领导人邓小平在 20 世纪 80 年代曾经准确地将和平与发展概括为世界的主题。③ 国家之间在意识形态上的相互对立不再被强调,不再用战争的方式分割利益,而是营造一种和平的国际环境,在这种和平的环境下谋求经济与社会的发展。④ 这可以理解为一种建立在自由主义国际关系理论基础上的国际法价值观。⑤ 从"战争与和平"到"和平与发展",应当视为国际法价值观的第一次演进。

(三) 和平与发展作为国际法价值观的不足

在 21 世纪,和平与发展作为国际法的价值基点已经不能充分体现对于国际法和国际关系总体发展的指引力。它不仅对于当今世界存在的一些令人不快的现实无法消解,甚至在一定程度上建构甚至强化了这一现实。主要

---

① Hans Morgenthau, *Politics among Nations: The Struggle for Power and Peace*, Kenneth W. Thompson, David Clinton (eds.), 7th ed., McGraw-Hill, 2005, pp. 349—361.
② 杨泽伟:《国际法史论》,高等教育出版社 2011 年版,第 3—4 页。
③ 邓小平在很多时候把发展问题称为"南北问题",参见《邓小平文选(第三卷)》,人民出版社 1993 年版,第 20、56、96、105、233、281、328 页。
④ Balakrishnan Rajagopal, *International law from below: development, social movements, and Third World Resistance*, Cambridge University Press, 2003, pp. 9—33, 163—208; Philip Alston, "A Third Generation of Solidarity Rights: Progressive Development or Obfuscation of International Human Rights Law?", 29 *Netherlands International Law Review* (1982) 307; P. N. Bhagwati, "International Aspects of the Rights to Life, Peace and Development", 19 *Denver Journal of International Law & Policy* (1990—1991) 67.
⑤ 对于自由主义国际关系理论的阐述,参见秦亚青:《理性与国际合作:自由主义国际关系理论研究》,世界知识出版社 2008 年版,前言第 4—24 页、第 1—30 页。

问题可以从以下几个方面观察:

1. 国家间消极共存的状态阻碍了合作与发展

"和平与发展"将和平问题、发展问题分别考虑,说明国际社会尚处于社会化的初级阶段,和平问题与发展问题并列,具有重要的地位,暗示着国际社会还有很多威胁和平的因素。① "和平与发展"所主张的和平是建立在国家之间"共存"的基础之上的,这种共存很可能是消极的、国家原子主义的;国家对其他国家采取防范、警惕态度,而非积极、合作的态度,国际法没有充分考虑到国家之间的合作,更不用说共同前进。国家在自身态度上蒙上层层面纱,在彼此关系上构起重重壁垒。以主权这一概念为核心,各国都试图找到使自身利益最大化的出路,这是一种零和博弈式的、各自为政的态度。国家主义的核心地位导致的一种观念就是国家之间进行经济实力、军事力量的竞争和斗争,包括以往的军备竞赛,国家之间长期以来持续的在经济上的片面竞争、彼此拆台,拒绝合作,甚至在文化方面也进行着争夺,现在也扩大到区域之间的竞争。② 这种单纯的竞争关系不是一种健康的关系,它不利于健康的国际秩序的实现。欧盟的发展对于这个问题提出了挑战,以区域体制的范例推进国家之间的更紧密合作。在武力使用的问题上,20 世纪 20 年代,当时世界的大多数国家签署了《巴黎非战公约》,1945 年后的《联合国宪章》进一步重申了和平解决国际争端、不得使用武力与以武力相威胁的原则。但是,人类并没有享受真正的和平。核武器、常规武器、军备、裁军这些问题迟迟没有得到解决,局部武装冲突仍然存在。大国霸权仍然经常展现在国际社会的舞台上,所以那些以人道主义为名的武装干涉、那些先发制人的以自卫为口号的武装打击,那些面对全球环境危机却漠然不愿承担义务的国际立场,经常警示我们:和平的时代并没有真的来临,由于局部武装冲突所导致的人道主义灾难使很多地区的人权处于极度恶劣的状态,发展也就无法真正地得以实现。这样就形成了一个悖论:以和平为价值目标,最终却无法形成真正的和平。如果和平的目标尚未达到,这起码意味着人的基本安定尚未达到,也就不利于实现经济与社会发展。类似地,文化的冲突既包括冷战时期意识形态对立所带来的后果,也包括原教旨主义的仇恨,甚至包括种族优越感带来的群体敌视。基于国家主义的对立与恶性竞争直接导致了人权保护方面的问题仍然严重,难民问题、种族歧视仍然存在,阻碍了人本主义的实现。

---

① 郭振远主编:《建设和谐世界:理论与实践》,世界知识出版社 2008 年版,第 60 页。
② 各国争夺权力的斗争是现实主义国际关系的主要论断,参见 David A. Baldwin, "Power and International Relations", in Walter Carlsnaes, Thomas Risse, and Beth A. Simmons (eds.), Handbook of International Relations, Sage Publications, 2002, p.182;王爱冬:《权力与西方国际关系理论》,中国社会科学出版社 2010 年版,第 23—48 页。

2. 国家片面化界定利益引致霸权思维的延续

如果从历史的维度观察和审视作为契约社会的国际社会,不难看到:每一国家都仅仅考虑自身的收益而很少考虑他国的利益和国际社会的整体。大国主张弱化主权,比如以前的"勃列日涅夫主义",21世纪开启之后美国在"反恐"的旗帜下对于主权国家的侵害;而小国则强调主权,要求"不干涉内政"。这二者表面上差异巨大,实际上都是孤立地谋求本国利益的最大化。[1] 这种短期的、局部的利益界定方式不仅在理论上存在问题,在实践上也容易形成不利的结果。有些大国试图以自己的价值观念和意志为核心,建立起一套"世界体系"。这种观点实际上就是帝国主义,试图通过主从关系建立起世界关系体系,这既不符合民主与法治的原则,也不符合世界上绝大多数国家与人民的利益。[2] 霸权国家在辅助与遏制他国方面的选择性使得很多处于人权危机中的地区不能真正得到援助,而有些地区却由于大国实力的渗透而变得更加混乱。[3] 从经济上看,国际社会从20世纪60年代就呼吁要注意发展中国家的状况,增加发展中国家的发展能力,提议建立国际经济新秩序,并为建立相应的法律规范作出努力。但是,由于扶助发展中国家不符合西方大国的利益界定,因而半个世纪以来,随着全球化的发展,贫富国家之间的差距进一步加大、不发达国家的数量、贫困人口的数量都在增加。[4] 因而,这种建立在对国际关系的错误理解基础上追求大国霸权的行为是不可能带来国际关系的持续健康发展的,其导致的结果是社会的不公、资源的浪费和西方文化的优越心态。

3. 强势人类中心主义泛滥导致资源环境危机

现代的资本主义精神,无论学者把它归结为新教伦理的体现、还是传统天主教教义的折射,都过分强调人与人之间的相对性(对理性)、强调人与自然之间的对立性。从而导致了盲目崇尚人的理性、认为科学万能的想法,乐

---

[1] 正如国家之间在争论领海宽度的时候,强国主张以3海里为限;而弱国却要求一定要达到200海里。其实目的是一致的:都是为了扩大本国的利益。强国的意思是:各国都减小领海的面积,强国的周边海域其他国家没有能力占,弱国的周边海域强国却可以开发,能力强大的国家获得的利益就多;弱国的意图是:强国既然没有能力、不能到别人的海岸去开发,所以就要求增加专属于本国的海域,免得本国岸边的生物、矿产资源被他国占据。参见姜皇池:《国际海洋法》,台湾学林文化实业有限公司2004年版,第282页。

[2] Atilio A. Boron, "Hegemony and Imperialism in the International System", in Atilio A. Boron (ed.), *New worldwide hegemony: Alternatives for Change and Social Movements*, CLACSO, Ciudad Autónoma de Buenos Aires, Argentina. 2004, pp.131—152.

[3] E. San Juan, Jr., "Freedom and Human Rights under Imperialist Hegemony", *The Red Critique* 10 (Winter/Spring 2005); Shadi Mokhtari, "Human Rights in the Post-September 11th Era: Between Hegemony and Emancipation", 3 *Muslim World Journal of Human Rights* (2006) 1.

[4] 任丁秋:《经济全球化的发展与构建和谐世界》,载张蕴岭主编:《构建和谐世界:理论与实践》,社会科学文献出版社2008年版,第61—73页。

观主义的情绪一直持续到 20 世纪之初。一些思想的先行者对于这种现代性的思想和行为已经比较警醒,提醒人们关注其消极结果。① 但是在经济活动领域,主流的观念仍然没有摆脱强势人类中心主义的窠臼,重商主义、片面的崇尚数字,以经济增长作为繁荣的尺度。实际上,经济全球化在带来相互依赖增强的同时也带来了全球的经济动荡与危机,如果一人的全面自由解放作为经济的尺度,则这种单向度的经济增长模式并不值得肯定。另一方面,不顾自然界持续生存的需要而任意采取行动(比如日本的捕鲸活动),环境问题的显著化使得世界各国必须面临经济增长方式与地球能源、生态容量之间的矛盾。这一点,因全球变暖而正在失去领土的太平洋岛国以及遭受过地震及海啸损失的国家深有感触。虽然国际社会为了提升环境水平、减少污染作出了多方面的努力,但是从结果上看,现在的人类环境质量总体上不是在改善,而是在恶化。

上述问题要求我们在和平与发展的基础上进一步探索和挖掘,寻找并确立更具有指引力的国际法价值观,带动国际秩序的良性推进。

三、作为中国国际秩序构想的和谐世界

在 21 世纪之初,国际社会随着人类认识能力的提升,治理能力得到了进一步发展,人们对于自身所处的境况所知越来越多,对于个人、群体存在的方式有了更多的反思。② 中国政府提出了和平发展的目标,对于国际秩序提出了构建和谐世界的理念。③ 对于和谐世界的内涵,学界已经有多种

---

① 王正平:《环境哲学》,上海人民出版社 2004 年版,第 29—50 页。
② 关于对现代性的批判以及后现代思潮的崛起,参见王治河主编:《全球化与后现代性》,广西师范大学出版社 2003 年版,第 3—11、51—72 页。
③ 2005 年 4 月 22 日,中国国家主席胡锦涛在参加雅加达亚非峰会的讲话中提出,亚非国家应"推动不同文明友好相处、平等对话、发展繁荣,共同构建一个和谐世界";同年 7 月 1 日,胡锦涛出访莫斯科时,将"和谐世界"写入《中俄关于 21 世纪国际秩序的联合声明》,被确认为国与国之间的共识,标志着这一理念逐渐进入国际社会的视野;同年 9 月 15 日,在联合国成立 60 周年首脑会议上,胡锦涛在联合国总部发表演讲,阐述了"和谐世界"的内涵:"历史昭示我们……只有世界所有国家紧密团结起来,共同把握机遇、应对挑战,才能为人类社会发展创造光明的未来,才能真正建设一个持久和平、共同繁荣的和谐世界。""坚持包容精神,共建和谐世界。……应该以平等开放的精神,维护文明的多样性,促进国际关系民主化,协力构建各种文明兼容并蓄的和谐世界。"(《人民日报》2005 年 09 月 16 日第 1 版)这一讲话被高度关注和积极评价,认为这是向世界传递了中国渴望和平发展、愿做负责任大国,并希望与其他各国共建和平、繁荣、和谐世界的信息。2007 年 10 月 15 日,在中共十七大会议上,这一观念被重新阐发:"我们主张,各国人民携手努力,推动建设持久和平、共同繁荣的和谐世界。"胡锦涛:《高举中国特色社会主义伟大旗帜 为夺取全面建设小康社会新胜利而奋斗——在中国共产党第十七次全国代表大会上的报告》,《中国共产党第十七次全国代表大会文件汇编》,人民出版社 2007 年版,第 44—45 页。2012 年以后,中国国家领导人习近平通过"亲诚惠容""命运共同体"等概念,更进一步地阐释了中国所期待的和谐共生的世界秩序,为中国的发展方向与世界格局的良性互动提出了一系列新的论断。

解读。① 和谐是一种状态、一种外部的表达,它体现在一个整体秩序的强度、步调、规模等多个方面,它既存在于自然环境之中,也存在于社会结构之内;既可能在一个小系统内呈现,也可能在全球的范围内展示。根据这一理解,笔者以为,和谐世界在以下两个方面的特征值得进一步强调②:

(一) 作为世界目标的和谐:不同而和

和谐世界的理念是对西方传统、主流的国际秩序观的一种超越和升华,可能包含着多重意义,进行多种不同的解释。笔者认为,从静态上它强调的是"和"与"同"的辩证关系;在动态上强调的是在传统和革新之间的辩证关系。

1. 静态意义上的辩证关系

和谐世界作为一种状态而非一个过程,一种理想状态而非一种现实描述,其要义在于"和而不同",或者,更确切地说,是在不相同的因素中寻求共性,即"不同而和"。也就是在承认、尊重差异性的基础上追求总体的动态和谐。具体而言,和谐世界意味着:

(1) 不同道但和平共存。和谐世界不是一个同质或者完全相同的社会,诸国在意识形态、政治制度等方面,国家之间存在着很大的不同。但是这种不同道并不意味着不相与谋,而应当和平共存、避免战争,确保人类的基本安全状态。这是和谐世界的底线要求。

(2) 不同步但和洽共赢。在经济方面,各国之间的发展程度、发展步调、发展重点、发展模式存在着很大的差异,但是在这个前提下,国际社会应当着

---

① 毛艳:《关于和谐世界理念的再思考》,载《理论观察》2015 年第 5 期;〔美〕罗斯·特里尔:《全球化背景下的中美价值观——政治文化变迁与和谐世界展望》,孙雪梅、管永前译,载《社会科学论坛》2014 年第 5 期;张晓敏:《和谐世界:全球治理的中国主张》,载《理论视野》2013 年第 5 期;冷树青:《社会基本矛盾观到人类系统观——论和谐世界思想的理论创新》,载《当代世界与社会主义》2012 年第 4 期;肖永平、袁发强:《新世纪国际法的发展与和谐世界》,载《武大国际法评论》第十一卷(2010)。有学者指出:"推动建设和谐世界是我国对外政策中的纲领性主张,对我国外交工作全局有着重大指导意义。和谐世界理念同我国一贯坚持的和平共处五项原则、建立国际政治经济新秩序、反对霸权主义和强权政治、推进世界多极化、国际关系民主化等主张既是一脉相承的,又注入了新的内涵。"王缉思:《和谐世界:中国外交新理念》,载《中国党政干部论坛》2007 年第 7 期。有的学者认为,"和谐世界"集中体现了中国对当今的国际局势、全球问题、人类命运和理想目标的基本判断和价值追求,它是国内和谐社会建设战略在国际政治领域的反映,代表了中国全球战略的最新发展,中华民族自己的政治、经济和文化特色。俞可平:《和谐世界与和谐外交》,载《文汇报》2007 年 4 月 16 日第 10 版。还可参见刘箴:《"和谐世界"——当代国际关系理念的升华》,载《光明日报》2006 年 2 月 19 日第 8 版;陈启懋:《中国外交思想的新突破——关于构建和谐世界的思考》,载《解放日报》2005 年 12 月 19 日第 13 版;阮宗泽:《中国倡导并推动构建和谐世界》,载《解放军报》2005 年 9 月 21 日第 5 版。

② 笔者对于和谐世界从法律发展维度的解读,参见何志鹏:《国际法治:和谐世界的必由之路》,载《清华法学》2009 年第 1 期。

力于通过一系列的安排促进公平的国际贸易、投资、金融秩序,减少马太效应,弥合数字鸿沟,和谐就意味着在经济上相互促进、共同发展,形成一个公正互利的世界。

(3) 不同样但和乐共处。各国的社会形式多种多样,但是,无论是崇尚社会福利、推行自由市场,还是由政府主导,都应当提倡真诚、友爱,而不能歧视。和谐就要求国际社会在政治上相互尊重、共同协商,形成一个和平民主的世界。

(4) 不同源但和睦共生。在文化上,应当促进思想宽容,在贯彻宗教信仰自由的同时,不轻易把异质文化定义成野蛮,不轻易把不同的意识形态说成是流氓思维,在思想宽容的同时,对不宽容的思想采取疏导和防范措施,防止恐怖主义的蔓延,和谐也就表征着在文化上相互借鉴、共同繁荣,形成一个包容开放的世界。

(5) 不同盟但和衷共济。由于科学技术的发展和人口的增长,地球的容积显得不足,资源压力日趋加大,生态环境趋向恶化。此时,全球面临着共同的风险社会(例如乌尔里希·贝克的观点);此时需要的不是党同伐异、非敌即友式的同盟,而是推进全球共同的协调(例如奥兰·扬对于国际治理的研究)。因而,和谐也意味着在安全上相互信任、共同维护,形成一个和睦互信的世界。

2. 动态意义上的辩证关系

和谐发展的主张中含有更新与变革的意义。作为一种状态,和谐不是凝固、僵化、停滞的稳定,而是在更新中求谐调。由于客观形势的不断发展,不变的"和谐"也是不可能的;和谐是流动、变化、发展中的平衡与协调。也就是在"易"的过程中实现和谐,在动态发展中达致和谐,在不断变化的因素中形成一个个新的和谐点。和谐世界不仅意味着在不同的基础上形成一个差异但平衡的生态群落,而且意味着不断的革故鼎新、吐故纳新、去故就新,也就是扬弃旧的、不合适的因素,引入新的、符合客观情况的因素。在新旧之间,并不是抛弃传统、荒废原有的基础,不是厌故喜新、弃故揽新,而是夯故促新、尊故融新。无论是国内社会、区域社会,还是国际社会,社会秩序更新的原动力都是矛盾的存在以及解决矛盾的需要。革新的机制是打破旧的平衡、达到新的平衡;更新的方式是主导力量的重新确立。更新的过程是随着社会环境的变化和行为体的发展,非主导力量演变为主导力量,新生主导力量吸收、遏制非主导力量,从而形成力量平衡的格局。在从旧的平衡到新的平衡过程中,冲突可能是难以避免的,强制性的手段也会在必要的情况下采用。从这个意义上讲,和谐世界不是一个没有任何冲突的世界,不是一个僵化式稳定的世界,但总体上衡量,一定是一个和平、稳定、平衡、协调、健康发展的世界。

综上,和谐世界的维度是在差异、变革中寻求相对的稳定与平衡。

(二) 中国崛起视野中的和谐世界

和谐世界是中国崛起的进程中提出的观念,意味着中国对于世界的格局有自己的认识。具体而言,中国提出"和谐世界"的主张意味着中国认为国际关系存在着良性发展的契机。(1) 经济全球化导致了相互依赖和合作可能,国家之间不再互不连属,而是在经济上存在着大量的利益交叠。(2) 生态变化等因素形成了全球风险社会。环境危机、能源危机、经济危机、恐怖主义等问题使得国家安全的界定发生了转变。(3) 国际制度的发展初步构建了共同的价值基础。由于联合国、WTO 等已有的机制基础,民主、人权、法治等已经成为共同的认识与愿望。(4) 国际关系理论上的变革推进着人们对世界秩序的认识。随着客观形势的发展,国际关系学界主流理论发生着变化。从现实主义到自由主义与建构主义,人们对无政府社会这一基本假设下的国际关系进行着重新的认识,其中包括复杂相互依赖(例如基欧汉和约瑟夫·奈的主张)、国际体制的作用(例如赫德利·布尔的主张)、集体认同的作用(例如亚历山大·温特的分析)、以及全球治理(例如德国学者乌尔里希·贝克和中国学者俞可平的论证)的主张。从这个意义上看,和谐世界理念对于和平、发展、法治的强调体现了自由主义国际关系、建构主义国际关系的理念。

也就是说,中国试图在前述背景下建构一个没有压迫、没有霸权的世界体系,在这个世界里,所有的国家和平共存、诚信合作,建设共进的未来。由于中国重教化、轻斗争的文化传统,和谐世界的主张在很大程度上体现了与建构主义理论的契合,即国家之间通过形成共同的观念、意识、价值来塑造道德的共同体,国家之间可以团结合作,逐渐形成一个善治的共同体,这个共同体会超越"单极""两极"或者"多极"体系中的"极"的概念,建立一个"无极"的世界。

(三) 和谐世界框架中的中国崛起

和谐世界的理念不仅意味着中国对国际秩序变革机遇的审视与估价,也意味着中国对自身作用于功能的衡量。通过和谐世界这一主张,中国不仅试图让世界倾听到中国的声音,更力图树立一个鲜明的大国形象,在国际事务上赢得更多的话语权,这是"中国梦"在国际层面的映射。

与此同时,和谐世界主张的目标在很大程度上也是对"中国威胁论"的一种回应。在中国是否构成威胁这一问题上,不同的国际关系理论会给出不同的解说。根据典型的现实主义观点,根据文明冲突的理论,中国当然会是一个威胁,而且当其强大时尤其会构成威胁。这里实际上存在着一个思想方式的问题:当国家之间无法建立起信任时,就容易导致"安全困境"。像中国这样迅速崛起的国家就会被视为威胁。而根据自由主义的观点,国家之间可能根据理性而形成合作格局,此时中国即使强大,也不一定会对其他国家的安全造成威胁。更进一步,建构主义理论将世界看成是一个社会,以国家为主的行为体与规范和价值进行互构。根据这一理论,不仅中国,而且任何一个国家都可能不构成威胁。

如果认真梳理,会发现不同的国际关系理论并不是互相对立的,而是在不同层次上揭示了国际社会的现状。通过和谐世界这一概念,中国试图表达这样的观点:中国可能会是一个大国、一个强国,但不会是一个帝国,不会是对世界各国的威胁。中国可能是一股领导力量,但不会是一个霸权力量。通过和谐世界这样一个理念,中国表达着这样的观点:中国的和平发展需要一个和谐的世界秩序作为前提和基础,中国的和平发展也能为世界的和谐提供助力,中国努力成为各国的合作共赢伙伴,而不会试图建立其霸权之下的世界体系。中国的历史发展经验与社会文化模式预示着:即使中国强大起来,也不会做世界警察,不会将自己的价值观强加于他国。

这一点可以从中国外交的历史和现实中体现出来。在谋求和平与合作方面,中国的外交政策一以贯之:1949年中国人民政治协商会议《共同纲领》中就载明:"中华人民共和国外交政策的原则为保障本国独立、自由和领土主权的完整,拥护国际的持久和平和各国人民之间的友好合作,反对帝国主义的侵略政策和战争政策。"冷战时期,中国团结广大发展中国家,反对形形色色的霸权主义和强权政治,维护国家的独立和领土完整;在阶级斗争作为国内政策主旨的时候国际关系仍然在发展;1953年12月31日,周恩来总理代表中国政府提出了"和平共处五项原则";1954年6月底,周恩来访问印度和缅甸时,在联合声明中重申和平共处五项原则。1955年4月,在万隆亚非会议上,周恩来总理发言,提出了求同存异的观念,和平共处五项原则被写入万隆会议公报。改革开放伊始,中国认为和平与发展是世界的主题,邓小平一直倡导从国家战略利益出发处理国与国之间关系,既要着眼自身长远的战略利益,同时也要尊重对方的利益。冷战结束后,中国继续坚持独立自主的和平外交政策,提出了新安全观、新文明观、新发展观;"与邻为善,以邻为伴"的周边外交方针和"睦邻、安邻、富邻"的外交政策,努力实现与他国和平共处、共享繁荣;无论是在双边,还是多边舞台,无论是扩大合作,还是解决冲突,都充分体现了中国负责任的大国形象。21世纪中国提出的和平崛起/和平发展,以及要建立和谐世界,是这种思路的顺延。中国领导人在很多场合都明确表示,无论国际形势发生什么变化,中国都将始终不渝地走和平发展的道路。①

---

① 例如,2004年2月23日,中共中央政治局第十次集体学习会上,胡锦涛指出,要坚持和平崛起的发展道路和独立自主的和平外交政策,坚持维护世界和平、促进共同发展的宗旨,坚持在和平共处五项原则的基础上同各国友好相处,在平等互利的基础上积极开展同各国的交流和合作,在国际舞台上高举和平、发展、合作的旗帜,为人类和平与发展的崇高事业作出贡献。2004年7月24日,中共中央政治局第十五次集体学习会上,胡锦涛指出,我们要用好重要战略机遇期……高举和平、发展、合作的旗帜,坚持奉行独立自主的和平外交政策,坚定不移地走和平发展的道路,坚定不移地维护世界和平、促进共同发展。在2006年8月23日中央外事工作会议上,胡锦涛讲话指出,和平与发展仍然是当今时代的主题,世界多极化和经济全球化的趋势在曲折中发展,维护和平、制约战争的因素不断增长,争取较长时期的和平国际环境和良好周边环境是可以实现的。……中国坚定不移地走和平发展道路,永远不称霸,既通过维护世界和平来发展自己,又通过自身的发展来促进世界和平,努力实现和平的发展、开放的发展、合作的发展、和谐的发展。……要加强同世界各国和平共处、互利合作,恪守和平共处五项原则,积极营造和平稳定的国际环境、睦邻友好的周边环境、平等互利的合作环境、互信协作的安全环境、客观友善的舆论环境。要把中国人民的根本利益与各国人民的共同利益结合起来,把我国的对外政策主张与各国人民的进步意愿结合起来,以合作谋和平,以合作促发展,以合作解争端。在中共十七大的报告中,胡锦涛提出,不管国际风云如何变幻,中国政府和人民都将高举和平、发展、合作旗帜,奉行独立自主的和平外交政策,维护国家主权、安全、发展利益,恪守维护世界和平、促进共同发展的外交政策宗旨。中国将始终不渝走和平发展道路。中国将始终不渝奉行互利共赢的开放战略。中国绝不做损人利己、以邻为壑的事情。2008年12月18日,在纪念党的十一届三中全会召开30周年大会上,胡锦涛提出,我们在坚持和平共处五项原则的基础上同所有国家开展交流合作,积极促进世界多极化、推进国际关系民主化,尊重世界多样性,反对霸权主义和强权政治。我们……推动经济全球化朝着均衡、普惠、共赢方向发展,共同呵护人类赖以生存的地球家园,促进人类文明繁荣进步。我们要始终高举和平、发展、合作旗帜,既利用和平的国际环境发展自己,又通过自己的发展维护世界和平。2009年3月11日,胡锦涛在出席十一届全国人大二次会议解放军代表团全体会议时强调,要充分清国家安全形势的新发展新变化,进一步增强政治意识、大局意识、忧患意识、使命意识,大力推进国防和军队现代化建设,坚决捍卫国家主权、安全、领土完整,为维护国家发展利益和社会大局稳定提供强大力量支撑和保证。2009年7月20日,胡锦涛等中央领导出席第十一次驻外使节会议,指出,和平与发展仍然是当今时代的主题,但综合国力竞争日趋激烈,广大发展中国家平等参与国际事务的要求日益强烈,国际上实现国际关系民主化呼声增强……我们要开拓视野,审时度势,趋利避害,不断提高新形势下应对国际局势和处理国际事务的能力和水平。2012年,中共十八大报告指出:"和平发展是中国特色社会主义的必然选择。要坚持开放的发展、合作的发展、共赢的发展,通过争取和平国际环境发展自己,又以自身发展维护和促进世界和平,扩大同各方利益汇合点,推动建设持久和平、共同繁荣的和谐世界。"《坚定不移沿着中国特色社会主义道路前进 为全面建成小康社会而奋斗——在中国共产党第十八次全国代表大会上的报告》(2012年11月8日)。2015年,在回顾和平共处五项原则的意义时,中国领导人习近平提出,"中国将继续做弘扬和平共处五项原则的表率,同印度、缅甸和国际社会一道,推动建设持久和平、共同繁荣的和谐世界!"习近平:《弘扬和平共处五项原则 建设合作共赢美好世界——在和平共处五项原则发表60周年纪念大会上的讲话(2014年6月28日)》,载《人民日报》2014年6月29日第2版。

崛起的中国需要一个和谐的世界，崛起的中国也愿意投身于建设一个和谐的世界。和谐世界的建构，不仅是中国崛起的外部环境，更构成了中国崛起在世界秩序上的反映和体现，是崛起的中国为国际秩序健康持续发展的贡献。和谐世界是一个值得为之奋斗的对于世界秩序的美好想象。虽然对这一观念还没有特别清晰的界定，但是在政策圈和学术圈都已经形成了较为广泛的认知。到现在为止，对于和谐世界还没有一个明确的战略规划和具体的工作日程，它仅仅是看起来很好的理想。当今的世界，最基本的格局还是无政府社会，即不存在超国家的权威、弱的、横向的、不成体系的国际法，国家基于理性选择而进行合作，国家利益经常会相互冲突。但是，由于世界各国和各国人民都愿意生存在和谐、持续的世界之中，所以和谐世界是值得追求的国际关系未来愿景。正因为和谐世界的主张是一个更高层次的理想，所以在世界公正还没有实现的时候，和谐是一个比较遥远的图式。但是人类不能放弃希望。温故可以知新。自古及今，知识界为社会结构创造了无数的理想，无论是孔子、孟子、柏拉图等先哲，还是耶稣这样的宗教领袖，还是康德、马克思、哈贝马斯、赫尔德等思想者，他们的理想都没有实现。但是人类却从未停止向这些理想进发的脚步。这在一定程度上揭示了人类的命运。因而，和谐世界的主张也有资格号召人们向理想挺进。

（四）"和谐"发展理念中的文化兼容

和谐世界是一个具有浓厚的中国文化特色、同时也能够为各种文化所广泛接受的国际秩序理念。而这恰恰是构建中国特色国际法理论的重要路径。① 毋庸置疑，作为国际社会的发展目标，"和谐世界"的观念中有着浓厚的中国传统哲学的色彩，但是其本身并不是一个"中国观念"。也就是说，"和谐"思想是世界优秀文化的一部分，具有深厚的文化基础、悠久的历史和广泛的接受可能。它是一个符合世界各民族文化意识的、具有一定普遍性的观念，是一个世界各国都能接受的、具有普遍性的观念。在中华文化中，"和"意味着协调、适中、平和、融洽②；在这些意义上，"谐"与"和"具有同样

---

① 2016年5月17日，在哲学社会科学工作座谈会上，中共中央总书记、国家主席习近平提出，构建中国特色哲学社会科学，要体现继承性、民族性、原创性、时代性、系统性、专业性。这一观点对于中国国际法理论的发展具有启发意义。
② 《辞源(合订本)》，商务印书馆1988年版，第272页；《汉语大字典》，湖北辞书出版社、四川辞书出版社1992年版，第253页。

的意义,经常会互训。① "和"意味着人与人的共同志向,"天时不如地利,地利不如人和"②;"和"也意味着人最终要顺应自然规律、人与自然的和谐统一,即"天人合一";在人类社会中,"和"的根基是"仁",比如孔子主张的"己所不欲,勿施于人"③、"老者安之,朋友信之,少者怀之"④;"和"的境界是"和而不同"⑤、"和而不流"⑥、"求同存异",在国家间关系上,意味着"亲仁善邻""以德为邻""近者悦,远者来"。数千年来,和谐理念经过长期熏陶,扎根于中国的历史文化传统,渗透于中国的社会生活,被认为具有很高的地位:"和者,天地之正道也""德莫大于和""礼之用,和为贵"⑦。综合看来,在中华文化(特别是儒家文化)的基础上⑧,和谐意味着存在差异,但彼此不冲突;作为一个系统,从外部看具有整体性,内部关系良好。

和谐概念不仅有着中国古典文化的深厚基础,也同样符合西方社会的愿望。⑨ 古希腊的毕达哥拉斯学派以数学为基础,将世界理解成一个由比例关

---

① "如乐之和,无所不谐",《左传·襄公十一年》。特别是在音乐方面,和(古代主要用"龢")与谐总是一体的。如《书经·舜典》:"八音克谐,无相夺伦";《吕氏春秋·孝行览》:"正六律、龢五声、杂八音,养耳之道也。"特别是古代还有专门表示音乐和谐的"龤"字(《说文解字》)。
② 《孟子·公孙丑下》。
③ 《论语·颜渊》。
④ 《论语·公冶长》。
⑤ 《论语·子路》。其他中国古代经典也谈及这个问题,比如《左传·昭公二十年》记载了晏子与齐侯的一段对话。公曰:"和与同异乎?"(晏子)对曰:"异。和如羹焉,水、火、醯、醢、盐、梅,以烹鱼肉,燀之以薪。宰夫和之,齐之以味;济其不及,以泄其过。……声亦如味,一气、二体、三类、四物、五声、六律、七音、八风、九歌,以相成也;清浊、小大、短长、疾徐、哀乐、刚柔、迟速、高下、出入、周疏,以相济也。君子听之,以平其心。心平,德和。若以水济水。谁能食之? 若琴瑟之一专,谁能听之? 同之不可也如是。"《国语·郑语》记载了史伯和郑桓公的对话:"今王(周幽王)弃高明昭显,而好谗慝暗昧;恶角犀丰盈,而近顽童穷固。去和而取同。夫和实生物,同则不继。以他平他谓之和,故能丰长而物归之;若以同裨同,尽乃弃矣。……务和同也。声一无听,物一无文,味一无果,物一不讲。王将弃是类也而与剸同。天夺之明,欲无弊,得乎?"
⑥ 《礼记·中庸》,《荀子·乐论》。
⑦ 《论语·述而》。
⑧ 有关讨论,参见"东学西渐"栏目编辑:《儒学对于建构和谐世界的意义——中国孔子基金会"儒学与和谐世界研讨会"论要》,载《东方论坛》2006年第5期;李宏之:《道通天地世界和谐——弘道对于构建和谐世界的意义》,载《中国道教》2007年第4期。
⑨ 有的学者认为,西方社会与中华文化显著不同,西方政治文化中的和谐,源于"人性本恶"和"丛林法则"的哲学假设,西方文化习惯于从实力政治的角度理解和谐。这种和谐,并非源于对每个国家利益和意愿的尊重,而来源于对弱肉强食法则的尊重。这种实力差别、即"量的差别性"构成西方"和谐论"的一个基础;基于"普世理性"的西方民主,即"质的同一性"则构成其另外一个基础。可能接受和谐的观念有困难(王鸿刚:《西方能接受中国"和谐世界"构想吗?》,载《广州日报》2006年6月20日),笔者不太同意这一观点,实际上哈贝马斯、大卫·赫尔德关于沟通理性与协商民主、互通世界的观点都有和谐的因素,而绝不仅有一种意识形态。

系决定的和谐整体①;赫拉克利特则从斗争的角度动态的进行认识,认为世界在对立的力量中造成和谐。② 1648 年的《威斯特伐利亚和约》结束了欧洲残酷的 30 年战争,形成了近代国际关系格局。此后,资产阶级革命准备并进行,空想社会主义者前赴后继地创制了美好社会的构想。当时最著名的空想社会主义者之一、法国人傅立叶发表了《全世界和谐》一文,将其理想制度称为"和谐制度",是文明制度经过保障制度与协作制度的过渡后达到的。英国的欧文则在美国和英国进行了建立和谐社会的实验,在美国的实验公社就命名为"新和谐"。在德国人魏特林的笔下,理想的制度为和谐、自由和共有共享的制度。他说,从个人来说,个人欲望和个人能力愈和谐,个人自由就愈大;从全体人来说,全体人欲望和全体人能力愈和谐,全体人自由也就愈大。伏尔泰在《论宽容》的结尾也谈到了摒弃对立、破除固执与偏见、宽容理解对于社会的重要性。③

　　同样,在印度、非洲等文化区域,也接受并赞赏和谐的理念。当然,由于西方理性化、科学化、现代化、工业化理论与实践的推进,和谐的观念在近数百年来被淹没在"文明、进步"这些概念的浪潮中,军事对立、经济分化、文化冲突、资源耗竭、环境灾难等问题使得世界远离和谐。所以,在反思和展望的基础上,和谐世界的观念才得以继"国际政治经济新秩序""可持续发展"等概念重新进入到人们的关注焦点之中。

　　和谐世界是崛起的中国为国际秩序的未来筹划的蓝图,也是崛起的中国理想中的国际秩序结构的意愿表达。这一观点的提出,意味着中国从自身的历史、文化汲取营养,思考出具有中国特色的、但同时又能为世界各国所接受的全球论理模式和国际秩序图景;意味着中国不甘于被动接受以往的国际战略家或者大国所设计的国际关系。从这个意义上讲,没有崛起的中国,就不会有和谐世界观念的提出。

四、和谐发展成为国际法治远景目标的可能

　　中国所提出的"和谐世界"的观念表达了中国引领的国际秩序理念④,对

---

① 参见〔古希腊〕亚里士多德:《形而上学》,吴寿彭译,商务印书馆 1959 年版,第 12—14 页。
② 参见〔英〕罗素:《西方哲学史》,何兆武等译,商务印书馆 1963 年版,第 70—72 页。
③ 参见〔法〕伏尔泰:《论宽容》,蔡鸿滨译,花城出版社 2007 年版,第 152—171 页。
④ 中共十八大报告指出:"人类只有一个地球,各国共处一个世界。历史昭示我们,弱肉强食不是人共存之道,穷兵黩武无法带来美好世界。要和平不要战争,要发展不要贫穷,要合作不要对抗,推动建设持久和平、共同繁荣的和谐世界,是各国人民共同愿望。"《坚定不移沿着中国特色社会主义道路前进 为全面建成小康社会而奋斗——在中国共产党第十八次全国代表大会上的报告》(2012 年 11 月 8 日)。

于中国以及世界的未来趋向都具有重要的意义,作为国际法治的价值,和谐发展理念意味着对国家之间的关系确立起超越以往的新思维;特别是对当代和未来的世界格局与国际法而言,这一理念意味着一个新的价值因子得以确立。①

(一)"和谐发展"在国际法领域的指向

和谐表征的是一种完美的状态,如亚当·斯密所假设的完全竞争的市场。和谐发展是世界秩序未来发展方向的美好愿景,是一种超越现有国际关系秩序的理想,这个设想虽然具有吸引力,但是,如果不正视当代世界格局的实际问题,不针对具体问题提出有效化解与解决的实践方案,是一个远景,如果没有一个的方式,和谐发展的愿景可能沦为美好的幻象和空想,变成无法真正落实的口号。与此同时,国际关系的发展如果没有一个愿景予以指引,可能也会处于迷津之中而找不到正确的路线;或者在确立了相关目标之后,在无政府甚至有时无秩序的国际社会中受到抗拒和阻滞,使得本来良好的梦想变得越来越空乏和缥缈。② 因此,国际法治与和谐发展找到了一个契合点:国际法治可以被视为人类为了实现和谐发展这个美好的理想需要明确的手段和现实的通路③,和谐发展也为国际法治的道路和方向提供了有效的航标。粗略地分析,一个和谐发展的国际法的追求至少应当包含以下几个方面④:

1. 世界和平

人类社会经过长期的尝试,现在基本已经达成共识:无论是何种形式,战争都是人类的灾难。它戕害人命、毁损资源、将人类文明的成就迅速删除,使

---

① 俞新天:《和谐世界与中国的和平发展道路》,载徐敦信主编:《世界大势与和谐世界》,世界知识出版社2007年版,第31—43页。
② "和谐世界与其说是一种理论,不如说是一种理想。善良的人们都向往:世界各国不分大小、强弱、穷富和宗教、价值观、文化、种族的差异,和平共处,共享人类的进步与文明。尽管这个明天离我们还很遥远,但毕竟是美好的,值得人类去追求。"华黎明:《和谐世界与韬光养晦》,来源:中国经济时报,http://myy.cass.cn/file/2007062527977.html。
③ "人类要建设起一个真正和谐的世界仍须不断努力。因为霸权主义、恐怖主义、局部战争、跨国犯罪等问题,仍然影响着世界的和平与稳定;环境恶化、自然灾害、传染性疾病等,依然威胁着人类的生存和发展。特别是由于全球经济发展不平衡、南北差距扩大和贸易保护主义抬头等外部因素,加之自身基础薄弱,广大发展中国家在经济社会发展中还面临着不少困难,有的甚至面临被边缘化的危险。面对这些困难与挑战,人类就更需要提倡各国间的和谐相处,真诚互助,共谋发展,以实现共赢。"吕鸿:《共建和谐世界》,载《人民日报》2005年5月11日第3版。
④ 对于和谐的世界秩序应有外延的分析,国内学者已经进行了很多讨论,笔者赞同这些分析,但是认为有一些维度,例如避免冲突,似乎并不是和谐的要义。参见尹继武:《和谐世界秩序的可能:社会心理学的视角》,载《世界经济与政治》2009年第5期。

参与其中的人处于前所未有的恶劣环境之中。国际社会基本上已经抛弃了以往学者提出的"战争权""通过战争达到永久和平"的理论，试图在出现国际争端的时候用和平的方式解决。和平是和谐的基础，是国际社会秩序化的最基本的要求。抵制和防范霸权，维护世界和平，是中国"和谐世界"主张的重要因素。①

2. 保护人权

在我们的社会中，人是感知与认识的主体，因而也就是评价的标准所在。从法律的层面上解读，这意味着我们的法律要关心人的生存状态，为人的生命、生存、发展提供一个妥善的环境。我们一直拥护的"权利本位"的观点以此来看待是有着哲学与社会学所主张的现代性基础的。就国际关系和谐的意义讲，确认和尊重人的主体地位就意味着应当在国际层面上真诚地维护基本人权，并且通过国内法律与政策的实施，使人权得到真实和充分的保障。就中国的人权观念而言，更注重从文化多元的角度予以认识，强调人权保护"没有最好，只有更好"；注重主权、内政下的人权机制，而防范"保护的责任"酿成"难民危机"的状况。

3. 国际合作以求发展

改变国家之间角逐与竞争的状态，进入到国家合作的境界。人们说，现代的国际法是从强调战争与和平的"共存国际法"进化到重视"合作与发展"的共进国际法的新时期。② 当前的世界，虽然说"四海一家"(global neighborhood)、"地球村"(earth village)还有一点夸张，但是无可否认的是，地区之间、国家之间在利益上彼此交错，呈现出一种正相关关系，却是不争的事实。世界的和谐发展必然意味着国家之间在经济、环境等事务上进行广泛、深入、真诚的合作，针对共同的问题，共同决策、共同采取行动。中国从互利共赢的命运共同体的角度来认知这一方面，并进行了一系列原则性阐述。

---

① 在这方面，中国领导人提出：

中国不认同"国强必霸论"，中国人的血脉中没有称王称霸、穷兵黩武的基因。……中国坚定维护自身的主权、安全、发展利益，也支持其他国家特别是广大发展中国家维护自身的主权、安全、发展利益。中国坚持不干涉别国内政原则，不会把自己的意志强加于人，即使再强大也永远不称霸。

习近平：《弘扬和平共处五项原则 建设合作共赢美好世界——在和平共处五项原则发表60周年纪念大会上的讲话（2014年6月28日）》，载《人民日报》2014年6月29日第2版。

② 关于国际法从共存经合作走向共进的思想，参见 Sienho Yee, "Towards an International Law of Co-progressiveness", in: Sienho Yee and Wang Tieya (eds.), *International Law in the Post-Cold War World: Essays in Memory of Li Haopei*, Routledge, 2001, pp. 18—39；易显河：《向共进国际法迈步》，载《西安政治学院学报》2007年第1期。有关评论，参见王秀梅：《从"共进国际法"看国际法的发展趋势》，载《兰州大学学报（社会科学版）》2010年第4期。

4. 人与自然环境的共生

一个和谐的世界必然是可持续发展的世界,而试图实现可持续发展,首先必须合理地使用资源、适当地保护环境。可持续发展的原初含义就是建立在环境与资源的保持与维护上的。为了达到代内公平与代际公平这一可持续发展的目的,必须建立在科学调查与研究的基础上,对于整个人类的发展战略作一个宏观的规划,协调经济发展的步调,俾使人类能够在时间的维度上更长久地存续。中国高度重视2015年末在巴黎召开的第21届联合国气候变化大会,并对会上议定的《巴黎协定》积极反应,就是在人与自然和谐方面作出的努力。

(二)"和谐发展"对于"和平与发展"观念的超越

当世界把和平与发展视为国际社会的主题的时候,其内涵是谋求与维护和平,争取和促进发展,也就隐含着世界还不和平、发展还有很多障碍的现实判断。[1] 当时,冷战还没有结束,美苏的对峙还处于明显的状态,所以能否爆发世界大战的问题一直是悬在世界各国头上的达摩克利斯之剑。在这种背景下,各国当然有着谋求与维护世界和平的使命。当时的发展问题主要是发达国家与发展中国家(北方国家与南方国家)之间的经济关系问题,如何使发展中国家谋求经济独立、社会繁荣的主张受到世界的重视并真正实现,是当时的焦点之一。

但是,20世纪80年代以后的世界值得关注的几个特征是冷战的结束、经济全球化的加速、环境问题的紧迫和文化冲突的加剧。20世纪下半叶以来,特别是进入新世纪之后,国际社会出现了一系列新的问题,为国际法的制度和指导思想带来很多新的课题,也为国际法价值观的升华提供了新的因素。

1. 全球化的推进

20世纪80年代末,冷战趋于结束,国际合作的趋势日益凸现,国家之间的相互依赖日益加深。在这种背景下,国家单独追求利益的现实性日益减小,各国有了更多的共同利益。21世纪开启之后,信息与交通通讯科技的进步所带来的全球经济行为的推展使得全球经济、环境等问题获得了全球性关注,也呼唤着全球性的解决手段,这就是全方位的全球化。[2] 在此背景下,如

---

[1] Roda Mushkat, "China's Compliance with International Law: What Has Been Learned and the GapsRemaining", 20 *Pacific Rim Law & Policy Journal* (2011) 41.
[2] Anthony Giddens, *Sociology*, 6th ed., Revised and Updated with Philip W. Sutton, Polity Press, 2009, pp.126—137.

果国际社会、国际机制仍然仅仅局限于注重和平与安全的问题,没有促进合作的机制,就无法跟进时代的发展,无法应对时代的需求。现在的全球体系是西方主导、西方中心的。无论是经济意义上的全球化,还是政治意义上的全球化,都具有浓厚的西方思想文化色彩。但是,这并不意味着全球化就不会给其他地域带来好处,也不意味着包括中国在内的非西方国家不能在全球化中彰显特色,更不意味着全球化无法实现公平和正义。也就是说,即使承认全球化是威斯特伐利亚体系的拓展、是西方主导的,也依然有可能最终实现共赢与和谐。实现公平、共赢、和谐的国际秩序,路径比较艰难,但并非绝不可能。① 因为在相互依赖的全球体系中,国家很难脱离西方的阴影而独立发展,在一个不公正的体系中,难于摆脱财富单向流动的现实。与此同时,由于国家之间的相互依赖,弱国有讨价还价的可能,可能在利益的博弈中通过协同努力而改变规则。而今,虽然世界上仍存在着局部的武装冲突和干涉,但是冷战结束后一超多强的国际关系格局基本消除了世界大战爆发的可能性。所以,世界秩序应当在和平的基础上有更近一步的追求。将和谐作为世界秩序的主题,就意味着充分认识到新世纪这个全球化时代的核心矛盾和主导需求,试图通过制度、文化的建构与交融形成一个更加宽容、更加多样、更加美好的国际关系格局。强调和谐发展,就是将国际法的存在于运行置于全球化的平台之上,从国家之间的相互依赖、有机联系、彼此合作的角度确立国际法的发展方向。

2. 世界主义思想的更新

世界主义,或称全球主义,意味着超越世界上不同的民族、国家、文化、经济发展水平以及制度形式、地理分割,而认为世界属于一家和世界可以成为一家。② 世界主义的思想可以追溯到孔子的"天下大同"和古代西方的斯多葛学派;在康德的永久和平论中,也洋溢着理想的全球主义色彩。马克思主义阐明了实现无剥削、无阶级甚至无国家的世界共产主义的理想目标,西方的自由主义则认为资本主义自由经济与自由竞争的全球化会促使自由民主制度与价值的全球推进,最终会统一为自由主义的世界。③

当代国际关系中的全球主义主要从国际关系的实际发展总结而来。以罗伯特·基欧汉(Robert Keohane)和约瑟夫·奈(Joseph Nye)为代表人物

---

① 郭振远主编:《建设和谐世界:理论与实践》,世界知识出版社 2008 年版,第 39—40 页。
② 朱锋:《关于区域主义与全球主义》,载《现代国际关系》1997 年第 9 期;朱锋:《区域主义与全球主义的关系》,载《世界经济》1997 年第 12 期。
③ 〔德〕乌尔里希·贝克:《世界主义的观点:战争即和平》,杨祖群译,华东师范大学出版社 2008 年版,第 3—25 页;〔英〕埃里克·霍布斯鲍姆:《为何改变世界:马克思和马克思主义的传奇》,吕增奎译,中央编译出版社 2014 年版,第十、十四、十五章。

的新自由主义理论强调跨国公司、国际组织、非政府组织等非国家行为体的重要性和世界相互依赖格局的作用,整个世界都在朝全球社会的方向迈进。① 20世纪90年代以来,作为对全球化从经济为度展开至社会、法律、文化领域这一事实的归纳和构想,"全球治理"的观念受到了政治精英与知识阶层的关注。② 虽然全球治理的观念还没有做到充分的理论化,但它确实揭示了当代国际秩序的几个重要特征:首先,治理主体已经从单纯的政府向国际组织、非政府组织、公司等行为体拓展③。其次,治理的方式从原来的主要以硬性的统治为主转变为以纵向的命令与衡量沟通相结合、直接要求与间接影响相结合的多元模式;治理的事务广泛涉及社会生活的各个方面,而且每个方面都可能至少以蝴蝶效应的方式相互影响。最后,治理的层次和结构非常复杂,彼此可能存在重叠和冲突。正如国际法学者已经注意到的,国际法处于不成体系的状态,在法律之外的各个领域,国际治理显然更加碎片化。④ 其中的矛盾与重叠不可避免。在全球治理的观点指引下,我们看到了国际法律秩序的希望,问题与矛盾根源,使我们认识到,为了解决全球风险社会的心理与现实问题,必须以和谐为目标,将多元的治理手段有机整合,使各个主体在人本主义、文明共存、可持续发展的原则指引下协调行动。21世纪的发展理念更进一步拓展,在经济增长的一维观念增加了社会进步、文化丰富、生态多样、环境友好等尺度。将和谐与发展放到一起,实际上也是为发展提出了更高的要求:不仅要形成国际和谐,更要追求人类与动植物、非生物体之间的域际和谐。从环境伦理的角度看,也就是从域内公平延展到域际公平,形成地理范围更为广阔和时代范围更加长久的新发展观。

3. 国际法律制度的进步

在和平与发展的观念指引下,国际法的体系基础对全球化的适应性不足。国家主权、不干涉内政等原则实际上是对国家独立自主的承认,它概括了前全球化时代的国家利益指向与国家安全思维,却没有充分考虑全球化时代国家之间深刻的相互依赖,国家之间面临着共同的未来、共同的安全问题,

---

① 张磊:《试析全球化和全球主义》,载梁守德主编:《全球化与和谐世界》,世界知识出版社2007年版,第30—31页。
② James N. Rosenau, "Governance, Order and Change in World Politics", in James N. Rosenau and Robert Keohane, *The Borderless World*, New York Harper Collins, 1994, p 213.
③ Robert Keohane, "Sovereignty, Interdependence, and International Institutions", in Linda Miller and Michael J. Smith (eds.), *Ideas and Ideals*, Boulder: Westview Press, 1993, p.107.
④ See, e.g., Harro Van Asselt, *The Fragmentation of Global Governace: Consequences and Management of Regime Interactions*, Edwand Elgar, 2014.

共同的保障举措。① 而最近半个世纪以来,国际法律制度在一些区域和领域已经取得了质的进步。欧盟立法在很大程度上超越了国际法作为协调法、平位法、弱法的状态,成为超国家的法律体系。WTO 的法律通过强有力的争端解决机制构成了国际法的新焦点,国际刑事法院则在终极关怀和运作程序上提升了国际法的力量。国际法的这些进步要求国际法价值观的进一步完善和提升。

在这些因素的影响之下,国际法的价值观从"和平与发展"演化为"和谐发展",是对以往价值理念的继承,同时又与时俱进地予以发展,充分考虑到了国家之间在全球化背景下更紧密的相互依赖和共同面临的困境与未来,对于国际法的发展有更为切实的指引力。

(三) 和谐发展对西方国际秩序观主流范式缺陷的补正

当代西方国际秩序观念的全球范式是民主、人权与自由市场。具体而言,即在政治上推广民主的理念、倡导每一个国家都施行民主政治体系②;在社会上,倡导人权的观念,要求每一个国家都充分尊重和保障人权③;在经济发展的模式上,倡导自由市场的资源配置与经济运行方式,要求每一个国家都采取市场经济的体系。④ 然而,近一个世纪的实践表明,西方国家的这种主流国际秩序观的范式不仅在实践上存在着缺陷,而且在理论上存在着问题。

1. 民主政治的实践难题

就民主政治而言,实践上的问题有三个:第一,对他国国内政治要求的民主与对本国政治运行的不民主之间的矛盾。西方国家虽然对其他国家具备"民主"的要求或期望,但本国的民主贯彻就是片面的。它们更注重政府构成程序的民主,却没有贯彻政府决策的民主性,很多政府行动是缺乏民主基础的。例如,2003 年美国、英国攻打伊拉克,国内在没有获得足够的证据、充分的讨论基础上就盲目出击,最后证明其宣称伊拉克所具有的大规模杀伤性武器根本不存在,这就违反了民主政府最基本的信息公开透明的要求。⑤ 同

---

① 相关讨论,见 Robert O. Keohane and Joseph S. Nye Jr., *Power and Interdependence*, 4th ed., Pearson, 2011; Akira Iriye, *Global Interdependence: The Word after 1945*, Balknap Press, 2014.
② 关于民主这一意识形态的探讨,见〔美〕乔万尼·萨托利:《民主新论》,冯克利、阎克文译,上海人民出版社 2015 年版。
③ 参见《联合国宪章》序言、第 1 条、第 55 条、第 73 条。
④ WTO 体制在规则中预设了市场经济的前提,而世界银行的很多经济活动都建立在促进各发展中国家经济市场化的基础上。
⑤ Noam Chomsky, "The Iraq War and Contempt for Democracy", ZNet, October 31, 2003; Jim Harding, *After Iraq: War, Imperialism and Democracy*, Fernwood Publishing Co., Ltd., 2004.

样,美国开展的越南战争也缺乏民主上的合法性。第二,对国内政体要求的民主和对国际决策坚持不民主。国际政治本身应该是国内政治的延伸,一个理想的国际政治体制应当建立在国际社会契约之上,各国经过授权国际机制而形成凝聚各国力量的行动系统,这一系统应当以民主的方式运行。今天的国际关系格局与此种民主距离甚远。西方大国没有构建一个民主的国际体系,也无意形成此种国际体系。虽然联合国大会采取一国一票的原则,但其决议在绝大多数问题上是不具有约束力的。而联合国安理会,世界贸易组织、世界银行、国际货币基金组织,直至国际法院,则无不体现出大国政治的影响。也就是说,西方国家无意于实现一个民主的国际秩序,它们更愿意营造一个其自身操控性更强的大国强权体系。第三,民主在很多时候成为对其所敌视的国家施加压力的借口,西方国家在历史上会以某一政府不民主为理由而进行经济上的制裁、试图颠覆该政府、甚至武装打击。这些行为都是典型的霸权主义行径,不仅不可能带来真正的民主,而且会引致有关国家国内局势的动荡和国际关系的不安定。所以,建立在民主观念基础上的国际秩序观念存在着诸多的实践问题。

  从理论上看,民主的价值观念有一系列值得澄清的缺陷。首先,民主永远是有限度的。民主的范围和限度是难以划定准确界限的,任何一个国家的规模都无法实施全民的直接民主,这样,究竟在多大的人群范围之内实现民主才算是民主就有待于进一步论证。如果没有明确的尺度,就标榜本国民主、抨击他国不民主,恐怕只是五十步笑百步。其次,国际关系中的"民主和平论"缺乏充分的理论依据,也缺乏理论上的意义。民主与和平之间并无必然联系,民主的国家也可以宣战,所谓的非民主国家也可以采取和平方式。朝鲜战争、越南战争的发生都很难与民主联系在一起。进而言之,如果以绥靖的方式谋取苟且的和平,未来可能蒙受更多的损失。英法等国在20世纪30年代对于日、德、意等国侵略的态度就证明,和平并不像想象的那么美好。因而,所谓"民主和平"并不值得称许。更主要的是,民主在很多时候可能仅仅成为一种修辞上的词汇,并无实际意义。交战双方都会宣称对方是不民主国家,或者假民主国家。再次,民主即存在于国内政治之中,也存在于国际政治之中。不尊重各国自主选择政治道路的权利,很难说是真民主。最后,从古代哲人的思考到当今为止的政治实践并没有证明民主制度是最好的政治决策模式,它只是诸多政治模式中的一种。应当允许其他模式的探索,特别考虑不同国家的不同文化。

2. 人权主张的实践误区与理论争点

  在人权的主张上也存在着大量实践上的误区和理论上的争点。前文已述,和谐发展的国际法理念同样包含着人权的维度,但是传统西方观念中的人权却较为狭隘和偏执。在实践中,最核心的问题就是长期以内,人权都仅仅是西方大国采取制裁措施的一种名义,而很少是鼓励和推动世界发展的一种动力。且不说在任何国家实际上都存在着这样那样的人权问题,仅从人权维护和实现的角度而言,援助、对话、合作的方式比制裁、批评、孤立要好得多。但是西方大国却没有真正为了提升人权而进行大多实质性努力,而是将大量资源投放到撰写规模庞大的人权年度报告,或者对人权保护不力的国家采取制裁措施。这些措施在实际效果上看,不仅难以真正提升人权,而且会加剧国家之间的对立,最终形成人权上的僵局。2005年以前,联合国人权委员会的工作就充分显示出人权仅仅被作为一种政治斗争工具的不良后果。

在理论上,人权作为权利,本身存在着多样性,不同的主体在不同背景下会主张不同的权利①,西方大国把目光主要投向政治权利与公民权,却没有充分重视经济社会文化权利,更忽视了作为集体人权的发展权,不能不说是令人遗憾的。更主要的是,权利是冲突的,一个政府在维护人权的时候必须作出选择,即保护某些主体的何种权利,政府的此种选择是可以讨论和修正的,但是很难断然否定。而发展中国家的普遍经济权利主张、环境主张却没有被充分重视,这也是因为权利的体系和位阶认识上的差异而导致的。

3. 自由主义的意识形态化弊端

自从世界上的社会意识形态的对立开始缓和以来,自由主义开始在世界上大行其道,占据了最高的统治地位。当今世界的很多规范、行为、理念都是建立在自由主义的基础之上的。从经济上的自由市场主张看,虽然不否认自由市场竞争在数百年来推动了世界的繁荣与发展,但我们也同样看到了其中存在的问题。虽然自由主义是在反封建、反禁锢的背景下提出的主张,但其自身也有缺陷。② 自由主义在当代主张去除管制(de-regulation),给予更多的竞争自由。崇尚自由市场的主张,在理论上的主要问题是自由市场的理论模型是一种纯粹抽象和理想的模型,其真正的运行效果从来没有经过验证。而由于自由市场竞争的假设没有充分考虑到由于竞争而导致的兼并和不理性行为所带来的不利后果,这一理论无法很好地为可能的垄断和恶性竞争提供有效的解决途径。信息不对称所带来的市场失灵、竞争所致的社会分化是

---

① 〔美〕米尔恩:《人的权利与人的多样性:人权哲学》,夏勇、张志铭译,中国大百科全书出版社1995年版。
② 当然,自由主义是多种多样的。如果把所有的关于自由的学说都称为自由主义的话,上述论题就可能不成立。因为,那些主张积极自由和消极自由的人被称为自由主义者;那些认为自由需要被约束的人也被称为自由主义者;而那些认为自由不应当被约束的人被称为"保守主义者",也就是保守住自由阵地的人。本书指的是倡导市场的古典自由主义学说。

自由市场理论自身所无法回避又不能解决的问题。自由竞争的未来不是和谐共处的公平,而是垄断带来的效益。所以,自由主义不等于"善",自由主义者的效率追求和利益的条块分割导致了一系列问题,这实际上不会导致世界的公平、持续发展。

在实践中,自由主义的片面理解与泛化、在全球范围内推广自由市场的核心问题有两个方面:第一,新兴工业化国家在进入市场经济的过程中,一方面开放了市场,另一方面也进入了世界经济动荡的漩涡。世界市场失灵、经济危机的周期性出现,不仅向我们展示了市场本身是存在着缺陷的,而且给那些新近采取自由市场道路的国家带来了恶劣的影响。[1] 由于这些国家的经济规模比较小,受危及冲击的可能性就更大。1998年的亚洲金融危机和2008年源于美国次贷危机的全球金融崩溃就是典型的例证。[2] 第二,西方大国对于市场自由的选择性适用。国际自由市场所倡导的竞争建立在资源禀赋差异的基础之上,从而实现优势互补和效率最优。但是,在对外经济贸易交往的过程中,西方大国并不像其所声称的那样充分尊重市场的作用,发挥各国的比较优势,而是以本国产业为中心,对于那些本国占优势的产业就极力主张自由贸易,而对于本国不具优势的产业就采取保护主义措施。或者使之长期居于自由贸易体系之外(例如农产品、纺织品和服装),或者采取大量以环境或者劳工标准为理由的非关税壁垒,避免本国产业受到冲击,以此抑制一些国家的优势资源发挥作用,这本身就是违背市场原则的。至于反倾销、反补贴、保障措施等在多边贸易体系中广泛使用的措施,其维护"公平贸易"的表面理由并不充分,倒是贸易保护的目标非常清晰。而中国入世时所受到的特别保障措施的压力更是与自由市场主张严重对立的实践做法。

从这些情况看,自由、民主、人权这些西方大国所宣称的"普世价值观"无论在理论上,还是在实践上都没有达到普世的标准,反倒存在着诸多弊端和恶果,必须用其他的观念和制度予以修正和补充。

(四) 和谐发展作为国际法价值目标的适格性

如果我们说一个社会是和谐的,就意味着该社会的内部和外部关系都是已经理顺或者可以正常理顺的。从这个意义上看,创建和谐社会这一目标并

---

[1] Anthony Giddens, *Sociology*, 6th ed., Revised and Updated with Philip W. Sutton, Polity Press, 2009, pp.521—531.

[2] Paul R. Krugman and Maurice Obstfeld, *International Economics: Theory and Policy*, 7th ed., Pearson Education, 2006, pp.614—616.

不仅仅是一个国内社会层面的问题,它同样依赖于一个安定、和平、良性存续、稳步发展的国际环境,需要在国际关系和谐的背景之上构建国内的和谐社会。① 很难想象,在一个战乱不断、争端不息的国际背景下,会呈现出一个稳定、安宁、健康、持续发展的国内社会形态。② 特别是在当今这个全球化的背景下,国家之间彼此的依存度提升,任何国家都不可能孤立发展而独善其身。③ 所以,在讨论和谐社会时,不仅要关注国内法律、社会、政治、经济的维度,还要关注国际关系与国际法律的维度。

和谐发展要求人与人之间的和谐,国家与国家之间在经济、社会、军事等各个领域的和谐,人与自然在环境和资源问题上的和谐。和谐发展作为当代国际法价值目标的内在要求,是以人为本的发展,是符合科学的发展,是可持续的发展。它进一步地反映了建构注意国际关系理念对于国际法的影响:国家的社会化,国家的身份认同,国家之间的文化沟通。和谐发展将发展作为中心概念,将和谐作为发展形态的界定模式,显示出国际社会社会化水平的提高,意味着各国、国际组织以及其他国际社会行为体以发展作为关注的核心,聚焦于个人、群体以及人类在自然意义和社会意义上的妥善发展。

法治的核心是尊崇法律的神圣地位④,形成一种对法律的信仰和依赖⑤,这是有助于世界和谐发展的。因而,当前看来,"国际法治"的观念可以视为和谐发展的理论之翼;国际法治的践行也可以为实现和谐发展这一目标铺就通路,或者可以说,达到和谐发展的最好路径就是国际法治。

五、促动和谐发展的因素

和谐发展的促动因素用一个简明的词汇予以概括,即是全球化。全球化意味着全球性威胁所导致的压力、全球性关注所带来的机会,以及全球性解决所形成的格局。全球治理的尝试使得世界和谐不再仅仅是梦想。具体而言,有如下几方面的表现:

---

① 赵骏:《全球治理视野下的国际法治与国内法治》,载《中国社会科学》2014 年第 10 期。
② 虞崇胜、黄毅峰:《从冲突到秩序:政治冲突调控机制分析》,载《武汉大学学报(哲学社会科学版)》2008 年第 4 期。
③ 黄琨:《经济相互依赖对国际安全的影响》,载《学理论》2015 年第 4 期。
④ Bryan A. Garner (ed. in chief), *Black's Law Dictionary*, 10th ed., Thomson Reuters, 2014, pp. 1531—1532;程燎原:《从法制到法治》,法律出版社 1999 年版,第 26 页。
⑤ 姚建宗:《信仰:法治的精神意蕴》,载张文显、李步云主编:《法理学论丛》第 1 卷,法律出版社 1999 年版,第 632—659 页。

(一) 经济利益的相互依赖

由于交通、通讯科技的发展,世界的实践空间定义都与一百年前有质的飞跃;甚至比 20 年前也有很大不同。这导致了被称为全球化的一种现象和趋势。当前,人们已经不再质疑全球化的存在,只是对全球化的影响程度、范围、方式或者途径有着不同的看法。① 经济全球化表现为世界市场规模日益扩大,一体化发展速度不断加快,巨型跨国公司日益兴盛,国际贸易额不断增加。② 全球化使得世界发生了时空变化,虽然绝对的尺度没有变化,但是主观的衡量尺度却变化了。不同经济体之间日益紧密的相互依赖形成了你中有我、我中有你的经济格局,在这种情况下,单独地谈某一个国家或者地区的经济利益已经十分困难。利益的渗透、交叉日益深刻,市场的全球化使得区分经济利益变得几乎不可能。2008 年,美国次贷危机不断蔓延和恶化,不仅使美国金融和经济陷入困境,而且一再引发全球金融市场激烈动荡并使全球经济面临滞胀的风险;当代的国际经济体制所体现出的利益分配,既是相互依赖的③,也是中心——边缘的世界体系。④

经济全球化所导致的一个世界、一个地球、天涯成比邻的结构使得国家决策不可能不顾及他国,由于国家之间在经济利益上的依存,使得主权让渡不可避免,全球治理成为可能;对于一国产生负面影响的因素可能会波及他国,需要全球治理予以解决⑤,这为国际关系法治化提供了机遇。⑥ 国家与国际社会的行为者都需要坦然地面对全球化,将国家放到国际社会的语境之中,而不单纯地从因果关系看待国家。国家在国际环境内生存,被国际社会所建构,同时也参加着国际社会的建构。实际上国际体制已经在很大程度上使国家社会化,虽然还不能确定为法治化,但国际关系中的规范已经成为一

---

① 庞中英:《关于中国的全球治理研究》,载《中国学者看世界·全球治理卷》,新世界出版社 2007 年版,第 13 页。
② 顾肃:《理想国之后》,江苏人民出版社 2006 年版,第 24 页。
③ 对于相互依赖的深入分析和评价是基欧汉和奈在国际关系领域的重要贡献。参见 Robert O. Keohane and Joseph S. Nye, *Power and Interdependence*, 3rd ed., Longman, 2001, pp. 9—19.
④ 沃伦斯坦等学者以对世界历史的观察分析世界各国分为核心和边陲的观点。参见 Immanuel Wallerstein, *The Modern World System*, Vols. I—III, Academic Press, 1974, 1980, 1989; Terence K. Hopkins, Immanuel Wallerstein, et al., *World System Analysis*: *Theory and Methodology*, Sage, 1982; W. W. Rostow, *Rich Countries*, *Poor Countries*: *Reflections on the Past*, *Lessons for the Future*, Westview Press, 1987; Michael T. Martin and Terry R. Kandal, *Studies of Development and Change in the Modern World*, Oxford University Press, 1989.
⑤ 陈绍锋、李永辉:《全球治理及其限度》,载《当代世界与社会主义》2001 年第 6 期。
⑥ 王贵国:《经济全球化与全球法治化》,载《中国法学》2008 年第 1 期。

种内构性的规范体系。①

(二) 环境问题的全球影响

全球性的环境问题的产生对世界上所有的人都带来威胁。近年来,气候变化等环境问题成为全球各国共同关注的主题。2007 年 11 月联合国政府间气候变化专门委员会(IPCC)第四次报告指出:气候变化正在成为对地球生态环境与人类社会可持续发展的重大威胁。科学家指出,北极和南极的冰川正在加速融化,按现在的速度发展下去,预计 30 年之内夏季的北极就将永远不再有冰。地球南北两极储存着地球总冰量的 90% 以上,如果这些冰迅速消融,必将加快海平面上升,从而给沿海地区带来灾难;又由于南北两极的冰川反射的阳光占全球反射阳光的 90%,随着两极冰川的融化,越来越多的阳光将直接被海水和地面吸收,从而加快全球变暖的进程。由于全球变暖导致的干旱等自然灾害的增加、各国工业用水增加和水污染的加剧,在不远将来有可能发生世界性的"水危机"。全球约有一半国家是国际河川的流域国,分别处于上游和下游的国家将会发生经常性的利害对立,由此可能导致在 21 世纪发生"水战争"。为了克服环境危机,必须对人类的生产方式、消费方式乃至社会体系实行全面的根本变革。虽然从短期的角度看,仍然可能存在着一些国家利用环境作为公共物品的特征而促使其生产者环境成本外部化的情况②,但是长期地看,环境问题的消极影响甚至毁灭性的打击是面向所有国家、所有人的。所以,环境问题需要全球共同面对、共同提出解决方案。应对环境危机的一个大前提是要树立一种人类道义或国际道义,这个道义的基本点就是不要损人利己,也就是"共生的原理"。环境危机已经把全世界不同地方和不同国家连成一体,即使想要损人利己,最终结果只能是"损人损己"。为此,人类应该团结一致,应对人类共同的危机,这既是人类共同利益,也是人类共同道义。

---

① 关于内构性规范,参见高尚涛:《国际关系的权力与规范》,世界知识出版社 2008 年版,第 83—84 页。
② 现在,占世界人口 15% 的发达国家排出的 CO_2 占全世界排量的一半以上。而全球变暖引起的生态灾害的大部分发生在发展中国家。由于环境污染,生活在世界最贫困地区的儿童,平均每 5 人中有 1 人不到 5 岁就死去。联合国《2007/2008 年人类发展报告》指出:"如果不立即采取有效行动,数十年来发展中国家为消灭贫困所取得的进步将全部化为乌有,甚至可能倒退。"另一方面,美国的石油、煤炭、粮食的人均消费量分别是非洲平均水平的 1000 倍、500 倍、8 倍。埃塞俄比亚的普通农家几乎没有排出 CO_2,可他们却为地球温暖化付出了最多代价。从 18 世纪产业革命到 1950 年,发达国家的发展排出的 CO_2 占全世界排量的 95%,从 1950 年算起的半个世纪,发达国家的排量仍占 77%。这意味着在发达国家取得先进技术和能力的过程中,全人类都付出了沉重的环境代价。

(三) 政治生活的全球关注

虽然经济全球化不等于政治的全球化,但不可否认的是,全球化不仅对经济生活产生了重要影响,而且对国际政治关系产生了很大的促动,对于人们生活和思维方式的影响也不容忽视[①],这被称为全方位的全球化,即由经济全球化导致政治、法律、人权的全球化。[②]

当前,全球统一的政治格局如同世界大同、全球一家一样,仅仅是一个梦想。但是,对于政治问题的全球关注却是不容争辩的事实。"9.11"之后,面对恐怖主义的不是美国,也不仅仅是西班牙、英国等少数国家,而是整个世界。2008年8月8日,北京奥运会的盛大开幕以及2008年9月末中国载人航天器实现"太空漫步",引起的不仅是体育领域、科技领域的关注,而是政治领域对世界格局的总体审视。中国和印度等发展中国家联手,在WTO多哈回合谈判中坚守立场,不屈服于发达国家的压力,也并不被局限地理解为贸易体制的规范的问题。而俄罗斯以军事手段解决南奥塞梯和阿布哈兹问题,2008年9月10日,俄罗斯的两架战略轰炸机飞抵委内瑞拉、俄委两国宣布双方于2008年11月举行联合军事演习,也不仅仅牵涉俄罗斯和格鲁吉亚、俄罗斯和委内瑞拉之间的双边关系,而被视为苏联瓦解以来华盛顿一统全球的"美国强制和平"(Pax Americana)时代终结,俄罗斯调整其对外战略和策略、改变其与西方国家关系的标志。

这一切都意味着霸权国家的衰落、霸权体系面临挑战,意味着传统的权力配置体系遭到质疑。无论在国内体制还是在国际体制中,权力都意味着一批人对另外一批人在一种社会关系里贯彻自己意志的机会[③],形成一种单向的、不对称的、命令与服从的关系。[④] 当前的全球化进程中存在着合作与冲突、有序与无序、同一与分裂两种不同模式的交互发展。但是,无论如何,这些新的情况都对传统的治理模式提出了严峻的挑战。政治转型暗示着纯粹以一国的军事力量决定世界格局的国家利益确定模式即将过去;而一种更加民主的、更加具有规范导向特征的国际格局具有实现的可能。

---

① 〔德〕乌·贝克、哈贝马斯等:《全球化与政治》,王学东等译,中央编译出版社2000年版,第80页。
② 〔德〕马克思、恩格斯:《共产党宣言》,《马克思恩格斯文集》第2卷,人民出版社2009年版,第35—41页。
③ 〔德〕马克斯·韦伯:《经济与社会(上卷)》,林荣远译,商务印书馆2004年版,第81页。
④ 关于国际关系中权力属性的讨论,参见高尚涛:《国际关系的权力与规范》,世界知识出版社2008年版,第51页。

(四) 思想文化的全球冲突与融合

经济依赖和政治理念的某种趋同不等于消除传统文化在心理上的分歧。必须承认,最高层次上的政治和最后层次上的文化难于与经济合拍,比如在根本的政治体制、价值观念和思维方式、解决国家根本利益问题、主权问题、不同阶层与政治势力之间争夺代表权和统治权的方式上面,国家之间还不能趋同。① 经济全球化发展既促进了人类各种文明的交流与发展、融合与繁荣,又不可避免地带来了文化的摩擦和冲突,这种文化冲突以前表现为资本主义对共产主义的斗争,现在主要表现为基督教文明对伊斯兰教或者其他宗教的怀疑和对立。② 文化冲突根源于文化的民族性,如何解决不同民族之间文化价值的冲突,实现文化的融合是当前面临的日益紧迫的任务。跨文化传播并不只是一个单向的全球一体化的文化运动,它包含着全球化与地域性、同质化与异质化两种文化力量的对峙与互动③;文化交流过程中,存在着同化(assimilation)、交替、混成(hybridity)、创新等不同的模式。④

六、和谐发展的阻碍与化解可能

和谐发展的实现绝非一帆风顺,中国的崛起也存在着多方面的障碍和挑战。当代的国际关系还存在着很多与和谐相去甚远的因素,必须清楚地了解当代国际关系中阻碍和谐发展的因素所存在的主要方面。在这一基本前提下,针对阻碍因素,寻求实现和谐发展的途径。不容否认的是,现在国际社会中的不和谐音符还有很多。从表象上说,战争和武装冲突仍然不断发生、文化帝国主义所形成的文明冲突、经济关系中的财富单向流动、环境恶化等等都是世界各国关注的问题。⑤ 所有的这些问题可以归结到国际关系的本体论层面,也就是对于国际秩序的认识导致了和谐的艰难。具体而言,国际社会的最核心特征是无政府社会。无论这一事实是如现实主义、自由主义国际关系学者所认为的给定的客观事实,还是如建构主义者所认为的由国家所造

---

① 顾肃:《理想国之后》,江苏人民出版社 2006 年版,第 31 页。
② 〔美〕萨缪尔·亨廷顿:《文明的冲突与世界秩序的重建》,周琪等译,新华出版社 1999 年版,第 199 页;颜晓峰:《全球文化的融合与冲突》,载《河南大学学报》2002 年第 5 期。
③ 车英、欧阳云玲:《冲突与融合:全球化语境下跨文化传播的主旋律》,载《武汉大学学报(哲学社会科学版)》2004 年第 4 期。
④ 陈国贲:《全球化背景下的文化冲突和融合》,载《浙江学刊》2005 年第 2 期。
⑤ 张广生:《全球化与世界冲突——和谐的可能图式:地域国家、世界社会,还是文明》,载梁守德主编:《全球化与和谐世界》,世界知识出版社 2007 年版,第 35—43 页。

成,无政府状态都是公认的国际关系基本前提。具体而言,有以下两个方面的局面需要认真面对:

(一) 突破"世界困境"

国际社会早已注意到了和谐的重要性,并且为之作出了努力。现存国际法律规范的绝大多数都有着为实现国际社会的和谐发展而提供依据的目的。但是此种努力仍然是远远不够的,在效果上虽然取得了很多令人欣喜的进步,但是也存在着诸多的问题,需要进一步的检视和反思。

1. 世界发展的不和谐因素

在提出和谐世界的设想时,中国比较注重自由主义的合作机制和建构主义的理念普及,但是对于现实主义的权利格局缺乏充分的认识。当今的国际社会本质上仍然是无政府社会,强权政治依然存在,战争的威胁依然存在。人类在取得前所未有的进步同时,也存在着大量的不和谐因素。从最基本的层面看,世界和平与发展这两大问题都还没有得到根本的解决,局部战争和冲突时有出现。在安全问题上,朝核问题、伊朗核问题、巴以冲突等问题随时具有矛盾激化的可能;国际恐怖势力、民族分裂势力、极端宗教势力在一些地区还相当活跃。与此同时,在经济上,南北差距进一步扩大,许多国家人民的基本生存、健康、粮食安全都得不到保障。此外,跨国犯罪、毒品走私、严重污染性疾病、环境污染等跨国性问题日益突出。这些都是不容忽视的客观现实。因而,在实现和谐世界这一目标的途径上就存在着障碍:如何在不和谐的现状之下达到和谐?

2. 中国传统文化与马克思主义哲学的不同主题

中国传统的文化主题是"和",而作为中国官方意识形态的马克思主义哲学的文化主题是"斗争"。这就需要直面并解决这对矛盾。在这个方面,必须以强力作为保障取得和谐,以和谐为指导思想和目标去解决矛盾。如果以一种委曲求全的心态试图实现和谐,结果很可能是既委屈亦无法求全。以斗争求和平则和平存,以退让求和平则和平亡。世界和平、社会和谐的美好愿望是不能用退让、妥协和乞求得到的,中国 200 年来面临的历史充分地说明了这个道理。以完善的制度、系统的外在约束力约束各个行为体,则和谐的目标可能实现;反之,以一种畏惧冲突、躲避冲突的心态求取和谐,则和谐只会越来越遥远。所以,和谐的背后是刚性的原则,和谐的基础是力量。只有存在着充分的力量,才能避免和谐路上的障碍;只有储备着充分的力量,才有可能在相对和谐的状态下避免非常情势的爆发和蔓延。所以,以斗争为前提、以原则为后盾、以力量为保障的和谐才会是真正的变化、更新、发展的动态和谐,否则只能是短期的、伪饰的和谐,从长期看,不具有健康持续性。要避免和谐成为"虚假的、表面的和谐",一旦触及真正的利益纷争,一切和睦的假象就会烟消云散。在这种情况下,和谐世界就变成了无法实现的"伪命题"。当然,如果一味强调斗争,强调此消彼长、甚至你死我活,则走向了野蛮的社会关系,这又需要以和谐的尺度和目标指引冲突的消解、矛盾的化解、争端的解决。

3. 过程和谐与结果和谐的关系

上述实际上就是康德曾经面临的问题。康德在阐释其关于永久和平的观点时,遇到了这样的问题:是允许用强制手段达到和平,还是只能采取自愿的手段?理性的存在能形成一个道德的共同体吗?在这方面,必须结合前面对于和谐的理解与界定,即和谐并非全无矛盾,而是在矛盾与斗争中取得平衡。如果不能充分认识到权力、实力的重要性而设想国际关系,是不可能真正取得预期效果的。因此,有必要完成一个认识和理论上的突破:从一个小的环节而言,目标上的和谐、结果上的和谐重于手段上的和谐、过程上的和谐,这是因为如果片面追求过程的、手段的和谐,可能永远难以达到结果的和谐,也就无法为更大的和谐目标而努力。所以,和谐世界的实现并不回避冲突,并且认为通过冲突及其解决是走向和谐的关键一步;但与传统现实主义的国际关系理论的区别是,和谐世界的主张并不强调冲突(也就是说,不完全是摩根索的理论),而强调以和谐的尺度、和谐的目标来衡量解决冲突的途径,以消解、化解、解决冲突,而非通过遏制冲突形成霸权体制。

(二) 解决"中国两难"

在世界追求和平、持续发展的过程中,需要展现出中国对于国际法的引领与示范作用。没有中国发展的世界,不可能是和谐的世界。而且更重要的是,中国需要将和谐的主张贯穿到具体国际法律事务的态度和处理上,并通过切实的努力来促进世界和谐的实现。所以,在这个进程中,首先需要突破中国自身存在的一些瓶颈,补齐中国观念、能力方面的短板。

1. 解决中国发展与"文化失语"间的矛盾

伴随着中国的崛起如何完善相关制度促进以和谐为代表的中国文化成为一种软实力就成为一种现实选择。以和谐为代表的中国文化能否成为一种软实力?首先,软实力与硬实力的关系。古往今来,有硬实力者往往有软实力,无硬实力者大多缺乏软实力,中外皆然。希腊繁荣时,希腊文化兴盛;罗马繁荣时,罗马文化勃兴;中国汉唐之际,儒学与道家文化广及亚洲诸国;

意大利商业兴起之时,乃有文艺复兴三杰;英国富强期间,英国的科学文化成为世界的执牛耳者(牛顿、爱德华·吉本、达尔文等大家成举世之名);至美国称世界一极,美国的政治、法律、经济等制度及学术乃成列国效仿之源泉及追随之对象。究其原因,有硬实力者能有足够的资源提供给思想文化,硬实力自身的存在也容易使其制度层面的经验具有说服力。很难想象,弱国怎么可能提供世界公认的理念。所以,对于"理念"与"价值"的力量,我们可以接受,但不能迷信。而软实力的真正力量,则必须依赖于硬实力之上。这很类似于房子的牢固程度、容量水平与房间的装饰之间的关系。有了牢固宽敞的房间,装饰才显得华美舒适;对于一个风吹即倒的帐篷或者茅草屋,奢谈装饰的意义是令人怀疑的,过于夸大这种装饰的地位,是不适合的。其次,中国软实力的可能。应当说,中国在 20 世纪中期以后,力量逐渐强大,在国际社会上的地位逐渐提升。特别是 2008 年奥运会的召开、中国载人航天飞船的升空、金融危机期间中国作为世界上最大的外汇储备国的地位,使得世界已经认识到中国在世界格局中的重要性。但是,这种实力的上升并没有伴随着制度、思想文化的成熟。中国自身存在着一种"文化失语"。具体言之,即在全球化场景下对自身传统的作用的怀疑、对自身文化发展趋向的犹疑。这与中国在 19 世纪的落后挨打、20 世纪的两次文化运动有关。在此之际,中国可能会孕育着一场系统的文化反思,而这种反思则因为学术与政治的良性互动机制未能形成、学术与政治双方缺乏互信而难于找到正常的渠道。所以,中国的精神实力与其物质实力存在着很大的差距,存在着"软实力"的上升空间。再次,即使在这种情况下,笔者仍然主张,中国文化的影响力应当以自生秩序为主,以建构秩序为辅。换言之,应当以学者自下而上的自发促动为主,以政府主导为辅。在硬实力的积累和塑造已经达到一定高度的情况下,市场发展的自身规律会逐渐地促动一国软实力的逐渐发展,只有这样才能健康、持续、稳定地发展。不仅西方国家充分注重市场的力量,亚洲的韩国也积极地通过市场努力推销文化,其电视剧、游戏等文化产品在中国受到了青年一代的追捧就是鲜明的例证。否则,当政府积极促动、而民间意识未能达到之时,就很可能出现形式主义,仅仅搭起架子,而没有充实的内容可以跟进。

2. 解决中国的国家利益与"和谐"主张之间的矛盾

中国是一个爱好和平的国家,是一个希望与世界各国、特别是周边国家和谐相处的国家。在很多时候,中国宁愿在一些非关键利益上作出小的放弃而求得和平安宁的国际环境,也不愿意与周边国家进行频繁的争斗。① 但即使是这样,中国也仍然面临着一系列的争端,使其无法完全用协商的方法解决,而必须保留采用强硬手段的机会。其中主要包括以下三个方面的问题:第一,台湾问题。台湾在法律上、事实上、历史上、现实中都是中国领土不可分割的部分,这一点,中国政府和多数时候的台湾当局都是一致的。但是一些大国出于意识形态或者遏制中国发展的目的进行阻挠,台湾回归至今未能完成。由于仍有"台独"势力在世界上鼓吹,"两个中国"、"一中一台"或者"台湾地位未定论"不时露出水面,中国对这方面的行为不能姑息,而必须确立并保持鲜明的立场。从炮轰金门、马祖,到断绝或降格与台湾保持官方关系的国家的外交关系,都是这方面的体现。第二,中国边境问题。② 由于半封建、半殖民地时期遗留下来的问题③,以及时代发展带来的新形势与法律制度④,中国与一些周边国家在领土划界上存在着争议。其中一些争议已经随着中国与有关方面的积极外交努力而得到解决⑤;但也有一些争议有些国家不愿意采取友好合作的外交方式。更有一些时候,对于确定的边界界线,一些国家也恣意在边境地区进行挑衅。在这种情况下,中国在其他途径无法奏效的情况下,曾经采取武力手段予以坚决还击。20 世纪 60 年代中印边境、中苏边境的战斗及 20 世纪 70、80 年代中越在南海岛礁和陆上边境的战斗均属此类。近年来,中国和印度两国之间在边境出现了一些小的误会,特别是印度方面认为中国对其有武力打击的威胁,在这种情况下,应当让印方了解当代世界的大局仍是和平与发展,以小块未定边境这些与大局、核心利益不直接相关的问题耗费大量精力,实际上是不值得的。同时,中国南海与

---

① 从汉朝开始,中国对周边国家的政策就从坚持战争改为争取和平,在中国历史的绝大多时间中,中国都采用了睦邻友好的方式,在"君子喻于义,小人喻于利"的观念指导下,不与周边国家斤斤计较,而是在非原则问题上愿意让步。
② 例如中印边境划分、中朝边境划分等问题。有关情况,参见齐鹏飞:《大国疆域:当代中国陆地边界问题述论》,中共党史出版社 2013 年版。对于中印边境关系的分析和讨论,参见吕昭义、孙建波:《中印边界问题、印巴领土纠纷研究》,人民出版社 2013 年版;周卫平:《百年中印关系》,世界知识出版社 2006 年版;曾皓:《中印东段边界划界的法律依据》,中国政法大学出版社 2013 年版;赵干城:《中印关系现状·趋势·应对》,时事出版社 2013 年版;杨思灵、高会平、袁春生:《中国周边视角下的中印关系研究》,中国书籍出版社 2014 年版。
③ 有些是由于历史上遗留的不平等条约而产生的问题,有些是由于国家政治混乱、未能有效地管理领土而出现的问题,有些则是在确定边境时遗留下来的问题。此类问题包括中日钓鱼岛纷争、中印边境纠纷、中朝海上边界未划定的问题。
④ 其中最值得注意的是,海洋法上专属经济区与大陆架的制度发展,对于传统的海洋划界提出了挑战,这些区域具有明显的经济意义,同时也对中国先前划定的边界线(特别是南海 U 形线)构成了挑战,需要予以有效的应对。
⑤ 例如中俄边界的划定问题,经过双方的长期努力,2004 年 10 月 14 日,中俄双方签署《中华人民共和国和俄罗斯联邦关于中俄国界东段的补充协定》,2005 年,俄罗斯杜马、联邦委员会和中国全国人民代表大会先后批准了上述协定,中俄边界问题最终解决。

周边国家的划界问题以及中国东海与韩国、日本的大陆架划界问题同样也都需要严肃面对。有的时候如果坚持采取完全和平的手段可能被视为软弱可欺。第三,面对中国的恐怖势力。有些组织,如藏独、疆独等,打着民主、人权的旗号,在国际社会骗取支持与同情,在中国国内则进行恐怖主义活动。姑息迁就这些组织就等于养虎为患。2013年在北京天安门广场发生的吉普车焚毁事件、昆明火车站的砍人事件就是这种情势的鲜活实例。针对这些恐怖组织应当一方面向国际社会揭露其真实面目,使各国认清其恐怖主义的嘴脸,另一方面应依照国际规范与国内法律对其恐怖活动进行有力的打击与严肃处理。上述方面都不能以"和谐"名之,但是这些问题不妥善解决,中国面临的环境就无法真正的和谐。所以,和谐不是在根本利益上束手束脚的障碍,以武力和强制求取和平与安宁,再在这一基础上追求和谐,这与"仓廪实而知礼节"的道理是一样的。

3. 解决中国对国际法、国际机制的不信任与和谐的法治道路之间的矛盾

正如前文已经论述过的,和谐世界必须是建立在法治的基础上的,是基于法治的和谐、经由法治的和谐。从整个世界的状况来看,这种趋势由于良法的演化不够成熟以及善治的构建不足,所以距离尚远。从中国的状况来看,这种情况亦同样值得关注:中国虽然长期在国际法院具有法官席位,但是从来没有向国际法院允诺过管辖权。中国在所有参与的多边条约中均保留了由国际法院审理有关争议的条款。中国对于国际法律机制的不信任与前苏联的态度是一致的,表面上看与现在美国的态度差距也不大。这就意味着,在存在冲突的时候,中国更着力于从政治的角度予以处理,而不是采取法律的方式。在这方面,我国在清政府时期就已经开始考虑利用法律解决条约争议的可能;现在借助 WTO 的争端解决机制已经开始涉足国际争端的法律解决领域。如果认为对国际法的遵从是国际法治的重要组成部分、国际法治是和谐世界的必由之路的话,那么中国有必要认真地思考对于国际法运作机制的态度,从法律人才的培养、法律机构的完善入手,提高对国际法的理解程度、认知水平、操作能力,在适当的时候借助国际法的渠道解决问题。

七、经由国际法治的世界和谐:实现路径与中国定位

和谐发展的观念的提出,为国际法治提供了一套理想,一套价值标尺。作为人类希冀的状态和结果,和谐发展的精神理念只有在法治的状态下才有可能接近和达到,只有充分的利用国际法治这一框架才有可能得以贯彻和实现。如上文所述,由于法治的优越性表现为稳定性和明确性,故而通过与国

际法治相结合,可以使和谐发展的理念和目标真正的具有操作性和执行力。显然,国际社会的法治化是和谐发展的载体与途径。只有在法律体制参与的情况下,和谐发展才会从模糊走向明确,从抽象变为具体,从理念变成权威行为指南;才会不仅仅流于一种梦想,而是成为国际实践的真正指针。经过对现实国际社会的观察与思考,我们不能不提出这样一个问题:和谐的国际社会何时能走出梦想?要想回答这样的问题,很不容易。这是因为,在这个问题上的任何突破都必须由所有国际法主体作出妥协和坚实的努力。在这里,一系列的国际法具体问题值得我们思考。例如,国际组织起到什么样的作用?构建一个什么形态的国家关系?究竟应当如何认识和使用主权?主权和人权究竟是什么关系?如何在全球的范围内实现经济增长与社会发展的协调、个人利益与公共利益的协调?这需要所有的国际关系行为体的共同努力,特别是大国承担起对世界发展的责任。

(一) 和谐发展促动国际法确立阶段性的发展任务

全球和谐发展是国际社会法治化的未来目标,提供国际法治确立精神核心,促动国际法治突破现有障碍,形成明晰的前进路线。通过一系列国际法律文件对于和谐发展主张的确认,不仅使得和谐的美好号召、良好愿望走进更具权威和约束力的领域之内,而且使得法律体制显得更有人文社会关怀,具有更高的品质。由此,追求和谐发展的国际法规范成为指导国际社会各行为者的行为准则。国际法治对于规范的评判标准是国际良法。国际良法意味着对于国际法律规范从内容到形式的一系列要求。作为内容方面的要求,这些法律必须体现国际社会共同认许的价值标准,在所有的规范中体现出这些标准,而不与之相背离;从形式上看,这些法律在语言上应当表述得清晰流畅,而不是晦涩艰深;在逻辑上应当彼此贯通,而不是相互矛盾;在体系上应当构建成一个有机的整体,而不是条款分割、互不联属。当前国际法还远没有达到国际良法的程度,这不仅体现在国际法很多领域的精神并不贯穿,例如存在着自由贸易与环境保护之间的矛盾、全球性地保护人权和不干涉内政之间的矛盾、经济全球化和文化多元化之间的矛盾等一系列亟待解决却难于解决的问题;更体现在国际法的不成体系,或成碎片化。国家的单边规范与跨国的多边规范并存,全球性的规范与区域性的规范并存,从不同角度、不同立场对于一类问题设定的不同规范并存,这种情况无疑损害了国际法的权威,阻碍了国际法功能的顺畅和有效发挥。所以,形成国际良法不仅是国际法治的重要标准,也是当前国际社会非常紧迫的一项任务。从这个意义上讲,只有通过不断完善和提升法律规范质量的方式才能够使和谐社会的目标固定化,才能够被国际社会的各个行为者所认同和遵行。可以考虑的途径包括,首先向联合国大会提出建议,通过以和谐发展为内容的联合国大会决议或者宣言①,以此种方式使得和谐发展的主张称为国际社会总体上承认的"软法"②,使之在国际关系舞台上具有显著位置;进而,在国际社会的一系列立法中体现出和谐社会的主张,使之贯穿到国际生活的各个领域。只有这样,才能让国际社会的行为者更为明确和具体的享有基于和谐发展目标的权利,承担未达到和谐发展的目标的义务。只有通过法律把文件的固定化,和谐发展才不会仅仅停留在理论上、头脑中和口头上,而是有可能反映在国际关系的实践之中。

　　和谐发展的主张具有丰富的内涵和重大的意义。但只有把抽象的理念条分缕析的变为对行为者的要求,具体落实到法律体系之中,它才是可操作的。从现实情况观察,国际法治处于初级阶段,仅仅在追求"国际法之治"。纵向的观察,从 19 世纪后期到现在,国际社会的法治化进程逐渐推进。国际组织的出现与迅速发展,特别是第二次世界大战以后联合国的建立与功能日益强大,为国际社会的组织化奠定了基础。与此同时,国际法的创制和编纂日益繁盛,原来以惯例存在的国际法规范逐渐被国际公约和条约的形式固定下来;在战争与武装冲突、经济贸易、海洋、外空、环境等领域出现了一系列新兴的规范。特别是由于冷战的结束,国家之间相互依赖的增加,国际社会出现了国际法治的主张。横向的分析,当前的国际社会存在着次国家层面的法治、跨国家层面的法治和超国家层面的法治③,虽然都不成熟,但是法律的地位和作用却是不容否认的。④ 国际法治的未来理想是随着国家的社会化程度日益提高,高级秩序进入到高级阶段,也就是实现"国际社会的法治",换

---

① 事实上,国际社会在人权、环境、国际经济新秩序等领域都是首先通过联大决议或者宣言的方式首先使之获得伦理上的正当性,如《世界人权宣言》《斯德哥尔摩宣言》《建立国际经济新秩序宣言》等。参见邵津主编:《国际法(第五版)》,北京大学出版社、高等教育出版社 2014 年版,第 372、238—239 页;陈安主编:《国际经济法学新论》,高等教育出版社 2007 年版,第 66 页。
② 当前,越来越多的学者开始重视这些"软法"在国际秩序形成过程中的意义,因为这些文件所蕴含的精神、原则和规则往往被各国所接受,并在国际裁判机构中作为批驳对方的依据,所以一些学者提出了"软法不软"的主张。
③ 次国家层面的法治(也称亚国家之治)的主要代表是以国际商会为代表的非政府间机构确立一系列行为规范,在全球的范围内推行"新商人法";国家间层面的法治即经典的国际法,主要的表现为国际条约,根据"约定必须信守"原则,这些条约成为国家的行为准则;超国家层面的法治现在公认的情况是欧洲联盟,因其条约和次级立法(secondary legislation)具有优于成员国内立法及在成员国内直接适用的效力而基本形成共同市场的统一规范。
④ 〔美〕威廉·内斯特:《国际关系:21 世纪的政治与经济》,姚远、汪恒译,北京大学出版社 2005 年版,第 167—168 页。

言之,就是把原本是用于主权国家之内的法治原则与标准经过适当的调整适用于国际社会,在国际关系中全面和深入地贯彻法治的一系列要求。这就远远超过了当前国际法的分散化和软弱性,超越了初级阶段,进入到法律秩序比较成熟和严格的阶段。为了使和谐社会的目标与各项要求演化为国际关系中的行为,有必要通过法律的手段将和谐发展的目标分解为各项可以落实的任务,通过法律规定使得和谐发展的理念、理想确立为规范中的现实,使得和谐社会不再只是彼岸烟雾蒙蒙、虽然风姿绰约却可望而不可即的影子,而是一个通过坚实的努力就能够达到的目标。这就需要在国际法的各个领域,比如领土法、海洋法、空间法、外交法、条约法、军备控制和裁军、战争与武装冲突等等方面阿即如或者更明确地体现和谐发展的精神,以具体的权利义务配置使得和谐发展的要求更加明确和清晰。

在这种阶段性的发展进程中,和谐发展促动法律运作构筑细节化指标,形成刚柔并济的品质。国际法治的在实施层面的标准是全球善治。全球善治的观念来自于"全球治理"①,治理是对传统的政府单向的调整与控制的反思、修正、拓展和升华。而和谐世界的目标则有利于将法治的要求具体化为不同方面、层次的指标,予以实施。传统的国家调控(或云统治)是一种自上而下的运作体制,而现代的治理则是多重主体、多个向度的复合作用形式。②正如学者已经认识到的:"国际法治链条中的一个关键环节是对规范的有效实施。规范制定的再完备,如果不能有效实施,国际法治就是虚无缥渺的海市蜃楼。"③从法律的角度考察,全球善治至少包含这样几个方面的含义:第一,在订立法律的环节,经由妥当的程序,使得利害关系方有机会知悉法律的内容、表达自己的意见,而不是采取秘密协商的方式,由若干国家控制法律的内容和整体趋向。④ 第二,在遵守法律的环节,国际社会的所有行为者都应当妥善的履行法律所施与的义务,俾使相应的一方有效地获得法律所赋予的权利。法律总体上得到严格的遵守,法律所预期形成的秩序得以实现;所有行为者可以在法律的框架下了解其行为所可能产生的结果。第三,在必要的

---

① 参见俞可平:《全球治理引论》,载李惠斌主编:《全球化与公民社会》,广西师范大学出版社2003年版,第65—88页;以及下述两本文集中各作者的论文:[德]乌尔里希·贝克等:《全球政治与全球治理——政治领域的全球化》,张世鹏等编译,中国国际广播出版社2004年版;俞可平主编:《全球化:全球治理》,社会科学文献出版社2003年版。
② [美]詹姆斯·N. 罗西瑙主编:《没有政府的治理》,张胜军、刘小林等译,江西人民出版社2001年版,第3—9、35—38页。
③ 邵沙平:《论国际法治与中国法治的良性互动——从国际刑法变革的角度透视》,载《法学家》2004年第6期。
④ 例如,国际社会广泛存在着对WTO缺乏民主性的批评;OECD成员国曾经秘密设计的《多边投资协定(MAI)》最后因缺乏透明度而破产。

时候,有相应的执行机构对于行为者遵行法律进行监督和落实,这种监督落实是有效率的、有效果的。① 第四,对于违背了法律规定,存在着被广泛接受的司法机关进行处置;对于在国际问题上的争议,可以诉诸司法机构得以公正的解决。② 在国际关系领域,虽然无政府状态仍然在继续,有时候还会出现混乱和无序,然而体制、组织、规范这些结构和图景所发挥的作用日益明显,国际政治体现出一种社会化的倾向,国家在国际规范和组织中日益脱离丛林状态,被社会化。③ 在这种情况下,法律的运作就可以从局部到整体地去创造秩序,从个别领域到普遍地去追求公正。在和谐发展被国际、国内法律树立成为行为要求之后,通过行为者的遵守、遵守者对违背者的监督与批评,甚至法律执行与审判机构的裁决,和谐发展的主张会具有强制的约束力和明确的指引力,可能会一步步地成为国际社会行为者的行为模式。这样,通过法律的运作使得和谐发展的远景变成国际社会的努力方向和行为准则。

(二) 和谐发展指引国际法尊重世界的文化多元性

和谐作为一个整体样态,其基础是多元化的个体的广泛存在。和谐的前提是承认差异,并在差异的基础上追求各得其所、各安其分,在相互合作、配合中形成整体的秩序。整齐划一的状态可能看起来很有气势,但很难说是和谐。正如和谐的音乐包含着不同的音高、音色、强度的乐器演奏,和谐的绘画包含着不同的色彩、明暗的结合,和谐的国际秩序必然要求存在着不同结构、治理模式、意识形态、发展阶段的国家。

和谐的世界是一个主体多元的世界。和谐的世界意味着世界上存在着多数、并且多种的行为者。这些行为者不仅在数量上是多的(很难想象单个行为者如何可能和谐),而且也是多种样态的。当前,讨论和谐世界的问题

---

① 例如,在知识产权领域,一系列由 WIPO 管理的国际公约实际执行效果都不理想;在人权领域,主流的监督机制是成员国报告制度,而这种报告制度只能起到舆论监督的作用;WTO 通过贸易政策审议、争端解决机制的设置算是一个比较有效率和有效果的国际制度体系。
② 国际社会为此进行了多方的努力。从以往仅仅通过斡旋调停等外交手段解决问题,到如今通过仲裁、诉讼等方式解决争端,是国际社会的一个重要进步。国际常设法院及其继承者国际法院的建立和运行,是国际司法制度的一个重要标志。而纽伦堡审判和东京审判的实施则对于国际法的强制力予以证实(当然不是没有疑问);此后的前南斯拉夫、卢旺达特别国际刑事法庭的建立和运作为国际司法提供了新的空间;而 2002 年国际刑事法院的成立则让很多人欢欣鼓舞,被评价为国际法治领域的重大事件。
③ 〔美〕亚历山大·温特:《国际政治的社会理论》,秦亚青译,上海人民出版社 2000 年版,第 5—6 页。

不可能脱离开全球化这样一个宏观的背景和总体趋势。① 而在这一背景和趋势下，从整个世界的角度讲，和谐世界视野内的行为者不仅仅包括国家，也包括国际组织、非政府组织、企业和个人。每一个行为者在其活动范围内和运行轨道上以自身的角色对世界的格局和秩序贡献自己的力量。各个行为者的行为方式不同，能量也存在着差异，影响范围大小有时会别如天壤。但他们共同存在于世界之上，并且并不是彼此孤立的共存，还会相互作用。其中，国家是主要的行为者，以其传统的权威和现实的权力在一个给定的疆域内进行统治；国际组织在国家之间提供交流的平台和决定事物的场所；非政府组织站在独立于国家和国际组织的立场上，对前二者进行监督、与前二者进行适度的合作，并对民众提供信息、进行培训、服务，或者组织其参与某些活动；企业作为一个生产经营单位，在经济运作过程中占据重要地位，并进而关涉劳动者和消费者的切身利益，有一些大的企业（特别是跨国公司）影响和带动着世界文化的潮流；个人在国际关系中的位置在逐渐上升，个人的行为很多时候会影响到世界的发展。更重要的是，每个个人是整个世界的终极目标，所有的制度体系、发展模式，如果最终不能给个人带来幸福，是无益的。所以，在一个和谐的世界中，上述行为者应当是各得其所、有机共存的。

和谐世界是一个行为方式互异的世界。和谐，意味着差别，而绝不是平均主义，或消除彼此的歧异，按照同一个标准去要求和塑造每一个行为者。中国的古典文化始终坚持和而不同，"和"是不同事物的统一与和谐，"同"是单一事物的堆积。② "同"不能产生新事物；"和"才能营造新天地，达致新境界。所以，差异是和谐的题中应有之义，人类要发展，就必须努力使这种不同、这种差别、这种矛盾不断地达致和谐与统一。世界，是一个不同民族、不同国家、不同文化构成的世界，"和而不同"则是指导不同民族、不同国家、不同文化和平、和合、和睦、和谐相处进而"协和万邦"的核心取向。③ 具体而

---

① 比如，2006年10月，全国高校国际政治研究会和北京大学国际关系学院、中国人民大学国际关系学院、复旦大学国际关系与公共事务学院、江苏省委党校联合主办了全国高校国际政治研究会第四届年会暨"全球化与和谐世界"高层论坛，围绕全球化的时代意义、全球化与当代国际关系理论面临的新问题和新进展、全球化条件下的和谐社会与和谐世界等议题进行了探讨。其中特别对世界冲突及和谐的可能图式（地域国家、世界社会、文明）、全球化时代数字鸿沟的国际政治效应、大国关系、世界新秩序、处理国际事务的主动权等主题进行了探析。参见梁守德、李义虎主编：《全球化与和谐世界》，世界知识出版社2007年版。

② 类似的是，西方语言中表示和谐的词汇 harmonious〔英〕，harmonisch〔德〕，harmonique〔法〕，armonioso〔西、葡〕都来自于古希腊文的ἁρμονία，其含义为联合、协议、声音的配合、音乐的协调，词根是ἁρμο-、ἁρμός，有"联合"的意义，ἁρμόζω 是相互适合、妥当的意思。参见 The Oxford English Dictionary, 2nd ed., Clarendon Press Oxford, 1989, vol. VI, pp.1124, 1125.

③ 有学者主张，全球化不是消灭各国各民族的不同文化差异，不是化而为一，而是和谐共进。徐诚、寿杨宾：《坚持和而不同构建和谐世界》，载《人民日报（海外版）》2006年5月6日。

言,差异包括行为者、参与者的大小、强弱会是不同的。作为现代世界主要行为者的国家尤其凸显出这一特征。各国在领土、人口、军事能力和经济能力上都会有差别,这种差异与历史、地理、文化均有关系。否认和忽视这种差异并不是营造和谐的良好前提。与此同时,各国所秉持的政治体制、经济模式也是存在差别的。如果认为在全球化的时期,西方的个人主义、自由、民主、人权的制度和理念会一统天下,意识形态方面的斗争会结束,进而人类步入"历史的终结",似乎还很难令人接受。这一论调不仅在时间上容易导致霸权主义式的无理干涉,而且在理论上也会破坏世界的多元化和多样化发展。从生物学的角度上,多样化的生存样态会更稳定、更持久,而单一化的样态则面临着很大的危险;无论是多么强势的种群,都有可能会倏然寂灭。西方近代以来形成的民主、人权等理念虽然经过时间的检验,具有其合理性,但既不是社会存在的唯一合理样态,也不是能够排除各种障碍和负面影响的完全正确答案。① 所以,不能认为只有这样一种社会治理方式,而贬抑或者否认其他的治理方式。从这个方面看,和谐世界必须是一个多样化的世界。

和谐世界是一个彼此协调的世界。和谐世界的行为者是多样的,行为者之间是存在差异的,各自的发展向度可能是不同的,但是在各自发展的道路上却能够彼此包容、彼此赞许、彼此协调、彼此促进。这就意味着,在整个世界的发展进程中,每一个行为者在利己的追求过程中也有限地利他,导致整体呈现出一种超越零和博弈(损人利己),而进入到正和博弈的状态。② 而为了超越零和博弈,更避免双输的局面(损人不利己、你死我活、两败俱伤、鱼死网破),就需要各行为者的包涵和宽容。在确定了全球共同的发展目标③的前提下,为实现这一目标而付出努力。为了不损害这一目标,每个行为者都自我监督和检视,是否在践行和推进着这一目标的实现;同时也提醒和促动其他行为者为实现这一目标而努力。在努力的过程中,实现优势的互补和资源的共享,力争在资源给定的情况下,进行帕累托改进、趋向于帕累托最优。为达到这一目的,在发展进程中,要尽可能进行技术援助,决策建议等支持手

---

① 比如,民主自身是需要成本的,而这种成本和无效率对于有限的社会资源而言显然不是最优选择,特别是在紧急时期,民主很可能导致不能快速的应对于解决问题;而人权在制度上则不可能真正实现每个人的权利都得到妥善的保障,权利之间一直会存在着冲突,需要化解和调和。更重要的是,民主和人权之间是存在紧张的。最重要的分歧就是:能否以多数一致的方式表决消灭少数人? 当一个人所知的信息会威胁公众的安全的时候,可否以酷刑的方式使其吐露此种信息? 这是民主和人权的主要困境。
② 〔美〕罗伯特·赖特:《非零年代:人类命运的逻辑》,李淑珺译,上海人民出版社2003年版,第214页。
③ 需要说明的是,"共同目标"和多元主体、差异状态是不矛盾的。多元主体的差异状态恰恰可以更好地实现共同的目标,正如存在不同的分工、在各自的位置为同一个目标而努力一样。

段,使整体的发展进程避免错误、少走弯路。这意味着更为理性、科学的发展理念,将合作与和谐内化成一种发展的自觉。

现代社会的要义是多元价值观之下的共同发展,世界和谐的本质就在于这些不同样态的国家能够有机地结合在一起,既能够为了共同的目标而设立制度、开展合作,也能够相互体谅和宽容,尊重对方的发展模式。一个健康发展的社会应当是多元文化共同存在和发展的。① 这种和谐秩序的界定方式实际上是与霸权主义的存在方式相对立的。和谐是对霸权体制的否定和替换。霸权体制经常会以强力甚至是武力要求其他国家遵从、趋同,霸权主义者更欣赏世界各国都作为霸权国的追随者、听命者,都采取其所喜欢的政治制度和意识形态。这种思维是一种一元价值观的表现,在逻辑上存在问题,在实践上难于推行。以当今世界为例,美国推崇民主和人权的价值观,深层上视社会主义国家为敌,对古巴、朝鲜等国采取经济封锁、政治孤立的政策,甚至不惜武力打击那些它所不喜欢的(前)社会主义国家。逻辑上的问题是,这些所谓的自由主义国家采取一种未经证实为善的价值观遏制另外一种未被证实为恶的价值观,本身就妨碍了人类的自由意志,与自由主义的核心命题——每个人使自己利益的最佳判断者——相违背。实践上的问题是,采取霸权争夺的手段所采取的遏制和控制措施,虽然可能推翻了一个独裁专制的政府,但很可能扶植起另一个独裁专制的政府。即使假定原来的体制是恶的,那么新建立的体制同样是恶的。这种颠覆除了实现了大国的愿望,对人民并无任何好处。所以,帝国、霸权式的一元价值、一元形态世界结构设定模式存在着先天的缺陷。现代社会经常出现的情况是,主动和被动的文化殖民主义占据着主导地位,崇尚西方、主动忘却本土文化几乎成了时髦的潮流。

而和谐的世界体制中虽然可能有等级秩序,但这种等级秩序领导者(或领袖国家)是以道德的优越性作为立身之本的,并采取文化包容的态度,通过一种友善的、非对抗性的形式构建全球的结构与秩序。② 这一标准具有很强的东方文化意味。在这个意义上,和谐世界与国际法治是内容与形式、实体与程序、精神与表象、目标与手段的关系。和谐并非空中楼阁,所以必须着眼现实。在战争与武装冲突的威胁并未完全消除、由于原教旨主义和强权政治所导致的恐怖主义仍然具有很大影响的前提下,和谐世界必须着眼于安全与和平。一次次的现代战争反复说明,在武装冲突中,没有真正的胜利者。

---

① 杨发喜:《从"协和万邦"到建设和谐世界》,人民出版社 2008 年版,第 176—182 页。
② 参见易显河:《国家主权平等与"领袖型国家"的正当性》,载《西安交通大学学报(人文社科版)》2007 年第 5 期。

如何避免战争、消除武装冲突、缔造永久和平①,是国际社会大致和平的重要考虑。就人权问题而言,无论是政治权利、公民权利,经济社会文化权利,还是作为集体人权的环境权、发展权,其重要的原则都是宽容。而宽容的界限则是"对不宽容者不能宽容"。如果美国等西方国家因为其他国家采取社会主义制度就耿耿于怀,甚至肆意破坏,出兵颠覆,其自身也就成了世界各国无法宽容的不宽容者。如果这些行为是为了物质资源和商业利益,其行为就更不能容忍了。现在看来,消除各国之间和各地区之间的矛盾和冲突,制止任何形式的战争,反对一切形式的恐怖主义活动,努力消除暴力犯罪,是为实现和谐世界的国际法治的首要方面。② 而多元的国家经济、政治、文化样态则能够在沟通与交流中相互借鉴、渐进发展,发挥各自的优长,并呈现一种和谐的世界状态。

(三) 和谐发展要求国际法直面各层次的利益冲突

就当前的社会局势而言,努力追求法治是促进国际社会和谐发展的前提。也就是说,虽然有了法治,世界也不一定能到达和谐的境界,但是没有法治的世界肯定不可能和谐发展。③ 法治的原则是良法、善治,也就是在社会价值设定良好、形式妥善的法律规则的基础之上有严格的立法、执法、司法程序而形成的总体守法状态。这种状态界定了各主体的权利范围和行为模式,通过规范的运行起到定分止争的作用。很明显,法治的实现更多地将社会划分成一个在利益分割的基础上通过规则交换利益、约束行为,并没有预设社会的整合及有机发展。所以本身并不能形成和谐的状态。不过,由于当今世界总体上仍然是无政府状态,国家之间并没有通过普遍的国际社会契约而构建起统领各国家和国际组织机构的世界政府,因而法治是当代国际秩序的理想图式,是达致世界和谐发展的必经途径。④ 在这样的认识前提下,国际社

---

① 康德认为,内在的权利追求的是外在的自由,从实践理性的角度看,国家在无政府的状态下拥有战争权;但是在集体化之后,国家就走出自然状态了,战争权就应当消失了,转而应该在组织化的共同体中寻求永久和平。Georg Vavallar, *Kant and the Theory and Practice of International Right*, University of Wales Press, 1999, pp. 1—3. 有关康的理论在现代世界中的应用,参见 Patrick Capps, "The Kantian Project in Modern International Legal Theory", 12 *European Journal of International Law* (2001) 1003—1025.
② 汪嘉波:《构建和谐世界 保障全球安全》,载《光明日报》2005 年 11 月 2 日第 12 版;上海交通大学环太研究中心(金应忠整理):《构建和谐世界:持久和平共同繁荣——"建设持久和平、共同繁荣的和谐世界"学术讨论会综述》,载《解放日报》2006 年 3 月 27 日第 13 版。
③ 肖永平、袁发强:《新世纪国际法的发展与和谐世界》,载《武大国际法评论(第十一卷)》,武汉大学出版社 2010 年版;李杰豪:《试析国际政治与国际法的复合依赖关系》,载《世界经济与政治》2007 年第 10 期;龚瑜:《论国际法与和谐世界》,载《现代法学》2006 年第 6 期。
④ 古祖雪:《论国际法的理念》,载《法学评论》2005 年第 1 期。

会在相当长时间内要为建设适当的国际法规范而努力,要为健全和完善既有的国际法规范体系而努力,要为塑造一个健康的法律运行环境而努力。①

和谐世界是一个有多层面要求的世界。世界是一个庞大而复杂的系统。所以,从不同的视角观察,和谐会有不同的形态;从不同的方向认识,会有不同的表现。由是论之,和谐的国际秩序之所以未能实现,其根本原因在于,国际社会本质上是一个契约社会,这是与国内社会的最大差异。国家之间以至少是名义上平等的身份与地位进行交往,彼此均寻求自身利益的最大可能性。国家之上没有共同遵从的权威,维系相互关系的只有彼此的利益需求和"约定必须信守"这样一条渊源古老的守则。而这一守则却经常被前一关系所打破,变成仅有符合国家的中短期利益时,国家才去信守约定,否则很可能弃如敝屣。在传统的国际关系理论体系中,特别是现实主义(包括新现实主义)的国际关系理论以及以此为基础的国际关系实践框架内,很难有和谐世界的存身之处。② 根据这一学派的观点,国家之间能否真正信守约定,在很大程度上取决于自身的利益取向。国际秩序基本上是一种"自生秩序",这就导致很难形成一套法治的秩序,仅仅是通过政治方式和外交方法来解决现存的问题。这形成了国际社会不能和谐发展的根本症结。为了解除国际社会所陷入的困境,应当实现战略思维的转变,从零和走向共赢。

有些人认为,和谐就是没有矛盾、一团和气,整体稳定,甚至掩盖矛盾、隐藏冲突。实际上这是一种对和谐的肤浅、僵化、片面的理解,是一种关于和谐的错误认识。在这个问题上,源自古代、发展于康德、黑格尔,完善于马克思和恩格斯的辩证法值得我们重视和铭记。矛盾是普遍、广泛体现的,它不仅是现实世界不可忽视和否认的事实,也是世界发展和完善的原动力。国家的意识与行为方式,国际格局与制度体系,无不建立在国家、国家集团之间的矛盾、冲突、协调、合作之上。与此同时,亦应理解,和谐是一种总体的样态,在这个总体秩序中,个体之间的冲突不仅实然和应然地存在,而且有的时候还会很激烈,当我们说一个平衡的生态环境很和谐的时候,我们也并不是说所

---

① 王逸舟:《重塑国际政治与国际法的关系——国际问题研究的一个前沿切入点》,载《中国社会科学》2007 年第 2 期;王逸舟:《重塑国际政治与国际法的关系——面向以人为本、社会为基的国际问题研究》,载《世界经济与政治》2007 年第 4 期。
② 传统的现实主义国际关系理论(其代表论著包括卡尔的《20 年危机》和摩根索的《国家间政治》)假定国家的动机在于实现与保持国家安全、满足国内人口总在政治上举足轻重的那部分人的经济要求以及增强国家的国际威望,所以国家之间会主要以斗争的形式存在,短暂的友谊和合作也仅仅是为了利益。以华尔兹位代表的新现实主义者则从结构的角度认为势力均衡是一种稳定的结构,国际环境经常会使国家背信弃义。〔美〕罗伯特·古丁、汉斯—迪特尔·克林格曼主编:《政治科学新手册》,钟开斌、王洛忠、任丙强等译,生活·读书·新知三联书店 2006 年版,第 607—609 页。

有的物种之间、各物种的内部之间都没有冲突,相反,恰恰是在冲突中达致平衡、形成整体系统的持续发展状态。所以,在国际社会社会上,和谐不意味着国家之间的利益要求不发生矛盾,而只意味着这些矛盾能够得以妥善的解决,而不发生极端的突变,导致整体秩序的失控。同时,国际秩序在"冲突—化解冲突—形成新冲突"的过程中演进和发展,进入到新的阶次和状态。从这个意义上讲,对于国内可能出现的冲突,应当有清晰的认识和预见,并营造畅通、公平、透明、有效的渠道解决这些冲突,确保国家整体秩序的健康性。这是能够稳妥地参与国际秩序建构的前提。

中国作为一个发展中的大国,预期促进世界的和谐发展,应当在国际立法、执法程序中作出更多的表率,对于日程设计、规范草案的拟定掌握更多的主动权,为推动国际法治而作出贡献。① 对于我国之外的国际冲突、地区冲突,应当具有鲜明的立场,应当始终坚持正义的尺度,反对以强凌弱(例如巴以关系),并促使国际纠纷的和平解决(例如朝鲜半岛的问题)。对于领土争端、武装干涉等冲突,应当表达出清晰的观点,不回避矛盾,注重通过更妥当的方式解决这些矛盾。而对于直接关涉我国的国际纷争,应当在充分掌握各方面材料的基础上,利用政治、经济、文化的手段,特别注重利用法律手段来解决这些纷争。只有坦然地承认并面对并顺畅地解决了这些冲突,才有可能获得真正的和谐。

(四) 和谐发展倡导国际法实现制度建构的人本化

世界的和谐发展也必须建立在这样的人本主义立场上,也就是在认识、评价和构架制度时,应当以广大民众的利益与幸福为出发点和立足点。和谐的观念首先应当是人类社会的总体幸福,很难想象一个没有人类的世界图景有什么和谐可言;以人类幸福为核心的和谐最主要的意义在于驱除以往那种以"国家利益"为口号、实际上只是满足了少数野心家的愿望或者少数集团的经济利益却侵蚀大多人的利益的思想和心态,摒弃以往为了某些空洞的口号和信念而损害大众幸福的倾向。以人为本位和谐世界的核心的观点,应当由国际法所接受和发展。②

只有将这种观念真正落实到国际规范、国际机构的设定与运作之中,才

---

① 曾令良:《论中国和平发展与国际法的交互影响和作用》,载《中国法学》2006 年第 4 期。
② 对于国际法中人本主义问题的分析,参见曾令良:《论国际法的人本化趋势》,载《中国社会科学》2007 年第 1 期;何志鹏:《全球化与国际法的人本主义转向》,载《吉林大学社会科学学报》2007 年第 1 期;何志鹏:《人的回归:个人国际法上地位之审视》,载《法学评论》2006 年第 3 期。对于和谐基于人本主义的讨论,参见何志鹏:《法的和谐价值:可持续发展时期的新要求》,载《安徽大学法律评论》第 2 卷第 1 期,安徽大学出版社 2002 年版。

有可能展现出真正的和谐。① 正因为国际秩序要为人服务,所以国家利益、国家意志背后都应当是人的利益与意志。国际秩序的构建必须为人的幸福负责。在国际制度、国际关系、国家的国际立场、国际态度与行为确立时,要考虑能否促进本国人民、相关国家人民,乃至世界人民的和谐发展。即在一国之内人民的和谐发展、国家之间人民的和谐发展、人类整体的和谐发展、人类与环境的和谐共存。只有这样的国际秩序才是积极有益的,否则就可能是存在问题,甚至方向错误的安排、制度或者决策。那种大国均衡、强权争霸的思维,很难造就真正的和谐。② 即使是和平,也仅仅是冷和平;即使看起来很稳定的,也并不是真正的和谐,最多只能是假和谐。从人本主义的和谐观来衡量,在很多时候,国家利益的界定都是值得质疑的。那些所谓的国家利益很可能仅仅是国内少数人和特定阶层的利益,而并不是所有人的利益。③ 而那些号称正义的战争与武装打击或者军事或者经济制裁,导致的却是更多的战乱与人道灾难(例如卢旺达、利比亚),那些以地缘政治为目标的联盟、扼制、孤立,实际上都仅仅是把民众当成鱼肉。这种"大战略"从来没有真正地考虑如何为人民的生活带来更多的便利。《联合国宪章》在序言和很多条款中都表明了新的国际关系体系应当建立在人本主义的基础之上,应当充分认识和保障基本人权,为民生幸福而努力。一系列人权条约、经济合作与发展条约,以及海洋法公约等国际法律制度也宣示了这样的目标。④ 但是,联合国成立之后的60余年,大国之间基于意识形态与野心的冷战,以及冷战结束后的霸权体系,却使得这种人本主义的目标并未真正实现。

初步构想,国家应当承担起保护人民的首要责任,国际社会也应当承担起辅助的责任,并有责任监督行为和推动国家的合作。国家不应当以设置壁垒的方式来保护人民,国际社会也不应当以强硬的方式来试图保护人民。⑤ 现代国家关系的症结在于国家政治机制运转中的非显性利益因素以及国际交往的成本,这使得国家的统治难以透明,国家之间的问题变得复杂化。所以,中国应当更深刻地思考如何通过国际规范与制度建设,更好地配置资源,促进世界民生的幸福。

---

① 张华:《论尊重人权作为国际法的基本原则及其对中国和平发展的影响》,载《法学评论》2007年第2期。
② 江国青:《反恐、保护人权与世界和平》,载《外交评论》2005年第6期。
③ 例如,国际经济活动中的反倾销、反补贴、保障措施,其根本可能仅仅保护一些生产者的利益,而没有全面考虑消费者的利益取向。
④ Theodor Meron, *The Humanization of International Law*, Brill Academic Publishers, 2006.
⑤ The Responsibility to Protect: Report of theInternational Commission on Interventionand State Sovereignty, International Development Research Centre, 2001; Gareth Evans, *The Responsibility to Protect:Ending Mass Atrocity CrimesOnce and for All*, Brookings, Institution Press, 2008.

(五) 和谐发展促进国际法关注域内域际公平发展

一个和谐的世界必须是发展的世界。发展，意味着逐步消除南北差别，消灭贫困，促进世界各国的经济增长与社会进步，实现世界的普遍繁荣，使各国人民有机会共享人类文明果实。从核武器、环境资源领域的威胁和交通通讯设备的便利来看，地球确实在"缩水"，人类已经面临着一个"共同的未来"，在这种情况下，即使是从利益的角度出发，也不能忽视国家之间相互依赖、国际共同体可能形成的状况。所以，和谐世界的一系列主张都有可能充实到国际法治的框架之中。只有这样，国际法治才具备了判断善恶、良莠的标志，在遇到疑难问题时拥有了具体辨别和解释的原则与方法。当今世界贫富差距巨大是妨碍和谐的关键因素之一，只有继续坚持公平的经济发展策略，才有可能实现和谐；国际法在这方面还有很大的作用空间。例如，20世纪，国际社会为了建设一个真正和谐的国际经济法律体制曾经做过数次努力，但都不很成功。国际联盟、国际贸易组织（International Trade Organization, ITO）、联合国经社会理事会、经济合作与发展组织（经合组织，OECD）以及联合国贸易与发展会议（UNCTAD）初步具备了一些经验和教训，在世纪之交和新世纪开始之时，WTO 在这方面作进一步的努力。①

从范围的角度讲，和谐世界包含三个部分：国家之内、国家之间、国家之外（人与环境）。由于在相当长的时间内国家都将是地域和利益划分的最优方式，所以国内的和谐是非常重要的。一国之内的和谐主要体现在经济发展与社会公正之间的协调、不同民族和种族之间的协调。国家之间的和谐表现在国际关系的各个方面，既有传统的"高政治"领域，即军事安全问题，也有现在正在兴起并引人关注的"低政治"领域，如领土划界（在边境问题上定分止争）、资源分配（如何合理有效的使用资源）、经济贸易交往、思想文化传播等方面。在这方面最关键的是要推广多边主义，在对待共同的问题、形成决策上要协调一致，除非在紧急避险的情况下，不采取单边主义的方式，即使是对恐怖主义也是这样。整个人类与大自然之间的和谐，是前文所述全球的共同目标之一，而且在不可再生资源供应日益紧张、臭氧层空洞逐渐增大、全球变暖幅度超过以往等环境问题日趋严重的情况下，世界各国都必须共同关注和认真对待这一问题。它不仅要求在一国之内实现经济发展与环境之间的协调，更要求在全球的范围内落实可持续发展的思想。这意味着人类从总体上珍视自然界的价值，从生产方式到生活方式都做到环境影响最小化，处理

---

① Spencer Weber Waller, "Neo-Realism and the International Harmonization of Law: Lessons from Antitrust", 42 *University of Kansas Law Review* (1994) 557.

好人与动物(特别是濒危野生动物、宠物)、人与植物、人与非生物体的关系,为整个人类更长时间的存续和发展作出贡献。

从和谐世界所涉及的事项领域上讲,包括军事安全、经济、社会、文化、环境等各个方面。其中,军事安全是和谐的基础,很难想象,在国家安全、国际和平无法得以保障的情况下,如何能够奢谈和谐。经济的发展和公平是和谐的重要体现。当前世界上最严峻的问题即经济的不公平,静态的不公平,即贫困人口和富裕人口在生活方式、贫困国家与富裕国家在人均 GDP 上的巨大差距。动态的不公平,即现在的国际贸易、国际投资、国际金融体系主流上仍然在"劫贫济富",马太效应在加大。只有解决了这些问题,世界和谐才是可能的。反之,在沃伦斯坦所认识的中心与边缘、全球资本主义体系运作的过程中,和谐社会将仅仅是个海市蜃楼。社会方面尤其要关注宗教信仰、社会组织形态特别是民间组织(或曰市民社会)的作用问题,避免原教旨主义的冲突、适当的发挥民间团体、非政府组织在构建社会秩序、社会凝聚方面的作用,是实现世界和谐的主要问题。文化方面的主要问题是在全球化的过程中保持与发展文化的多样化,在世界上形成和巩固"文明的共存"、协调和互利,而不是"文明的冲突",通过文化的交融与沟通形成更为丰富和厚重的人类文化体系。① 环境领域是最需要全球协调一致进行工作的领域。只有各国共同认可保护环境、维护资源、实现人类的可持续发展的目标并为之奋斗,才可能避免公用地悲剧、真正实现环境成本的内部化。

从主张和平与发展到推动和谐发展,意味着经过二十多年的发展,中国已经从一个世界秩序的观察者、追随者、消极接受者成长为一个引导者、创造者、积极构建者。中国的外交体系已经具备了从反应式的利用国际机制向主动构建新国际体系方向转型的能力。中国已经具备了作为大国的国际地位与影响,对人类文明的贡献度不断提升。② 中国为实现国际法治而作出的努力、为推进世界和谐发展而作出的贡献,需要一系列的立场调适。虽然理想是美好的,全球化的现实也为和谐世界的可能提供了一些条件,但是,和谐世界的实现却不会是一帆风顺的。现实世界上的武装威胁、经济矛盾、文明冲

---

① 参见〔美〕乔纳森·弗里德曼:《文化认同与全球性过程》,郭建如译,商务印书馆 2003 年版;潘一禾:《文化与国际关系》,浙江大学出版社 2005 年版。关于不同的文化结构与文化方式在全球化面前的应对,参见〔德〕赖纳·特茨拉夫:《全球化压力下的世界文化》,吴志成、韦苏等译,江西人民出版社 2001 年版。关于在全球化进程中文化的民族性与文化的趋同性,参见苏国勋、张旅平、夏光:《全球化:文化冲突与共生》,社会科学文献出版社 2006 年版,第 28—30,39—42 页。关于全球化进程中的文化民族主义与文化霸权主义、文化宽容精神,文化的全球化与本土化的关系,参见缪家福:《全球化与民族文化多样性》,人民出版社 2005 年版。

② 参见潘世伟:《总序》,载俞新天等:《国际体系中的中国角色》,中国大百科全书出版社 2008 年版。

突都是和谐世界的阻碍;中国传统文化中"和"的理念与中国主导意识形态中的"斗争"主题之间的矛盾也为和谐世界的实现设置了理论上的关口。和谐世界的理念也表达了崛起的中国对于其自身在国际体系中的地位与作用的期许。和谐虽然尊重差异,但很难想象一个霸权体系会是和谐的体系。所以,和谐是差异的主体各得其所,同时彼此互利的体系。这就表明,中国无意于利用其他国家,无意于进行争夺权力的斗争,无意于在冲突中壮大自己,而是愿意通过合作达到共赢,在一个更具有制度性、更具有社会性的国际体制内生存和发展,负一个大国的责任。更重要的问题是,如何解决中国现实中关键国家利益与其他国家的冲突,如何解决中国在国内和国际法治上建构不足的问题。只有解决了这些问题,中国崛起与世界和谐方有可能积极互动,二者的实现方有坚实的基础和确定的希望。一个和谐发展的国际法律环境,不仅对于中国而言,而且对于整个世界而言,都是一种福祉。和谐世界理念的提出,代表了中国的主张和努力目标,代表着中国从被动到主动的转变,顺应了国际社会的发展潮流。这一符合当今世界发展需求的观念不应当随着时间的流逝而淡化,而应当长期坚持并不断弘扬。同时,为了建设这样一个环境,中国也需要以和谐作为基本纲领实现国际法律观念和外交行为上进行调整和转变。① 在当今的著述中,无论是在官方的角度,还是在学术的层面,都对和谐世界的维度进行了一些阐述。② 笔者认为,要想有效地用和谐发展

---

① 郭振远主编:《建设和谐世界:理论与实践》,世界知识出版社2008年版,第17—19页。
② 比如,2006年4月22日举行的"中国梦与和谐世界"研讨会上,中国外交部副部长张业遂阐述了中国所主张的"和谐世界"的内涵,即(1)和平、稳定,各国之间相互信任、和睦相处,通过公平、有效的安全机制,共同维护世界的和平与安全。(2)民主、公正,各国主权平等,国际关系以法制和多边主义为基础,世界上的事务由各国协商解决。(3)互利、合作,经济全球化以及科技的进步,有利于国际社会的共同发展,特别是发展中国家的发展。(4)开放的、包容,不同文明开展对话,取长补短,不同社会制度和发展模式相互借鉴,共同发展。再比如,有学者提出,中国的"和谐世界"论述,其主旨是创造"普遍发展、共同繁荣与持久和平的"世界,与《联合国宪章》等普遍性国际组织的宗旨完全一致。是在国内建设"和谐社会"在国际层面上的拓展,更是对联合国精神和原则的丰富和贡献。"和谐世界"从"全球治理"的角度指出了面对全球化挑战、管理全球化的思路。包括:(1)和平、公平、有效和民主的多边主义,把联合国当作全球安全机制的核心。(2)通过开放、公平、非歧视的多边贸易体制促进共同发展。(3)文明、文化、制度的相互尊重、相互包容、相互理解。(4)通过改革加强联合国。(5)积极促进和保障人权,使人人享有平等追求全面发展的机会和权利。(参见庞中英:《和谐世界:全球治理的中国主张》,http://houston.china-consulate.org/chn/xwgd/t228679.htm;庞中英:《全球化与"和谐世界"》,载《世界知识》2006年第1期。有的文章认为,时代的主题赋予"和谐相处"更多新的内涵:第一,经济全球化的迅速发展和世界各国相互依存度的加深;第二,高科技的发展和跳跃式的影响使得国际力量对比不断变化,速度惊人;第三,非传统安全,特别是恐怖主义威胁的国际化趋势;第四,世界多极化的发展趋势及其全球性的影响。建设和谐世界,并非权宜之计或功利主义,它绝不是一两代人可以完成的,它需要世世代代的潜心探索和艰苦奋斗。参见王生:《"和谐世界"的意义》,新华网,http://news.xinhuanet.com/world/2006-07/19/content_4852543.htm.

的观念统辖国际法治的进程,最根本的,应当从上述侧面来凝聚中国的共识,牵动世界的观念转型和制度构建。

八、小　　结

对于国际法的认识,不应当仅仅停留在规则表面的层次上,而必须在规则之外确立对其作出善恶判断的价值标准。如果仅仅就规则而论规则的话,我们可能借助立法及相关文件、国内国际相关实践、特别是判例对于规范的内涵与适用范围及方式、规范发展的历史过程作为较为清晰的解读和阐释,却无法对规范未来导向树立明确的标准。由于国际法作为国际社会行为体的行为规范并非自然生成的客观存在,而是人们通过自身努力而创立或变革的实践产物,所以,确立国际法的价值标准,不仅有利于我们认识和评判国际法,而且对于改革、发展国际法也具有十分重要的作用。[①] 从和平发展的价值理念拓展到和谐发展,意味着国际法在追求上注重主体的多元性、差异性;倡导发展模式的丰富性、多样性,希求实现一个合作、共进,分享成就、分享进步的国际关系格局。

特别应当注意的是,虽然一个法治的世界并不必然是一个和谐的世界,但是一个放弃法治目标的世界绝不会是一个和谐世界。所以,法治是和谐的必要前提,和谐是法治的未来理想。在国际法律的内容上要贯彻以人为本、可持续发展和文明间共存的良法观念,在程序上促进民主立法、主动守法、严格执法、公正司法的善治框架,进而经由国际法治而构建世界和谐。和谐世界的理念对于中国以及世界的未来趋向都具有重要的意义;特别是对国际关系、国际法而言,意味着一个新的价值目标的确立。和谐世界是一个具有浓厚的中国文化特色、同时也能够为各种文化所广泛接受的国际秩序理念。作为世界秩序的目标,和谐世界意味着不同而和,即不同道但和平共存、不同步但和洽共赢、不同样但和乐共处、不同源但和睦共生、不同盟但和衷共济。作为一种状态,和谐不是凝固、僵化、停滞的稳定,和谐是流动、变化、发展中的平衡与协调。和谐概念不仅有着中国古典文化的深厚基础,也同样符合其他社会的愿望。和谐世界是中国崛起的进程中提出的观念,意味着中国对于世界的格局有自己的认识。具体而言,中国认为经济全球化导致了相互依赖和合作可能,生态变化等因素形成了全球风险社会;国际制度的发展初步构建了共同的价值基础,国际关系理论上的变革推进了世界格局的新认知。在此

[①] 邵沙平:《国际法与构建和谐国际社会》,载《法学家》2007年第1期。

前提下,中国试图在前述背景下建构一个没有压迫、没有霸权的世界体系,在这个世界里,所有的国家和平共存、诚信合作,建设共进的未来。和谐世界的理念也意味着中国对自身作用于功能的衡量。通过和谐世界这一主张,中国不仅试图让世界倾听到中国的声音,更力图树立一个鲜明的大国形象,在国际事务上赢得更多的话语权。这一观念的提出表明,中国可能会是一个大国、一个强国,但不会是一个帝国,不会是对世界各国的威胁。从中国外交的历史和现实可以印证这一观点。和谐世界的促动因素是全球化,即全球性威胁所导致的压力、全球性关注所带来的机会,以及全球性解决所形成的格局。同时,必须注意到,和谐世界、中国崛起存在着多方面的障碍和挑战。其中既包括世界发展的不和谐因素,也包括中国传统文化与马克思主义哲学的不同主题;一方面要处理过程和谐与结果和谐的关系,另一方面也应当考量以和谐为代表的中国文化能否成为一种软实力,并重点解决中国的国家利益与"和谐"主张之间的矛盾、解决中国对国际法、国际机制的不信任与和谐的法治道路之间的矛盾。只有妥善解决上述的理论与实践问题,和谐世界才真正可能成为现实,和谐世界与崛起的中国才能真正地良性互动。

第八章 国际法治的终极理想:人本主义

传统的国际法以国家为主体,以国家利益为本位;近代国际法的发展是一个民族国家崛起而个人消隐的过程。但是,由于20世纪以后出现的人权国际化趋势,以及由经济大规模跨国交往所带来的全球化趋势,国际法正在从"国本主义"走向"人本主义"。个人的地位在国际法的体系内上升,体现在国际法赋予个人权利、施加给个人义务和责任、并使其有机会参与争端解决程序。对于个人是否可以成为国际法的主体,学界仍然存在争论。但问题的关键不在于此,而在于国际法是否真正关心个人、关注个人,以个人的生存、发展为主要宗旨,以个人的幸福作为立法的基础、执法的标准,是否以此为基础建构国际法治。虽然国家及其主权在相当长的历史时期之内是必不可少的,但是其目的应当是实现个人的权益。未来的国际法应当更加具有人本主义的精神,在更多考虑普通个人的前提下发展。当前的国际法不仅已经出现了大量的人本主义规范,而且整体上以人类利益和可持续发展作为价值取向。

一、导　　言

第一章已经提到,人本主义是国际法治中的规范所追求的目标,这是国际法发展关键且具有普遍性的终极理想。法治的基础是良法善治,但究竟什么是良法,如何达到善治,却是更需要探讨的问题。作为一种社会生活方式,法治必须有价值规定,作为一种社会理想,法治也必须融会多重意义、具有综合观念①;没有价值内涵的法律之治,仅仅是"法律的统治"(rule by law),而绝非通常理解的法治。国际法治亦不例外,国际法治提供了"国际良法"和"全球善治"这样两项基本要求。但是,何谓"国际良法",如何算是"全球善治",却不能在法律体系的内部给出答案,而必须到法律体系之外寻求标准

---

① 张文显主编:《马克思主义法理学——理论、方法与前沿》,高等教育出版社2003年版,第339—340页(姚建宗撰);姚建宗:《法理学——一般法律科学》,中国政法大学出版社2006年版,第385页;季卫东:《法治秩序的建构(增补版)》,商务印书馆2014年版,第78—123页;刘平:《法治与法治思维》,上海人民出版社2013年版,第一章。

和尺度。如果没有明确的指向,国际法治可能仅仅是一个空壳,而没有伦理内涵;即使有效的运作,也很难保证其方向是正确的。故而,在国际法治的构划、建设和运行过程中尚需一定的价值观进行指引,需要一系列的原则与标准进行填充。① 国际法治的人本主义价值理想要求国际法从"国本主义"淡出,实现体系性的转向。

二、国际法的"国本主义"传统及其缺陷

(一) 国本主义国际法的主要表现

传统的国际法是"国本主义"的,这意味着整个的国际法体制以国家为起点,以国家的独立和彼此承认、尊重为开展关系的尺度;国际社会以主权国家为交往的基本单位、国际法以主权平等和独立为基本的原则、国际法规范的订立与执行建立在国家利益至上的基础之上。具体而言,表现在如下四个方面:

1. 国家是国际法的基本主体

国际法主要关涉的是国家的权利和义务,国家是国际法的主要法律人格者,也就是国际法的主要主体,在一个历史时期,甚至是唯一主体。这就意味着,国际关系主要是在国家之间展开的,国际事务主要是由国家来决定的,国际问题主要由国家造成,也主要由国家试图加以解决。在传统的国际法中,个人没有什么位置。人们都被包含在国家之中。② 正如古典国际法学者瓦泰尔(Vattel)指出的:对于个人的伤害就是对其所属国家的伤害。③ 虽然国际事务最终还是落实到人的身上,也就是有人来进行谈判,但是每个人背后

---

① 从这个意义上讲,国际法中的哲学是非常重要的。在国际法中,原来是有哲学存在的(自然法时期),但后来被逐出,实证主义在其中占据了上风(其中作出贡献者包括约翰·奥斯丁、拉萨·奥本海、汉斯·凯尔森等)。但是,20世纪后半叶开始,后建构主义、新马克思主义地理政治学、社会民主宪政理论、存在主义现象学(existential phenomenology)对于国际法的影响逐渐增加。Anthony Carty, *Philosophy of International Law*, Edinburg University Press, 2007; Sergio Moratiel Villa, "The Philosophy of International Law: Suárez, Grotius and epigones", *International Review of the Red Cross*, No. 320, pp. 539—552.
② Malcolm N. Shaw, *International Law*, 7th ed., Cambridge University Press, 2014, pp. 188—189.
③ 对于在国际法中,个人人格被国家所吸收这一问题的阐述,参见 Emmerich de Vattel, *Le Droit des Gens, ou Principes de la loi naturelle*, 2 vols. (1758), bk. 11, ch. 6, para. 71. 在战争法中对敌人进行杀戮的权利实际上是最明显的将人当成国家的从属物的观念的反映,而战争法的捕获制度也同样体现了这一点。参见 Hugo Grotius, *The Rights of War and Peace*, Edited and with an Introduction by Richard Tuck, From the edition by Jean Barbeyrac, Liberty Fund, 2005, pp. 454ff, 1270ff.

都存在着他的国家。所以,人们说"弱国无外交"。在国际舞台上,比较的并不是(或者主要不是)个人的魅力,而是他所来自的那个国家的实力。① 而普通的民众,几乎没有参与国际决策的可能性。所以,人们在定义国际法的时候,自觉或不自觉地将国家置于至高点。比如,认为根据规则已经被广泛接受的情况看,国际法对于决定国家之间的事务具有重要的意义。② 而且这种国际法的性质是广受争论的。奥斯丁依据其法律乃主权者之命令的观点,认为国际法不是法。③ 其他英国实证法学派的学者也认为,国际法是基于明示同意或者在文明世界中被习惯遵从的国家之间的行为规范。在现实中,这些规范仅仅是国家行为的道德准则。④

2. 国家利益是国际法服务的目标

开启现代国际关系和国际法之幕的三十年战争其实只不过是一场国家之间为了分割利益、夺取权势而进行的斗争⑤;1652年开始的英荷战争以及此后签署的《威斯特敏斯特和约》也是国家之间争夺海上霸权的表现⑥;美国1823年的《门罗宣言》可以视为是大国势力范围的宣言⑦;第一次世界大战则是被称为帝国主义重新瓜分世界的数次战争未能达到满意的效果的后续行动。⑧ 第一次世界大战之后的凡尔赛体系,虽然向国际社会的理性化迈出了重要的步伐,但是仍然是一个列强争霸的国家关系格局。在这种列强争霸的国际秩序中,有些国家被反复地瓜分,他们的人民当然也就一直生活在不稳定的状态。第二次世界大战期间,德国所追求的生存空间其实质是战争狂人驰骋其妄想的空间,日本所鼓吹的"大东亚共荣圈"实际上只不过是殖民体系的新称呼,而实际的结果则是由于各国人民的反抗,各方都受到了极大的损失。⑨ 在这种情况下,国家之内的人的利益、地位、要求却被"国家"这一笼统的、全局性的概念所笼罩,国际法在"主权平等"这一基本原则之下,更

---

① 比如,中国参与第一次世界大战之后召开的巴黎和会的代表顾维钧先生才能卓越,其在会议上的发言被各大报纸争相转引,但是巴黎和会的最后文件还是不顾中国代表的主张、牺牲了中国的利益。
② Thomas E. Holland, *The Elements of Jurisprudence*, 13th ed., Clarendon Press, 1924, pp. 392—393.
③ John Austin, *Lectures on Jurisprudence*, Vol. 1, John Marry, 1911, pp. 173—184.
④ Thomas E. Holland, *The Elements of Jurisprudence*, 13th ed., Clarendon Press, 1924, pp. 134—135. 当然,后继的学者,如哈特通过对于法律另外的界定(第一性义务与第二性义务的结合)而认为国际法仍然是法(虽然很弱),参见哈特:《法律的概念》,张文显等译,中国大百科全书出版社1996年版,第215、228、233页。
⑤ 王绳祖:《国际关系史·第一卷》,世界知识出版社1995年版,第34—44页。
⑥ 同上书,第82—83页。
⑦ 王绳祖:《国际关系史·第二卷》,世界知识出版社1995年版,第61—69页。
⑧ 王绳祖:《国际关系史·第三卷》,世界知识出版社1995年版,第247页以后。
⑨ 王绳祖:《国际关系史·第五卷》,世界知识出版社1995年版,第136—244页。

多考虑的是国家之间的抗衡、斗争或者合作、联盟,除了为数不多的例外,很难看到对于人的关注。原苏联国际法学者穆勒森早在1990年就谈到:"我感到我们以往的法律过于强调国家、民族、阶级,却忘记了人权与人性。"[1]

3. 国家之间的关系是国际法调整的客体

最初的国际法是调整战争与和平的规范[2],处理的当然是国家之间的战争问题与和平问题。在明显具有神学和宗教痕迹的国际法萌芽时期[3],战争被分为正义的和非正义的[4],正义战争是实现上帝意愿的途径,是走向上帝之城的必经之路,这一点在《圣经》的《创世记》《出埃及记》《士师记》《撒母耳记》《希伯来书》[5]中均可得到证明。[6] 古往今来国家间的战争连绵不断,在这一场场的战争之中,承载着统治者的光荣与梦想,人民的生活却很少被考虑,而且实际上也会一直维持在很低的水平。而作为这种战争和妥协的结果而建立的殖民体系,则是典型的掠夺、压迫、残害多数人而使少数人致富的体系。在国际棋局上,国家是一个个的棋子,国家之间通过联合,成为盟友、列成阵势,与另外的一派作斗争,国家之间考虑的多是从地理上、力量上或者意识形态上为友或者为敌,至于国内的人民如何想法、会处于何种位置,则经常是不予考虑的。个人就如组成棋子的微粒,他们如何运动与棋子的位置、棋局的状态没有什么关系。所以,在第二次世界大战之后,英国能够与苏联在东欧和希腊之间如何划分影响范围达成默契,美国和苏联能够对于如何处

---

[1] Rein A. Mullerson, "Human Rights and the Individual as Subject of International Law: A Soviet View", *European Journal of International Law*, Vol. 1, No. 1, pp.33—43.

[2] 从早期法学著作(特别是国际法著作)对于国际法的论述结构就可以看出这一点:比如格老秀斯(Hugo Grotius)的《论战争与和平法》,显示出了国际法的这种二元结构;普芬道夫(Samuel von Pufendorf)的《人与公民基于自然法的义务》(*On The Duty of Man and Citizen according to the Natural Law*, Frank Gardner Moore trans. The House of John Hayes, 1682)第2卷第16章;瓦泰勒的巨作《万国法》(Emmerich de Vattel, *Le Droit des Gens, ou Principes de la loi naturelle*, 2 vols. (1758), 英译本 *The Law of Nations*, Joseph Chitty trans., T. & J.W. Johnson & Co., 1883)对称式地列举了战争(第三部)与和平(第四部),在边沁的著作《国际法原理》(Jeremy Bentham, 'Principles of International Law', in *The Works of Jeremy Bentham* (John Bowring ed.), William Tait; Simpkin Marshall and Co, 1843, Vol. 2, pp. 535—560)中,也同样是先论述了战争,而后谈到了和平(虽然是一种"永久和平的构想"),直到20世纪初出版的《奥本海国际法》还有大量的战争法的内容(该著作直到第8版才没有出版战争法的部分,按计划应当还有,只是进行修订的学者可能感觉精力不济,未能完成)。

[3] James Crawford, *Brownlie's Principles of Public International Law*, 8th ed., Oxford University Press, 2012, p.4.

[4] Hugo Grotius, *The Rights of War and Peace* (Edited and with an Introduction by Richard Tuck, from the edition by Jean Barbeyrac), Liberty Fund, 2005.

[5] 见《创世记》14:20、《出埃及记》7、《士师记》11、《撒母耳记上》25:28、《撒母耳记下》10、《希伯来书》11:33—34。

[6] 〔苏联〕Д.费尔德曼、Ю.巴斯金:《国际法史》,黄道秀等译,法律出版社1992年版,第185—187页。

理东欧达成妥协,在中国问题上,美国何时援蒋、如何援蒋,苏联在东北大规模运走重工业设施、对共产党军队的行动支持力度不足①,都是大国合作和力量均衡政策的表现,这个时候,人民的愿望从来没有被考虑过。

4. 国家主权是国际法存在与发展的基石

传统的国际法是一套建立在国家主权基础之上的体系。国际法与国际关系的核心问题是主权问题,这一问题在国际法的初成时期即已经非常明确,而且始终得到承认。② 国际法上的主权,一般是指国家主权,也就是指一国的统治阶层(早期为君主,现在为政府体系,理论上也可能归属于议会或者人民)对于该国地域内的人民和事务所享有的最高的统领权和最终的决定权,以及以此为基础而与其他同样的主权者以平等者的身份进行交往的权利。主权的根据或曰源泉是国内的有效统治,主权意味着进入到国际社会中进行交往的能力。简言之,主权就是能够充分控制国内及对外事项的能力。③ 迄今为止,整个国际法建立在国家主权的基础之上,以国家主权为基石原则、以主权国家为基本主体,国际法服从并且服务于主权国家,实现着主权国家的意图和利益。以此为基础进行分析,可以说,传统的国际法是建立在主权本位之上的。具体而言,国际法上的主权主要体现在平等和不干涉两个方面:

主权平等,也就是拥有主权的国际法主体之间的平等,是国际法上主权的应有含义。基于主权的对内最高性,产生出了对外独立性。对外独立,不仅意味着国家以自己的身份和名义参与国际交往(这并不排除国家可以在需要的时候请求其他国家代理行使某些权利,比如投票权、磋商权,虽然此种情况并不多见),更意味着国家在参与国际交往的时候伸张自己的意志、体现自己的愿望。因而,国家之间会通过订立各种形式的条约的方式追求共同的利益或者解决彼此之间的问题(国家是条约法的最基本主体,参与条约谈判和签署的人一般是国家的全权代表,其他的人一般不具有此项权能),国家之间可能采取磋商、谈判、斡旋、调解、仲裁、诉讼等方式解决争端,在极端的情况下,还可能诉诸战争解决问题。在一些形式问题上,也在追求国家之间的独立与平等,比如国际会议经常采取的圆桌形式、国名按照字母顺序排列、条约签署的次序等等。这一点得到了国际法学者的普遍承认。瓦泰勒认为,"既然人们是天然平等的,他们完全享有平等的权利和义务,那么,同样作为自然的产物,被视为处于自然状态的自由的人聚居在一起的、由人组成的

---

① 王绳祖主编:《国际关系史·第七卷》,世界知识出版社1995年版,第288、299页。
② 参见张乃根:《国际法原理》,中国政法大学出版社2002年版,第26页。
③ Tim Hiller, *Principles of Public International Law*, Cavendish Publishing Limited, 1999, p.78.

国家,也是天然平等的,也从自然继承了同样的权利和义务。就这个角度来说,权势或虚弱并不能带来什么区别。侏儒和巨人都是同样的人;小小的共和国和最强大的王国同样是主权国家。"① 但实际上,这种平等从来不是真实的。正如大公司和小公司之间不可能平等的进行交往一样,大国与小国间的平等经常仅仅流于形式。在现实的政治与法律生活中,以强凌弱的现象屡见不鲜。正由于此,有的学者才指出,主权更多的是一个概念,而不是现实;传统的国际关系中充满了霍布斯式的"所有人反对所有人的战争",世界是一个巴别塔,人们相互误解彼此的言行。但现在,复杂的相互依赖或者全球化已经猛烈的改变了全球权利和全球关系的传统表现形式。全球化意味着任何一个重大国际事件都会对我们产生这样或者那样的影响,国际事务和国内事务的区别正日益变得模糊不清。②

不干涉内政,是指在传统的国际法上,即便是在国际社会,主权者对于领域内的事务也是不容他国染指的。③ 由于主权的根据或者源泉是国内的有效统治,并基于国际法主体的平等性,国家在本国内部颁布的政令、采取的行动,其他国家的司法机构没有资格进行评判(国家行为主义),国家的财产和代表不受未经该国同意的扣押和处分(国家及其财产豁免、外交与领事特权与豁免),国家对其领土内的资源具有占有、使用、收益、处分的权利(天然资源永久主权),国家对其政治、经济、文化等发展的模式具有自主决定的权利(内政决策权)、国家对其领土内发生的事件有进行司法、行政管理和控制的权利(属地管辖权),包括对境内的外国私人财产进行征收或者国有化的权利。

统而言之,以往的国本主义导向的国际法体现的是大国之间的角逐,国际舞台上上演的是大国的兴衰。如果从语义的角度分析国际法的话,就可以发现,国际法的用词就表现了这种"国本主义",在多数语言中,"国际法"的意思与中文一样,都是指"国家之间的法"。④ 如第一章所述,从名称和传统

---

① Irving Janis, Crucial Decisions: Leadership in Policymaking and Crisis Management, Free Press, 1989, p.93.
② 〔美〕威廉·内斯特:《国际关系:21 世界的政治与经济》,姚远、汪恒译,北京大学出版社2005 年版,第 6 页。
③ 所以,传统国际法并不认为人权问题属于国际法问题,而仅仅认为是应当由各国政府自行决定和处置的事项。
④ 比如,英文的"International Law"、俄文的"международного права"、法文的"Droit International"、意大利文的"Diritto Internazionale"、西班牙文的"Derecho Internacional"、日语的"国际法",都是这个含义。唯有德文的 Völkerrecht 是一个例外,它在很大程度上秉承了古代罗马的"万民法"(jus gentium)的意义,表面上指的是民族(或者人民)之间的法。当然,在德语里也有"Internationales Recht"的说法,但一般是组成"国际商法"(Internationales Handelsrecht)"国际私法"(Internationales Privatrecht)之类的词汇。

的界定就非常鲜明地表现出,此种法律是调整国家之间的关系、国家对其他国家的行为的规范。① 国际法上的国际关系,也就是国与国之间的关系,可以类比为首倡自然权利时期的学者们所设想的自然状态中的人与人之间的关系。根据那些学者的设想,人人具有不受他人干涉的权利,人们靠自身的实力相处在一起,每个人都追求自我保全,恐惧他人。② 国家在国际社会中正是如此。每一个国家靠自己的实力与他国往来,本国内部的事务他国无权插手。③ 在前国际法时代,国家之间的征战、媾和、民族利益、国家利益具有至高无上性,对于国家的完整、尊严、利益的崇尚既是合理的,也是必要的。在国际法出现之后,上述情况仍然在继续。《联合国宪章》第 2 条所规定的国际法各项原则中,主权平等居于首位;以中国为代表的亚洲国家所提出的"和平共处五项原则",其中首要的就是互相尊重主权和领土完整。

(二) 国本主义国际法的基础、缺陷和问题

必须承认,在世界政府远没有建成的时候,国际具有其深刻的合理性的重要的意义,也是历史选择与历史发展的结果。④ 它有着逻辑与实践的原因,而存在着一些需要面对的挑战和需要解释的问题。

1. 国际法"国本主义"传统的原因

在以战争与和平作为国际法主导动机的时代,主权不可能不被置于最高的地位,这是因为主权实质上是该主权国家之上的人民的利益与权利的最集中的体现,覆巢之下无完卵,皮之不存毛亦亡。所以国际法的存在基础是认定主权的至高性,在维护主权国家利益的基础上分配世界的资源。国际法的国本主义实际上使得国际法无法真正像其他法律一样具有约束力和强制力,因为国家既是法律规范的制定者,也是法律规范的执行者,同时更是法律规范所规制的对象,也就是法律规范所规定的权利义务的接受者,这种规范的力量肯定是很弱的。这是因为根据主权平等原则,国家认可国际法无异于履行本国的承诺,而在国家之上不存在任何更高效力的规范、更高权能的机构,所以国家当然会在其认为不适当的时候不作出承诺、撤销承诺,甚至视承诺为无物,根本不去践行承诺。所以,传统的国际社会并不是一个法治社会,国

---

① 见本书第一章第三节第一部分。
② 霍布斯、斯宾诺莎、卢梭和洛克都持相似的观点。我个人并不同意这些观点,在这里仅仅是做一个类比。
③ 当然,这只是从一般原则上说,实际上插手的事仍然存在,正如国内社会中的人人平等也仅仅是一种法律宣称的状态而已。
④ 〔美〕约瑟夫·R. 斯特雷耶:《现代国家的起源》,华佳、王夏、宗福常译,上海人民出版社 2011 年版,第 1—5、31 页。

际社会的法律体制仅仅是强权政治的衍生物,而不是一套规则至上(rule-orientated)的体制。国家之间出于本国利益的合纵连横,总是显得高于规范的要求。

2. 国际法"国本主义"传统的缺陷和问题

即使在传统的国际法中,国本主义也存在着很多问题;而随着时代的发展,当前国本主义显然面临着更多的挑战,导致了学者对国本主义的质疑。① 总体看来,国本主义的缺陷和问题包括:

(1) 国家之间以"国家利益"或者"民族主义"为理由的争斗,实际上在很多时候并没有为人民谋求到福利。国际社会成了大人物抛头露面的舞台,成了国家代表之间讨价还价的权力场,国际社会在"主权"代表者的活动之下演出了一幕幕危害人民利益的丑剧,国家主权成了这些活动的笼罩物。以往的国本主义主要涉及国家之间对于资源、权力的争夺,国家就像一个放大的个人,经常考虑的是如何获得更多的利益,但是这种利益是否真的成为该国人民的利益,还是仅仅进入到某些既得利益阶层的口袋,却是很难论定的。

(2) 主权至上在实践中成了一堵墙,国家经常利用这堵墙不准许他人批评、估价(不干涉内政),或者构筑高规模的壁垒,阻止外国的商品、服务、甚至思想进入本国。实际上这堵墙对于侵害他国利益的行为难以抵御,对于正当的评论与指责却屡屡见效。强国主张主权仅仅是在国内实施反动政策的借口,绝对主权和理论导致了法西斯主义②,同时也陷入了因主权而推理出的战争合法化而侵犯他国主权的矛盾之中。主权绝对的倡导者在国际法发展的初级阶段比较多,比如美国在独立之时主张主权的独立性,德国的黑格尔学派也主张主权的绝对性,20 世纪之初,当国际组织开始出现之时,人们对于主权发生了质疑,甚至作出了超越国家、废除主权的论断。实践证明,这种论断并不合适。但是,无论如何,国际组织的运作对于国家具有约束作用,国家更多的受制于一些规范,其主权不可避免地受到影响;但是由于国家拥有采取宪法内的手段退出国际组织的自由,所以在这方面对于主权的影响还不是绝对的、不可逆的,唯一值得深入考虑的是第二次世界大战以后成立的联合国,《联合国宪章》中规定了约束非成员国遵守宪章的宗旨和原则,而其安理会对于国际形势可以采取干预措施,这种措施不以国家是其成员国为

---

① John H. Jackson, "Sovereignty-Modern: A New Approach to an Outdated Concept", 97 *American Journal of International Law* (2003) 782—802.
② 即使不带有任何批评和指责的色彩,德国理论家卡尔·施米特(Karl Schmit)将主权理解为"极端情况下的决断"对于德国纳粹政府的行为也不是没有理论支持的作用。

限,从这个意义上讲,国际组织对国家主权的影响是很深刻的。①

(3) 国本主义意味着享有主权的国家彼此在法律地位上平等,国家独立自主地处理本国的事务,是国际社会的最高原则。所以,实际上国际法最具有约束的规范仅仅是"约定必须信守"。② 即使是这一规范也并不总是能够保障得以遵行,因为享有主权的国家不仅可以缔结条约,也可废除条约,从这一点可以看出,以国家主权为本位的国际法是约定法,是协调法,是弱法。它靠明示或者默示的约定来确立相关的规范,其目标仅限于协调不同主权国家之间的关系,而国家则可以选择接受协调或者不接受协调,在极端的情况下会背弃约定。正是在这个意义上,"国际法是不是法"这个问题才久久地萦绕在法学家的脑际,被反复的提出和论证。③ 国际法之所以一直表现为弱法,而不如国内法那样具有强制约束力,在很大程度上是由国本主义决定的:如果国际法的执行者仅仅是国家,那么作为平等者的国家仅仅能做到"各家自扫门前雪",而不能去管理别国的事务(这就是违背国家主权原则的干涉);如果有的国家未能处理好自己的事务,其他国家也很难采取什么有效的手段。所以,国际法不会具有强制约束力。

(4) 在全球化的背景下,国家之间互相依存而导致的主权合作、主权让渡对传统的主权观念带来了严峻的挑战。这也对国家主权继续作为国际法的主导范式提出了质疑。在实践中,国本主义导致了一些难以弥合的问题。主权给予国家,国家是有历史自然或者人为形成的社会群体集合。人与人之间的利害关系一般以国家的疆界作为分野,这一点在人们的远途交往不多、跨国界关系不密切的情况下是可以接受的,不存在什么重大的分歧和问题;但是,在全球化这一概念所代表的跨国影响日益增多的情况下,国家的疆界就很难说明问题了。而国本主义仍然以一国的疆界作为出发点和终极目标,试图寻求独立于他国利益之外的本国利益,这实际上是很难做到的,而且很可能会达到有害的后果。比如,国家之间出于保护主义而进行的贸易战最终结果是对任何一个国家都没有好处,对于人民更谈不上有什么利益。因为很

---

① 现代国际法上对于主权的限制并不等同于以往某些国家出于霸权主义的原因而提出的"有限主权论",这种所谓的"有限",实际上是数国有限而一国无限,限制他国而不限制本国,归根结底是为了实行凌驾于他国之上的政策。
② 参见〔奥地利〕凯尔森:《法与国家的一般理论》,沈宗灵译,中国大百科全书出版社 1996 年版,第 387—388 页。
③ 比如,奥斯丁在其《法理学讲演录》中讨论了这个问题,凯尔森在《法与国家的一般理论》也分析了这个问题,哈特在《法律的概念》中重新拿出了这个问题。而且,在国际法学者中,这个问题也在讨论之列,如 Peter Malanczuk, *Akehurst's Modern Introduction to International Law*, 7th ed., Routledge, 1997, pp.5—7;〔日〕松井芳郎等:《国际法》,辛崇阳译,中国政法大学出版社 2004 年版,第 12 页。

显然，无论是高关税还是数量限制，都会导致生产者销售渠道受阻，消费者难以得到或者无法在比较合适的低价位上获得商品或者服务。再比如，有些国家为了保护本国环境而鼓励本国的高污染、高能耗或者需要大量天然资源的产业迁移到国外，或者将具有环境负面影响的废物出口到国外，企图通过破坏他国环境、消耗他国能源或者减低他国的森林覆盖率、生物多样性的方式来增加本国的国民生产总值。虽然从近期、从局部看确实起到了一定的作用，但实际上，我们生活的地球环境已经如此脆弱，人类彼此联系已经如此紧密，以至于实际上没有任何国家可以自居为世外桃源，可以不受其他国家或地区的影响。环境问题、资源问题都是全人类、全球性的问题，试图短期转嫁风险的这种以邻为壑的态度与做法，不仅因为不道德而引起其他国家的敌对态度，而且也会导致为害的国家最终受害。

（5）国际事务的拓展需要超越国本主义。在以往的国际社会中，以往的国际事务可以归结为主权问题，而现在的国际事务远远超过了主权的范畴。而20世纪以来，国家越来越多地介入经济生活，特别是第二次世界大战以后，国际社会开始将战争非法化，也就是主动地采取武力或者以武力相威胁被视为违反国际法的行径。经济成为国际关系的主要方面，而经济生活的影响是局部的、私人性的，并不完全是主权者的问题。国家将更多的精力投入到经济、社会、环境、人权文化等领域，国际政治不再事关国际战争，而是关乎国家的经济等方面的利益，这就使得国际法走出了战争与和平的二元结构，在和平法得以元结构之下拓展与延续。在和平的环境下，主权问题虽然仍具有重要的意义，但是很多主权之外的事务进入到国际关系的视域之中，其中包括超越主权范围的全球环境问题、公共健康问题，与主权相交叉的经济利益问题、发展问题、人权问题，这些问题不完全等同于国家利益，也就不能用主权的范畴进行涵盖。但是在国际法的体系中所占据的重要性却在与日俱增，忽视这些领域的国际法是不完全的。这些事务在国际关系中的重要性上升是国际法新的发展方向，这在传统的国本主义之下难于给出一个可以令人信服的解释。

（6）国际法治主体的拓展需要超越国本主义。主权国家是唯一主体，国际事务有主权国家通过彼此的战争、战后的和平条约以及和平时期的协商或压力来解决；传统的国际法是以战争与和平并列的二元结构而展开的。国际法所关注和处理的问题是如何进入战争状态、在战争中如何行为、战争之后如何在国家之间缔造和平，这些事项都是一个国家一个民族的全局性安排，所以理所当然的属于主权范围之内，非主权者无法介入。而今，国家已经不再是处理国际事务的唯一主体。首先，政府间国际组织在19世纪下半叶以后的出现、特别是在 20 世纪的大量兴起,给国际事务的处理带来了新的途径。这些组织不仅为国家之间进行交流、磋商提供了平台、通道和场所,使得很多问题得以顺利解决,而且利用国家间的合力向一些国家施加压力,使得国家承诺作一些单纯在国家之间的层次上不能承诺的事项。更重要的是,20 世纪中叶建立的联合国和欧洲共同体开始具有了超越国家的权能。① 这意味着国际法不再单纯是"国家间的法",而具有了"国家上的法"的表征。其次,非政府组织在 20 世纪后半期大规模发展,它们也参与了国际事务的处理。非政府组织并不是一个新现象,在国际法的发展中,国际红十字委员会(ICRC)、马耳他骑士团②等组织很早就取得了国际法主体的地位,然而,联合国成立以后非政府组织的活动更加活跃,其地位也更引人注目。这些组织通过向公众提供信息、在国际议程中参与会谈或咨商、采取游行、示威或者其他方式促进或者阻碍国际立法活动、而且针对某些专业的问题提供专家咨询意见对国际事务的进程产生影响。在欧洲联盟,有些此类组织被称为社会伙伴,在联盟的劳动立法中具有重要的作用③;这就意味着,现代国际社会,一个国家的主权虽然不应当受到其他国家的限制,但是肯定会受到国际法的制

---

① 例如,《联合国宪章》规定了对于非成员国的约束;欧洲共同体法对于成员国的法律具有有限性和直接适用性。

② 马耳他骑士团(Knights of Malta),也称医院骑士团(Knights Hospitallers of the S. O. S. J),全名是耶路撒冷圣若翰医院独立国军事修会,又称罗得圣若翰医院独立军事修会及马耳他骑士会。该组织由一名意大利籍的本笃会(ordo benedictin norum,又称本尼狄克派)士于 1048 年在耶路撒冷的一家收容所医院内创立,因奉洗者若翰为主保圣人(与天主教有关的每一个团体都有主保圣人,比如中国教会的主保就是耶稣的养父大圣若瑟),故称耶路撒冷圣若翰骑士团,平时为伤员及病人服务,加入者除须像其他修会的会士一样在天主台前发"听命,贞洁,神贫"三愿之外,并号召用铁血保卫圣地。1120 年改为修会,尽管它是一个具有独特性质的俗人宗教修会,但其仍是西方世界公认为仅次于本笃会和奥古斯丁会的大修会,中世纪时,其领土非常辽阔,最盛时包括罗得岛、塞浦路斯和马耳他岛,它也是最早脱离当地主教管辖而直接隶属于教皇的宗教修会之一。1189 年圣地失陷后,总部迁至塞浦路斯,后又迁到罗得岛。1789 迁至马耳他,自此之后改称马耳他骑士会。最后迁至罗马,改为现名。今天,这个骑士团的总部设在罗马城内紧靠斯帕尼亚广场的孔多迪大街。目前,该骑士团已得到越来越多国家的承认。在中世纪,骑士团的工作中心是照顾病人,在佛罗伦萨·南丁格尔创立近代护理制度的前几个世纪,骑士团的医院病房内都挂着"病人至上"的标语。现在的骑士团,依然通过展开扎扎实实的活动去影响世界。他们的活动包括在亚洲、非洲、欧洲和拉丁美洲各地兴建及开办医院与各种医疗保健中心,为来自欧洲各基地医疗中心的伤员提供护理和急救物资,为难民进行救济工作等。骑士团的最高领袖是总团长,他在一个委员会的协助下负责管理整个骑士团。骑士团的最高权力机构是定期举行的大会。作为一个宗教修会,马耳他骑士团属于教廷的修会及善会部管辖,但它又作为一个独立的实体与教皇国保持着外交关系。现今,骑士团的成员约有八千名,其中有普通信徒,也有神甫。骑士团的宗旨是发挥其成员的精神力量,为天主教信仰和教廷服务,并从事慈善活动。

③ 比如,在劳工法领域,社会伙伴提供了一系列的规范,为沟通政府与工人的关系,维护权利作出了重要贡献。参见国际劳工组织:《工作中平等的时代》(国际劳工局局长综合情况报告),国际劳工局 2003 年版,第 73 页以后。

约,但是这种制约应当是有限度的,这一点已经被国际法律的实践所认定。①在国家间、国家上的治理模式之外,还有次国家的治理手段。② 所以,国本主义不能代表新的时代现象。

综上,在国际社会中存在的国本主义的思想方式实际上已经不能解释国际社会中的现实。因此,有必要提供一套新的理论框架分析和解释现代国际法的基本因素、主要问题和核心原则,并且指引国际法的发展。

三、国际法人本主义的理论与实践背景

人类文明的进程,如果说大体上有什么规律可循的话,就是人们对于玄奥的理论越来越趋向于疏离,而对于贴近个人生活的问题越来越关注。人越来越被放到关注的前台和中心,人的幸福、健康与发展始终是人类社会的制度规划、工作努力的终极目标。

(一) 现代社会的人本主义

人本主义意味着关心人的价值和尊严,重视人的处境与感受,处理对于人类的生存与发展具有意义的问题,反对那些贬低人性、忽视人的存在与价值的观念、制度和实践。在社会生活中,人本主义意味着,人、人的存在状态、人的感受与愿望是人类社会的一切思想、行动、制度体系的原因、起点、目标和评价标准。包括法律在内的社会生活各个领域都应当为人的幸福而努力,只不过在某些时候表现得不太明显,但人类社会发展的总体脉络体现出这样一个趋势。实际上,在各大文明的发展史上,都产生了人道主义的思想,比如中国古代儒家思想的"仁者爱人"、墨家思想的"兼爱非攻",古印度的佛教中的"慈悲为怀"、古埃及所注重的人与自然相和谐的精神无不闪耀着人本主义的光辉。但是,人本主义最主要的源泉是西方的人道主义传统和现代的存在主义思想。古希腊与罗马的哲学、文学与科学,逐渐褪去了关于世界的神

---

① 〔日〕寺泽一、山本草二主编:《国际法基础》,中国人民大学出版社1983年版,第146页;王逸舟:《制约主权的十个因素》,载《天津社会科学》1994年第1期;李杰豪、龚新连:《论世贸组织对国家经济主权的制约及其限度》,载《湘潭师范学院学报(社会科学版)》2005年第6期;周振春:《全球化条件下国家主权面临的制约与挑战》,载《集美大学学报(哲学社会科学版)》2004年第1期;杨宏山:《干涉主权论、绝对主权论与限制主权论——关于国家主权的三种不同理论立场》,载《世界经济与政治》2000年第3期。
② 主要是非政府组织在各自的领域所作的努力,包括人权方面的非政府组织(例如大赦国际、国际法学家学会等)、环境领域的非政府组织(例如绿色和平组织等、国际野生动物基金会)、经济贸易领域的非政府组织(例如国际商会、国际海事委员会等),这些组织通过主持和赞助培训、收集和发布信息、阻碍和推动国内、国际立法来对国际法治的进程进行干预和参与。

话,把世界放到人思想与视线的对面,进行审视;基督教神学虽然没有在这一基础上进步,但是对于人的心灵进行了深入的剖析,使人们寻求一种内在安宁(信)、不灭的希望(望)和彼此的关怀(爱)。这种对人的关怀和重视在以往可能体现为非理性的、不自觉的关注,在文艺复兴、宗教改革和罗马法复兴者三大运动中,人道主义得到了初步的发展,对人的关爱开始进入了自觉阶段;文艺复兴和宗教改革的潮流使人们摆脱了禁欲主义的束缚①,上承希腊、罗马文化,寻找人自身的价值,并通过经济活动谋求自身的幸福②;资产阶级革命则在更大程度上宣称了人的自由、平等观念,并试图从制度上践行这种观念。20 世纪以后出现的存在主义哲学则从根本上否定了以往形而上学对于抽象的理念的崇拜,直接将人类的生活置于最崇高的位置。特别是 20 世纪开始的世界性战争及作为其结局的和平局面为普遍追求人类幸福奠定了基础,这种国际关系的模式以及国际法的状态使得人们可以更大范围的关注、承认和实现人的权利和愿望。当今的全球化时代比以往的时代更有可能推进人本主义。随着人类认识能力的提高,社会整体意识越来越趋向于摆脱神本主义、越来越关注世俗的生活,越来越关注凡人的感受。

  在政治与法律的领域,西方近代法律文化的发展以国家中心主义为其结晶,现代则出现了明显的反国家中心主义实行市民(公民)中心主义的倾向。从历史唯物主义的高度来看,国家中心主义在资产阶级革命中无疑是进步之举。但其发展的极致,却走到了它的反面,在日本、德国和意大利曾出现了绝对化的国家中心主义——法西斯主义。历经两次世界大战,深感资本主义发展的成果也同样被毁的资产阶级,终于认识到了国家中心主义并非终极良策。其思想界的代表们努力寻求对策。这种努力的结果是一部分人正在高扬市民(公民)中心主义的理论,而对国家中心主义则取批判的态度。马克思、恩格斯在《共产党宣言》曾精辟地指出:"资产阶级除非使生产工具,从而

---

① 参见[英]昆廷·斯金纳:《近代政治思想的基础》,奚瑞森、亚方译,商务印书馆 2003 年版。
② 在这一点上,笔者对马克斯·韦伯的资本主义精神来自于新教伦理的观念一直表示怀疑。趋利之心,人皆有之,边沁的功利主义就是建立在这一基础上的;新教伦理在这里不一定是最关键的因素;如果对比东方,我认为,之所以中国、印度没有兴起资本主义,主要是经济地理的因素,也就是,这些地方相对富足,整体试图通过贸易而追求富足的可能性不大;在商业经济必定胜于农业经济的理论之下,这当然是落后的,但是从现在流行的可持续发展经济学的角度,这种发展观未必就是坏事,至少资本主义精神的缺乏不至于出现大规模的生态灾难(在笔者看来,资本主义横行时期给世界带来的负面影响并不比秦始皇的"楚山兀、阿房出"更好),不至于出现大规模贩卖奴隶、在世界范围内瓜分势力范围的现象。与此同时,资本主义兴起在资本主义国家内部也并不是值得向往的人间天堂,这一点只要读一读巴尔扎克的《人间喜剧》(几乎所有的组成部分)、雨果的《悲惨世界》、狄更斯的《艰难时世》以及马克·吐温的《镀金时代》就可以很直观地感受到了。这也就意味着,在这种寻利的过程中,代价之大、之惨痛令人类不忍回眸,更不要说从头再来。

使生产关系、从而使全部社会关系不断革命化,否则就不能生存下去。……生产的不断变革,一切社会关系不停的动荡,永远的不安定和变动,这就是资产阶级时代不同于过去一切时代的地方。一切固定的古老的关系以及与之相适应的被尊崇的观念和见解都被消除了,一切新形成的关系等不到固定下来就陈旧了。""使全部社会关系不断革命"的资产阶级自身,提出了反国家中心主义、行市民(公民)中心主义的要求。这种要求自然也反映到了资本主义国家的法治实践与法学中,形成了区别于近代资产阶级法学之力主国家中心主义而鼓吹市民(公民)中心主义。批判国家中心主义,努力弘扬市民(公民)中心主义,以人民的根本利益为最高利益,使法学从义务本位之学转变到权利本位之学,从依法行政——依法治民之学转变到重在依法治吏之学,从国权本位之学转变到人权本位之学。①

在法理学领域,学者们倡导以权利本位替代以往的阶级斗争本位,认为法学应当是权利本位之学,而不应当是义务本位之学、或者权利义务共同本位之学,也不应当是权力本位之学。现代社会经历着人治到法治、由权力至上到法律至上、由身份到契约、由权力本位到权利本位的深刻变革。② 国内法提倡和推进人本主义,现在已经基本上被视为理所当然的事情。比如,在国内法上,有学者主张以人权本位来重构宪法学体系。有必要明确以基本人权来界定国家权力的设置和范围。基本人权被认为先于国家和宪法而存在,而不是源于国家权力和宪法。③

在国际政治学的领域,有学者指出:世界经济和政治秩序的一种范式转变正在出现,这一过程的一个重要因素是这样一个事实:世界市场作为一个等级和需求的结构变得在所有以前在帝国主义宗主国的区域和地区愈加重要和具有决定性,世界市场开始呈现为能够规范全球流通网络工具的中心环节。④ 市场的发展导致了国际社会中国家神圣性的消解,市民、公民、人民的要求、愿望、权利受到了空前的尊重和体现。现代社会,经济信息的国际化与

---

① 倪正茂:《任重道远:建设现代中国法学——21世纪中国法学展望》,载《探索与争鸣》2001年第2期。
② 参见张文显:《权利本位之语义和意义分析》,载《中国法学》1990年第4期;郑成良:《商品经济、民主政治的发展与法学的重构》,载《政治与法律》1989年第1期;郑成良:《权利本位说》,载《政治与法律》1989年第4期;卢云:《法律模式转换:一场深刻的革命性变革》,载《中国法学》1994年第1期;张文显、于宁:《当代中国法哲学研究范式的转换——从阶级斗争范式到权利本位范式》,载《中国法学》2001年第1期。
③ 杜钢建:《双向法治秩序与基本权利体系》,载《法商研究》1995年第5期;杜钢建、郑军、邓剑光:《近三十年宪法学研究的回顾与展望》,载《太平洋学报》2008年第12期、2009年第3期。
④ 〔美〕麦克尔·哈特、〔意〕安东尼奥·奈格里:《帝国——全球化的政治秩序》,杨建国、范一亭译,江苏人民出版社2003年版,第236页。

主权国家体制产生了相克性,所以需要一种文明相容(也就是跨文化的包容、谅解与沟通)的人权观。① 很多学者从理论上主张人权的普遍性,但是在现实中却存在着大量的问题:社会发展水平的地理差异使得实现普遍人权存在着基础上的障碍,民族国家的主权主张又使得实现普遍人权存在着制度上的壁垒。国际法发展到了以和平为发展为主旋律的阶段,与以战争及媾和为主要内容的阶段有明显的不同。在和平时期,虽然国家之间的关系仍然复杂,国家之间的利益纷争仍然存在,有时甚至表现得还很尖锐,但总体上看,已经不是你死我活、你有我无的关系,而可能转化为共赢、共荣的局面。至多是资源多少分配上的均衡问题。此时就可以在国家之间寻求共同的利益基点,从基础上为人的幸福而努力。第二次世界大战之后人权体制国际化的迅速发展除了战争中诸法西斯国家暴行的促动之外,更主要的是国际相互依赖的态势已经形成,国际分工、国际商路、国际资本、国际交通和通讯等一系列客观条件促进了人权的国际化发展。所以,现在对人权的信念已经成为一种"全球概念"。现在,人权已经成为全球道德语言的中心而被具有不同宗教传统与文化的人们所论证、完善和支持。人权的理念与制度跨越了欧、亚、非、美、澳各大洲的地理界限;超越了社会制度与意识形态的界限;超越了社会发展水平的界限,也超越了宗教传统的界限。②

而现在,人权问题已经不再是国内法上的问题。承认、尊重和努力实现基本人权不仅被认为是各国政府的当然职责,而且被国际社会所共同认可。各国政府维护人权不仅是政府理性与价值的体现,而且受制于国际法规范,对于这些规范的违背甚至会导致国际法律责任。国际法不仅包含着数量众多的保护人权的规定,而且其整个国际法律体系都正在逐渐转移到建立在实现人权的基础之上。而且,国际法长期以国家为基本主体,以主权为核心范畴,以主权国家的独立和法律上的平等为一切规范与行为的判断标准,国际法相当多的制度都是处在"见国不见人"的状态,这种状态不符合现代全球化和全球治理的内在要求、不利于国际法治的建立、不利于实现全球的良性、稳定、可持续发展。相应地,在国际法上,人权也有可能替代主权,成为整个国际法的新的、基础性范式。在这个环节,人权本位可以考虑成为替代性的新范式。国际法的人权本位,是指国际法在一定程度上承认人的主体地位、国际法上存在着大量的人权保护规范、国际法规范的订立与执行以服务人权

---

① 〔日〕大沼保昭:《人权、国家与文明》,王志安译,生活・读书・新知三联书店 2003 年版,第 2—23 页。
② Robert Traer, *Faith in Human Rights*, Washington, 1991, p.216; Cf. David P. Forsythe, *The Internationalization of Human Rights*, Lexington Books, 1991, chap. 7.

为目标。国际法在规范上应当包含着大量的尊重和保护人权的内容,在价值体系上也应当充分显示出对于人权的承认和追求。因此,有必要倡导国际法改变以前用国家利益来掩盖个人的利益和正当权利、用主权国家之间的矛盾和冲突来妨碍私人之间的正当往来的状态,实现以人为本的国际法律秩序。

从这个时代背景推演,国际法可以也应当更多地重视人、关注人,应当建立起一种人本主义的国际法观。英国国际法学者马尔科姆·肖认为"个人是国际政治体系的核心。……个人在其社会、经济、精神和政治领域的福利必须永远是国际社会的目标。"① 当前,国际人权法在国际法的发展中已经成为一个非常引人瞩目的现象。可以认为,国际人权法是国际法中发展最快、最有成就的新领域之一。② 虽然在极个别的情况下,这种发展也有一些令人忧虑的地方③,但是,在绝大多数情况下,这意味着国际法的进步。联合国在多次国际会议上都曾指出:人是发展的中心。④ 这一朴素的命题实际上意味着:人类社会一切制度、一切努力的最终目标既不是抽象的原则、也不是抽象的共同体,而是,且仅仅是人自身。这种观念有着深刻的哲学基础⑤,同时又是最基本的常识。⑥ 这种观念实际上是在反对形形色色的神本主义论调和形而上学的国家理论。没有人就无所谓环境,就无所谓可持续发展;没有人

---

① Malcolm N. Shaw, *International Law*, 5th ed., 中国影印版序, 北京大学出版社 2005 年版。
② 比较同样是国际法新领域的国际环境法:各种规范一般是以框架条约的方式存在,国家之间的环境利益经常被商业利益所淹没(美国拒绝加入气候变化框架公约东京议定书即是明显的例证);国际社会开过几次全球性峰会解决问题,但是进展却并不令人满意。
③ 比如,各国之间经常会到维也纳人权会议上去进行以人权为主题的外交斗争,实际上这并不是在真的保护人权,而仅仅是以人权为借口进行政治上的较量。
④ 例如,1972 年斯德哥尔摩人类环境会议的宣言中就提到:"世间一切事情中,人是第一可宝贵的。"联合国五十周年纪念宣言提到:"共识的核心是承认人是发展的中心主体,我们在可持续发展方面的行动和关心事项必须以人民为中心。"联合国大会 1999 年 2 月 25 日第 53 届会议通过的《发展权决议》(A/RES/53/155)提到:"注意到人是发展的中心主题,因此发展政策应以人为发展的主要参与人和受益人";1992 年《关于环境与发展的里约热内卢宣言》原则 1 规定"人类处于普受关注的可持续发展问题的中心。他们应享有以与自然相和谐的方式过健康而富有生产成果的生活的权利。"2002 年《约翰内斯堡可持续发展宣言》指出:"我们承诺建立一个崇尚人性、公平和相互关怀的全球社会,这个社会认识到人人都必须享有人的尊严。"
⑤ 比如,早在古希腊时期,普罗泰格拉就曾指出:人是万物的尺度,是存在的东西存在的尺度,是不存在的东西不存在的尺度。中国古代的儒家和墨家也是尊重人、关心人的(仁者爱人、兼爱非攻莫不是此种思想的体现);20 世纪以后的哲学超越庞大而纯粹的本体论(在我看来也就是纯粹的智力游戏),而是向人的存在靠拢,这种新的哲学转向不能不说是一种对人关注的回归。印度经济学家阿马蒂亚·森的名作《作为自由的发展》(中译本译为《以自由看待发展》)更进一步说明了人在整个发展体系中的核心地位。
⑥ 人的感觉来自自身,所以评价也来自自身。"事不耳闻目见而臆断其有无"被认为是不妥的,这其实说明了人的认识的局限性,人受感觉支配,从感觉衍生出理性,所以不可能超越人本身而创造认识方式和价值体系。

就没有国家、没有国际关系,也就没有国际法。所以,国际法应当是以人为基础、为人服务的。因此,现在国际法不应当忽视人的地位、人的生存发展状况、人在法律关系中的行为。美国国际法学者路易斯·亨金就质疑以往关注国家的国际法观念体系,而对于国际人权法的发展深表欣慰。① 这些理论铺垫意味着国际法的人本主义方向是具备可能性的。

(二) 全球治理观念的出现

全球化的推进着社会的变革。全球化至少意味着各种现象之间存在着全球性的关联、地域意义的缩减以及国家治理意义的降低。② 在这一背景下,跨国层面的问题出现了多元的解决主体和解决方式,也就产生了全球治理的新理念。全球治理是全球主体对于全球性事务进行认识、分析、并进而作出决策、采取与贯彻应对措施的过程。全球治理意味着全球主体(国家、国际组织和非政府组织)的参与、处理全球层面的事务(也就是关系到全球民生质量的问题,如环境、人权、经济、裁军和核武器),并产生全球规模的影响(通过信息、全球性立法、司法与执法活动带来很多新的特点)。如果能够认识到全球化只不过是对社会发展客观趋势的一种描述,那么全球治理的概念也并没有什么神秘之处,它所代表的仅仅是国家不再能在其领土范围内有效的、得心应手的处理相关的问题。正如美国学者詹姆斯·罗西瑙(James N. Rosenau)在分析作为本体论的全球治理的过程中提出的:新的治理本体论(或云范式体系)建立在权威空间(spheres of authority, SOAs)基础之上,而这一空间与领土空间并不一定是一致的。③ 因而,超国家的组织在运作,国家之间通过交往和其他的方式仍在产生作用,而新生的非政府组织则在次国家(或称亚国家)的层面上为治理作出贡献。④

(三) 全球时代对国际法的人本主义要求

晚近的国际法体现出了国际社会组织化、国际法全球化、领域扩张化、法

---

① 〔美〕路易斯·亨金:《国际法:政策与价值》,张乃根等译,中国政法大学出版社 2005 年版,第 246—247 页。
② 〔英〕罗杰·塞本:《治理和后国家政策过程》,载俞可平主编:《全球化:全球治理》,社会科学文献出版社 2003 年版,第 97 页。
③ 〔美〕詹姆斯·N. 罗西瑙:《面向本体论的全球治理》,载同上书,第 63 页。
④ 参见罗杰·塞本:《治理和后国家政策过程》,载同上书,第 100 页;何志鹏:《国际法治:现实与理想》,载《清华法治论衡》第四卷,清华大学出版社 2004 年版,第 335—372 页。

律规范刑事化等特征。① 国际法的全球化包含着三个方面的含义:第一,国际法适用于整个国际社会。虽然一个历史时期内曾经有过国际法是所有国家都应当遵从的规范的说法,但那一时代由于对于"国家"这一概念的内涵界定过于狭窄而难于令大多数殖民地、半殖民地国家所接受,所以国际法一般都是"欧洲国际法""美洲国际法""西方国际法""社会主义阵营的国际法"。在冷战结束之后,国际法的全球化变得不再是幻想。国际社会可以进行更具有深度和广度的合作,使得原来预期为世界各国所共同接受的国际法体制真正得以运行。第二,由于科学技术的发展,人类的内部距离变得越来越近,很多问题也是整个国际社会所共同面临、而不是一两个国家所单独面对或者可以单独解决的。其中最引人注目的包括环境问题、恐怖主义问题、核不扩散问题等。在这一背景下,国际社会已经有可能对于一些问题达成一致,遵从同样的原则和规范。第三,由于国际法向国内法渗透而导致的法律趋同化。法律是社会关系的调节器。它既是社会生活的调整工具,也为社会生活所决定、反映着社会生活的内容。在全球化的时代,社会生活具有趋同化的势头,相应的,法律规范的内容也会趋同化。这一点,在经济领域的规范上体现得最为明显。商事规范的趋同化实际上在欧洲中世纪晚期就已经起步了,正是那个时代的商人法奠定了后世各国商法和国际商法的基础。现代的新商人法成为世界商业界的共同行为准则。② 20 世纪中叶以后,诸国之间为了促进贸易、降低关税壁垒和剪除非关税壁垒而进行的多种努力,导致了全球性和区域性的贸易体系出现,经济领域国际法大规模兴起,这些规范均要求成员国采取相应的措施以便利贸易与投资的往来。所以,各国在经济领域的立法开始向统一标准看齐,这一标准就是 GATT/WTO 体系所形成和发展的贸易自由化体系。

如果我们追溯历史,不难发现,个人在国内政治和国际政治的历史上就曾受到过重视。比如,威斯特伐利亚和约中已经规定了对于某些外国人(主要是使节与其他外交代表)的待遇条款③;在法国大革命时期通过的文件中,有条文宣称"将全人类视为一个统一的社会,其宗旨是其所有的成员的和平与幸福",同时"民族和国家……享有与各个社会里的个人同样的自然权利,

---

① 参见杨泽伟:《宏观国际法史》,武汉大学出版社 2001 年版,第 384—396 页;Paul Schiff Berman, *The Globalization of International Law*, Aldershot: Ashgate Publishing, 2005(该书收集了不同学者关于国际法全球化的 23 篇文章,从不同侧面反映了国际法的全球化问题);David J. Bederman, *Globalization and International Law*, Palgrave Macmillan, 2006.

② 相关论述,可以参见〔英〕施米托夫:《国际贸易法文选》,赵秀文选译,中国大百科全书出版社 1993 年版,第 2—24 页;Mark W. Janis, *An Introduction to International Law*, Aspen Publishers, 2003, pp. 288—291.

③ 〔苏联〕Д. 费尔德曼、Ю. 巴斯金:《国际法史》,黄道秀等译,法律出版社 1992 年版,第 93 页。

并服从公正的审判规则。"①当然,由于法国大革命中所固有的浪漫主义情怀,致使这些宣言无法真正的实施,变成国内、国际社会的现实。人类社会进入20世纪之后,虽然对于理性与科学的幻想趋于破灭,对于人类光明未来的美好蓝图渐渐黯淡,但是从法律规范的角度讲,仍然是一个更加切近于人类生活、更加符合人类要求的崭新时代。一系列的历史事件的结果、新的意识观念的传布,国家失去了对于个人的垄断。以往的国际社会是一个国家林立的社会,直到社会发展到一定阶段,才产生国际组织。国家(以及类国家)与国际组织在力量上是相近的,交往起来基本是均衡的,所以国际舞台上的行为者长期仅仅包括这些自然人之上的组织机构。现代国际法在规定国家的权利义务的同时,也规定了个人的权利义务。承认人权、保护人权、倡导人权已经成为现代国内、国际社会的潮流,人的重要性在面对环境危机、追求可持续发展的时代尤其显得明确。

全球化时代所面临的全球性问题使人们更需要寻求一种新的决策和解决问题的方式,全球化时代的交通通讯设施也使人们更有可能为这些问题寻找新的决策和解决问题的方式。这就使得国际法受到了前所未有的挑战。全球化时代的国际关系出现了很多新的表象,其中比较重要的就是从传统的民族主义取向到现代的跨国主义的取向,从传统的民族国家的结构道义国家之间的国际组织、国家之外的非政府组织、大型企业进行组合的新结构。②此种情况导致了国家行为方式的转变以及国际法运作方式的转换。传统的国际关系是以国家实力为基础的,国际法仅仅是强权政治的一个看起来比较体面的外套,而全球化时代的国际法应当更多地注重规范的作用,是国际关系在一套理性的规范之下进行运作,或者可以换一种说法:传统的国际法是国家之间创立的一种装饰品,而全球化时代的国际法应当视为国家和人民创立的一套值得信赖的行为准则。③

四、国际法的人本主义图景

人本主义的国际法意味着国际法注重人的利益需求、为人的幸福而服务,首先而且主要是一种精神本质、价值追求。个人本位在国际法里并不是

---

① 〔苏联〕Д. 费尔德曼、Ю. 巴斯金:《国际法史》,黄道秀等译,法律出版社1992年版,第111页。
② 参见〔美〕约翰·罗尔克:《世界舞台上的国际政治》,宋伟等译,北京大学出版社2005年版。
③ 对于这一问题的论述,可以参见何志鹏:《国际法治:现实与理想》,载《清华法治论衡》第四卷,清华大学出版社2004年版;何志鹏:《全球化、全球治理与国际法的新视野》,载《部门法哲学讲座》,高等教育出版社2005年版。

一个完全陌生的概念。人们一般认为,国际法源于古罗马的万民法(*jus gentium*),这种万民法不仅把国家作为其调整对象,同时也将人民作为其调整对象。① 以后长期采用的万国法(*jus inter gens*, law of nations)同样也包含着处置私人权利义务的内涵。② 当然,随着教权的衰微,现代欧洲兴起的民族国家十分强调主权的重要性,因而形成了以国家为基本主体、甚至是唯一主体的国际法。

现代的国际法个人地位显著提高,在很多方面涉及个人的地位,相关的规范和操作层出不穷。③ 20世纪以后,人的地位开始上升,人的权利受到的尊重,人的发展状况受到了关注,所以,个人的国际法地位在近世的国际法中得到了越来越多的关注。主要可以从以下几个方面进行分析:

(一) 关于个人作为国际法主体的问题

讨论国际法的人本主义,就不可能忽视一个长期以来备受国际法学界关注的一个问题:个人能够成为国际法主体的问题。关于个人的国际法地位、特别是作为国际法主体的讨论,对于清楚地认识国际法上个人的地位与作用有着十分关键的作用。目前,学者关于个人在国际法上地位的观点有三类:一是坚定地认为个人是国际法主体,而且只有个人才是国际法的主体;二是认为个人不是国际法的主体;三是承认个人在一定范围内是国际法主体。

1. 个人系国际法唯一主体的主张

认为个人是国际法的唯一主体很显然是一种比较极端的主张,所以这派学者大多不是从规则角度去证明,而是直接从学理上试图解释。第一次世界大战前后,以狄骥(Leon Duguit)和塞尔(Georges Scelle)为代表的社会连带学派学者认为,国家是一个抽象的概念,有关行为只能通过具体的个人表现出来,所以国际法所调整的所谓国家的行为,归根结底都是那些以国家机关的代表身份而活动的个人的行为;国家的权利和义务必须落实到人的身上才能体现出来,所以国家的权利和义务只是组成国家的那些自然人的权利和义

---

① 〔日〕寺泽一、山本草二主编:《国际法基础》,朱奇武等译,中国人民大学出版社1983年版,第146页。
② W. Blackstone, *Commentaries on the Laws of England*, Book 4, p.66; Emmerich de Vattel, *The Law of Nations*, Joseph Chitty trans., T. & J. W. Johnson & Co., 1883, preface.
③ Cf: e. g., Antonio Cassese, *International Law*, 2nd ed., Oxford University Press, 2005, pp. 144—150; Nguyen Quoc Dinh, Patrick Daillier, Alain Pellet, *Droit International Public*, 4e edition, LGDJ (Librairie Générale de Droit et de Jurisprudence), 1992, pp. 611—684;〔德〕沃尔夫刚·格拉夫·魏智通主编:《国际法(第五版)》,吴越、毛晓飞译,法律出版社2012年版,第138、196—233页。

务。狄骥认为,国家是由个人构成的;国家既不是国际法的主体,也不是国内法的主体,国家不具有人格,不享有任何权利。一切法律规范的最后目的总是个人,是为建立个人生存的秩序;国家如同其他社会团体一样其本身不是存在的目的,而只是组成人们之间的一种社会连带关系的手段。国际法的规范也像其他法律一样,所包含的是对于个人而建立的规则,而其根据在于不同国家的个人相互间存在的连带关系。所以,不是适用于作为抽象人格者的国家,而是适用于个人。也就是说,国际法的主体不是国家,而是组成国家的那些个人,唯有以这个条件才能给国际法一个坚固的基础。① 塞尔则认为,法律的主体总是个人,而且只能是个人。无论在公法方面还是在私法方面,唯有个人是国际法的主体。国家的行为总是通过个人的行为表现出来的,所以国际法所调整的国家行为,实际上是以国家机关的代表身份活动的个人行为;任何一道单方的意志的宣布,一项条约,乃至一个人们说是引起国家责任的不法行为,总是出自赋有代表权能的个人或政府人员的行为,而绝不是所谓国家那个拟制体的行为。国家的权利和义务总是通过个人来承受的,所以国家的权利义务也是组成国家的那些个人的权利义务。追随这一理论的学者还有荷兰的克拉博(Hugo Krabbbe)、希腊的波利提斯(Nicolas Politis)等。② 纯粹法学派代表凯尔森认为,国家纯粹(这当然不是纯粹法意义上的纯粹)是技术概念,以包含一个既定领土范围之内的人。国家的概念用于以技术的语言表达个人以其所归属的人类群体的名义被要求做某种行为或者接受某种利益的法律状况。③ 国际法表面上赋予国家的权利和义务实际上都会最终落实到个人那里。根据凯尔森的观点,国内法与国际法并无实质不同,

---

① 〔法〕狄骥:《宪法论》第1卷,商务印书馆1959年版,第9、138、555—556页。
② 社会连带学派的观点在逻辑上是可以成立的。但是,将国家还原成个人这种设想是不符合国际社会的现实的。正如公司被视为一个整体一样,国家虽然是法律所拟制的一个主体,但是其在事实上和法律上所具有的独立地位是不容置疑的。
③ Hans Kelsen, "Les rapports de système entre le droit interne et le droit international public", Hague Recueil (1926) Vol 14 231, at 239 ff; Hans Kelsen, *Peace Through Law*, Chappell Hill, NC: University of North Carolina Press,1944, p.76. 关于凯尔森对国际法发展的推动作用,参见《欧洲国际法杂志》上的几篇文章:Charles Leben, "Hans Kelsen and the Advancement of International Law"; Danilo Zolo, "Hans Kelsen: International Peace through International Law"; François Rigaux, "Hans Kelsen on International Law; Anthony Carty, The Continuing Influence of Kelsen on the General Perception of the Discipline of International Law"; Norberto Bobbio and Danilo Zolo, "Hans Kelsen, The Theory of Law and the International Legal System: A Talk"; Clemens Jabloner, "Kelsen and his Circle: The Viennese Years"; "Personal Recollections, Interviews with Gaetano Arangio-Ruiz, Eduardo Jiménez de Arechega and Oscar Schachter"; Nicoletta Bersier Ladavac,"Bibliographical Note and Biography", *European Journal of International Law*, Vol.9,No.2, 1998,pp.287—400.

都是约束个人的法律体系,只不过国际法采取了"国家"这样一个技术手段。①

2. 个人成为国际法部分主体的主张

大多数西方学者认为,除了国家等国际法主体之外,个人在一定限度内、一定范围内可以构成国际法的主体,这一点也得到了亚洲学者的赞同。② 比如,杰塞普认为,国际法应当被界定为国家之间关系适用的法律以及私人与国家之间关系适用的法律。在这一前提下,国际法也可以适用于一些私人之间的关系,只要这些关系涉及国际社会的关注。③ 菲德罗斯认为,国际条约不仅使国家享受权利、承担义务,也能使个人享受权利和承担义务;即使是国际习惯法的个别规范也直接拘束个人。"我们在若干国际社会中找到这类

---

① 值得注意的是,凯尔森晚期对于国际法的论述虽然基本理论没有变,但是个人的国际法主体地位受到了承认。See Hans Kelsen, *Principles of International Law*, 2nd ed., Holt, Rinehart and Winston, 1966, pp. 194 ff.

② See, e. g., Ian Brownlie, *Principles of Public International Law*, 5th ed. 1998, p. 605(中译本曾令良、余敏友等译,法律出版社 2003 年版,第 635 页)("[C]ontroversy as to whether the individual is a subject of law is not always very fruitful in practical terms, and the issue is always viewed with the idea of proving that he is a subject vel non. He probably is in particular contexts..."在 2003 年出版的第 6 版中我没有再找到这句话;第 8 版 121 页提到,没有规范禁止个人成为国际法的主体,但认为个人已经是国际法的主体会让人误解); H. Lauterpacht ed., *Oppenheim's International Law*, 8th ed., vol. 1, 1955, p. 639. ("[F]act that individuals are normally the object of International Law does not mean that they are not, in certain cases, the direct subjects thereof"); Alexander Orakhelashvili, "The Position of the Individual in International Law", 31 *California Western International Law Journel* (2001) 241, at 252: ("[T]he distinction between the nature of legal capacity of State and international organizations on the one hand, and individuals on the other, is apparent. The individual does not have any legal capacity under general international law."). See also Rosalyn Higgins, *Problems and Process: International Law and How We Use It*, Clarendon Press, 1995, pp. 48—55; D. P. O'Connell, *International Law*, Dobbs Ferry, Oceana Publications, 1965, pp. 106—112; C. A. Nørgaard, *The Position of the Individual in International Law*, Copenhagen: Munksgaard, 1962; Antonio Cassese, *International Law*, 2nd ed., Oxford University Press, 2005, p. 77; Nguyen Quoc Dinh et al., *Droit International Public*, p. 643; Menon, "The International Personality of Individuals in International Law: A Broadening of the Traditional Doctrine", 1 *Journal of Transnational Law and Policy* (1992) 151, at 152ff; R. Müllerson, "Human Rights and the Individuals as a Subject of International Law: A Soviet View", 1 *European Journal of International Law*, 1990, p. 33; Karl Josef Partsch, "Individuals in International Law", in1 *Encyclopedia of Public International Law* 957 (Rudolf Bernhardt ed., 1992); P. M. Dupuy, "L'individu et le Droit International", 32 *Archives de Philosophie du Droit*, 1987, p. 119; H. Lauterpacht, *Human Rights in International Law*, London, 1951; H. Lauterpacht, *International Law: Collect Papers*, vol. II, p. 487; H. Lauterpacht, *The Individual's Duties to the Community and the Limitation on Human Rights and Freedoms under Article 29 of the Universal Declaration of Human Rights*, study prepared by Daes, 1983, E/CN. 4/432/Rev. 2. 〔德〕沃尔夫刚·格拉夫·魏智通主编:《国际法(第五版)》,吴越、毛晓飞译,法律出版社 2012 年版,第 8、11 页;〔韩〕柳炳华:《国际法》,朴国哲、朴永姬译,中国政法大学出版社 1997 年版,上卷,第 501—527 页。

③ Philip C. Jessup, *A Modern Law of Nations*, Macmillan, 1949, p. 17.

法规。它们由国际社会的机关发布,并且使个人直接享受权利和负担义务。……例如,国际法院的业务规定使该法院的法官和书记官享受权利和承担义务,联合国大会按照《联合国宪章》第 101 条发布的职员法规是联合国的职员享受权利和负担义务。"① 虽然有反驳者认为,此种权利义务并不是直接赋予个人的,而仅仅是赋予相应的职位,但很明显的是,职位本身是不能行动的,必须和人结合起来。提出个人是国际法主体的基本理由包括:(1) 审判战争罪犯的原则表明,战争罪犯是战争法上的主体,战争法直接地为个人设定义务,又直接地规定对战争罪犯的惩罚。审判战争罪犯与惩罚海盗或运送战时禁制品的商船不同,对战争罪犯的惩罚不需要国内法的依据。② (2) 个人获准成为国际诉讼当事方,他们就有主动开启诉讼程序,实现国际法赋予他们的权利和承担国际法所加的义务的能力,这种能力是一种完全的国际诉讼能力,当然包括独立的国际求偿能力,个人因而成为国际法主体。有学者以《ICSID 公约》规定法人在其与国家的争端中,可以提起仲裁程序并且这种争端可以适用国际法解决为由,主张法人的国际法主体资格。个人排除国家的干预而直接在国际法庭上享有诉讼的权利是个人作为国际法主体的突出表现。③ (3) 国际法中有一些关涉个人的规范。如前所述,保障基本人权的国际法规范规定了许许多多的个人权利。承认个人是国际法主体的学者认为,个人至少能够直接享有其中的一部分权利,虽然只有通过国家批准或加入条约,个人才能享有条约上规定的个人权利;但是,已经成为国际习惯法的那些人权事项,就无法用条约理论加以解释。外交特权与豁免的规范与习惯,这些可以归属为国家人格的情况不同,很多学者通过大量国际条约和国际习惯法保障个人的人权而证明个人应当成为国际法的主体。④ 与此同时,战争或武装冲突法中的国际人道主义法,也是直接适用于武装部队人员以及平民的,并同样适用于国内武装冲突,而且不以武装冲突各方都参加有关条约为条件。(4) 以跨国公司为代表的法人的地位和作用在国际法上的发展使人们很难否认其对于国际法的定立和运行所起到的重要作用。⑤

---

① 〔奥〕菲德罗斯:《国际法》,李浩培译,商务印书馆 1981 年版,第 270 页。
② Lyal S. Sunga, *Individual Responsibility in International Law for Serious Human Rights Violations*, Martinus Nijhoff Publishers, 1991.
③ Roberto Bruno and Joseph H. H. Weiler, *Access of Private Parties to International Dispute Settlement: A Comparative Analysis*, NYU Law School, The Jean Monnet Working Papers, No. 13/97, http://www.jeanmonnetprogram.org/papers/97/97—13.html.
④ 对于这一问题的思考,参见江国青:《论国际法的主体结构》,载《法学家》2003 年第 5 期。
⑤ Jägers, "The Legal Status of the Multinational Corporation under International Law", in M. K. Addo (ed), *Human Rights Standards and the Responsibility of Transnational Corporations*, Springer, 1999, pp. 259, 262.

李浩培教授认为,国际法是发展的,国际法的学说也应当依据法律体制的发展而发展。个人有被国际社会承认为部分国际法主体的趋向。① 国家被赋予国际法上的权利和义务仅仅是因为"传统上不甚合适",或者说习惯上难以接受,而没有什么实质性障碍。习惯是可以改变的,个人在理论上并不是不能成为国际法的主体。第九版《奥本海国际法》则进一步指出,"国家可以授予而且有时也的确授予个人——不论是本国人还是外国人——以严格意义上的国际权利,即个人不须国内立法的干预,即可取得,并且可以用他们自己的名义在国际法庭上享有请求执行的权利,而且在某些领域,从个人(和私营公司及其他法人)在国际上直接与国家建立法律关系,而且作为个人直接具有来自国际法的权利和义务的事实来看,个人作为国际法主体的资格是明显的。作为实在法的一个问题,认为国家是国际法的唯一主体的看法已经不能再维持了,人们愈加倾向于认为个人在有限的范围内也是国际法的主体。"②《斯塔克国际法》第 11 版指出:现代实践使得个人直接享有国际法上的权利、承担国际法上的义务的事例增多,而个人除了通过国家之外别无方法请求权利的传统已经缓和,个人的利益、基本权利和自由成为国际法的基本关注对象。③

当然,大多数承认个人是国际法主体的学者,都认为个人仅在一定范围内或一定条件下才是国际法主体,而不是和国家相提并论的国际法主体;不否认国家对个人的管辖和保护的权利。④

3. 反对个人成为国际法主体的主张

有些人坚持认为,个人不应享有国际法主体的地位。其主要理由是:个人没有创立国际习惯法和缔结国际条约的资格,也没有实施国际习惯法和国

---

① 李浩培:《李浩培文选》,法律出版社 2000 年版,第 466 页。另外,梁西教授认为,虽然当前个人在国际法上的主体地位尚未确定,但这一问题在发展之中,这种发展会给国际法带来重要的影响。参见梁西主编:《国际法》,武汉大学出版社 1993 年版,第 18—19 页(2000 年的第二版这一论断仍然没有改变,虽然在国际法主体部分已经明显地加入了个人的内容)。
② Lassa Oppenheim, *Oppenheim's International Law*, 9th ed., Vol. 1, Robert Jennings and Arthur Watts (eds.), Longman Group, 1992, pp.846—847;中译本见〔英〕詹宁斯、瓦茨修订:《奥本海国际法》,第一卷第二分册,王铁崖等译,中国大百科全书出版社 1998 年版,第 292—293 页。
③ I. A. Shearer, *Starke's International Law*, 11th ed., Butterworths, 1994, p.61.
④ 中国的年轻学人比较倾向于承认个人的国际法地位,比如有的学者认为:"国际刑法、国际行政法、国际环境法这些边缘学科的自身特点使个人成为法律关系的一方,在参加的具体国际法律关系中个人享有国际法主体地位合情合理。"汪自勇:《对个人国际法主体地位的反思——对新近国际法主体理论之简要分析》,载《法学评论》1998 年第 4 期;另有学者在批驳了否定个人成为国际法主体观点之后,认为这一观点不适应国际社会和国际法学说发展的需要;反之,"个人成为国际法主体是现实的需要,也是国际社会发展的客观要求"。肖洪艳:《论个人在国际法上的地位》,载《湖南省政法管理干部学院学报》2002 年第 2 期。

际条约的能力,他们是由国家所排他性的控制的,个人不能直接地承受一般国际法上的义务,也不能直接享有国际法上的权利。

在反对个人为国际法主体的学者看来,国家仅为抽象主体的理由缺乏说服力。作为私人主体的个人和作为公法主体代表的个人存在着差异:法官作出的裁决不是以其个人的身份和名义,而是以国家体制中的一个分子的名义和身份;人们到法院去起诉并不是因为对某一法官具有信赖,而是对于国家的司法体系的信赖。以个人代表认为国家虚无这种理由显然是不能成立的。而针对类似特权与豁免、惩处个人犯罪和保护基本人权的规范,反对者认为,从外交特权与豁免的角度认定个人所享有的国际法地位是靠不住的。外交特权与豁免实际上是赋予国家代表的,实际上赋予的仍然是一种身份,而不是个人;《维也纳外交关系公约》序言中明确认定:"确认此等特权与豁免之目的不在于给予个人以利益而在于确保代表国家之使馆能有效执行职务"。在涉及外交特权与豁免的放弃时,也直接将放弃这一权利的主体指向国家,该《公约》第32条第1款规定"外交代表及依第37条享有豁免之人对管辖之豁免得由派遣国抛弃之"。① 反对个人成为国际法主体的学者认为,惩处的犯罪行为,如种族灭绝、贩卖奴隶、贩卖毒品、海盗和国际战犯,这方面的国际法权利义务仍然根据条约而给予国家,个人犯有国际罪行而承担刑事责任,仅仅是作为国际法惩治的对象,是国际法的客体。②

反对个人成为国际法主体的学者认为,个人虽然被国际人权公约赋予一些权利,但是那仅仅意味着,每一个国家向其他的缔约国保证承担将此种权利和义务通过自身的法律保体制转交给个人的职责。这些权利根本上是由国家进行保障的,个人之所以享有国际法的保护,是缔约国间以条约的形式赋予个人以权利的结果,即国家间自愿协议的结果;国际人权条约不是直接地规范个人的行为,而是为其缔约国设定义务,即通过各自的国内法来实现公约所规定的个人的基本权利和自由。也就是说,国际法仅仅给国家施加了义务,而并不意味着个人具有直接享有国际法上的权利的

---

① 但是,值得注意的是,该条第3款进一步规定:"外交代表或依第37条享有管辖之豁免之人如主动提起诉讼即不得对与主诉直接相关之反诉主张管辖之豁免。"从这个意义上讲,个人可以通过自身行为放弃豁免。但是,联系该条第4款,"在民事或行政诉讼程序上管辖豁免之抛弃,不得视为对判决执行之豁免亦默示抛弃,后项抛弃须分别为之"。此项豁免的放弃似乎依然有赖于国家的明示行为。
② 这一观点实际上是大为可疑的:首先,凡有国际罪行的人并不仅仅是被追究责任,也有权得到公平审判。其次,在法律上如何追究客体的责任,又让客体有公平审判的权利,在逻辑上很难顺畅;类似的,国内刑法也会去追究犯罪者的刑事责任,也作为惩治的对象,没听说哪位学者因此而认为个人是国内刑法的客体。

能力。①

　　同样,类似国际投资争端解决中心(ICSID)这种处理个人与国家之间争端的仲裁法庭的权利主体不是享有直接出诉权的个人,而是他们背后的国家,因为个人不能直接得到这种仲裁裁决的赔偿。虽然《解决国家与他国国民间投资争端公约》授予投资者直接在仲裁法庭对东道国提起申诉,但依据该公约,仲裁法庭在双方未选择法律的情况下适用东道国的法律;而且东道国不履行裁决,该外国国民是无能为力的,还有赖于本国的外交保护;所以安齐洛蒂等学者认为这种仲裁法庭也不是真正的法庭,而是相关国家的共同机关。仲裁机构将国际法适用于法人与东道国政府的合同或合同双方在协议中选择适用国际法规则,与国际习惯或条约本身直接规定法人的行为是不同的。国际法院在1952年"英伊石油公司案"中认为,外国公司与东道国政府的协议只是国内法上的合同,而不是条约,因为公司一方不是国际法主体。第三世界国家的学者对跨国公司是国际法主体的主张,担心这会将跨国公司提升到与家平等的地位,助长其势力的扩大,结果更加难以控制。而且,个人在国际法庭或争端解决机构有权提起相应程序的权利的现象还不普遍,还未形成习惯国际法,联合国国际法院的诉讼主体至今仍然限于国家。② 并且,私人向国际司法或者准司法机构提交申诉、请求实现权利仅仅是例外,而且仅仅是一个程序性的授权,相应的国际机构如果作出了有利于私人的裁决,也没有实质性的权力或权利去执行之。

　　对于欧共体条约关于个人或公司诉讼权的规定,否定个人成为国际法主体的学者认为这不是个人或公司国际法主格的适当事例,因为欧共体法(即现在的欧盟法)不是国际法,而是国际法和联邦法之间的混合物。③

　　所以,王铁崖教授十分明确地认为,个人不是国际法的主体。④ 支持这种观点的学者认为:"无论是个人或与个人有同等地位的法人,都是处于他们所属国家的主权管辖之下,既不能独立参加国际关系,也没有直接承受国

---

① 王铁崖主编:《国际法》,法律出版社1980年版,第99页。
② 但是,这种反驳的说服力不足,因为政府间国际组织、类似国家的政治实体,至今都不能成为国际法院的诉讼主体,许多国家组织也没有资格请求国际法院发表咨询意见,而它们的国际法主体资格却是确定无疑的。
③ 例如,王铁崖主编:《国际法》,法律出版社1995年版,第6页。
④ 《中国大百科全书·法学》,"国际法"条目(王铁崖撰),中国大百科全书出版社1984年版,第189页;亦见于《王铁崖文选》,中国政法大学出版社2003年版,第130页;《中国大百科全书·法学(修订版)》,"国际法"条目(王铁崖、李兆杰撰),中国大百科全书出版社2006年版,第162页。

际法上权利和义务的能力,因此不具备国际法主体的资格。"①邵津教授早期认为,"国际法在极为有限的范围内给予个人以某种权利和义务,这与国家和国际组织在国际关系中大量活动中所表现出来的权利能力和行为能力相比,只是少数的例外情况。充其量,只能说个人有某种国际法地位,但……不能认为是国际法的主体。"②汪瑄教授也认为,个人不能成为国际法的主体。③

4. 个人在国际法上应有的地位

必须承认,国际法的法律人格者确实长期以来只有国家。虽然传统的自然法学派认为,个人是真正、彻底、唯一的法律人格者,所有法律、包括国际法均应如此;但是 19 世纪兴起的实证法学派则认为,在国际法上,只有国家才是有资格的主体。④ 虽然国际社会对于海盗行为存在着各国均有权处置的惯例,但是占据主流的观点是个人并不因此而具有国际法主体的地位。⑤ 不

---

① 王铁崖主编:《国际法》,法律出版社 1980 年版,第 100 页(郑庭佐、王献枢、罗世英编写)。白桂梅教授在王铁崖主编的《国际法》(法律出版社 1995 年版)中也同样主张个人不是国际法的主体,虽然在措辞上用的是"值得怀疑"。参见该书,第 78 页。白桂梅教授独著的《国际法(第二版)》(北京大学出版社 2015 年版)经过历史回顾、学说列举之后进行了理论分析,认为国际法随着历史发展而不断变化,随着国际人权法的发展,国际法对于个人的态度已经不同于外交保护的年代,然而这一变化与"国家消亡"的观念联系在一起,未来的、完全以个人为主体的国际法就不再是国际法了。参见该书,第 248—253 页。

② 邵津主编:《国际法》,北京大学出版社、高等教育出版社 2000 年版,第 11 页(该章作者为邵津教授)。但是,后来邵津教授改变了观点,认为通行观点是个人是国际法的主体。邵津主编:《国际法(第五版)》,北京大学出版社、高等教育出版社 2014 年版,第 10 页。

③ 《中国大百科全书·法学》,"国际法主体"条目(汪瑄撰),中国大百科全书出版社 1984 年版,第 198 页;《中国大百科全书·法学(修订版)》,"国际法主体"条目(汪瑄撰),中国大百科全书出版社 2006 年版,第 173 页。

④ 对于这个问题,有些值得注意的细节。以往的"万民法"(jus gentium)和"万国法"(jus de gens, law of nations)实际上都包含着调整跨国私人之间关系的准则,而后来由于英国哲学家边沁制造出了"国际法"(international law)一词,而且认为这一词汇仅仅包括处理国家之间关系的规则(人们评价说,这并不是一种故意的标新立异,而是由于边沁对于以往的万国法所知甚少),才使得西方社会比较普遍的使用国际法一词,而且其范围也变得狭小。See Mark W. Janis, *An Introduction to International Law*, 3rd ed., Aspen Law and Business, 1999, pp. 235—240. 从这里可以看出,国际法成为"国家之间的法"可能仅仅是一次知识的误解或者历史的误会。

⑤ 但是这些基本上被解释为国家拥有权利:特权与豁免的目的是为了便于实行国家所赋予的职务,而且主张者也主要是国家;海盗行为的惩罚者是国家,最终的接受者仍然是海盗所属的国家;保护个人(一般是少数民族)的条约将义务施加给国家,一般认为个人仅仅是此种条约的间接受惠者。Dionisio Anzilotti, ' L'azione individuale contraria al diritto internazionale ' (Acts by individuals in breach of international law), *Rivista di diritto internazionale e di legislazione comparata* (1902), pp. 8—43; 重印于 *Scritti di diritto internazionale pubblico*, Ledan, 1956), pp. 211ff; Antonio Cassese, *International Law*, 2nd ed., Oxford University Press, 2005, p. 143;不同的观点,见 John Westlake, *Chapters on the Principles of International Law*, Cambridge University Press, 1894, pp. 1—2; Hans Kelsen, *Principles of International Law*, Rinehart, 1952, pp. 203—205.

过,这也说明传统国际法仍然存在关于个人的规则,除了惩罚海盗的规则意外,比较引人注目的还包括关于外交使节的特权与豁免的规则,以及一些专门保护个人的国际约定。有学者分析,认为由于国内法的体系原因致使国际法不能作用于个人或者公司的深层背后理由是对于接纳个人作为国际人格者将削弱有关国民的国内法的忧虑。①

如果回顾国际法的发展史,就会发现国际法的主体经过了一个逐渐发展和扩大的过程。在相当长时间之内,只有国家才是国际法的主体。在相当长的历史时期内,国际社会上唯有享有主权的国家才是国际法的主体,而不享有主权的组织、机构和个人不能成为国际法的主体。在前国际法时代(也就是虽然有国家之间的关系,却不存在有意识的国际法规范和理论的时代),国家之间的征战、媾和、民族利益、国家利益具有至高无上性,对于国家的完整、尊严、利益的崇尚既是合理的,也是必要的。在国际法出现之后,上述情况仍然在继续。威斯特伐利亚体系确认了国家及其主权在国际社会的独立与至高地位,而日俄战争、德法战争等一系列战争也都是在证明国家的地位与作用。这一点在国际法的早期时代是可以接受、而且也是理所当然的。国家之外的人格者还没有发展到能够在国际论坛上商讨问题、提供建议的程度,所以不存在国际交往的动机和可能。主权意味着进入到国际社会中进行交往的能力。也就是能够充分控制国内及对外事项的能力。②

在国际法上,国家之间早已注意到了个人的地位,并且在立法和司法的程序中有所体现。除了前面已经提到的例证之外,还包括:1815 年维也纳和会上对于贩奴制度的正式谴责、对于国际河流自由通行权的承认③;常设国际法院在"但泽法院管辖问题"(1928)的咨询意见中明确承认:赋予个人以国际法上的权利,目的是为了便利各国人民之间的来往,有利于保护处于别一国或另几个缔约国的本国公民的正当权益。如有关外国人待遇的一般原则、实施有关本国侨民的外交保护制度。而且"承认个人在条约上享有一定权利并不会削弱国家对个人的最终控制和保护"。在国际商事领域,存在一系列为了个人而确立规范的条约,比如 1924 年的《海牙规则》、1968 年的《维斯比规则》以及 1978 年的《汉堡规则》规定的都是个人之间的权利义务;1980 年《联合国国际货物销售合同公约》规定的也是私人之间的权利

---

① 〔美〕威廉·内斯特:《国际关系:21 世纪的政治与经济》,姚远、汪恒译,北京大学出版社 2005 年版,第 155 页。
② Tim Hiller, *Principles of Public International Law*, Cavendish Publishing Limited, 1999, p.78.
③ Thomas Buergenthal and Sean D. Murphy, *Public International Law in a Nutshell*, 3rd ed., West, 2002, p.15.

义务。① 这意味着,私人不再是完全任由国家摆布的客体,而是具有了与国家对抗(虽然是很小规模、很小程度、很窄范围的对抗)的可能,只不过国际社会没有充分地注意到这一点。在全球化如火如荼发展的 20 世纪后半期,作为商事行为主体的个人受到了国际社会前所未有的关注。全球性贸易协定和区域性贸易协定在很大程度上受新自由主义的推动,重视给予私人营业者以较为充分的竞争自由,保护这些营业者的营业权、有体物权和知识产权。②

后来,随着国际关系局势的发展,国际组织大量涌现,以国际联盟、特别是第二次世界大战以后兴起的联合国为代表的国际组织在国际法上的地位越来越凸显,引导、参与、主持国际法的订立、编纂、解释和执行,协调国家之间的关系,处理全球性的问题。这种重要的地位致使国际法学者对于国际组织的国际法主体地位持肯定的态度;在民族解放逐渐发展、国际社会越来越对脱离殖民统治和剥削压迫之下的民族给予关注之时,争取独立的民族、交战团体被视为类似国家,具有一定的国际法主体地位。③ 在这种状况下,人们对于国际法的体系也进行了重新的定位。④

国际法虽然习惯上被认为是调整国家之间或者类似国家的行为者之间

---

① 车丕照:《论国际条约对私人的效力》,载朱晓青、黄列主编:《国际条约与国内法的关系(中德国际条约与国内法关系研讨会论文集)》,世界知识出版社 2000 年版。
② 比如 GATT/WTO 体制中的关税保护与关税减让、一般禁止数量限制、反倾销、反补贴、保障措施等规范,都是试图建立一个更加平坦顺畅的国际市场,以利于私人的交易;乌拉圭回合谈判以后的《服务贸易总协定》《与贸易有关的投资措施协定》更是将这种重视营业者权利的体系扩张到新的领域;而《与贸易有关的知识产权协定》则直接规定了对于私人知识产权的保护标准。但是,值得注意的是,在生产者、销售者之外的私人,也就是在全球化的过程中被卷入的广大民众,基本上经常被国际社会和国内社会所忽视。在全球化过程中,个人和群体在社会公平和平等问题上采取创造性行动的能力,如在人权和劳动权利以及对艾滋病感染者歧视等方面的问题采取行动的能力经常被大大削弱。随着市场的趋势和通讯的模式越来越多地由全球市场的力量和跨国公司实体来决定,这似乎造成了社会、公民和政治的权利的丧失。因为一些处于不利地位的群体、地方政府和社团组织如工会等机构经常被忽视和排斥,造成了更大的社会和经济的不平等及贫富的两极分化。本来他们才应该是全球化经济的服务对象,他们才应当是全球化积极效应的享受者,但是,实际情况往往并不是这样。
③ 参见邵津主编:《国际法(第五版)》,北京大学出版社、高等教育出版社 2014 年版,第 8—9 页。
④ E. g. , "The body of legal rules considered binding upon states and other international person in their mutual relations. International law is founded primarily upon treaties and custom, as well as general principles of law recognized by civilized nations (along with such subsidiary sources as judicial decisions and the works of legal scholars)." Bledsoe, Robert and Boleslaw A. Boczek, *International Law Dictionary*, Santa Barbara, 1987, pp. 13—14.

关系的法律,但个人在国际法上的地位问题实际上是值得重新审视的。① 一直引人争论但是没有清晰界定的问题是:个人是不是国际法的主体? 在全球治理的背景下,对于个人在国际法上的地位进行重新审视和梳理,不仅有利于我们重新认识国际法的定位,而且有利于我们妥善的应用国际法、推进国际法的发展。对于个人的国际法主体地位问题,大概比较模棱两可的观点更能说明情况:个人在国际法上地位是没有定论的问题。关键在于哪种观点更符合国际法的实际,在理论上和实践上更为有益。国际法的主体包含哪些,不是由学者们的定义或观点决定的,而是由国际关系的现实和国际法的决定的。② 但是,不能忽视的是,现代的观点已经不再将国际法局限于"国家间的法",而是采取了更为宽泛的定义。比如,《布莱克法律词典》从第 7 版开始对于国际法定义成"处理国家之间关系的法律系统,更晚近的,则为国际关系的法,不仅包括国家,也包括国际组织、跨国公司、非政府组织,甚至个人(比如在人权领域以及战争犯罪的情况下)等参加者"。③ 很多国际法学教材也对国际法的界定采取了传统和现代的两分法。④ 这意味着,即使不考虑国际法上个人的主体地位,个人的利益、要求仍然是必须考虑的问题。

(二) 个人在国际法上的权利能力

个人在现代国际法上的权利能力主要包含国际法赋予个人的权利和施以个人义务两个方面。

1. 国际法赋予个人的权利

国际法赋予个人权利,首先体现在国家承担对于个人进行保护的义务上。具体包括:(1) 对于某些本国人在本国的保护(包括对于劳工、少数民

---

① 2004 年 3 月 17 日于日内瓦召开的人权事务委员会会议上所作的致词中,红十字国际委员会主席雅各布·克伦贝格尔指出"几个世纪以来,国际法只关注国家间的关系——它没有意识到,个人也可以成为其规则的主体。" http://www.icrc-chinese.org/main.asp? articleclass_id=217&sub_id=2_4_1&article_id=203.
② 赵建文主编:《国际法新论》,法律出版社 2000 年版,第 214—219 页。
③ Henry Campbell Black, Bryan A. Garner, editor in chief, *Black's Law Dictionary*, 7th ed., 1999, p.822; 8th ed., Thomson/West, 2004, p.835; 9th ed., 2009, p.892; 10th ed., 2014, p.941; 四版之间仅在措辞上有略微不同。此前的《布莱克法律词典》将国际法定义成"调整国家之间关系的法"("The law which regulates the intercourse of nations. The customary law which determines the rights and regulates the intercourse of independent nations in peace and law",参见第五版,第 733 页;"Those laws governing the legal relations between nations. Rules and principles of general application dealing with the conduct of nations and of international organizations and with their relations inter se, as well as with some of their relations with persons, whether natural or juridical",参见第六版,第 816 页)。
④ See, e.g., Thomas Buergenthal and Sean D. Murphy, *Public International Law in a Nutshell*, 3rd ed., West, 2002, pp.1—2; Tim Hillier, Principles of Public International Law, 2nd edition, Cavendish Publishing Limited, 1999, pp.3—5.

族、对于非自治领土的居民的保护以及对于在战争和武装冲突中的交战人员的保护等),例如,第二次大战后,根据《联合国宪章》第 87 条(丑)和 1947 年《托管理事会程序规则》第 76—93 条,承认托管领土的居民有请愿权;(2) 对于本国人在外国的保护,比如使领馆对于侨民的保护、使领馆对于母国驻所在国企业的保护以及外交保护;(3) 对于外国人在本国的保护,包括对于外国人给予国民待遇或者最惠国待遇、对于难民和无国籍人的保护、领土庇护等;(4) 对于外国人在外国的保护,如外交庇护或者军舰庇护。与此同时,一些国际法规范还规定了对于有关人员的国际性保护。① 在国际法律规范中,越来越多的直接针对个人。根据 1907 年中美洲五国在华盛顿签署的中美洲法院公约,缔约国国民可以在该法院向其他缔约国提起诉讼,而不需要本国的支持,这一法院在 1908—1918 年之间存续。第一次世界大战以后,1919 年缔结的《凡尔赛和约》第 297 条规定,成立混合仲裁法庭,该庭可以处理同盟国或者协约国国民在战争期间在原敌国境内受到的财产损失的起诉请求。根据 1922 年德国与波兰签订的《关于上西里西亚的条约》第 5、57、58 条规定,在该地境内居住过的个人,在既得权和选择国籍条款上受到有关国家侵害时,可以向上西里西亚仲裁法庭或者国籍问题调停委员会直接针对侵犯国提起申诉。人权事务以往主要是国内法上的问题,国际法很少涉及;而 19 世纪末期以后国际法的发展,特别是第二次世界大战之后,人权受到了国际社会和国际法的广泛关注。② 从最初关心少数者的地位开始,经过曲折的发展过程,国际人权法现已成为国际法中最引人注目的新分支。③ 联合国体系内的人权宣言、人权公约以及以此为基础的人权机构,形成了较为完整的全球性人权保护体制。根据《联合国宪章》的第 87 条(丑)和 1947 年《托管理事会程序规则》第 76—93 条,承认托管领土居民有请愿权。1950 年欧洲《保护人权和基本自由公约》,人权委员会自 1955 年开始可以直接受理个人的申诉;1998 年修改公约而重组的欧洲人权法院,可以直接受理个人对国家的侵犯人权的诉讼。1966 年制定、1976 年生效的《公民权利与政治权利国际公约任择议定书》,个人可以向人权委员会申请救济;1969 年的《美洲人权公约》也规定了个人申诉国家的制度;根据 1951 年《欧洲煤钢共同体条约》而成立

---

① 比如,1958 年的《日内瓦公海公约》第 13 条规定,在悬挂任何国家旗帜的船只上避难的奴隶均有获得自由的权利(1982 年《海洋法公约》第 99 条的规定与此相似);1967 年《营救宇航员、送回宇航员和归还发射到外层空间的实体的规定》规定了营救、保护宇航员的内容;1951 年《关于难民地位的公约》以及 1967 年《难民地位议定书》规定了对于难民的保护;1954 年的《关于无国籍人地位的公约》赋予了无国籍人应有的权利。
② Martin Dixon, *Textbook on International Law*, 4th ed., Blackstone Press Limited, 2000, p.193.
③ Jennings and Watts (eds.), *Oppenheim's International Law*, 9th ed., Longman, 1992, pp. 972—1030.

的欧洲法院,1958年之后成为欧洲共同体的司法机关,承认个人和企业具有起诉权。国际法人权法的发展也在传统的国内人权之上发展出了新的人权范畴,包括反人类罪、灭种罪、民族自决权、发展权等。① 人所具有的战争罪、反和平罪、反人类罪(灭种罪)在一系列国际审判庭上被重申,尤其进入到《国际法院规约》之中。正如学者指出的,关键的并不在于对于这些人进行审判,这种审判国内的法庭也做得到,而在于追究这些人法律责任的依据是国际法。②

国际法赋予个人权利,还体现在对于人权的全球性承认。《联合国宪章》在第1条第3款、第13条第1款、第55条、第62条和第76条中宣布了尊重人权的基本原则,1948年12月10日联大通过的《世界人权宣言》比较详细的列举了需要保护的个人权利。随着国际人权法的发展,许多关于人权和基本自由的条约规定直接适用于个人。③ 与此同时,个人在经济领域的活动受到了国际法的重视。1982年《联合国海洋法公约》第153条规定了国际海底区域的"平行开发制度",为此,公约第187条和附件六第38条规定,允许个人和国家一道参加国际海底区域的勘探开发活动。④ 在区域的层面上,各个欧洲共同体以及欧洲联盟的运行提供了条约规定可以直接适用于个人的范例。以《建立欧洲共同体条约》为代表的条约体系直接规定了很多个人的权利以及国家在此承担的义务;很多以这一条约和其他条约为基础而制定的次级立法对此进行了更为详尽的规定。

国际法赋予个人权利,还体现在各国引入国际法的方面。从法律体制上分析,许多国家的法律体系将国际法作为国内法一部分。因此,个人可以援引条约中"明确的无条件的不需国内立法或其他补充立法"的规范作为主张权利的根据;国家也可以将个人视为是直接被条约明文规定赋予国际权利和义务,这种权利无需事先在国内法中加以规定,就可以有效地存在,并且是可以执行的。

2. 国际法施予个人的义务

一些国际组织和国际条约直接规定了个人的义务。比如,在联合国的专

---

① 王铁崖主编:《国际法》,法律出版社1995年版,第203页。
② Antonio Cassese, *International Law*, 2nd ed., Oxford University Press, 2005, p.116.
③ 这方面的全球性国际公约主要是在联合国主导下签订的,包括1966年的《经济、社会、文化权利国际公约》和《公民权利与政治权利国际公约》、1926年的《禁奴公约》、1957年的《废止强迫劳动公约》、1948年的《防止及惩治灭绝种族罪公约》、1952年的《妇女政治权利公约》、1989年的《儿童权利公约》、1984年的《禁止酷刑公约》、1991年的《保护所有移徙工人及其家庭成员权利国际公约》等。
④ 张祥发:《论个人作为国际法主体问题——由〈联合国海洋法公约〉有关个人的规定引起的思考》,载《湘潭师范学院学报(社会科学版)》2004年第1期。

门机构中,国际原子能机构规定了对于原子能进行管制的计划,这一计划不仅适用于国家,也同样适用于个人。① 欧洲联盟在经济领域的一系列指令和条例(特别是在反垄断领域)更加详尽地规定了个人的行为模式。在其他方面的义务,与国际法对于个人权利的规定基本重合。

值得注意的是国际法对于个人追究刑事责任的规范和实践。② 第二次世界大战以前,有关国际条约即有规定,针对海盗行为、奴隶买卖、贩卖人口、非法毒品交易、恐怖主义行为等,无论哪一国家和国际法庭都可以行使刑事管辖权(普遍管辖,比如任何国家的军舰都可以在公海上拿捕海盗船),予以惩治,而罪犯所属国负有不得干涉的义务。③ 这表明国际法对个人行为的一种禁止,也就是规定了个人的义务。在战争法中,战时中立国的私人与交战国通商自由,但不得运送禁制品,否则,交战国可以拿获,这也是国际法对个人权利和义务的规定。

---

① 参见林灿铃:《论现代国际法的主体问题》,载《中央政法管理干部学院学报》1998年第5期。

② Malcolm N. Shaw, *International Law*, 7th ed., Cambridge University Press, 2014, pp. 189, 285—320. 亦可参见张景:《国际刑法综述》,人民法院出版社2004年版,第84—90页。

③ 在禁止贩奴方面,主要的国际公约包括禁止奴隶买卖的《巴黎公约》(1814)。国际联盟1926年9月25日通过的《禁奴公约》第2条规定,各缔约国要采取必要措施防止和惩罚奴隶的贩卖。1956年9月通过的《废止奴隶制、奴隶贩卖及类似奴隶制的制度与习俗补充公约》,进一步界定了奴隶贩卖的概念、范围,强调该犯罪的严重性,要求公约签约国的法律将奴隶贩卖规定为犯罪,并处以严厉的刑罚。补充公约还规定,某些类似奴隶制的惯例,如债务奴役、农奴制、买卖新娘和童工等均为违法行为。联合国大会1948年12月3日所核定议定书修正的1904年5月18日的《禁止贩卖白奴国际协定》,经同议定书修正的1910年5月4日《禁止贩卖白奴国际公约》在禁止贩卖妇女儿童方面,主要的国际公约包括经联合国大会1947年10月20日所核定议定书修正的1921年9月30日《禁止贩卖妇女儿童国际公约》,经同议定书修正的1933年10月11日《禁止贩卖成年妇女国际公约》,以及《禁止贩卖人口及取缔意图营利使人卖淫的公约》(1949)、《儿童权利宣言》(1959)、《消除对妇女歧视宣言》(1967)等,均有禁止贩卖妇女儿童的规定和各缔约国间对该类犯罪行为的刑事管辖、引渡、司法协作的规定。在禁止贩卖淫秽物品方面,主要的国际公约包括1923年9月12日《禁止散发淫秽物品和非法买卖淫秽物品的日内瓦公约》;在禁止贩卖毒品方面,主要的国际公约包括1912年1月23日的《海牙禁止鸦片公约》(该公约要求缔约国应当制定法律管制"生鸦片"的生产、销售和进口;逐渐禁止"熟鸦片"的制造、贩卖和吸食;切实管理吗啡、海洛因、古柯等麻醉品)、1924年12月11日的《关于熟鸦片的制造、国内贸易及使用的协定》和1925年2月19日签订了《国际鸦片公约》、1931年7月13日的《限制制造及调节分配麻醉品的日内瓦公约》、1931年11月27日的《远东管制吸食鸦片协定》(曼谷)和1936年6月26日《禁止非法买卖麻醉品的日内瓦公约》(该公约第一次把非法制造、变造、提制、调制、持有、供给、兜售、分配、购买麻醉品等行为规定为国际犯罪)、1961年6月30日联合国大会通过的《麻醉品单一公约》(对过去的公约和协定进行了合并和修订,把管制范围扩大到了天然麻醉品原料的种植等方面,并对有关刑事管辖权的问题作了规定)、1972年3月25日在日内瓦订立的《修正1961年麻醉品单一公约的议定书》、1971年联合国在维也纳签订的《1971年精神药物公约》(针对国际上精神药物滥用严重的情况,建议各国对精神药物实行管制)、1988年联合国通过的《禁止非法贩运麻醉药品和精神药品公约》。在预防和控制恐怖主义方面,主要的国际公约包括1937年《关于预防和控制恐怖活动的日内瓦公约》等。

第二次世界大战以后,对于种族灭绝罪、战争罪等国际罪行,确定了国际刑事责任。战犯的所属国有义务拿捕和审判战犯,有关国家有权利根据条约要求惩处战犯,战犯的本国有义务承认或不干涉这种处罚,必要时应当予以协助。在违反了国际法所规定的国家义务时,不仅追究国家的法律责任,而且要处罚在实际上违反国际法规则的个人。① 针对战争罪犯而成立的纽伦堡国际军事法庭与远东国际军事法庭确立了国际法上关于个人违反国际法的犯罪行为的个人应该承担个人责任的原则。② 这一点被 1948 年订立的《防止及惩治灭绝种族罪公约》进行了肯定,1973 年的《禁止并惩治种族隔离罪行公约》规定种族隔离也是一项会引致个人刑事责任的国际犯罪(第 4、5 条)。作为现代战争法基础规范的 1949 年的日内瓦四公约及其附件议定书也规定了个人的刑事责任。③《前南斯拉夫问题国际法庭规约》第 7 条第 1 款和《卢旺达问题国际法庭规约》第 6 条第 1 款都明确规定,凡计划、教唆、命令、犯有或协助或煽动他人计划、准备或进行规约所涉犯罪的个人,应该为其犯罪行为承担个人责任。④ 1998 年在罗马通过的《国际刑事法院规约》第 25

---

① 赵永琛编:《国际刑法约章选编》,中国人民公安大学出版社 1999 年版。第 55 届联大 2000 年 11 月 15 日通过联合国《打击跨国有组织犯罪公约》进一步规定了对个人追究刑事责任的问题。
② 比如,1946 年纽伦堡国际军事法庭声明:"作出决定的不是抽象的国家,而是个人。国家背后有个人,应该处罚这些个人。"而且,罪犯所在国的国内法不能作为免除国际法责任的理由。该法庭的判决书指出:"国际法对于个人和对于国家一样,使其负担义务和责任,这点久已为人们所承认"(汤宗舜等译:《国际军事法庭审判德国首要战犯判决书》,世界知识出版社 1955 年版,第 68—69 页)。1946 年 12 月 11 日,联合国大会通过第 95(I)号决议,确认了欧洲国际军事法庭宪章及其判决所包含的国际法原则,联合国国际法委员会根据大会的决议编纂了这些原则,其中包括"从事违反国际法的犯罪行为的人承担个人责任,并因而应受惩罚""不违反所在国的国内法不能作为免除国际责任的理由""被控有违反国际罪行的人有权得到公平审判"等。
③ 关于日内瓦四公约和附加议定出的情况,见本书第十三章。其中第 1 公约第 50 条、第 2 公约第 51 条、第 3 公约第 130 条、第 4 公约第 147 条规定了个人的刑事责任;1977 年的《日内瓦公约附加议定书 I)扩大了追究个人刑事责任的罪行范围。
④ 1991 年 6 月,在前南斯拉夫社会主义联邦共和国境内爆发了一场民族间的武装冲突。为此,联合国安理会通过决议,宣布国际人道主义法对各参战方均有拘束力,违反国际人道主义法的个人应承担刑事责任。1993 年 2 月 22 日,安理会通过决议,决定建立一个"起诉对 1991 年以来,在前南斯拉夫境内所犯的严重违反国际人道主义法行为的人员的国际法庭",简称"前南斯拉夫问题特别国际刑事法庭"。1993 年 6 月,安理会通过决议,宣告前南斯拉夫问题国际法庭正式成立,并通过了《前南斯拉夫问题国际法庭规约》。根据《规约》第 7 条第 1 款的规定,对人的管辖权范围是自然人;排除了对法人、实体和国家的管辖权。1962 年 7 月 1 日卢旺达宣告独立后,图西族和胡图族多次发生民族冲突。卢旺达国内爆发了全面内战。在这场内战中共有 50 多万人死亡,200 多万人逃亡国外。1994 年 11 月 8 日,安理会通过决议,决定设立一个国际法庭,负责起诉 1994 年 1 月 1 日至 1994 年 12 月 31 日期间,卢旺达境内灭绝种族和其他严重违反国际人道主义法的行为责任者,以及对这一期间邻国境内灭绝种族和其他这类犯罪行为负责的卢旺达公民。该法庭简称"卢旺达问题特别国际刑事法庭"。根据《规约》的规定,对人的管辖权范围是自然人,即卢旺达公民;个人负担犯罪行为的刑事责任。必须说明,对这两个法庭成立的合法性,并不是没有疑问的。有学者认为,这两个法庭是大国强权政治的体现,而不是国际法治的象征。

条明确规定,法院对实施了法院管辖权范围内的国际犯罪的自然人有管辖权;犯罪的个人根据规约的规定承担个人责任,并受到处罚。王虎华教授更明确地认为,国家不能承担国际刑事责任,只有个人才能成为此种责任的承担者。①

(三) 个人在国际法上的行为能力

在国际法规范规定了个人的权利、义务和责任的同时,人本主义在国际法的运作过程中也初露端倪。具体表现为:(1) 立法过程中公民的广泛参与。当前,非政府组织(NGOs)比较多的参与国际立法的程序,采取的方式包括在国际立法论坛上发表见解②、通过游行示威的方式为国际立法施加压力③、对于拟议的国际立法提出批评、建议④,等等。(2) 法律执行中 NGOs 的地位。国际法运作的最大问题在于实施困难,国家参与了条约,如果缺乏有效的监督执行程序,条约的规定基本形同虚设,一些国际知识产权的条约就是这样。有鉴于此,很多非政府组织为了推进国际立法的实施,通过各种方式对于国家和其他行为者进行监督。包括:观察、收集并公布信息(比如大赦国际),或者直接采取行动(国际红十字委员会、绿色和平组织)。(3) 司法过程中个人和 NGOs 的参与。现在很多国际裁判机构都允许非政府组织进行参与,他们一般的身份是法庭之友,提供专家意见或者其他证据。这就意味着,除了起诉、受诉之外,个人还有更为广泛的国际法律功能。个人在国际机构中具有提起诉讼或其他程序的权利。不仅在制裁国际犯罪中体现出个人可以作为被告被起诉,而且,在某些场合,个人可以以原告的身份起诉。比如,第一次大战后根据《凡尔赛和约》设立的混合仲裁法庭允许少数国民以当事人资格出席法庭。根据 1907 年 2 月 21 日哥斯达黎加、危地马拉、洪都拉斯、萨尔瓦多、尼加拉瓜 5 国签署《建立中美洲国际法庭公约》,个人即使在未得到其本国支持的情况下,也可以在该法院对其他缔约国提起诉讼。同年缔结的《海牙第十二公约》曾设想建立一个中立国个人向交战方提

---

① 王虎华:《国家刑事责任的国际法批判》,载《学术季刊》2002 年第 4 期;王虎华:《论国家不能承担国际刑事责任》,载《华东政法学院学术文集》,浙江人民出版社 2002 年版。
② 非政府组织在国际环境立法中经常参与国际会议,在全球的层面上,从 1972 年的斯德哥尔摩会议、1992 年的里约热内卢会议到 2002 年的约翰内斯堡会议,非政府组织一直大规模地参与并施加影响。
③ 比如,在 WTO 的西雅图部长会议上,一些非政府组织在会场附近示威,反对全球化和代表着全球化的经济贸易一体化。部分由于这一原因,西雅图会议几乎没有取得任何进展。
④ 比如,当经合组织(OECD)拟议的多边投资协定(MAI)试图出台之前,非政府组织得到了这一文件,并将之公布,对文件中的不当之处进行批评,并有组织地反对这一文件的进一步法律化,最终使这一国际立法意图夭折。

起赔偿诉讼的国际捕获法庭,个人与国家一样被赋予了直接在捕获法庭提起诉讼的权利,但后来该公约并未得到有关国家的批准。1919年《凡尔赛和约》(第279条)成立的混合仲裁庭承认同盟国与协约国的国民对于第一次世界大战中在原来敌国境内遭受的财产损失有起诉权;在1954年英美法德诸国缔结的条约基础上成立的在德国的财产、权利和利益仲裁委员会,受理个人之间的案件;1966年制定、1976年生效的《公民政治权利国际公约附加议定书》也规定了个人向人权事务委员会申请救济的途径;根据1965年《国家与他国国民投资争端公约》,外国投资者(既包括他国自然人,也包括他国法人)可以在该公约所设的仲裁法庭对作为公约缔约国的东道国提起求偿程序,在双方未选择法律的情况下,有关合同争议可以适用国际法来解决;1982年《联合国海洋法公约》规定的解决争端的法律方法,包括仲裁和司法解决,允许个人和法人有权与有关缔约国以平等的地位参与争端解决程序。此外,联合国的行政法院、国际劳工组织的行政法院受理联合国及其专门机构的公务人员涉及其所处机构对于其处分的诉讼。

与此同时,有些国家将一部分权利交给了一体化国际组织,这些国家以条约形式赋予个人向国际行政和司法机构申诉、诉讼的权利,是由于该国际组织深刻影响着缔约国个人的权利而设立的一种救济手段。[1] 这方面以欧盟法院的实践最典型,《建立欧洲共同体条约》规定了个人或公司在某些情可以直接在欧洲法院起诉的权利[2];在欧洲理事会,依据1950年《欧洲人权公约》设立的欧洲人权委员会规定自1955年起,成员国国内的个人可以请求救济,经《欧洲人权公约》第十一议定书修改(1998年生效),个人可以直接向欧洲人权法院提起申诉[3];直接引用国际条约,保护自己的人权。[4] 与欧洲人权法院类似,《关于建立非洲人权法院的议定书》第6条第1款规定,个人和非政府组织可以以第三人的身份参加人权诉讼;个人在面临紧急案件或严重案件以及当人权遭到蓄意侵害时可直接向人权法院提起诉讼。《关于建立非洲人权法院的议定书》第25条第2款规定,个人和非政府组织还可以以"法庭之友"的身份针对有关案件的事实情况为法院提供书面的或口头的证据或陈述,法院应参考这些证据或陈述,对案件依法作出合理的判决。[5] 在

---

[1] 赵伯祥:《论个人的国际法主体地位》,载《安徽广播电视大学学报》1999年第4期。
[2] 《建立欧洲共同体条约》第230、232条。
[3] 修改后的《欧洲人权公约》第34条规定:"法院得受理任何自然人、非政府组织或个人团体就某一缔约方侵害其依本公约或其议定书所享有的权利而提出的申诉。缔约各方承诺不以任何方式妨碍此项权利的有效行使。"
[4] 张乃根:《国际法原理》,中国政法大学出版社2002年版,第45页。
[5] 贺鉴、洪永红:《论欧洲和非洲人权保护制度对国际法主体理论的挑战》,载《广西政法管理干部学院学报》2003年第2期。

实践操作中,WTO 也曾请私人专家担任"法庭之友",提供有关的专家证据。

(四) 人本主义在国际法上体现的主要方面:人权本位

人权是人追求幸福生活的一种制度性表达。国际法在 20 世纪以后经历这个朝向人本主义的转折,而这一转折是与人权的上升紧密地联系在一起的。维护人权是法治的主要标志,所以国际法治也必须以承认、维护、尊重、保护人权为其重要指标。国际法上的人权本位,意味着国际法以人权的观念为基础,国际法的规范体系体现出对于人权的承认和尊重、整个国际法的运作过程人的知情权、建议权和参与权,国际法以维护和实现人权为最高价值目标。也就是说,包括国际法规则的订立过程、国际法规范的具体内容、国际法规范的解释和适用、依据国际法规范而解决争端、建构国际法律秩序的全过程都彰显出尊重人权、保障人权、实现人权的目标。在全球化的背景下,个人的权利越来越受到国际法的重视。

国际法在 20 世纪经历了一个转折期,而这一转折是与人权的上升紧密地联系在一起的。在 20 世纪以前相当长的时期内,人权问题主要是国内法关注的事项①;唯一的例外是所谓的"人道主义干涉",而此种干涉最克制的评价也必须说是"目的可疑的"。20 世纪以后,人的地位开始上升,人的权利受到的尊重,人的发展状况受到了关注,所以,个人的国际法地位在近世的国际法中得到了越来越多的关注。在全球化的背景下,个人的权利越来越受到国际法的重视。

人权本位的直接表现是国际人权法的发展和全球化的人权。第一次世界大战以后,人们对于少数者的关注逐渐增加,国际法开始关注人的问题,但是直到第二次世界大战以后,大量的人权文件才开始出现并建立起了监督机构和实施制度。② 在《国际联盟盟约》中,虽然有国家试图讨论人权的问题,但是最终未能成功。在其序言中所开列的主要的目标仍在于"维持各国间公开、公正,荣誉之邦交,严格遵守国际公法之规定,以为今后各国政府间行为之规范;在有组织之民族间彼此关系中维持争议并恪遵条约上之一切义务";但值得注意的是,《盟约》第 22、23 条仍然从人民福利、民族独立、男女平等、通商自由的角度对人的基本权利给予关注。国际劳工组织的一系列文件则出于人道的目的从提高工人劳动条件的角度提升人权。《国际劳工组织章程》指出,"现有的劳动条件使大量的工人遭受不公正、苦难和贫困","任

---

① 参见王铁崖主编:《国际法》,法律出版社 1995 年版,第 193 页;Thomas Buergenthal and Sean D. Murphy, *Public International Law in a Nutshell*, 3rd ed., West, 2002, pp.40—41.

② Tim Hiller, *Principles of Public International Law*, Cavendish Publishing Limited, 1999, p.290.

何一国不采用合乎人道的劳动条件,会成为其他国家愿意改善其本国状况者的障碍。"通过国际劳工公约和无法律约束力的建议书,呼吁国际合作,改善劳动者的人权。① 第二次世界大战以后,由于人权在很多地域受到了前所未有的摧残和破坏,人权成了国际社会呼吁新的秩序的基础,人权成了国家的义务和国际社会合作的目标。②

而在国际法中体现人权,最关键的环节是第二次世界大战以后。1945年4—6月召开的联合国制宪会议将国际合作和保护人权推向了第一个高潮,而后东京、纽伦堡审判为世界人权铺平了道路。③ 从《联合国宪章》中所宣示的基本人权信念,到《世界人权宣言》中所列举的基本人权框架,再到联合国国际人权两公约的以及其他相关公约相继签署,国际社会大范围地、普遍地开始关注人权问题。不仅在联合国的框架下人权得到了空前的承认和关注,各区域的国际人权合作也体现出强劲的态势。这种区域性的人权保护机制不仅体现在欧洲理事会和美洲国家间组织、非洲统一组织(后来的非洲联盟)这类原本宗旨中就包括保护人权的国际组织,也包括以经济合作为目的的组织。比如,从欧洲共同体到欧洲联盟,人权的地位稳步上升,特别是并入欧洲理事会的相关文件,使得人权保护成为欧洲联盟的一个重要部分。因而,可以说,从第二次世界大战结束开始,国际人权的规定及其实施发展到了一个崭新的阶段。

---

① 其中核心的公约包括1930年的《强迫劳动公约》(第29号),要求禁止所有形式的强迫或强制劳动。但允许某些例外,如服兵役、受到适当监督的服刑人员的劳动和紧急情况下的劳动,如战争、火灾、地震;1948年的《结社自由和保护组织权利公约》(第87号),赋予所有工人和雇主无须经事先批准,建立和参加其自己选择的组织的权利,并制定了一系列规定,确保这些组织在不受公共当局的干涉的情况下自由行使其职能;1949年的《组织和集体谈判权利公约》(第98号),为防止发生排斥工会的歧视,防止工人组织和雇主组织之间相互干涉提供保护,并对促进集体谈判作出了规定;1951年的《同工同酬公约》(第100号),呼吁对男女工人同等价值的工作给予同等报酬和同等津贴;1957年的《废除强迫劳动公约》(第105号),禁止使用任何形式的强迫或强制劳动作为一种政治强制或政治教育手段,作为对发表政治或意识形态观点的惩罚,作为动员劳动力的手段,作为一种劳动纪律措施,作为参与罢工的惩罚或歧视的手段;1958年的《(就业和职业)歧视公约》(第111号),呼吁制定一项国家政策,消除在获得就业机会、培训和工作条件方面,任何基于种族、肤色、性别、宗教、政治见解、民族血统或社会出身等原因的歧视,促进机会和待遇平等;1973年的《最低就业年龄公约》(第138号),旨在消除童工劳动,规定准予就业的最低年龄不得低于完成义务教育的年龄;1999年的《最恶劣形式童工劳动公约》(第182号),呼吁立即采取有效措施确保禁止和消除最恶劣形式的童工劳动,它包括奴役制和类似的做法,强迫征募儿童参与武装冲突,使用儿童卖淫和从事色情服务,任何非法活动,以及可能危害儿童的健康、安全和道德的工作。

② 参见〔日〕松井芳郎等:《国际法》,辛崇阳译,中国政法大学出版社2004年版,第149—150页。

③ Richard Wasserstrom, "The Relevance of Nuremberg", *Philosophy and Public Affairs*, Vol. 1, No. 1 (Autumn 1971), pp. 22—46.

2000年9月联合国大会通过的《千年宣言》更多地意识到了人权的重要意义,并且作为新世纪的发展目标而加以强调。比如,其中提到"我们将不遗余力,促进民主和加强法治,并尊重一切国际公认的人权和基本自由,包括发展权"。具体的目标包括全面遵守和维护《世界人权宣言》、力争在所有国家充分保护和促进所有人的公民、政治、经济、社会和文化权利、加强所有国家的能力,以履行民主的原则与实践,尊重包括少数人权利在内的各项人权、打击一切形式的对妇女的暴力行为,并执行《消除对妇女一切形式歧视公约》、采取措施以确保尊重和保护移徙者、移民工人及其家属的人权,消除许多社会中日益增加的种族主义行为和排外行动,并增进所有社会中人与人之间的和谐与容忍、作出集体努力,以促进更具包容性的政治进程,让我们所有国家的全体公民都能够真正参与、确保新闻媒体有发挥其重要作用的自由,也确保公众有获取信息的权利、扩大对处于复杂紧急状态下的平民的保护,更多地分担负担,为难民收容国提供援助;协助所有难民和流离失所者安全返回;鼓励全面执行《儿童权利公约》及其《关于儿童卷入武装冲突问题的和关于买卖儿童、儿童卖淫和儿童色情制品的任择议定书》。在联合国大会第五十六届会议上,第三委员会提交了名为《人权问题:人权问题,包括增进人权和基本自由切实享受的各种途径》的报告(A/56/583/Add. 2),报告对于发展权、人权教育等问题进行了深入的探讨。在第五十九届联大秘书长的报告《大自由:实现人人共享的发展、安全和人权》的附件"联合国人权事务高级专员提出的行动计划"中,特别提到:"以人权本位方针处理各种问题(和平与安全,包括反恐举措、发展和人道主义工作)。"[1]

人权本位还间接地表现在环境、可持续发展、经济、空间法、海洋法等领域。环境领域的一切努力都是为了人类的利益而进行的、可持续发展的核心在于人类,和平的利用空间和海洋,使之为人类服务,在这些领域人权的地位都不难理解。从经济的领域看,以从关税与贸易总协定到世界贸易组织为主导的国际经济自由化体制一方面推崇人的自由、特别是从事跨国贸易活动的自由,另一方面也相对忽视了一些人权,特别是消费者、劳动者的权利,这一点受到了人们的诟病。比如,有学者指出,在WTO的法律体系,尤其是GATT 1947第20条,发达国家可能采取双重标准和实用主义和例外的非善意动机,实现大国人口政策和人权保护的极端自利。WTO理论基础与帝国主义的人口理论作为帝国主义的发动战争的借口一样,如出一辙。WTO的理论基础实际是人口和种族优先论在贸易实践中的体现,据此,发达国家不

---

[1] A/59/2005/Add.3,para. 68.

仅在行动上实践着人口和种族优先论,而且通过立法力求特权法定。中国入世有利于促进与西方国家进行人权合作与沟通。中国应当在 WTO 的环境中作好中国人口问题和人权保障的战略准备。现在 WTO 正在进行的多哈回合试图并入劳工标准等问题,这种做法虽然被很多发展中国家坚决反对,认为这是将与贸易无关的问题连接到贸易领域,但实际上对这样的问题应当谨慎地对待、认真地考虑。WTO 在环境领域开始正面解决作为消费者和劳动者的环境权、在公共健康领域通过形成一系列的例外规范来协调公共健康与知识产权的关系,特别是与一些国际组织进行了一些联合报告,探究贸易与人权的问题。① 正是基于此,国际经济法学者彼德斯曼教授才认为,冷战之后,国际法领域出现了"人权革命"。②

国际强行法的出现意味着主权本位开始向人权本位转移。国际强行法,顾名思义,是指国家在国际社会存续的范围中必须遵守的法律,无论其有条约加以约束还是没有。国际强行法的内容虽然至今尚无定论,但是一般认为种族灭绝、种族隔离、武装侵略均属于违背国际强行法的行为。一个在法律理论和实践上值得讨论的问题是:国际人权条约上所载的人权是否能够具有在任何一个国家均能接受的效果? 从条约法的理论上讲,参加国际条约的国家有义务受条约的约束,但是对于没有加入到这些条约的国家而言,问题就显得比较麻烦:没有加入联合国家的国家需要接受联合国的人权宣言吗? 没有成为人权条约缔约方的国家需要保护人权吗? 进一步说,人权在当今的国际社会能否被提高到一个与主权本位相对应的一个国际法新范式的水平? 对此,很多国际法学者认为,保护基本人权是任何一个主权国家的应尽职责,这一职责是社会进步到现阶段的必然后果,不应因为条约的存在与否、国家承认、加入与否而有所差异。换言之,保护基本人权被认为是国际习惯法的一部分,联合国的实践是在认可或者宣示这些已经存在的人权规范。③ 从这

---

① 参见刘杰:《加入 WTO 与中国人权建设事业的新发展》,载《人权》2002 年第 2 期;武敏:《WTO 与人权保护》,载《天津市政法管理干部学院学报》2002 年第 4 期;石玉英:《试论 WTO 与我国人权法制建设》,载《湖南公安高等专科学校学报》2003 年第 4 期;莫世健:《试论 WTO 和人权的可协调性》,载《政法论坛》2004 年第 2 期;陈建华:《贸易与人权关系初探——兼论 WTO 与人权》,载《西南政法大学学报》2004 年第 4 期;郑远民:《国际人权保护:WTO 争端解决机制所面临的新问题及其对策》,载《时代法学》2004 年第 6 期;龚柏华、刘军:《从 WTO 和人权国际保护角度评在中国推展 SA8000 标准》,载《比较法研究》2005 年第 1 期;曹培忠、周艳波:《论 WTO 法律体系的人口理念和人权保护观》,载《西北人口》2004 年第 3 期。

② E.-U. Petersmann, "Human Rights and International Economic Law in the 21st Century: the Need to Clarify Their Interrelationships", 4 *Journal of International Economic Law* (2001) 3—39.

③ 张乃根:《国际法原理》,中国政法大学出版社 2002 年版,第 83—94 页;Thomas Buergenthal and Sean D. Murphy, *Public International Law in a Nutshell*, 3rd ed., West, 2002, p.39.

些可以看出,国际强行法突破了国家主权的界限,对于主权者的行为加以规制,而且国家之间不能以条约的方式改变和违背国际强行法。① 这种情况使国际法超越了约定法和协调法,具有了强法的特征,而这一特征来自于人们对于人权的普遍尊重和信仰。

与此同时,民族自决权作为对于人权的充实和对于主权的制衡在新的国际政治秩序中起着重要的作用;对于一些主权问题也从人权的角度进行认识,特别是发展权、和平权、环境权这些新生人权对于国际社会的法治化和健康发展有着十分重要的意义。有的学者指出,以人为本的核心在于人权本位,那么,当今社会的人权本位则重在以发展权为本。② 发展权要求人所存在的社会形式的理性化与文明化。为此,必须实现人类生产方式的根本转变,改变重物轻人的观点,实现从以物为本向以人为本的变革;同时还必须实现人类生活方式的根本转变,将自由、平等、正义、民主和法治的理念融入人们的日常生活,使人权意识和法治精神成为人的主流意识,使法治成为人类的生活方式。人权高专办将设立一个单位,负责千年发展目标和人权本位方针方面的工作,特别是就千年发展目标所载人权承诺提供咨询和评估。

国际法以人权为本位,并不意味着国际法的任何制度、任何行为都已经达到了以人权为出发点和基本目标的程度,毋宁说,人权本位是为国际法及其相关研究树立了一个价值标准、营造了一套目标体系,是国际法更多地关注人、考虑人、尊重人,不仅更好地落实和执行现有的人权保护规范与措施,更要在人本主义的基础上构建国际法治的未来。

(五) 人的存在与发展在国际法价值体系中越来越受到重视

特别值得注意的是,法国大革命时期的理想在第二次世界大战结束重构国际法律秩序的时候进入到了国际规范层面。首先,人民成为国际法的基础。建立新的国际秩序的《联合国宪章》,在其序言的开始就提到了"我联合国人民",而不是"我联合国家",就意味着,人的地位已经在国际法的层面上被认识了。其次,人的利益与发展成为国际法的目的。从环境法发展而来的"可持续发展"的理念现在已经成为整个国际法的价值目标,而可持续发展

---

① 1969 年联合国《维也纳条约法公约》第 53 条规定:"条约在缔结时与一般国际法强制规律(强制规范)抵触者无效。就适用公约而言,一般国际法强制规律指国家之国际社会全体接受并公认为不许损抑且仅有以后具有同等性质之一般国际法规律始得更改之规律。"第 64 条规定:"遇有新一般国际法强制规律产生时,任何现有条约之与该项规律抵触者即成为无效而终止。"这意味着国际法上应当存在着强行性规范,而且具有追溯力。相关评论参见张潇剑:《论国际强行法的追溯力及对其违反的制裁——兼评〈维也纳条约法公约〉的有关规定》,载《中国法学》1995 年第 1 期。

② 汪习根:《实现民众发展权的根本原则》,载《长江日报》2004 年 7 月 15 日。

的概念,根据这一领域的权威文献、布伦特兰委员会的报告《我们共同的未来》,指的是"既满足当代人的需求又不危害后代人满足其需求的发展",根据联合国的文件,人类的环境保护和可持续发展始终以人为核心。再次,大量的国际法律制度以人的利益为目标。人权法与人道法的发展,充分体现了国际法对于人的生命、生活与发展的关注,人权法、人道主义法的国际法的规范体制显然是以人的存续和发展作为核心的。① 国际法的其他领域也同样具有人文关怀和人道情怀。国家责任实质上是对于国家的一种约束,在国家出现对于他国、他国人民的不当行为时,可以根据国际法使其对个人的利益负责。海洋法中的"人类共同遗产"(而不是各国共同财产)、学者们所主张的国际经济法的人权考虑都是以对人的关怀为基础的概念。复次,可以归入到强行法中的国际法规范都是以人为基础的,而不是以国家为基础的。② 最后,国际社会的立法越来越讲究"透明度",国际法对于国家立法更加要求透明度,透明度要求实际上是对人民的一种透明,是对人民利益的尊重,是对人民表达意见的权利的尊重。

  国际法关心人并不一定要把人当作其主体,或者说,把个人作为国际法的主体并不是唯一的出路。国际社会可以在立法模式上更符合人的要求、在立法精神上更关注人民、在立法内容上更体现人权,在法律操作的过程中不是拘泥于成规定说、或者考虑国家之间政治力量的角逐、或者军事力量的平衡,而是更多地从人的幸福与发展出发,去解决问题。这一点在国际经济法律体制中要求更为明确。③ 一些学者主张在国际经济贸易领域要保护人权,而笔者反对那些以人权为借口实际上仍然是保护主义(也就是保护本国商

---

① Nihal Jayawickrama, *The Judicial Application of Human Rights Law*: *National*, *Regional and International Jurisprudence*, Cambridge University Press, 2002. 当然,值得注意的是,并不是所有的以保护人权、维持人道为口号的行动都是"人本主义"的,实际上有些行动仅仅是挂着人权或者人道的幌子,去掠夺或者分割国家利益。参见 Hideaki Shinoda, "The politics of legitimacy in international relations, The case of NATO's intervention in Kosovo", *Alternatives*, vol. 25, no. 4.
② See, e. g., Jean Allain, "The jus cogens Nature of non-refoulement", *International Journal of Refugee Law*, Vol. 13, No. 4, pp. 533—558; Alfred P. Rubin, "Actio Popularis, Jus Cogens and Offenses Erga Omnes?", *New England Law Review*, Vol. 35, No. 2, 2001, pp. 265—280; Tomuschat, Christian and Thouvenin, Jean Marc (eds.), *The Fundamental Rules of the International Legal Order: Jus Cogens and Obligations Erga Omnes*, Brill Academic Publishers, 2005.
③ 在这方面,国际经济法学者彼德斯曼(Ernst-Ulrich Petersmann)的成就令人关注。彼德斯曼教授在 20 世纪 80 年代就基于其以保护人权为基础的宪法理念(在我看来和布坎南的观点比较接近)解释国际经济法律体制,1991 年出版的《国际经济法的宪法功能与宪法问题》(中译本何志鹏、孙璐、王彦志译,高等教育出版社 2004 年版)更进一步地从美国、德国、瑞士、欧共体的宪法体制出发,说明了国际经济法宪政性发展的重要性。近年来的一系列文章,更是从改革 WTO 的视角深入阐述了保护人的社会、经济、文化权利在国际经济法律体制中的重要性。

人的主张)的做法①,但是欢迎那些真正的以保护消费者权利和劳动者权利为目标的国内和国际行动。这也就意味着,未来的国内法、国际法,以及边际比较模糊的跨越国境的法律或者类法律规范应当更多注重普通民众的权利,将这些弱势群体放到主体的地位上做更多的考虑。② 这需要在法律裁判机制中更多地考虑人权的要求,比如国际法院、欧洲人权法院、WTO 的争端解决机制应当考虑如何促进普通民众的利益,而不仅仅是考虑抽象的国家利益(实际上往往仅仅是促动国家立法的集团的利益)。与此同时,有必要改革豁免制度③、进一步深化国家责任制度,以有利于个人利益的最大化。当然,更重要的是健全国际人权法治,使国际社会更为真诚地建立一套让人民良好生存和发展的机制。由此,国际法有可能在充分考虑人的基础上发展。

从实践上看,现代国际法,特别是 20 世纪后半期以降的国际法对于作为个体的人状况的关注已经达到了相当显著的地位。人们乐观地估计,"随着国际社会的发达,最终个人的地位会变得最为重要,逐渐的国际法会直接适用于个人"。④

过去的半个世纪以来,国家法开始关涉到其他的法律人格者。包括个人在内的主体在国际法上的地位受到了重新审视。第二次世界大战以后,东京审判和纽伦堡审判为国际法直接适用于个人打开了一个值得关注的渠道。由于国际关系和国际法的新发展,个人在国际法上的地位无论是从数量上还是从质量上,都有大幅度的提高。国际法开始向个人独立地给予国家管辖之外的义务。所以,现在私人所处的国际状况要比做一个单纯的判断复杂得多。多数人认为,在国家之外,公司、组织和个人也有可能成为国际法的主体。在这方面,一些国际习惯规则向个人施加义务、一些国际条约赋予了个人以权利、并且在国际层面上给了个人主张权利的程序。当然,这方面的规则还不健全,国家的位置依然非常重要。学者安东尼奥·卡西斯阐述得比较

---

① 比如,一些发达国家在与发展中国家进行经济贸易会谈的时候,要求这些国家在政治权利与公民权利上扩大保护、增加保护力度、拓展保护范围,否则不给予关税优惠、资金或者技术支持,甚至不给予正常贸易待遇。我认为,人权虽然是一个美好的字眼,是世界各国人民都喜爱的事物,但是世界上没有任何一个国家在保护人权方面毫无瑕疵、尽善尽美。我将人权理解为"社会可供资源与人类需求的契合",如果这一观点是立得住的,那么,各国保护人权的水平肯定会存在差异;各国保护人权的侧重点肯定会有不同。以这样的基础而要求其他国家如何保护人权,其实本身就是无视另一个国家的集体人权(比如,发展权),以此作为经济贸易发展的理由更是难以令人接受。当然,在大规模侵犯人权的事务上进行国际法框架之内的应对,还是可以接受的。但是,很多国际经济领域的情况并非如此。
② 值得肯定的是,当前在环境领域很多非政府组织和其他民间团体(也就是一些学者称为"公民社会"的组织)在国内、国际立法方面起到的引人关注的作用。但是,这些组织的声音仍然显得比较弱,而且功能持续性不强。
③ 参见何志鹏:《对国家豁免的规范审视与理论反思》,载《法学家》2005 年第 2 期。
④ 〔韩〕柳炳华:《国际法》上卷,朴国哲、朴永姬译,中国政法大学出版社 1997 年版,第 501 页。

明确:

> 总体看来,在现代国际法上个人具有国际法律地位,他们具有来自于习惯国际法的义务,而且,存在着保障这些个人利益的程序上的权利,当然不是针对所有的国家,而仅仅针对一些签署了条约的国家,或者通过了赋予相应权利决议的国际组织。很显然,个人的国际法地位是很独特的:他们在国际社会中具有不平衡的位置,就其义务而言,他们与国际共同体的所有其他成员联系在一起,相对的,他们不具有与其共同体所有其他成员相联系的权利。简言之,所有的国家愿意要求个人尊重一些基本价值,但是这些国家不太愿意让私人和他们一道操作国际事务,更不必说授予其在国际机构中起诉国家的权力。为了区别个人与国家在国际法上的地位,可以说,国家享有完全的国际法律人格,而个人在国际法上仅拥有有限的出现资格。进而言之,与国家不同,私人拥有与国家不同的权利和义务群,也就是有限的法律能力(从某种程度上,他们可以和其他的非国家国际法主体相提并论,比如叛乱团体、国际组织、民族解放运动)。①

以人为本的核心在于人权本位,那么,当今社会的人权本位则重在以发展权为本。② 发展权要求人所存在的社会形式的理性化与文明化。为此,必须实现人类生产方式的根本转变,改变重物轻人的观点,实现从以物为本向以人为本的变革;同时还必须实现人类生活方式的根本转变,将自由、平等、正义、民主和法治的理念融入人们的日常生活,使人权意识和法治精神成为人的主流意识,使法治成为人类的生活方式。同时,这种以人的全面、自由发展为导向的人权观念、人本主义国际法立场也有助于避免片面人权观对于国际社会的误导,避免大国以人权为借口欺凌小国的现象。

五、人本主义国际法中的两对关系

(一) 人权本位与主权本位主义的关系

如果法治的价值前提和观念内涵不解决,法的意识总还是国家权力无条

---

① Antonio Cassese, *International Law*, 2nd ed., Oxford University Press, 2005, p.150.
② 汪习根:《实现民众发展权的根本原则》,载《长江日报》2004 年 7 月 15 日。

件至上的主权本位意识,而非保障和维护公民权利的人权本位意识,那么以法治的名义推行的愚昧、野蛮和黑暗要比赤裸裸的暴政还要严酷;如果法治在不少情况下成了专制者肆意侵犯和剥夺公民权利、甚至杀人立威的工具,它必定会遭到公民普遍的疏离、反感乃至敌视。"人本国末,民贵官轻,尊长爱幼,达己达人,此八经之实均源于人权本位。人同权,权同利,人权本位方能致人之利。"①

1. 人权与主权的关系

人权与主权的关系在相当长时间之内都是在国内法、国际法、国际关系上备受关注的问题。② 而且由于关于人权与主权的关系,有着不同的观念。有的学者认为,基于社会契约的理念,主权来自于人权,主权在民;国家对内主权不能以牺牲本国人民的基本人权为代价。否则,国家就背离了为人民谋利的基本宗旨。③ 一系列国际文件也在试图理清二者之间的关系,尊重人权是顺应国际潮流的,是承认本国人民内心愿望的表现。《国际人权宣言》制定的目标是:任何人在任何地方都享有人权。一些判例则在试图冲破主权一统天下的局面,实现人权与主权的统一和谐发展。

2. 国家及类国家主体的必要性

正如直接民主在一个大规模的社会中不可能实行,国际社会也不可能以个人出面进行活动的方式而形成秩序。国际社会欲超越当前这种在很大程度上属于无政府主义的非法治现状,并不是通过解散民族国家,从个人开始;而是通过改良国家、改革国家政权的操作模式、改善国家之间的关系。这就意味着,国家(政府)及其主权在现代社会仍然必要,但是,国家的主权既不是君权神授、也不是来自社会契约,而是来自于人民源于习惯、源于一个有效的治理方式的服从,这也就意味着,政府主要作为人民的代表者与引领者,其主权也是一种引领与代表的资格。从国际法的角度讲,个人的法律地位仍然

---

① 杜钢建:《尽性顺欲与礼节权度》,载《中国研究》1996 年 10 月号。
② 参见罗艳华:《国际关系中的主权与人权:对两者关系的多维透视》,北京大学出版社 2005 年版;李先波等:《主权、人权、国际组织》,法律出版社 2005 年版;贺鉴:《霸权、人权与主权:国际人权保护与国际干预研究》,湘潭大学出版社 2010 年版;Israel de Jesus Butler, *Unravelling Sovereignty: Human Rights Actors and the Structure of International Law*, Intersentia Publishers, 2007; Stuart Moffett, Don M. Snider, and J. D. Schwartzstein, *The United Nations at Fifty: Sovereignty, Peacekeeping, and Human Rights*, Center for Strategic & Intl Studies, 1995; Jennifer M. Ramos, *Changing Norms through Actions: The Evolution of Sovereignty*, Oxofrd University Press, 2013.
③ 张乃根:《国际法原理》,中国政法大学出版社 2002 年版,第 27—28 页。

是从国家引申出来的,而不是反之。① 《阿库斯特现代国际法导论》中的叙述值得原文照引:

> 总之,应当指出,私人与公司(而且,当然还有国际组织)国际法律人格不仅并不常见,而且十分有限。更值得注意的是,这些人格都是次生的,也就是说,只有国家能够授予这些人格:是国家建立起了国际组织,是国家订立条约、接受习惯规则给予个人和公司以国际权利,只有国家(或者由国家建立起来的国际组织)才能与个人或者公司签订适用国际法的契约。因而,如果有的国家认为个人是国际法的主体而另外一些国家不同意的时候,双方都可能是对的:如果第一类国家授予了个人以国际法上的权利,则对于这些国家而言个人是国际法的主体;第二类的国家可以为了操作上的目的通过拒绝给予个人具有国际法上效力的权利而防止其取得国际法上的人格。②

因此,在这个时候以及以后的相当长时间,都不可能超越民族国家进入"后民族结构",而只能在民族国家的国际社会框架之下寻求新的、更符合人民利益的法治体系。

3. 人权本位对主权本位的继承与发展

人权本位是主权本位的拓展、升华与超越,而不是对主权本位的销蚀、否定和放弃。人权本位是在新的国际关系背景下国际法律体制所追求的新境界,但是这种新的境界是历史的延续,而不意味着割断。从外延上讲,人权本位不是替代了主权本位,而是包容着主权本位;从精神上讲,人权本位不但不是对主权本位的反动,而且是从一个新的视角对主权本位进行的巩固与强化。人权本位与主权本位的联系至少体现在如下几个方面:

(1)人权本位廓清了对于主权的认识。主权在相当长的历史时期处于一种被误解的状态。君权神授理论在中世纪之前的西方和封建社会的东方占据主导地位,国家主权被神圣化、神秘化、个人化。在这一理论宣传的背景之下,主权被推到了至高无上的地位,使统治者在主权的名义之下任意胡为,

---

① 笔者对于支撑现代政治哲学的"自然权利论"和"社会契约论"均持质疑态度。具体论证可参见何志鹏:《非自然权利论》,载《法制与社会发展》2005 年第 2 期;何志鹏:《非社会契约论》,载《安徽大学法律评论》第 4 卷第 1 期(2005)。简单地说,笔者认为自然权利和社会契约的观念远非历史事实,因而也就不可能是真理,它更应当被认为是一种信念,或者一种意识形态。

② Peter Malanczuk, *Akehurst's Modern Introduction to International Law*, 7th ed., Routledge, 1997, pp.103—104.

民众则在主权的压制之下追求生存。社会契约理论在质疑君权神授理论方面起到了重要的作用,但其对于历史真实的忽视和对逻辑推理的漠视使得这一理论更多是在信仰和宣传的意义上得到认同,对于主权从何而来,主权是什么,却没有一个清晰的回答。① 从人权的角度透视主权,我们可以把"君权神授"和"社会契约"等加在主权之上的不实界定和理解都祛除,进而得到一个更为明朗的认识:从来源上讲,主权是人们从原始社会以来的社会生活习惯而形成的;从本质上讲,主权是代表和引领人民采取行动的资格。这一点,敢于和国家主权委员会2001年的报告《保护的责任》诠释得很清楚:在国际环境已经发生变化的情况下,"国家主权意味着责任,保护本国人民的首要责任是国家本身的职责",主权在一国领域之内就应当"尊重国内所有人的尊严和基本权利"。也就是说,主权意味着对人平等尊严和价值的承认、对独立身份和自由的保护、对他们设计和决定自己命运的权利的一种肯定。②

(2) 人权,在现代的意义上,包含着一些国家的权利。也就是说,人权与主权这两个概念所包含的因子之间存在着交集。第一代人权关注人的政治权利与公民权,第二代人权关注人的经济社会文化权利,第三代人权在很大意义上属于群体,是集体可以享有的权利。国家是现阶段以及以后相当长的历史时期非常重要的"集体"形式,是利益、思想感情、法律规范和其他文化划分的主要单位。所以这些集体性质的人权很多时候都可以理解为整个国家的人权,其中包括国家的环境权③、发展权④,从这个意义上看,人权本位同时也意味着承认、尊重和保障国家主权的某些权能。⑤

(3) 无论是国内法上的人权,还是国际法上的人权,权利保护责任的核心承担者均为国家。这就意味着,国家行使主权应当为实现人权而服务。更高的保护主权、更高水平的实现人权是主权运作的重要目标之一。人权本位的主旨是更加充分的保证与实现人权,这隐含着需要国家利用自身的条件与

---

① 参见何志鹏:《非社会契约论》,载《安徽大学法律评论》第5卷第1期,安徽大学出版社2005年版。
② *The Responsibility to Protect*, *Report of the International Commission on Interventionand State Sovereignty*, International Development Research Centre, December 2001, pp. xi, 7—8.
③ 也就是说,国家也可以主张享有良好环境的权利。这一原则大概可以从美国和加拿大之间的特雷尔冶炼厂仲裁案作为起点。
④ 在经济领域,国际经济新秩序的主张可以理解为发展权;发展中国家在国际经济关系中主张天然资源永久主权、经济政策决定权和经济事务管理权也是发展权的表现。
⑤ 但只是"某些权能",而当然不是全部。也就是说,主权和人权仅仅是部分重合的,并不意味着人权包含着所有的国家主权的内容(比如国家可以主张管辖权,这与人权的关系并不大),也并不意味着国家主权的行使必然会保护人权(有的时候强大的主权会对人权进行大规模的侵犯,希特勒时代的德国就是典型的例子)。这也就是我们要求超越主权本位、主张人权本位的关键之处。

优势达到提升每个国家、也就是世界的每一个部分、也就意味着全球的人权水平的意义。在主要由主权国家组成的国际社会中,保护主权仍然主要是国家政府通过国内法来完成的。而且,在国际人权法的发展中,人权的概念与内涵是深深植根于国内法的规定与实践的。今天的国际人权条约,也需要各国通过国内法来实施;虽然一些规范被称为属于国际强行法,但是其范围殊难确定。① 所以,人权本位并不时排斥国家主权的功能、抵制主权国家的运作,而是为国家行使其主权指明了一个更为具体的方向,一条更为清晰的道路。与此同时,尽管国际社会开始转入人权本位,也并不意味着可以任性地采取措施,不适度的"保护"人权,尤其是采取单边措施,或者抛弃国际社会公认的规范与程序准则来充当"人权卫士",最终可能被证明既不符合国际秩序的要求,也违背了维护人权的初衷(无论是否有此初衷)。如果以人权为借口而动用武力、发动战争,那不仅不是在保护人权,而且是在侵犯人权,其后果只能导致人权状况的进一步恶化。以恶治恶绝不是善,只能是更多的恶。

(4) 在国际法上主张与贯彻人权本位是为了在法律的内容与法律的运作方面更好的实现法律以人为本的精神。而国家作为国际法的主要立法参与者,需要通过行使主权而使这一目的真正实现。国际社会的主要参与者是国家,这一点,即使最极端的个人主义者也不会否定。国家通过其代表在国际事务中的行为、享有权利、承担义务、根据有关程序订立规范,虽然我们主张国际立法中应充分考虑人权,但国际立法显然不能采取普选的方式(实际上一般国家的国内立法也难以实现),所以必须主要通过国家行使主权来进行国际立法②;而在法律执行的过程中,国家也一直处于核心的地位。③

(5) 无论是主权本位,还是人权本位,在国际法中都面临着同样的问题,即霸权主义。霸权主义不仅是对国家主权的侵犯,同样也是对人权的破坏。

---

① 参见王铁崖主编:《国际法》,法律出版社1995年版,第203页。
② 在这方面,非政府组织的重要作用值得重视:现代国际立法中非政府组织的参与程度越来越深、越来越广,这是全球化时代的一个新现象。参见李洪峰:《非政府组织制度性参与国际法体系研究》,中国社会科学出版社2014年版;聂ধ涛:《国际法发展视域下非政府组织的价值问题研究》,法律出版社2015年版;刘超:《非政府组织的勃兴与国际法律秩序的变塑》,载《现代法学》2004年第4期;孙洁琬:《非政府组织与联合国发展活动》,载《政法论坛》2004年第1期;鄂晓梅:《国际非政府组织对国际法的影响》,载《政法论坛》2001年第3期;赵黎青:《非政府组织与联合国体系》,载《欧洲》1999年第5期。
③ 在这方面,仍然要注意非政府组织越发引人注目的地位。参见李振纲:《WTO与非政府组织关系初探》,载《法学评论》2000年第3期;刘清才、张农寿:《非政府组织在全球治理中的角色分析》,载《国际问题研究》2006年第1期;蔡拓、刘贞晔:《人权非政府组织与联合国》,载《国际观察》2005年第1期;檀木林:《全球治理中的非政府组织与国际法》,载《福建行政学院福建经济管理干部学院学报》2005年第3期。

例如，民族自决权具有比较戏剧性的命运。最初提出民族自决权的是刚刚建立起来的苏联，继而美国也表示赞同；在第二次世界大战之后的岁月里，这一权利被载入到《联合国宪章》。但是，实际上，第二次世界大战以后的世界并不是一个各民族平等的世界，甚至根本没有试图建立起这样一个世界，在很多大国那里，世界应当是以往势力范围体制的延续，各个弱小民族的命运应当由大国来决定，这些小国就应当俯首听命，而不是"自决"。而在战争中备受压迫和破坏的亚非国家盼望自决，所以在1955年的亚非会议（万隆会议）上强化了对于民族自决原则的支持与关注。关于民族自决权的规定后来成为国际人权两公约的共同内容。美国是一个对别人主张"人权高于主权"而对自己主张"主权高于人权"的典型国家。美国评价别人的人权政策、干涉别人的人权政策，但是拒绝参加很多国际人权条约，不愿意自己的人权事务受到别国的评价与干涉。①

（二）人权本位与"国际社会本位"

在理论界，一些学者鉴于现代经济全球化的表象，给予国际关系迅速发展的情况，基于跨国民商交往大量存在而且日趋丰富繁多的现实，认为人类社会已经进入到了一个前所未有的全球时代，人类存在着共同的利益，所以已经有必要拆除国家之间的壁垒，废除主权这一字眼，追求人类社会的共同未来。人权本位与学者所提倡的"国际社会本位"或者全球时代的共同价值有着明显的区别。② 其主要区别体现在以下几个方面：

第一，人权本位是以人权为核心的，而人权是一个极具有道德属性又具有制度属性的概念。从道德上讲，人权代表了一种人类对于幸福生活的追求，是善的一种形式；从制度上，人权代表着一个社会体制对于人的需求的满足程度，这决定于这个社会的政治、经济等资源的水平和分配方式以及文化

---

① 1968年的《经济、社会文化权利国际公约》；1984年的《禁止酷刑公约》；1997年的《禁雷公约》；特别是1998年的《国际刑事法院规约》。
② 有国内学者在国际私法的层面上对于国际社会本位做了考察。李金泽和李双元认为，经过对于立足于主权优位的传统国际私法的产生、发展及其局限性的考察，认为尽管历史上的国际私法从理论到实践上都是以国内法为主的特殊主义占据优势，但也有主张普遍主义、内外国法律平等的学者和观点。当代国际私法应当追求同等资格的规范选择与适用，这是与国际社会政治、经济新格局的变化促进了主权者间的协商与对话、国家职能发展到经济领域、科技发展致使国际空间狭窄、全球共同关注的问题日增以及法律文化的内在演进机制相协调的。当今各国冲突规范体系的内部改造及冲突规范的统一化加强、统一实体法所占领域的进一步拓展、国际惯例日益受到关注、现代商人法崛起、国际社会公共秩序在国际民商事领域中的地位日渐突出，这些都推动了主权者放弃主权本位，树立国际本位意识。李双元、李金泽：《世纪之交对国际私法性质与功能的再考察》，载《法制与社会发展》1996年第3期。这一成果是我国法学界具有创新性的思考之一，虽然我基本不同意该文的观点，但仍对这种创新的学术意识深表敬意。

传统。作为一个具有道的属性和制度属性双重内涵的概念,人权即具有理想的内涵,是可以指引人类追求的;也具有现实的内涵,可以对现实进行处理。人权是可以评价和衡量的,同时又是可以操作的。依据人权的特质,它也是一个发展的概念,它会随着社会的不断进步而具有新的内涵。而所谓的"国际社会本位",则仅仅具有道德属性,而不具有制度属性。作为具有道德属性的概念,国际社会的共同价值确实可以号召国家、国际组织、乃至于普通民众为了一个目标而努力,但是由于它不具有制度上的内涵,所以其内容缺乏可操作性,用这个模糊的概念来作为国际法律秩序建构的基础,显然是不恰当的。

第二,人权本位所依赖的人权是一个既强调普遍性同时也强调特殊性的概念。作为人类对幸福生活的需求与社会可供资源的契合的一种制度安排,人权在不同的地域、不同的时代都会有所不同。人权的差异性是其非常重要的特征。① 只是到了人类经济、政治文化等各方面的社会生活开始进行跨国界的影响和作用的全球时代,人权才有可能超越国家的疆域,呈现出全球化的趋势。② 进而言之,人权的全球性仍然是有限的,国家之间、次于国家和超越国家的区域之间的差异,一直是客观现实。因而,人权本位仅仅意味着国际法在整体上以人权为基础、以人权为目标,但是人权有限的普遍性与人权基于时间、空间、经济与社会发展水平、历史传统的特殊性并不能被否定。以人权为本位的国际法实际上是一个承认差异的国际法体制,是在文明之间存在差异的基础上寻求共性、为了人类的共同幸福而进行努力的价值体系和制度构想。这一体制和构想,最简单地说,就是力求最大限度地实现人的权利和幸福,无论是在国家的层面上,还是在次国家、超国家的层面上;并力求实现某些共同标准。而所谓的国际社会本位,则片面考虑"国际社会的共同利益",试图使人类社会的制度都服务于这一共同利益。这一观点虽然是为了扬弃国家中心主义条块分割的弊端,但是过激地寻求天下大同,忽视国家之间的地域差异性,是不符合国际社会的现实状况的,并有可能误导国家的决策以及人民的行为。

第三,人权本位要求整个国际法以尊重人性、保障人权作为立基之本与服务目标,最终落实到了人的身上,实际上是人本主义在国际法上的体现。

---

① 人权被一些学者非常理想化地界定为"属于人的权利、作为人的权利",似乎只要是人就有的权利,这一点是经不起诘问的,既不符合历史发展的实际情况也经不起逻辑的推演。这是人权领域的一个大问题,理论上存在着很大的争议。

② David P. Forsythe, *The Internationalization of Human Rights*, D. C. Heath and Company, 1991; Jean-Marc Coicaud, Michael W. Doye and Anne Marie Gardner (ed.), *The Globalization of Human Rights*, United Nations University Press, 2003.

国际法最终应当为了人的存在、利益与发展服务,这是现代人类认识发展的一个重要体现:摒弃空洞虚无的原则和口号,将思维和制度直接针对实际的人。这样一来,人可以通过自身的状况来检验这种制度,通过考察人的物质与精神生活水平来评价人权本位在国际法上的落实与体现,并对未来的发展提供建议。而由于没有人能够作为国际社会的代言人,所以国际社会本位没有一个明确的受体,这样,也就无法验证一套制度是否真的有利于国际社会。进一步说,国际社会本位更类似于一个宣传口号,它的内涵有待界定,它的外延并不明确。如果空谈国际社会本位,很可能与主权本位一样,使得整个制度体系为一些虚无缥缈的目的服务。它不仅缺乏清晰的指引标准和可操作的评价尺度,而且很可能成为一些别有用心的政客进行不正当活动的托辞,在一个空洞含混的词汇之下牺牲了人的实际利益。这会导致比较危险的社会局面和社会秩序,最终用来反对人,不利于人的幸福生活和发展。

所以,如果现实地看待今天的国际关系与国际法律秩序,我们就会发现,国际社会本位的观念提出来为时尚早,在全世界形成共同体系、追求统一秩序的时代还远未来临。不可否认的是,在世界上确实存在一些共同的价值(如承认基本人权)与共同的问题(如环境的恶化与资源的短缺),因而在根本上讲,人类的利益也是同一的,但绝没有达到各国以同一步调、统一规范解决统一问题的境地,更不必说拆除国家之间的疆界,统一治理。当前,国家之间仍然存在着局部利益上的矛盾与冲突,在发展的顺位、价值观念方面仍然存在着很多差异(当然,不是最根本的),超越国家的全球意识也仅仅是少数思想者的前瞻性思维。很多以全球主义之名而行的战略与政策,实际上仅仅是在追求少数国家的局部利益。而且,尤其值得警惕的是,即使在人类面临共同困境与危险的时刻,仍然不能轻信那些以全球领导者的姿态而发出的声音,因为这些国家很可能假借这一标志来达到损人利己的目的;最主要的可能就是在资源接近枯竭之时利用他人的资源追求自身的发展,在环境恶化之际毁损他国的环境保持本国的环境质量。

正如主权本位并不等同于国家之间各自为政、彼此孤立;人权本位也远不意味着世界大同、天下一家。换句话说,人权本位并不等于国际社会本位。人权本位仍然是以国家为基础的,虽然一些领域、一些场合对国家提出了以务要求,在一些事项上号召并要求国际合作,在一些问题上同意对于国家进行法律制裁,但这并不是某些学者所称的"国际社会本位"。国际社会本位并不是人权本位的当然结果。而且,就当前的国际社会发展趋势而言,国际社会本位还是相当遥远的事。

六、人本主义和现实主义的结合与国际法治的危机

国际法的人本主义转向是一个客观的事实。但这并不代表着它必然会得到正面的价值评判。换言之,国际法的人本主义转向在某些方面是国际法之"真",却未必是国际法之"善"。其之所以可能为不善,核心原因是现实主义国际政治思维所控制的国际关系状况。

(一) 理论与实践之间:人本主义的国际法困境

从表面上看,人本主义确乎是近百年来国际法发展的趋势,是国际社会的现实。但是这种现实与我们对于完善的国际社会的理想相较,还有很大的距离。而另一方面,人本主义作为我们对于国际法规范与运作的一种理想,与国际法与国际关系当今所处的真实情况也很遥远。那么,为什么现实中的"人本主义"与理想的国际社会有差距、理想中的"人本主义"与国际社会的实践还是存在差距呢? 这种双向差距的关键就在于:理想中的人本主义是一种真诚的、纯粹的人本主义,而现实中的人本主义经常却是一种虚假的、伪装的人本主义。现实与理想的距离就是"伪人本主义"和"真人本主义"的区别。

所谓"伪人本主义",就是打着人本主义的招牌,实际上却仅仅考虑国家的意识形态斗争、扩大本国或其盟国的影响。根据现实主义思想,每一个国家都在扩大自己的实力。这种实力既包括军事、经济方面的硬实力,也包括制度、观念方面的软实力。在这一前提下,人本主义的观念就可能转变成一些国家的宣传口号,变成一些国家攫取权力和影响的资本;就可能转变成"干涉的自由",去破坏其他国家的主权与独立,最终扩大自己的权力。对于自己所不喜欢的国家,就宣称其没有很好地保护人权,甚至一有机会就宣布其存在着人道灾难,在某些情况下不经调查、不获取充分的证据就对某些政府横加指责,直到推翻这些政府才心满意足。从实质上看,这些被指责和推翻政府究竟是否存在着不尊重人权的事实,它们并不十分在意;究竟如何能妥善地保护人权,它们也没有明确的思路。它们关注的是如何以人权为武器,占据道德的制高点,由此获取国际关系中的硬权力和软权力,扩大本国的影响力和控制力。卢旺达大屠杀中,很多国家采取了冷漠的态度;索马里内乱的时候,美国试图维护和平却在派军队进入不久仓皇撤出;伊拉克战争之后,西方诸国对于伊拉克人民的政治自由和生活境况的漠然,都说明了这一点。由于它们并没有考虑真诚、妥善、有效地保护人权,所以这并不是真的人

本主义。当人民、人权、人本成为夺取权力的旗帜,人本主义就蜕变为"伪人本主义"。

例如,西方诸国 2011 年在利比亚导演的反对派颠覆政府、在叙利亚一直谋划的使政府移交权力的活动,一直是为追求权力而斗争的现实主义思想在国际政治事务中的表达。这些情况都在表明:如果人本主义仅仅在名义上被使用,则很有可能仅仅是一派人剥削、压迫、消灭另一派人的旗帜甚至武器。一旦人本主义被利用,人民的利益、人民作为政治制度和国际关系、国际法根本的目标并没有真正实现,而且也没有可能实现。此时,人本主义变成了强权的借口,国际法就陷入了困境之中。

(二)"保护的责任":人本主义国际法的危机反思

"保护的责任"(responsibility to protect,以下除文件名称,均简称 R2P)是 21 世纪之初,国际法领域出现的一个新概念。它于 20 世纪 80 年代被创制,2001 年由当时联合国秘书长科菲·安南所委托的一个委员会发布的报告①正式采用,并于 2005 年进入联合国各国首脑会议成果,称谓国际法上备受关注的一个新问题。②

"保护的责任"的理论框架非常简单:其起点是每一个政府都有责任保护其人民的幸福和基本权利,进而要求各政府履行此种责任。值得关注的是下一步推论:当政府疏于、怠于、难于履行其职责之时,国际社会可以插手,其结论则是,国际社会在适当的时候可以代替国家,行使保护的责任。这一理论是以人权为基础的,对国家的约束、对主权的限制。

从一个理想的角度看,"保护的责任"是一个充满乐观含义的突破性的概念,是一个新时代的伟大构想。它不仅意味着国际法的人本主义转向,而且是未来世界构划宪政的基石。它意味着超越一国狭隘的地域限制,在超越国家的层面上更加广泛和普遍地尊重人的尊严、保护人的权利。但是,事实却并非如此简单。当我们透过国际关系理论的棱镜去透视这一概念,结合国际事务现实的事件进行分析的时候,会更深入地体会其所蕴含的政治意味和实践风险。

从建构主义国际关系理论的角度,可能把保护的责任理解成国家行为体所共同建构的一种文化,一种国际共同体的信念与身份认同,从而成为国际

---

① International Commission on Intervention and State Sovereignty (ICISS, chaired by Gareth Evans and Mohamad Sahnoun), "The Responsibility to Protect", 2001, http://www.iciss.ca/pdf/Commission-Report.pdf.

② 基于保护责任而产生的武力使用问题,参见本书第十二章。

社会立法标准和守法文化的基础;从自由主义国际关系理论的角度,保护的责任可能成为透过主权维护人权的国际关系合法性基石,成为主权国家之间形成合作所追求的共同利益。但笔者认为,现实主义作为国际关系理论与实践的起点理论和最终归依,拥有世界各国领导者、政治家所共同认可的重要地位,就昭示了这样一个道理:对于包括"保护的责任"在内的理论和主张,如果不结合现实主义的核心观念,就可能误入歧途。这也就意味着,对于"保护的责任"的考察和分析,就不能脱离国家对于安全的重视和对于权力的追求这样一些核心的目标。只有将这个概念与国家对权力的追求联系在一起,才可能理解保护的责任的本质、目标和效果。例如,2012 年在叙利亚境内屠杀平民的事件,在国际政治的维度上是一个谜,尽管国际社会已经介入调查,但仍然可能一直不会揭开真正的谜底,更可能像伊拉克的大规模杀伤性武器一样,成为西方大国推翻一个合法政府的、虽然在客观上不存在、却足以作为主观上理由的托辞。①

如果"保护的责任"蜕变成为西方大国强令世界服从的道德制高点,那么国际社会的民主就转为暴政,和平就处于危机之中,安全也就风雨飘摇,无以维系。也许这确实意味着"历史的终结",意味着资本主义思想的全面胜利,但这并不意味着国际法治、全球宪政、全球治理的美好未来。

七、小　　结

理论分析的目标就是要将人们从迷梦和神话中脱出,就是要破除观念上所附着的层层遮蔽,还原其清晰明确的本原,而非将本来清晰明确的事物重重遮蔽,形成一个无法理解的复杂模糊的表象。将国际关系理论与国际法律问题的现实进行交叉、跨越学科界限的研究,其目标正在于此。

根据以范式作为科学革命要素的学者托马斯·库恩的观点,当人们对科学的认识程度已经超越了以往的认识体系、使得旧有的概念和思维方式不能解释新的发现时,就会逐渐出现范式的转换,新的范式会逐渐替代旧有的范

---

① 此惨剧究竟为何人所为,在没有证据之前,很难论断。但是从法律最常用的推理上却很容易得出一些线索:在政府和反政府武装之间,政府希望和平,希望保持一个稳定的局面,以维护自身的存续,避免其覆亡的命运。屠杀对他们来说没有任何收益,却绝对要付出巨大的代价。对于反政府武装及其支持者而言,如果国内政局的一切动荡都和平、平稳地渡过,其推翻政府、获得权力的机会就丧失了。安南设计的和平计划就实现了,他们就不再具备在政治舞台上表现的机会。因而,和平对他们而言,弊大于利。进而言之,如果既能酿造一场人道灾难,又能嫁祸于人,指认此灾难为政府所为,则无论是从道义上,还是从原来的政治安排上,反政府一方均能获得很大的收益。因此,在这个事件中,哪一方更有犯罪动机,非常明晰。

式,当然是很艰难的,但新的范式占据主导地位之后,科学的革命就会诞生。① 社会科学领域中,可以借用这一观点,但是必须考虑社会科学的特殊之处:自然科学中的认识体系,其客体(如化学中的物质、分解与化合的过程,物理学中力的作用)在人类历史的发展过程中,一般变化不大,而社会科学中所认识的问题本身是随着社会发展而有所变化的,政治关系、经济关系、文化关系均是如此。所以,范式的变化并不等于科学对于客体认识的提高,而经常是客体本身的变革催动认识的转变。国际法范式的转换就是这样一种情况。原有的国家主权范式现在看来已经不能充分解释国际社会的新状况,不能说明国际法律秩序的基本原则与目标,所以值得考虑一个新的范式来替代旧的范式,从而以新的观念来看待国际法律体系。② 从国本主义向人本主义的转向,不仅仅是国际法主导范式的一种转换,同时也存在于国际政治学、国际经济学、国际社会学等各个关注、描述和解释国际关系的发展与变革的学科领域;或者更准确地说,是在国际政治、经济、文化以及其他领域的社会关系中越来越多地体现出从国家权利、利弊的运筹到私人的需求与幸福的谋划的转变,才使得以调整这些关系为其规范内容和目的的国际法显现出了从主权本位到人权本位的转化。将来,随着国际政治、经济、文化以及其他领域社会关系的进一步发展,国际法的这种趋势会更加明显、更加具有主导性,在那时,倡导人权、尊重人权、保障人权、实现人权就会成为整个国际社会共同追求的目标,当然也是国际法规范、内容和价值准则的主体。

高扬人本主义的精神,要求我们在国际法的体系之内摒弃古板教条与抽象的理论,认真对待每一个人,以人的幸福作为整个法律体系的终极。这也就意味着,国际法的体系将人性、人权、人的自由与发展作为其价值与发展的核心。全球经济行为在某种程度上使私人的权利在上升,或者也可以看成是私人本位的一种回归。国际社会的法应当建立在充分尊重和保护人权的基础之上,国际社会的法治应当是以人为本的法律之治。国际法存在的目标应

---

① 〔美〕托马斯·库恩:《科学革命的结构》,金吾伦、胡新和译,北京大学出版社2003年版,第9—10页。库恩举了很多科学史上的例子来说明这种范式的转换;并且以科学概念的唯一性、科学本身的非线性发展为知识社会学提供了崭新的视角;库恩认为,方法并不绝对能够推出结论,一种观念不仅来自于实际,也来自于一些随意的偶然因素,一个科学共同体的共同信念在这里扮演了非常重要的角色;也正由于此,新的概念、新的思维产生很不容易,对于传统,总有保守的势力进行维持。因而,重新认识和重新评价障碍重重。这一理论对于自然科学可能比较贴切,但对于社会科学并不一定完全符合,所以仅有有限的借鉴意义。

② 实际上,国际法学者早在20世纪70年代就已经提到了国际法新范式的问题,只不过其观点和本书的主张不同:Richard Falk, "A New Paradigm for International Legal Studies: Prospects and Proposals" (based on a lecture delivered in March 1974), in Richard Falk, Friedrich Kratochwil, and Saul H. Mendlovitz (ed.), *International Law, A Contemporary Perspective*, Westview Press, 1985.

当是实现国际法治,而国际法治的标准有两个:一个是良法,一个是善治。良法的含义就应当是以人的利益和追求作为指向的规范,而善治就意味着建立一套人民能够信赖的立法、执法、司法程序体制。维护人权是法治的主要标志,所以国际法治也必须以承认、维护、尊重、保护人权为其重要指标。人权本位是国际法治的灵魂。徒具规范的"国际法之治"很可能是恶法、恶治。所以需要高举人本主义的旗帜,使国际法真正地为民生幸福而作出贡献。

必须注意,国际法存在基础与目标的移转并不是根本的转向,国家主导地位仍然存在。即使国际法的总体目标在发生改变,这种改变也是缓慢的、渐进的,不是完全、排他的。在国际法中,即使进入了人本主义的阶段,即使个人受到了前所未有的关注,但是主权国家依然具有强大的领导力和交往力,从国际法的发展上看,在相当长的时期之内都不能放弃国家主权;在人权本位的主旋律之下,仍然存在着其他旋律。因而,并非自第二次世界大战以后,国际法的性质立即发生了变化。这种变化是极为缓慢而且阻力重重的,联合国的宗旨与原则长期之内仅仅停留为纸面的畅想,冷战时期的显示两大霸权国家之间斗争的古巴导弹危机、社会主义阵营内的"布拉格之春"、西方国家之间的地位制衡,特别是北约内部为了核武器布置而导致的纠纷都是"国本主义"的延续。[①] 但是,虽然现时仍然严酷,道路仍然坎坷,国际法却没有必要也不可能不断地复制现存的规范和实践,而应当在政治家、社会活动者和知识界的引领之下不断地批判和反思,这才是社会发展的意义所在。

---

① 王绳祖主编:《国际关系史(第五卷)》,世界知识出版社 1995 年版,第 59—81 页。

第九章　国际法治的中国立场

　　国际法治的中国立场意味着中国对于国际法律事务提出具有其文化与价值取向特征的观念、态度和方案。国际法依赖于国际关系，国际关系的实践与理论都具有很强的地方色彩。国际法的发展历程和当前现状也充分体现出了其背后的地域文化属性，所以国际法治与国家立场存在着对立统一的关系。中国在国际社会的地位逐渐提高对于国际法自身话语的需求与国际法中国话语的缺乏形成了巨大的反差。鉴于中国在政治经济上的影响逐渐加强、通过国际法律实践积累了一定的经验和教训，并且通过学术积累初步形成了自身研究的根基，所以有可能通过实践界与理论界的制度性沟通、教学环节、学术评价、语言使用等外在形式的改进，和批判继承西方的国际法理论、密切关注中国面临的国际法律环境和法律问题、汲取中国的文化元素来对国际法推陈出新，实现国际法的制度创新、理念创新、体系创新，形成国际法学的中国范式。

一、问题的提出

　　中国不是国际法治的旁观者，而是国际法治的积极参与者和建设者。国际法是在不同立场与力量的平衡中存在和发展的。因此，在国际事务中具有更鲜明的立场、承担起更多的国际责任，对于中国而言，不仅意味着对国际社会的贡献，也意味着对中国自身形象的塑造[①]和自身利益的维护。处在发展趋势中的中国需要在国际法的规范体系和运行过程中有更多的需求和表现[②]，但这必须建立在对世界治理的历史进程和当前模式深刻的认识和理解的基础上。[③] 长期以来，中国政界和学界都有在国际事务上中国话语能力不

[①] 国际社会对于中国的形象有各种各样正面或负面的认识和评价，但是中国自身应当通过其态度和行为塑造良好的形象。参见俞新天等：《国际体系中的中国角色》，中国大百科全书出版社2008年版，第288—298页。
[②] Deming Huang, Yuan Kong and Hua Zhang, "Symposium on China's Peaceful Development and International Law", 5 *Chinese Journal of International Law* (2006) 261.
[③] 张文木：《中国需要经营和治理世界的经验》，载《全球视野中的国家安全战略（中卷）》，山东人民出版社2010年版，序言第1—5页。

足的感受和忧虑,在国际法的规范与运作领域,这种情况同样存在。那么,国际法治是否可能具有国家立场?如果国际法治的民族国家立场并不是一个具有内在矛盾的概念,而是拥有理论根据与现实基础的话,那么该如何构建和完善中国立场?对于这一问题的深入分析有助于中国国际法理论的进一步提升和国际法实践的发展、成熟。

二、"国际法治的中国立场"的内涵

"国际法治的中国立场"是指中国在国际法治的体系和建构中体现出自身的态度、观念和规划。从另外一个角度看,就是在国际法治的各个领域、各个环节、各个层次与中国问题相结合,与中国利益相结合,与中国文化相结合,在观念层面上具有中国风貌,在对策层面上有中国特色。具体而言,包括三个方面:

首先,国际法律秩序的中国观念。也就是中国政府和中国国际法学界对于当今国际法律秩序的整体现状、属性、特点以及发展趋势,提出具有自身特征的认识、分析和判断,而不是追随他国、他人的观点,人云亦云。在观念和理论层面奠定中国对国际法体系的基本评价,是国际法治中国话语的宏观观念和核心理论层次。

其次,国际法律制度的中国态度。即中国政府和中国国际法学界对于国际军事安全、人权、经济、环境、领土、海域、航空、外空、国际司法体制、司法与内务合作等一系列的制度提出自己的价值取向和评价标准,也就是对于既有的原则、规则与实践提出善与恶、进步与落后、成功与失败的尺度。这是国际法治中国话语的中观态度和基本理论层面。

最后,国际法律事务的中国方案。即中国政府和中国国际法学界对于全球性、区域性和与中国密切相关的双边国际事务,例如武力使用的合法性、全球变暖的治理、WTO多边贸易谈判的方向与步调、核裁军的手段、中国与周边国家的海域划分等问题从法律的角度提出理据充分、切实可行的提案和建议。这是国际法治中国话语的微观对策和具体实践的层面。

三、国际法治国家立场的可能:一个前设命题的确立

在讨论"国际法治的中国立场"之时,首先需要明确的问题是:在国际法治的体系与进程中,是否可能具备或者体现国家立场呢?我们需要证明,国际法学以国际法为研究对象,国际法作为调整国家之间关系的法律规范体

系,本身就是有着国家取向和文化特性的。"国际法的国家话语"或者"本土性的国际法"并非一个自相矛盾的概念,而是具有相当深刻的理论与实践基础的。这是由于:

(一) 国际关系观念的地域性决定了国际法学的地域性

从逻辑上看,国际法是国际关系的法律规则层面。国际关系的理论具有浓厚的地域文化特征,国际法学不可避免地具有地域文化的色彩。国际法分为双边国际法、区域国际法和全球国际法。在一个给定的政治体系里,政治对于法律具有主导性。政治是法律产生和发挥作用的前提,因为法律作为社会规范,由特定的政治权力机关制定和认可,靠特定的政治权力强制、以社会成员权利的方式实施,而且必须在相对稳定的社会与政治秩序中发挥作用。[1] 也就是说,法律是政治运行的一种方式,是一种更为高级的、更为成熟的、更为文明的方式。[2] 所以,在法律与政治之间,政治具有主导性、决定性[3],法律体制对政治体制会有反作用,基本上一个完善的政治体制会与法律良性互动,而在一个不完善的政治体制里,法律会被边缘化,所起的作用很小,或者成为政治的附庸。国际政治与国际法之间的关系是这种一般原理的一种具体表现。在当前的国际体系中,仍然是一个无政府的体制,没有超国家的权威,国际组织虽然得以发展,但大国政治的基调并未改变。[4] 从国际关系理论上分析,自由主义、建构主义对于当代的国际关系都有一些正确的论断。但是,现实主义对于国际关系本质的判断仍然具有警示性。当今的国际社会仍然是一个强权主导的社会,仍然是一个大国博弈的社会,仍然是一个实力优于美德和规则的社会。大国之间以政治争夺利益,小国在政治的夹缝中生存,在法律的边缘处寻找空间。[5] 在这种强权政治的格局下,各国均以追求强大的方式获得更多的自由和机遇,避免被欺辱和边缘化。国家强调

---

[1] 王浦劬等:《政治学基础(第二版)》,北京大学出版社 2006 年版,第 14—15 页。
[2] 从这个意义上讲,法律也具有协调政治关系、规范政治行为、促进政治发展、解决政治问题的功能。参见张文显主编:《法理学(第三版)》,高等教育出版社、北京大学出版社 2007 年版,第 367—369 页。
[3] Mathieu Deflem, *Sociology of Law Visions of a Scholarly Tradition*, Cambridge University Press, 2008, p. 162.
[4] 自有国家存在之时起,国家就始终处于一种没有更高的政府统领的状态之下,因而,无政府(Anarchy)是国际政治的基本前设,国际关系学的所有学说都以此为起点。Alexander Wendt, *Social Theory of International Politics*, Cambridge University Press, 1999, pp. 247—269.
[5] Hans Morgenthau, *Politics among Nations: The struggle for Power and Peace*, Alfred A. Knopf, 1948, pp. 4—15; Ernst B. Haas, "The Balance of Power: Prescription, Concept, or Propaganda", 5 *World Politics* (1953) 442.

自身的经济、军事、社会、文化发展,通过发展来在国际社会赢得一席之地;在对国际事务的处理上,采取协商、谈判等政治方式的有效性往往大于司法方式。所以,国际司法体系这种带有理想主义色彩的机制很难充分发挥作用,而只是国际政治舞台上的一个角色。① 在没有目标明确、价值适合、内容清晰的法律的前提下,执法、守法、司法均将陷入迷茫、困惑之中。或者根本无从实施,或者实施也只能取得更坏的效果。从形式上,不同领域和区域的规范发展不均衡、不成体系;在内容上,由于国家间的争议使得最为敏感、最容易出现争端的问题都没有明确的规则;同时,一些确定的规则具有明显的强权政治的痕迹。在这种情况下,忽视国际法与国际政治二者的紧密联系,或者忽略国际法问题的政治背景,很容易导致判断的错误。国际法的规范及其操作在很大程度上是政治博弈,而绝非纯粹的法律问题。如果完全按照法律问题来理解,就可能会导致误读。

就国际关系学自身而言,当代的国际关系理论具有深深的美国特征。国际关系理论中策论与普遍原理相结合,即是基本原则与例证相结合、体与用相契合,在国际关系领域最有影响的学者、学说都与美国有千丝万缕的联系,从威尔逊倡导的理想主义开始,无论是汉斯·摩根索和肯尼斯·华尔兹的现实主义,还是罗伯特·基欧汉、约瑟夫·奈、理查德·罗斯克兰斯、奥兰·扬、恩斯特·哈斯的自由主义,乃至亚历山大·温特、艾伦·卡尔森、彼得·卡赞斯坦的建构主义,都渗透着为美国国家政策提供建议的精神,体现着美国的国家导向。② 同样在国际关系理论界具有一定影响的英国学派,其背后也有着浓重的英国情结。③

从应然的角度讲,国际法既然是调整世界各国的制度体系,就有必要反映各种文化、各种立场,然而,在当今这个虽云全球化实际上在地理上、政治上、经济上、理念上显现出分裂的世界上,完整而和谐的国际法远未成型。④ 国际法本身也不成体系地被不同领域、不同范围的规范所割据。对于很多问题,条约之间存在冲突,习惯之间存在冲突,人们对于国际法的认识更存在冲突。在这样的条件之下,地域性的国际法与普遍的国际法构成了相辅相成的关系。任何一个文化在构想国际关系时,都不免有本地域的利益取向,同时

---

① 参见苏晓宏:《变动世界中的国际司法》,北京大学出版社 2005 年版,第 31—37、107—109、113—117 页。
② 美国国际关系学者的著作一般都会以美国的国际关系为假想的背景,很多例证都直指美国外交事务。
③ 张小明:《国际关系英国学派:历史、理论与中国观》,人民出版社 2010 年版,第 136—137 页。
④ 参见刘芳雄:《国际法院咨询管辖权研究》,浙江大学出版社 2008 年版,第 177—178 页。

也都必须着眼于全球的普遍认可与接受。在这种情况下,如果没有相互竞争的国际法主张和理论,则表面上被称为普遍国际法的规范原则,其实仅仅是某种文化的单向度表达。① 只有允许和鼓励不同的文化传统和地域分别表达其国际秩序的主张,并使国际社会有机会充分在相互竞争的主张之间选择和平衡,才有可能出现真正健康的国际法体系。正如多样化的生态环境才会健康、持续发展一样,在无政府状态没有得到根本改变的时候,国际法律秩序也不能单向度地发展。② 王铁崖先生谈到:"由于真正意义的国际法发源于欧洲,其发展也已欧洲为主,因此,国际法的历史往往偏重于欧洲。国际法形成了欧洲中心主义(Eurocentrism),而且国际法被认为是基督教文化的产物。历史证明,国际法的发展原来是以欧洲为主的,但是,在国际法的遗迹中应该追溯到中国、埃及、印度以及伊斯兰世界,而且在国际法的发展中,欧洲之外,其他地区也起了作用,如小亚细亚、北美、拉丁美洲等。在国际法的历史中,将欧洲以外的其他地区包括在内,对于了解国际法成为真正意义的国际法是有帮助的,是有助于增强国际法的普遍性的。"③所以,发展国际法学的中国话语本质上并不是为了使国际法更加不成体系,而是为了使国际法更加平衡、健康地发展。实际上,倡导和构建国际法理论的中国特色也不会加剧国际法的不成体系,而只能使广大发展中国家有更多的机会在国际法律体制中有效地维护其正当权益。

(二) 国际法的发展印证了其理论的地方色彩

从历史上看,国际法的理论、学说总是与特定的国家立场、国家利益取向相关联。虽然国际法本应为世界各国之公器,但在相当长的时间内却被深深地打着欧美的烙印。不仅古代国际法具有浓厚的西方特色,为西方的殖民主义、世界霸权摇旗呐喊,而且现在的国际法也没有真正地做到均衡和全面地反映世界文化。所以,国际法学者马尔科姆·肖才论定:今天世界所理解和认识的国际法牢固地建立在西方文化和政治组织的基础之上。④

---

① 后现代理论家利奥塔(Jean Francois Lyotard)认为,所有的知识都发生于以某一终极的原则为其正当性基础的叙事之中。由此,那些据称为普遍规范的东西也是建立在特定文化基础之上的。如果我们将其表面的元叙事消解,则不难看出其所依存的文化根基。从这个意义上讲,国际法具有深厚的地域特征和文化底蕴。
② 哈贝马斯认为,法律在政治与经济利益的共同中获得正当性。〔德〕哈贝马斯:《在事实与规范之间:关于法律和民主法制国的商谈理论》,童世骏译,生活·读书·新知三联书店2003年版,第60页。
③ 王铁崖:《国际法引论》,北京大学出版社1998年版,第252—253页。
④ Malcolm N. Shaw, *International Law*, 7th ed., Cambridge University Press, 2014, p.10.

虽然西方社会对于国际法的阐释经常与"普适性"的自然法联系在一起①,但是,这种自然法的理念似乎仅仅是一个口号。这一点追溯国际法的发展史就能很清晰地展现出来。西班牙的维多利亚(Vittoria,1480—1546)、苏亚雷兹(Suarez,1548—1617)所关注的战争法律问题与当时的欧洲战争有着密切关系;当法国思想家博丹(Jean Bodin,1530—1596)论证主权之必要性时②,正是法国面临国家最终裁断者缺位的时候。荷兰的格老秀斯(Grotius,1583—1645)在论证海洋自由的时候,恰恰是荷兰在海上权力逐渐兴起之时。③ 英国的戴西所提出的既得权说、奥本海和劳特派特的实证国际法方法,在客观上起到了维护英国的传统国际权力和影响的作用;美国总统杜鲁门在1945年声称大陆架作为海洋法的新概念时,也恰恰是美国在海上的活动能力迅速上升、有可能大规模利用海底矿产资源之日。④ 同样,美国的亨金、杰克逊在世纪之交讨论国家主权是否还有存在必要的时候⑤,恰恰也是美国在国际上采取干预政策繁盛、联合国安理会等机构体现大国之治之际。王铁崖先生也曾经面对中国反对帝国主义侵略的时代背景,提出过"民族主义的国际法观"的概念。⑥

(三) 当代国际法规范的模糊性意味着地域文化具有相当影响

现实地看,很多国际法理论表面上陈述的是普遍适用的原则或规范,实际上并无统一的立法或者实践。⑦ 从国际法的渊源来看,国际条约及国家实践本身是国际法规范的主要形式。不同条约会表现出国家之间的不同立场,表达习惯的实践显然会有很强的国家制度和文化的印记。而且,国际关系中的很多单边行为,例如引渡和庇护等,可以成为国际法的原则与规范的基础。

---

① Mark W. Janis and John Noyes, *International Law: Cases and Commentary*, 3rd ed., Thomson: West, 2006, p.1.
② Jean Bodin, *On Sovereignty: Four Chapters from The Six Books of a Commonwealth*, trans, Julian H. Franklin, Cambridge University Press, 1992, p.3.
③ I. A. Shearer, *Starke's International Law*, 11th ed., Butterworths, 1994, pp.9—10.
④ R. R. Churchill and A. V. Lowe, *The Law of the Sea*, 2nd ed., Manchester University Press, 1988, p.122.
⑤ Louis Henkin, *International Law: Politics and Values*, The Hague: MartinusNijhoff Publishers, 1995, p.10; Louis Henkin, "The Mythology of Sovereignty", Presidential Notes, *American Society of International Law Newsletter* (February—March 1993, p.1, also in Ronald St John Macdonald (ed), *Essays in Honour of Wang Tieya*, Martinus Nijhoff Publishers, 1994, p.351; John H. Jackson, "The Great 1994 Sovereignty Debate: United States Acceptance and Implementation of the Uruguay Round Results", 36 *Columbia Journal of Transnational Law* (1997)157; John H. Jackson, "Sovereignty-Modern: A New Approach to an Outdated Concept", 97 *American Journal of International Law* (2003) 782.
⑥ 《王铁崖文选》,中国政法大学出版社2003年版,第351—361页。
⑦ 《国际法院规约》第38条第1款。

很多国际法规范体现出了对于历史传统的尊重,比如海洋法中的历史性海湾、GATT生效之处的祖父条款,这意味着国家立场、国家传统对于国际法有着很强的塑造作用。使国家文化对国际法的塑造功能可能存在甚至增强的另一个现实因素是很多的国际法原则和规范都处于模糊不清的状态。当前的国际法对于很多问题规定的权利义务界限都不清晰,明文允许和禁止的范围都不大,很多问题处在允许和禁止之间。例如,在人民自决的问题上,由于存在着很多矛盾和敏感的问题,至今为止,国际条约和习惯尚无直接具有操作性的规范可以遵循。或者说,国际社会在这个问题上故意留了一个缺口和空白。与此同时,国际法的不同权利、不同规范、不同原则之间可能存在着冲突,需要根据具体的情况而予以权衡。① 例如,不同国家可能根据不同的国际法原则而主张大陆架②,在人民自决权和国家主权及领土完整两种权利之间也存在着相互矛盾的主张。在这种国际法不成体系的背景下,那些具有引领国际法发展意识的国家和机构有机会更多地表达自身的观点和意向。而在第二次世界大战以后出现的一系列新国际法原则和规范,比如联合国大会主张建立国际经济新秩序的决议、《联合国海洋法公约》等,就进一步体现出发展中国家对于推进国际法的发展也是可以有所作为的。

今日之国际法,尽管并非毫无亚非拉国家的影响,但总体上看,仍然大量沿袭了欧美国家的传统习俗,反映了欧美国家的价值取向。从常设国际法院到国际法院,从纽伦堡审判、东京审判,到前南斯拉夫、卢旺达特别刑事法庭,直到国际刑事法院,都反映出大量的英美法体系的痕迹,以及少量的大陆法系的特征。这种发展中国家的缺位影响了国际法作为"天下之公器"的地位和威信。理论上,所有的法官都已其自身的独立身份,秉持专业精神和职业操守处理案件,但是,每个人的文化背景都是其自身不能破除和克服的。欧美的政治背景、法律文化背景在国际法院占据优势,所以国际法院在很多时候就不得不代表欧美的法律立场和政治声音。国际法院的判决和咨询意见在很大程度上是带有法官的倾向性的。法院的意见按照法官多数裁决:欧美法官居多数,所以欧美法官的内心倾向就容易被解释成国际法

---

① 法律原则需要在具体的情况下权衡,参见〔美〕迈克尔·D. 贝勒斯:《法律的原则》,张文显等译,中国大百科全书出版社1996年版,第13页。
② 自然延伸原则,等距离中间线原则,二者均有相当的主张者,但均非国际社会公认的原则。《联合国海洋法公约》规定了"公平原则",但何谓公平,没有清晰的解释。Ian Brownlie, *Principles of Public International Law*, 7th ed., Oxford University Press, 2008, pp. 196—197, 214—220。

院的意愿。①

(四) 国家立场是确立国际事务方向的基本纲领

中国古语云,"万变不离其宗"。在国际关系上,虽然所处理的事务繁杂,具体内容相去甚远,但是一个国家如果有了自身清晰明确的立场,就都能够把握明确的方向,根据这一立场找到适当的策略和具体方案。创始于美国国际法学界的"纽黑文学派"(或称"政策定向学派""新港学派")就是在这样的互动关系中认识国际法的存在与进程的。对于国际法治问题的国家立场就是国家处理千变万化的国际事务的基准点。

从上述分析不难探知,国际法的普遍性必须建立在地域知识与文化相互理解沟通的基础之上;国际法的普遍公允和正义也必须建立在不同地域的主张相互制约平衡的基础之上。不仅建立在双边国际法和区域国际法基础上的国际法学具有民族特征是理所当然的,而且聚焦于普遍国际法的国际法学也具有民族文化特征。这一点可以称为"国际法的辩证法"。

四、国际法治中国立场的必要性

当前,中国在国际法治的框架和进程中应当有自己的立场,其基础条件有以下几个方面:

(一) 中国在世界地位之兴起,需要在国际法方面的话语权

中国正在由地理大国、人口大国向经济大国、政治大国、文化大国转变,由历史悠久的文明古国向朝气蓬勃的现代强国转变。中国的崛起带来了国际社会的结构性挑战②,中国自身的转变和国际社会所需要的理性化发展都促进着中国立场的确立。国际法与国际社会的主流意识息息相关。③ 从历史经验上看,任何一个兴起的国家都会根据自身的需求在审视现实以及继承

---

① 理论上,法官的立场不一定与本国立场一致,但是这种统一性却非常明显。例如,2004 年 7 月 9 日,国际法院对"在被占领巴勒斯坦领土修建隔离墙的法律后果"发表咨询意见,认为修建隔离墙"构成以色列对在其适用的国际人道主义法和人权文书下所承担的多项义务的违反"。只有美国法官投了反对票,随即,美国对该意见表示反对。
② 〔美〕亨利·基辛格:《世界秩序》,胡利平、林华、曹爱菊译,中信出版集团 2015 年版,第 481 页。
③ 郝铁川从第二次世界大战后国际社会主流意识对侵略国意志的改造、联合国对其成员国意志的约束、其他国际组织对其成员国意志的改造等角度,论证了现代法律不仅仅是国家意志的体现,同时还是国际社会主流意志的体现,并论述了国际社会主流意志形成的原因与途径。郝铁川:《法仅仅是"国家意志的体现"吗?——兼论法亦为国际社会主流意志的体现》,载《法律科学》1998 年第 3 期。

的基础上建构自己的国际法理论体系。无论是 16 世纪的西班牙、17 世纪的荷兰,还是 19 世纪的英国、20 世纪的美国,都经历了这样的过程。中国如果要在世界上兴起,在世界上具有自己的发言权,就必须有自己的国际法理论体系。当前,中国在世界上兴起是一个客观的事实。中国的兴起不仅表现在三十多年来通过改革开放而缔造的经济上的繁荣,也表现在政治上的大国地位。中国在改革开放以后,取得了长足的经济与社会进步,在政治实力、经济总量上获得了广泛的成就。航天事业的发展、2008 年奥运会的成功举办、2009 年六十年国庆庆典的隆重场面、中国在 2008 年金融危机中的地位与立场,特别是后危机时代与新兴发展中国家通力合作①以及上海合作组织的不断发展都充分地说明了这一点。中国的兴起在客观上要求中国改变被动接受国际法的态度转而主动引领和国际法的改造、发展、创新。中国必须经历从一个法外大国②向领袖型国家③转变的过程,引导国际制度的价值,评判国际法的得失,带动国际法的更新与变革,这是民族复兴的"中国梦"的重要部分。在这样的时代背景下,中国韬光养晦并不意味着无所作为,更不意味着隐藏在国际法律体制之后,被视为搭国际制度的便车。当前的国际制度希望听到中国的声音,期待着中国的参与,聆听中国的话语。

中国在发展的过程中,应当倡导全球共同的利益和价值,使各国逐渐抛

---

① 主要是与巴西、俄罗斯、印度、南非等国一道促动的"金砖国家"体系,虽然尚未形成成熟的机制,但 2012 年提出构想、2013 年达成共识、2014 年确定在中国上海建立总部、2015 年 7 月 21 日正式运行的"金砖国家开发银行"(BRICS Development Bank,新开发银行,俗称金砖银行)是一个有益的探索。

② 法外大国的概念来自澳大利亚学者杰里·辛普森(Gerry Simpson)的著作《大国与法外国家:国际法律秩序中的不平等的主权》(Great Powers and Outlaw States, Cambridge Unibersity Press, 2004,中译本朱利江译,北京大学出版社 2008 年版)。该书认为,国际法的历史就是一部不平等的历史,大国利用主权这样的理念巩固自身的地位、权利和利益。中国在历史上虽然是一个大国,但 19 世纪中叶开始与国际法的接触仍然长期被视为"不文明的"国家,颇受排斥。(见该书中文版序)实际上,在 1840 年至清政府覆亡、民国初期、中华人民共和国建立至 1971 年,中国一直被迫或者半被迫地处于国际法体系的边缘。徐崇利教授曾经用"体系外国家"来指称中国的这种边缘化的状态,见徐崇利:《"体系外国家"心态与中国国际法理论的贫困》,载《政法论坛》2006 年第 5 期;除本书作者外,其他学者也作出了类似的论断,例如江河:《法外国家的游离与规制——以朝核危机中的朝美外交博弈为例》,载《法商研究》2012 年第 4 期。

③ 领袖型国家的概念来自中国学者易显河。易显河认为,尊重国际体系的价值、且真正成功地担负起对国际体系所负之重大责任,不仅素来都在诚信地甚至是模范地遵守现存合法规则,而更重要的是,已帮助规划或提炼出一个合适的国际体系远景,并努力将之构建起来,以使人类繁荣得以最大限度地实现,就是一个领袖型国家。见易显河:《国家主权平等与"领袖型国家"的正当性》,载《西安交通大学学报(社会科学版)》2007 年第 5 期。根据这一观点,中国提出的"负责任大国"的自我形象设定,就是一个走向领袖型国家的塑造。相关阐述,可参见徐崇利:《国际经济法律秩序与中国的"和平崛起"战略——以国际关系理论分析的视角》,载《比较法研究》2005 年第 6 期;徐崇利:《中国的国家定位与应对 WTO 的基本战略——国际关系理论与国际法学科交叉之分析》,载《现代法学》2006 年第 6 期。

弃势力均衡的思维,树立长远、广泛的利益观;使各国以及国际组织、非政府组织认识到在相互依赖的背景下,秉持零和博弈的思维的落后性,倡导共赢的正和博弈观。因此,中国作为发展中的大国、新兴的经济体,不应仅仅是法治的被动接受者,而应是国家和国际两级法治的积极推动者和缔造者,中国应明确自己的立场,表达自己的声音。

(二) 国际法治的中国立场有利于提高中国的国际形象

中国需要呈现出在国际事务中的力量,对于国际事务的关注与投入、在国际事务上的精神风貌。同时,应当倡导和推动国际法在价值上真正实现公平与正义,推广亚洲、非洲、拉丁美洲的国际法理念,形成更具有广泛代表性的发展中国家的国际法,使之与具有西方大国文化血统的传统国际法相互融合、相互砥砺,最终使国际法具有更广泛的代表性。与此同时,在形式上通过促进机构的整合和机构间的合作逐渐改变不成体系的现状,形成一个更加完善的国际法体系。有人可能会怀疑:很多学者有鲜明的中国立场都是在中国改革开放之前,那么在改革开放之后,中国全面融入国际社会,是不是就应当多学习西方的国际法理论,而不突出中国的特色呢？如果坚持中国的立场,会不会导致中国在国际社会上孤立呢？特别在这样一个全球化的时代,如果注意中国的道路、立场、利益,会不会导致边缘化呢？在考虑此类问题的时候,需要明确,中国立场并不是和国际社会对立的立场,而是代表包括中国在内的、具有同样利益取向的国家群体的立场,不会导致孤立;没有立场,不仅会丧失自己的利益,可能也会失去别人的尊重,导致国际社会上的朋友减少。在全球化的时代,有些问题需要全球共同解决,但是解决的方式是有很大的选择的,如果不能充分考虑自己的立场和利益取向,就很可能盲目追随其他国家的主张,失去自己的权益。特别是鉴于中国是最大的发展中国家,具有特殊的半封建半殖民地历史,对于国际法的理解、使用都与其他国家有不同之处,与亚非拉国家有很多相近的利益取向,因而是可以有很宽广和独特的论域的。对于很多特殊的问题,例如人权的优先性、人权与主权的关系、人民自决权的内涵、主权与领土完整、恐怖主义的对策等一系列重大而敏感的问题,中国有可能提出自己的主张,并提供充分的理论支持。

也就是说,今天的中国要具有全局意识,兼济天下的抱负和理想,促动世界对于正义逐步达成共识。如果主张中国自身的立场、价值取向,则既可能维护中国以及与中国相近的一大批国家的利益,也有可能在学术界受到尊重和关注;反之,一味地追随和跟从,则有可能丧失利益,同时丧失了国际学术界的尊重。

(三) 当今中国国际法学尚无自身的话语体系

虽然客观上存在着对于国际法中国话语的需求,中国在国际法领域话语权却相当不足。甚至可以说,中国经常处于国际法失语的状态。这与中国国际法学研究的主体性、自信心不足有直接关系,与中国国际法学界的整体薄弱、无法坚实地支撑实践有着直接关系。

1. 国际法治中国话语缺失的表现

当前,中国国际法还没有鲜明的立场、话语体系和文化特征,以介绍和引进为主体,甚至有迷信西方的趋势。不容否认,中国国际法发展得比较晚[①],而且中间又经历了断层[②],特别是当代国际法有着浓厚的西方色彩,为具有中国传统的文化氛围所不熟悉。所以,中国国际法学界的主流处于学习西方、当学生的状态。有些中国学者没有自信,非常欣赏和崇拜西方,一味地追随西方,表示:"欧美学者搞得那么好,我们只要弄明白人家的意思就行了。"在这种思想引导下,他们盲目相信联合国的文件(关于人权的维也纳宣言),也就很难形成自己的立场和观点。还有些学者还满足于介绍和引进西方的概念、观点、理论。这种心态和状态是可以理解的,也是发展中国自身的国际法所必要采取的,但这只能是一个初级的、过渡的阶段,而不能是学者、学界长期采取的态度。

在研究主题方面,很多中国的国际法学者未能关注国际法实践的最新进展。[③] 这就导致中国国际法研究成果没有自觉地联系国际法的实践,而是在很大程度上追随外国学者、特别是英美学者研究主题,而缺乏自创领域。中国学者在很多时候更多地依赖于别人的思考,而缺乏学术自主性、缺乏自身发现问题的能力。实践部门遇到问题经常感觉国际法理论支撑严重不足很多研究者对于国际立法、司法和其他法律实践(例如联合国大会第六委员会、国际法委员会、联合国国际贸易法委员会、国际法院的立法动向和讨论问题的最新动态)不够了解;对于中国与国际法相关的实践,特别是面临的争端及其解决也认识不足。这种跟进式的研究就很难使中国国际法研究具有独立性和原创性,就很难形成中国的国际法学的独特话语与其他国家的国际

---

① 中国意识到国际法,并开始逐渐使用,是在清代末期鸦片战争前后。参见林学忠:《从万国公法到公法外交:晚清国际法的传入、诠释与应用》,上海古籍出版社 2009 年版。
② 中国在抗日战争、解放战争和"文革"时期,国际法的应用和研究都受到了影响。参见《王铁崖文选》,中国政法大学出版社 2003 年版,第 213、261—262 页。
③ 例如,孙世彦指出:"我国的国际法研究缺乏实践性或通常所谓的'现实意义',一直为学者和实践者所同时诟病。"孙世彦:《中国的国际法学:问题与思考》,载《政法论坛》2005 年第 4 期。杨泽伟认为,中国国际法学界理论与实践脱节的现象比较明显。杨泽伟:《改革开放 30 年来中国国际法学研究的回顾与前瞻》,载《外交评论》2008 年第 3 期。

法研究平等交流。

在研究内容与观点方面,很多研究成果未能凸显中国在国际事务中的立场与态度。中国的国际法研究,不仅应当体现视野里的中国,还应当体现方法上的中国、立场上的中国。国际法不是西方学者的专利,中国学者面临中国问题、站在中国立场上,应当能够取得与西方学者不同的视角、方法、主题、结论。但是,迄今为止,在这方面的进展还很小。对于具有普遍性理论价值和实践意义的问题,中国学者追随的多,自主思考的少;对于有中国特色的论题,中国学者国际法学者的研究未能深入;应付了事的多,认真对待的少;具有新颖思维、理论创见的作品殊为少见。① 不可否认的是,当前,一些研究成果还显示出不求甚解、人云亦云的问题;在很多国际法律领域,我们的学术成果还是重介绍、轻研究,浅尝辄止,理论上难以深入,层次上不能提高。在很多方面,虽然分析中国相关问题的文章确乎存在,但真正能为政府在外交中提供理论支持的并不多见②,大多数论著与现实联系不紧密,或者说貌合神离。

2. 国际法治中国话语缺失的危害

没有中国自身的国际法话语体系,就容易导致国家利益的丧失。不必说远在鸦片战争以后的一系列不平等条约,很多条款都是建立在西方列强认定中国不了解国际公法规范的基础之上,就是在当代,中国国际法学如果不能跟进时代发展、面对中国问题、提出有指导意义、操作价值的建议,也同样会带来问题。在中国加入WTO的进程中,由于学术界准备的欠缺以及政府部

---

① 徐崇利认为,中国国际法理论的贫困与中国近百年来在国际关系中的历史与现状有关,受奴役和压迫历史形成了"体系外国家"的心态以及国际法工具理性主义的观念,并由此导致了国际法理论的的研究视野狭窄、研究立场偏向保守、理论短命、前瞻性缺位、普适性不足。徐崇利:《"体系外国家"心态与中国国际法理论的贫困》,载《政法论坛》2006年第5期。

② 例如,关于中国发展/崛起的国际法问题、中国海洋权益的保护、对"台独"主张在国际法层面的破解和批驳都是国家亟需的理论领域。在这方面,国内已经出版了一些专著和论文,包括朱文奇:《中国的和平发展需要国际法》,载《法学家》2004年第6期;朱文奇:《国际法与中国的国际化》,载《法学家》2008年第1期;周忠海:《中国的和平发展与国际法》,中国政法大学出版社2006年版;潘抱存:《中国国际法理论新探索》,法律出版社2006年版(该书中能归于中国国际法理论者不多);但是比起实践的需求,这些还是远远不够的,所以杨泽伟评价,中国国际法学界对中国国际法学的理论与实践未能很好地加以总结。杨泽伟:《改革开放30年来中国国际法学研究的回顾与前瞻》,载《外交评论》2008年第3期。值得注意的是,侯放等的《新中国国际法60年》(上海社会科学院出版社2009年版)努力对于中国在和平共处五项基本原则、国际恐怖主义、惩治海盗、裁军、军控、条约、海洋法、环境保护、国际投资法、国际金融法、国际税法、国际贸易法、海商海事法、国际私法领域的理论与实践进行了总结。

门与学术界沟通的不足①,导致中国入世承诺有很多超出 WTO 正常义务的内容②,相当长的时间内,国家和参与相关贸易活动的企业都承担了一些额外的损失。与此同时,中国在国际法治体系和进程中的话语缺失也容易使国际法律制度的实体规范和程序设计失去平衡。因为中国是世界上最大的发展中国家,如果中国不能有效地提出自身的观念、主张、评价、方案,法律的天平在发展中国家的一边分量就会过轻,就可能延续资本主义大国控制局面、推行霸权的形势而无法达到平衡,国际法治良法和善治的目标就很难达到。

五、国际法治中国立场的可能性

从前面的论述可以看出,确立和彰显国际法治的中国立场,可以从国际法自身辩证发展的角度上促进国际法的均衡、全面发展,促进国际社会法治化的进程;而中国发展的现实条件与需求的角度促进中国自身发展,表达中国、发展中国家的发展。进而言之,中国在国际法治中的立场是由中国在国际社会中的地位和中国自身的经济、社会、文化状况以及中国的政治格局、利益取向决定的。

(一) 中国参加国际法律实践积累了形成国际法治中国话语的经验教训

历史上,从南京条约签订,中国开始被动地接受国际法,寻求了解国际法。由于外国传教士的积极参与(丁韪良)③,中国政府及官员认识并应用国

---

① 20 世纪 80 年代到 2001 年中国家如世界贸易组织之前,中国国内学界的 WTO 研究著作、论文数以万计,但是,其主要导向是在贸易管理、投资、知识产权等领域"与国际贸易游戏规则接轨",改革中国法律体系,却很少考虑如何通过法律手段维护国家利益。更有很多仅仅是介绍 GATT 和 WTO 的规则与运作。所以,这些研究与中国真正的需要差距很大。与此同时,中国政府部门在参与"复关""入世"谈判的过程中,究竟遇到何种法律问题、如何应对此类问题,与学术界缺乏制度性的沟通,导致学术界茫然于政府的需求,因而其研究缺乏中国立场也不难理解。

② Julia Ya Qin,"'WTO-Plus' Obligations and Their Implications for the World Trade Organization Legal System: An Appraisal of the China Accession Protocol", 37 *Journal of World Trade* (2003) 483. 中译文,见秦娅:《"超 WTO"义务及其对 WTO 法律制度的影响——中国入世议定书评析》,李辉译,载《国际法研究(第 1 卷)》,中国人民公安大学出版社 2006 年版。有关评论,见赵维田:《中国入世议定书条款解读》,湖南科学技术出版社 2006 年版,第 6—7 页。

③ 1839 年,林则徐担任钦差大臣,受命赴广州查禁鸦片时,请美国传教士伯驾(Peter Parker)和袁德辉将瑞士著名国际法学家瓦特尔(E. De Vattel,1714—1767,当时译作"滑达尔")的著作《万国法》中的一些章节译为中文,后被魏源收于《海国图志》一书中。19 世纪 60 年代,在中国海关工作的英国人赫德(Robert Mart,1835—1911)已经将美国国际法学家亨利·惠顿(Henry Wheaton, 1785—1848)的《国际法原理》(*Elements of International Law*) 中关于使节权的内容译出,供总理各国事务衙门参考,以说服清廷派遣驻外外交代表。后来,丁韪良(William M. P. Matin,1827—1916)接手此项工作,得到了赫德和美国公使蒲安臣(Anson Burlingame, 1820—1870)的支持,在较短时间内译出了全部内容。译稿得到一些中国高级官员的赞扬,经总理各国事务衙门章京陈钦、李常华、方濬师和毛鸿图等修饰润色之后,予以印行,发给各省使用。

际法,而且取得了一些成绩。① 此后,国民政府根据国际法的发展,废除了不平等条约。新中国成立以后,出现了一系列新的国际法实践,例如提出和平共处五项原则②,以及与东盟诸国以及非洲国家之间交往模式③,对于传统的国际法有所创新和发展。与此同时,中国参加《联合国海洋法公约》的谈判、从复关到入世的努力,以及参与《国际刑事法院规约》的谈判,积累了很多正面的经验,也留下了一些值得汲取的教训。国际法学者承担的是考虑在现有的架构下通过解释国际规范、应用国际规范、逐步推动革新规范来捍卫国家利益。在经济全球化的背景下,国家的经济主权如何保持,已经成为我们面临的非常紧迫的问题。中国国际法学界必须对经济全球化抱着更加警惕的态度,思考在全球化的背景下如何捍卫国家利益。世界格局对中国政府提出的要求以及中国政府发展的国际环境、国际取向为中国国际法学界提供了一系列素材,这些客观的现实使得国际法学有可能面对中国道路、中国问题、中国思想。

(二) 国际法治的中国话语具备文化上的根基

1. 思想文化的根基

中国作为文明大国,具有很多独特的传统文化,可以贡献于国际法学首先,秦汉以后历经唐宋直到明清时期的对外交往模式,制度文化,形成了一种不同于现代国际法的东方国际关系模式。这种模式对于反思当代国际法提供了制度实践的根基。20 世纪以后,中国与英国、葡萄牙解决香港、澳门问题的实践为国际法中领土的取得和变更增加了新的制度。与此同时,一国两制的实践,为国际法上国家形式添加了很多新的内容,不仅中国人关心,外国

---

① 林则徐所译之书对于清政府最初采取坚决的禁烟立场、并与英国商人进行有理有节的外交斗争发生了重要影响;《万国公法》翻译成中文以后,中国外交官员曾运用其中的国际法原理,成功地处理了"普丹大沽口船舶事件"。1864 年 4 月,普鲁士公使李福斯乘坐"羚羊号"军舰来华,在天津大沽口海面无端拿获了 3 艘丹麦商船。总理各国事务衙门当即提出抗议,指出事件所处水域是中国的"内洋"(领水),依国际法原则,应属中国政府管辖;如普鲁士公使不释放丹麦商船,清廷将不予以接待。在这种情况下,普鲁士释放了两艘丹麦商船,并对第 3 艘商船赔偿 1500 元。总理衙门在处理这一事件中,适用了惠顿在《万国公法》中阐述的国际法原则。在上奏清廷的奏文中说明:"此次扣留丹麦货船处所,乃系中国专辖之内洋","外国持论,往往以海洋距岸十数里外,凡系枪炮之所不及,即为各国公共之地,其间往来占住,即可听各国自便"。而在中国内洋扣留其他国家的船只,则是明显地侵犯了中国的主权。同时,普鲁士公使的做法,也违背了其签订的和约,而遵守条约也是国际法的基本原则。总理衙门以西方国际法上的这两个理由与普鲁士展开外交斗争,对鼓舞当时中国政府引进西方国际法起了很大的作用。

② 杨公素、张植荣:《当代中国外交理论与实践》,北京大学出版社 2009 年版,第 119—124 页;王铁崖主编:《国际法》,法律出版社 1981 年版,第 64—83 页。

③ 谢益显主编:《中国当代外交史》,中国青年出版社 2009 年版,第 496—522 页。

学者也非常关注。其次,春秋战国时期以降的中国传统思想,为思考当今国际法体系提供了理论渊源。而"五四运动"以后传入中国的马克思主义,不仅是作为一种正式意识形态,更作为一种世界观和方法论,指导中国各个领域的学术发展,国际法学也在其中。这些资源为形成具有中国特色的国际法治理念奠定了思想和制度两方面的文化基础。

2. 国际法学界的学术准备

在学术史上,一系列中国国际法学者为国际法的中国理念上作出了努力。周鲠生教授在其1976年出版的国际法专著中,阐述各项原则、制度时都特别注意与中国的实践联系在一起。① 国际法学家倪征燠先生不仅在湖广铁路债券案等问题上切实考虑中国利益,更在远东国际军事法庭、国际法院等国际法实践场合维护中国立场、表达中国声音。② 同样,梅汝璈先生在远东军是法庭中亦通过国际司法的实践来维护中华民族的利益。③ 李浩培先生在分析联合国安理会与国际和平的关系、在华领事裁判权、尼赫鲁对西藏问题的立场、巴西当局对中国人员的处理时,也坚定地站在中国的立场上。④ 王铁崖先生反复思考和申述中国与国际法在历史和当代的相互关系,同时关注中国国际法的实践和学术研究如何发展,显然也具有明显的中国主体意识。⑤ 具有深厚西方国际法学养的陈体强教授对于国际法问题的阐述,在很大程度上体现了中国的立场和价值取向,在很多时候,陈体强教授并不是一味赞成西方学者的观点,甚至对联合国的行为也提出质疑和否定。⑥ 我国台湾地区的国际法著作也深切地关注着中国的问题,虽然其立场与观点与祖国大陆学者不尽一致,但这种中国问题的关切点却是完全相同的。⑦ 今天,中国国际法学界经过百年积淀,虽经挫折,但以初具规模,具备了形成国际法学中国话语的学术队伍基础,这些积累是中国国际法学界为实现国际法的中国话语所作出的学术准备。当前的中国国际法学界已经出现了一些高水平、深

---

① 周鲠生:《国际法》,商务印书馆1976年版,武汉大学出版社2007年重排出版。
② 《倪征燠法学文集》,法律出版社2006年版,第145—185、362—398页。
③ 梅汝璈:《远东国际军事法庭》,法律出版社2005年版。特别值得注意的是论文《提高国际法学工作者的警惕——答林欣先生论国际法中的世界主义思想》,载《梅汝璈法学文集》,中国政法大学出版社2007年版。
④ 《李浩培文选》,法律出版社2000年版,第515—527、690—702、703—708、709—713页;《李浩培法学文集》,法律出版社2006年版,第562—650页。
⑤ 《王铁崖文选》,中国政法大学出版社2003年版,第221—358、485—499、401—404页。
⑥ 参见陈体强著作的选集《国际法论文集》,法律出版社1985年版。
⑦ 参见丘宏达:《现代国际法(修订三版)》,台湾三民书局2006年版,第52—57、132—135页;苏义雄:《平时国际法(修订四版)》,陈纯一修订,台湾三民书局2007年版;姜皇池:《国际公法导论》(修订三版),台湾新学林图书公司2013年版,第20—52页。

入细致的研究①,这充分证明,中国国际法的未来发展是很有希望的。

当代中国文化需要呈现高度的适应性,丰富的文化底蕴,不仅具有对于现代社会的适应能力,而且能够引领新的潮流。

六、国际法治中国立场的基本取向

虽然国际法在相当长的时间之内都是西方主导的,但是包括中国在内的亚非国家也为国际法治的建设和发展作出了贡献,并将继续努力。② 中国在国际法治中的立场是由中国在国际社会中的地位和中国自身的经济、社会、文化状况以及中国的政治格局、利益取向决定的。建构国际法治的中国立场,至少以下三个因素为基本取向:

(一) 以中国的立场审视、评价国际法学说与制度

王铁崖先生曾经说:"无论西方或苏联的国际法学说,都是可以作为我

---

① 例如,易显河教授对于国际法的发展方向的研究就显示出了自身的特色,参见 Sienho Yee, *Towards an International Law of Co-progressiveness*, Martinus Nijhoff Publishers, 2004;易显河:《向共进国际法迈步》,载《西安政治学院学报》2007 年第 1 期;易显河:《国家主权平等与"领袖型国家"的正当性》,载《西安交通大学学报(人文社科版)》2007 年第 5 期。

② 2015 年 4 月 13 日,中国国家总理李克强在出席亚非法协第五十四届年会开幕式的主旨讲话中,数次提到了亚非国家、特别是中国对于国际法治已经作出、并将继续作出的贡献:

60 年来,我们积极建设国际法治和秩序。亚非各国立足自身国情,加强国内法治建设,并相互学习借鉴彼此有益经验,推进国际法治合作。我们共同倡导和平共处五项原则,丰富了以《联合国宪章》为核心的国际法基本原则。亚非国家呼应配合,促进南南合作深入发展,维护和争取合法权益,尊重各国的独立、主权和领土完整,为促进世界和平发展发挥了重要作用。

中国作为负责任大国,坚持走和平发展道路,愿与亚非国家一道推进国际关系民主化、法治化,继续在维护和完善国际秩序中发挥积极作用。

积极深化国际法治交流合作。良法是善治的基础,地球村里需要用国际法来明辨是非、定分止争。亚非国家要在国际法治领域多交流、多协调,积极参与国际立法,使国际法更充分地反映发展中国家的诉求和共同利益。要切实维护国际法的权威性和有效性。要在国际法框架下深化亚非国家司法执法合作,共同打击走私、毒品、金融诈骗等跨国犯罪,加强反腐败国际协作。中国积极维护和建设国际法治,已加入 400 多项多边条约,缔结了 2 万多项双边条约。奉行和平共处五项原则,坚持依法办事,一直是中国外交的基石和风格。我们将在加快国内法治建设的同时,为推进国际法治进程作出应有的贡献。

中国将出资设立"中国—亚非法协国际法交流与研究项目",助力亚非法协发展,促进国际法治合作。

亚非地区有着深厚的法治文明底蕴。今天,我们应更好弘扬先人的法治传统和精神,为国际法治作出更大贡献。

共同建设持久和平、公平正义、互利共赢的美好世界。"

——李克强:《加强亚非团结合作促进世界和平公正——在亚非法协第五十四届年会开幕式上的主旨讲话》,载《人民日报》2015 年 4 月 14 日第 2 版。

们建立中国自己的国际法学说的参考的。但是,就建立中国自己的国际法学说本身来讲,更需要的还是中国国际法学者自身的深入研究和思考。"① 必须清楚地认识到:联合国的很多文件固然具有重要的指导意义,但是很多是正式妥协的结果,可能存在着很多矛盾和问题。作为法律缺乏操作性,作为理念缺乏论证。而西方的观点有西方的文化基础、有西方的利益取向,并不一定适合东方;西方学者的研究,多数时候(虽然不是全部)都会不自觉地带上西方文化的特质,表达西方国家的利益取向。在这个时候,完全彻底地相信西方是不妥的,甚至是错误、危险的。值得注意的是,有些西方大国,即使在违背国际法的时候,也会振振有词,或者说是对国际法的创新,或者说是通过违法来摒弃旧的国际法,由此发展出新的国际法。与此同时,西方学者自身存在着很多不足,无论是在论证逻辑上,还是材料使用上,都可能存在褊狭和误差。西方学界自身内部也经常存在着辩论和争鸣。此时,如果一味相信西方、引进西方,那就不仅可能迷失自己,而且可能引进一些有害的观点,以及存在着理论前提值得批判、逻辑链条存在断裂的论断。这些理论带来的问题轻则可能水土不服,重则可能对于实践作出有偏差的引导。② 正确的态度是,了解西方观点的时候应当全面,既见木,也见林;既知其然,也知其所以然;既了解其观点和论证的具体内容,也能评价其取得的进步和存在的不足。应当充分知悉其观点的前提假设、论证的链条、可能产生的后果,特别注意归纳和总结在观点、资料和方法上应当汲取的因素。只有这样,才是真的灵活、深入地掌握了西方国际法的学术源流与脉络,而不至于邯郸学步、歧路亡羊。

因此,有必要倡导破除唯西方和唯联合国的学术迷信,建立中国国际法学的学术自信。从国际法的立场上看,中国人不要迷信西方的法律理念,不要被其貌似和逻辑的观点和似乎雄辩的言辞所吓倒,而应当以一种批判现实主义的立场去看待既有的国际法学术资源。应当相信,在相当多的问题上,国际法的原则和规范还远未定型,而且,即使是定型的规则,也必然要随着时代的发展而不断变革。在这样的主导认识基础上,中国应对国际法制度体系有清醒的评估,对国际立法、国际审判、裁决继续持谨慎态度。不能对国际法律体制过于乐观,不能幼稚地相信国际法律体制的公正性,不能一味地赞同、追随任何以法律为名义的国际行为或者结论。以法律的方式行大国意志之

---

① 王铁崖:《国际法引论》,北京大学出版社1998年版,序言第2页。
② 例如,在公司的治理结构上,中国分别从美国和德国引入了"独立董事"和"监事会"制度,二者的并存不仅造成了资源的重置,而且也不符合中国公司的时机运作需求。在知识产权法领域,有学者一味主张与国际惯例接轨,而不考虑中国实际情况的"接轨"是有可能不利于中国现阶段发展的。有关分析,参见车丕照:《国际惯例辨析》,载《法商研究》1996年第5期。

实,并不会导致法治,而只会是更加隐蔽和堂皇的强权政治。如果任由这种西方主导的国际法发展、支配整个国际体制,我们就有可能将自己陷入到被动的境况和无穷的麻烦之中。在这样一个立足点上,中国学者应当批判地认识西方国际法的理论,做到知其然、亦知其所以然,不可一味接受。在学习和借鉴西方观点的时候应当存在明确的主体性,而不能被误导。

(二) 关注中国所处的国际法律环境与法律问题

社会科学理论研究的生命在于关注和思考现实生活中存在的问题;其价值则突出体现在解决现实生活中显露出来的困惑。国际法学的理论研讨必须与中国在国际社会中的地位、趋向结合起来,必须充分考虑中国对国际社会的现状的理解和前景的构划,考虑中国在外交中接触到的问题。一国的国际法理论不应当是政策的解说和翻版,但二者之间的内在联系则是不容否认、也不应忽视的。作为后发展的大国,中国拥有不同于传统国际法的立场。中国应当坚守在国际法上所应有的立场,不是片面地服从、盲目地接轨,而是深度地考量国际制度的整体方向与格局,在现实的基础向进行变革、发展,国际法学的研讨应当支撑中国,使之成为一个主动的行为体。即使是学习西方的国际法观点,其目的也应当是服务于中国的发展,而不是追随西方。中国国际法的研究与思考最终应服务于中国的建设与发展,所以,必须有能力为解决中国当前面临的问题以及将来可能出现的问题提供有操作性的建议。只有以中国的外交理论与实践为基础,直面中国的具体问题,才有可能实现国际法研究的价值。这些问题既有可能是宏观的、全局的,也有可能是微观的、具体的。在这一思想的指导下,有必要考量中国语境下的国际法和国际法语境下的中国这两个方面的问题:

第一,中国语境下的国际法。也就是行为者、思想者、认识者面前的规范体系:中国处在什么样的国际法律环境之中?现有的国际法体系对于中国有什么积极意义?有哪些消极影响?中国需要什么样的国际法?中国可以如何改革和发展国际法?从中国的立场上看,当前的国际法具有以下特点:(1)大国的法律。当前的国际法仍然不能充分反映共同利益,也不能很好地反映文明发展的共同要求。(2)中国参与不充分的机制体系:历史地看,中国长期被迫远离国际法律规范的制定和操作,被西方大国边缘化;现实地看,由于国际机制的惯性和中国自身的原因,中国参与国际谈判的比率不足。(3)中国有可能变革和发展的机制体系,包括现在的趋势和未来展望。当前,由联合国所提倡的国际法治是理解国际法(包括国际公法、国际私法、国际经济法)诸方面问题的一个关键点。对于理解和看待国际法的不成体系、人道主义干涉、保护的责任、对一切的义务等问题具有重要的意义。法治是各国人民都追求的秩序理想,所以法律的话语具有更强的正当性。而且,因为国际法治远未实现,法律在很多时候还是大国强权的工具,所以我们应当认清当今世界大国操纵国际法的现实,利用国际法促进中国的发展,通过中国的发展促进国际法的发展,更多地创造和利用法律的武器,来表达利益、维护利益。中国应积极参与国际协商和立法活动。既然国际社会的主要旋律仍然是强权政治,就应当毫不退缩地主张和维护国家利益,并在适当的时机以法律的方式使之正当化。中国政府和学术界应当密切配合,能动地推动国际法的发展,而非被动地接受现有的国际法体系,为中国的发展塑造良好的法治形象。

第二,国际法语境下的中国。即规范格局下的行为者、思想者和认识者,包括中国对国际法的总体态度、中国在国际法律体制中的立场与趋势,中国在和平发展道路上所需要采取的国际对策。需要回答的问题包括:中国具有什么样的法律地位?面临着哪些法律问题?拥有什么样的法律心态?中国为了融入国际社会、树立法律形象已经作出、正在作出、应当作出哪些努力?[①] 从历史的发展和现实的状况而言,在国际法的语境之下,中国长期是一个发展中国家,是一个从弱小国家逐步通过自强不息地奋斗而获得发展的国家,是一个国际法文化尚不发达的国家。在这样一个认识基础上,应当认真审视中国在国际社会的地位、所起的作用,全面考虑中国的和平发展(以往的和平崛起),在批判既有理论的基础上推陈出新,在国际法领域逐渐形成表达中国立场、具有中国色彩的概念、理论、学说。中国古籍《易经》有云,自强不息,厚德载物。只有一方面不断增强自己的实力,另一方面通过法律的方式提高自身的道德形象,通过法律来表达中国的道德追求,才能实现中国的发展和世界的和谐。

与此同时,中国的国际法研究必须聚焦真问题、新问题、活问题,特别是中国直面的问题,这才是国际法研究成长壮大的源头活水。其中有一般国际法问题在中国的实践,例如中国如何处理国际法与国内法的关系、如何适用条约,等等[②];也有中国面对的特别问题,例如中国面临着台独、疆独、藏独等一系列问题,而这些问题都有境外的势力插手和支持,需要中国国际法学界

[①] 当代中国法律发展,一方面受到西方法律体系的启迪,另一方面又深刻地受到国际法各部门的影响。朱景文、韩大元主编:《中国特色社会主义法律体系研究报告》,中国人民大学出版社2010年版。

[②] 相关讨论,参见王勇:《条约在中国适用之基本理论问题研究》,北京大学出版社2007年版。

审慎思考。① 与此同时,使用何种法律途径与国际社会一同应对中国境内和影响中国的恐怖势力、采取何种国际法理论和手段驳斥和反对台独的主张、如何利用国际法律机制解决欧亚各国存在的边疆与民族问题②、如何解决钓鱼岛的纷争问题、如何解释南海断续线的法律性质、如何划分东海大陆架、如何利用 WTO 争端解决机制维护中国的经济贸易利益等现实存在的问题会促进我们去深入挖掘现有的国际法理论、原则和制度,并进行整理、阐发,最终为解决中国面临的国际法问题提出有效的方案,同时为具有普遍指导意义的国际法的发展作出贡献,国际法学界必须有能力对这些问题提出具有指导性的判断。

(三) 以中国的文化传统与制度实践推进国际法的发展进步

中国人应当有文化自信。这种自信不仅来自于先秦诸子以来传递的优秀思想,也来自于历代思想家对于世界和原则的不断拷问。③ 老子、孔子、孟子、孙子对于国家在国际社会中生存方式与制度的可能作出过很多重要的论述。老子的小国寡民、大国者下流、孔子的礼、孟子的王道与霸道的区分、孙子的上兵伐交的理念,不仅对于我们思考当今的国际关系大有裨益,同样对于国际立法的形态与深度、价值取向、国际守法的动机与可能有所启迪。《战国策》中对国际制度的理念有很多有益的启示。④ 特别是包括禅宗六祖慧能等思想家创造性地机场和发扬外来文化,形成具有中国特色的文化体系。佛教这种典型的异域文化,中国思想家都能通过自己的阐释使之本土化,在国际法领域,同样有着这样创造和发展的可能。在与国际法有着非常密切联系的国际关系学界,已经有不少学者提出并着手构架具有中国特色的学术体系(中国学派),以此丰富国际关系学的理论谱系,避免美国国际关系学主控全球国际关系的思维,英国学派做一点点缀和补充的格局。对于中国国际法学界而言,这种学术自主、形成自身理论体系的学术自觉也已经渐次

---

① 台湾问题的国际压力与国际影响,参见孙岩:《台湾问题与中美关系》,北京大学出版社 2009 年版,概述从《马关条约》签订之前一直阐述至 21 世纪,揭示了美国在台湾问题上的立场、态度,以及中美之间出于两国关系而处理台湾问题的历程。
② 参见张植荣:《中国边疆与民族问题:当代中国的挑战及其历史由来》,北京大学出版社 2005 年版。该书分析了中国与缅甸、印度、俄罗斯、越南等国的边界问题,也分析了西藏、新疆等民族问题。有些问题已经得到解决,但是,如何利用国际法的规范与原则解决那些尚待解决的问题,值得进一步研析。
③ 例如,王充、苏轼、王阳明等思想家一直对世界、人生、社会等问题不断地反省和追问。
④ 参见阎学通、徐进:《中国先秦国家间政治思想选读》,复旦大学出版社 2008 年版,第 16—19、131—146、148—191 页。

兴起。①

　　树立中国国际法研究的自主性。也就是在批判地继承西方的国际法学说的基础上，认真、踏实、细致地关注和思考中国问题，深刻分析和严肃结合中国独特的理论资源，开创有中国特色的国际法体系。在这方面，首先应当摆脱教条主义，坚持实事求是；深刻应用马克思主义的辩证法，分清主要矛盾和次要矛盾、矛盾的主要方面和次要方面，在此基础上形成具有中国特色的国际法本体论和方法论。如前所述，中国在国际社会上提出的"和谐世界"的主张应被视为理解世界秩序的一个立足点、国际法治的价值指南。② 笔者认为，类似"和谐世界"这样的观念，如果深刻思考，努力发掘，有大量的理论阐释空间和实践指引潜能，可能是国际法未来发展的新起点。如果与西方国际关系理论中的建构主义、现实主义、自由主义进行对比分析，与西方国际法理论中的自然法学派、实证法学派、政策定向学派等结合起来进行研讨，与国际法在领土、海洋、航空、外空、环境、经济、人道等领域的制度与实践有机融合，特别是与国际法治问题进行类比和参照，不仅能够整体促进国际法律文化的进步，而且有利于推进中国学者在世界上的影响。否则，如果学界以游戏的心态对待这样一个概念，仅仅当作口号，那么和谐理念可能没有任何学术和实践上的影响，难以流传下去，就如一个短命的政治运动一样，没有学术理念支撑的政治主张会转瞬即逝、烟消云散。"认真对待"的态度非常重要，因此，学术界应当更认真地对待和谐的观念。

七、国际法治中国立场的构建路径

　　能够在国际法治的进程中表达中国立场、发出中国声音、阐述中国话语的，不仅是中国的政府官员，还有中国的国际法学者。政府和学界这两个部分只有紧密合作、充分沟通、有效协调，才能更好地确立和完善中国立场。③这就需要以政府为主导，建立有效的信息渠道和协调机制，使得学术研究与实践应用顺畅地结合起来。具体分析，建构国际法治的中国立场，在外在的形式上，至少有以下四个方面值得付出努力和改进：

---

① 参见徐长春：《国际政治的逻辑》，世界知识出版社2007年版，第11—13页；王义桅：《超越国际关系：国际关系理论的文化解读》，世界知识出版社2008年版，第182—226页；罗国强：《国际法本体论》，法律出版社2008年版，第270—279页。

② 参见第七章的讨论。

③ 对于这一问题的分析，参见曾令良：《中国国际法学话语体系的当代构建》，载《中国社会科学》2011年第2期。

(一) 国际法实践与理论的制度性互动

学术界与实践界的沟通与交流、制度性合作有待进一步增强。国际法实践参与者和国际法理论研究者之间必须努力跨越二者之间缺少信息交流的鸿沟,解决实践参与者本身缺乏长期跟踪、理论研究者长期关注的不足。与强势的政治力量相比,学术虽然柔弱,但生命相对久远。只有将这二者有机地结合起来,才能够达到双赢的作用。政治上的观念依学术上的建议而提出,具有更多的合理性;政治上的观念被学术界所深入论证,从而具有更为丰富的内涵,因而也就具有更长久的生命力;学术界由于熟稔社会的总体方向、政治的主要问题而拥有更丰富的研讨课题和实践资料,由于为实践领域提供更有针对性的意见和建议而获得了更坚实的存在基础和更好的发展环境。这种良性互动与循环的实现需要知识界和政府部门的双向努力,而这种努力并无重大障碍,只要形成了互相沟通的意识,就会形成一种良性循环。在这方面,外交部、商务部等政府部门已经作出了很多努力[1],但很多是临时性的,制度性还不足,渠道还有待于拓宽和进一步畅通。与此同时,实务界对于法律问题应当具有战略性的重视,特别不应当把派员参与国际法律问题的谈判当成一种"员工福利",而应当真正从事业发展、国家利益维护、国际制度持续发展的角度做长期考虑。

(二) 国际法学术评价体系的完善

当前国际法学中国话语的缺乏,在很大程度上存在着学术评价体制上的原因。或者说,我国国际法的知识生产在学术制度体系上存在着一些桎梏。所以,学术评价制度体系要进一步创新,注重实践指引能力,由此引领学术研究风气的根本改善。(1) 管理标准的数字化忽视了学术质量。中国的学术评价体系所注重的主要是数量,包括发表论文的数量、发表论文的期刊的层次、著作的数量等。这种标准很自然地会衍生出重数字不重影响、重量不重质的知识生产方式,出版社、杂志社的寻租和各种各样的学术腐败也就在所难免。[2] 当前主要的学术评价标准是以论文发表的杂志的"级别"或者著作

---

[1] 例如,外交部曾经与有关院校的专家就外交邮袋的尺寸问题、联合国讨论的一些事项进行研讨;商务部曾就贸易保护主义的问题征求专家意见,但是这些都没有常态化、常规化和制度化。

[2] 参见袁济喜:《学术腐败与道德危机》,载《学术界》2000 年第 4 期;姚利民:《论学术腐败及其治理》,载《湖南大学学报(社会科学版)》2002 年第 4 期;张建华:《学术腐败研究综述及经济学分析》,载《北京社会科学》2006 年第 3 期。

出版社的"级别"作为尺度。这种制度有其内在的合理性,因为杂志的级别与质量存在着正相关关系,出版社的级别与质量也存在着正比关系。但是,这种分析也不应当绝对。由于杂志版面受限,有些杂志和出版社存在着设租和寻租的现象,发表文章的质量需要一个更具专业性的审核体系。无论是教材、专著,还是报告、论文,都应当有独立的专业评审人员,对质量提出具有独立性的评审结果,由这一结果来决定研究成果水平。(2)科研项目缺乏有效的运行和结果监督机制。学术研究和教材建设等项目事前控制有余、事后监控缺乏也值得反思。国家社科基金的很多结项成果很难达到人们期待的目标,学术生产劣质。也包括国家专门投资进行的一些重大项目,效果也难以令人满意。周辅成教授在《伦理学教科书》的序言中,说道:"照当前的情况看来,我们即使花费国家几十万乃至数百上千万的课题研究经费,也未必写得出这样有价值高水平的著作。"①这揭示了中国学术机制的一个关键问题:国家投资引导的教材往往脱离学术规律和市场规律,最终导致纳税人的钱被浪费;而真正有思想、有潜力的学术思维难于获取资源。因而,要形成对研究项目的跟踪监督。针对当前很多学者重立项、轻执行,甚至有很多项目无法按期完成的问题,有必要考虑对于各级科研项目进行监控调整,即更注重过程监督和结果监督,而不仅仅是在立项时进行较为严格的资格审查。对于项目成果的评审应当比立项评审更为严格和细致,只有这样才能促进踏踏实实的研究,改变那种只注重争取项目、不注重切实研究的态度。相应地,有关部门在对科研人员进行考核的时候也更应当重视完成了什么项目,而不是在研究什么项目。上述制度的推行可以倡导沉静的学术研究氛围与心态,逐渐压缩泡沫。与此相应,研究人员也应当坚持良好的学术研究态度,遵守良好的学术道德要求,去除浮躁的心态,面对真正的问题、思考真正的问题,并谋求解决之路。在这一过程中,逐渐加深实践关注程度、理论自觉,从而培养起一批真正懂得国际法、能够进行学理论说和实践操作的高端人才②,切实提高中国国际法研究的整体水平。

(三)国际法学人才培养水平的提升

教育体系为实践领域提供人才储备,为理论研究奠定学术规范基础。一个学科的教学质量直接关乎其未来的人才培养水平和理论研究高度。所以,

---

① 周辅成:《听大师说生活哲理》,载〔美〕雅克·蒂洛、基思·克拉斯曼:《伦理学与生活》(第9版),程立显、刘建等译,世界图书出版公司2008年版,序言。
② "只要存在对国际法学的这种感觉和热情,整个国际法学和每一个从事国际法学研究的人就会获得并保持恒久绵长的学术生命力。"孙世彦:《中国的国际法学:问题与思考》,载《政法论坛》2005年第4期。

教学是其研究的前提,也是研究水平的集中表现。学生作为研究者和实践者的储备人才,他们在教材中看到的格式是学习的第一手资料,也是未来研究的范本。因而,解决国际法治中国立场不鲜明的问题,有必要先从其教学的基本情况入手。主要包括两个方面:

第一,提高国际法教学环节与国际法实践的联系程度。当前,教育部正与有关部门联合实施的"卓越法律人才培养计划"正在中国的数十个高校中推进,其中一个关键的内容即是涉外高端法律人才的培养。① 这种法律人才必须由法学教育的改革开始。必须在教学过程上努力提升,注重实践性和前沿性,并且通过一系列的实践性教学安排实现国际法教学的健康发展。其中特别值得考虑的包括:(1)组织和推进国际法模拟法庭,以实验和竞赛两种方式促进那些研习国际法的同学真正了解国际法。(2)案例分析,通过分析国际法院、WTO 等国际司法(或者类似司法的)机构的案例来了解国际法的使用、国际法律推理的问题。(3)组织和参与模拟国际组织的活动。模拟联合国活动已经在全球范围内开展了相当长的时间,取得了较好的效果。学习国际法的同学应当更多地参与到类似的活动之中,有关教学单位也应当积极地组织此类活动,由此使更多的学生了解国际组织立法的真实过程。

第二,提升国际法教材的质量。高质量的教材体系是形成国际法治中国立场的切入点。教材是一个学科发展的基础和生命线。因为主要读者是教师和学生,所以承担着传道、解惑的职责。② 从内容上看,教材应当是对既有的理论、实践进行萃取、融会和提升的产物,需要博采众长,如吐丝酿蜜,融会贯通后梳理出通说;从风格上看,教材应当深入浅出、平实温和;从质量上看,教材应当是高水平的著作;正是由于上面的几项要求,从作者的层面上看,教材应当由在某一领域有着全面了解、卓著学识、深厚素养的学者撰写,没有精熟的把握和通透的理解难以为之。西方国际法教材中受到广泛承认的精品,如《奥本海国际法》、布朗利的《国际公法原理》(第八版由詹姆斯·克劳福德

---

① "卓越法律人才教育培养计划"从 2009 年开始着手小规模调研,2011 年初由教育部决定成立专家咨询组和专家工作组。2011 年 4 月、6 月分别召开第一次、第二次工作会议,研讨该计划的具体目标与实施方式。2011 年 12 月 23 日,教育部和中央政法委联合下发了《关于实施卓越法律人才教育培养计划的若干意见》,确定了应用型、复合型法律职业人才教育培养基地 59 个、涉外法律人才教育培养基地 24 个、西部基层法律人才教育培养基地 12 个。教育部每年审阅各基地的运行报告。从最初的设计到以后历次工作会议的研讨,以及嗣后的具体规划实施,涉外高端法律人才一直是核心内容。

② "教科书是任何一个学习者接触国际法的第一步,好的国际法教科书是培养出优秀国际法人才的最起码物质基础。可以说,一个国家的国际法教科书的水平,是反映这个国家国际法研究的总体水平的一个指标。"孙世彦:《中国的国际法学:问题与思考》,载《政法论坛》2005 年第 4 期。

修订)、阿库斯特原著、马培德(Peter Malanczuk)修订的《阿库斯特现代国际法导论》①、《戴西与莫里斯论冲突法》②、已故著名国际经济法学者杰克逊等的《国际关系的法律问题》③等都验证了这一论断。而我国很多国际法教材的质量则令人忧虑。西方教材在阐述一个问题的时候,会把该问题上的主要文献列举出来,在援引观点、援引案例的时候也会规范地进行注释。在这一点上,我国的国际法教科书无论从叙述的严谨程度、讨论问题范围的深入程度,还是从援引资料的丰富程度上,都还存在着很大的差距。

鉴于此,我国的国际法教科书必须在提升学者素养的基础上,要求编写者以踏实敬业的态度撰述体现国际法前沿和中国风貌的代表性教材。期待着教育政策提高对优秀教材的激励机制④,真正做到教学相长、研教结合。国家可以从制度层面予以支持,但这种支持必须建立在对教材质量高度负责的基础上。可以考虑的模式是:竞争性地鼓励多部不同模式的教材编写,在编写教材前定立明确的质量考核指标,在中期检查时以此指标为尺度初步核查,通过后予以出版支持或资助,未达到要求者建议停止编写或者建议认真修正提高而后进入再度审查程序。在真正完成后予以荣誉奖励。

(四) 国际法对话与研究语言鸿沟的跨越和弥合

当前,中国法学学者在国际学术界上的话语权比较缺乏,研究本身的不足是一个方面,语言的差距更是不容忽视。英语霸权是百年来国际法发展的趋势,于今愈烈。英语在 20 世纪上升成为国际社会的主要交流语言。在国

---

① L. Oppenheim, (Robert Jennings & Arthur Watts, eds.), *Oppenheim's International Law*, 9th ed., Longman, 1992; Ian Brownlie, *Principles of Public International Law*, 6th ed., Oxford University Press, 2003; 7th ed., 2008; Peter Malanczuk, *Akehurst's Modern Introduction to International Law*, 7th ed., Routledge, 1997; 8th ed., 2009. 此外,英语比较优秀的国际法教材还包括:Malcolm N. Shaw, *International Law*, 7th ed., Cambridge University Press, 2014; L. Henkin, R. C. Pugh, O. Schachter, and H. Smit, *International Law. Cases and Materials*, 4th ed., West Publishing, 2001; A. Cassese, *International law*, 2nd ed., Oxford University Press, 2005; D. J. Harris, *Cases and Material on International Law*, 6th ed., Sweet & Maxwell, 2004; I. A. Shearer, *Starke's International Law*, 11th ed., Butterworths, 1994; Mark W. Janis, *An Introduction to International Law*, 4th ed., 2003.

② Lawrence Collins, Adrian Briggs, Jonathan Harris, J. D. Mclean, Campbell McLachlan, C. G. J. Morse, *Dicey, Morris & Collins: The Conflict of Laws*, 14th ed. with 1st supplement, Sweet & Maxwell, 2006.

③ John H Jackson, *Legal Problems of International Economic Relations: Cases, Materials and Text*, West Publishing Co., 1977(该书后来数次修订,现为 John H. Jackson, William J. Davey, and Alan O. Sykes Jr., *Materials and Texts on Legal Problems of International Economic Relations*, 6th ed., Thomson West, 2013).

④ 当前的很多教材在学术考核指标上并不具有分量,这就形成了一个不良的循环:没有制度激励的教材撰写质量难保,质量不佳的教材被学术评价体系边缘化。如是往复,教材的水平很难提高,优秀的教材往往都是作者自身凭着良知的努力。

际法院、WTO等机构,英语是占据绝对优势地位的工作语言,中文则不具有工作语言的地位;虽然中文在联合国的大会等机构属于工作语言,但是并不是国际法实践的工作语言,也不是国际社会法学研讨的通行语言。英语作为世界通行的国际法工作语言和国际法学交流语言,具有中文不能比拟的流通性,这就导致了国际法学术研究中英语的霸权地位。可以说,中国国际法学界近三十年来的学术观点并非都不值一提,英美学者的学术观点也并非都有很强的独创性,但中国学者在国际学界受到的关注程度甚低,其主要原因就是因为中国作品的语言鸿沟。所以,语言的差异既妨碍了中国国际法研究水平的提升,也不利于扩大中国高水平学术成果的影响力。

鉴于此,中国国际法学界应更好地利用英语,通过熟练地使用英语来扩大中国国际法研究在全球国际法学界的影响。① 这就意味着要在整体上提高中国国际法学界的外语(主要是英语)水平,以求中国在国际社会的主动权更大;中国学者在国际学界的发言机会更多,观点更容易被采纳和接受。只有这样,中国学术的整体提升才有可能。因此,在中文没有成为国际社会的通行语言和学术语言之时,中国学者必须更好地掌握作为广泛交流工具的英语,以更积极、主动地参与到国际学术界中去。由此言之,如果我们通过中文学习国际法,可能在掌握知识、从事学术思考时没有障碍,但是当我们把所学付诸国际关系、国际法的实践时,就容易因为语言转换而出现不必要的麻烦和不可避免的误差;在与更广阔的学界进行沟通时,也容易出现障碍。所以,学好、用好英语是增加中国外交界和学界在国际法领域的话语权一个重要因素。②

八、小　　结

中国应当在国际场合、外交领域更积极地利用法律手段,应当更主动地参与国际法律活动,在国际立法中敢于发出自己的声音、表明我们的立场和

---

① 笔者在参与一些学术讨论会的时候,注意到一些学者存在着这样的观点:中文是联合国的官方语言之一,所以中国国际法研究应当有爱国精神,坚持用中文进行课堂教学、学术撰述和学术研讨。笔者认为,这种观点值得深入考量。必须承认,从进行研究的难易程度上讲,用母语进行研讨肯定更轻车熟路,但是,语言作为沟通、交流的工具,必须以能够传达信息、交流思想为目标。当前,在各国学者不可能学习中文以了解中国学术的情况下,中国学者必须以开放的态度,让自己的学术研究走出去,用英文进行表达、理解、交流、沟通。意图在整体上提高中国在国际法律活动中的对话能力和影响水平,就必须一方面在内容上锤炼学术、锻造精品;另一方面在形式上熟练掌握通行语言,保障信息和思想交流的畅通。

② 参见刘敬东:《中国学者应争得国际上的话语权》,载《中国社会科学院报》2009年5月26日第1版。

理想,在国际司法中提出我们的观点和贡献,在国际执法中有我们的制度设计。通过这种方式,树立中国作为法治国家的形象,并以这种方式影响世界朝着真正的法治方向发展。以全球性多边贸易体制为例,WTO 在规则确立的民主性、公正性,规则实施中的规避问题、争端解决中的执行机制、补偿机制的有效性等方面均有待提高。[①] 如果中国学界能够在改革和推进 WTO 的制度发展问题上提出更具有建设性的观念和主张,不仅有利于维护中国利益,而且能够提升中国在国际贸易体制的参与深度,促进整个国际贸易体制的法治化。而在 2008 年次贷危机之后的一个时期之内,多边贸易体制的发展放缓,区域和跨区域的俱乐部公共物品增加。中国所倡导的"一带一路"规划,以及实施的与东盟的合作,如何借鉴和创新,形成新的制度平台,也是对国际法治积极贡献的领域。当然,这种参与也不会是盲目和贸然的。中国不会是一个在国际法律体制中无知无畏的信口开河者。问题在于,我们以往的参与都过于谨慎、过于保守,现在应当更多一些勇气和自信。在这种勇气和自信的支持下,我们还需要深入到西方法治话语体系的纹理之中,掌握这套话语体系,与其对话;发现这套话语体系自身内在的价值问题、逻辑矛盾,揭示这套话语体系的弊病,从而融会中国的理念和主张,表达我们自己的观点。这和一百多年前,中国面对西方的工业与技术霸权而采取的"师夷长技以制夷"的思路是一致的。也就是说,在发展初期,只能选择先进入西方的国际法话语体系,然后利用这一话语体系表达和实现我们的利益,从局部制度到整体结构,形成具有中国风貌的国际法本体论、认识论、方法论。

中国在国际关系、国际法律框架、国际法治进程中应当有自主性,这种自主性以学界的自主性为先导。到现在为止,我们在国际社会的很多表达还很苍白,缺乏法律和文化的支持,没有充分地形成中国立场、中国风貌、中国话语。中国有能力在国际场合用法律的语言表达自己的声音,用法律的工具维护自己的正当利益。这就需要学术界首先认识到国际法的普遍性是以民族性为前提和基础的,而中国在国际法领域的自主性、自信心都有提高的空间。在这种基础上,中国国际法学界应当具有学术创新的理论勇气和着眼未来的远见卓识,批判地继承作为主流的西方国际法理论,通过与实践界的充分沟通,密切关注国际社会法律制度的新动向,并且站在中国立场上进行分析和判断;密切关注中国面临的国际法问题,并且作出有深度的、扎实的、有说服力的论证;有机结合中国的传统文化与现代思想,提出理解、解释、建构国际法的新概念、新学说、新观念,形成国际法治的中国立场。

---

① 胡加祥:《中国参与 WTO 争端解决机制的实证分析》,载《法学》2008 年第 11 期;胡加祥:《WTO 公力救济权之重构》,载《法学》2009 年第 7 期。

下编
实践领域分析

第十章　国际人权法治的成就、问题与改进[*]

虽然国际人权法的发展已经在全球和区域的范围取得了巨大的进步，形成了一系列的法律文件和机构，在欧洲、美洲、非洲出现了人权法院，但是国际人权体制还存在着规范不成体系、机制不平衡、保护手段极化的问题，需要用法治的目标予以引领。为了实现人权法治，国际社会有必要在法律规范文件的统一化、人权保护机构的体系化、人权条约义务履行机制的完备化方面作出实质努力，并通过文化交流沟通解决理论分歧，促进国际组织、国家、非政府组织共同努力的多元善治。

一、问题的提出

从19世纪的禁止贩卖和使用奴隶开始，个人的地位和待遇问题在西方世界受到了初步的重视。而此后则逐渐演变为人权问题。[①] 国际人权法在过去的一个世纪取得了巨大的进展。[②] "通过全球化的不断发展，人权的机制在不断地兴盛和强化，而不是逐渐地衰微和减弱。"[③]关于国际人权的规范、组织、制度运行，已经有了相当丰富的研究，其中既有描述性的阐释，也有诸多反思性的分析。那么，从国际法治的角度，国际人权的保障是否符合国际法治的标尺呢？或者说，国际人权机制在何种程度上达到了国际法治的理想？还存在着哪些不足？应当如何提升和改进？这是本章意图研讨的问题。

二、国际法治尺度在人权领域的适用

作为国际事务存续和发展的一种观念的指导和价值的塑造，国际法治在诸多领域均有体现，当然也就可以用来判断和评价国际人权的现状与发展。

---

[*] 本章系与吉林大学公共外交学院教师崔悦博士合作。
[①] Jan Klabbers, *International Law*, Cambridge University Press, 2013, pp. 108—109.
[②] Andrew Clapham, *Brierly's Law of Nations*, 7th ed., Oxford University Press, 2012, pp. 235—236.
[③] 参见何志鹏主编：《国际法》，清华大学出版社2014年版，第261页。

(一) 法治观念的国际化及其标准

国际法治意味着将法治的理念与理想拓展到国际的层面上,应用于国际事务之中。可以说,"国际法治"理念产生于当前国际社会的全球化发展背景之下。在联合国的倡导和推动之下,"国际法治"正在成为一个越来越受到关注的问题①,国内外学者对此问题均有所研究。② 然而,"国际法治"的具体内涵如同"法治"的概念一样,至今仍然没有在学界达成普遍共识。车丕照教授在将"法治"与"国际法治"进行比较后,将其表述为"国际社会接受公正的法律治理的状态",并将其内在要求表述为"国际社会生活的基本方面接受公正的国际法的治理;国际法高于个别国家的意志;各国在国际法面前一律平等;各国的权利、自由和利益非经法定程序不得剥夺。"③笔者对此持相同观点,并认为可以将"国际法治"的概念更为详尽地界定为"国际社会各行为体共同崇尚和遵从人本主义、和谐共存、持续发展的法律制度,并以此为基点和准绳,在跨越国家的层面上约束各自的行为、确立彼此的关系、界定各自的权利和义务、处理相关事务的模式与结构"④。在此基础上,"国际法治"的要求可以表述为"国际良法"和"全球善治"。⑤ "国际良法"要求国际法律文件在内容上体现国际社会共同认许的价值标准;在形式上语言表述清晰流畅;在逻辑上彼此贯通;在体系上表现为一个有机的整体。"全球善治"要求在立法、守法、执法和司法各个环节都要遵守法律规定,按照法律的要求行使权利、履行义务。

(二) 国际法治的适用范围与突出领域

国际法治的理念可以适用于谱系广泛的国际问题。而在诸多问题之中,经济、人权、环境被认为是国际法治发展最为突出的领域。在经济合作领域,随着经济全球化趋势的日益加强,世界各国的经济联系十分密切,传统的"以邻为壑"的重商主义经济政策已经成为各国国内经济和世界经济发展进程中的巨大障碍,所以各国开始在经济领域展开双边与多边合作,从最初的

---

① 1992 年,联合国大会开始将法治作为议题之一,2000 年的《千年宣言》等一系列国际文件宣示了法治的重要意义,并成立了"法治协调与资源工作组"关注此项问题。有关文件、会议等资料,参见联合国法治网站:http://www.unrol.org.
② Jeremy Waldron, "The Rule of International Law (International Rule of Law)", 30 *Harvard Journal of Law & Public Policy* (2006) 15; Simon Chesterman, "An International Rule of Law?", 56 *American Journal of Comparative Law* (2008) 331—361.
③ 车丕照:《国际法治初探》,载《清华法治论衡》第一辑,清华大学出版社 2000 年版。
④ 何志鹏:《国际法治:一个概念的界定》,载《政法论坛》2009 年第 4 期。
⑤ 何志鹏:《国际法治:和谐世界的必由之路》,载《清华法学》2009 年第 1 期。

国际贸货物贸易领域扩展到当今的国际服务贸易、技术贸易、投资、货币金融领域。国际贸易领域 GATT/WTO 多边贸易体制的建立、国际投资领域 ICSID 仲裁机制的确立、国际货币金融领域世界银行等机构的建立和一系列文件的制定都是国际法治在经济合作中的体现。

在环境保护领域,随着当前全球环境问题的凸显,世界各国在环境保护方面展开了广泛的合作。"共同但有区别的责任"已经成为发达国家与发展中国家进行多边环境条约谈判所达成的共识,就生物多样性、海洋生物资源、全球气候变化、保护臭氧层与大气空间、海洋环境污染、跨界水污染、南极洲环境保护等问题制定的国际法律文件成为各国的行为依据,同时形成了一些为世界各国广泛接受的原则。

在人权方面,国际合作已经从对第一、二代人权的关注发展到更为广泛的领域,由全面禁止武力使用和武力威胁而出现的和平权、由公害事件而确立起的环境权、由殖民地独立运动而出现的发展权等被称为"第三代人权"的集体人权问题由于连接着国家的基本权利而在国际论坛上被深入讨论。[1] 国际经济贸易领域的人权问题[2]、战争与武装冲突法环境下的人权[3](国际人道法)问题成为当今世界的焦点。而人口、移民、难民[4]这些传统的国际法所关注的人权问题依旧具有重要意义,针对不同主体也确立了不同的权利保护体系(如性别歧视与暴力、儿童权利、残疾人权利等)。[5] 以区域法律文件

---

[1] Shelly Wright, *International Human Rights, Decolonisation and Globalisation*, Routledge, 2001.

[2] Thomas Cottier, Joost Pauwelyn, and Elisabeth Burgi (eds.), *Human Rights and International Trade*, Oxford University Press, 2006; Lance A. Compa, *Human Rights, Labor Rights, and International Trade*, University of Pennsylvania Press, 2003; Janet Dine, *Companies, International Trade and Human Rights*, Cambridge University Press, 2005.

[3] René Provost, *International Human Rights and Humanitarian Law*, Cambridge University Press, 2005; Francisco Forrest Martin, Stephen J. Schnably, Richard Wilson, Jonathan Simon, and Mark Tushnet, *International Human Rights and Humanitarian Law: Treaties, Cases, and Analysis*, Cambridge University Press, 2006; Richard Ashby Wilson, *Human Rights in the 'War on Terror'*, Cambridge University Press, 2005; Mohamed Abdelsalam Babiker, *Application of International Humanitarian and Human Rights Law to the Armed Conflicts of the Sudan: Complementary or Mutually Exclusive Regimes?*, Intersentia, 2007; 人道主义干涉仍然是这一领域的重要理论问题之一,如 Anne Orford, *Reading Humanitarian Intervention: Human Rights and the Use of Force in International Law*, Cambridge University Press, 2007.

[4] Michelle Foster, *International Refugee Law and Socio-Economic Rights: Refuge from Deprivation*, Cambridge University Press, 2003.

[5] S. James Anaya, *Indigenous Peoples in International Law*, Oxford University Press, 2000; Arlene S. Kanter, Mary Pat Treuthart, Eva Szeli, Kris Gledhill, Michael L. Perlin (eds.), *International Human Rights and Comparative Mental Disability Law: Cases and Materials*, Carolina Academic Press, 2006; Bob Franklin, *The New Handbook of Children's Rights*, Taylor & Francis, 2007.

与机制①和全球法律文件与机制②的方式对人权问题予以越来越多的重视，摆脱泛政治化的体系，进入到法律化的体系之中③，是未来国际法治发展的重要方面。

三、国际人权法治取得的突出成就

人权是国际法治最有成就的领域之一。当前，经过一个半世纪的努力，已形成了一套具备涵盖多种人权主体与类型的法律规范系统，全球维护与区域维护并存的机构体系和成员国自觉保护与机构审查、公民国际申诉相结合的运行机制。

（一）人权保护国际法的历史发展

人权问题的国际化最早出现在19世纪中叶。1856年3月30日的《巴黎条约》和1878年6月13日的《柏林条约》就已经涉及禁止奴隶买卖以及保护奥斯曼帝国境内基督教少数民族问题。④ 1864年开始，在亨利·杜南等先贤的引领和努力之下，战争和武装冲突中的人道待遇问题进入国际法的视野，并由此形成了国际法的重要分支。在第一次世界大战后，在人权的国际保护一个重要进展就是国际联盟的出现。尽管在"国际联盟盟约"中没有直接规定保护人权，但是，该盟约的确包含了关于国际人权法发展的两项条款。⑤ 特别是国际联盟1926年9月25日主持制定的《禁奴公约》、1930年6月28日的《禁止强迫劳动公约》。根据1919年《国际劳工组织章程》成立的

---

① Albert H. Y. Chen, *Human Rights in Asia*, Taylor & Francis, 2007; Hidetoshi Hashimoto, *Prospects for a Regional Human Rights Mechanism in East Asia*, Taylor&Francis, 2007; Mashood A. Baderin, *International Human Rights and Islamic Law*, Oxford University Press,2005; Obiora Chinedu Okafor, *The African Human Rights System: Activist Forces and International Institutions*, Cambridge University Press,2007.

② Michael B. Likosky, *Law, Infrastructure, and Human Rights*, Cambridge University Press, 2006; Dinah Shelton, *Remedies in International Human Rights Law*, Oxford University Press, 2006; ShivR. S. Bedi, *The Development of Human Rights Law by the Judges of the International Court of Justice*, Hart Publishing, 2007.

③ Paul Gordon Lauren, *The Evolution of International Human Rights: Visions Seen*, 2nd ed., University of Pennsylvania Press, 2003; David Weissbrodt, Joan Fitzpatrick, and Frank Newman, *International Human Rights Law, Policy, and Process*, 3rd ed., LexisNexis, 2001; Richard Falk, *Human Rights Horizons*, Taylor & Francis, 2007; Rein Mullerson, *International Law, Rights and Politics*, Taylor& Francis, 2007; Jack Donnelly, *International Human Rights*, 3rd ed., Westview Press, 2006.

④ 莫纪宏：《国际人权公约与中国》，世界知识出版社2005年版，第78—82页。

⑤ 〔美〕托马斯·伯根索尔：《国际人权法概论》，潘维煌、顾世荣译，中国社会科学出版社1995年版，第4页。

国际劳工组织也为国际人权法的发展作出了突出贡献。在国际劳工组织大会第二次世界大战前通过的国际公约中,主要包括基本权利和自由、劳动权利、劳动条件和生存条件权利、禁止童工和保护青年工人权利以及保护妇女工人方面的公约。第二次世界大战后,联合国成为制定国际人权公约的组织者,国际人权法进入了一个快速发展的新时代。同时,以欧、美、非为代表的区域范围的人权保护立法也蓬勃发展起来。而值得一提的是,非政府人权组织日益发挥着重要作用,积极推动人权保护国际机制的建立和完善,促进国际法的发展。[1]

(二) 国际人权法律文件的体系

国际人权法律规范奠定了国际人权法治的基础。其中,人权条约是国际人权法最重要的渊源。自1945年《联合国宪章》和1948年《世界人权宣言》以后,国际社会通过了大量的国际人权条约,其中的大部分已经生效,成为国际人权法最重要的渊源。[2] 这些条约在国际层次上确立国家在人权方面权利义务的最基本法律依据,它们不仅提供了绝大部分的国际人权法律规范,而且构筑了国际人权法律体系的基本框架。[3]

全球性人权法律文件构成了国际人权法治的规范基础。这些文件可以分为四个层次。第一层次是联合国制宪会议1945年通过的《联合国宪章》,这虽然不是一个专门性的人权法律规范,却是现代国际社会维护人权的基石文件。第二层次是联合国人权委员会起草、联合国大会通过的世界人权宪章(英文称呼为"国际人权法案",international bill of human rights),包括《世界人权宣言》《公民权利和政治权利国际公约》(包括两个任择议定书)和《经济、社会和文化权利公约》。第三层次是联合国大会通过的专门性国际人权公约,包括《消除一切形式种族歧视公约》《禁止并惩治种族隔离罪行国际公约》《防止及惩治灭绝种族罪公约》《禁止酷刑和其他残忍、不人道或有辱人格的待遇或处罚公约》《妇女政治权利公约》《儿童权利公约》《儿童权利宣言》《关于难民地位的公约》《减少无国籍状态公约》《保护所有移徙工人及其家庭成员权利国际公约》《残疾人权利公约》等等。[4] 第四层次是以往国际联盟制定、在联合国以后仍然被接受的人权条约,或者国际劳工组织等专门机构制定的全球性人权条约,如《禁奴公约》《强迫劳动公约》和《废止强迫劳动

---

[1] Thomas Buergenthal, "The Normative and Institutional Evolution of International Human Rights", 19 *Human Rights Quarterly* 703 (1997).
[2] 张爱宁:《国际人权公约特点评述》,载《比较法研究》2006年第6期。
[3] 孙世彦:《国际人权条约的形式分析》,载《现代法学》2001年第1期。
[4] 联合国人权事务高级专员办事处:《核心国际人权条约》,联合国,2006年版。

公约》。

区域性人权法律文件也为国际人权法治提供了重要的支撑。欧洲的人权法律文件包括在《世界人权宣言》基础上起草通过的《欧洲人权与基本自由公约》(简称为《欧洲人权公约》)及欧洲理事会各国签订的十二个《欧洲人权公约》附加议定书、《欧洲社会宪章》和《欧盟基本权利宪章》。美洲的人权法律文件包括《美洲人权利和义务宣言》和《美洲人权公约》。非洲的人权法律文件包括《非洲人权和民族权宪章》。

(三) 全球性与区域性人权保护机构

国际人权机构的建立是国际人权法治得以真正运行的结构安排。当前的国际人权机构分为两大部类,各自有不同的表现形式:

1. 全球性人权保护机构

首先,联合国本身的主要机构都具有人权保护方面的职能,包括联合国大会、安全理事会、经济及社会理事会、托管理事会、国际法院和秘书处。[①]其中,值得注意的是,根据联合国秘书长的提议,2006年3月15日,第60届联合国大会以170票赞成、4票反对、3票弃权的表决结果通过决议,决定设立共有47个席位的人权理事会,以取代总部设在瑞士日内瓦的人权委员会。人权理事会的革新主要表现在:(1) 人权理事会的地位得到提升,成为联合国大会的附属机构;(2) 人权理事会的工作原则十分明确;(3) 人权理事会会员国制度得到了改进;(4) 人权理事会会议制度得到完善;(5) 人权理事会职能的加强。[②]

其次,依据人权条约而设立于联合国之下的人权机构包括消除种族歧视委员会、经济、社会和文化权利委员会、人权事务委员会、消除对妇女歧视委员会、禁止酷刑委员会、儿童权利委员会、移徙工人委员会和残疾人权利委员会。

最后,与人权有关的联合国专门机构和其他全球性组织机构。国际劳工组织、联合国粮食及农业组织、联合国教育、科学、文化组织、世界卫生组织等联合国专门机构在人权方面均有贡献。值得注意的是,国际刑事法院的初衷即是强化国际人权法的实施监督机制,使得人权的国际保护制度带有强制力。并且,法院试图保持普遍的和常设的性质,根除以往前南、卢旺达等临时性国际刑事司法机构的固有缺陷,由此实现国际社会不再坐视那些犯有最严

[①] Philip Alston (ed.), *The United Nations and Human Rights: A Critical Appraisal*, 2nd ed., Oxford University Press, 1999.

[②] 参见人权理事会网站:http://www2.ohchr.org/english/bodies/hrcouncil/。

重侵犯人权罪行的行为者不受处罚的目的,不论这些行为发生在平时还是战时,也不论行为者是国家元首、军事指挥官还是普通士兵。有评论认为,尽管这并不意味着凡是犯有严重侵犯人权罪行的个人将会无例外地被追究国际刑事责任并受到相应处罚,但其对未来或潜在的严重侵犯人权的犯罪的威慑作用不容置疑。① 不过,由于国际刑事法院审理的案件多涉非洲国家的领导人,所以很多人对其公正性提出的质疑。此外,世界贸易组织由于其在经济贸易方面的重要影响以及在劳工等权利方面的关注,对于人权也有很大的意义。

2. 区域性人权保护机构

在欧洲,欧洲理事会作为人权保护机构起到了重要的作用,其中负有人权保护关键责任的是欧洲人权委员会和欧洲人权法院。在美洲,美洲国家组织担负着人权保护的职能,其中主持人权工作的是美洲国家间人权委员会和美洲国家间人权法院。在非洲,非洲人权和民族权委员会和非洲人权法院也承担着区域人权保护的职能。②

(四) 人权条约中规定的人权保护义务的履行机制③

人权规范的实施是国际人权法治运行的重点,也是国际人权法治的主要环节。全球性的人权履行机制和区域性的履行机制有着很大的不同。

1. 全球性人权条约的履行机制

总体看来,全球性的人权实施机制更强调缔约国的自觉履约,而不是施加外来强制。主要采取的方式包括:(1) 普遍定期审议(Universal Periodic Review, UPR)制度。由 2006 年 3 月 15 日通过的第 60/251 号决议建立。联合国人权理事会负责对所有联合国会员国履行人权义务和承诺的情况进行普遍定期审议。所有联合国会员国每四年都要受到人权理事会的审查,普遍审查制度的目的是改善各国人权状况并指出任何对人权的侵犯。(2) 人权条约履行报告制度。这是目前八个人权条约机构普遍实行的一种比较有效的制度。一般是在相关人权条约对个别缔约国生效后一年内,缔约国向相关人权条约机构提交首次报告,以后定期提交,间隔时间从两年到五年不等,依相关人权条约的具体规定而定。报告制度是国际人权条约执行机制中唯一具有强制性的制度。该制度的作用表现为:第一,迫使缔约国彻底地反映它

---

① 张爱宁:《国际人权保护实施监督机制的新动向》,载《法学》2010 年第 1 期。
② Moussa Samb, "Fundamental Issues and Practical Challenges of Human Rights in the Context of the African Union", 15 *Annual Survey of International & Comparative Law* (2009) 61—74.
③ 白桂梅:《国际法(第三版)》,北京大学出版社 2015 年,第 322—331 页。

是否以及如何在国内法律制度中履行根据条约规定的义务。第二,该制度是国际人权条约机构与缔约各国建立对话联系的渠道。(3)国家对国家的指控制度。《公民权利和政治权利国际公约》《消除种族歧视国际公约》《禁止酷刑国际公约》中有条款规定,条约机构可以接受并审议某一缔约国指控另一缔约国未履行该条约义务的来文。因而,如果一国认为他国未实施条约的有关条款,则可以将这一事件提交相关的条约机构,该机构有权对此进行调查,并在查明用尽可以采取的国内救济办法之后,可就此事进行斡旋、调解以至提交仲裁或司法解决。该制度一般为任择性质,仅对已经作出接受声明的缔约国发生效力。但《消除一切形式种族歧视国际公约》中的国家对国家指控制度不是任择性质的。(4)个人申诉制度。该制度是《消除一切形式种族歧视国际公约》首先建立起来的制度,现已基本在 7 个主要人权公约中普及,目前只有《儿童权利公约》尚未建立这样的制度。根据《公民权利和政治权利国际公约任择议定书》第 1 条和第 2 条的规定,只有个人可以向委员会提出申诉,团体或非政府组织以及其他实体均不得向委员会提出申诉。个人来文的可受理性标准是比较严格的,要求不能是匿名的,不能滥用申诉权威违反任择议定书的规定。没有时间的限制,但是要求用尽当地救济。此外,议定书还要求,不得同时向不同的国际人权机构提出申诉。

2. 区域性人权条约的履行机制

区域性人权条约中也普遍规定了报告制度、国家对国家指控制度和个人申诉制度。在国家报告制度方面,区域性人权条约将其规定为不具有强制力;在国家对国家指控制度方面,区域性人权条约的规定比全球性人权条约中的规定更能有效地起到对缔约国的监督作用;在个人申诉制度方面,实践证明,区域性人权保护制度已经发展到赋予个人和非政府组织当然的诉讼权,使个人和非政府组织有权参与国际人权诉讼,特别是"法庭之友"制度,能对国际人权诉讼发挥重大作用。个人和非政府组织拥有当然的、完全的申诉权,从某种意义上说是拥有了国际人权法的主体地位。这不仅动摇了个人和非政府组织只是国际法客体的传统观念,而且将进一步推动国际人权法的发展,从而促进人权的国际保护。[①]

四、国际人权法治现存的问题

虽然有些区域内的国家政治制度基本相同,经济发展水平比较接近,宗

[①] 贺鉴:《论区域性人权保护与人权的国际保护》,载《世界经济与政治》2003 年第 4 期。

教信仰和传统道德标准比较统一,导致这些区域性人权保护机制运行状况比较良好,区域人权文件所规定的人权保护内容能够得以有效实现。但是必须看到,全球性人权保护机制的运行面临着诸多困难,区域人权体制的发展也存在着很大的不平衡。这主要是由世界各国之间在人权理念和自身利益上存在的巨大差异造成的。基于此种情况,笔者以全球的视角出发,分析国际人权法治存在的缺陷和不足。

(一) 国际人权保护制度的缺陷

国际人权法治远非十全十美。不仅在规范的层面还存在着很多的问题,而且在具体的实行方面更是存在着泛政治化以及过于"软弱"与过于"强硬"并存的"极化"状态。

1. 人权法律文件存在的缺陷

当前的国际人权文件虽然数量繁多,内容复杂,但是仍然存在很多的缺漏。主要体现在:

(1) 人权法律文件内容的分歧。这表现为西方发达国家和发展中国家在人权是否限于政治权利问题上的分歧以及双方对《发展权利宣言》中"发展权"的含义上的分歧。第一个分歧起源于西方发达国家与发展中国家在起草《世界人权宣言》过程中对是否将人权限于公民权利和政治权利的争论。这个争论最终是以西方发达国家的胜利而结束的,因为1948年的《世界人权宣言》绝大部分条款(第1条到第21条)都反映了西方民主、自由的价值观。然而,发展中国家认为西方发达国家主张人权仅包括政治权利的理由是不成立的,人权同样包含经济权利。最终人权委员会制定了两项公约,将政治权利和经济权利都承认为人权。[1] 但是双方将此问题转变为政治权利和经济权利孰先孰后的分歧,至今仍在此问题上争执不休,这无疑会对人权国际法治的发展造成十分不利的影响。就第二个分歧而言,发展中国家主张发展权的核心含义是经济发展。发展的目的是在全体人民和所有个人积极、自由和有意义地参与发展及其带来的利益的公平分配的基础上,不断改善全体人民和所有个人的福利。只有在一定经济与社会条件的基础上,公民与政治权利的行使才有保证。与此相反,发达国家则强调发展权的政治含义。它们认为,发展应该以人为中心,要使个人充分自由地参与政治、经济、社会活动,民主、法治和尊重人权是发展过程中的关键因素。这个分歧是双方不同的意识形态和对立的人权观念的反映。[2] 对发展权含义理解的差异会使法

---

[1] 王运祥、刘杰:《联合国与人权保障国际化》,中山大学出版社2002年版,第40—41页。
[2] 信春鹰:《国际人权问题热点述评》,载《中国社会科学》1994年第6期。

律的可预测性降低,对双方的行为作出不同的指引,不利于国际人权法治关于构建和谐稳定的国际秩序的目标的实现。另外,双方也可能因法律对此问题规定不明确而借助政治手段来解决实际纠纷,这就会与国际人权法治的初衷发生背离。

(2) 普遍性多边人权条约的缺乏。尽管国际社会对人权国际保护作出了巨大的努力,形成了许多保护人权的法律规范,但这方面普遍性的、全面的国际多边公约却并不多见,大部分是一些政治性很强、没有法律约束力的"宣言""建议"等文件,或者是一些有关人权保护方面的专项条约,要不就是一些区域性的人权保护条约。因此,严格地说,普遍性的国际人权保护公约仅有上面提到的1966年的《经济、社会和文化权利国际公约》和《公民权利与政治权利国际公约》及其《任择议定书》。而即使是上述这两个国际人权公约,正式签署和批准这些公约的国家的数量也是有限的。[①] 造成这种情况的原因主要是各国在法律观念、政治制度、文化传统等方面存在着明显差异,所以难以达成普遍一致,仅可能在专门领域达成共识。即使达成普遍一致,也可能是出于政治上国家形象等因素的考虑,而不是真正出于对法律的崇尚与信赖,所以达成的往往是不具有约束力、仅具有宣告作用的宣言,而不是具有实际可操作性规定的条约。另外,缔结条约的程序复杂繁琐造成的条约迟迟不生效现象也可能是阻碍各国缔结多边条约的原因之一。这种法律文件不成体系、强制力差的现状对国际人权法治进程造成了严重的负面影响。同时,由于国际法的不成体系,这种缺乏普遍性的人权条约的现象进一步导致了人权条约与其他领域的条约之间可能存在的矛盾。例如,国际社会在健康权领域形成了一系列法律文书,建立了健康权的范围和保护模式[②],但是这并不意味着健康权就受到了良好的保障。WTO的《TRIPS协定》在药品专利领域构成了对于公共健康的潜在威胁。虽然经过发展中国家的反复要求、WTO总理事会的不断努力,《TRIPS协定》通过了修正案,但是这一修正案至今没有正式生效,这就意味着国际人权法律维护的制度矛盾仍然存在。这种矛盾弱化了人权保护的力度。

(3) 人权条约之间的冲突。这表现为两种冲突:首先,同一法律体系内的人权条约之间的冲突。例如,《美洲人权利和义务宣言》第1条规定,每个人都享有生命权、自由权和人身保障权,法律对生命权的保护始于出生。

---

① 李伯军:《人权的国际保护:成就、困境与前景——法律、政治与伦理的多维视角》,载《武大国际法评论》2007年第1期。

② Robyn Martin and Linda Johnson, *Law and the Public Dimension of Health*, Routledge-Cavendish, 2001, pp. 143—172.

1969年《美洲人权公约》第4条第1款则规定,每个人都享有生命不可侵犯的权利,这一权利一般来说应该自生命孕育时开始就享受法律保护。这样,两者的规定就存在不一致之处。就个人从母体怀孕到出生这一阶段而言,《美洲人权利和义务宣言》并不提供保护,这就意味着该宣言并不反对妇女堕胎;而《美洲人权公约》则明确规定这段时间内享有保护,这表明公约对妇女堕胎的态度是禁止的,两个条约在妇女堕胎是否合法的问题上就产生了冲突。① 其次,全球性人权条约与区域性人权条约之间的冲突。例如,《公民权利与政治权利国际公约》第23条第4款规定,本公约缔约各国应采取适当步骤以保证缔婚双方在缔婚、结婚期间和解除婚约时的权利和责任平等。在解除婚约的情况下,应为儿童规定必要的保护办法。而《欧洲人权公约》第12条则规定,达到结婚年龄的男女有依照有关行使此权利的国内法结婚和组建家庭的权利。② 即后者规定的内容只包括前者规定的一部分,这也产生了规定之间的不一致。人权条约之间存在的冲突会使法律的适用存在困难,法律的确定性指引作用就会大打折扣,自然会对国际人权法治造成不利影响。

2. 机构没有发挥应有的职能

虽然当前已经建立起了诸多人权机构,但是这些机构本身并没有体系化,彼此间缺乏有效的沟通和协调,所以并没有形成坚实的人权法治结构。主要问题包括:(1)联合国机构分工不明确。联合国大会、经社理事会、人权委员会(现为人权理事会)和众多专门机构都与人权活动有关,彼此职能交叉重叠,程序庞杂繁多,重复劳动多,这就导致了机构的工作效率低,浪费资源。(2)联合国各人权机构各有一套本身的工作程序,彼此互不兼容协调,各自为政。(3)联合国的人权保护机构在工作中把人权问题泛政治化,把挑选审查对象的动机、关注的重点等与特定的政治目的相联系,实施"双重标准",并且在处理一些严重侵犯人权事件的过程中没能起到应起的作用。③ (4)虽然联合国人权理事会对人权委员会进行的革新在一定程度上解决了上述问题,但是人权理事会仍然存在着诸多不足:比如在与美国如何进行合作的问题上尚不明确;与其他人权机构如何进行协调仍没有解决;理事会作出的决议不具备约束力等。④ (5)联合国人权机构受到代表缔约国中西方国家利益的非政府人权组织的干涉,非政府人权组织依据不公正的人权标准

---

① 廖诗评:《条约冲突基础问题研究》,法律出版社2008年版,第188—189页。
② 同上书,第232页。
③ 吴晓明:《从联合国人权理事会看国际人权法的发展》,载《经济研究导刊》2010年第11期。
④ 王东勇:《论联合国人权理事会的制度创新:比较的视角》,载《法制与社会》2006年9月。

来对发展中国家的人权保护施加压力①,致使发展中国家对人权机构的信任程度大大降低,这就对人权机构发挥其职能产生了负面影响。(6)虽然人权条约的专门机构的专家具有独立性,政治倾向不明显,可以做到相对中立与公正,但是这些专门机构作出的决定或意见都不具有强制力,是否接受完全取决于缔约国的意志。(7)机构司法性质不强。虽然国际法院是联合国的司法机关,但是其在人权保护方面的司法职能是极其有限的。1948年的《防止及惩治灭绝种族罪公约》第9条规定:"缔约国间关于本公约的解释、适用或实施的争端,包括关于某一国家对于灭绝种族罪或第3条所列任何其他行为的责任的争端,经争端一方的请求,应提交国际法院。"由此可见,国际法院仅在特定的人权保护争端中享有管辖权,而且并不享有自动的管辖权,同时仅能处理国家之间的争端,不能追究个人的刑事责任。然而,世界各地发生的极端严重的大规模侵犯人权的暴行证明,不论是在国内层面还是国际层面的所有决策中,个人才是最后的行为者②,但决策人却躲在抽象的国家背后逃避个人应承担的法律责任,国家成了某些个人实施国际罪行的工具和盾牌。国际刑事法院的设立可以在一定程度上弥补这个不足,然而国际刑事法院只能对四种国际罪行追究个人刑事责任,而且管辖权是建立在缔约国任意性选择的基础上,只有当某一缔约国声明愿意接受此类管辖的时候,本国政府才受约束。事实上,大多数缔约国政府都没有声明愿意接受此项管辖,因此这些制度也就不能做到名副其实。③

3. 国际人权条约义务履行机制的缺陷

联合国的人权履行机制是条约履行的开荒机制,具有重要的贡献。但是,随着国际法治的发展,这种机制也面临着诸多的挑战,有待革新。④ 主要问题体现在:

首先,履约机制的自身设计缺陷。(1)目前的执行措施基本是反应性的,意即"事后"措施。(2)执行措施彼此重叠,未形成协调统一的体系。(3)国际人权公约或有关决议的规定不明确,致使缔约国难以确定履行义务的具体条件。

其次,适用范围有限。缔约国履行人权保护义务的措施有准强制性(与制裁措施相比较)和任意性之分。准强制性措施如国家报告制度,任意性措施如国家对国家指挥制度和个人申诉制度。既然任意性措施是缔约国可以

---

① 王运祥、刘杰:《联合国与人权保障国际化》,中山大学出版社2002年版,第144页。
② 陈隆志:《国际法引论》,台湾元照出版公司1999年版,第272页。
③ 赵永成:《人权保护的国际机制研究》,中共中央党校2006年博士学位论文,第114页。
④ 朱晓青:《论联合国人权国际保护的执行措施》,载《法学研究》1994年第4期。

自由选择的,那么适用的空间就不会很广泛。

最后,缔约国在履行过程中的种种考虑。例如,由于国际人权问题不仅是一个重要的国际法律问题,也是一个敏感且棘手的国际政治问题。因而,各国常常从政治角度出发,不仅在是否接受人权国际保护执行措施的管辖上慎之又慎,而且在适用这些措施时反复权衡利弊得失。与此同时,缔约国考虑到缔约各国本身就是相互人权记录的"审判官",担心指控他国可能会导致引火烧身,招致被指控国同样的攻击,因此,出于某种"同病相怜"的考虑,往往不愿公开相互谴责,结果导致国家间指控制度形同虚设。值得注意的还有,缔约国出于国家利益,或者具体国情,或者暂时还不能达到人权公约某些条款的要求等的考虑,对人权公约某条或某些条款作出保留。

4. 国际人权条约缺乏强制力

由于国际法总体上是约定法、平位法、协调法、弱法,以国家的自由意志为首要考虑①,所以国际人权法律规范的约束力也十分有限。

首先,就条约的拘束力而言,条约仅对缔约国产生拘束力。世界各国在国际社会上的地位是平等的,在国际社会并不存在一个凌驾于国家之上的立法、执法或司法机构,所以一般来说,国家仅对其同意接受的条约承担义务。另外,条约也不得对缔约国以外的第三国施加义务。条约效力上的这种相对性致使国际人权公约的适用范围十分有限。虽然国际强行法的出现会在一定程度上突破这种条约拘束力的局限性,但是国际强行法的运用需要非常谨慎,当今的国际社会中得到普遍认同的国际强行法是十分有限的,这并不能从根本上动摇条约的"软法"性质。值得注意的是,缔约国有权对条约提出保留,这也会对条约的完整适用造成不利影响。

其次,就条约对缔约国生效而言,往往需要经过复杂的批准程序,缔约国可能在签署条约后,出于自身利益的考虑来拖延条约批准的时间,致使条约难以在国内法上生效。

再次,就条约在缔约国国内的适用而言,虽然缔约国不得援引国内法的规定来违反条约义务,但是缔约国有权决定适用条约的国内程序。对于使用转化方式适用条约的缔约国来说,其能在多大程度上使条约转化为国内法来加以遵守仍然是一个可以自由决定的问题。

---

① "国际强行法"这一概念的出现以及《联合国宪章》对于非会员国的约束显然对传统国际法的弱点具有补救的作用。但是,"强行法"的具体内容尚处于未定阶段,国际法的选择司法特征也使得强行法的说法很多时候形同虚设。而《联合国宪章》的宗旨和原则虽然在理论上约束非会员国,但值得遗憾的是,有的时候,会员国违背这些原则也没有有效的反应和惩治措施。所以,在最极端的意义上,国际社会仍然是一个强权社会,国际法在高政治层面仍然是"国际实证道德"。

最后，即使缔约国将条约转化为国内法，缔约国法院也常常避免将这些根据条约而制定的国内法规定作为裁判依据，这就使条约在实际上难以被缔约国适用。

(二) 国际人权保护的理论争议与利益分歧

国际人权法治的发展在当今国际社会仍然遇到许多阻碍的原因不仅仅在于国际人权保护的制度不够完善，另外一个不能忽略的原因是西方发达国家与发展中国家对人权保护的理论存在着严重分歧，而这种分歧又不可避免地与双方的自身利益密切相关，可以说，这种理论上的分歧已经成为双方国家利益矛盾的外衣，理论分歧实质上就是利益之争。这种难以调和的矛盾就会使双方在建立国际人权保护制度方面存在着不同主张，互不相让，结果就是难以建立一种各国共同遵守的国际人权法律秩序，各国的意志不受有效约束，常常诉诸政治手段来解决彼此之间的人权争端，战争与武装冲突会成为惯用手段，这无疑会严重破坏国际社会的和平与稳定，与国际人权法治的目标完全背离。以下就当今国际社会存在的三个主要的人权理论的分歧进行分析，即人权标准的分歧、人权与主权关系的分歧和权利优先性的分歧。

1. 在人权标准方面的分歧

人权标准的分歧主要体现为人权的标准是普遍的还是特殊的争论。阿奎那和洛克所代表的西方自然法传统认为，由于人的属性，所以人权是普遍的；但是文化相对主义则从人类学的角度认为，人权是不存在的，或者至少是因文化而异的。① 体现在国家意志上，西方发达国家主张人权和基本自由是一种应当被普遍尊重和遵循的人文精神和价值，这种价值的存在和实现对于任何国家、任何种族和民族的任何人是没有区别的。而且，既然有关的人权公约已经确立了普遍适用的价值标准，就应该将这些标准用于衡量所有国家的人权状况。而发展中国家则主张人权和基本自由是与特定的文化传统、政治制度、经济形态相关联的价值标准，它的存在和实现是有条件的、相对的，过于强调人权的普遍标准只会使人权被泛化或异化为推行霸权的工具。② 实际上，人权应该得到普遍的保护，这一点双方是存在共识的。《世界人权宣言》第 29 条规定："人人在行使他的权利和自由时，只受法律所确定的限制，确定此种限制的唯一目的在于保证对旁人的权利和自由给予应有的承认

---

① St. Ephen A. James, "Reconciling International Human Rights and Cultural Relativism: The Case of Female Circumcision", 8 *Bioethics* (1994) 1; Peter Aikman, "Female Genital Mutilation: Human Rights: Abuse or Protected Cultural Practice?", http://www.qhsj.org/attachments/082_fgm.pdf.

② 王运祥、刘杰:《联合国与人权保障国际化》，中山大学出版社 2002 年版，第 40 页。

和尊重,并在一个民主的社会中适应道德、公共秩序和普遍福利的正当需要。"《联合国宪章》在其序言中就开宗明义地宣布:"欲免后世再遭人类两度身历惨不堪言之战祸,重申基本人权、人格尊严与价值,以及男女与大小各国平等权利之信念。"这种原则性、概括性的规定正是对人权的普遍性的宣告。从国际社会有关人权国际保护的法律实践来看,也体现了人权的普遍性。出现大规模侵犯人权事件的时候,国际社会一般都会集体采取强制性介入的方法来矫正这种现象,如第二次世界大战结束以来纽伦堡国际军事法庭、远东国际军事法庭、前南国际军事法庭、卢旺达国际军事法庭、国际刑事法院的成立以及冷战结束以来联合国安理会主导或授权下开展的集体强制性干涉行动都是这方面的典型实践。有学者将人权的普遍性表述为:(1)人权概念的普遍性,人之所以成为"人",就基本在于人区别于动物所应该享有和不可剥夺的基本权利,如生存权、人格权和平等权等。(2)人权法律制度保护的非歧视性、非单一性。(3)人权保护的非意识形态性。不同的群体或个人,由于自然属性的差异和社会处境的不同,会有不同的人权标准和要求。(4)人权所具有的道义性、正当性或合法性。(5)从人权的主体来看,人权的主体不只是这个或那个社会的成员,而是整个人类社会的成员,从这个意义上讲,人权这个概念有别于个体权利这个概念。(6)人权的普遍性还体现在人权的不可分割性和相互关联性上。①

但是,对这些普遍标准的承认并不代表对人权仅能以普遍标准来衡量,而没有相对标准。英国学者文森特(R. J. Vincent)认为,"人权的追求与实现必须通过世界各种不同文化的实践这个途径,而不只是来自其中一种文化的政治选择。具体的道德并不具有客观真理的价值,不能向具有普遍性的世界提出权利要求。我们,作为关心普遍人权的人民,所能做的事情只是记录下来无所不在的'有关人权的讨论',观察各种文化内部人们行为方式的重复程度,了解各种文化之间的交叉情况"。② 这就证明了发展中国家主张的人权的相对性是有合理性的,人权的相对标准是存在的。而事实上,西方发达国家经常运用双重标准来评价国家的人权状况,即运用普遍标准衡量发展中国家的人权状况,而运用相对标准来衡量本国及其他与之相似的发达国家的人权状况,而这种双重标准的运用是受其自身政治利益支配的。发展中国家的担心不是杞人忧天,而是一种实际威胁。所以,人权既有普遍标准,又有相对标准,重要的是将两个标准如何进行协调,而不是在其有无上进行无止

---

① 李伯军:《人权的国际保护:成就、困境与前景——法律、政治与伦理的多维视角》,载《武大国际法评论》2007 年第 1 期。
② 〔英〕R. J. 文森特:《人权与国际关系》,凌迪等译,知识出版社 1998 年版,第 74 页。

境的争论,这样才能有助于人权的国际保护机制的有效运行。

2. 对人权与主权关系的认识分歧

西方发达国家主张"人权高于主权",人权不再是一国内政,"在联合国成立初期,大家一致认为,通过联合国而组织起来的国际社会对基本人权和自由给以有效保护,肯定会加强联合国的权威"。在维护人权和不干涉内政之间,"人们通常并不认为它会阻止对一个国家的行为采取必要的行动,即使该国的行为大部分属于它的国内管辖范围,但如果该行为引起了国际上的严重关注,可以认为违反了宪章的基本规定"。① 发展中国家主张主权原则是国际法的基本原则,人权是国家内部管辖事项,当然应该由一国管辖,其他国家不得干涉该国的人权事务。②

这一争论是随着人权国际保护机制的出现而产生的,人权在第二次世界大战以后成为国际社会关注的一个焦点,对人权的保护也从传统的国内保护扩展到国际保护范畴,这种人权的国际化必然使国家主权原则面临挑战。国家主权受到人权国际保护的限制,主权国家不得违背国际条约规定的人权义务,国家主权受到的此种限制常常会被西方发达国家扭曲为人权已经超越一国管辖范围,其他国家可以对一国侵犯其国内人权的行为进行"人道主义干预",保护人权。实践中,西方发达国家常常出于本国的政治经济利益,打着"人道主义干预"的旗号干涉别国内政,肆意践踏别国主权。显然,西方发达国家的"人权高于主权"理论沦为其谋取自身利益的工具。

3. 对权利优先性的分歧

权利是存在冲突的。所以,权利优先性的分歧表现为政治权利和经济权利孰先孰后、个人权利和集体权利孰先孰后。③ 第一个分歧其实是西方发达国家和发展中国家就人权的具体内容存在的分歧的延续与变迁,已经在上述关于国际人权保护制度缺陷中的人权法律文件内容的分歧的论述中进行了详细分析,此处不再赘言。就第二个分歧而言,西方发达国家从其个人主义至上的人文传统出发,坚持个人权利不仅是国家人权体制保障的核心,也应是全球人权体制保障的基本出发点;发展中国家则主张,国家的和集体的权利是个人权利的基本前提,国家失去主权和地位,个人权利也就不可能得到保障,这是近代殖民地经历所留下的惨痛教训。在近年来的每一次联合国人权会议上,各国都在这一问题上严重对立,常常导致会议不欢而散,严重阻碍

---

① Lassa Oppenheim, *Oppenheim's International Law*, 9th ed., Vol. 1, Robert Jennings and Arthur Watts(eds.), Longman Group, 1992, p.991;[英]詹宁斯、瓦茨:《奥本海国际法(第九版)》第1卷第2分册,王铁崖等译,中国大百科全书出版社1998年版,第357—358页。
② 张爱宁:《国际法领域中的人权与主权关系》,载《法学》2008年第8期。
③ 王运祥、刘杰:《联合国与人权保障国际化》,中山大学出版社2002年版,第40—41页。

了发展权的国际法治化进程,这就致使各国在此问题上产生了实际的纠纷时,难以通过法律的途径加以解决,而不得不诉诸政治手段来解决争端,此分歧极容易沦为西方发达国家追求自身利益的工具。

(三) 国际人权保护实践中的极化现象

由于国际人权方面的规范弱点和制度缺失,在很长时间内,国际文件所列举的关于人权保护的条款都处于这样一种两极状态之下:在大多数时候一国的人权状况很少受到国际社会的有效关注,国家在人权保护方面的自由度非常大,保护的效果差距也十分悬殊。而在某些时候,一些国家有可能采取贸易禁运甚至"人道主义干涉"等制裁方式针对一国的人权保护采取措施,最终不仅没有提升人权的保护水平,而且很可能导致国际争端的发生或者升级。① 2011 年,北约对于利比亚的空袭就是基于联合国安理会 1973 号决议中"避免人道主义灾难"的条款,最终导致了利比亚合法政府的覆灭、卡扎菲的死亡和反对派的掌权;2011 年 12 月 1 日,美国、欧盟、阿盟宣布进一步扩大对叙利亚政府的制裁范围,特别采取石油和金融方面的制裁措施;12 月 2 日,联合国人权理事会在日内瓦召开叙利亚问题特别会议,以 37 票赞成,4 票反对,6 票弃权通过一项由欧盟提出的有关叙利亚人权形势的决议。决议强烈谴责叙利亚政府"大规模、有组织侵犯人权和基本自由的行为";敦促叙利亚政府停止一切侵犯人权做法,释放被捕人士,接受国际监督。这种行为的后果是非常令人忧虑的,最终也并不真的能够达到保护人权的目标。② 在国家没有参加有关国际人权条约的前提下,根据一些国际习惯法规则,通过国内立法和司法活动保护人权,虽然也是现实中存在的途径,但是由于关于人权的国际习惯规范认定存在分歧,所以容易导致有关国家和国际组织认为一国国内发生的事件侵犯了国际公认的国际习惯法规则所保护的基本人权,从而采取谴责、施加压力或者提请联合国大会、经社理事会或安理会审议等国际监督措施以施加影响。例如国际社会对于南非种族隔离政策所采取的措

---

① Thomas Buergenthal, *International Human Rights*, St. Paul, Minn: West Publishing Co., 1988, pp. 9—11.
② 2011 年 12 月 2 日,中国常驻联合国日内瓦办事处和瑞士其他国际组织代表何亚非表示,中国反对将叙利亚人权问题政治化,反对以人权为理由危害他国领土完整或主权独立的借口。促进和保护人权是国际社会的共识,但不能成为危害他国领土完整或主权独立的借口。中方反对持续滥用包括特别会议在内的联合国人权理事会有关机制,将人权问题政治化,对将人权问题引入联合国安理会、国际刑事法院等违反理事会授权的倾向深表关切。人权理事会在讨论叙人权状况时,应秉持公正、客观立场,推动通过对话与合作妥善解决分歧和问题,为早日结束叙危机提供建设性帮助。

施。这种方式经常会引起争议,形成了人权保护和不干涉原则之间的矛盾。①

五、国际人权保护法治化的建议

(一) 完善国际人权的法律文件

首先,注重第二代、第三代人权保护的国际立法活动。在相关国际人权法律文件中制定详细的、具有可操作性的程序性要求,从而使缔约国能够切实履行相关人权条约中规定的实体性义务,将人权保护落到实处。

其次,进一步推动制定专门性人权条约。尽管各国在人权普遍性的问题上达成了共识,但人权特殊性的主张仍然发挥着重要作用,特别是对西方发达国家运用人权普遍标准来干涉发展中国家内政的制约作用。人权具有普遍性标准并不代表人权保护没有相对标准,人权的保护必须结合各国具体国情与民族传统进行。在这种现实情况下,达成普遍的、有效的多边人权条约的可能性是不大的。虽然可以将专门性人权条约的蓬勃发展说成是在普遍性人权多边条约难以达成的现实情况下的一种无奈选择,但也可以将其作为一种完善国际人权保护制度的高效、快速的途径。因此要继续推动专门性人权多边条约的制定,扩大其涉及的人权领域,将更多的人权问题纳入到国际法调整的范围内,同样可以促进国际人权法治的发展。

最后,加强与区域人权保护法律制定机构的合作与沟通,通过在相关法律文件中制定冲突条款的方式来减少以至避免两种人权保护机制的法律文件的冲突,明确缔约国的人权保护义务。这样才能够将全球人权保护机制与区域人权保护机制协调起来,共同促进国际人权保护,加快国际人权法治进程。

(二) 完善国际人权的保护机构②

法治的完善不仅在于规则的改进,同样在于以规则为基础的组织的完善,就人权保护机构而言,以下四个方面的改进能使其进一步实现法治化的主要方向:

首先,确立以联合国人权理事会为核心的联合国人权保障组织体系,注重人权组织建设的协调性和一致性。这样可以改善各人权机构职能重叠、体

---

① 邵津主编:《国际法(第五版)》,北京大学出版社、高等教育出版社2014年版,第373—375页。
② 肖健明、湘君:《论联合国人权保障机制的改革》,载《国际关系学院学报》2007年第2期。

系庞杂、资源分散的状况。

其次,制定统一的人权事务工作程序,加强人权机构与联合国其他机构及国际组织的协调。由于很多国际组织机构都直接或者间接地具有人权保护的职能,或者涉及人权的实现[1],在条件成熟时,应当考虑设立一个统一的人权条约的实施监督机构,由其全面负责各人权条约的实施监督职责。

再次,明确人权理事会与世界主要国家进行沟通合作的方式与途径,将世界各国纳入到联合国人权保护框架中来。有些大国在霸权主义指导下发动战争与武装冲突,肆意干涉他国内政、践踏他国主权、破坏人权,联合国有关机构必须强化自身的能力,制约此类国家破坏国际法、大肆侵犯人权的行为。

最后,加强联合国人权保护国际法律机构的建设,增强联合国人权保障事务的法律约束力。应尽快在联合国人权理事会中设置人权法律机构,提供全面的人权诉讼和咨询服务,扩大国际人权争端强制性管辖的范围,提高联合国人权保障工作的实效,树立联合国人权机构的工作权威。[2]

(三) 完善国际人权条约义务的履行机制

虽然联合国框架下的条约履行机制已经进行了一系列的改革,但是进一步改革的呼声仍然存在。[3] 值得进一步考量的措施包括:首先,完善联合国对各国人权状况的监督机制。采取由联合国向各成员国派遣常驻代表的形式,及时把成员国各方面的人权状况向联合国反馈。[4] 其次,明确人权条约的义务履行措施适用的条件,对各条约的履行措施进行协调,提高履行措施效率。这样可以明确缔约国履行措施的具体条件,改善执行措施相互重叠、效率低下的情况。最后,开展国际合作促进人权的国际保护。具体要求是应遵循联合国宪章的宗旨和原则,应本着顾全大局、求同存异的精神。[5] 这样能够减轻各缔约国在履行条约义务时的种种顾虑,减少对条约作出的保留数量,扩展条约的适用范围。

通过上述方式,有可能加强人权条约的强制力。并且,因为一国的人权保护归根到底仍然是通过国内机制来实现的,所以应正确处理人权保护国际

---

[1] 例如,有学者讨论,国际货币基金组织、世界银行这样的国际金融机构也应当通过不断地改革,在其使命中贯彻人权的标准与要求。Mac Darrow, *Between Light and Shadow: The World Bank, the International Monetary Fund and International Human Rights Law*, Hart, 2003, pp. 195—294.

[2] 张爱宁:《国际人权法的晚近发展及未来趋势》,载《当代法学》2008 年第 6 期。

[3] 戴瑞君:《论联合国人权条约监督机制的改革》,载《法学杂志》2009 年第 3 期。

[4] 杨晓迪:《对人权国际保护之完善措施的几点思考》,载《学术交流》2007 年第 9 期。

[5] 同上。

机制与国内机制的关系。① 国际人权法的国内实施一般要通过立法措施,行政、司法方面的救济措施,以及社会经济的发展提供物质上的支持。同时根据《巴黎原则》的要求,各缔约国应当成立国家人权保障机构专门负责一国的人权保护事务,它专门负责本国有关人权保护的法律和规章的制定和修改、侵犯人权局势的终止、人权定期报告的起草和其他事项,对国家立法、司法、行政和其他主管机关提供咨询和建议;促进本国对国际人权公约的批准或加入并确保其有效实施,预防侵犯人权行为的发生;受理并审议有关个人或组织对侵犯人权行为的指控,对受害者提供适当的救济等。② 通过成立这样的专门机关可以专事人权事务,这对于调和人权保护国际机制和国内机制的关系大有裨益。

(四) 化解人权国际保护的理论分歧

西方发达国家与发展中国家在人权国际保护理论方面的分歧可以通过开展不同文化之间的对话与合作来加以协调和化解,在国际人权领域中,国家之间在人权问题上有分歧应该说是很正常的事情,重要的是通过平等基础上的对话来缩小分歧。存异求同、平等对话是人权国际合作的基础。③ 大力宣传并在实践中坚持联合国宪章的宗旨和原则,使各国建立相互尊重、平等对待、友好相处、互利合作的新型国际关系;在互让互谅、平等协商、公平合理原则基础上,和平解决一切国际争端,不诉诸武力和以武力相威胁;任何国家都不搞霸权主义和强权政治,不搞侵略、扩张和干涉,以确保地区和世界的和平与稳定,从根本上防止发生武装冲突和由此带来的大规模侵犯人权事件。加强人权观念与文化的教育与宣传属于软环境建设,人权观念的普及也是建设良好国际环境的重要内容。④

实际上,人权的国际保护机制的建立并不意味着人权已经与国家脱离了关系,而不具有国界之分。国家主权对人权国际保护也有制约作用,表现为:第一,国家主权是实现人权国际保护的前提和基础。一方面,主权国家反映并保护人权的基本要求和内容,另一方面,主权国家参加有关的国际人权公约以后,按照各自的宪法体制,分别采取转化或采纳的方式,将公约的规定适用于该国全部领土。第二,承担人权保护方面的国际义务是国家行使主权的表现。这是由于人权国际保护的基本规范需由各主权国家来共同协议,主权

---

① 赵永成:《人权保护的国际机制研究》,中共中央党校 2006 年博士学位论文,第 120 页。
② 徐显明主编:《国际人权法》,法律出版社 2004 年版,第 186 页。
③ 谷盛开:《国际人权对话与合作的法律与政策思考》,载《国际论坛》2000 年 8 月第 2 卷第 4 期。
④ 肖健明、湘君:《论联合国人权保障机制的改革》,载《国际关系学院学报》2007 年第 2 期。

国家是否签署、加入某一国际人权条约是由其自主决定的。第三,侵犯人权问题主要是通过主权国家的国内法途径解决。① 人权国际保护与国家主权的这种相互制约的关系避免了两种倾向的产生:一是避免了西方发达国家借"人道主义干预"之名,行霸权主义之实的倾向。二是避免了一国基于其对人权的绝对管辖权而严重侵犯国内人权的倾向。由此可见,人权国际保护与国家主权可以达到和谐统一,而这种和谐统一的实现要依赖于公平、完备的国际法律规则的有效运作。一方面,国际法律规则对人权国际保护进行规范,避免西方发达国家别有用心的滥用;另一方面,国际法律规则对国家的主权作出适当限制,在一国国内的人权遭到严重侵犯以至于威胁世界的和平与安全时,国际法律规则可以授权联合国安理会承担国际人权"保护的责任",实现人权的国际保护。此外,还要加强联合国的领导地位,完善国际干预机制。虽然在一国国内发生严重的人道主义灾难时,其他国家不得进行"人道主义干预",但联合国可以对安理会授权采取军事行动,承担国际人权保护的责任,这是符合国际人权法治要求的。联合国安理会的行动可以扼制某些发达国家以"人道主义干预"为借口推行霸权主义和强权政治。但是,联合国安理会的这种干预行动必须遵守两个原则:不干涉内政原则和尊重主权原则。

(五) 促进区域人权保护机制的发展

不可否认的是,区域人权保护机制已经远远走在了全球人权保护机制的前面,区域人权保护机制的法治程度更高,运作得更为有效。当然,这主要是因为区域内的国家在政治制度、文化传统、经济发展水平等方面都非常相似,所以可以比较容易地在达成提供更高水平人权保护的条约,建立更为完善的人权保护制度。比如在欧、美、非三大区域内都设立了人权法院,个人申诉制度最初是在区域内建立的等。区域人权保护机制法治化程度得以迅速提高的条件恰恰是全球人权保护机制所不具备的,既然目前各国在政治、文化、经济等方面存在的分歧仍然难以消解,那么与其依旧费时费力地专注于全球人权保护机制的完善,不如另辟蹊径,大力促进区域人权保护机制的建立与完善(比如建立亚洲人权保护机制),通过区域人权保护机制的发展来推动全球人权保护机制的完善,并为全球人权保护机制提供借鉴及经验,这不失为一个提高全球人权保护法治水平的有效途径。

---

① 杨泽伟:《论人权国际保护与国家主权》,载《法律科学》2003 年第 6 期。

(六) 促进非政府人权组织发挥积极作用

对待非政府人权组织的态度上，许多国家既不支持也不合作，彼此之间存在着相当的隔阂，不愿意接受非政府人权组织的监督。非政府人权组织的这种遭遇与其自身的如下特点有关：(1) 非政府人权组织往往强调理想的人权状况，这个"爱挑剔的信息传播者"①，几乎谴责过所有国家和政府。② 事实上，任何一个国家的人权状况与理想的人权标准之间都会存在差距，"羞辱"一个国家的政府可能会迫使它改变自己的人权政策，但也有可能引起更大的矛盾和冲突。(2) 非政府人权组织被称为全球公民社会利益的代表，它独立于任何政府，但往往不顾各国发展现状，目前与南方国家多为一种难以调和的对立关系。(3) 非政府人权组织目前主要是西方的非政府人权组织与非西方国家缺少对话与合作，它们利用人权舆论推行西方人权价值观，强迫这些国家改变其人权政策，因而为绝大部分非西方国家所拒斥。③ 尽管非政府人权组织存在着这些问题，但是不得不承认的是其在国际人权保护实践中正在发挥着越来越重要的作用。具体表现为：第一，促进或参与国际人权公约和文件的制定。④ 第二，参与人权监督。在缔约国准备或起草报告阶段，非政府人权组织可以敦促缔约国及时提交报告，履行报告义务；在国际人权公约监督机构审查缔约国报告阶段，非政府人权组织可以向公约监督机构提供相关参考信息和资料；在有限范围内参与对报告的审查工作；宣传国际人权公约监督机构提出的结论性意见，进一步监督缔约国履行公约规定的义务；在缔约国拒绝提交报告的情况下，国际人权监督机构可以通过非政府组织提供的信息和资料，了解该国履行公约义务的基本情况。⑤ 第三，从事人权教育。⑥

由此可见，非政府人权组织在国际人权保护的立法、执法、守法、司法各个环节都发挥着难以替代的作用，所以在完善国际人权保护机制的过程中必

---

① See William Kore, *NGOs and the Universal Declaration of Human Rights: A Curious Grapevine*, MacMillan Press Ltd., 2001.
② 如大赦国际自 1962 年发表《大赦国际报告》和各种人权信息以来，除冰岛从未受到过批评指责之外，世界上所有国家的人权问题也曾被大赦国际批评或谴责。参见黎尔平：《国际人权保护机制的构成及发展趋势》，载《法商研究》2005 年第 5 期。
③ 参见同上。
④ Gordon A. Christenson, "World Civil Society and the International Rule of Law", 19 *Human Rights Quarterly* (1997) 724.
⑤ Tom Obokata, "Smuggling of Human Beings from a Human Rights Perspective: Obligations of Non-State and State Actors under International Human Rights Law", 17 *International Journal of Refugee Law* (2005) 394.
⑥ 彭锡华：《非政府组织对国际人权的保护》，载《法学》2006 年第 6 期。

须积极促进非政府人权组织的参与,这样才能使国际人权保护机制更为有效地发挥作用。

六、小　　结

　　人权作为第二次世界大战以来国际社会关注的焦点,对人权进行国际保护成为世界各国的共识。在国际法治理念的指导下,国际人权保护机制已经建立起来。不可否认的是,国际人权法治在短短几十年间就已经取得了十分瞩目的成就,具体表现是多方面的人权法律依据、多层次的国际人权负责机构、多角度的人权监督机制和开放式的人权保护体系。然而,这并不意味着国际人权保护机制已经十分完善,国际人权法治的"良法""善治"要求已经得到了满足。实际上,与区域性人权保护机制的较为完备相比,全球性人权保护机制仍然存在着诸多缺陷。而全球性人权保护机制在国际人权法治中具有举足轻重的地位,这就意味着国际人权法治还有很长一段路要走。值得注意的是,机制的缺陷背后其实存在着各国在理论与利益诉求方面的矛盾,而确立和加强世界各国的人权保护意识,开展国际对话与合作,秉着求同存异、和谐共存的法治精神,才是最终实现国际人权法治的关键所在。

第十一章　武力使用的国际法治反思

关于武装干涉、武力使用的国际法在当代的国际实践中面临着深刻的挑战,这种挑战蕴藏着变革的契机。联合国安理会的做法以及国际社会主要国家的反应表明,《联合国宪章》的规定虽然名义上具有约束力,实际上未被严格遵守,国际实践正在向确立新的武装干涉的程序与实体规范演进。在这个背景下,必须警惕单边干涉的合法化,避免霸权体制的延续,应当坚持以人道主义、多边主义为武装干涉的核心条件。对于中国而言,应当充分利用其作为安理会常任理事国的身份,防止武装干涉国际法的暴力化危险,引导和塑造武装干涉方面的国际法健康发展。"保护的责任"(R2P)是21世纪之初在国际法日益渗透到国内事务之中、人权问题受到全球普遍关注的背景下出现的新概念。从理想的角度看,R2P理念的出现,意味着国际社会向着建构人本主义、宪政化的国际法体系迈出了理论的步伐;但从现实的维度看,被视为R2P的实践不仅算不上成功,而且存在着大国强权的嫌疑。这种状况的出现是由现实国际法律程序的格局决定的。为了国际法与国际关系的健康发展,现阶段必须谨慎防范R2P成为国际法律制度的组成部分,必须待整体国际法律环境进一步完善之后,再以法治的标准,确立规范、妥善运行,切实落实国际法的人本主义理念。西方国家试图对叙利亚进行干预,中俄等国持反对态度,这种对立使得国际正义的指标认定这一个核心问题凸现出来。作为法律与政治伦理学的目标,正义的界定非常复杂,有着不同的视角。就国际法的价值而言,以人权之善对主权之高,错综复杂。当今国际社会,人权不是正义的唯一因素,以人权为名义得霸权则根本不是正义。人权主体的多元性和具体对象的多层次性使得简单界定存在很大的障碍,甚至根本不可能;从理论逻辑和实践例证上看,西方主导的以人权为核心的正义观忽视了人权的多样性、忽视了与人权相并行的价值、忽视了正当程序的法治原则,所以很难认定是真的正义。国际正义必须建立在全面的信息基础上、以协商民主的方式作出,并且平等对待各方主体、遵循正当程序。在建构国际正义的进程中,中国有必要全面系统地提出自己的观点和论证。

一、问题的提出

军事与领土安全虽然具有高度的政治敏感性,但也一直是国际法重点调整的问题。武力使用曾经占据国际法问题的半壁江山。以往的国际法,一般都是将"战争"与"和平"相对称地讨论,这种传统延续到 20 世纪初期。在传统国际法体系中,战争权被视为是国家本身所具有的固有的权利。因而,国家有权以战争的形式来解决其与其他国家之间的争端。①

随着国际社会的觉醒,深刻地认识到武力使用所带来的人民苦痛、物质损失等深重灾难,武力作为国际争端的解决方法、甚至一国战略目标的达到手段,才受到了越来越明确的约束,进而被边缘化。此时的国际法,以和平方面的问题占据主导地位。但是,社会现实和法律条文相差巨大,与理想状态也不能同日而语。虽然 20 世纪后半叶乃至 21 世纪的世界整体上以和平与发展作为主导旋律,但是,局部战争和武装冲突仍无时不在。虽然国际社会在 20 世纪为了避免战争作出了大量的努力,但是,即使不说这些努力尽数付诸东流,至少是收效甚微。② 虽然在 1928 年 8 月 27 日由法、美、英、德、意、比、波、捷、日、印度等 15 国在巴黎签订、1929 年 7 月 24 日正式生效的《非战公约》③有 64 个签字国,但仍未能阻止以后大规模战争的发生。虽然《联合国宪章》第 2 条第 4 款明文普遍禁止了采用武力或者以武力相威胁④,但是

---

① 王铁崖主编:《国际法》,法律出版社 1980 年版,第 501 页。
② Charles W. Kegley, Jr. and Gregory A. Raymond, *From War to Peace: Fateful Decisions in International Politics*, St. Martin's, 2002. pp.243—270.
③ 该公约全称《关于废弃战争作为国家政策工具的普遍公约》,亦称《巴黎非战公约》(Pact of Paris)或《凯洛格—白里安公约》(Kellogg-Briand Pact),条约内容见:《国际条约集(1924—1933)》,世界知识出版社 1961 年版,第 373—374 页。该公约号召废弃战争作为推行国家政策的工具,用和平方法解决一切国际争端和冲突,这一公约在第二次世界大战之后的纽伦堡审判和东京审判都有涉及:"问题在于,这一公约的法律效力如何?公约的签字国,或参加这个公约的那些国家,均无条件谴责将来以战争作为政策的工具,并且明确表示放弃战争。在这一公约签字之后,任何国家凭借战争作为国家政策的工具,均属破坏公约而负有罪责。本庭认为,庄严地放弃以战争作为国家政策的工具,其中必然包含着承认这类战争是违反国际法的,凡策划并进行这样的战争,因而产生不可避免的和可怕的后果者,均属犯罪行为。为解决国际纠纷,把战争作为国家政策的手段,这样的战争无疑具有侵略战争的性质,因此这一战争是为公约所谴责的。"参见〔德〕P. A. 施泰尼格尔编:《纽伦堡审判》,王昭仁等译,商务印书馆 1985 年版,上卷,第 185—186 页;《远东国际军事法庭判决书》,张效林译,群众出版社 1986 年版,第 13—14 页。
④ 第 2 条第 4 款条文为"各会员国在其国际关系上不得使用威胁或武力,或以与联合国宗旨不符之任何其他方法,侵害任何会员国或国家之领土完整或政治独立"。

这一规定屡屡被违反,甚至有人认为这一规定已经被废弃了。① 虽然 1970 年的《国际法原则宣言》进一步细化了禁止使用武力的原则,具体包括禁止在国际关系上首先使用武力;不得从事侵略战争和从事侵略战争之宣传;各国有义务避免使用威胁或武力以侵犯他国现有之国际疆界、解决国际争端、侵犯国际界限;各国有义务避免涉及使用武力报复行为;各国有义务避免组织或鼓励组织非正规军或武装团队侵入他国领土,或在他国发动、煽动、协助或参加内争或恐怖活动或默许在其本国境内从事此种活动;国家领土不得作为违背宪章规定使用武力而造成之军事占领之对象,亦不得成为他国的使用威胁或武力而取得之对象;所有国家应一秉诚意地从事谈判,努力采取缓和国际紧张局势及加强国际信心之适当措施;以及履行其依国际法所负维持国际和平及安全之责任等系列主张,但是由于这一宣言本身的号召性质,很难说其规定在何种意义上减缓或者遏制了此后世界上屡屡出现的武装冲突。② 武力使用不仅在现实中依然存在,而且在伦理上、规范上存在着诸多争议。由于武力使用事关一个国家的生死存亡,是国家关切的核心问题,是国家利益的最高层次,所以构成了国际法的硬核,也是国际法治能否实现的关键方面。换言之,能否很好地约束和可预期地规范武力使用,是判断国际法治是否有效实现的基准。当然,尽管这一领域的法治已经取得了令人瞩目的成就,但仍然存在着诸多不足。例如《联合国宪章》中已经将禁止使用武力和以武力相威胁作为一项基本原则,然而当今世界仍然存在着局部的武装冲突现象,所以有待于在此领域进一步完善相关立法文件,加强法律治理,形成一个良性运行的制度体系。本章根据国际法近期的实践,讨论人道干涉、保护的责任和武力使用的正义尺度三个方面的问题。

---

① See, e. g., Thomas M. Franck, "Who Killed Article 2(4)?", 64 *American Journal of International Law* (1970) 809—837; Thomas M. Franck, *The Power of Legitimacy Among Nations*, Oxford University Press, 1990, p. 32; Michael Reisman, "The Emperor Has No Clothes: Article 2 (4) and the Use of Force in Contemporary International Law", in N. Saxena Gurdip Singh & A. K. Koul (eds.), *United Nations for a Better World*, Lancers Books, 1986, pp. 3, 100. For different views, see Louis Henkin, "The Reports of the Death of Article 2(4) Are Greatly Exaggerated", 65 *American Journal of International Law* (1971) 544, at 547; Louis Henkin, *How Nations Behave*, 2nd ed., Columbia University Press, 1979, pp. 137—39; Ian Brownlie, *International Law and the Use of Force by States*, London: Oxford University Press, 1963, pp. 150—213; Ian Brownlie, "The Principle of Non-Use of Force in Contemporary International Law", in W. E. Butler, ed., *The Non-Use of Force in International Law*, Martinus Nijhoff Publishers, 1989, pp. 17—28, at p. 18.

② 该宣言全称为《关于各国依联合国宪章建立友好关系及合作之国际法原则之宣言(2625XXV)》,联合国大会1970年10月24日通过,全文见王铁崖、田茹萱:《国际法资料选编》,法律出版社1986年版,第1—9页。由于这份文件仅仅是大会通过的,而根据《联合国宪章》,大会没有立法权,所以仅仅可以作为国际法渊源的参考资料,却不能作为有约束力的规范。这一点对于国际法来说,意味着在弱法的基础上进一步弱化。

二、人道干涉领域的国际法治问题

(一) 武力干涉的发展与国际法纷争

2011年3月19日,法、美、英等国在利比亚采取了军事行动①,利比亚政府与反对派的纷争演化成为具有国际性质的武装冲突。5月1日,美国情报机构获得了被视为恐怖主义魁首的本·拉登在巴基斯坦首都伊斯兰堡住宅的消息,美国军方出动无人机对该住宅进行袭击,将其击毙。这种一国军队进入另一国展开抓捕行动再次引起了对于国际法上武力使用的思考。这种单方面的军事行动会引起何种法律后果,强国是否拥有下令对其他国家境内的恐怖主义头目展开行动的权利,值得深思。

如众所知,20世纪20年代以来,战争权已经淡出了国际法的视野,动用武力总体上的非法性也基本成为共识。② 特别是《联合国宪章》的第2条第4款更是将不得威胁或者使用武力作为联合国与国际社会必须遵守的基本原则。③ 然而,武力使用并没有从国际法的视野中悄然退场。区域武装冲突、全球和区域性的维和、对恐怖主义的打击、"先发制人"的自卫等现象都直接关涉武力使用的必要性与妥当性④,而"人道主义干涉"是否构成一般禁止武装干涉的例外,则尤为中外学界所广泛关注。⑤ 对于人道主义干涉有不

---

① 联合国安理会3月17日通过1973号决议,决定在利比亚设立禁飞区,并要求有关国家采取一切必要措施保护利比亚平民和平民居住区免受武装袭击的威胁。安理会15个理事国中有10个国家投赞成票,中国、俄罗斯两个常任理事国以及印度、德国和巴西三个非常任理事国投了弃权票。据此,一些北约国家对利比亚展开武装活动。
② 王铁崖主编:《国际法》,法律出版社1995年版,第617—620页;梁西主编:《国际法》(第二版),武汉大学出版社2003年版,第356—358页。
③ 白桂梅:《国际法》(第三版),北京大学出版社2013年版,第175—179页;黄瑶:《论禁止使用武力原则:联合国宪章第二条第四项法理分析》,北京大学出版社2003年版;John Yoo, "Using Force", 71 *The University of Chicago Law Review* (2004) 729; Miriam Sapiro, "Iraq: The Shifting Sands of Preemptive Self-Defense", 97 *American Journal of International Law* (2003) 599.
④ 〔俄〕B. M. 库拉金:《国际安全》,纽菊生、雷小菊译,武汉大学出版社2009年版,第126—127页。
⑤ Christine Gray, *International Law and the Use of Force*, 3rd ed., Oxford University Press, 2008; Richard B. Lillich (ed.), *Humanitarian Intervention and the United Nations*, University of Virginia Press, 1973; John Norton Moore (ed.), *Law and Civil War in the Modern World*, Baltimore: The Johns Hopkins University Press, 1974; Thomas George Weiss, *Humanitarian intervention: ideas in action*, Polity Press, 2007; Simon Chesterman, *Just War or Just Peace?: Humanitarian Intervention and International Law*, Oxford University Press, 2001; Thomas M. Franck & Nigel S. Rodley, "After Bangladesh: The Law of Humanitarian Intervention by Military Force", 67 *American Journal of International Law* (1973) 275; J. L. Holzgrefe and Robert Keohane (eds.), *Humanitarian Intervention: Ethical, Legal, and Political Dilemmas*, Cambridge University

同的理解。① 可以作为共识的是：(1) 人道主义干涉是对于一个国家的武力干涉。虽然从字面的意义上看，人道主义干涉可能包括非武力的干涉，但国际关系实践一直把这一问题局限在武力干涉的语境内，而不考虑非武力干涉的情况。(2) 此种干涉的理由或者目标是制止人道主义灾难，其中既包括那些宣称为保护人权而进行的干涉，也包括实际目标包含保护人权的干涉。②

由于此种干涉在20世纪末、21世纪初屡次发生③，特别是1999年北约对科索沃的武力打击，以及"人道主义干涉"不断出现在国际社会的焦点之

Press, 2003; Aleksandar Jokic (ed.), *Humanitarian Intervention: Moral and Philosophical Issues*, Broadview Press, 2003; Sean Murphy, *Humanitarian Intervention: the United Nations in an evolving world order*, University of Pennsylvania Press, 1996; Anne Orford, *Reading Humanitarian Intervention: Human Rights and the Use of Force in International Law*, Cambridge University Press, 2003; Nigel S. Rodley (ed.), *To Loose the Bonds of Wickedness:International Intervention in Defense of human Rights*, London: Brassey's, 1992; Danesh Sarooshi, *Humanitarian Intervention and International Humanitarian Assistance: Law and Practice*, London: Her Majesty's Stationery Office, 1994; Fernando R. Teson, *Humanitarian Intervention: An Inquiry into Law and Morality*, 3rd ed., Transnational Publishers Inc., 2005; Nikolaos K. Tsagourias, *The Jurisprudence of International Law: The Humanitarian Dimension*, Manchester University Press, 2000; Yogesh K. Tyagi, "The Concept of Humanitarian Intervention Revisited", 16 *Michigan Journal of International Law* (1995) 883; Wil D. Verwey, "Humanitarian Intervention under International Law", 32 *Netherlands International Law Review* 7 (1985); Michael Bothe, Ellen O'Connell, Natalino Ronzitti (eds), *Redefining Sovereignty. The Use of Force after the End of the Cold War*, Ardsley, Transnational Publisher, 2005; Natalino Ronzitti, *Diritto internazionale dei conflitti armati*, 3. ed., Giappichelli, 2006; 金克胜:《国际法发展动向与"人道主义干涉"》, 载《世界经济与政治》2000年第4期; 张春、潘亚玲:《有关人道主义干涉的思考》, 载《世界经济与政治》2000年第7期; 程晓霞:《干涉与"国际干预"国际法的变与不变》, 载《法学家》2002年第5期; 王虎华:《"人道主义干涉"的国际法学批判》, 载《法制与社会发展》2002年第3期; 罗国强:《"人道主义干涉"的国际法理论及其新发展》, 载《法学》2006年第11期。

① 相关阐释，参见 Adam Roberts, "Humanitarian War: Military Intervention and Human Rights", 69 *International Affairs* (1993) 426; Tonny Brems Knudsen, "Humanitarian Intervention Revisited: Post-Cold War Responses to Classical Problems", in Michael Pugh (ed.), *The UN, Peace and Force*, Frank Cass, 1997, p.146; Martha Finnemore, "Constructing Norms of Humanitarian Intervention", in Peter Z. Katzenstein (ed.), *The Culture of National Security: Norms and Identities in World Politics*, Colombia University Press, 1996, p.154; Bhikhu Parekh, "Rethinking Humanitarian Intervention", in Jan Nederveen Pieterse (ed.), *World Orders in the Making*, London: Macmillan Press Ltd, 1998, p.147; 白桂梅:《国际法（第三版）》, 北京大学出版社2015年版, 第183—184页。Wil D. Verwey, "Humanitarian Intervention in the 1990s and Beyond: An International Law Perspective", in Jan Nederveen Pieterse (ed.), *World Orders in the Making*, London, Macmillan Press Ltd, 1998, p.180.

② Louis Henkin, *International Law: Politics and Values*, The Hague: MartinusNijhoff Publishers, p.119.

③ 例如，海湾战争之后在伊拉克北部、南部建立安全区，主要由美国主导的对索马里、海地、利比里亚、卢旺达、波斯尼亚、科索沃、塞拉利昂的军事行动，以及俄罗斯对于车臣的武装行动。参见杨泽伟:《人道主义干涉在国际法中的地位》, 载《法学研究》2000年第4期。当然，很多干涉的合法性是存疑的，例如美国2001年发动的阿富汗战争，2003年发动的伊拉克战争。参见古祖雪:《从伊拉克战争看国际法面临的冲击与命运》, 载《法律科学》2004年第3期。

中,人们对于此种干涉合法性问题的关注越来越多。有的学者认为这是非常明确的霸权主义行为,不符合法律规定;有的学者则认为,其符合国际法的规范或者趋势。① 所以,这是一个仍然值得深刻思考的国际法基本理论和实践前沿问题。

(二) 现行国际法对人道主义干涉合法性的模糊态度

1. 现行国际法未确立"人道干涉的权利"

在 19 世纪末的时候,很多国际公法学家都认为存在着"人道干涉的权利",如果一国滥用主权残酷对待其境内的人,无论是否为其国民,其他国家均可采取措施进行干预。② 此种干预属于警察式的措施,并不改变其主权属性。但是这种权利的内容非常模糊,形式也非常复杂。有人认为其基于解放受外国压迫的本国人,有的则认为其目标为结束屠杀;有的指向暴政,有的指向极其残酷的行径,有的指向宗教迫害,有的甚至认为对于无力统治或者走向无政府状态的国家也可干涉。③ 此种认识在 1919 年以后逐渐消亡,因为大多数人认为这只不过是帝国主义势力争夺的外衣。④

作为当今世界秩序基石的《联合国宪章》并没有提及任何基于人道理由的武装干涉的问题,而仅仅规定了禁止使用武力的例外,即安理会决议后使用武力、集体和单独自卫使用武力(第七、八章)。有的时候,国家会采取武装干涉的方式到外国去保护本国国民⑤,例如美国在 1989 年的时候就对巴拿马实施过武力。⑥ 尽管有人主张在这方面已经形成了基于自卫权的国际

---

① Ryan Goodman, "Humanitarian Intervention and Pretexts for War", 100 *American Journal of International Law* (2006) 107.
② Malcolm N. Shaw, *International Law*, 7th ed., Cambridge University Press, 2014, p. 838.
③ Louis Henkin, *International Law: Politics and Values*, MartinusNijhoff Publishers, pp. 119—120; Ian Brownlie, *International Law and the Use of Force by States*, Clarendon Press, 1963, p. 338.
④ 例如,美国 1898 年入侵巴拿马。Ian Brownlie, *Principles of Public International Law*, 7th ed., Oxford University Press, 2008, p. 742.
⑤ 白桂梅教授认为,由于根据《联合国宪章》,所有对内政的干涉都是非法的,所以集体自卫、支援民族自决、受到合法政府邀请的干涉不属于干涉的行为。白桂梅:《国际法》(第三版),北京大学出版社 2015 年版,第 182 页。这种概念区分虽然有助于更深入地思考问题,但是有些行为的界限很难分清,所以一般著作会综合考虑。
⑥ Anthony D'Amato, "The Invasion of Panama Was a Lawful Response to Tyranny", 84 *American Journal of International Law* 516 (1990); R. Wedgwood, "The Use of Armed Forces in International Affairs: Self-Defense and the Panama Invasion", 29 *Columbia Journal of Transnational Law* 609 (1991); Simon Chesterman, "Rethinking Panama: International Law and the US Invasion of Panama, 1989", in Guy S. GoodwinGill & Stefan A. Talmon eds., *The Reality of International Law: Essays in Honour of Ian Brownlie*, Oxford University Press, 1999, pp. 57—94.

习惯①,但根据学者的总结,很多国家都反对以保护本国人为根据对外国进行武力干涉。② 有些时候,干涉取得了被干涉国的同意。但问题在于,由于在干涉的时候,被干涉国的国内情势多处于较为混乱的状态,至少有两方相互对立的组织,而邀请或者同意干涉的一方多为与外国有多方面联系的组织,这样同意方的合法性实际上是存疑的。③

国际社会对"人道主义干涉权利"总体上是反对的,国际法院在尼加拉瓜案的判决中重申了这一点。④ 只有为数不多的学者主张存在着人道干涉的权利⑤,而这些主张不仅忽视了国际社会的广泛观点,而且其所提出的理由也无法预示国际习惯,或者构成习惯的变化。⑥ 所以,具有广泛代表性的学者否认"人道干涉权"的存在。⑦

在人道干涉方面,最引人注意和引起广泛讨论的是 1999 年 3 月 24 日起北约对南斯拉夫所进行的为期 78 天的空中打击。⑧ 对于此种行为的定性十

---

① D. W. Bowett, Self-defence in International Law, Manchester University Press, 1958, pp. 87—105; Humphrey Waldock, "General Course on Public International Law", Recueil des Cours, Vol. 81, Hague Academy of International Law, pp. 451, 466—467; Yoram Dinstein, War, Aggression and Self-Defence, Cambridge University Press, 4th ed., 2005, pp. 203—207; Bowett, "The Use of Force for the Protection of National Abroad", in Antonio Cassese (ed.), The Current Legal Regulation of the Use of Force, Martinus Nijhoff Publishers, 1986, pp. 39—55; Thomas M. Franck, Recourse to Force: State Action Against Threats and Armed Attacks, Cambridge University Press, 2002, pp. 76—96.

② Christine Gray, International Law and the Use of Force, 3rd ed., Oxford University Press, 2008, p. 108.

③ Ian Brownlie, Principles of Public International Law, 7th ed., Oxford University Press, 2008, p. 741; Ian Brownlie, International Law and the Use of Force by States, Clarendon Press, 1963, pp. 317—27; Sean Murphy, Humanitarian Intervention: the United Nations in an evolving world order, University of Pennsylvania Press, 1996, pp. 2—20.

④ Military and Puramilitary Activities in und aguinst Nicaragua (Nicaragua v. United States of America). Merits, Judgment. I. C. J. Reports 1986, pp. 130—135.

⑤ Minutes of Evidence, 8 February 2000, select Committee Foreign Relations, paras 309—310, by Prof. Greenwood. See also Christopher Greenwood, "International Law and NATO Intervention in Kosovo", 49 The International and Comparative Law Quarterly (2000)926; H. B. McCullough, "Intervention in Kosovo: Legal Effective", 7 ILSA J. Int'l & Comp. L. (2000—2001) 299; Thomas M. Franck, Recourse to Force: State Action against Threats and Armed Attacks, Cambridge University Press, 2002, pp. 135—173.

⑥ Ian Brownlie, Principles of Public International Law, 7th ed., Oxford University Press, 2008, p. 744.

⑦ "In my view, unilateral intervention, even for what the intervening state deems to be important humanitarian ends, is and should remain unlawful." Louis Henkin, "Kosovo and the Law of 'Humanitarian Intervention'", 93 American Journal of International Law (1999) 824; See also, Ian Brownlie, Supplementary Memorandum submitted to Select Committee Foreign Relations, para. 6—20.

⑧ Klinton W. Alexander, "NATO'S intervention in Kosovo: the legal case for violating Yugoslavia's national sovereignty in the absence of Security Council approval", 22 Houston Journal of International Law (1999—2000) 403.

分困难。因为自 1998 年 10 月开始,南斯拉夫方面在北约的轰炸威胁之下,已经应允了一些政治要求。① 在这种背景下,北约的打击显得缺乏充分的理由。② 虽然英国常驻联合国代表 Jeremy Greenstock 爵士 1999 年 3 月 24 日在纽约阐述英国官方立场时表示,由于南联盟方面拒绝接受临时政治安排,北约方面的打击以人道主义为理由,因而具有合法性,但是他的发言根本没有援引任何国际法律文件。③ 这也就导致了南联盟在 1999 年 5 月的时候将北约的 10 个成员国告上了国际法院。④ 虽然这些申诉被国际法院基于各种理由而拒绝受理,但此种武装干涉行为本身的合理性是非常值得怀疑的。1999 年 9 月 24 日,七十七国集团在纽约召开外交部长会议之时,特别提出:"部长们强调,必须清楚区分人道援助和联合国的其他行动。他们反对所谓的人道

---

① 1998 年 9 月,联合国安理会通过决议,呼吁科索沃冲突双方立即停火,要求塞尔维亚军队从科索沃撤军,并通过政治方式解决冲突。1998 年 10 月北约对南斯拉夫进行军事威胁,并发出最后通牒,如南斯拉夫不同意北约的条件,北约将进行军事打击。1998 年 10 月 12 日,北约秘书长索拉纳宣布实施军事干预科索沃危机的命令,10 月 13 日,在美国特使霍尔布鲁克的调停下,南联盟总统米洛舍维奇同意全面执行联合国安理会 1199 号决议,从科索沃撤出武装力量,接受欧洲安全与合作组织向科索沃派遣 2000 名国际观察员,并答应就科索沃自治安排进入谈判时间表。参见安全理事会 1998 年 10 月 24 日第 3937 次会议通过的第 1203 (1998) 号决议。其序言中提到:"欢迎南斯拉夫联盟共和国外交部长与欧洲安全与合作组织(欧安组织)当值主席 1998 年 10 月 16 日在贝尔格莱德签署协定,规定由欧安组织设立科索沃核查团(S/1998/978),包括南斯拉夫联盟共和国承诺遵守第 1160(1998)号和第 1199(1998)号决议,又欢迎南斯拉夫联盟共和国总参谋长与北大西洋公约组织(北约组织)欧洲盟军最高司令 1998 年 10 月 15 日在贝尔格莱德签署协定,规定设立科索沃空中核查团(S/1998/991,附件),以补充欧安组织核查团……"。
② 唯一值得关注的可能是联合国大会第五十三届会议通过的 53/164 号决议。该决议要求关注科索沃境内的人权情况,"注意到安全理事会 1998 年 3 月 31 日第 1160(1998)号、1998 年 9 月 23 日第 1199(1998)号和 1998 年 10 月 24 日第 1203(1998)号决议以及人权委员会第五十四届会议 1998 年 3 月 24 日的主席声明和人权委员会 1998 年 4 月 22 日第 1998/79 号决议,充分考虑到科索沃境内危机的区域方面,特别是关于人权和人道主义情况方面,并深切关注这种情况可能造成的不良后果,关切地注意到秘书长关于科索沃境内人权情况的报告和人权委员会特别报告员关于波斯尼亚和黑塞哥维那、克罗地亚共和国和南斯拉夫联盟共和国(塞尔维亚和黑山)境内人权情况的报告,其中叙述了科索沃境内持续严重违反和侵犯人权和人道主义法的情况,深切关注,如许多报告所述,阿尔巴尼亚族裔受到有计划的恐怖对待,特别是遭受酷刑,南斯拉夫联盟共和国(塞尔维亚和黑山)的警察和军队对他们滥肆炮轰,大规模迫使平民流离失所,即决处决和非法拘留阿尔巴尼亚族裔公民,关注据报武装的阿尔巴尼亚族裔团体暴力侵害非战斗人员和非法拘留个人,主要是塞族人,在这方面,强调起诉应对 1991 年以来前南斯拉夫境内严重违反国际人道主义法行为负责者的国际法庭的重要性……"A/RES/53/164,25 February 1999。
③ Ian Brownlie, *Principles of Public International Law*, 7th ed., Oxford University Press, 2008, p. 743. 值得注意的是,Greenstock 爵士认为,这一行为虽然合法(legal),但并不正当(legitimate),因为它不符合国内和国际民主的要求。"Iraq inquiry: war 'not legitimate', Sir Jeremy Greenstock tells inquiry", *The Telegraph*, 27 Nov. 2009。
④ ICJ Reports (1999), Orders dated 2 June 1999.

干涉权,这一主张在联合国宪章和国际法上没有任何基础。"①伊恩·布朗利强调:七十七国集团包括 23 个亚洲国家、51 个非洲国家、22 个拉美国家和 13 个阿拉伯国家,共有 132 国②,这个数字足以表明,世界上的大多数国家是否认存在"人道干涉权利"的。1999 年 5 月 14 日安全理事会第 4003 次会议通过的第 1239(1999)号决议也"强调必须有效地协调各国、联合国难民事务高级专员办事处(难民专员办事处)和各国际组织开展的人道主义救济活动,以减轻难民和国内流离失所者的困境和痛苦,关心地注意到秘书长打算派遣一个人道主义需求评估团前往科索沃和南斯拉夫联盟共和国其他地区,重申该区域所有国家的领土完整和主权……"据此,现代的国际法,特别是《联合国宪章》,并没有载明人道主义干涉的权利,而且过去的两个世纪也并没有真正的"人道主义"干涉③,在实践中滥用此项权利的范围会远远大于创立此项权利的范围,所以,认定人道援助作为不干涉内政的例外会导致其成本远远大于其所带来的值得怀疑的收益。

2. 现行国际法未禁止人道干涉的做法

如果禁止威胁和使用武力是国际法不容置疑的规范,或者不干涉内政已经成为毫无例外的原则④,则讨论既涉及使用武力、又涵盖干涉内政的人道主义干涉的合法性本身就是荒唐的。⑤ 但是当代国际法显然还没有成熟到严格地确立禁止性规范的程度。也就是说,虽然国际社会并没有确认人道主义干涉是一种权利,但是从现有的条约和行为也无法推断出人道主义干涉违

---

① Ministerial Declaration of the Twenty-third Annual Meeting of the Ministers for Foreign Affairs of the Group of 77 was held in New York, 24 September 1999, para. 69.
② Ian Brownlie, "International Law and the Use of Force by States Revisited", 21 *Australian Yearbook of Internafional Law* (2000) 21; Ian Brownlie, "'International Law and the Use of Force by States' Revisited", 1 *Chinese Journal of International Law* (2002) 1.
③ 例如,1860 年,穆斯林在黎巴嫩杀死了 5000 名基督徒,土耳其通过条约允许西方大国进入;1975 年到 1990 年间黎巴嫩内战西方大国的干涉;1971 年印度入侵孟加拉国,1979 年坦桑尼亚入侵乌干达,实际上都包含了入侵者自身的利益追求,而不是真正的人道主义。参见 Istvan Pogany, "Humanitarian Intervention in International Law: The French Intervention in Syria Re-examined", 35 *International and Comparative Law Quarterly* (1986) 182.
④ 联合国的一系列文件都表示了反对干涉。See, e.g., Declaration on the Inadmissibility of Intervention in the Domestic Affairs of States and the Protection of Their Independence and Sovereignty, G. A. Resolution 2131 (XX), Dec. 21, 1965; General Assembly Declaration on Principles of International Law Concerning Friendly Relations and Cooperation among States in Accordance with the Charter of the United Nations, G. A. Resolution 2625 (XXV), Oct. 24, 1970; judgment of Nicaragua Case, paras. 203, 228. 但是,1956 年的匈牙利、1968 年的捷克斯洛伐克、1971 年的孟加拉国、1974 年的塞浦路斯、1979 年的阿富汗、1979 年的格林纳达都经历了干涉。D. J. Harris, *Cases and Materials on International Law*, 6th ed., Sweet & Maxwell, 2004, pp. 917—920.
⑤ I. A. Shearer, *Starke's International Law*, 11th ed., Butterworths, 1994, pp. 93—94;白桂梅:《国际法》(第三版),北京大学出版社 2015 年版,第 183—184 页。

背了国际法,或者被国际法所禁止。

安理会经常对干涉行为采取默许的态度。从程序的角度看,人道主义干涉可以区分为基于安理会决议的干涉和非基于安理会决议的干涉两个类型。基于安理会决议的干涉又可以进一步区分为各成员国都赞同的干涉和有成员国弃权的干涉。前者在程序上没有任何瑕疵可言,而且鉴于20世纪中叶建立起的国际人权体制,很多学者认为国际法应当承担起人道保护的职责。[1] 但后者则有不同的理解。弃权虽然不能完全解释为大国一致(concurring votes),但是根据数十年的实践,可以认为各国默示同意了将弃权视为对于决议的通过不作出阻拦的习惯法。非基于安理会决议的干涉最突出的例证即是1999年北约对科索沃地区的干涉。在空袭之后,虽然有很多声音表示反对,安理会没有予以充分的负面评价;而2003年英美两国对于伊拉克的干涉虽然令国际舆论大哗,但安理会也没有考虑或者提出任何惩罚措施。

如果我们把目光放得更远,就会发现:区域霸权者在没有受到联合国安理会根据《联合国宪章》第52—54条的授权的前提下就采取了一些干涉措施,例如1962年古巴导弹危机时期美洲国家组织的行动、1965年美洲维和部队在多米尼加危机中的行动,以及1968年华沙条约组织对于捷克斯洛伐克的干涉。这些干涉在《联合国宪章》第51条之下都没有明确的客观限制。类似地,在1945年到1990年之间,一些国家或地区内进行民族解放运动,其他国家会对此种运动进行援助。1974年,联合国大会以观察员的身份接受了区域组织认可的民族解放运动,如安哥拉、莫桑比克、巴勒斯坦和罗得西亚(今津巴布韦)。联合国的多数会员国认为,根据1970年《关于各国联合国宪章建立友好关系及合作之国际法原则之宣言》和1974年联合国大会通过的《关于侵略的定义》,在一定条件下民族解放运动的国内战争是可以允许的,因此外部援助也就具有合法性。[2]

---

[1] Hersch Lauterpacht, *International Law and Human Rights*, Shoe String Pringting Inc., 1968, p. 32.
[2] Abi-Saab, "Wars of National Liberation in the Geneva Conventions and Protocols" Hague Academy of International Law, *Recueil des cours*, vol. 165, 1979-IV, pp. 371—372; Abi-Saab, "General Course of Public International Law", Hague Academy of International Law, *Recueil des cours*, vol. 207 (1987-VII), pp. 410—416; Antonio Cassese, *Self-Determination of Peoples: A Legal Reappraisal*, Cambridge University Press, 1995, pp. 150—155; Christine Gray, *International Law and the Use of Force*, 2nd ed., Oxford University Press, 2004, pp. 45—50, 165—199; Malcolm N. Shaw, *International Law*, 7th ed., Cambridge University Press, 2014, pp. 183—188; N. Blokker, "Is the authorization authorized? Powers and practice of the UN Security Council to authorize the use of force by 'coalitions of the able and willing'", 11 *European Journal of International Law* (2000) 541; Yoram Dinstein, *War, Aggression and Self-Defence*, Cambridge University Press, 4thed., 2005, pp. 256—273; Danesh Sarooshi, *The United Nations and the Development of Collective Security: The Delegation by the UN Security Council of Its Chapter VII Powers*, Oxford University Press, 1999; Linos-Alexander Sicilianos, « L'autorisation par le Conseil de sécurité de recourir à la force: une tentative d'évaluation », Revue générale de droit international public (RGDIP), 2002/1, pp. 5—50.

正是由于上述情况的存在,一些学者才主张,人道主义干涉是《联合国宪章》第 2 条第 4 款的例外,至少我们很难明确地说人道主义干涉决然违法。这些行为和实践虽然没有建立人道干涉的规范,但也没有禁止人道干涉,使得人道干涉在实证法上处于"灰色地带"。① 国际法上有很多问题都处于允许与禁止之间,需要根据政治、经济、文化等条件,从更广泛的维度分析武装干涉的合法性。

(三) 武装干涉的合法性的判别标准

既然实在法不能圆满地回答武装干涉的合法性问题,在分析干涉合法性的时候,就不能局限于实有的法律(de lege lata),还必须同时考虑应有的法律(de lege ferenda),进而考虑如何使应有的规范进入到现实规范体系之中。这就有待于通过应有的法律作出进一步的分析。任何法律问题都有政治的背景,是政治的延伸,并有着广泛的政治、经济、社会、文化影响。② 所以,对于实证法上的重大疑难问题,我们有必要再超越法律的维度进行分析和评判,对于法律的发展方向提供指引。而这种指引必须建立在明确的价值观念的基础之上。我们认为,国际法,如同国内法一样,应当以保护民权、促进民生为最高目标,应当以人的幸福为最终归依。从这个意义上讲,当代国际法的发展方向应当是人本主义的③,也就是国际法律制度、行为必须有利于人的生存、安全、福利和发展。

1. 人道主义干涉的实质正当性取决于"人道主义"

从理论上看,在出现了大规模人道灾难的时候,如果国际社会束手不顾,显然是难于接受的。④ 在讨论干涉的时候,人们最关注的问题是对于国家主权的影响。由于武装干涉意味着对他国主权的干预,这种干涉是否意味着对当代国际法的冲击? 在这方面,必须看到,无论是国际关系的整体格局,还是国际法自身,都应当提倡尊重实践、反对教条。近百年来的国际法实践证明,绝对的、至高无上的主权是不存在的。随着国际实践的发展,国际组织与制度在武器装备、武力实施、劳工标准、经贸合作、人权保护、环境维持等各个方面对于国家主权构成约束。由于争端解决机制的强制性,WTO 被称为"带牙齿的国际组织",欧盟更是被广泛地认可为"超国家组织"。所以,不能把主

---

① Robert Jennings and Arthur Watts, *Oppenheim's International Law*, 9th ed., Longman, 1992, pp.442—444.
② Richard K. Gardiner, *International Law*, Pearson Education Limited (Longman), 2003, p.244.
③ 曾令良:《现代国际法的人本化发展趋势》,载《中国社会科学》2007 年第 1 期;何志鹏:《全球化与国际法的人本主义转向》,载《吉林大学社会科学学报》2007 年第 1 期。
④ Malcolm N. Shaw, *International Law*, 7th ed., Cambridge University Press, 2014, p.839.

权看成是一个空泛的原则,而更应当将它看成一个实际的状态。因而,一些学者所称的"保护的责任"①在伦理上是可以证成的,从法理、人权的角度看,干涉是必要的,也是必然的。② 但问题在于,实践上却很容易被滥用。正如家庭是国内社会的基本单元,国家是国际社会的基本单元。人们无法任由一个家庭内部实施家庭暴力,施暴者以家庭的独立性为理由来禁止他人干涉。但反过来,人们也很难想象一个外人由于担心出现家庭暴力而住到这一家庭里,甚至颐指气使。因此,进一步的问题在于:谁可以干预?对于谁可以干预?应当以何种手段干预?如果对这些问题没有明确的标准和正当的程序,则干预者难免落入霸权的窠臼,被干预者也会认为受到了欺凌。

首先,在干涉的前提方面,要分析干涉是否具有正当的目标。武装干涉的真正目标是什么?是不是仅仅为了推翻一个某些国家不满意的现政府?③实现霸权利益还是提供人道救助? 以这个尺度衡量,2001年美英联军对阿富汗的打击,只是为了报复塔利班没有按照其意愿交出其指定的人员,属于缺乏初始条件的正当性。2003年美国对伊拉克的打击既没有大规模杀伤性武器的证据(即使存在可靠证据,根据此种事实而展开武装打击也不一定合理),也没有人道主义灾难的威胁,所以缺乏合法性。以利比亚的情势为例,如果其现政府是一个恶政府,具有大规模人道灾难的现实性或者必然性,则北约国家的武装干涉行为在起点条件上可以认为是合理的。④ 但如果人民总体上对现政府是满意的,不存在人道灾难的紧迫问题,只有少数人不喜欢这一政府,则此种干涉的初始条件就是不合适的。⑤ 如果真的如某些评论家所观察的,西方国家干涉利比亚仅仅是西方国家对利比亚消除异己、维护在中东地区利益的举措,则此种行为的合法性根本无从提起。从而,如果武装干涉的根本目标是取得经济利益,或者为了表达意识形态对立,或者为了实现霸权影响的势力均衡,就都不应是干涉的合法出发点。如果人权、人道仅仅是处于修辞的层面、出于名义的需要,则很有可能是不正当的干预,无非是霸权主义的体现。换句话说,在干预仅仅限于强者对弱者的武装打击的情况

---

① Gareth J. Evans, Mohamed Sahnoun, International Commission on Intervention and State Sovereignty, *The Responsibility to Protect: Report of the International Commission on Intervention and State Sovereignty*, International Development Research Centre (IDRC, Canada), 2001.
② 有关讨论,参见李寿平:《"保护的责任"与现代国际法律秩序》,载《政法论坛》2006年第3期;李斌:《〈保护的责任〉对"不干涉内政原则"的影响》,载《法律科学》2007年第3期;宋杰:《"保护的责任":国际法院相关司法实践研究》,载《法律科学》2009年第5期。
③ 李鸣:《民主不能作为战争的合法理由》,载《政法论坛》2003年第4期。
④ Nicholas J. Wheeler, *Saving Strangers: Humanitarian Intervention in International Society*, Oxford University Press, 2000.
⑤ Michael J. Bazyler, "Reexamining the Doctrine of Humanitarian Intervention in Light of the Atrocities in Kampuchea and Ethiopia", 23 *Stanford Journal of International Law* 547 (1987).

下,这种干涉的正当性很难被认可。①

其次,在武装干涉活动进行的过程中,要考察其对于人道秩序的影响。在这个环节上,关于武力使用的法律(jus ad bellum)和武力使用中的法律(jus in bello)具有更实质的联系②,所以遵循国际人道法是关键的问题。如果干涉本身有很多恶的溢出效应,在打击一方势力的同时影响平民,导致平民伤亡,则这种干涉很难确立合法性。例如,在美国针对阿富汗的武装行动中,有很多平民在冲突中丧生,而根据2010年8月维基解密(Wikileaks)网站公布的美军内部资料,联军有屠杀平民的行为,还有美军直升机机枪兵对街上平民无理由扫射的情况,以及美军成立暗杀部队的信息③,这些都会使武力干涉的非法程度进一步加深。而在伊拉克战争中,美国的一系列虐囚行为,特别是关塔那摩的存在,强化了美国武装活动的非法性。

最后,在武装干涉的后果方面,要考虑是否有利于社会的稳定与发展。④包括武装干涉之后能否形成一个稳定的社会格局,当地民众的生命安全是否更有保障,是否形成了一个没有大国霸权影响的、独立自治的政府治理模式。如果对于上述问题的回答是肯定的,则干涉就是合法正当的,反之,如果干涉导致社会动荡、人民处于同样或者更大的危险之中、国家体系仅仅是某些大国的影子,则此种干涉的合法性很难确立。就西方对中东、非洲国家所进行的干涉而言,很少有案例证明出现了较好的结果。大多数都是严重的负面后果。这样的干涉只能说是打着人道主义的旗号,远离人道主义的本意。

2. 人道主义干涉的程序正当性取决于"多边主义"

在考虑武装干涉的合法性之时,还要进一步考虑有没有做到正当程序。有人认为,《联合国宪章》明确地规定了禁止使用武力的两个例外,即安理会授权的行动和单独或集体自卫。实际上,这两项例外都有疑点。例如,自卫的前提是受到侵犯,但是国际社会对于"侵略"这一概念的含义至今没有达成一致。同时,在自卫的问题上,美国采取的"先发制人"的"自卫"也在理论

---

① Noam Chomsky, "Humanitarian Intervention", *Boston Review*, December 1993—January 1994.
② Carsten Stahn, "'Jus ad bellum', 'jus in bello'... 'jus post bellum'? —Rethinking the Conception of the Law of Armed Force", 17 *European Journal of International Law* (2007) 921.
③ 对此,美军并未否认内容的真实性,只是会同联邦调查局(FBI)展开调查泄密人员。
④ 实际上,在武装干涉行为结束之后,是否建立了一个良好的社会秩序这一问题,很难给出一个公认、普遍接受的答案。如果良好意味着人民更幸福,这个尺度似乎根本无法衡量,任何抽样调查的问卷都会是片面的。如果良好意味着民主体制,则一般来说,武装干涉之后都会采取(至少是表面、形式上的)民主的方式建立政权,形成秩序。如果良好意味着亲西方的,则被干涉过的地方可能在上层更亲西方(也就是干涉者按照自己的意愿和偏好选择的上层人物,上层人物也会通过西方而获得更多的机会),但下层则很可能有不同的立场。所以,应当持一种文化中立,至少是非文化殖民主义的立场。

上带来了一些迷惑。① 进一步的问题还在于:安理会的授权能否使本来恶的行为变成善的? 能否使本来侵犯他国主权的行为合法化? 这取决于问题本身的正确性,而非安理会这一流程。因为历史上安理会曾经被操纵而作出一些不适当的武力决定(例如1950年的朝鲜战争,联合国的武力干涉典型地缺乏正当性),而当前,一些安理会的常任理事国也以弃权的方式表达保留或者不满。就利比亚的局势看,安理会第1973号决议允许有关国家采取"所有必要措施",这种措辞模糊的做法可能本身就是不负责任的。②

因此,还应当考虑其他因素。例如,是否与被干涉国有充分的沟通? 是否采用的多边手段,而不是单边行为? 在这里,安理会的授权是一个重要的标志,却不是全部。可以这样说:未经安理会授权的干涉一定不合法③;基于安理会决议的干涉也不一定合法。在国际社会主张不同的时候,要保障干涉行为的妥当,只有充分体现多边主义,才有可能使干涉具有合法性。

(四) 国际法在人道干涉方面的发展方向

国际法的很多问题不是找到既有的规范依据,而是在不同的可能中进行选择。④ 可以认为,武装干涉的问题处于国际法律的发展进程之中,是一个国际社会审慎选择、找到正确路径的过程,需要在实体条件上、程序要求上逐渐清晰。⑤ 所以,需要国际立法和实践积极探索。在这一过程中,需要强调以下几个方面:

1. 警惕单边干涉合法化的进程

由于至今尚无明确的立法和司法禁止单边使用武力进行干涉,所以要警惕某些国家通过可能的渠道实现单边武力干涉成为国际习惯法的倾向。既要看到国际社会共同保护人权的主要意义,也要看到文化的差异性。⑥ 如众所知,国际法是一个不断变动的体系。在国内法上,我们可以说,如果一种行

---

① 白桂梅:《国际法》(第三版),北京大学出版社2015年版,第191—192页。
② Hans Köchler, "'All Necessary Means': United Nations vs. Libyan Arab Jamahiriya: Humanitarian Intervention or Colonial War?", P/RE/22682c-is, Vienna, 28 March 2011.
③ JostDelbruck, "A Fresh Look at Humanitarian Intervention under the Authority of the United Nations"67 *Indiana Law Journal* 887 (1991—1992);这里有一个极端的问题,即在安理会无法正常履行职责的时候,可否未经安理会授权而使用武力进行干涉。这种极端状态已经超越或者颠覆了现有的国际法律秩序,所以必须整体上重新考虑。
④ Rosalyn Higgins, *Problems and Process. International Law and How We Use It*, Clarendon Press, 1998, p.4; Martha Brenfors and Malene Maxe Petersen, "The Legality of Unilateral Humanitarian Intervention—A Defence", 69 *Nordic Journal of International Law* (2000) 449, at 452.
⑤ Christine Gray, "The Use and Abuse of the International Court of Justice: Cases concerning the Use of Force after Nicaragua", 14 *EJIL* (2003) 867.
⑥ 邵津主编:《国际法》(第五版),北京大学出版社、高等教育出版社2014年版,第374页。

为是非法的,不论此种行为多少次重复,都不会变成合法。但是在国际法上,如果一种行为反复出现,而国际社会予以默认,则可能使此种行为合法化。也就是说,这种行为的反复出现本身形成了国际习惯的"一般实践"(general practice),而国际社会的沉默则可能被视为"法律认同"(opinio juris)。正如伊恩·布朗利教授指出的:"习惯规则并不以长期持续为条件。虽然在某些领域(如公海地位)习惯可以追溯到古代,但很多新的规则是在相对短的时间之内形成的。只要实践表明了普遍性和一致性,并不需要一个特定的时间长度。"① 当前国际法对于人道主义干涉合法性判断的模糊主要不在于规则上不能进行清晰地认定和解释,而是由于在实践中负有主要责任的国际机制对于相关行为和事态所采取的暧昧态度,导致一系列与规范不符的事实出现并发展,造成了人们对于干涉行为认定的困难。国际机制的此种暧昧态度主要原因是大国关系的政治考量,此种考量虽然在特定时段具有其合理性,但是类似绥靖的软弱态度不仅不能带来真正的利益,还有可能引致祸患;不仅是对世界和平与安全不负责任,也可能给自身带入危险的境地。20世纪30年代国际联盟对于日本侵华、德国军事扩张、意大利入侵阿比尼西亚的姑息所引起的全球性严重后果可谓前车之鉴。② 所以,国际组织、很多国家对于单边军事干涉的沉默态度是一个危险的倾向,它不仅意味着国际机制对于单边霸权约束有限③,而且有可能导致以后的国际行为体援引这些情况,继续发展单边武装干涉④,也可能导致某些国际法专家在单边使用武力的问题上努力提倡其合法性。⑤

2. 反思联合国集体安全机制及维和的实际效果

无论基于何种理由的武装干涉,其表面的结果都是要形成和平与安全的局面。很多国家和区域集团采取武装打击的前提是联合国的集体安全机制及维和行动不能取得效果,真正地实现和平。⑥ 例如,在波黑危机期间,联合国安理会已经宣布斯雷布雷尼察(Srebrenica)为平民安全区,由联合国武装保护。但1995年6月的时候,塞尔维亚武装进入此地屠杀了约8000名平

---

① Ian Brownlie, *The Rule of Law in International Affairs*, Nijhoff, 1998, p.19.
② 王绳祖主编:《国际关系史·第五卷》,世界知识出版社1995年版,第64—68、81—83、101—119、136—151页。
③ 杨洁勉:《大合作:变化中的世界和中国国际战略》,天津人民出版社2005年版,第74—77页。
④ Richard K. Gardiner, *International Law*, Pearson Education Limited (Longman), 2003, pp. 108—109.
⑤ 特别值得注意的是,在北约打击伊拉克时主张基于人道理由的武力干涉合法的Greenwood教授被英国推举为国际法院的法官,其影响力可能扩大;而主张人道主义干涉违法的Louis Henkin, Ian Brownlie等教授相继谢世。
⑥ 白桂梅:《国际法》(第三版),北京大学出版社2015年版,第184页。

民,来自荷兰的维和人员没有采取任何反抗措施,甚至没有向联合国军事指挥官告知情况。同样,1994年发生在卢旺达的大屠杀也没有被联合国的维和部队有效干预。在发生屠杀的时候,处于卢旺达境内的、来自比利时的维和部队,并没有保护被胡图族屠杀的数十万图西族人,而是保护为数甚少的白人。这些白人本来就不是屠杀的目标,比利时部队的做法没有达到人们的预期,如果考虑到比利时原来曾经是这片土地的殖民者,这种态度就更难令人理解。类似地,联合国在索马里委派的美国军队的维和行动准备不充分,效果不明显,时任美国总统的克林顿促使安理会撤回维和部队,不仅没有任何国家反对,而且联合国也没有官员对此负责。这一情况导致了索马里至今的混乱局面。①

3. 坚持有限使用武力的原则

当今世界,并没有办法完全禁止武力,但是鉴于武力使用的巨大社会与环境破坏性,必须在非常有限的情况下使用武力。也就是要克制武力的使用,甚至威胁使用。此时就必须重申在绝大多数情况下应当禁止武力和武力威胁的国际法原则,而不能像有些学者那样,倡导或者复兴"正义战争"的理论。② 有些国际法学者主张,当前关于使用武力的国际法规范已经明显落后于时代。早就有学者宣判了《联合国宪章》第2条第4款的死刑③;后来又有学者主张,国家违背现行国际法可能是一种"良性违法",其效果是推进国际法的进步。④ 虽然这些说法并不一定都有全面的合理性,但是我们必须承认,包括国际法在内的一切法律都在发展之中,由于国际法的特殊性,不能指望基本原则能够解决所有的问题,也不能用"法律没有规定的是人民的权利"这样的谚语来统辖。因为国际法的核心主体是国家,国家之间的主张可能相互冲突,所以不仅权利与义务的界限必须清晰,而且在权利之间必须存

---

① Jeremy A. Rabkin, *Law without Nations? Why Constitutional Government Requires Sovereign States*, Princeton University Press, 2005, pp.179—180.

② 关于正义战争理论的发展,参见 Thomas H. Lee, "The Augustinian Just War Tradition and the Problem of Pretext in Humanitarian Intervention", 28 *Fordham International Law Journal* (2004) 756. James Turner Johnson, "Just War, As It Was and Is", 149 *First Things* (2005) 14;关于现在战争的合法性问题,参见 James Turner Johnson, *The War to Oust Saddam Hussein*, Rowman and Littlefield, 2005, pp.23—41; Michael Walzer, *Just and Unjust Wars*, 4th ed., Basic Books, 2006.

③ Thomas M. Franck, "Who Killed Article 2(4)? or: Changing Norms Governing the Use of Force by States", 64 *American Journal of International Law* (1970) 809; TM Franck, "What Happens Now? The United Nations after Iraq", 97 *American Journal of International Law* (2003) 607, for dissenting views, see L. Henkin, "The Reports of the Death of Article 2(4) Are Greatly Exaggerated", 65 *American Journal of International Law* (1971) 544.

④ Jacob Katz Cogan, "Noncompliance and the International Rule of Law", 31 *The Yale Journal of International Law* (2006) 189.

在适当的位阶。就人道主义干涉的问题而言,就必须确立人民的基本人道保障与国家主权、内政之间的平衡点。在这个意义上,关于人道主义武装干涉的国际法确实有待于完善,《联合国宪章》中关于武力使用的条款也值得重新考量①,在符合条件的前提下,进行符合程序的干涉是一个符合国际法方向和精神的趋势。但即使如此,仍应铭记:世界的目标是维护和平、促进发展、实现和谐,而武力使用在很大程度上偏离这一目标,所以应当克制武力使用,促进通过和平的方式解决争端。②

4. 完善使用武力的具体条件

在总体上克制武力的前提下,还必须对于在何种情况下可以使用武力,以何种方式使用武力提供便利。人们否定伊拉克战争,不仅是因为这一战争违背了国际社会动用武力的正当程序,更是因为在武力使用的过程中,破坏了国际社会构建的秩序,造成了不公正的结果。因而,必须确立一系列使用武力的条件,避免"强权创制真理"(might create right)情况的发生。

首先,确立实施武力的具体前提。③ 也就是确立干涉行为的正当理由,作为被干涉国家而言,必须存在着现实或者紧迫的人道主义灾难,其政府未能有效承担保护的责任。④ 必须排除意识形态对立、或者经济利益、物质资源的觊觎,或者影响力、势力范围的争夺,避免由于"反恐"话语的暴力化发展而导致对于国家领土安全的侵害。同时考虑通过武装干涉能够为平民取得更好的生存、生活环境,给予更好的保护。

其次,明确程序和实施主体。例如,在使用武力的问题上,在看到安理会存在的不足的同时,不应主张弱化安理会的职能,而应通过其结构改革和程序改革提高安理会的效率,强化安理会的作用,保障安理会的公正性。⑤ 在讨论动用武力进行干涉时,必须经利害关系国的请求或者某些根据实际情况可以认定其立场公正的国家的意见。而且,除非情势特别紧急,应当赋予有关方面陈述立场,并敦促其通过和平的方式解决问题,由此寻求解决问题的最佳方式,防止人道主义成为霸权的借口。人道主义干涉之所以名誉不佳,

---

① Richard A. Falk, "Kosovo, World Order, and the Future of International Law", 49 *American Journal of International Law* (2000) 847.
② 2011年3月30日,中国国家主席胡锦涛在会见法国总统萨科齐时,谈到了利比亚局势,并提出:"历史经验一再证明,武力解决不了问题,只能使问题更加复杂化,对话等和平手段才是最终解决问题的出路。"
③ 时殷弘、沈志雄:《论人道主义干涉及其严格限制——一种侧重于伦理和法理的阐析》,载《现代国际关系》2001年第8期。
④ George P. Fletcher and Jens David Ohlin, *Defending Humanity: When Force is Justified and Why*, Oxford University Press, 2008, pp.129—154.
⑤ A. M. Slaughter, "Security, Solidarity, and Sovereignty: The Grand Themes of UN Reform", 99 *American Journal of International Law* (2005) 3.

就是由于在霸权体系中,干预的主体不符合人们的预期。①

再次,树立严格的人道要求。这一要求既存在着深刻的人文考量,也具有高度的技术性。所谓人文考量,就是说武装冲突的军事目标应以确保平民的安全为基础保障,不能为了军事目的而危害平民的生命及财产,这是交战者必须牢记的原则。所谓具有高度的技术性,是因为在武装冲突中丝毫不破坏平民设施、一点不伤害平民,就大多数军事技术来说是做不到的。这就在前一原则的前提下产生了一个平衡性的目标,即所谓军事必要原则。这一原则要求军事目的、军事必要不应对平民的生命财产产生不必要的、不成比例的国度损失。这就意味着,武装行动需要在完成军事目标和避免平民损失之间找到一个平衡点。而这一平衡点的确立者,由于当时客观情况的多维性和复杂性,是指挥官,而非其他观察者或者评论者。虽然不排除一些例外的情况,例如事后国际刑事审判对于指挥官的责任追究,会质疑其命令的合理性,但就当时的情势、实际效果而言,指挥官具有掌控的权力。而且,如果事后的审判是具有选择性的,此种责任追究就很可能取决于战争的结果,而不是人道效果。因而,能否真正保障平民的生命与财产利益,就主要变成一个职业伦理问题和政治问题。所以,需要对武装人员进行更多的国际人道法教育和训练,设定更为严明的军事纪律,同时配备更先进的军事武器装备,提供更优的军事技术。

三、"保护的责任"观念的国际法治问题

国际法在时代的发展中不断形成并深化着新的概念。保护的责任简称R2P 是 21 世纪初国际关系与国际法领域出现的新理论。保护的责任理论是对传统的主权、安全观的重新阐释。国家保护责任理论通过对安理会作用的扩张解释,赋予了国际社会解决人道主义危机的责任。国内外学者对此展开了初步研讨,现存的理论观点既有赞成者②,也有反对者;在肯定这一观念的积极意义③、确认保护的责任理论在某种程度上可以应付日益复杂的国际危

---

① 周晓玲:《人道主义干涉与民族自决的辩证关系》,载《西安政治学院学报》2009 年第 4 期。
② Alex J. Bellamy, "The Responsibility to Protect—Five Years On", 24: 2 *Ethics & International Affairs* (2010) 143.
③ 有的学者认为,"保护的责任"缘起于冷战结束后集体安全从"保护国家安全"转向"保护国家和人民安全并重"所面临的尴尬与挑战。经前后四个阶段的发展完善,"保护的责任"已发展成为国际社会的一项重要政策规范。"责任"代表了新世纪国际安全、人权领域的重要进展,对现代国际法律秩序产生了方向性的影响。见李杰豪:《保护的责任对现代国际法规则的影响》,载《求索》2007 年第 1 期。

机的同时,也提醒关注其带来的消极影响。① 此时,分析 R2P 在当代世界格局中的理论与现实影响,对于准确、全面地认识这一原则,对于在实践中把握立场、方向与尺度,具有重要的意义。

(一) 从内部事务到国际关注:R2P 的内涵与历史发展

1. R2P 的内涵

关于 R2P,不同的国际法律文件在细节上有不同的解释,但大体的含义是一致的,即国家有责任保护本国国民免受可以避免的大规模屠杀、强奸、饥馑等灾难,如果这个国家没有能力或者不愿意履行它的这种责任,那么国际社会就应当对此进行干预,从而代替这个国家向处在危险中的人民提供生命支持保护及援助,履行预防责任、作出反应责任以及重建责任。

根据这些文件,R2P 有三个支柱:(1) 每一国家都具有保护其人民免受种族灭绝、战争犯罪、族裔清洗和反人类罪侵害之责任;(2) 国际共同体应当援助有关国家保护其人民免受上述犯罪侵害,包括援助那些处于压力之中、危机出现或冲突爆发之前的国家;(3) 如果和平手段不敷使用,国内当局明显不能保护其人民免受种族灭绝、战争犯罪、族裔清洗和反人类罪侵害,则可通过安理会、根据《联合国宪章》,包括其第七章,以具体问题具体对待的方式与适当的区域组织相合作,采取及时而决断的集体行动。也就是国家的保护责任、国际援助和能力建设、及时果断的反应。

2. R2P 的历史发展

R2P 是国际社会针对类似索马里、卢旺达、波黑、科索沃、达尔富尔、苏丹等地的种族灭绝和种族清洗事件而对国际法既有制度和观念进行反思而出现的理论。② 早在 1996 年,联合官员就已经提出了将主权看作是对人民承担的义务的观点。③ 2000 年成立的"干预和国家主权国际委员会"(Interna-

---

① 李寿平:《"保护的责任"与现代国际法律秩序》,载《政法论坛》2006 年第 3 期;曹阳:《国家保护责任三题》,载《河北法学》2007 年第 4 期。有的学者认为,"保护的责任"缘起于冷战结束后集体安全从"保护国家安全"转向"保护国家和人民安全并重"所面临的尴尬与挑战。经前后四个阶段的发展完善,"保护的责任"已发展成为国际社会的一项重要政策规范。"责任"代表了新世纪国际安全、人权领域的重要进展,对现代国际法律秩序产生了方向性的影响。李杰豪:《保护的责任对现代国际法规则的影响》,载《求索》2007 年第 1 期。有的学者认为,保护的责任的观点强调了尊重人权的重要性,但是,也对国际法的基本原则,特别是不干涉内政原则造成了冲击。李斌:《"保护的责任"对"不干涉内政原则"的影响》,载《法律科学》2007 年第 3 期。
② Gareth Evans, "From Humanitarian Intervention to the Responsibility to Protect", 24 *Wisconsin International Law Journal* (2006) 703.
③ Francis Mading Deng, Sadikiel Kimaro, Terrence Lyons, Donald Rothchild, and I. William Zartman, *Sovereignty as Responsibility: Conflict Management in Africa*, Brookings Institution Press, 1996, pp. 29—33.

tional Commission on Intervention and State Sovereignty)提出了《保护的责任》的报告①,提出了将国家主权理解为保护人民责任、国际社会可以在国家怠于保护之时进行替代的观念。2004年12月,联合国秘书长安南任命的"威胁挑战和改革问题高级别小组"向第59届联大提交名为《一个更安全的世界:我们的共同责任》(A/59/565 and Corr. 1)的报告,接受和确认了R2P这一概念。② 2005年3月,联合国秘书长的报告《大自由:实现人人共享的发展、安全与人权》(A/59/2005)重申了主权国家所具有的保护公民权利、使其免受范围最、暴力和侵略的危害的责任,以及集体所负有的提供保护的道义与政治责任。2005年9月的世界首脑会议成果(General Assembly resolution 60/1)则进一步提出,R2P原则对于促使国家履行保护人民免遭灭绝种族、战争罪、族裔清洗和危害人类罪之害的责任,促使国际社会履行国际援助及及时果断反应的责任提供了重要的依据。继而,联合国秘书长通过《履行保护的责任》(A/63/677, 2009年)、《预警、评估及保护的责任》(A/64/864, 2010年)、《区域与次区域安排对履行保护的责任的作用》(A/65/877-S/2011/393, 2011年)和《保护责任:及时果断的反应》(A/66/874-S/2012/578, 2012年)等一系列报告,使保护责任的内容渐趋丰富和充实。③

3. R2P 的时代背景

R2P 这一概念并不是一个空穴来风、孤立出现的事物,它是 20 世纪中叶以后国际法发展的历史逻辑的自然延伸,是国际法演进的必然结果。现在国际法的一个重要特征就是对于国家内部事务日益深入的介入。④ 完全不容国际社会关注的"内政"范围越来越狭小,随之,由于国际社会对于国内事务的干预越来越多,国际法上"干涉"的概念界定也变得越来越谨慎。⑤ 这一点

---

① International Commission on Intervention and State sovereignty, *The Responsibility to Protect*, International Development Research Centre, December 2001.
② 报告认为,国家主权的概念"显然含有国家保护其人民福祉之义务,以及向国际社会履行义务之义务"。"新的准则正在形成:保护公民免受人道灾难的涂炭被明确界定为各国政府应尽之责任,如当事国无力或不愿履行,则经由联合国安理会授权,国际社会得采取集体保护反应。"名人小组报告重新界定了当今世界面临的威胁,提出更为广泛的"人的安全"概念,超越了联合国肇立时传统军事意义上的安全范畴。在报告划定的六类安全威胁中,国内冲突(包括内战、种族灭绝及其他大规模暴行)被指定为第三类威胁。在这种情况下,综合考虑五项准则(威胁严重、目的正当、最终手段、措施相称、权衡后果),联合国可使用武力手段,承担起保护一国的人民的责任。名人小组报告认为,保护人民免受大规模暴力的责任,既是主权国家的责任,也是国际社会的责任,当前者不能善尽其责,就应当考虑强制进行国际武力干预。报告主张将联合国宪章第七章有关授权干预的规定加以引申,提供新的国际法基础,并敦促安理会采取行动的效率。United Nations High-Level Panel on Threats, Challenges and Change (ed.), *More Secure World: Our Shared Responsibility*, United Nations, 2004.
③ 关于联合国在保护的责任方面的文件,参见 http://www.unric.org/en/unric-library/26580.
④ Richard K. Gardiner, *International Law*, Pearson Longman, 2003, p. 9.
⑤ 白桂梅:《国际法》(第三版),北京大学出版社 2015 年版,第 180 页。

不仅体现在技术标准领域,也体现在贸易政策领域、知识产权领域,更体现在环境保护、人权保护的各个领域,可以说,现在的日常生活,完全与国际法无关的方面几乎不存在了。而第二次世界大战之后国际法对于人权的强调和关注更是一个显而易见的大趋势。人权观念、人权制度在全球和区域的层次上建立和发展,促进和保护人权已经被视为国际人权法的一项原则①,这为国际法重视人的权利铺就了坦途。

(二) 保护责任的理想构划

从理想的角度讲,R2P 可以被描述为向着国际法治的理想迈进的重要步伐。它意味着很多国际法治所倡导的价值的展现:

1. 人本主义

R2P 的起点在于保护,而保护的客体则是人的权利。也就是你、我、他这样的普通人,这体现着一种人本主义的关怀,是国际法的价值基础。20 世纪 70 年代首次出现于国际法院判决书的"对一切的义务"(obligations erga omnis,也称"普遍义务"或"对国际社会整体的义务")②,作为现代国际法中的重要概念之一,导致了对国际法体系结构和国际法效力根据的再审视,昭示出国际法中自然法的应有地位。③ 对这一概念的研讨初步铺开④,其对国际环境法、刑法的影响获得了中国学者的初步关注。⑤ 这一概念是国家对其某些行为承担国际责任的基础,反映了国际法价值论的变化,即在国家价值之上存在着所有国家都对其享有利益的价值,即国际社会基本价值和国际社会共同利益,这主要表现为强行法对基本人权的保护。R2P 的理念是"对一切的义务"思想的延伸,提倡人权、人道主义的考量高于主权的考量,站到了人本主义的道德制高点上,通过将政府的职责设定为保护人民的基本权利、政府的功能定位就清晰地展现了现代政治伦理的基本要求,这一点与社会契约

---

① 谷盛开:《国际人权法中的促进和保护人权原则》,载《中国国际法年刊》2002/2003 年卷,法律出版社 2004 年版。
② 该概念由国际法院在 1970 年"巴塞罗那电车"案中确认。见朱利江:《国际法院对国际人权法的贡献》,载《外交评论》2006 年第 5 期。
③ 王秀梅:《论国际法之"对国际社会整体的义务"》,载《河南省政法管理干部学院学报》2007 年第 4 期。
④ 薛捍勤:《国家责任与国家对国际社会整体的义务》,载《中国国际法年刊(2004 年卷)》,法律出版社 2005 年版;王曦:《"对一切"义务与国际社会共同利益》,载余敏友、邵沙平主编:《国际法问题专论》,武汉大学出版社 2002 年版;王曦:《论现代国际法中的"对一切"义务概念》,载王曦主编:《国际环境法与比较环境法评论》,法律出版社 2002 年版;王秀梅:《普遍义务论纲》,载《西南政法大学学报》2007 年第 6 期。
⑤ 周露露:《试论普遍义务及其对国际刑法的影响》,载《现代法学》2006 年第 2 期;曲波、喻剑利:《论海洋环境保护——"对一切义务"的视角》,载《当代法学》2008 年第 2 期。

论中对于政府基础与目标的认定是一致的,也是一个合法、有效、健康发展的政府必然要承担的责任。所以 R2P 的观点具有很强的理论力量,获得了很多人的赞同。① 国际法治的首要价值目标即是人本主义,如果能够妥善地处理 R2P,则此种做法很可能意味着国际社会的法治进步。

2. 监督权力

在不受监督的情况下,权力就可能会产生腐败、导致滥用,可能异化为践踏人民利益、戕害人民生命的工具。这是启蒙时代的思想家就已经悟出的道理。现代政治的一个重要进步就是不再将政府神化,看成是永远正确、不会犯错误的行为体;现代法治的精髓就在于首先提倡法治政府,只有在政府依照法律行事的前提下才有可能实现法治国家。而现代宪政的基石也正是要求政府对人的基本权利和自由予以承认和保障。从这些观念上讲,R2P 意味着国际社会对政府的监督,防范政府滥用职权,控制政府成为谋取小集团利益、实现小集团意志的工具。意味着政府不能视主权为保证的盾牌,而应当将之看作引领和代表人民的职权②;与人权应当相互支持③;戕害人民的政府就走向了异化,应当制止。这种思想使政府真正成为一个负责任的、为人民的福祉而服务的体制,确保一个基本稳定和健康的秩序得以实现。

由此,R2P 的核心在于监督政府的权力,避免一国政府以主权的外衣追求统治集团的利益,侵犯公众的基本权利;避免政府武断地采取措施,侵犯人民的权益;或者对侵犯人民权益的情况视而不见、置若罔闻。也就是考核其有没有真正做到保护人民的基本权益免受侵犯,以及提供相应的措施实现这些权益。与此同时也相当警惕政府专横武断,沦为暴政的机器,对政府采取监督的态度。

3. 国际实施

R2P 的落脚点在于国际社会在国家无法进到保护的责任的时候可以介入,这样就形成了一种以国际力量处理一国内部人权问题的机制,避免一国处于混乱和无序的状态。

从制度设定的角度,R2P 将关注一国国内人权状况、决定对政府不当行为、物力作为情境的替代职责交给一个国际体制,这种体制就超越了 19 世纪的"人道主义干涉"以一国的意志和力量去介入他国事务的状况,有可能克服大国霸权产生的不良影响。国际社会可以直接介入一国内部,处理一国内

---

① 宋杰:《"保护的责任":国际法院相关司法实践研究》,载《法律科学》2009 年第 5 期。
② 参见何志鹏:《主权:政治现实、道德理想与法治桥梁》,载《当代法学》2009 年第 4 期。
③ 参见何志鹏:《超越国家间政治——主权人权关系的国际法治维度》,载《法律科学》2008 年第 6 期;何志鹏:《国际法治视野中的人权与主权》,载《武大国际法评论》,武汉大学出版社 2009 年版。

部的人权问题。

从对国家安全的关注,转换到对个人安全的关注;从以个别国家的意志和力量去关注和维护人权,到以集体的机制关注和维护人权,这就是 R2P 所蕴含的国际关系、国际法发展的逻辑。

(三) 利比亚实践揭示的 R2P 问题

对于一项原则、一项主张,不能仅从其良好愿望或崇高目标的角度去认识,而必须结合其操作的程序去认识;不能仅从其理想的实施结果的角度去认识,而必须结合现实的客观情况去认识。R2P 的主张,必须在当代世界的无政府社会的角度,结合大国主导国际秩序的现实,才能予以全面和清晰的解读。

在现实的状况下,履行和落实 R2P 存在着多方面的风险和问题,从而导致其可能成为国际霸权的陷阱。这不仅体现在不同的国际文件在对 R2P 的理解上存在着差异[①],也不仅在于在国际法上存在着维护传统还是积极创新的争论,而在于实践中存在的巨大偏差。2011 年 3 月联合国安理会针对利比亚通过的 1970、1973 号决议迎来了 R2P 拥护者的欢呼,认为国际社会首次采取高效集体行动手段履行了 R2P,"保护责任全球中心"的执行总裁西蒙·亚当斯甚至宣称 2011 年是保护责任之年。2011 年,以法国为代表的北约各国在比利亚采取的武力措施和准武力措施被很多西方大国和一些学者看作 R2P 适用的典范。但事实上,这一事件无论从法律上看,还是从政治上看,都远远背离了 R2P 所确立的理想,是国际社会的一个悲剧。具体问题甚多[②],择其要者,有以下几个方面:

1. 曲解和滥用安理会的决议

2011 年的安理会第 1970 号决议谴责了暴力和对平民使用武力的行为,并采取了武器禁运的措施,试图控制利比亚的局势。由于利比亚的局势并未因此而受到控制,安理会遂通过第 1973 号决议,采取设置禁飞区、要求有关国家"采取一切必要措施"保护利比亚平民和平民居住区免受武装袭击的威胁。虽然这些决议的初衷和措辞都没有什么明显的问题,但是其实施就存在

[①] Carsten Stahn, "Responsibility to Protect: Politicalr Hetoric or Emerging Legal Norm?" 101 American Journal of International Law (2007) 99, at 102—110.

[②] 关于针对利比亚使用武力的理论分析,参见时殷弘:《严格限制干涉的法理与武装干涉利比亚的现实》,载《当代世界》2011 年第 11 期;朱文奇:《北约对利比亚采取军事行动的合法性研究》,载《法商研究》2011 年第 4 期;程卫东:《对利比亚使用武力的合法性分析》,载《欧洲研究》2011 年第 3 期;杨永红:《论保护责任对利比亚之适用》,载《法学评论》2012 年第 2 期。

诸多的滥用和曲解。例如，设置禁飞区在任何意义上都不能解释成一方被禁飞，另一方可以采取轰炸的手段。而"采取一切必要措施"也并不是说可以对于利比亚政府军采取包括武装打击在内的一切必要措施，而仅仅是以保护平民为目标的建立安全区等措施。

2. 偏袒利比亚的反对派

安理会第 1973 号决议的目标仅仅是保护平民、制止人道灾难；并没有在任何地方提到支持利比亚反对派武装、打击利比亚政府军，如果真有这样的意图，这一决议就违背了联合国的宗旨和原则，一定不会被安理会通过。而反对派武装已经公开携带武器，采取了有组织的武装行动，根据 1949 年日内瓦第三公约第 4 条、第四公约第 4 条、1977 年第一附加议定书第 44 条、第 50 条，他们属于战斗员，而非决议中所应保护的平民。在第 1973 号决议通过以后的时间里，以法国为首的北约诸国利用先进的军事设施，帮助利比亚反对派与政府军作战，这就成了扶助交战中的一方攻打另一方的战争，而不再是人道援助。这一点从战争进程中可以清楚地看出：3 月，英法美等北约 8 国在巴黎峰会后开始空袭利比亚，北约的空袭逆转了反对派的颓势，政府军的空中力量不久之后被消灭；5 月，在北约和反对派的联合进攻下，政府军开始撤离围困两月的米苏拉塔，政府军进入收缩和防御阶段；7 月中下旬，反对派在北约的支持下，在东部地区取得完全胜利，并且在 7 月底将战线推进到距首都黎波里 100 公里内的山区。8 月 11 日，利比亚反对派攻入石油重镇布雷加东部居民区，最终因为地雷和政府军强烈抵抗而以失败结束。此时，卡扎菲部队仍控制着包括石油设施在内的工业区。8 月中旬，反对派在收到法国空投的轻重武器后实力增强，夺取扎维耶和盖尔扬，这场胜利意味着所有进入黎波里的公路都被封锁，的黎波里被完全包围。8 月 21 日，反对派武装派在北约的全力协助下，控制的黎波里部分地区，并与政府军展开激烈交火。8 月 22 日凌晨，利比亚"全国过渡委员会"宣布，反对派武装已控制首都的黎波里，全城搜捕卡扎菲。各地仍有交火。10 月，北约不停轰炸苏尔特，20 日晨，卡扎菲决定离开苏尔特去瓦迪哈拉瓦。当日早 9 点，北约向突击队通报说一队 25 辆车的车队正打算离开苏尔特，并对车队进行轰炸，反对派武装抓获卡扎菲后对他痛打致死，并在救护车上抢走了卡扎菲尸体上的金戒指和皮靴。所有这些进展都是反对派在北约的直接支持和参与下达到的，北约的行为很难被解释成公允、正义和人道。

3. 没有真正的人权与人道目标

利比亚是北非人民生活最为富裕、社会福利最为完善的国家，在没有受到外来干涉时，虽然也由于席卷世界的金融危机的影响，出现了一些社会问题,但这些问题都不是灾难性的。即使存在着一些抗议的活动,如果进行适当的处理,是不会出现灾难的。而由于北约的干预,利比亚才真正地进入了灾难之中。不仅政府军,而且北约支持的反对派也存在着不遵守国际人道法的基本原则和规则的状况,造成了对平民的伤害。战争的延续形成了食品和石油的短缺,反对派对于卡扎菲的军队、政府官员及其本人的待遇,很难认为是符合人权和人道要求的。

在这方面,需要说明的是,北约的行动将一个本来不存在大规模人道灾难的国家带入人道灾难之中,将一个本来通过正常方式可以解决的问题演变成国际问题,当前,利比亚很可能会步伊拉克、阿富汗的后尘,成为一个真正意义上的失败国家。与此同时,欧美诸国对于利比亚的热情与对索马里的冷淡形成了鲜明的对比。在索马里这种真正意义上的失败国家,欧美诸国并没有进行国内有效的干预、辅助治理,而是任其混乱和贫穷,任其海盗猖獗,最多对于亚丁湾的船只进行护航。这种治标不治本的方式与国际社会普遍诟病的"选择性正义"一样,都是高度、真诚关注本国利益、忽视他国民众权益的表现。此时,"R2P"就仅仅是招牌和旗号,而无法变成客观的真实。

从人们视为 R2P 有限的实践而言,这一观念存在着极大的实践风险。相关事例证明了 R2P 从理念走向制度现实的路并不平坦,而且很可出现失败。R2P 初步实践中已被验证的缺陷表明,由于国际社会介入的标准没有确定,人权可能被视为统领世界的意识形态的掩盖,并成为干涉合法性的理论依据。这也就存在着霸权化确认的可能;由于介入的主体有待清晰,所以就很可能变成以大国的意愿而转移的干涉行为;由于介入的方式隐存危险,武装入侵的后果无法控制。

(四) R2P 实践问题的深度结构缺陷

在理想主义者看来,R2P 是一个充满乐观含义的突破性概念,是一个新时代的伟大构想,它不仅意味着国际法的人本主义转向,而且是未来世界构划宪政的基石。但理论分析的目的就是要将人们从迷梦和神话中脱出,而非将人带到迷梦与神话中去;就是要破除观念上所附着的层层遮蔽,唤起清晰明确的本原;而非将本来清晰明确的事物重重遮蔽,形成一个无法理解的复杂模糊的表象。将国际关系理论与国际法律关系的现实进行交叉、跨越学科界限的研究,其目标正在于此。就 R2P 而言,建构主义可能会将之理解成国家行为体所共同建构起的一种社会理念,一种国际共同体的文化与信仰,从而成为国际社会守法文化的基础;自由主义者可能将之理解为国家之间合作追求的共同利益。但笔者认为,现实主义作为国际关系理论与实践的底色,作为思考的起点和最终归依,更能够解释"R2P"问题的本质。现实主义警示我们,绝不能脱离国家对于权力的追求这样一个真实的目标,绝不能够放弃国家之间的竞争、斗争、抗衡这样一个现实。只有将这个概念与国家对权力的追求联系在一起,才更有可能理解 R2P 的本质、目标和效果。因此,在关于"R2P"的具体有效地制度未能建立之前,必须警惕任何国际机构扩张其权限,警惕对于既有国际法规范(例如《联合国宪章》第 39 条)的扩大解释。①

R2P 本来是一种符合国际秩序未来发展方向的良好构想,却在操作中出现了诸多问题,直到演变成干涉的任意。其关键原因是现代性思维与制度面对后现代环境与需求所造成的不适。R2P 所假想的国际体系是一个公正透明的体系,是一个国家出于道义、甚至侠义而对其他国家的人民出手保护的体系。它凸显了一种超越国界的世界主义关怀,具有典型的超现代或称后现代的观念特征。而当代世界的治理结构则是以国家为主要行为体、以国界为划分权力与利益基础的,是威斯特伐利亚格局的延续,国家居于核心地位,是现代性的体系。在此基础上,盛行着国家利益、国家需求、国家战略、国家间关系的现代性文化。这种现代性与后现代性的相遇难免会造成如下方面的错位:

1. 在制度上,无政府体系导致的单边主义倾向

从当前国际格局的现实状况看,我们现在所处的国际形势并不是一个完全组织化、制度化的格局,而是一个初级的社会体制。国际关系的各个学派都认同,当今的国际体系是一个无政府体系,没有超越国家的组织机构对国家提出有效的约束。此时,国际法具有分散化的特征,规范与原则在适用和解释上受政治力量对比的严重影响,所以大国政治时常浮现。无政府体系意味着没有超国家的权威确认保护的条件、国家不能履行责任的条件、介入的条件。国际法的分散化意味着长期之内不存在也不太可能存在公认的行使 R2P 的规范,因此也就会存在着很多具体做法上的冲突。国际法是国家之间的法,而不是超越国家的法。没有公认的、国家之外的制度体系,来实施 R2P,没有充分的国际民主保障对于国家进行干预的公正性。此时,"R2P" 成为大国强权的工具。

2. 在观念上,人的安全作为国家意志的包装

正是由于每个国家在结构上、观念上都是独立的,在现实中普遍存在着将国家安全的考虑优于人的安全的考虑的状况。在处理国际关系的过程中,很多行为体都以国家的安全和利益来看待人的安全与利益问题,此时,人的

---

① Dan Kuwali,"Responsibility to Protect:Why Libya and not Syria?", 16 *Policy & Practice Brief* (2012)1.

安全就变成了国家利益的借口。在这样的观念驱使之下,R2P 的认定并非真诚地实现人本主义,并不是真诚地维护目标国人民的权益,而是为了实现大国强权。即如利比亚和叙利亚的情况,西方大国呼吁关注这些国家的国内人权的时候,其真正意图并不是维护人权,而仅仅是考虑如何扩大本国、本国家集团的影响,拓展本国的利益,实现本国的愿望。

在包括国际法律事务在内的国际关系中,我们是赞成和支持人本主义的。我们认为,国际法、国际组织、国际机制的运行应该重视人、尊重人、保护人,国际法、国内法乃至人类得以且制度都应当以人的权利为本位、以人的福利为指向,以人的全面发展为最终目标。但是,从理念的角度看,需要注重两个方面:第一,人本主义强调的是以人作为制度的目的,而非手段,但是个体化的人是可能存在不同的利益、不同的立场、不同的要求的。此时,片面强调一些人的立场、利益和要求而忽视另外一些人的立场、利益和要求,就可能是偏袒,而不是正当、正义的制度。如何在不同的观点之间进行平衡,是人本主义必须面对的问题。第二,人是社会化地存在的,个体的利益可能与群体的利益发生矛盾。片面地强调个人至上,就可能导致群体的利益受损。西方现代政治法律制度的进步,体现了从单纯追求个人利益、强调个人意志向关注公共秩序、关注社群福利发展的过程。所以,个人的权益、安全和福利应当与社群的福利和权益同时考虑。在考量此种权利冲突的过程中,还要分析个人选择与群体决策的关系。既不能以集体的名义损害个人的基本权利与自由,也不能以个人的意志和自由放还社群的发展和进步。虽然西方的社会契约论力图说明个人权利的基础,但也透露出这样一种观念:个人是无法面对巨大的生存挑战而获得自身的幸福的,只有群体协作才能实现共同的生存、安全、发展目标。所以,人本主义不能单向化地理解为个人的意志和权利至上。

在现实操作的维度看,我们坚决反对以人权、人道主义为借口的伪人本主义,反对把人权视为打击一批国家、推翻一种力量、消灭一种观点的旗号,反对通过人权来实现霸权、通过"人道主义干涉"排除异己,通过复活在传统国际法中被认可、而被现代国际法所抛弃的"正义战争"理论来党同伐异观念和实践。我们认为,国际法的人本主义转向、国际关系的人文精神,必须构筑在尊重多元文化、宽容不同观点、体现国际民主的基础上,而绝不能建立在一个或者少数国家为世界制定规则的框架之内。必须建立在民主立法、透明执法、公正司法的基础之上,而不能建立在少数国家实行霸权、多数国家仅仅服从安排的基础之上。

由此,不难看出,穿透国家机制去直接保护人民权益的后现代观念与民族国家分立、主权之上、国家利益优先的现代性思维存在着错位,这是 R2P

在施行的时候无法达到效果的观念基础。

3. 在过程与后果上，R2P 形成的实践偏离

正是因为国际关系的结构性基础和国家观念的利己性，R2P 很可能成为大国压制与制裁小国、扩张其影响、实现其意志的工具。在这样一个不具有超国家机制的世界上，即使是严格的程序和细致的具体条件要求，还可能被违背和无视，像 R2P 这种本身不具有明确的程序设计和规程标准的主张，就更可能被霸权所利用，而成为行使大国意志、满足大国愿望、实现大国利益的工具了。当今世界上现存的大国政治现实意味着大国很可能挥舞着"R2P"的旗帜，选择性地对于有些国家进行干预，进而在世界上排除异己，在存在着动乱的国家铲除其所不欣赏的政府，扶植起能够听命的统治集团。这种做法具有长期的传统，有了"R2P"这一武器，其采取行动就更有了道义和法律的根据。这是 R2P 这一理念在现实中存在的、不能不重视的风险。

（五）R2P 的未来完善路径

如前所述，在当前的国际政治与法律格局中，保护的责任概念很容易被大国所利用，沦为其实现霸权的工具。因此，在未来国际法逐渐完善的进程中，对于 R2P 应当基于现实，并促进现实的良性改进、协同进化：

1. 审慎控制 R2P 的法律化进程

虽然迄今为止，关于 R2P 的文件都不具备法律约束力，而仅仅是宣言、决议、报告，最多可以称为国际软法[①]；但是从联合国秘书长 20 世纪末以来对于 R2P 的提议、倡导、促动、推进来看，安南和潘基文确实存在着要将这一原则和理念上升为习惯国际法的强烈愿望。[②] 在大国政治未能完全解决之时，充分估量 R2P 可能存在的负面效应，不应当轻易地赞同和支持以 R2P 为基础而采取行动，特别是武力干涉行动的主张。必须清醒地认识，R2P 理论尚未发展成为有拘束力的国际法规范，并未在国际法上改变现行的使用武力法规则，国际社会对该理论中军事干涉问题并未形成共识。[③] 当一种新的观念尚不具备时间的土壤时，盲目地采用很可能造成灾难性的后果，不适于认同将 R2P 理解为现行国际法的习惯或者原则。[④] 这和客观条件已经成熟、仅

---

① 参见何志鹏、孙璐：《国际软法何以可能：一个以环境为视角的展开》，载《当代法学》2012 年第 1 期。
② 参见蔡从燕：《联合国履行 R2P 的责任性质：从政治责任迈向法律义务》，载《法学家》2011 年第 4 期。
③ 黄瑶：《从使用武力法看保护的责任理论》，载《法学研究》2012 年第 3 期。
④ Nadja Kunadt, "The Responsibility to Protect as a General Principle of International Law", 11 *Anuario Mexicano de Derecho International* (2011) 187.

仅缺少理论上的突破的状况是大为不同的。在大国政治依然是国际关系与国际法的基调的当代世界,更应当强调尊重主权和领土完整,更应当强调尊重联合国的规则框架,而不适于激进地考虑超越民族国家,直接去保护人权。① 在国际机制尚无法直接、普遍、公平、妥当地保护各国人民的权益之时,各国家政府依然承担着重要的维护国内社会秩序、保护国内人民权益的职责。而认为他国可以以武力的方式介入一国的人权保护,无异于给大国侵犯小国提供了一个期盼已久的理由。因而,在国际格局未作重大进化、国际社会契约未能充分建立、国际公权力未能有效地形成和运作之时,国际社会诸行为体首要的任务是防范大国霸权,应当非常谨慎地在国际社会采取行动,而不能贸然支持将保护的责任付诸实践的做法。② 随着国际人权法地位的提升,国际法需要加速自身发展以适应新的挑战,但现阶段在禁止使用武力原则的发展方面、对以军事手段实施保护责任需持特别谨慎的态度,以确保国际社会的和平和人权价值的实现。③ 虽然也门危机也在联合国安理会的干预下通过非军事措施得以平息,但是,由于保护责任存在的巨大风险,以中俄两国为代表,阻止了国际社会在叙利亚采取与在利比亚的实践相似行动的提议。这表达了国际社会的分歧,也表现了有关国家在安理会履行 R2P 原则上的谨慎态度。④

2. 在承认大国政治现状的前提下,采取措施逐渐弱化大国的影响

大国政治是我们思考国际问题的宏观背景,使讨论包括 R2P 在内的国际法律问题的基本语境。但是,这个背景并不是一成不变的。这个语境在历史发展的浪潮中,不断地被更新和进化。威斯特伐利亚和约开启了一国际会议解决争端的大门,国家之间的关系从征伐与联盟变得更为多样化;维也纳和会建立了各国共同行动的初步安排,并形成了运行很久的欧洲协调机制,这些都避免了国际战争的轻易爆发;20 世纪更是试图通过建立国际组织,约束大国的任性。第一次世界大战以后,国际法从欧洲的狭小视野走出,变成了包容越来越多新独立国家的全球机制,原来殖民大国强加给其他地区的"非文明国家"的词汇被摒弃。第二次世界大战之后,更是在《联合国宪章》中直接规定了战争的非法性质。虽然这些组织和规范并没有达到理想的效

---

① David Chandler, "The Responsibility to Protect? Imposing the 'Liberal Peace'", 11 *International Peacekeeping* (2004) 59.
② Alan J. Kuperman, "Rethinking the Responsibility to Protect", 19 *The Whitehead Journal of Diplomacy and International Relations* (2009).
③ 黄瑶:《从使用武力法看保护的责任理论》,载《法学研究》2012 年第 3 期。
④ 参见 2009 年 7 月 24 日刘振民大使在联大关于"保护的责任"问题全会上的发言;阮宗泽:《负责任的保护:建立更安全的世界》,载《国际问题研究》2012 年第 3 期;曲星:《联合国宪章、保护的责任与叙利亚问题》,载《国际问题研究》2012 年第 2 期。

果,但是毕竟在很多方面起着作用,对于大国按照自己的意志摆布世界秩序、分配资源构成了限制。今后,在这方面还有必要进一步努力,来使大国在国际事务中的作用控制在理性的范围之内。

弱化大国影响的途径包括:第一,以大国制衡大国,即利用大国之间的力量均衡相互制约,限制一个大国度与世界的掌控;第二,以小国联合平衡大国,即通过类似"七十七国集团"这样的小国联合体形成一股群体的力量,对大国构成影响的平衡;第三,以组织和规范约束大国,虽然用大国或者小国联合可以对大国政治构成约束,但是这种约束是不稳定的,很可能被破坏。因而,需要逐渐增强国际社会的组织化、规范化程度,逐渐形成法治化的环境。只有在法治的环境下,才能使大国的行为受到更加持久和有效的约束,才能使包括 R2P 在内的主张进入到一个公平、正当的轨道。

3. R2P 自身法治化的制度设计

前文已述,"R2P"在实施过程中可能被滥用,其原因与国际关系的基本状态相关,但也在很大程度上缘于 R2P 还仅仅是一个理念、一种主张,而没有充分的规范化。约束其被滥用的方式只能是在联合国的层面全面订立保护责任和战略、标准、程序、工具。具体而言,需要通过国际协商的方式在以下问题上形成共识,并确立有效的规则和程序:

第一,在何种情况下可以超越国家的边界、穿透国家主权而贯彻 R2P? 回答这个问题就是要将 R2P 前提设定予以法治化。主权国家应如何行为才符合保护责任的要求,迄今并无明确具体的标准和依据。为防止评估确认上的主观随意性,其成为干涉他国内政的工具,国际社会应当以国际人权法与国际人道法为基本依据,并主要通过对人道法规范在具体情势下的解释适用,来评估确认政府军事行动是否符合人权保护责任上的特定要求,以及是否构成不能或不愿履行 R2P 的严重情形,从而确定国际社会是否应当介入以及应采取的适当措施与方式。[①] 这要求国际社会通过民主协商的方式多元确定可以对于一国政府提出要求,保护其内部人权的条件,由此在起点上避免单边主义、强权政治。

第二,由谁来进行保护? 也就是 R2P 的主体应当进一步法治化。倡导由一个公允的、无直接利害关系的一方作为主体,而避免出于经济利益、政治影响、观念倾向而愿意积极介入的那些国家利用这个机会,牟取自身的权力的情况。此时,最适当的方式是一个代表国际社会而没有单国立场的行为体实施,这也就意味着需要建立国际公权力。当公权力尚未建立起来之时,排

---

① 赵洲:《在国内武装冲突中履行"保护的责任"的规范依据及其适用》,载《法律科学》2012年第 4 期。

除直接的利益相关方是必要的。

第三,以何种方式保护?保护人权、避免人道灾难的事情必须以保护人权、尊崇人道的方式来进行。也就是尽量采取和平的方式,而非战争来解决。即使是针对凶残的政府,单纯地消灭也并不意味着善。人类社会之善更体现为如何避免恶的重生,如何建构和持续善治。因此,关于是否应当战争的问题,西方哲人基本存在着一样的观念。无论是康德的永久和平,还是罗尔斯的万民法、哈贝马斯的协商民主,都不主张采取战争的方式。所以,通过对话、合作、援助的方式更有利于人权的提升,更有助于人道灾难的避免。不允许以推翻政府为目的而进行武力征战,应当始终真诚地以人民的利益为根本目标,而不应当脱离这一目标。为此,有关国际组织,例如联合国安理会,就应当时刻关注在履行 R2P 的过程中是否遵守了国际人道法?如果有违法情势,应当进行公平的司法审判,而不是对一方严格要求,对另一方宽大容恕。

第四,保护的结果如何?对于履行 R2P 所取得的效果要进行有效的评估。这也就意味着,不仅从实施的方式和过程上,而且在结果上,都应当真正达到保证人权的目标。这样就意味着,保护是一个长期持续的过程,不能以理想的道德至上的方式,对于目标地区采取一番貌似善意的举措,最终却没有任何真正的提升。①

国际法治除了注重真诚的人本主义,还强调文明间共存和可持续发展。所以,包括中国在内的非西方国家应当有更明确的立场,在国际民主、国际发展的语境下促进人本主义,始终坚持合作是实现人权的最佳途径。在保护国家自主、独立与领土完整的前提下追求国际宪政,只有这样,才能真正推动国际法的进步,而不是促进大国霸权的扩张。

四、武力使用中的"正义"之谜

在武力使用的诸项考量之中,"正义"是一个最为重要的方面。无论作为一种价值追求,还是作为一种讨论的话语,这个术语都经常被提及。然而,何谓"正义"?什么是武力使用中的正义?恐怕是一个需要认真讨论的问题。在这里,笔者将依据叙利亚的"人道问题"所引致的国际社会争论,予以分析。

叙利亚的政局似乎在 2012 年 4 月因安南的斡旋暂归平静。但是,在

---

① 笔者曾经向一些阿富汗官员了解过阿富汗的政局,他们对于美国在该国的努力鲜有认同,并向伊拉克人民一样,期待着美国人早日离去。这就表明,片面地以西方式的民主方式治理非西方国家,并不一定真的提升了人们的自由和幸福,更多地考虑人民自身的愿望才可能取得满意的结果。

2011年末至2012年初,联合国安理会曾两度针对叙利亚的情况予以讨论、试图通过决议,皆因中国和俄罗斯使用否决而未得成为现实。① 西方大国表现得非常恼火,一些利比亚和叙利亚的民众也因此对中国表达不满。② 英国外交大臣黑格甚至声明,这是"联合国耻辱的一刻"③,并通过其他方式谴责甚至制裁叙利亚。④ 此时,就出现了一个疑问:对安理会试图谴责叙利亚政府、并干涉叙利亚情势的努力进行阻止,是不是对人权的抵制、对一个残暴政府的支持? 在国际和平与安全上,究竟是英美一方的主张代表着世界公理,还是中国、俄国的观点代表着国际正义?⑤ 由此上溯到21世纪初的十余年,就会发现国际社会的正义问题逐渐成为一个充满疑惑的谜团。2008年,科索沃单方面宣布独立,很多国家予以承认;2010年,国际法院发布咨询意见,认为科索沃单方面宣布独立不违背国际法。⑥ 2011年,安理会第1973号决议表示了对利比亚人道灾难的关注,以及结束此种灾难的动议。⑦ 继而,北约向利比亚政府军实施武装攻击,直至利比亚反对派攻陷首都的黎波里,成立过渡政府,世界诸国及有关国际组织也迅即予以承认。⑧

这一系列事件实际上都关涉国际秩序的总体导向、国际关系的伦理核心。因为透过这些事件,可以深度追问:什么是国际关系中的正义? 更进一步说,在国际秩序上,应当如何认识和建构正义? 这种正义怎样能够获得认可并予以实现?

---

① 2011年10月4日中俄共同否决联合国安理会涉叙决议草案,除俄罗斯和中国外,安理会其余13个理事国投了赞成票。2012年2月4日表决叙利亚问题决议草案,俄中两国再次投反对票否决。该草案删除了要求叙总统交权、政府与反对派对话等内容,保留支持阿盟新倡议等。
② 2012年2月6日,一批叙利亚和利比亚的民众聚集在中国驻利比亚首都的黎波里的大使馆外,抗议中国否决安理会决议案。
③ 黑格声称,中国和俄罗斯在安理会否决涉叙利亚问题决议草案是"联合国耻辱的一刻",是对叙人民的背叛,俄中站在残酷镇压人民的叙政府一边,站在了阿拉伯和国际社会的对立面,将助长暴政和杀戮。
④ 2012年2月17日,联合国大会通过了对叙利亚问题的决议草案。137个国家投赞成票,中国、俄罗斯、朝鲜、伊朗等12国投了反对票。当然,联大决议不具有法律约束力。3月1日,联合国人权理事会第19届会议以37票赞成、3票反对、3票弃权的表决结果,通过了一份谴责叙利亚当局镇压平民的决议。决议强烈谴责叙利亚当局继续大规模蓄意侵犯人权和基本自由,要求其停止一切侵犯人权的行为,停止袭击平民。中国、古巴、俄罗斯投了反对票。
⑤ 2012年3月1日,英国外交大臣威廉·黑格宣布,英国已从叙利亚撤回所有外交人员,并关闭位于叙利亚首都大马士革的英国使馆。此前,美国、瑞士已于2月关闭了驻叙使馆。
⑥ Accordance with international law of the unilateral declaration of independence in respect of Kosovo, 22 July 2010, General List No. 141.
⑦ S/RES/1973(2011),安理会2011年3月17日。
⑧ 2011年9月16日,第66届联大以114票赞成、17票反对、15票弃权的表决结果,通过了有关出席本届联大的各国代表全权证书的决议草案。

(一) 正义谜团:一个理论问题在国际关系上的体现

正义是对制度和行为的道德评价①,是政治学、社会学、伦理学的基本范畴②,是包括国际法在内的法学的重要、甚至首要价值。③ 虽然关于法律的道德性存在过争论,特别在哈特和德沃金之间④、罗尔斯和哈贝马斯之间⑤有着不同的观点,但是现代法学家很少认为法律与道德毫无联系。⑥ 那么,正义的确切内涵是什么?衡量正义的尺度又是什么呢?

1. 正义内涵的主观性

中国先秦开始就已经用正义这个词汇来表示公正的道理。⑦ 从指向上讲,这一用法与西方的正义(英文 justice,来自于希腊文 δικαιοσύνη 和拉丁文的 justus)一样,都是道德正当的意思。⑧ 但是,同样的内涵未必等于同样的外延。中国古代思想文化受儒家影响深刻,所以道德正当往往与儒家的教诲联系在一起;而西方的道德正当观念则较多地和先验理性联系在一起。⑨ 不仅存在上述传统的差异,即使在同一传统内,不同的人也会以不同的方式提出自己的理解方案和衡量标准⑩,亚里士多德将正义分为"矫正正义"和"分配正义"⑪,学者们在需要、功劳、美德的角度来分析正义的要素。⑫ 康德以普遍的道德法则来看待正义,边沁则将最大多数人的最大幸福这一功利准则作为正义的尺度。当代影响最大的正义观是罗尔斯提出的"作为公平的正义"的观点,也就是人人平等自由、机会平等,不平等的机会仅应更有利于

---

① 《中国大百科全书·政治学》,中国大百科全书出版社 1992 年版,第 468 页。
② 《中国大百科全书·哲学》,中国大百科全书出版社 1987 年版,第 1164 页。
③ 姚建宗:《法理学:一般法律科学》,中国政法大学出版社 2006 年版,第 234 页。
④ 〔美〕罗纳德·德沃金:《认真对待权利》,信春鹰、吴玉章译,中国大百科全书出版社 1998 年版,第 33—45 页。
⑤ 〔美〕约翰·罗尔斯:《政治自由主义》,万俊人译,译林出版社 2000 年版,第 449—456 页。
⑥ 〔美〕理查德·A.波斯纳:《道德和法律理论的疑问》,苏力译,中国政法大学出版社 2001 年版,第 106—149 页。
⑦ 例如《荀子·儒效》中有"又不学问、无正义,以富利为隆,是俗人也"的句子,《韩诗外传》卷五有"耳不闻学,行无正义"的提法。《史记·游侠列传》中提到"今游侠,其行虽不轨于正义,然其言必信,其行必果。"参见《汉语大词典(缩印本)》,上海辞书出版社 2007 年版,第 2872 页;《辞海(第六版)》,上海辞书出版社 2009 年版,第 2922 页。
⑧ *Shorter Oxford English Dictionary*,Oxford University Press,2002,p.1473.
⑨ 参见金观涛、刘青峰:《观念史研究》,法律出版社 2009 年版,第 37—38 页。
⑩ 张文显主编:《法理学》(第三版),高等教育出版社 2007 年版,第 333 页。
⑪ 〔古希腊〕亚里士多德:《尼各马可伦理学》,廖申白译注,商务印书馆 2003 年版,第 134—140 页。
⑫ 〔英〕丹尼斯·劳埃德:《法理学》(第七版),许章润译,法律出版社 2007 年版,第 200 页;〔美〕理查德·A.波斯纳:《法理学问题》,苏力译,中国政法大学出版社 2002 年版,第 391—433 页。

最不利者。① 诺齐克则提出,正义与平等无关,个人的权利才是首要价值。②这两种相互争论的观点就折射出正义问题在理论上分析的困境。沃尔泽指出:在人们的禀赋不同的时候,追求平等既不理智、也不可能。尊重自治、尊重多元的正义标准,才是避免暴政的最佳途径。③ 桑德尔认为,正义与社会之善紧密相连,因而考虑正义的问题要衡量分配的社会结果。④

正义不是一个客观的、先验的、给定的概念,而是一个具有主观意愿色彩的概念。⑤ 正义的考量具有主体性的特征。不同主体对同一个事物的正义要求可能是不同的。正义的判定具有主观性的特征。无论是国内还是国际社会,正义都是一些价值在具体事务上的表现,只是因为具体事务的差异,这些价值表现的不同而已,因而,正义的不同理解关键在于对不同因素的价值判断存在差异。正因为不同主体观察的正义角度不同,体验正义的立场不同,所以正义很难从先验、普遍、客观的角度予以判定,它带有很强的主观倾向性。正义不是先验的,就要求我们对于具体场合进行特别的考量,而不能试图拿出一个绝对的、普适的标准。正因为正义的美好,难免落入公说公有理、婆说婆有理的境地。一万个人可能也有一万种正义的公式。所以,在判断是否为正义的时候,首先需要问的是:这究竟是谁的正义?在正义理解存在诸多差异的境况下,关键是要彼此宽容和谅解,不能以一人之正义观压制他人之正义观,不应要求所有人都具有同样的正义观,如此才能避免霸权、威权,形成真正的正义。

2. 国际正义在法律层面寻求的困境

全球正义对于当今的世界秩序至关重要,这一点已经获得了人们的肯定。⑥ 但是,由于国际社会的无政府性、国际法的分散、不成体系性,正义的理解差异更大,国家之间的观点更难于沟通。有的人认为贫富差距过大的社会不正义;有人更认为不让人自由表达是不正义的;有的人认为破坏环境的

---

① 〔美〕约翰·罗尔斯:《作为公平的正义:正义新论》,姚大志译,上海三联书店2002年版,第70页;〔美〕约翰·罗尔斯:《正义论》(修订版),何怀宏、何包钢、廖申白译,中国社会科学出版社2009年版,第47页。
② 〔美〕罗伯特·诺齐克:《无政府、国家和乌托邦》,姚大志译,中国社会科学出版社2008年版,第34—36页。
③ 〔美〕迈克尔·沃尔泽:《正义诸领域:为多元主义与平等一辩》,褚松燕译,译林出版社2002年版,第2—3页。
④ 〔美〕迈克尔·J.桑德尔:《自由主义与正义的局限》,万俊人等译,译林出版社2001年版,第203—205页。
⑤ 当罗尔斯通过努力将正义从功利主义的理解走向个人自由的时候,有的学者则锲而不舍地认为个人与社会的功利仍然是实践伦理学的起点,而且理性、文化对伦理有重要作用。〔美〕彼得·辛格:《实践伦理学》,刘莘译,东方出版社2005年版,第2页。
⑥ 〔美〕涛慕思·博格:《康德、罗尔斯与全球正义》,刘莘、徐向东译,上海译文出版社2010年版,第420页。

生产、生活方式是不正义的。由此可以看出,人们获取信息的方式不同、筛选信息的方式不同、价值排序的不同,就会导致出现不同的正义思路。麦金太尔指出:如果不能在德行相对重要性上达成一致,就不能达成一致的正义观。而个人主义文化恰恰无法达成这种一致性。① 引申言之,在国际社会这种主权林立的环境下,也不能达成一致的正义观。在这种情况下,是否意味着国际正义的确立不可能呢? 也不尽然。一个简捷的路径是寻求法律之内的正义。例如,对于前述国际问题而言,如果法律有明确的规定,可以根据法律去寻求和维持正义。② 然而,遗憾的是,既有的法律对于国际关系中正义界定的问题不仅缺乏明确的规则,而且既存的原则也是内容模糊、相互冲突的。例如,《联合国宪章》中规定了对于人权的信奉,也规定了对于国家主权平等的依赖③;1970 年联合国大会全体一致通过的《关于各国联合国宪章建立友好关系及合作之国际法原则之宣言》则更为宏观地规定了各民族享有平等权利与自决权之原则和各国主权平等之原则。世界人权会议 1993 年通过的《维也纳宣言和行动纲领》在大力主张人权的同时,也特别提出,民族自决"不得被解释为授权或鼓励采取任何行动去全面或局部地解散或侵犯主权和独立国家的领土完整或政治统一"。晚近国际法院对于科索沃单方宣布独立的咨询意见、安理会关于利比亚的实践确实表现出对于国家主权和领土完整的忽视,但是,这本质上是与叙利亚问题一样的事件,在笔者看来,不仅没有构成联合国和国际法的先例,而且本身就是一个值得讨论的问题。④ 一些国际法学者指出:国际司法往往不是寻找法律,而是选择法律。这种选择的境况也就意味着,法律之内的正义在国际法的语境下不可确定。此时,就需要我们跳出法律实证主义,在法律的背后,从法哲学和国际政治的层面去分析正义的因素、找寻正义的标准。

3. 国际关系中正义的实践理性特征

正义在实践中探索,并接受实践检验。作为广泛的正义的一部分,国际社会的正义自然是一个实践性、多元的概念,自由主义与功利主义、社群主义、马克思主义、女性主义、多元文化主义在什么是正义的问题上是存在着不

---

① 〔美〕A. 麦金太尔:《德性之后》,龚群、戴扬毅等译,中国社会科学出版社 1995 年版,第 308 页。
② 郑成良:《法律之内的正义》,法律出版社 2002 年版,第 7 页。
③ 《联合国宪章》序言、第 1 条、第 2 条第 1、2、4 款。特别是第 2 条第 4 款规定:"各会员国在其国际关系上不得使用威胁或武力,或以与联合国宗旨不符之任何其他方法,侵害任何会员国或国家之领土完整或政治独立。"
④ 参见何志鹏:《从强权入侵到多元善治》,载《法商研究》2011 年第 4 期;何志鹏:《大国政治中的司法困境》,载《法商研究》2010 年第 6 期。

同的观念的。① 在实践哲学上,在行为的实施过程和效果上经常面临着为了实现某种利益而损害某种利益、但必须有所选择的困境。② 在法律领域体现为法律原则的冲突、法律权利的冲突,以及紧急避险、正当防卫等规范。③ 因而,就具体问题而言,存在着很多诉求不同甚至相互冲突的价值。例如世界和平与安全、国家的自由和独立;人权、主权:人的安全、生命、财产;政府、领土完整,等等。同理,现代国际法的基本价值也是多种多样的,既包括主权平等、禁止以武力相威胁或使用武力、和平解决国际争端、不干涉内政、国际合作,也包括尊重基本人权、民族自决、善意履行国际义务等原则。④ 因而国际正义也就具有不确定性的特征,只能根据特定的状况权衡价值,而无法构建一个给定的尺度;要求国际社会在矛盾冲突中寻求平衡,甚至创设新的价值。从国际层面看,要回答"正义在哪里"这个问题,不仅要考虑法律、政治民主与法治之间的权衡,还要结合历史和实践予以分析。

(二) 对当代的主导西方正义观念的反思

国际社会的正义,是正义观念在国际问题上的投射。当代世界,形成了一种在西方主导之下的正义观,也就是以民主和人权为主导价值、以"保护的责任"为理论基础的价值体系,以干涉内政为此种观念的政策后盾。西方大国在权衡正义的实践过程中确立了这样一套等式:首先,民主和人权等于善;其次,西方国家的模式等于民主和人权;进而,西方国家的意志等于世界正义;结论就是:反对西方国家的意志等于不正义,等于世界的耻辱。对于这套正义思想,不仅应当追溯历史进行认识,更应该从理论基础和实践影响的方面进行反思。

1. 西方主导国际正义观的出现和发展

20世纪中叶之前,国际法的主题是战争与和平,正义被作为国家开启战争的理由,使用广泛但内涵含混。⑤ 威斯特伐利亚体系确立的民族国家独立

---

① 〔加拿大〕威尔·金里卡:《当代政治哲学》,刘莘译,上海译文出版社2011年版,第35—40、96—105、137—148、187—215、221—222、382—385、416—434页。
② 〔美〕托马斯·内格尔:《本然的观点》,贾可春译,中国人民大学出版社2010年版,第201—202页。
③ 〔美〕迈克尔·D.贝勒斯:《法律的原则》,张文显等译,中国大百科全书出版社1996年版,第12—13页;何志鹏:《权利基本理论:反思与构建》,北京大学出版社2012年版,第121—140页。
④ 梁西主编:《国际法》(第三版),武汉大学出版社2011年版,第56—64页。
⑤ Mary Ellen O'Connell, *The International Legal System*, 6th ed., Foundation Press, 2010, p.920.

和主权平等原则导致国家之间各行其是,基本不缺乏关注他国事务。① 欧洲协调体制虽然建立,但这仅仅是为了抵御强大的对手而结成暂时的同盟。在第一次世界大战之前,社会达尔文主义盛行于世,人们笃信"强权即是公理",所以国家诉诸战争理所应当,战胜国征服土地、获取赔款并没有被视为不妥,且被国际法所接受。当时在某些场合提出了"国际正义标准"的概念②,主要是为了保护本国人在外国的利益,作为胁迫殖民地和半殖民地国家或者发动"人道主义干涉"作借口。③ 第一次世界大战之后的国际联盟虽然试图维护世界和平,但由于缺乏大国的支持和有效的约束机制,并未有效阻止和惩治侵略战争。不过,1928 年《非战公约》的存在还是使挑起战争的正当性受到了广泛的质疑。④

第二次世界大战以后,国际社会的主题是和平与安全,和平是正义之基。虽然为了避免德、意、日法西斯横行世界的灾难而形成了联合国,为了避免"二战"之前国联难于约束大国开启战争而形成了具有约束力和行动力的安理会,但是由于冷战局面的客观存在,联合国安理会难于对国际正义问题提出有效的解决方案。被寄予厚望的国际组织长期没有有效地运行,不仅存在着分工不明确、彼此功能重复的效率问题,而且由于核心制度设计与大国争霸相结合使重大问题难以有效解决。⑤ 否决权是在苏联力求扩大否决权的范围和英美等力求缩小否决权的范围的分歧中形成的一种妥协。⑥ 否决权的特色在于只有在大国取得一致之时,联合国安理会放能采取行动,如果有一个安理会的常任理事国表示反对,安理会也不能作出决议,这也就意味着反对的国家意愿得以伸张,而主张的国家意愿无法实现。这一制度不乏合理性:表面上看,这种做法违背了多数决的民主原则。但实践中这种规则能够避免国际社会的盲目草率行动。意味着所有大国必须深思熟虑,方能作出决议,在世界上实施。⑦ 也就是说,否决权意味着少数可以抵制或者阻止多数

---

① 王绳祖主编:《国际关系史·第一卷(1648—1814)》,世界知识出版社 1995 年版,第 61—63 页。
② Louis Henkin, *International Law: Politics and Values*, MartinusNijhoff Publishers, 1995, pp. 169—170; Louis Henkin, *The Age of Rights*, Columbia University Press, 1990, pp. 7—9.
③ Ian Brownlie, *Principles of Public International Law*, 7th ed., Oxford University Press, 2008, p. 742.
④ 王绳祖主编:《国际关系史·第五卷(1929—1939)》,世界知识出版社 1995 年版,第 59—81、144—153、159—167 页。
⑤ 〔英〕戴维·赫尔德、〔英〕安东尼·麦克格鲁:《全球化理论:研究路径与理论论争》,王生才译,社会科学文献出版社 2009 年版,第 293 页。
⑥ John Kaufmann, *United Nations Decision Making*, Springer, 1980, pp. 43—45.
⑦ 对于否决权的质疑与分析,参见 Paul Kennedy, *The Parliament of Man: The Past, Present, and Future of the United Nations*, Random House, 2006, p. 51.

的权利①,在大国未能达成一致之时,相关事务先由其自身发展,暂不予以干涉。只有大国之间的权力配置达成一致、对于一项国际事务具有共同的利益,才形成具有约束的规范,这种规范才能具有较好的实施效果,否则,即意味着权力未能妥协,利益无法一致,即使作出了决议,其实是也必然存在着障碍。因而,这种否决权是具有深层理性的。这恰恰符合国际政治学者的论断:国际法得以实施的环境是权力一致和利益妥协的立场。② 当然,美苏争霸与否决权相辅相成,导致冷战时期多数时候,联合国安理会都无法形成决议,陷入瘫痪状态,作为和平的正义也就难于维持。③

冷战结束后,国际社会进入全球化时代,正义的内涵被西方国家所阐释。这一方面由于客观上的经济全球化而引致了国家之间相互依赖增强,很多问题超越了国内和国际的界限,而具有国内问题国际化、国际问题国内化的混合性特征,显示出区域全球化或全球区域化(glocalization)趋势。④ 另一方面由于20世纪90年代以来,西方资本主义大国追求民主和人权的自由主义价值观骤然取得一元化的主导地位,主观上期待着一种没有对手的"历史的终结",对于他国内部事务的兴趣和干预逐步增多,其压倒优势形成了当代联合国、国际法的自由主义倾向,安理会从关注国际和平与安全拓展到了国内安全和人的安全,考虑一国内部的局势。⑤ 国际正义观在很大程度上具有西方主导的色彩,国际社会在西方意志的基础上建构国际关系的主流话语,形成了大人权、小主权,大反对派、小政府的格局。甚至出现了"人道主义干涉"的回归,动辄使用武力进行干涉。⑥

2. 反思民主:狭隘化推行的暴力化后果

西方诸国倡导国家实行以选举为标志的民主决策方式,并将这种方式作为衡量政治正义的尺度。这一立场至少在以下几个方面需要深思:(1)从理论上看,民主本身存在缺陷。虽然民主能避免独裁的不理性行为,但真正的民主也存在低效率和多数人的暴政两个巨大的问题。前者意味着真正民主

---

① 梁西:《梁著国际组织法》(第六版),杨泽伟修订,武汉大学出版社2011年版,第146页。
② 〔美〕汉斯·摩根索:摩根索:《国家间政治:权力斗争与和平》,徐昕等译,北京大学出版社2006年版,第56—64页。
③ Paul Kennedy, *The Parliament of Man: The Past, Present, and Future of the United Nations*, Random House, 2006, pp.54—57.
④ 〔英〕戴维·赫尔德、〔英〕安东尼·麦克格鲁:《全球化理论:研究路径与理论论争》,王生才译,社会科学文献出版社2009年版,第293页。
⑤ 〔英〕奈尔·迈克法兰、云丰空:《人的安全与联合国:一部批判史》,张彦译,浙江大学出版社2011年版,第172—182页。
⑥ Louis Henkin, et al, *Human Rights*, 2nd ed., Foundation Press, 2009, pp.534—560; Williamson Slomanson, *Fundamental Perspectives on International Law*, Wadsworth, Cengage Learning, 2011, pp.514—519.

的政府无法对事件作出迅疾的反应,后者意味着民众可能被煽动失去理性。① 因而,民主虽然重要,但并非唯一的尺度。民主之善并不足以证明民主是唯一的善,非民主就是恶。(2) 退一步说,即使民主基本上是善的,民主是有多种表现形式的,普选、大选是民主,非普选和大选也可能是民主的。(3) 西方的民主也不一定完全达到了民主的理想,也有很多不尽如人意的地方。真实的民主不可得,现实中的民主往往变成能够操纵媒体者思维与愿望的展现。如果回顾历史,不难看出,资本主义民主、自由所具有的虚伪性,它是在剥夺他国财富的基础上形成的富庶。美国这一最尊崇民主的国家也有国内战,也有过对黑人、华工人权的否认和践踏②,有过麦卡锡主义,有过越南战争、阿富汗战争、伊拉克战争。这些行为的正当性都难以认定,恰恰说明了民主的污点。(4)民主不只是国内民主,更应当考虑国际民主。民主至少不是唯一的正义,因为这一点未被实践所确证。所以,绝不能因此就认为只有西方的政治模式才是唯一正当的。民主的正当性并不能证明所有挂着民主的标签的行为都是正当的;反过来,也不是他们认为不民主的体制就都理所当然都是恶的、不正当的。

正如肯尼·沃尔兹所言,国家之间的功能相差很小,主要的是强弱差距导致在国际关系中所扮演的角色不同。③ 这实际上也就意味着,虽然国家可能有善恶的伦理距离,但是这不是本质差异,政府都是一个利益团体,目标是维护国内秩序,在国际体制中保证安全、存续和发展。从康德到罗尔斯,西方政治哲学对于国际正义的界定并没有本质的变化。在康德关于永久和平的设想里,每一个国家的正当性基石就是人的自由④;而在罗尔斯看来,一个力量的国际体制也就是给人以自由和权利的万民法。⑤ 但是,如何让整个世界都进入到尊重和维护人权的状态,学者们却拿不出适当的方式。康德认为,这种永久和平的国家联盟应当建立在友好的基础上,但战争却是自然而然的⑥;罗尔斯则认为国家之间应当以宽容为主题,只能通过引导的方式逐渐

---

① 〔英〕安德鲁·海伍德:《政治学》(第二版),张立鹏译,中国人民大学出版社2006年版,第95—104页。
② 美国在需要劳动力时大量吸收华工,在劳动力相对富余时,则严格限制甚至排挤华工,对华工长期歧视、盘剥,不承认其地位,多方限制其经济权利。
③ "国内秩序是由异质性成分组成的;国际秩序则是由同质性单元组成的。"〔美〕肯尼·沃尔兹:《现实主义与国际政治》,张睿壮、刘丰译,北京大学出版社2012年版,第143页。
④ 〔德〕康德:《历史理性批判文集》,何兆武译,商务印书馆1990年版,第105—106页。
⑤ 〔美〕约翰·罗尔斯:《万民法:公共理性观念新论》,张晓辉等译,吉林人民出版社2001年版,第3、25—32页。
⑥ 〔德〕康德:《历史理性批判文集》,何兆武译,商务印书馆1990年版,第12、110、121页。

构建良好社会,战争则仅限于自卫。① 战争在近半个世纪来不受欢迎的主要原因,不仅是战争本身的破坏性,而且在于战争的正义性很难确认。

3. 反思人权:强制化倡导的霸权化转型

现代西方大国国际战略的重要法律依据是人权,他们倡导并坚持一套以表达自由、政治权利保障体系,并特别热衷于将这一要求作为衡量其他国家和政府正义的核心尺度。需要指出的是,人权作为政治、法律的价值,其内涵经常是模糊的,主张也容易含混。(1) 人权的主体"人"或"人民"不是一个特定的一类主体,在政治体制中,往往是"沉默的大多数"。正因为人民难于表意,往往会被一些势力所利用,"人权"就成了一些强权的任意和暴力。2011年的利比亚就是这样的例子。在北约空袭利比亚行动的表面目标是保护利比亚人民,但人民的利益在哪里?人民的愿望是什么?没有民意调查,也没有访谈证明。此时,人民意志可能就成了一个"可以随意打扮的小姑娘",仅仅成为政治力量较衡的借口。人民意志的谜团很难让世界认定人权得到了更为充分的保护,所以此类行动给法律留下了深深地迷惑,给国际关系的法治化发展造成了一系列的障碍。(2) 人权并不是自然的,所以存在冲突。人权中的"权"有一系列具体而多样化的指向,不仅限于政治权利与公民权,还应当考虑经济社会文化权利、环境权、发展权、和平权等各个层次。不同主体的相同权利、不同权利是有可能冲突的。当一些人从表达自由和选举权角度看待正义的时候,另一些人则更关注全球贫富差异的问题、环境质量下降等问题。② 那些口称为世界维护人权的国家,同时也正是加剧贫富分化、引致环境问题的国家。此时,究竟哪方面更正义呢?(3) 人权可分为名义的人权与实质的人权。在很多案例中,人权流于形式,只是国际政治中给遏制他国、行使霸权提供合法性而制造的借口和说辞③,只是迷惑国际舆论、掩盖事实真相、欺骗世界人民的一种手段,此时正义就更无从谈起。④ 就叙利亚问题而言,当2012年该国政府启用全民公决进行修宪的时候,不难客观中立公允地判断为支持人权和民主的行动。西方诸国置正在改革的政府、全民公决于不顾,不去采取正面的监督和影响,促进其健康地改革,反而支持反

---

① 〔美〕约翰·罗尔斯:《万民法:公共理性观念新论》,张晓辉等译,吉林人民出版社2001年版,第95—99页。
② 〔加拿大〕L. W. 萨姆纳:《权利的道德基础》,李茂森译,中国人民大学出版社2011年版,第84页。
③ 〔美〕涛慕思·博格:《康德、罗尔斯与全球正义》,刘莘、徐向东译,上海译文出版社2010年版,第421—439页。
④ 人权被政治化而变成辅佐大国愿望的理论武器,这种"无价值的世界里的价值观"成为帝国主义的工具。参见〔美〕科斯塔斯·杜兹纳:《人权与帝国:世界主义的政治哲学》,辛亨复译,江苏人民出版社2010年版,第4、6、7章。

对派采取武装行动、一门心思要把政府推翻,在什么意义上是保护人权呢?此种将人权修辞化、标签化使用的状态不仅不是维护人权,反而是侵害人权、宣扬霸权。

人本主义、人权至上在国际上具有一种潜在的危机:按照某些国家的意志去界定人权、推崇西方模式的政治体制,推翻非西方、非西方化、非亲西方的政党、政治家,最后导致世界西方化,而西方体制本身是存在弊病的,最终很可能导致人权也无法得以保障。此时,人权被误用和误导,人民仅仅是一个借口,是沉默的大多数,很可能任何一派掌权,人民都是被当权者盘剥的对象。美国以往在中美洲挑起的政变就证实了这一点。

4. 反思干涉:保护的责任的侵略型演变

当今世界仍然是一个无政府世界,如果贸然将国内正义问题纳入国际范畴,可能存在霸权国家以正义的面目去粗暴、偏袒地干涉他国事务的情况,不仅危机该国内部的政局稳定和民生幸福,更为国际社会的基本结构和可预期性带来风险。为了控制此种风险,必须谨慎地看待对他国的干涉。然而,在当今的大国政治格局之下,国际法所主张的主权原则、不干涉原则都大幅缩水,而以各种名义出现的对于一国民主与人权境况的干涉行为就可能屡屡发生。从国际法的维度上,值得深思的就是:国际组织从国际和平与安全到一国内部的人权与民主的关注点转移是否合理?是否符合国际政治体制?

尊重国家的主权,不干涉一国的内政,长期以来都是国际法的公认准则。但是这一准则却屡屡被违背。即使是罗尔斯的《万民法》也没有接续《正义论》的思路去分析国与国之间的关系,而是将人的自由和民主置于首位。有趣的是,虽然在亚里士多德的著作中,正义被视为政治价值①;但是现代的政治学似乎更注重利益、权力和权利,却很少关注正义。② 这似乎暗示着,各国在国际活动中的立场仅仅是为了权力和利益,却把正义作为标签。即使不看19世纪之前西方为数众多、目的和效果均非常可疑的人道主义干涉;在20世纪末21世纪初,干涉也屡屡出现,对一国的主权提出了挑战。从干涉的根据看,堂而皇之的理论基础是"保护的责任",这一理论虽然没有被普遍认同,但至少被广泛关注。其理论很简单:国家应承担起保护人民的责任,如果国家未能恪尽职守,则国际社会可以干预。这一理论的前一半在理论和实践上均无可厚非,但后一半就突破和挑战了国际关系的基本信念。因为它可能就意味着,国家不能完全决定自身的事务,国际社会可以帮助它做决定。长期以来,国际社会形成的不干涉内政原则,一方面是对一国政府的尊重和信

---

① 〔古希腊〕亚里士多德:《尼各马可伦理学》,廖申白译注,商务印书馆2003年版,第147页。
② 参见王浦劬主编:《政治学基础》(第二版),北京大学出版社2006年版,第45—112页。

任,认为其能够很好地处理内部事务;另一方面也是因为内政过于复杂,很难以公允的方式进行干涉。在一国内部的问题上,不同主体可能有不同的正义判断,具有很大的主观差异性;考量的因素也是多方面的,身处其中的国内人民、政府处理起来可能最为合适。国际社会贸然干预,很可能偏袒。一些国际势力就可能扮演"国际社会"的角色,而何时国家算是没有尽到保护的责任,至今还没有一个能为各国所接受的尺度,某些大国就可能按照自己的喜好去解释,这样保护的责任就变成了干涉的任意。

这里有一个关键的问题,就是如何看待"失败国家"。当前,影响比较广泛的是由美国的智库和平基金会(Fund for Peace)每年在《外交政策》双月刊上公布的失败国家指数排名,评估指标包括安全威胁、经济崩溃、侵犯人权行为和难民潮。如果一国中央政府非常软弱或无力,不能实际控制其大部领土、不能提供公共服务、国内腐败和犯罪广泛、难民和非自愿流动人口众多、经济急剧衰退,则被认为是出于警戒状态下的失败国家。如果仅仅把这个排名看作善意的提醒,各国都会积极欢迎,但如果认为其他国家有资格对这些失败国家接手治理,则未免荒诞。假设一个政府面临着混乱的局面其他国家就要干预,那么任何一个政府都曾经或可能面临这样的局面,如美国的南北战争、法国大革命、法国、英国在第二次世界大战期间被德国入侵,倘若在这种情况下,认定政府应当退出对国家的管制,显然难以从任何角度认定其正当性。假设一个政府在外来干涉下会失败,就算是需要被入侵的失败政府,那么当今世界至少有一多半国家都难免在强大武装力量的干涉下失败。因为军事大国毕竟是少数,诸多国家的军事技术、能力都远远不及,以此为干涉的标准亦难以让人信服。假设一个未能维护好人权的政府就构成了被干涉的理由,那么,各国政府都可以扪心自问,哪一个政府是十全十美地保护了人权呢?正如《圣经》所载的,私力救济或许仅有没犯过罪过的人才有这个权力。① 一个道德圆满的国家或许可以谴责甚至惩治存在道德缺陷的国家,但哪个国家具有这种道德水准呢?实际上美国仅仅是个道德自负的国家,掩藏的却是作为世界霸主的图谋。② 乐观地估计,大国干涉可能会帮助防止所谓的"失败国家"内部民不聊生的状态,或者残暴政府使民生涂炭的惨相;但从坏的方面讲,它就有可能把政府本来可以处理的问题国际化,进而使政府失去控制,最后导致政府被推翻。美国意图形成一种它所喜爱的秩序,表面上

---

① 《圣经·约翰福音》第八章1—11节。
② 周琪:《美国人权外交政策》,上海人民出版社2001年版,第34—40页;〔美〕克莱·G.瑞恩:《道德自负的美国》,程农译,上海人民出版社2008年版,第8—9页。

叫民主的自由秩序,本质上是单边控制、自身决定国际事务的秩序。① 这种盛气凌人、对他国事务指手画脚的单边主义是近二十年来恐怖主义的根源之一。无论是20世纪60年代在越南、21世纪初在伊拉克和阿富汗的作为,不仅当地人对美国充满敌意,而且美国自己人也很难赞同。2011年至2012年,西方大国对于中俄否决决议草案的恼火主要并不是其所宣扬的"人道价值"未予实现,而是其在安理会数十年的霸主地位受到了挑战。美国的自以为是的道德优越感导致了美国自身的灾祸,也将世界拉入了不安定的深渊之中。假设由于宗教信仰、民族风俗、社会制度、意识形态的差异,就视某些国家为"邪恶轴心""流氓国家",这显然是大国沙文主义,这种对于不同立场国家的仇视、对立和干预不仅不是善,而且是恶;不仅不是正义,而且是罪愆。西方人经常读到的《圣经》里说,"为什么看见你弟兄眼中有刺,却不想自己眼中的梁木呢?"②这些号称基督教徒的西方人,不仅未能追寻普遍的善,就连基督教自身的教诲也抛诸脑后。他们更大的期望是他们的宗教、观念、意识形态遍行天下,其他对立、竞争的观念则烟消云散。③ 这种不宽容的态度比原教旨主义更加让世界难以接受。

(三) 世界正义的重新权衡

国际关系中的正义可以从不同的角度认识,例如动机的正义、行为方式的正义、结果的正义等。我们可能无法在很短的时间就完全界定出什么是国际秩序的真正正义,但是根据历史经验,我们却可以初步针对内政与人权的问题归纳出几条国际正义的原则:

1. 国际正义以全面的信息和观点为前提

中国古语说,"兼听则明,偏听则暗"。法律对于一个案件的公正裁决必须建立在搜集所有相关证据的基础上。所以,实体上的国际正义意味着要更多地获得信息,考虑多方面的意见,不盲目地采取行动。

就多方面获取信息而言,无论是2011年针对利比亚,还是2011年至2012年初之间针对叙利亚,西方诸国都仅从有限的渠道了解信息,无论是主观故意还是客观情势,这种信息基础显然很难导致作出公正的决策。政府应当爱护人民、保护人民,为人民谋福利,在制度上实现人民的公正、自由,社会的效率、秩序,这一点,时无分古今、地不论中外,都具有不容置辩的政治正确

---

① 〔加拿大〕夏尔—菲利普·戴维、〔加〕路易·巴尔塔扎、〔法〕于斯丹·瓦伊斯:《美国对外政策:基础、主体与形成》(第二版),钟震宇译,社会科学文献出版社2011年版,第82页。
② 《圣经·路加福音》第六章41节,另见《圣经·马太福音》第七章3节。
③ Louis Henkin, et al., *Right v. Might: International Law and the Use of Force*, Council on Foreign Relations Press, 1991, p.51.

性,无论哪一派的哲人都认定政治伦理的导向必须如此。引申一步,残暴的官员、失败的政府,人民予以反对,这当然是正确的。① 但是,这里的问题就是,谁能够代表人民发出声音?谁的利益是人民的利益?如果说,在没有对内政进行充分的调查和考量之时,就贸然介入,支持反政府的一方,则其代表民意的可能性,与支持政府一方并没有本质差异。因为任何一方都是国内的一派,代表一种立场、一种声音、一种利益,此时,反政府一方并不具有更大的正当性。如果此种支持还带有意识形态的痕迹,或者支持者自身利益的考虑,则采取行动的正当性就更值得怀疑。

在考虑多方意见的问题上,需要注意的是对于主权和现有政府的尊重。一些学者声称,在现代世界,国家、主权的观念都已经过时,对于世界进步有害无利。② 应当高举人权的旗帜,实现国际宪政。但是,主权与人权的关系不能仅从抽象的概念和理想维度分析。因为从理想上,人权和主权不应当存在矛盾,二者都是为了人的幸福而存在的制度,人权是人的利益,主权的目标是提供公共物品,使人的利益充分实现。但是人权的主体模糊、内涵庞杂、名义与实质的反差,导致了人权与主权关系的多重表现。此时,如果通过一些国家反对另外一些国家,就不是真正为了保护人权,而仅仅是通过一种现代性力量反对另外一种现代性力量,根本没有走出现代性范式,也就形成了说理逻辑的内在冲突。所以必须注重国家在当今世界秩序构建中的核心作用。③ 既然正义是有着多元指向的,就不适于强制所有的国家都遵从一种模式,不能片面地主张一种价值而不考虑其他的善。在国际社会契约未充分建立之前,国际社会的秩序本质上是一种强权秩序。这种强权秩序的核心因素是力量和利益。④ 自由主义的相互依赖和合作,即使不说它是一种幻影⑤,至少也是非常局部的,它仅有在符合了力量对比和大国利益之时才有可能发挥作用。《联合国海洋法公约》的历史可以作为证明。⑥ 而建构注意国际关系理论所强调的观念与伦理,就更是要符合了利益追求才有可能得以伸张。第

---

① 〔法〕卢梭:《社会契约论》,何兆武译,商务印书馆1980年版,第8页。
② 〔美〕哈罗德·拉斯韦尔、亚伯拉罕·卡普兰《权力与社会:一项政治研究的框架》,王菲易译,上海人民出版社2012年版,第167—168页。
③ 〔美〕罗伯特·古丁、汉斯—迪特尔·克林格曼主编:《政治科学新手册》,钟开斌等译,生活·读书·新知三联书店2006年版,第571—576页。
④ 〔美〕汉斯·摩根索:《国家间政治:权力斗争与和平》,徐昕等译,北京大学出版社2006年版,第311页;〔英〕克里斯·布朗、克尔斯腾·安利:《理解国际关系》(第3版),吴志成、刘丰、刘佳译,中央编译出版社2010年版,第110—119页。
⑤ 〔美〕肯尼思·沃尔兹:《现实主义与国际政治》,张睿壮、刘丰译,北京大学出版社2012年版,第142—153页。
⑥ 薛桂芳:《〈联合国海洋法公约〉与国家实践》,海洋出版社2011年版,第4—9、27—30、31—40页。

二次世界大战以后人权发展之路与美国长期不批准《经济、社会、文化权利国际公约》即是明证。① 在这种现实的国际秩序背景下，必须进一步思考国际秩序的建议、治理方案中标面的价值追求背后所具有的利益指向和权力意图，避免其单边的一元化发展；并且，在适当的时候，采取适当的方式牵动国际秩序走向新的、更合理的方向。

2. 国际正义以协商民主的方式为基础

世界和平、人本主义的最大困局源于当今国际的主权林立格局，源于契约社会的状态。康德设想过永久和平的世界，但其面临的两难在于：对于那些不愿意接受和平条件的国家，如何使之处于和平的世界之中？永久和平的实现路径是基于自愿还是强制？康德一方面看到战争是国际关系的自然本性，另一方面又期待着感化来解决问题。如果康德两难还可以考虑武力打击那些不愿和平的国家的话，对于人权的主张和维持就无法接受武力的方式。因为任何干涉都是平行的，而不是垂直的，其合法性都是有待考察的。世界公民只能采取说服和感化的方式，却绝不应当采取强制的手段。因为这些国家并不侵略其他国家，并不对世界构成威胁。对此，深度解决的方案就在于国际社会契约。② 在理想的状态下，在国际社会中，应当有一个公认的界定或权衡正义的主体，但这个主体现在还没有出现。退一步说，在当前格局下，在联合国这样的机构当中，正义应该通过协商民主样的方式来确定。哈贝马斯所讨论的"超越民族国家""后民族结构"就意味着在国际层面上，以民主的方式建构更有效的治理结构③，但是这种理想需要通过且使得努力得以实现。国际正义实现的现实解决方案在于建设经由法治的和平，而后再进一步经由和平、民主，走向和谐。

由于超国家机制的缺乏，为了避免国家之间为了争取政治权力和经济利益而进行的干涉，国际正义的基点仍然应当是和平与安全，仅有在具备充分理由的前提下，才有必要和可能以国际手段促进国内正义的实现，而绝不能滥用国际途径来实现国内正义。以协商民主的方式进行国际行动，存在于国际秩序的任何阶段，而以立法阶段为要。就维护人权与国际干涉而言，确立起一个干涉的实质标准和操作规程是关键。在对一国境内的变乱未能深入了解、把握全面信息之前，最重要的是设法停止暴力冲突，建立和平，并从而

---

① 美国 1977 年 10 月 5 日签署这一公约，至今未批准。http://treaties.un.org/Pages/ViewDetails.aspx? src = TREATY&mtdsg_no = IV—3&chapter = 4&lang = en.

② 对于国际社会契约的详细讨论，参见何志鹏：《国际社会契约：法治世界的原点架构》，载《政法论坛》2012 年第 1 期。

③ 〔德〕尤尔根·哈贝马斯：《后民族结构》，曹卫东译，上海人民出版社 2002 年版，第 64—65、70—78 页。

恢复国内的正常秩序。这就意味着,应以和平而非战争的方式关注内政,用武力入侵的方式解决一国内部的问题是不正义的。在利比亚的问题从一个国内的政治问题转化成国际问题的过程中,外来武力干涉是一个关键的转折点。在联合国安理会的授权之下,北约在利比亚设置了禁飞区,并且采取了武装打击。很难判定,北约的武力使用是否就是要推翻、或者帮助反政府武装推翻原来的政权。如果从结果上推理的话,其目的纯然是政权性的,与美国在阿富汗、伊拉克的作为完全相同。也就是说,北约的空袭与卡扎菲的逃亡、"全国过渡委员会"的接手有直接的因果关系。而迄今为止的国际法都不承认这种以更换政权为目标的武装干涉的合法性。2011年3月17日联合国安理会第6498次会议通过的第1973号决议虽然"授权已通知秘书长和阿拉伯国家联盟秘书长的以本国名义或通过区域组织或安排采取行动的会员国视需要采取一切必要措施",但是其核心仍在于保护平民,避免人道主义灾难,而绝不是、也不应该是打击原有的政府,更替政权。北约的武装干涉不仅对于利比亚政治局面的变化具有根本性影响,而且也对国际法的不干涉内政和不使用武力或以武力相威胁原则构成了挑战。

　　西方大国目前的行为方式存在一种着标准不明确的问题。例如,在利比亚的问题上,存在诸多疑点:(1)利比亚政府与反政府力量的冲突是否构成动用武力进行干涉的合法条件?(2)安理会的授权表面上是合法的(legal),但是这种程序的合法性是否意味着更深层次的实体合法(legitimate)?[①](3)如果此种干涉的深度合法性是值得质疑的,那么动用武力对于一国干涉的合法条件究竟是什么?(4)假定武力使用具有合法性,那么武力使用的限度是什么?进而言之,一国的"内政"究竟在什么时候才算是不可干涉的?其自身决定的权限和边界是什么?当前,以联合国安理会为代表的国际法体制还不能清晰地界定干涉的起点,或者说内政的终点,不能划定国际力量与一国政府决策之间的界限。这对于弱小国家而言,主权就会形同虚设;对于大国而言,干涉就可以无处不在。这样,国际秩序就无以预期,霸权格局就会愈演愈烈。

　　国际力量对于国内政局变化的介入,实际上是一个危险的信号。这意味着国内政治与国际势力的联结更加深入。也许其理想是提升国内政治的透明度、避免政府的暴虐,但其不良影响更为巨大。以武力打击的方式去压制一个国家的现有政府与采取经济制裁的方式去谴责一国的人权保护不利一

[①] 关于国际法上的合法性(legality)和正当性(legitimacy)的区别深入的讨论,参见 Jutta Brunnée and Stephen J. Toope, *Legitimacy and Legality in International Law: An Interactional Account*, Cambridge University Press, 2010, pp.33—34,52—55; Richard Falk, Mark Juergensmeyer, and Vesselin Popovski (eds.), *Legality and Legitimacy in Global Affairs*, Oxford University Press, 2012, pp.14—15, 220—223.

样,是不明智的行为。① 因为,即使针对统治残暴、人权水准很低的国家,制裁只能使人民的利益受到更大的损害;统治者反而可能获得更高的人民支持;人权状况只有下降、不可能上升。由此可以看出,以制裁的方式表达对人权的关切是不正义的。假定这个政府是一个对人民不利的体制,政府采用某些强力措施去维护国内秩序,虽然按照传统政治学和国际法而言,是政府的权力,但这种不适当的处理内政方式有些时候显然是错误的。即使存在着这样的错误,也不意味着国际组织或者他国就获得了采用武力去打击这一政府的正当性。因为此种武装打击很难保证不伤及平民,而且打击的结果很难意味着建立起了良治的政府。所以,关注人的安全,需要更多地以扶持与对话的方法去解决人权问题,而不适宜采取惩治打击的方式。中国古人曾经说过:"以暴易暴,不知其非"②;印度政治家甘地也曾经说过,"An eye for an eye makes the whole world blind(以眼还眼,举世皆盲)"。如果国际社会不能通过多边协商的方式确定武力使用的标准,则真正的和平与安宁可能还十分遥远。当西方列国对国内民主充满兴趣的时候,对国际民主却避而不谈,这种做法是不妥当的。因此,国际造法应当遵循国际民主与国际合作原则③,国际社会应当通过多边机制商讨、确立主权与干涉之间的分野。从实体上看,应当考虑:采取措施的利大于不采取措施的利;采取措施的弊小于不采取措施的弊。如果无法证明这一点,则正当性不足。所以,一定要谨慎以民意、人权为借口的暴政。以制裁的方式对待某个国家、以打击的方式处理一国的人权问题,并不真的为了人的安全,而仅仅是施展某些大国的意志,是偏离了国际正义的航道的。

尽管是一个充满艰辛的任务,但是这一问题不解决,霸权就无法抵御,人权也会成为泡影。因此,联合国的相关机构应当扮演积极协调的角色,更多地考虑施行国际民主,也就是利用公开、透明的方式,给更多的国家以发表意见的权利和对国际事务参与和决策的权利。

3. 国际正义以均衡平等地对待各方为核心

正义的基本前提是资格与机会的平等。国际正义的尺度在于不同利益的权衡,因而必须平衡各方面的观点,在不能确证方案的唯一正确性之前,允许多元发展。采用选择性的态度和方式处理国际问题是不正义的。正义要求平衡、客观、中立,而绝不是偏袒、主观、挟持一方打击另一方。如果有跨国

---

① 采用经济制裁的手段,对于人权保护不利的国家而言,只能增加人民的负担,根本无法提升人民的人权水平。因为此种政府会设法将经济制裁的恶果转嫁到人民身上,进一步降低人权的水平;而政府自身会利用一些特权,基本保证其生活水平不下降。
② 《史记·伯夷叔齐列传》。
③ 古祖雪:《国际造法:基本原则及其对国际法的意义》,载《中国社会科学》2012年第2期。

的侵略未能解决,却关心一国内部的事务,就没有遵循法治原则;如果对一国的事务听之任之,不予干涉,任由其混乱,却对另一国的事务"关怀备至"、稍有风吹草动就积极干预,则此种干涉的公正性就丧失了,无论其背后的动机如何,从形式与程序上就是不正当的。索马里作为世界上最混乱的国家,西方国家仅仅护卫自己的传播免受海盗侵扰,而对在该国建立法治秩序则置若罔闻;在这种情况下却对阿拉伯地区充满兴趣,很难认定存在着公正。

如果说在国内政治中,法治优于一人之治①的话,在国际政治中,法治也优于一国之治。大国强权,无论这一大国自身宣称其在道德上多么完美,仍然有自己的利益追求和制度偏好,它很难为世界确立一个长期有效的发展方略。从利比亚到叙利亚,安理会的行为显示出了对分裂的喜爱,对反政府势力的支持,对非西方意识形态的压制,对反美、反西方政府的仇视。

回顾历史,我们就要质疑:1945—1949年间,美国政府支持中国的国民党政府打内战,其理由就仅仅是遏制共产主义,此时正义何在?美国在中南美洲煽动一次又一次的政变,建立的新政府往往比原有政府更加遭到人民的反对,此时正义何在?美国在20世纪60年代在越南发动的战争,其正义性又何在?2012年2月一些国家和组织召开的"叙利亚之友"国际会议不邀请利比亚的合法政府参加,这明显是拼凑国际力量支持反对派的行为方式,很难说这是正义的。从上述案例分析,招致大国干涉,一般都同时具备两个条件:第一,在观念、主张、利益上与大国存在着冲突;第二,国家内部出现了动荡的局面。如果仅有第一个条件,大国不具备干涉的原因,一般也不会轻易、贸然地采取干涉行为;古巴一直对美国采取不合作的态度、朝鲜也始终对美国极为冷淡,但是这些国家至今还没有招致直接干涉,就是因为国家内部没有出现变乱。数十年来,利比亚一直对西方世界表示不满,时至2011年才出现干涉,还是由于其内部的变乱;如果仅仅具备第二个条件,大国由于缺乏干涉的动机,可能任由其内部动荡。索马里内部发生了动乱,但由于与美国没有明显的冲突,所以美国并没有深度干预,而是在派驻维和部队一段时间之后撤回,任由其海盗猖狂。同样,第二次世界大战之后的纽伦堡审判、支持反对派推翻政府的方式如果不是在利比亚就画上句号的话,哪个国家会步利比亚的后尘,这是一个危险而可怕的问题。如果深度追问的话,在外来势力支持下形成的新政府一定会有依赖性,这个新政府本身会是正义的吗?这个政府的未来导向会更多听命于国际势力。"阿拉伯之春"对于非西方国家而言,不是春风吹拂,而是火山活动。所以,将人的安全看得比国家的安全还要

---

① 〔古希腊〕亚里士多德:《政治学》,吴寿彭译,商务印书馆1965年版,第167—168页。

高,而把自己的意志说成是人民的愿望,这本来就带有很大的欺骗性,中俄两国在2011—2012年安理会涉叙利亚提案中投反对票是吸取了教训的。

再以国际法上的承认问题为例,自20世纪60年代以后承认已经沉寂了半个世纪,在新世纪之初重新被激活。西方诸国对于单方宣布科索沃的承认,2008年俄罗斯对于南奥塞梯和阿布哈兹的承认,以及本次世界诸国对于利比亚过渡委员会的承认,都把承认的问题摆在了国际法的前沿位置。本来,作为国际法律人格者,新的国家、新的政府取得了有效的治理能力,符合了诸项客观条件,即可在国际关系中存续和发展,获得法律上的权利和义务,并不仰赖他国的或者国际组织的承认。但是,当今国际共同体相互依赖的领域非常全面,国家被社会化的程度非常高。国家生在国际社会之中,作为一个社会的存在,需要与其他国家进行交往,而承认是全面有效交往的重要基础。如果真的没有得到真正的承认,即使其有领土、人民、有效运作的政府,这个国家的"主权"也难以全面,这个政府的功能也会严重受限。所以,承认在当代国际法中并非丧失了地位,而是更加重要了。与此同时,很多新生的行为体背后有很多大国较衡的痕迹,承认与否、国际的承认还是过缓的承认,往往表达的并不是对这个新生行为体自身的态度,而是表达了对这一行为体背后的政治力量的肯定或者否定。所以才有"承认作为制裁"的方略。① 无论出于何种目的,承认都是不均衡、不平等的。俄罗斯表达了不会承认科索沃,而美国却非常迅速和积极地予以承认;美国不承认南奥塞梯和阿布哈兹,俄罗斯却予以迅即的承认和支持,都证明了这一点。由此可知,承认与否往往通过法律的手段表达一种政治倾向,而非纯然的法律判断。毋宁说,摆在大多数国家面前的并不是承认与否的态度困境,而是对存在着"合法性危机"的新生国际行为体自身认同上的迷惑。究竟是认可在外国力量的支持下建立起来的新政权,还是认可原来的政权;究竟是赞同存在着瑕疵的"人民自决",还是肯定占据传统主流的"主权与领土完整",国家要确定的不是法律问题,而是政治立场。如果任由承认政治化发展,肯定会导致一系列的"跛脚国家"出现,在某些国家看来这是个国家,在另外一些国家看来这是一个非法当局,这显然不利于国际法律关系的稳定,有害于国际交往的顺利进行。不予承认的方式不仅约束了被承认当局的行为范围,也会影响拒绝承认者的相关居民与财产利益。但是,在某些强大势力的支持下,一个新的政权在这些地区建立起来,即使为了正常的国际交往及人民的利益而对此种新政

---

① Alexander H. Berlin, "Recognition as Sanction: Using International Recognition of New States to Deter, Punish, and Contain Bad Actors", 31 *University of Pennsylvania Journal of International Law* (2009) 531.

权予以承认,这也仅仅是对现状的客观认定,而绝不代表对大国外力扶植政权行为方式的肯定和支持。因而,有必要以多边协商的方式明确一个国际行为体可以被承认为国家或政府的实质及形式要件,使这个本来可能具有浓厚政治色彩的问题法律化,真正推进法治秩序的建成。

4. 国际正义以法治的正当程序保障

程序上的正义首先要求遵从规则。"法治应包含两重意义:已成立的法律获得普遍的服从,而大家所服从的法律又应该本身是制订得良好的法律"。① 所以,违背正当程序处理国际问题是不正义的。从实践上看,安理会的决策程序是现行国际法的一部分,虽然它可能并不尽如人意,未能尽善尽美,但反映了迄今为止国际社会为建设世界民主和法治所作出的努力,是国际法治的阶段性成果。尊重并遵行安理会的决议,是国际社会的共同义务。在未改变其程序体制之时,各国均应尊重这一程序的结果。如果仅凭这套规范作出的决策不符合自己的胃口就认为这是联合国的耻辱,未免过于自大,不仅忽视了国际民主与法治的意义,更违背了法治的原则。联合国安理会注重国内秩序问题,虽然并没有《联合国宪章》的授权,但是已经多次进行此种行为而没有受到国际社会的反对,可以认为已经成为一种国际习惯,应当无可厚非。而且从单纯关注国家到进而关注人,应当看作是国际政治和国际法实践的进步。但是,从国际法的角度,值得考虑的问题是:安理会这种关注是否遵循了规范? 是否有充分的规范作为基础,有没有做到一视同仁、正当程序? 国际社会必须采取更有效的方式来治理国际秩序,采取法治的手段,要求一个政府真实、有效地保护本国的人民。

2011年开始的阿拉伯国家变局,在国际关系史上可能只是一个小小的环节,它不过又一次见证了大国政治的框架对国家的深刻影响,又一次说明了意识形态对立遗留下来的思想不宽容对人民生活的冲击,又一次表现了国际利益冲突与利益主张给国家政治生活带来的难以预期的变故。但是,从国际法的角度讲,它却提供了一个反思的机会,使我们对国际法的核心价值观念和制度进行冷静分析。它让我们认清:西方主导的正义观及其导致的政策的推理存在着很多逻辑断裂因而无法成立。虽然西方主导并不是恶,但一定不是唯一的善。正义的概念的修辞式使用就更难与具有坚实的基础。国际社会应当以何种方式对待一国内部的纷争局面,迄今尚无成功的经验和一致的观点。从成本和效益的角度看,利比亚模式未必是正确的。包括中国在内的一些对西方主导思维持警惕态度的国家并不赞同一维的"自由民主"正义

---

① 〔古希腊〕亚里士多德:《政治学》,吴寿彭译,商务印书馆1965年版,第199页。

观,但是迄今还没有鲜明而充实地提出自己的正义观念和尺度。但无论如何,在西方霸权面前,包含正义在内的国际法价值应该通过主张和行动去实现,需要完善国际制度以有效制约正义的霸权化取向。

当今的世界,仍然是一个大国强权的世界,现实主义国际关系理论所强调的权力(实力)、国家之间的斗争仍然占据着主导的地位。如果不在大国格局的背景下看待国际问题,分析国际法律体系,我们就可能走入误区。无论自由主义国际关系学者如何强调相互依赖、国家间合作和制度的意义,也无论建构主义国际关系学者如何阐述国家的社会性、国家与制度的互构、道德伦理在国际关系中的地位,都不足以反映世界的核心本质。这些观点的合理性都无法掩盖国际关系的主导动机。我们必须在大国政治的底色上去看待相互依赖和文化共识,必须在大国博弈的基调上去看待制度的作用和国家的心理认同,而不能脱离与大国的格局,孤立地分析这些因素。在这种大国格局之下,大国操纵规则的订立、修改,以改革规则的名义破坏、违背规则,小国则被大国摆布、欺压,稍有不慎,即可能招致祸患。这种情况与19世纪中国面对鸦片战争时期的情况并没有实质的差异,仅仅是表现的方式更加"优雅"而已。在这样一种认识的基础上,国际法是国家之间力量博弈的结果,而不是基础。其中虽然不乏道德的力量,但真正有约束力的还是国家的实力和国家之间的安全结构。人权、民主的正义性仅仅是国家主张的体面装饰,或者礼节性的修辞,而不是真实的信念。所以应当在多元发展的基础上建构正义,从实体上必须坚持多元的价值观,反对一元暴政。从程序改革的理想上看,对于重要问题,必须弘扬国际民主,在来源更加广泛的信息、深入调查得到充分资料的基础上,弘扬国际民主,更加公开透明地进行国际决策。

五、小　　结

世界各国都肩负着使武装干涉的国际立法逐渐成熟的过程,而中国作为联合国安理会的常任理事国,作为正在迅速发展起来的大国,尤其需要为武力使用方面的国际法治作出贡献。中国对于国际秩序提出了自己的和谐世界的主张,在长期的历史实践中,中国表达了对于主权及领土完整的尊重。在侵犯了人权的主权者(政府)和干涉了内政的霸权者之间,如何达成一个真正有效的制度体系,是一个非常值得关注的问题,也是国际法治框架下武力使用的核心。所以,对于中国而言,首先要防止霸权主义的膨胀在武装干涉领域体现的暴力化倾向,其次,需要考虑真正有效维护人权的途径,从而推进人本主义在国际社会的展现。

中国要珍惜其在联合国安理会的常任理事国地位,明确其创造与发展国际法的重任,避免国际法的恶性发展。国际法的辩证发展就取决于在多极的平衡之下形成较为妥当的方向,而不是在少数力量、单极可能的牵引下误入歧途。安理会是联合国的关键机构,其决议具有约束力,在很多时候,其本身就被视为国际法的渊源。① 同时,国际法的一个重要渊源是习惯。安理会的决议可以被作为存在习惯法的重要证据。而决议的通过取决于各理事国的态度,特别是五大常任理事国的态度。常任理事国的否决权可以有效组织一项决议的通过。也就意味着,常任理事国有能力使一项提案不转变为国际法。因此,安理会的决议于常任理事国的态度、做法对于国际法的形成、发展具有重要的作用。中国身为常任理事国之一,应当明确地意识到对国际社会、国际法所承担的责任。在中国关于人道主义干涉本身的态度方面,不难发现,在安理会讨论武装干涉的问题时,对于矛盾尖锐的问题,中国一般会在表决时弃权。很多人对此不解或者批评。就现在的情势而言,弃权意味着慎重和观望,而观望是明智的,这意味着对于人道干涉在道义和原则上支持,但在具体问题上保留;对于具体问题不过早地表明立场,有助于在成熟的时机表明中国的立场和观点。但是,这种方式不能一直保持,如果考虑到未来国际司法机构分析干涉的合理性,安理会的决议将对国际法在这一问题上存在规范的整体格局非常重要,中国必须以对国际法负责的态度斟酌其在安理会的立场。② 而且需要对未来的国际社会、国际事务、国际法发展有明确的预期和导向。也就是说,不仅要考虑其可能的客观趋势,还要考虑中国的主观意愿和引导。特别是在参与安理会有关武力干涉的提案时,中国要全面评估相关提案的动机和可能产生的效果,并按照构建和谐世界的价值标准确定态度、表达观点,而不适于贸然地赞同或者模糊地弃权。进而,需要在适当的时候勇于更为鲜明地展示立场,更加明晰的话语,特别避免那些对世界未来健康发展不利的行为被安理会肯定或默许。在时机到来时,提出适当的日程设计和规范草案,推进联合国大会、安理会、国际法院的一系列相关活动,使得国际立法在使用武力的问题上确立更为清晰的原则和规范,促进关于武力使用的国际法逐渐成熟。

---

① 简基松:《对安理会"决议造法"行为之定性分析与完善建言》,载《法学》2009 年第 10 期。
② 可以设想,如果国际法院碰到了此种干涉是否合法的争讼案件或者咨询案件,安理会的决议与态度就是最主要的依据。如果安理会有过否决而未通过干涉决议的先例,则国际法就很难确立人道主义干涉合法的习惯;反之,如果安理会在武装干涉的问题上一直明示或者默示地许可,则主张此项习惯不存在的证据就不够充分。

第十二章 国际法治体系与进程中的软法

软法迅速发展,并在国际关系中发挥重要的指引和影响作用,成为 20 世纪中叶国际法中不可忽视的现象。这种新现象也给国际法的理论带来了挑战,其中的一个问题就是,在国际法的体系中,软法是没有规定在《国际法院规约》之中的国际法规范形式。它是否属于法律?是否与条约、习惯、一般法律原则一样属于一种独立的国际法渊源状态?实践迅速地推动理论发展,并提出了一系列新的挑战。软法的发展是国际关系组织化的必然产物,也是国际治理模式多元化的重要特征和自然结果。软法意味着国际法规范体系的延展和深化,软法的发展也提出了如何理解国际关系中的法律与道德的关系、法律与非法律的界限等问题。无论如何,软法对于国际法的存在和发展具有重要的意义。本章通过对《国际法院规约》的列举而并非穷尽的分析,确立了软法具有进入国际法渊源行列可能的论断。

一、问题的提出

社会生活的丰富多彩、社会实践的千变万化总是会使旧的论断被重视、新的问题出现。一些原有的矛盾会在发展中缓解甚至消失,一些新的领域和现象则要求人们予以关注、提出认知的态度和解决的方案。国内事务如此,国际事务亦然。软法就是 20 世纪中叶以来在国际关系与国际法领域中,在社会发展的进程中突破原有的规范体系而萌出的新生事物。[1] 正如中国学者罗豪才教授所正确地揭示的,"软法"这一术语最早出现在国际法领域。[2] 以 1948 年的《世界人权宣言》为代表,过去的七十年,国际社会中那些不具有公众认可的法律约束力的组织与会议文件在国际社会起着越来越重要的作用,这些被称为"国际软法"的规则在效力与功能方面获得了人们越来越广泛的关注,也引发了学术界越来越深入的研究和讨论。

---

[1] Hugh Thirlway, *The Sources of International Law*, Oxford University Press, 2014, p.164.
[2] 罗豪才:《加强软法研究推动法治发展》,载《人民日报》2014 年 6 月 20 日第 7 版。

软法的发展不仅激起了人们对于国际法实践问题的深入探讨兴趣①,也促使人们从国际关系的角度思考问题。② 西方学者对于国际软法的讨论已经比较深入③,而中国的相关研究对于国内软法的讨论较为热烈④,对于国际软法的研讨则相对粗疏。⑤ 法律实证主义、现实主义、批判法学、全球行政法等理论流派⑥对于国际软法的范围、作用和法律属性依然存在着诸多争论和问题⑦,值得进一步的探讨。在诸多问题之中,最具有理论挑战性的一个就是:如何理解软法在国际法渊源体系中的地位?进而言之,就是:软法是否具有法律的地位?那些号召性、倡导性的宣言,即使具有一定的法律效果,是否能够在条约、习惯、一般法律原则之外构成一种独立的或者特别的(sui generis)国际法渊源呢?⑧ 本章拟从国际治理体系和进程的视角分析国际软法的地位与作用的问题,特别期待对软法地位这一问题进行探讨和分析,扫清国际软法的基本理论障碍,以利于更为有效地研讨国际软法的理论问题,更好地认识国际软法以及国际法治的实践。

二、软法的内涵及其在国际关系中的表现形式

"软法"不是一个独立和自足的概念,它必须在"硬法"这一概念的前提下予以界定。与"硬法"相对应、不具有约束力的规则被称为"软法"。"软法

---

① 蒋凯:《国际软法的缘起及影响》,载《当代世界》2010 年第 8 期;朱文龙、鲍禄:《21 国际软法的理论探析》,载《天津大学学报(社会科学版)》2013 年第 4 期。
② 王海峰:《论国际软法与国家"软实力"》,载《政治与法律》2007 年第 4 期;夏春利:《论建构主义维度的国际软法研究及其方法论建构》,载《东南学术》2014 年第 2 期。
③ Prosper Weil, "Towards Relative Normativity in International Law", 77 *American Journal of International Law* (1983) 412; Andrew T. Guzman and Timothy L. Meyer, "International Soft Law", 2 *Journal of Legal Analysis* (2010) 171; Dinah Shelton (ed.), *Commitment and Compliance*: *The Role of Non-Binding Norms in the International Legal System*, Oxford University Press, 2000, pp.544—546.
④ 北京大学法学院在罗豪才教授的倡导和引领之下,建立了软法研究中心,专门凝聚力量,讨论和研究软法的问题。对于国内学者在软法问题上的研究所进行的总结与评述,参见何志鹏、尚杰:《中国软法研究:成就与问题》,载《河北法学》2014 年第 10 期。
⑤ 国内学界在国际软法上的研讨,参见刘文文:《国际法渊源中的软法探究》,吉林大学 2011 年硕士学位论文;何志鹏、孙璐:《国际软法何以可能:一个以环境为视角的展开》,载《当代法学》2012 年第 1 期。
⑥ Jean d'Aspremont and Tanja Aalberts, "Which Future for the Scholarly Concept of SoftLaw? Editors' Introductory Remarks", 25 *Leiden Journal of International Law* (2012) 309.
⑦ Matthias Goldmann, "We Need to Cut off the Head of the King: Past, Present, and Future Approaches to International Soft Law", 25 *Leiden Journal of International Law* (2012) 335.
⑧ Gillan D. Triggs, *International Law*: *Contemporary Principles and Practices*, 2nd ed., LexisNexis Butterworths, 2011, p.50.

是全部或者部分在设计上不具有约束力的国际立法。"① 当前,国际法体系与进程中,软法广泛地存在,并发挥着积极的作用。其中,已经引起深入关注的领域包括国际经济格局塑造中的软法,这里既有传统的发展中国家斗争和努力采用的联大决议问题,也有新世纪跨政府组织的崛起而形成的规则。② 同样引起关注的还包括环境领域的软法③、国际金融领域的软法④,以及环境和金融相联系的碳交易或者以环境评价为基础的金融贷款规范。⑤ 同样具有重要地位的还有食品安全领域的软法⑥、人权领域的软法⑦、国际商事交往领域的软法⑧和国际体育领域的软法⑨等。那些具有约束力的规则被称为"硬法",相应的,不具有约束力的规则就被称为"软法"。⑩ "软法是全部或者部

---

① Michael eisman, "The Supervisory Jurisdiction of the International Court of Justice", 258 *Recueil Des Cours* 9 (1996) 180—82; Michael eismnan, "The Concept and Functions of Soft Law in International Politics", in Emmanuel Bello (ed.), *Essays in Honor of Judge Taslim Olawale Elias: Contemporary International Law and African Law*, Springer, 1992, p.135.

② 李泽锐:《略论国际经济软法与建立国际经济新秩序的斗争》,载《法学研究》1983年第6期;徐崇利:《跨政府组织网络与国际经济软法》,载《环球法律评论》2006年第4期;王海峰:《论国际经济合作领域中的"软法"现象》,载《国际贸易》2007年第5期;余锋:《软法与硬法的冲突和对抗:重塑国际贸易体制的新路径选择》,载《当代亚太》2011年第4期;骆旭旭:《构建国际经济新秩序的法律工具选择——以国际软法与硬法的互动为切入点》,载《华侨大学学报(哲学社会科学版)》2013年第2期。

③ 何志鹏、孙璐:《国际软法何以可能:一个以环境为视角的展开》,载《当代法学》2012年第1期;王伟:《从国际环境问题看软法与硬法的作用》,载《青岛理工大学学报》2012年第5期;吕江:《〈哥本哈根协议〉:软法在国际气候制度中的作用》,载《西部法学评论》2010年第4期。

④ 漆彤:《国际金融软法的效力与发展趋势》,载《环球法律评论》2012年第2期;张庆麟、王桂林:《国际金融"软法"获得遵守的动因分析》,载《时代法学》2014年第4期;郭华春:《论国际金融监管领域的软法功能定位》,载《上海金融》2012年第5期;涂亦楠:《论国际金融软法及其硬化——以国际信贷法为例》,载《湖北大学学报(哲学社会科学版)》2012年第3期;刘天姿、练爽:《国际软法在主权财富基金监管中的成因、作用及启示》,载《哈尔滨工业大学学报(社会科学版)》2011年第2期。

⑤ 黄小喜、郑远民:《国际碳交易法律规范的软法性研究》,载《深圳大学学报(人文社会科学版)》2012年第5期;刘志云:《赤道原则的生成路径——国际金融软法产生的一种典型形式》,载《当代法学》2013年第1期。

⑥ 韩永红:《论食品安全国际法律规制中的软法》,载《河北法学》2010年第8期;陈亚芸:《转基因食品国际法律冲突协调——试析国际组织"软法"的作用》,载《西部法学评论》2014年第5期;曾文革、林婧:《论WTO争端解决中食品安全国际软法适用的分歧及其消解》,载《江西社会科学》2013年第10期。

⑦ 赵旭:《论西班牙学派"软法因素"与人权国际保护》,载《学术探索》2012年第1期;张永和、严冬:《论软法的力量——基于国际人权公约视角的研究》,载《思想战线》2013年第3期。

⑧ 蔡从燕:《现代商人法与国际贸易法的"软法化"》,载《国际商务(对外经济贸易大学学报)》2000年第2期;段明:《"软法"非"法"——以〈国际商事合同通则〉为例》,载《太原城市职业技术学院学报》2013年第10期。

⑨ 全浙平、贾文彤:《国际体育法研究——来自软法视角的考察》,载《武汉体育学院学报》2011年第11期。

⑩ Bryan A. Garner (ed. in chief), *Black's Law Dictionary*, 10th ed., Thomson Reuters, 2014, p.1606.

分在设计上不具有约束力的国际立法。"①软法所涵盖的范围很广,凡不属于生效的公约、条约、议定书范畴的书面文件,无论其名称为何,均可被归入其中,它涵盖但并不限于联合国大会的决议、实践准则、联合声明和宣言等。②

(一) 软法的具体表现形式

根据前面的分析,国际法律秩序中的软法可能表现为以下几种形式③:

第一,两个以上国家作出的政治宣言。国家之间的宣言有些会明确地订立彼此的权利义务,属于条约的范畴。有些时候,国家之间则可能通过会谈或者会议通过宣言,仅仅表达对一项或一些国际事务的一种政治立场或者看法,此种文件显然不属于条约,而仅具有表达意愿和宣示的意义。如果此种宣言涉及国家的行为方式或者权利义务,则可能具有软法的地位。例如,西方国家最常提到的欧洲安全与合作会议赫尔辛基会议《最后文件》(Helsinki Final Act,或称 Helsinki Accords)④就是这样一份软法,很多参加国都依据这一文件主张其他国家的行为模式违背了许诺。⑤ 类似的,2000 年 7 月 18 日中俄两国元首签署的《中华人民共和国和俄罗斯联邦北京宣言》、哈萨克斯坦共和国、中华人民共和国、吉尔吉斯共和国、俄罗斯联邦、塔吉克斯坦共和国和乌兹别克斯坦共和国 2001 年 6 月 15 日签署的《"上海合作组织"成立宣言》;2011 年 4 月 14 日金砖国家领导人第三次会晤发表的《三亚宣言》;2000 年 6 月朝韩双方签署的"6·15"共同宣言、2007 年 10 月朝韩首脑会晤签署的"10·4"宣言都属此类。这些规范没有明确的义务规定,却为未来国际关系发展确立了时间表和路线图。

第二,政府间国际组织作出的建议和决议。在国际组织所制定的法律文

---

① Michael Reisman, "The Supervisory Jurisdiction of the International Court of Justice", 258 Recueil Des Cours 9 (1996) 180—82; Michael Reismnan, "The Concept and Functions of Soft Law in International Politics", in Emmanuel Bello (ed.), *Essays in Honor of Judge Taslim Olawale Elias: Contemporary International Law and African Law*, Springer 1992, p.135.

② David Armstrong, Theo Farrell, and HélèneLambert, *International Law and International Relations*, 2nd ed., Cambridge University Press, 2012, p.27.

③ Cf., Alina Kaczaorowska, *Public International Law*, 4th ed., Routledge, 2010, pp.64—69.

④ 1975 年 7 月 30 日至 8 月 1 日,在赫尔辛基举行了欧洲安全和合作会议,美国、加拿大和来自欧洲的国家代表参加会议,此次会议旨在改善共产主义阵营与西方国家的关系。会议签署的《最后文件》包括:《关于建立信任的措施和安全与裁军的文件》《经济科学技术和环境方面的合作》等。《最后文件》在指导与会国关系的原则的宣言中提出了处理与会国互相关系的 10 项原则,其中特别提到"边界的不可侵犯性","禁止使用武力或以武力相威胁"。

⑤ 相关讨论,参见 A. Bloed and P. van Dijk (eds), *The Human Dimension of the Helsinki Process: The Vienna Follow-up Meeting and its Aftermath*, Martinus Nijhoff Publishers, 1991; Jeffrey L. Danoff, Steven R. Ratner, and David Wippman, *International Law: Norms, Actors, Process*, 3rd ed., Aspen Publishers, 2010, p.93.

件之中,绝大多数是不具有约束力的。比如189个国家在2000年9月联合国首脑会议上签署《联合国千年宣言》所确立的联合国千年发展目标(Millennium Development Goals, MDGs),虽然是国际社会正式作出的、旨在将全球贫困水平在2015年之前降低一半(以1990年的水平为标准)的行动计划承诺,它们也仅仅是国际组织提出的一些建议、倡议,其名称及表现形式多种多样,但均有宣示性和倡导性,而没有要求国家必须采取某种行动的约束力。当然,并非所有的国际组织决议都属于软法。有些国际组织决议是直接具有法律约束力的,明显就是"硬法"。例如,根据《联合国宪章》第七章,联合国安理会在和平与安全领域针对侵略、武力使用方面的问题作出的决议,就是具有约束力的。原苏联国际法学家童金主编的《国际法》认为,那些关乎国际组织程序的规则和要求缴纳会费的决议,具有约束力,但不构成普遍国际法的渊源,而仅仅是国际组织法的渊源。① 如果我们不过多地对于国际法的"普遍性渊源"作出期待的话,那么只要是对于相关行为体(例如成员国、组织机关和机构)具有约束力的规范就属于国际法的渊源,而无论其约束成员的多寡。② 而欧洲联盟的组织机构本身就具有立法权,因而理事会、委员会等机构可以针对其成员国直接作出具有约束力的条例(regulation)等立法文件,而且此种立法是具有直接适用和优先适用的地位的;国际货币基金组织可以针对汇率的问题作出具有约束力的决议;世界卫生组织的大会可以通过有关卫生、建议、疾病名词等规章,国际民航组织的理事会也可以就航空和航行人员的资格认证作出有约束力的决议。③

值得说明的是,虽然已经确定的习惯国际法规范的约束力是很清楚的,尚未获得清晰和明确的形式的习惯与软法之间的边界却并不清晰。④ 正如马尔科姆·肖所正确地指出的,国际文件的题目并不重要,重要的是国家在

---

① 〔苏联〕童金主编:《国际法》,邵天任、刘文竹、程远行译,法律出版社1988年版,第52页。
② 参见丘宏达:《现代国际法》,台湾三民书局2006年版,第91—93页。在这个问题上,我们大概可以论断,绝大多数的国际法规范是具有领域和对象上的相对性的。条约无法约束第三国;很多习惯是区域性和约束少数几个国家的,而且一般对于始终反对者无效。被称为具有普遍针对性的"强行法"(jus cogens)或者"对一切的义务"(obligation erga omnes)不仅数量无多,而且在具体内容上经常存在异议,更令人关注的是,这些据称铺有普遍约束力的规范,实际上存在着被违背却未能追究责任的现象。而国家豁免原则在国际司法体系中的普遍被认可和尊重,使得"普遍性规范"的执行可能非常有限。因而,值得再三重申的是,国际法本质上仍然是基于国家同意的法律。
③ 参见《国际货币基金协定》第29条、《世界卫生组织组织法》第21条、《国际民用航空公约》第37、54条第12款、第90条,均见《中华人民共和国多边条约集(第一集)》,法律出版社1987年版,第182、375、250—251、256、265页。See also Peter Malanczuk, *Akehurst's Modern Introduction to International Law*, 7th ed., Routledge, 1997, p.57.
④ Richard K. Gardiner, *International Law*, Pearson Longman, 2003, pp.100—101.

相关文件中所体现的意图。① 因而,只有那些根据组织规程不具有约束力的国际组织决议、建议才属于软法的范围,而不论其名称如何。

联合国大会的决议占据了不具有约束力、但又具有说服、影响力的国际法文件的绝大部分。在传统上,根据《联合国宪章》第24、25条,只有安理会的决议才是对于所有成员国具有约束力的,而联合国大会除了针对有限的问题可以作出有约束力的决议,对于绝大多数问题只能作出建议性的决议。但这显然仅仅是当初的意愿。由于联合国大会代表了国际民主的发展方向,而安理会基于理事国的储量限制和否决权的存在,民主程度远远低于联合国大会,处理问题的事项范围也非常有限,所以大会在很多问题上发挥了积极的作用。不过也并非所有的联合国大会决议都能构成软法,因为很多决议都仅仅是政治妥协,呈现之初就无意于建立任何具有约束力的规范;也有些决议与国际法没有什么关系,例如建议研究癌症的原因的决议。② 其他国际组织的决议亦应作如是观。③

第三,行为准则。在很多时候,有些政府间国际组织和非政府组织可能会确立一系列的行为规范准则(code of conduct),以树立较好的行为模式,对于相关的行为体提出要求和约束,要求国际关系的行为体遵守。此种方式主要体现在针对跨国公司、针对国家的人权、环境等行动的领域,例如经济合作与发展组织(简称经合组织或OECD)1976年制订的《跨国企业准则》是试图确立全球性跨国公司行为规范的重要努力,该准则2001年由经合组织修订。联合国1984年也公布了《跨国公司行动守则草案》。④ 在反腐败方面,联合国预防犯罪和刑事司法处1990年8月编写、并由当年在古巴召开的第八届联合国预防犯罪和罪犯待遇大会审查通过的《反腐败的实际措施》手册,就要求各国政府完善政府机制,加强廉政建设。并提出了公职人员全面公布个人财产、定期提供简要报告;设立专门的反贪污腐败机构并提高其专业化程度;考虑反腐败责任管辖权的专属问题,政府部门确立专责分工,鼓励对贪污舞弊行为的举报,保证信息通畅;要保证公职人员的工资收入能够维持家庭的生活等建议和意见。这些行为准则也是不具有强制约束力的,而仅仅是一种导向性的文件。在国际金融领域,从1975年的《对国外银行机构监督的原则》,1997年的《银行业有效监管核心原则》,2004年的《巴塞尔协议Ⅱ》,到

---

① Malcolm N. Shaw, *International Law*, 7th ed., Cambridge University Press, 2014, p.83.
② Peter Malanczuk, *Akehurst's Modern Introduction to International Law*, 7th ed., Routledge, 1997, p.57.
③ Malcolm N. Shaw, *International Law*, 7th ed., Cambridge University Press, 2014, p.82.
④ Andrea K. Bjorklund and August Reinisch (eds.), *International Investment Law and Soft Law*, Edward Elgar, 2012, pp.39—147.

2010 年的《巴塞尔协议 III》,巴塞尔协议确立了金融监管的核心原则。① 此外,一些国际性金融监管组织,如国际证券委员会组织,保险业国际监管组织,设在国际清算银行的支付与清算体系委员会以及国际货币基金组织等,都采取了加强合作的行动来解决具体的跨国金融监管问题。② 类似地,国际金融公司和荷兰银行在 2002 年 10 月召开的国际知名商业银行会议上提出的赤道原则要求在贷款时进行环境和社会的影响进行综合评估,也是具有广泛影响的非约束性规范。虽然这些行为准则并没有确立清晰的法律义务,却显然有利于唤起各个国家和民众对于相关领域的重视,有利于促进各国的国内立法,也有利于对于相关行为体的正当性进行衡量。

有的学者将针对某些法律实践作出的专家报告(例如国际法委员会针对国家责任所作出的特别报告员报告)和针对具体国际情势问题作出的专家报告(例如针对某一国的人权状况作出的调查报告)也视为软法。③ 这种观点值得进一步考量,因为前者可以归入一种新的"权威公法学家学说",而后者的立场中立性、专业性等方面还有待于进一步讨论。

(二) 条约的"软条款"不应认为属于软法

值得说明的是,对于软法的范围,有着不同的理解。有的学者认为,就国际规范而言,无论其表面约束力如何,只要在内容上模糊不清、没有给相关的行为体设定明确的权利义务,就属于软法。④ 显然,并非所有的国际条约中的内容均可实施,有些条文仅仅是宣示性的,仅仅表达国际社会的意愿和价值指向。根据这样的论断,国际条约中的某些条文如果不具有明确的权利义

---

① 虽然从法律性质上看,这些规定并不具有约束力,而仅仅属于"软法",但是这些规则获得了十国集团监管部门的肯定,他们一致同意在规定时间内在成员国内予以实施。而且这些规则的适用还呈现出扩散的趋势,这是因为它们具有合理性、科学性和可操作性,经受住了时间和实践的检验,所以,许多参与国际金融程度较高的、非十国集团国家的监管部门,也自愿遵守。1997 年,由巴塞尔委员会与一些非十国集团国家联合起草的《银行业有效监管核心原则》公布,同样获得各国监管机构的普遍赞同和支持,并逐渐成为银行监管的国际标准而受到世界各国的普遍认可。这一事实充分说明了国际软法具有约束力的一个重要原因,即规则的"内在理性"。关于中国引入 Basel I 的探讨,参见陈宪生:《应重视巴塞尔协议的实施》,载《国际金融研究》1989 年第 2 期;陆晶文:《巴塞尔协议对我国利用外资的影响》,载《计划经济研究》1990 年第 2 期;丘永诒:《引进〈巴塞尔协议〉的起步》,载《广东金融》1992 年第 11 期;刘建红:《巴塞尔协议与我国银行业》,载《金融研究》1992 年第 8 期;王守淦:《〈巴塞尔协议〉原则与我国专业银行资本充足率探析》,载《金融研究》1992 年第 2 期。

② Chris Brummer, *Soft Law and the Global Financial System: Rule Making in the 21st Century*, Cambridge University Press, 2012, pp.16—21.

③ Jeffrey L. Danoff, Steven R. Ratner, and David Wippman, *International Law: Norms, Actors, Process*, 3rd ed., Aspen Publishers, 2010, p.36.

④ Martin Dixon, *Textbook on International Law*, 7th ed., Oxford University Press, 2013, p.52.

务指向,例如1945年《联合国宪章》的引言、1978年《关于国家在条约方面的继承的维也纳公约》的序言、1930年《关于国际法冲突的若干问题的公约》的序言、1952年《妇女政治权利公约》的序言、1966年《公民及政治权利国际公约》和《经济、社会、文化权利公约》的序言、1961年《维也纳外交关系公约》序言、1963年《维也纳领事关系公约》序言、1969年《联合国特别使团公约》序言、1969年《维也纳条约法公约》序言,再如某些框架公约(如《气候变化框架公约》),某些倡导国家采取措施逐渐达到目标的条款(如1972年《保护世界文化和自然遗产公约》《经济社会文化权利公约》第2条),也会被列入软法的范畴之内。① 1963年8月5日苏联、美国和英国三国签署《禁止在大气层、外层空间和水下进行核武器试验条约》第4条第2款的规定"各缔约国如断定与本条约内容有关的非常事件危及本国的最高利益,有权退出条约,以行使其国家主权。它应在三个月之前将共退约一事通知所有的缔约国。"这些条文都表达了国际社会在一些事项上的关切和认识,却不具有约束力,所以被认为是脆弱、软法的一个表现。② 在这些学者看来,软法可能成为有约束力条约的一部分,只是成员国不期望此种条文具有约束力。③

反对者则表示,由于时代发展,原有的比较清晰的规范也会变得模糊;原有比较模糊的规范则可能因为实践的摸索或者人们认识一致而变得清晰,所以用此种标准确立软法并无合理性。④ 由此,此类学者认为,只有在性质上不具有约束力的国际文件(non-binding international instruments)才属于软法规范,也就是国家或者国际组织同意作出的并不具有法律约束效果的陈述、文件、宣言和行动准则。笔者认为,追求完全的清楚明确基本是不可能的,如果以模糊性为标准来区分软法,则软法的边界更加模糊,所以,有约束力的条约中相对模糊的条款应视为硬法。

(三)对国际软法内涵的归结

笔者认为,凡是在目的和性质上能够看出没有实施意愿、没有实施资格、没有实施可能的国际规范性文件均属软法。(1)没有实施意愿,是指在文件中能够推断出仅仅是作为建议、倡导而存在的规范,而无意于为国家赋予权

---

① Gillan D. Triggs, *International Law: Contemporary Principles and Practices*, 2nd ed., LexisNexis Butterworths, 2011, p.50;姜皇池:《国际公法导论》,台湾新学林图书出版公司2013年版,第138—139页。
② P. Weil, "Towars Relative Normativity in International Law", 77 *American Journal of International Law* (1983) 413.
③ Hilary Charlesworth and ChristineChinkin, *The Boundaries of International Law*, Manchester University Press, 2000, p.67.
④ Vaughan Lowe, *International Law*, Oxford University Press, 2007, p.96.

利、确立义务或者形成责任;如联合国 1948 年的《世界人权宣言》、1971 年的《国际法原则宣言》。(2) 没有实施资格,是指无论其措词如何,从文件的制定者的身份上就可以推断出,该组织机构并无确立具有实施力的国际法规范的职权;联合国大会对于很多事项作出的决议、联合国人权机构作出的人权条约一般性建议、一般性评论均属此类。(3) 没有实施可能,是指从规范的内容和可以作为支撑体系的国际法运行结构上,该文件无法作为配置资源、确立权利义务以及责任的基础。与此同时,需要知道的是,国际文件必须是规范性的,也就是以确立行为模式、权利义务为表现形式,纯粹的报告不能作为软法。

迪纳·谢尔顿(Dinah Shelton)将软法分为"初级软法"和"次级软法"。初级软法是包括未能被以条约的方式通过的规范性文本,以国际社会的整体或者采纳该文本的国际组织机构的全体成员为对象,此种文件可以宣布新的规范,经常意图作为以后条约的前身或者可以重申或进一步引申以往在具有或不具有约束力的文本中确立的规范。次级软法则是监督机构的建议和一般评论,法院和委员会的司法或者准司法实践,特别报告员的决定和其他特别机构和国际组织的政治机构实施初级规范的决议。此种次级软法的大多数由条约所衍生的机构作出,其存在和权限来自于条约,适用该条约包含的规范。① 谢尔顿的这种区分模式对于理解和应用软法规则具有很大的启示作用。

三、软法在国际法律进程中的演化及内在动力

软法在过去的半个多世纪大量出现,显示了国际法的不断演进,是国际法进程的重要方面。② 不仅国家,而且非国家行为体也通过创制软法而加入到了国际立法的进程之中。19 世纪中叶之前,国际法以习惯为主要渊源,19 世纪中叶以后,条约的分量越来越大。20 世纪中叶以后,人们发现一个国际法发展的矛盾:传统国际法的形成进程远远不能满足日益加速的国际社会生活步伐和日益增长的国际社会生活领域的要求。习惯的形成需要相当长的时间和相当多的实践作为基础,而条约、特别是多边条约,则可能旷日持久,

---

① Dinah Shelton, "Soft law", in David Armstrong (ed.), *Routledge Handbook of International Law*, Routledge 2009, p. 70; Jeffrey L. Danoff, Steven R. Ratner, and David Wippman, *International Law: Norms, Actors, Process*, 3rd ed., Aspen Publishers, 2010, p. 36.
② 杨泽伟:《国际法(第二版)》,高等教育出版社 2012 年版,第 41 页;Davide Armstrong, Theo Farrell, and Hélène Lambert, *International Law and International Relations*, 2nd ed., Cambridge University Press, 2012, pp. 67—68.

而且很有可能中途失败,不见结果。这种矛盾产生了两个现象:一个被称为"速成习惯国际法",另一个则是"软法"。①

(一)国际立法的高成本和低效率是软法勃兴的背景

由于国际关系的无政府状态,不存在世界政府,也就不存在超国家的立法、执法、司法体系。而国家之间的关注领域、利益取向、发展能力存在着巨大的区别,彼此之间的协商很难达成有效的一致。此时,形成新的具有约束力的国际法律文件(条约或者公约)需要巨大的谈判成本,而且很可能并不成功。即使在非常紧迫的事务领域形成具有约束力的文件都面临巨大困难,导致相关国际会议、国际谈判的结果文件都是妥协、模糊的,因而很少能具有全球性的约束力。② 例如,国际社会现在虽然已经共同认识到恐怖主义是一个严重的问题,但是,仅仅在空中劫持、人质、资金方面形成了一些公约,仍未形成普遍的反恐公约,就是因为国家之间在恐怖主义的界定和范围上很难达成一致。③ 同样,尽管国际社会都认为侵略是一个需要禁止和全面反对的国际罪行,但国际社会仅仅通过了没有约束力的联合国大会3341号决议,在《国际刑事法院规约》的框架下确立侵略罪的概念受到了很多大国、特别是安理会常任理事国的抵制。④

与此同时,国际社会确立具有约束力的条约还受制于缔约国的因素。因为条约类似于国内法上的合同,对于非缔约方是不具有约束力的。对于参加条约谈判的国家而言,如果一项条约不能够充分表达本国的意愿、或者违背本国的利益,不签署、不批准往往是一个常见的选择。⑤ 所以,很多多边条约面临着签署和批准数量不足、因而长期难以生效的问题。⑥ 此种情况在很大程度上限制了在全球范围内形成具有约束力的文件的可能性。

比起正式国际立法行动的缓慢步调,人类面临的科技、环境等领域的风险却纷至沓来,要求国际社会积极应对。国际社会的行为体转而采取更为可

---

① David Armstrong, Theo Farrell, and HélèneLambert, *International Law and International Relations*, 2nd ed., Cambridge University Press, 2012, p.26.
② Patravia Birnie, Alan Boyle, and Catherine Redgwell, *International Law and the Environment*, Oxford University Press, 2009, p.34.
③ Wayne McCormack, *Legal Responses to Terrorism*, 2nd ed., LexisNexis, 2008, pp.386—388.
④ Edward M. Wise, Ellen S. Podgor, and Roger S. Clark, *International Criminal Law: Cases and Materials*, 3rd ed., LexisNexis, 2009, pp.837—842.
⑤ 例如,美国就没有批准《联合国海洋法公约》《经济、社会、文化权利国际公约》《儿童权利公约》等国际法文件。
⑥ 例如,2004年12月通过的《联合国国家及其财产管辖豁免公约》,要求有30份批准书之后30日生效,至2014年12月,仅有18份批准书,仍未达到生效条件。https://treaties.un.org/Pages/ViewDetails.aspx?mtdsg_no=III—13&chapter=3&lang=en.

行的方式寻求解决方案。因而,当前国际规范的确立并非总是订立条约,很多时候是订立软法,通过非约束性的机制来达到各个政府的目标。① 例如,在外空领域,国际社会难于形成共同一致的条约,所以首先形成一系列外空软法来凝聚共识,并且在很大程度上解决了问题。② 即使没有形成条约,也决不意味着这些国际文件是没有意义的。在人权领域,《世界人权宣言》被视为"国际人权法案"的基石之一③;很多领域的人权都是从"宣言"类的软法文件起步的。④

(二) 国际治理的多样化和组织化是软法发展的环境

没有国际组织、非政府组织等非国家行为体就不会有这么多软法规则的出现。这些新的行为体兴起引致了多样化的、富有想象力的国际法立法和执法的新方式。国际组织成为新的立法形式的舞台。在政府不愿意就条约达成协议的时候,国际组织准备了准法律文本,意图并且实际上也影响着国家的行为。⑤ 在这里,值得注意的是,在很多时候,国际组织确立的这些文件并不是为了约束国家或者其他行为体,而是为了影响这些行为体的行为方式和考虑因素。⑥ 安顿和谢尔顿认为,现在的国际实践高度依赖于国际组织的各种实践,它们可以推动新的法律规则的发展,特别是通过采纳不具有约束力的文本,成员国由此表达对于产生新规范的赞许。不具约束力的规则特别在一般国际法和国际环境法领域对于国际法的形成具有重要的作用。⑦ 这种不具约束力的规范文本也就是国际社会所越来越关注的软法。⑧ 类似地,非政府组织对于软法的产生发挥了积极的推动作用。⑨

现代国际实践在很大程度上依赖于国际组织的多样化行为,它们通过形成不具有约束力的文本对于国际法新规范的发展作出贡献,成员国对这些文

---

① James Crawford, "Sovereignty as a Legal Value", in James Crawford and Martti Koskenniemi, *The Cambridge Companion to International Law*, Cambridge University Press, 2012, p.124.
② 张乃根:《国际法》(第二版),复旦大学出版社 2012 年版,第 268—369 页。
③ David S. Weissbrodt, Fionnuala Ní Aoláin, Joan Fitzpatrick, and Frank Newman, *International Human Rights: Law, Policy, and Process*, 4th ed., LexisNexis, 2009, p.33.
④ Ibid., pp.52—53.
⑤ Jeffrey L. Danoff, Steven R. Ratner, and David Wippman, *International Law: Norms, Actors, Process*, 3rd ed., Aspen Publishers, 2010, p.27.
⑥ Andrew Clapham, *Brierly's Law of Nations*, 7th ed., Oxford University Press, 2012, p.107.
⑦ Jürgen Friedrich, *International Environmental "Soft Law": The Functions and Limits of Nonbinding Instruments in International Environmental Governance and Law*, Springer, 2013, p.143—171.
⑧ Donald K. Anton and Dinah L. Shelton, *Environmental Protection and Human Rights*, Cambridge University Press, 2011, p.57.
⑨ 白桂梅:《国际法》(第三版),北京大学出版社 2015 年版,第 161 页。

本所包含的新规范表达支持和肯定。① 这些属于软法的文本,无论被称为行为准则、建议、指南、决议,还是原则宣言,都是经过成员国认真谈判商讨而取得的成果,代表了其所支持的行为模式和权利义务配置方式。②

国际组织、区域机构、跨国公司、非政府组织的立法活动和设立标准的活动产生了很多软法。在人权领域,国际组织通过了大量的软法,发展起国际法的新形式。③ 在金融领域,软法也存在着诸多优点,被很多金融机构所乐于遵守。④

四、软法在国际法体系中的位置

国际软法经常作为习惯的证据,也经常与条约相互补充、共同适用。⑤ 前面的分析也说明软法对于既有国际法渊源形式的推动作用,而我们要进一步分析的问题是,软法可否独立于条约和习惯之外,成为一种新的法律渊源? 那些号召性、倡导性的宣言,即使具有一定的法律效果,是否能够在条约、习惯、一般法律原则之外构成一种独立的或者特别的(sui generis)国际法渊源呢? ⑥

(一)"软法"术语的适当性争论

在软法是否具有国际法渊源地位这一问题上,有的人直接对"软法"这个概念提出异议。认为法律就是硬法,就是具有约束力的。不可能既是软的,又是法律。⑦ 所以他们认为软法这个词汇可能具有误导性⑧,并反对在此种语境下采用"法"这个概念,至少不能用于那些类似《联合国宪章》前言的

---

① Oscar Schachter, "The Twilight Existence of Nonbinding International Agreements", 71 *American Journal of International Law* (1977) 296.
② Patravia Birnie, Alan Boyle, and Catherine Redgwell, *International Law and the Environment*, Oxford: Oxford University Press, 2009, p.34; Donald K. Anton and Dinah L. Shelton, *Environmental Protection and Human Rights*, Cambridge University Press, 2011, p.57.
③ Richard K. Gardiner, *International Law*, Pearson Longman, 2003, p.273.
④ Chris Brummer, *Soft Law and the Global Financial System: Rule Making in the 21 Century*, Cambridge University Press, 2012, pp.111—113, 116—119.
⑤ Jeffrey L. Danoff, Steven R. Ratner, and David Wippman, *International Law: Norms, Actors, Process*, 3rd ed., Aspen Publishers, 2010, p.37.
⑥ Gillan D. Triggs, *International Law: Contemporary Principles and Practices*, 2nd ed., LexisNexis Butterworths, 2011, p.50.
⑦ 有学者指出,"软法"这个称呼本身就是自相矛盾的(oxymoronic)。Louis Henkin, Sarah H. Cleveland, Laurence R. Helfer, Gerald L. Neuman, and Diane F. Orentlicher, *Human Rights*, 2nd ed., Foundation Press, 2009, p.245.
⑧ Mary Ellen O'Connell, Richard F. Scott, and Naomi Roht-Arriaza, *The International Legal System: Cases and Materials*, 6th ed., Foundation Press, 2010, p.159.

一般性的、宽泛的原则。① 扬·克拉贝尔(Jan Klabbers)认为,软法的概念没有实际的意义,让人误以为法律的约束形式分为不同阶次的。② 还有很多学者对于软法属于法律提出质疑。杜佩(Pierre-Marie Dupuy)认为,软法是一个有益的范畴,在一定意义上确实是有效的,但不适合放在正式渊源的学说之中。③ 马尔科姆·肖也认定,软法不是法,即使在环境和经济领域,在发展和确立准则方面很重要、很有影响,但无论如何,它们在性质上不是法律规范。④ 贾兵兵也提出,"'软法'并不是法,也不是指通常意义上创造法律的一种途径。……'软法'并不是一个恰当的表述方式。一个规则要么是法律,要么不是法律。'软法'这种似是而非的表述方式没有准确地反映出国际法具有法律拘束力的性质。"⑤迪克森认为,当用"软法"这一术语来描述那些可能发展为国际法规范却还没有达到这一程度的价值、指导方针、观念和建议的时候,它并不是真正的法律,而仅仅是未来法(de lege ferenda)原则的另一种称呼,或者说,将来有可能具有约束力。只有后续跟进的条约、习惯或其他立法行为,方能使之成为法律。⑥

需要指出的是,在法律的研究中,不仅要警惕过于乐观的浪漫主义,也要避免因循守旧的教条主义。所有的法律都有约束力,所有具备约束力的都是法律,这诚然是一个完美的逻辑论断,但却不符合社会实践。"实践是检验真理的唯一标准",在现实和理论之间存在矛盾的时候,理论必须基于现实进行修改,而不是否认现实,继续坚持本来就是作为现实映像的思维而产生的理论;当学理概念和原则不能解释现实生活的鲜活实践时,唯一理智的选择显然是理论调整、理论变革、理论创新,而绝不应当像唐代的李白就讽刺过的儒生一样,对社会现实视而不见,守在理论的象牙塔里孤芳自赏,而针对实践中出现的问题却难能给出有效的解决方案。无论是国内法,还是国际法,规范体系都不是一种"非黑即白"的状态,边界经常是模糊的,确实有很多规则是在灰色的中间状态的。从国内法的意义上看,能够配置权利义务的并不仅仅是严格意义上的法律,还包括在社会中具有实际指导意义的规则。正如纽黑文学派(New Haven School,或称"政策定向学说")所正确地指出的,在

---

① Kal Raustiala, "Form and Substance in International Agreements", 99 *American Journal of International Law* (2005) 581, at 586—591.
② Jan Klabbers, "The Redundancy of Soft Law", 65 *Nordic Journal of International Law* (1996) 167; Jan Klabbers, *International Law*, Cambridge University Press, 2013, p.38.
③ Pierre-Marie Dupuy, "Soft Law and the International Law of the Environment", 12 *Michigan Journal of International Law* (1991)420.
④ Malcolm N. Shaw, *International Law*, 7th ed., Cambridge University Press, 2014, p.83.
⑤ 贾兵兵:《国际公法:理论与实践》,清华大学出版社2009年版,第43页。
⑥ Martin Dixon, *Textbook on International Law*, 7th ed., Oxford University Press, 2013, p.52.

社会中起作用的往往并不总是书面的、有约束力的法律,还有很多在社会上具有效力、但没有被视为法律的行为准则。① 在很多国家,有些法律得到了严格的执行和遵守,有些法律经常被遗忘;有些不是法律的规范在社会中具有重要的指导意义,有些规范的要求则被"认认真真地走过场"。因此,国内规范与国际规范一样,不仅在约束力上分为不同的阶次,而且"法律"与"非法律"的界限远不是明晰清楚的,存在着巨大的"灰色地带"。因而,国际法规范的约束力所处的复杂境况是我们必须面对和接受的事实,我们还需要给出解释、提出进一步的发展方向与道路。

(二) 关于软法是否属于法律的分析

关于软法是否属于法律的问题,我们必须看到,很多学者从严格的定义上看,认定软法不是法律。马尔科姆·肖在其《国际法》中明确提出,软法并不是法律。迪克森认为,当用"软法"这一术语来描述那些可能发展为国际法规范却还没有达到这一程度的价值、指导方针、观念和建议的时候,它并不是真正的法律,而仅仅是未来法(de legeferenda)原则的另一种称呼,或者说,将来有可能具有约束力。只有后续跟进的条约、习惯或其他立法行为,方能使之成为法律。② 这种论断的基础是:(1) 以《国际法院规约》确立的列表为基础,软法不在列表之中;(2) 如果认为法律是具有约束力的规范,软法不具有此种约束力。

笔者认为,对于上述的论断,需要在基础上进行反思:

首先,《国际法院规约》是否应被视为涵盖了所有的国际法表现形式?我们认为,不能做如此乐观和绝对的估计。其原因包括:与国内法一样,国际法总是在不断发展的。国际法作为一种相对初级的法律规范体系,不仅在内容上经常变化,在形式上也经常变化、不断拓展。《国际法院规约》作为一份1945 年通过的文件,当然不可能期望它跟得上不断进步的时代发展潮流。例如,国际组织具有约束力的决议不属于任何一种既有渊源,但其法律效力得到了广泛的认可。如果考虑到《国际法院规约》几乎原封不动地继承了1919 年的《常设国际法院规约》,则这种时代差异就会更加明显。事实上,在国际法院的内部,已经形成了一种判例法的传统,而且这些判例在国际法院的外部也受到了广泛的关注和高度的认同。虽然这种传统并不符合《国际法院规约》第 51 条所确立的规则,但是时代发展、实践发展超越了纸面的规

---

① 白桂梅:《政策定向学说的国际法理论》,载《中国国际法年刊 1990》,法律出版社 1991 年版,第 201—224 页。
② Martin Dixon, *Textbook on International Law*, 7th ed., Oxford University Press, 2013, p. 52.

则。这充分证明了罗萨琳·希金斯对于国际法性质的认定:国际法是一套体系和进程,而不是一个规则集合。① 也正是在国际法院这种实践的基础上,1998年通过的《国际刑事法院规约》规定,因而,可以说,分析软法是否属于法律的问题,无需囿于国际法院规约的列举。

其次,如果现有的、被认为属于国际法的规范都是有约束力的,而软法只有劝导的意义,则软法显然不是法。那么是否可以确立所有被认可的国家法规范都有约束力这样的论断呢? 无论是从历史上看,还是从现实来看,这一点都非常难。在相当长的时间之内,由于没有执法机构,国际法规范都建立在舆论的基础上,就一国而言,能否依靠国际法维护权利、落实义务,主要看这一国的力量和相对国的利益需求。中国曾经被迫签署却不愿履行的《南京条约》就是一个突出的例子;而《马关条约》之后"三国干涉还辽"也说明条约的效力在很大程度上取决于相关国家的力量和利益,中日之间的《民四条约》也是在中国人民的强烈反对下在《二十一条》的基础上反复磋商而形成的。这些例子充分说明,人类长期所处的环境是在无政府前提下国际关系的自助系统。正是由于这种弱点,19世纪的法学家奥斯丁认为国际法仅仅是实证道德;20世纪上半叶的法学家凯尔森也只得从自助的角度非常勉强地证明国际法的强制性。就现在而言,国际法也并没有普遍地形成有效的约束机制。不仅很多国际条约和习惯在实践中被忽视或者背弃,而且被一些学者称为"国际社会宪法"的《联合国宪章》也被违背。有些学者认为,国内法也经常被违背,所以并不能说国际法被违背就说明了国际法没有约束力。笔者当然认可这样的观点,但问题在于,国内法被违背的时候经常会引致法律责任,而确实存在着很多明目张胆地违背国际法却没有被追究责任的现象。20世纪,虽然从国际法进步的方面说,国际司法制度建立起来并日益成熟,但是我们必须面对国际司法制度仍然处于边缘化状态的情况。从国家之间诉讼的层面,国际法院的诉讼管辖权仍然建立在国家同意的前提之下,没有国家的事先概括或者特别同意,国际法院是无权管辖相关的争议的。而国际仲裁方面的国家主导性就更加明显。国际海洋法庭的情况也并不见佳。就对国家所从事的国际犯罪追究个人刑事责任而言,迄今为止的国际刑事司法机制面临的最大诟病还是如何确保其公正性的问题。无论是第一次世界大战结束之后的莱比锡审判,还是第二次世界大战之后的纽伦堡审判、东京审判,都难于逃离战胜者对战败者的审判(victor's justice)、强者对弱者的审判的质疑;即使是基于联合国安理会决议所成立的前南斯拉夫特别刑事法庭,也还

---

① Rosalyn Higgins, *Problems and Process: International Law and How We Use it*, Oxford University Press, 1993, pp. 2—11.

是存在着这方面的问题。2002年成立的国际刑事法院试图在这一方面有所超越,但问题在于,世界主要国家对于《建立国际刑事法院罗马规约》的不赞同态度使得原初试图建立一个全球性的、公允追究国际刑事责任的司法机构的意图基本落空。因而,综合看来,这些事实都表明了国际刑事司法的初级性,主权国家处于民族主义或者类似的考虑架空了相关国际法的落实机制。在私人与国家之间的诉讼问题上,《解决国家和他国国民之间投资争议的公约》及依此设立的国际投资争端解决中心(简称ICSID)确立了一个很好的典范,使得作为投资者的个人有机会与国家共同进行查清事实、确认法律、总结观点的争端解决工作,较为平等地解决纠纷。但是此种活动迄今为止仅限于投资领域,而且ICSID自身也由于在一些案件中过于倾向投资者而受到一些国家的抵制。在绝大多数其他领域,个人要求国家负责的途径都非常有限,国际法庭在多数情况下付诸阙如,在行为国本国很难获得支持,在受害者所在的国家则很容易碰到主权豁免的问题。到当前为止的国际法体系仍然对于国家的主权行为赋予豁免,任何国家都不得以国内司法程序管辖国家的主权行为和执行外国的国家财产。这也就意味着凡国家采取的行为,如果国家不愿意主动承担责任的话,其他行为体是不能要求、更不能强制其承担责任的。

综合分析,国家承担其国际法律责任的基础仍然主要是外来的安全威胁压力(而非单纯的制度压力)、基于利益的计算及自身的意愿,国际法尚未形成广泛的制度认同和规范信仰。国家责任制度的初级性和国家责任追究机制的欠缺使得国际法义务的落实严重缺失。从而我们也就可以顺利地推出,当前的国际法并非都如一些善良的人们乐观地设想的那样具有较强、较普遍的约束力。

相比较而言,国际软法文件除了在形式上不具有约束力之外,在实际的效果上与"硬法"并没有实质的区别。国家等行为体遵循着这些规则,将相应的规则转化为国内立法,并在国际争端出现时援引这些规则,一些国际法庭也适用这些规则来说明国际法的规则。

如果前面的两项理由可以确立的话,国际法中"法"的概念必须超越原有的理解,无论这种理解是基于国内法的模型所做的类推、基于法律的理想定义所做的演绎,还是基于规范所做的归类。"软法不是法"这样一个很多学者认可的推断就是存在问题的,或者说我们必须超越对于法律、国际法原有的僵化的概念与类型理解,提出更广泛、更符合国际关系现实的认识。

(三)"软法"在国际法规范体系中的独立性

关于软法是否具有国际法渊源的地位的问题,既与上述问题有着一定的联系,也有其独立性。其联系之处在于,如果软法不属于法律,自然无需讨论其是否属于独立渊源的问题;其区别在于,即使软法属于法律,它也可能从属于某一种既有的渊源,而不具有独立性。

在国际法的渊源方面,公认的权威列举是《国际法院规约》第38条的规定。它确立了条约、习惯、一般法律原则作为国际法渊源的地位,并将司法判决和权威公法学家学说作为辅助渊源。然而,《国际法院规约》并不是一个封闭的列表。① 《国际法院规约》的前身是《常设国际法院规约》,出现于1919年,至今已近百年。国际法在这百年间取得了重大的进步,如果把这一规约的规定看成是关于国际法的唯一有效表述,显然是不合适的。

要讨论软法可否像条约、习惯、一般法律原则一样构成一种独立的国际法渊源,我们首先需要讨论的是传统认可的、《国际法院规约》对于国际法渊源的列举是否是穷尽的。如果以往的规定已经穷尽了国际法表现形式的所有方面,则软法没有成为国际法新的渊源的机会,而必须归入原有的渊源框架之中;反之,如果原有的规定并未穷尽所有的国际法表现形式,而软法又不在原来确立的框架之内,则软法可以成为一种独立的渊源。

如果我们试图对于法律的表现形式作出一种周延的分类,则划分为成文规范和不成文规范是一种较为可行的分类。那么《国际法院规约》所列举的条约、习惯、一般法律原则能否做到无死角地覆盖成文法和不成文法呢?笔者认为,这个目标显然没有达到。首先,成文法并不排他地体现为条约。条约仅仅是国际社会公认的国际法主体(主要是国家和国际组织,在一定情况下包括争取独立的民族和叛乱团体)之间确立权利义务、意思表示一致的书面形式,这固然可以作为追寻和认定这些国际法主体权利义务的依据,但是能够确立权利义务的书面文件却绝不仅限于条约这一种形式。随着国际组织发展得越来越成熟,组织机构自身即可以订立规范来约束国家或其他国际法行为体的行为方式,确立权利和义务,这种情况在实践中屡见不鲜,而且已经被国际法理论和司法和执法实践所确认。在条约和国际组织确立的法律规范之外是否还存在着其他的形式,尚有待于实践进一步发展,至少在逻辑上,这两种形式也仍然是不穷尽的,为另外的国际法成文形式留下了开放的空间。

其次,不成文法也不仅限于习惯。虽然根据国际司法实践,不成文的规范都体现为习惯,但国际社会的争议核心在于什么能够构成习惯。

《国际法院规约》第38条在列举条约和习惯之后提出了法律原则这一

---

① William Slomanson, *Fundamental Perspectives on International Law*, 6th ed., Wadsworth, Cengage Learning, 2011, p.35.

形式,虽然说很符合国际法的实践情况,但在逻辑上却是存在着重叠的现实和空白的可能的。所谓重叠的现实,是指在很多国际条约中就明显地确立了一些原则(其中特别明显的是《联合国宪章》第 2 条);很多国际习惯也可能确立起一些法律原则。这种条约和习惯中的原则地位如何?与其他载体中存在的原则(特别是非约束性规范文件所阐述的原则)是何种关系?所谓空白的可能,是指从逻辑上看,法律原则与法律概念、法律规则形成一个相对完整的体系,既然提出了法律原则,是否还需要列举法律概念和法律规范呢?是否会有条约和习惯之外的法律规范和法律概念呢?从《规约》自身很难找到答案。当然,我们可以理解《规约》的起草者的苦心,是担心在处理案件的时候,如果没有条约和习惯作为依据的话,法院很可能会说无法可依,不能作出判断,从而留下很多悬案,这显然不利于国际社会的秩序稳定和国际法的权威,所以《规约》的起草者们以法律原则作为一个进一步的依据支撑。进而言之,法律原则的存在,也可能为条约和习惯这两种实证法之外援引到一种可以归结为自然法的尺度,给法官处理问题提供更大的灵活度。然而,无论这种安排的理由如何,无论此种安排的正当性如何充分,逻辑上的不妥当、不周密却是一个不得不面对的问题。

也就是说,《国际法院规约》以及其他现有正式国际法律文献所确立的国际法渊源类型,在逻辑上并不是一个严密的、封闭的集合,存在着其他渊源类型的可能性。从而,我们也可以说,软法作为国际法的一种单独的类型是具有可能性的。

认定软法在国际法规范体系中的位置,不仅要注重逻辑,更要注重经验。从逻辑上说,国际法的渊源可以根据表现形式被划分为成文规范和不成文规范,也可以从具体职能分为概念、原则和规则,从这个标准审视《国际法院规约》第 38 条,就不难发现,这一条关于国际法具体形式的规定是不穷尽的。至少条约不能涵盖所有的成文规范,这就为包括"软法"在内的成文规范作为国际法的渊源留下了空间。伊恩·布朗利认为,国际法的创制并不存在于国内一样的以宪法为基础的立法机制,所以,在国际法上很难像国内法一样确立"形式渊源"的概念,进而,国际法院的判决、获得一致支持的关于法律问题联大决议,意图编纂或发展国际法规范的重要多边公约均在一定程度上具有意义。从这个意义上讲,只要是国家一般同意或者接受就可以创制普遍适用的规则。[1] 有的学者提出,与其二元性地区分硬法和软法,不如从义务

---

[1] Ian Brownlie, *Principles of Public International Law*, 7th ed., Oxford University Press, 2008, p. 3; James Crawford, *Brownlie's Principles of Public International Law*, 8th ed., Oxford University Press, 2012, p. 20.

性、准确性、代表性三个维度或者指标来分析国家在具体语境下所发展出来的规则。①

从经验上看,在现实的国际交往体系中,软法确实是独立地起着作用的。如果不是囿于传统的实证主义追求纯粹法学观念,而是以事实和经验作为分析的基础,就不难看出,软法是国家、国际组织、个人在日常的交往中必须参考的范围。② 由前文的论述可知,如果断定软法是"未来法",仅仅对国际造法具有推动作用③,则其对于国际行为体的影响力量要大为减少。如果认为软法是习惯的证据,则可能因为习惯构成的其他证据和条件而被反驳,例如"持续反对者"原则。国内社会的很多实践都证明,能够带来社会秩序的并不仅仅是正式法律规范。④ 类似地,软法在国际社会的运行中令人无法忽视,并且发挥着法律所具备的指引和评价功能。⑤ 早在1947年,美国法学家菲利普·杰赛普就提出,美洲国家间会议所通过的"宣言"的形式与某些国际公约同样具有效力。包括了代表对于相关事务的结论,这些宣言不需要批准,也不具有条约的地位,但是它们却构成了其所宣称的法律规则确实存在的、颇具说服力的证据。⑥ 在人权领域,国际人权条约机构的一般性建议、一般性评论,以及针对个人来文、国家间申诉所作出的准裁决性意见,实际上都具有不容忽视的规范性。而联合国及下属的各理事会、条约机构的决议,以及区域性组织的决议,当然也有很强的规范性。⑦ 美洲国家间法院在关于《美洲人权与义务宣言》的解释中认为:《美洲人权与义务宣言》是与《美洲国家组织宪章》相联系的、确立相关国家所具有的国际义务的渊源。该宣言不是条约,却不能认为其没有法律效果。从而,即使美国并非美洲人权法院的参加方,也仍有义务遵从改宣言。⑧ 从技术标准的角度看,软法的实施是为了交流和交易的便利。例如,关于时区、格林尼治天文台作为零度经线划分

---

① K. W. Abbott and D. Snidal, "Hard and Soft Law in International Governance", 54 *International Organization* (2000) 421—456.
② Andrew Clapham, *Brierly's Law of Nations*, 7th ed., Oxford University Press, 2012, p. 74.
③ 朱文奇:《现代国际法》,商务印书馆2013年版,第53页。
④ John Umbeck, "A Theory of Contract Choice and the California Gold Rush", 20 *Journal of Law and Economics* (1977) 421—37; Robert C. Ellickson, *Order without Law: How Neighbors Settle Disputes*, Harvard University Press, 1994, pp. 123—135.
⑤ Dinah Shelton, "Normative Hierarchy in International Law", 100 *American Journal of International Law* (2006) 291, pp. 319—322.
⑥ Philip Jessup, *Modern Law of Nations*, The MacMillan Company, 1947, p. 46.
⑦ Daniel Moeckli, Sangeeta Shah, and Sandesh Sivakumaran (eds.), *International Human Rights Law*, Oxford University Press, 2010, p. 119.
⑧ *Interpretation of American Declaration of the Rights and Duties of Man within the Framework of Article 64 of the American Convention on Human Rights*, Advisory Opinion OC-10/89, July 14, 1989, Inter-Am. Ct. H. R. (Ser. A) No. 10 (1989).

地、格林尼治标准时的规范,并没有形成有约束力的国际公约,但是这种软法却得到了普遍的接受。① 对于占据软法最主要部分的联合国大会的决议是否构成了国际法渊源的新发展,奥努夫曾经撰文进行了分析。② 全体成员或者绝大多数成员通过的联大决议被视为具有有限的"准立法"效力。③ 类似地,国际海事组织(International Maritime Organization, IMO)、世界卫生组织(World Health Organization, WHO)、国际原子能机构(International Atomic Energy Agency, IAEA)、联合国粮食及农业组织(粮农组织,Food and Agriculture Organization of the United Nations, FAO)、食品法典委员会(Codex Alimentarius)等机构所确立的技术标准不仅可能被国际行为体所接受,也可能被国际法院和其他国际司法机构所接受,因此这些国际组织决议具有了立法的效力。④ 在很多时候,软法都具有使国际行为体寻求其利益、解决争端的功能。⑤ 哥伦比亚、哥斯达黎加、厄瓜多尔、墨西哥、尼加拉瓜、巴拿马、瓦努阿图、委内瑞拉、美国就曾达成不具约束力的协定,以解决捕捞海豚的问题。⑥ 正是在这个意义上,沙夫尔和波莱克认为,软法和硬法除了具有相互补充、相互转化的可能,还存在着相互冲突和竞争的场合。⑦

软法的存在不仅限于推进和完善既有的渊源,也就是《国际法院规约》第 38 条第 1 款前三项所列举的条约、习惯和一般法律原则,而且还在传统的渊源之外开辟了新的规范形式。因而,如果国际法的渊源仅限于条约和习惯,则当然可以排除软法,而将之列入另外一个范畴。但如果司法判决、公法学家学说都可以被视为是国际法渊源(至少是辅助渊源),则软法的效力肯定比这二者更加明确和具体。⑧ 认可软法在国际法规范系统中的地位和作

---

① Richard K. Gardiner, *International Law*, Pearson Longman, 2003, p. 62.
② Nicholas Onuf, "On the Quasi-Legislative Competence of the General Assembly", 60 *American Journal of International Law* (1966) 782; Nicholas Onuf, "Further Thoughts on a New Source of International Law: Professor D'Amato's 'Manifest Intent'", 65 *American Journal of International Law* (1971) 774.
③ Richard Falk, "On the Quasi-legislative Competence of the GeneralAssembly", in Richard Falk, *The Status of Law in International Society*, Princeton University Press, 1970, pp. 174—184.
④ Vaughan Lowe, *International Law*, Oxford University Press, 2007, p. 95.
⑤ Jeffrey L. Danoff, Steven R. Ratner, and David Wippman, *International Law: Norms, Actors, Process*, 3rd ed., Aspen Publishers, 2010, p. 74.
⑥ *La Jolla Agreement for the Reduction of Dolphin Mortality in the Eastern Pacific Ocean*(《拉霍亚降低东太平洋海豚死亡率协定》), April, 1992.
⑦ Gregory C. Shaffer and Mark A. Pollack, "Hard vs. Soft Law: Alternatives, Complements, and Antagonists in International Governance", 94 *Minnesota Law Review* (2010) 706.
⑧ 关于联大不具约束力的决议的法律价值高于司法判例和公法学家学说,见王铁崖主编:《国际法》,法律出版社 1995 年版,第 20 页。

用,只是对国际社会中运行的现实所进行的描述,而非构想。① 根据布鲁内(JuttaBrunnée)和图普(Stephen J. Toope)的观点,软规范在某些时候拥有比正式法律渊源更强的义务效果,他们所提出的互动国际法理论将其解释为,当规则的产生是基于国家之间的共享知识,而且符合合法性的条件的时候,就会形成国家等行为体对这些规则的忠诚。② 正如英国国际法学者波义尔提出的,不认可软法在国际法中的地位,往往是因为这些人对于条约等国际法规范的约束力有着过高的评价。③

认可位于灰色地带的软法具有一定的指引、协调、权衡作用,因而可以成为国际法的一种独立表现形式(尽管可能是不成熟的表现形式),不仅符合实践的情况,也符合国际社会更准确地认识相关决议、宣言、行动纲领、行动标准、君子协定等文件地位的需要④,更有助于在时代发展的背景下不断更新国际法体系的知识与观念,并由此推进国际法理论与实践的发展。

五、软法在国际法治格局中的作用

当国家之间不愿意签订有约束力的条约、或者签订条约的程序成本过大时,国际社会就很可能通过各种软法的形式表达其愿意接受的理念,作为指导方针及意欲达到的目标,或者在其能力可及时逐渐接受的规范。认为一份法律文件没有法律约束力即属没有价值、对国家行为没有影响,显然是不符合国际社会的实际情况的。虽然有些国家仅仅因为这些文件的非约束性而反对他们,但很多国家持完全相反的观点。⑤ 如果我们考察发达国家和发展中国家在那些关于国际经济新秩序的国际软法上的态度⑥,就不难理解这一点。从这个意义上看,软法的作用是非常重要的。它对于国际社会行为体的未来行为形成了期待。⑦ 阿兰·波义尔提出,由于一些条约的规范不够清

---

① E. Riedel, "Standards and Sources: Farewell to the Exclusivity of the Sources Triad in International Law", 2 *European Journal of International Law* (1991)58—84.
② Jutta Brunnée and Stephen J. Toope, *Legitimacy and Legality in International Law*, Cambridge University Press, 2010, p.51.
③ Alan Boyle, "Soft Law in International Law-making", in Malcolm Evans (ed.), *International Law*, 3rd ed., Oxford University Press, 2010, pp.166—167; Hilary Charlesworth and Christine Chinkin, *The Boundaries of International Law*, Manchester University Press, 2000, p.67.
④ 参见〔日〕村赖信也:《国际立法:国际法的法源论》,秦一禾译,中国人民公安大学出版社2012年版,第12—14页。
⑤ Hilary Charlesworth and Christine Chinkin, *The Boundaries of International Law*, Manchester University Press, 2000, pp.66—67.
⑥ 相关分析, Rosalyn Higgins, *Problems & Process: International Law and How We Use It*, Oxford University Press, 1994, pp.26—28.
⑦ Vaughan Lowe, *International Law*, Oxford University Press, 2007, pp.96—97.

晰,产生了"硬法不硬"的问题,相应地,则是很多非约束性文件记载了国家之间在彼此关系上的政策目标,对于国家行为具有指导意义。① 赖斯曼教授也指出,由于所谓的"硬法"很可能被认为是无效的,反过来,所谓的"软法"也很有可能体现出法律规范所具有的所有特点。援引这些术语就像试图寻求其基本区分一样模糊。②

(一) 软法对于国际法规范发展的推动作用

作为一个系统和进程,国际法显然在很大程度上、很多领域和方面受益于软法。王铁崖先生主编的《国际法》就认为,联合国大会的决议具有作为国际法补助资料的地位。③ 在实践中,联大决议一方面可以作为一般法律原则的基础,另一方面可以作为国际习惯中法律确信的证据④,或者针对某些具体规则提供权威的解释。⑤ 从软法推进国际法的作用上,我们至少可以理出以下几个方面⑥:

第一,它具有成为国际立法的潜质。软法并不总是处于建议性的地位,这些宣言或者其他文件作为具有约束性立法的前奏,有可能转化为条约。⑦ 也就是说,国际组织的决议能够辅助国际决策者找到国际法的实质内容,它可能成为以后具有约束力的规范的起点。国际软法代表了政治与法律之间的不断互动的过程,以法律语言和推理技术使国际关系的行为体得以用彼此都能理解的形式解决其争端,因而软法和硬法一样,构成了国际关系的基础。如果我们采用哈贝马斯(Jürgen Habermas)的沟通理性理论,此种话语在国际关系中具有重要意义。现在的国际会议更多寻求的是"共识"(consensus, 或

---

① Allan Boyle, "Some Reflections on the Relationship of Treaties and Soft Law", 48 *International and Comparative Law Quarterly* 901 (1999).
② Michael Reisman, "International Law-Making: A Process in Communication", 101 *American Society of International Law Procedings* 102 (1981).
③ 王铁崖主编:《国际法》,法律出版社 1981 年版,第 34 页;王铁崖主编:《国际法》,法律出版社 1995 年版,第 20 页(均由王铁崖撰写)。
④ Ingrid Detter, *The International Legal Order*, Dartmouth Publishers, 1994, pp. 212—251.
⑤ 梁西主编:《国际法》(第三版),武汉大学出版社 2011 年版,第 42 页。
⑥ Cf. e. g., Dinah Shelton, "International Law and 'Relative Normativity'", in Malcolm Evans (ed.), *International Law*, 4th ed., Oxford University Press, 2014, pp.160—163; Stephen McCaffrey, Dinah Shelton, and John Cerone, *Public International Law: Cases, Problems, and Text*, LexisNexis, 2010, p.144; Hilary Charlesworth and Christine Chinkin, *The Boundaries of International Law*, Manchester University Press, 2000, p. 67;赵建文主编:《国际法》,法律出版社 2000 年版,第 33—34 页。
⑦ P. Szasz, "General Law-Making Processes", in O. Schachter and C. Joyner (eds.) *1 United Nations Legal Order*, Cambridge University Press, 1995, p. 46; Jeffrey L. Danoff, Steven R. Ratner, and David Wippman, *International Law: Norms, Actors, Process*, 3rd ed., Aspen Publishers, 2010, p.44.

曰协商一致),而非同意(consent,一致同意 unanimity)作为确立其义务的基础。① 比如,第三次《联合国海洋法公约》就采用了没有正式反对即为通过的方式解决其相关部分的实施协议(modus operandi)。② 那些不具有约束力的联大决议,可能成为日后拟定和谈判条约的基础。

第二,软法可能提供习惯国际法规范存在的证据,即构成既有习惯的证明。③ 国际会议的结论,即使没有形成所有国家一致同意的多边条约,记录的成果也会显示出该领域国际立法的状态。就多边国际条约文件而言,在没有获得足够的批准文件的时候,因为其表达了对既有原则的编纂,也依然是具有广泛影响的。④ 从联合国大会决议的角度看,因为其表达了多数成员的接受态度,所以构成了国际条约所必需的"法律认同"(opinio juris)的证据⑤,特别值得关注的是,1960 年 12 月 14 日联合国大会通过的《给予殖民地国家和人民独立宣言》(第 1514 号决议)、《各国探索和利用外层空间活动的法律原则宣言》(第 1962 号决议)、《联合国土著人民权利宣言》(第 61/295 号决议)等等,都表达了各国的认同与支持态度。⑥ 而国际法上的风险预防原则(precautionary principle)并未被广泛地接受为国际习惯,却影响了国际法院的判决,有助于形成国际条约,并被很多国家的国内立法所接受。⑦ 有的时

---

① David Armstrong, Theo Farrell, and Hélène Lambert, *International Law and International Relations*, 2nd ed., Cambridge University Press, 2012, p.68.
② Barry Buzan, "Negotiation by Consensus: Developments in Technique art the United Nations on the Law of the Sea", 75 *American Journal of International Law* 324—348 (1981).
③ *Restatement (Third)* § 103.
④ *Namibia*, ICJ Reports, 1971, p.16, at 47; *Re Cámpora*, 24 *International Law Report* 518 (1957).
⑤ 国际法院在尼加拉瓜案中将软法(《国际法原则宣言》)作为习惯存在的证据,即习惯的法律信念基础:*Nicaragua*, ICJ Reports, 1986, p.14, at 98—104, 107—108.
⑥ 需要说明的是,不同文件的证明效力因其通过方式而有不同。对于投票通过者,赞成与弃权可以被认为是支持此项决定;反对则可以作为明确的不同意此项规范的证据;未经投票而通过者,只能代表国际社会的基本意向,而不能仅依该文件说明各国的态度。在明确各国针对此类文件的立场上,尚需更多的资料。
⑦ 国际法院的判决,见 *Case concerning Gabčíkovo-Nagymaros Project (Hungary/Slovakia)*, Judgment, ICJ Reports, 1997, p.11, at 62. 值得说明的是,ICJ 并未正面说明风险预防原则已经成为习惯国际法,这一观点被后续审理类似案件的司法机构所关注:*EC Measures Concerning Meat and Meat Products (Hormones)* (1998) AB-1997-4, WT/DS26/AB/R (Appellate Body), paras. 121—123; *European Communities—Measures Affecting the Approval and Marketing of Biotech Products* (2006) WT/DS291/R (Panel), paras 7.87—7.88; *Southern Bluefin Tuna Cases (Requests for Provisional Measures) (New Zealand v Japan; Australia v Japan (Separate Opinion of Judge Treves)* (2001) ITLOS, para. 9, http://www.itlos.org/case_documents/2001/document_en_126.pdf (last visited on 25 May 2014). 国际协定的采用,见《〈生物多样性公约〉的卡塔赫纳生物安全议定书》序言,第 2 条、第 11 条, Cartagena Protocol on Biosafety to the Convention of Biological Diversity, 39 *ILM* (2000) 1027;国内立法如 1999 年加拿大《环境保护法案》(Environmental Protection Act)序言。

候则提供法律进步的基础,例如联合国大会所确认的纽伦堡审判原则,而有些联大决议则被认为是对于《联合国宪章》原则的权威解释与适用。① 所有的这些文件,与其他相关证据结合使用,证明着相关领域、相关规范的存在。②

第三,软法可能构成创制新国际习惯法的"国家实践"或者"法律确信",即软法可能被发展为新的国际习惯。根据国际法院在尼加拉瓜诉美国关于军事行动和准军事行动案件中的立场,可以从国家在联大决议通过过程中的态度来推断国家对于习惯国际法的"法律认同"。③ 正如国际法院在"核武器案"的咨询意见中表达的:"本院注意到,联合国大会的决议即使不具有约束力,有时也会具有规范性价值。在某些情况下,它们可以提供重要的证据,由此确认存在一项规则或者产生了某种法律确信。要确定某项联大决议是否确实如此,有必要考察其内容和通过决议时的条件,还需要就其规范特征而考察是否存在法律确信。或者,一系列决议可以体现确立一项新的规则所需的法律确信逐渐进化的过程。"④

习惯国际法是由国家实践演变而来的,包括联合国大会不具有约束力的决议在内的软法文件宣示一项原则是国际法的时候,即使不能真的使这项规范成为法律,也证明了各个国家的基本立场。如果决议被全体一致或者包括世界主要大国在内的绝大多数赞成而通过的,这种宣示国际法的行为就可能最终确立国际法。⑤ 当然,国际法院在核武器案咨询意见中更加明确地表述道:"考察一项联大决议是否已经具备了法律认同的地位,既要看这一决议的内容与通过的条件,也要看其在规范特点方面是否存在着此种法律认同。"⑥ 正是基于很多决议的通过都存在着很多不容忽视的反对和弃权,而且

---

① 1970年10月24日《国际法原则宣言》,GA Res 2625 (XXV)。
② Ian Brownlie, *Principles of Public International Law*, 7th ed., Oxford University Press, 2008, pp.14—15; James Crawford, *Brownlie's Principles of Public International Law*, 8th ed., Oxford University Press, 2012, p.42.
③ ICJ Reports, 1986, pp.14, 99—100.
④ "The Court notes that General Assembly resolutions, even if they are not binding, may sometimes have normative value. They can, in certain circumstances, provide evidence important for establishing the existence of a rule or the emergence of an *opinio juris*. To establish whether this is true of a given General Assembly resolution, it is necessary to look at its content and the conditions of its adoption; it is also necessary to see whether an *opinio juris* exists as to its normative character. Or a series of resolutions may show the gradual evolution of the *opinio juris* required for the establishment of a new rule." *Legality of the Threat or Use of Nuclear Weapons, Advisory Opinion, I. C. J. Reports 1996*, p.226, para.70.
⑤ Thomas Buergenthal and Sean Murphy, *Public International Law*, 3rd ed., West, 2002, pp.30—31.
⑥ *Legality of the Threat or Use of Nuclear Weapons, Advisory Opinion, ICJ Reports*, 1996, pp.226, 254—255.

联大决议的立场也并不是持续的,所以法院认为并不存在禁止使用核武器的真正法律认同。

第四,软法可能成为国家在条约生效后所进行的实践的一部分,从而有助于解释国际法的目标和方向,填补既有的生效条约的空白。联合大会1992年12月14日通过的47/68号决议《关于在外层空间使用核动力源的原则》、外空委员会于2009年5月19日通过的《外层空间核动力源应用安全框架》(A/AC.105/934)就属于这样的例子。一些条约机制可能采用非经表决的软法模式进行修订,并进而给条约的当事国确立义务。①

第五,软法可能以其他方式辅助国际法的发展与实施。主张软法文件的规范效力可以确认国际社会在传统上所接受的那些渊源所具有的排他地位,同时体现出这些规范中国家所具有的重要意义;还能够揭示出这些传统渊源在为现代国际法确立变革与发展的机制方面的不足。

沙夫尔和波莱克很好地总结了不同理论对于软法与硬法关系的看法:法律实证主义论断软法与硬法是二元并立的存在,但他们更喜欢硬法,因为硬法具有正式的、有约束力的义务,而软法则不具有正式、有约束力的义务,却可以逐渐形成具有约束力的硬法。对于理性主义者而言,国家在不同的语境之下选择不同的规范形式,而软法与硬法由于存在差异,彼此之间具有相互依存性:软法可以建立在硬法的基础上,硬法也建立在软法的基础上。建构主义者则认为国家利益是通过国家之间互动的社会过程而形成的,在这个进程中,软法和硬法均有助益。建构主义者更欣赏软法,因为它们萌生了共同的规范和共同目标及身份的感觉,又不致发生潜在的诉讼争议。②

(二) 软法对于国际治理精神的推动作用

虽然当今的世界仍然是一个无政府的社会,但是国际法和国际组织在国际关系中具有广泛的功能。由于国际法的形式化使其面临着很多问题,软法作为去形式化(deformalization)的方式,在20世纪后半叶的世界政治中,地位不断凸现。③ 它们不具约束力,却具有一些法律效果。④ 硬法的好处很明显:交易成本低、增加许诺的可信度、拓展其政治战略范围、有利于解决契约不完

---

① Christian Tomuschat, "Obligations Arising for States without or against Their Will", 241 *Recueil Des Cours* 191 (1993-IV).
② Gregory C. Shaffer and Mark A. Pollack, "Hard vs. Soft Law: Alternatives, Complements, and Antagonists in International Governance", 94 *Minnesota Law Review* (2010) 706.
③ Jean d'Aspremont, *Formalism and the Sources of International Law: A Theory of the Ascertainment of Legal Rules*, Oxford University Press, 2011, p.72.
④ Lori F. Damrosch, Louis Henkin, Sean D. Murphy and Hans Smit, *International Law: Cases and Materials*, 4th ed., West, 2009, p.285.

全的问题。但问题也非常明显,限制行为体的行为、甚至限制行为体的主权,成本巨大。而在义务、明确性、代表性上弱化的软法则有可能具有弥补的作用。①

首先,软法规范主要存在和作用于国际关系中与国家的底线需求、核心利益及基本关切距离较远的"软领域"。② 因而,一般地说,在经济、环境、人权等低政治领域的软法对于国际关系行为体的塑造具有较大的作用,而在武力使用、国土安全等高政治领域,软法很难被接受。软法的功能取决于国际关系与世界政治的基本格局。这是因为,高政治领域国家的利益考量非常严格,即使有效的国际法规范也可能被拒斥;而在低政治领域,国家更愿意通过合作的方式获得更多的利益,或者通过遵从一些共同的观念来表达自身的社会化程度,从而增加自身的声誉和地位,减小参与国际交往合作的成本。这就可以解释为什么20世纪60—70年代关于建立国际经济新秩序的软法不仅受到了发达国家的强烈抵制,而且在冷战结束后迅速地被甚嚣尘上的新自由主义所掩盖,很难发挥预期的效力。③ 大国不愿意接受这些对其利益有明显影响的规范的约束,所以极力主张其不具有约束力④,而发展中小国面对没有势力均衡的冷战后格局,根本没有力量与这些大国较衡。

其次,国际社会通过一系列的软规范,起到保持秩序、坚持社会价值的"软规制"(soft regulation)⑤作用,这些行动指针提供了行为的判断标准,在劝导国家和非国家行为体规制其行为上具有越来越明显的效果。软法形成的是软义务(soft obligation):软法主要体现为规定国家、政府机构和私人行为体的、严格说来不具有约束力的准法律技术要求和政策协议。⑥ 人权软法主要约束国家和国家的代理人在国家之间的关系、特别是针对个人的、非互

---

① Kenneth W. Abbott and Duncan Snidal, "Hard and Soft Law in International Governance", 54 *International Organization* (2000)421.
② Hilary Charlesworth and Christine Chinkin, *The Boundaries of International Law*, Manchester University Press, 2000, p.66; Donald R. Rothwell, Stuart Kaye. Afshin Akhtarkhavari, and Ruth Davis, *International Law: Cases and Materials with Australian Perspective*, Cambridge University Press, 2011, p.44.
③ Georges Ali-Saab, "Whither the International Community", 9 *European Journal of International Law* 248 (1998).
④ Dinah Shelton (ed.), *Commitment and Compliance: The Role of Non-Binding Norms in the International Legal System*, Oxford University Press, 2003, pp.554—556.
⑤ Jan Klabbers, *International Law*, Cambridge University Press, 2013, p.280.
⑥ Dinah Shelton (ed.), *Commitment and Compliance: The Role of Non-Binding Norms in the International Legal System*, Oxford University Press, 2003, pp.554—556.

惠的单方承诺;环境软法则更多是针对可能造成污染的企业,而非国家自身。① 有的学者认为,即使软法还没有构成国际法的法律系统的一部分,它也是影响国家行为的重要社会手段。它们虽然不具有约束力,但是对于保持秩序、坚持社会价值而言至关重要,是全球时代社会治理的重要手段。② 这些在形式的意义上不具有法律约束力和地位的规则深刻地影响着国家的行为,国家经常将非条约义务看成更为简单、更加灵活的未来关系的基础。③ 法律的作用不仅包含着强制的部分,还包含着劝告(persuasion)和引导(acculturation)的部分④,软法在后两方面的作用更为明显,基于这些作用,有学者认为软法与条约在国际治理中同样有效。⑤

再次,软法的目标在于为行为者设定"软责任"(soft responsibility)⑥,国际软法更多地体现为伦理、政治和道德的规范,为国际社会的行为体设定模式。⑦ 在经济领域,软法不仅试图确立国家行为方式的基本原则,而且力图构建具体的行为模式和指导方针。⑧ 其中既包括国际商会订立国际投资法典的系列努力,促进和保护私人外国投资国际协会、世界政府议会集团建议的规则;也包括 UNCTAD(联合国贸发会议)区域性的投资法典方案。⑨ 国际社会采用软法的方式确立了一系列跨国公司的行为规范,例如 OECD(经合组织)1976 年的《跨国公司指南》、ILO(国际劳工组织)《有关多国公司和社会政策之原则的三方宣言》、1990 年《联合国跨国公司行为守则》,为指引跨

---

① Dinah Shelton, "Introduction: Law, Non-law and the Problem of 'Soft Law'", in Dinah Shelton (ed.), *Commitment and Compliance: The Role of Non-Binding Norms in the International Legal System*, Oxford University Press, 2000, p. 3.
② Stephen McCaffrey, Dinah Shelton, and John Cerone, *Public International Law: Cases, Problems, and Text*, LexisNexis, 2010, pp. 143—147.
③ Hartmut Hillgenberg, "A Fresh at Soft Law", 10 *European Journal of International Law* 499—515 (1999).
④ Henry J. Steiner, Philip Alston, and Ryan Goodman, *International Human Rights in Context: Law, Politics, Morals*, Oxford University Press, 2007, pp. 726—732.
⑤ Jean d'Aspremont and Tanja Aalberts, "Which Future for the Scholarly Concept of Soft Law? Editors' Introductory Remarks", 25 *Leiden Journal of International Law* (2012) 309.
⑥ A. Kiss, "L'état du droit de l'environnement en 1981: Problemes et solutions", 108 *J. Droit International* 499, 518 (1981); J-P Beurier and A. Kiss, *Droit international de l'environnement*, Paris: Pedone, 2000, p. 23;白桂梅:《国际法》(第三版),北京大学出版社2015年版,第244页。
⑦ Matthias Goldmann, "Soft Law and Other Forms of International Public Authority—The View from Discourse Theory: A Reply to Jaye Ellis", 25 *Leiden Journal of International Law* (2012) 373.
⑧ Jan Klabbers, *International Law*, Cambridge University Press, 2013, p. 279.
⑨ 对于这些情况,早在姚梅镇先生1987年的著作中就有论及。参见姚梅镇:《国际投资法》,武汉大学出版社2011年版(据1987年修订版重排),第264—273页。

国公司的良好行为作出了重要的努力。① 这些规范不仅在政府间的关系上具有约束作用,而且对于公司而言也倾向于自愿接受这些准则,从而提升公司的声誉和社会影响力。②

最后,主张软法的国家或者其他行为体往往有助于提升其"软实力"(soft power),由于规范本身所具有的实体道德性、和程序合理性③,在市场驱动力量的指引之下,会提升规范本身的影响,同时也提升倡导此种规范的国家、国际组织、非政府组织的制度与文化力量。④ 因而,国际软法作为社会治理、全球治理的一种方式,能够及时有效地回应国际法的发展,在国际关系中体现出越来越大的作用。在欧盟的框架下,软法提供了理事会、委员会立法之外的治理途径⑤,成为欧盟推动成员国自主改革,协调相关措施的开放手段。⑥ 几位学者的研究认为,软法对于相应的机构而言,能够强化这些制度的管理和协调能力;而软法转化成为硬法之后,又会显著提高这些规则的执行力。⑦ 这些显然都在为相关行为体的发展提供制度和文化方面的影响。

毋庸置疑,软法推进着国际法的发展。正如学者已经总结的,我们至少可以理出以下几个方面:(1) 它具有成为国际立法的潜质。也就是说,它可能成为以后具有约束力的规范的起点。比如,那些不具有约束力的联大决议,日后可能形成条约。(2) 软法可能提供习惯国际法规范存在的证据,即构成既有习惯的证明。(3) 软法可能构成创制新国际习惯法的"国家实践"或者"法律确信",即软法可能被发展为新的国际习惯。(4) 软法可能有助

---

① 贾兵兵:《国际公法:理论与实践》,清华大学出版社2009年版,第143页。
② John Ruggie, "Business and Human Rights: The Evolving International Agenda", 101 *American Journal of International Law* (2007) 819; John Ruggie, *Promotion and Protection of All Human Rights, Civil, Political, Economic, Social and Cultural Rights, Including the Right to Development, Protect, Respect and Remedy: a Framework: for Business and Human Rights*, Report of the Special Representative of the Secretary General on the Issue of Human Rights and Transnational Corporations and Other Business Enterprises, UN Human Rights Council, UN Doc. A/HRC/8/5 (2008), para. 23.
③ Jaye Ellis, "The King Is Dead, Long Live the King? A Reply to Matthias Goldmann", 25 *Leiden Journal of International Law* (2012) 369.
④ Janelle M. Diller, "Private Standardization in Public International Lawmaking", 33 *Michigan Journal of International Law* (2012)481—536.
⑤ Linda Senden, *Soft Law in European Community Law*, Hart, 2004, pp.23—25.
⑥ Gerda Falkner, Oliver Treib, Miriam Hartlapp, Simone Leiber, *Complying with Europe: EU Harmonisation and Soft Law in the Member States*, Cambridge University Press, 2005, pp.182—194, 359—364.
⑦ Jon Birger Skjærseth, Olav Schram Stokke, and Jørgen Wettestad, "Soft Law, Hard Law, and Effective Implementation of InternationalEnvironmental Norms",6(3) *Global Environmental Politics* (2006) 104.

于解释国际法的目标和方向。(5)软法可能被纳入有约束力的条约、但成员国不期望具有约束力的条文之中。(6)软法可能以其他方式辅助国际法的发展与实施。主张软法文件的规范效力可以确认传统接受的渊源的排他地位,以及这些规范中国家的重要意义;同时也显示出这些传统渊源在为现代国际法确立变革与发展的机制方面的不足。这些行动指针提供了行为的判断标准,在劝导国家和非国家行为体规制其行为上具有越来越明显的效果。[1]

六、小　结

综前所述,现有的法律文件,特别是《国际法院规约》对于国际法渊源的规定,既没有禁止、也没有排除国际法渊源的其他可能。在实践中,国际组织有约束力的立法已经取得了公认的地位和实际上的作用,所以软法也具有其独立存在的可能和进一步发展完善的空间。随着国际社会的治理模式越来越完善,随着国际法治越来越健全,国际软法很可能显示出更为强大的生命力,对全球治理作出更多有益的贡献。

国际法始终是国家之间确立的规范准则,其核心在于国家及其他行为体的认可和遵循。如果软法自身可以确认国家的认可、可以确认其规范性,则并没有使其成为独立的国际法渊源的实质阻碍。当前多种形式的国际软法,包括国际组织决议、首脑会议的结果文件、条约机构监督履行义务的建议、双边、多边备忘录,行政性的政治协定,指南、行为准则等一系列的国际书面文件都构成了国际社会对于国际权利义务的配置原则、规范、标准和国际行为体期待行为的陈述,从这个意义上讲,它们可以构成国际法的一种新的表现形式,并为国际法治的发展提供一种新的模式。当然,这种发展也并非没有困惑,它对于本来就处于困窘状态中的国际法规范体系进一步增加了效力与边界的问题[2],如果说,"国际法越来越多地被视为法律和非法律的统一体"[3],就会导致法与非法、法律的功能等讨论变得更加缺乏共同认可的前提和基础。在未来的国际法发展进程中,无论是在理论上,还是在实践中,都可能面临着适用规则进一步模糊和规范性质认识进一步多样化的风险。为此,

---

[1] Hilary Charlesworth and Christine Chinkin, *The Boundaries of International Law*, Manchester University Press, 2000, p.67.

[2] Jaye Ellis, "Shades of Grey: Soft Law and the Validity of Public International Law", 25 *Leiden Journal of International Law* (2012) 313.

[3] Jean d'Aspremont, *Formalism and the Sources of International Law: A Theory of the Ascertainment of Legal Rules*, Oxford University Press, 2011, p.128.

中国必须明确认识软法在国际关系中具有强大的生命力和深远的影响这一现实,在实践中通过积极参与国际软法规范的建立和完善,以及更进一步妥善实施相关的软规范来增强中国的软实力。与此同时,也必须看到国际法不成体系的现实,对于软法大规模发展背后的国际关系语境进行深刻反思,并在理论和实践中促进国际关系的体系化,促进国际法治的成熟和完善。

第十三章　习惯国际人道法的法治观察

国际社会武装冲突的实际存在使得对于武装冲突进行规范变得必要,国际社会的法治化则使得此种规范变为可能。红十字国际委员会经过努力在国际人道法编纂方面取得了重要的成绩,出版的报告《习惯国际人道法》获得了广泛关注。但是,此项编纂的内容是否可以归为习惯、能否落实为法律责任,颇值得怀疑;同时编纂中也存在着"重述"和"发展"的难题。而且习惯国际人道法真正起到作用,尚有待于国际法治的强化。

一、禁止使用武力的失败和国际人道法的兴起

第十一章已然分析了武力使用被国际关系边缘化的趋势。而今,虽然抵制战争、主张和平始终是很多知识分子和政治家的主张,但在武力使用难以根除、武装冲突经常存在的情况下,人类社会就不能始终为了一个不能达到的目标而奋斗。因此,在战争与武装冲突法领域,当永久和平仅仅是梦想、武装冲突实际存在而且也不可避免的前提下,人们就必须针对战争作出实际的措施;在战争和武装冲突行为仍然是政治的延续的情况下,世界就需要一套明确具体的规范来约束此种敌对行为。① 正是基于这样的考虑,20 世纪,鉴于第一次世界大战的凶残和第二次世界大战的暴虐,由于人本主义和人权观念在国际法上的影响,已经形成了一套受到公众认可的战时人道主义观念②,并初步形成得到广泛支持的国际人道法概念。国际人道法意味着在战争和武装冲突中采取各种手段限制人类的痛苦。国际人道法的范围既包括条约(其名称可能多种多样),也包括国际法律实践、国际社会认可的原则和

---

① Cf. e. g., A. P. Rogers, *Law on the Battlefield*, 2nd ed., Manchester University Press, 2004.
② Kenneth Watkin, "Controlling the Use of Force: A Role for Human Rights Norms in Contemporary Armed Conflict", 98 *American Journal of International Law* (2004) 1—34;关于人权法与人道法的区别和联系,参见 René Provost, *International Human Rights and Humanitarian Law*, Cambridge University Press, 2005, pp. 17—41, 58—74, 133—150, 152—162. 有的著作对于人权法和人道法不做细致的区别,而是糅合在一起进行论述,如 Francisco Forrest Martin, Stephen J. Schnably, Richard Wilson, Jonathan Simon, and Mark Tushnet (ed.), *International Human Rights and Humanitarian Law: Treaties, Cases, and Analysis*, Cambridge University Press, 2006.

习惯。① 日内瓦四公约及议定书的制定以及国际刑事法院这一常设机构的建立都是国际法治的体现。现在国际社会更为注重国际人道法问题,因此,考察近十年来国际法领域的发展,不难发现,关于武力使用的规则问题始终是人们关注较多的领域。②

在20世纪后期,为了拓展国际人道法的范围、促进国际人道法的实施,国际社会在以下三个相互作用和影响的方面作出了重要的努力:第一,信息的全球性流传散布。媒体影响的范围日益扩大,伴随着交通通讯的便利化,特别是全球电子计算机数据网络的普及,使得人们对于战争与武装冲突中出现的情况日益清晰的了解,这种基于感性的了解禁而在全球范围内要求对于战争和武装冲突进行约束和规范。第二,全球人本主义观念的巩固。人类社会对于人本身的关注日益增多。作为人生哲学的形而上学和神学日益消退其光环,人本身的生存状态、心理状态受到了越来越多的关注,此种关注在某些情境下转化为存在主义哲学、人本主义教育心理学。在缺乏全面的哲学解释的时候,人们通过"共同的人性"或者"共同的尊严"这些传统的概念来进行表达。③ 此种关注导致了人权法的全球性勃兴,当然也推动着作为其一部分的国际人道法的发展。战争这种表面上是国家之间的争端的内容却要用人与人之间的争端作为表达方式,最终使人受到了莫大的伤害,所以必须对之进行控制。④ 第三,作为全球治理模式的一部分,非国家主体在国际事务中所占据的地位越来越重要,为了维护人权、促进人道、提升人的尊严与价值,一系列国际组织进行了重要的努力,联合国及其附属机构、红十字国际委

---

① See, e.g., Adam Roberts and Richard Guelff, *Documents on the Laws of War*, 3rd ed., Oxford University Press, 2000.
② 笔者通过收集和分析 *European Journal of International Law*, *American Journal of International Law*, *International and Comparative Law Review* 以及 *International Lawyer* 等在国际法领域最有影响的学术杂志对近十年来国际法领域的主导问题进行过一番追踪考察,通过比较分析,得出的结论是:国际法上最受关注的问题是:恐怖主义;世界贸易组织(特别是其价值取向、争端解决机制、与公共健康等问题的关联);人权;区域国际体制(特别是欧盟、东盟和北美自由贸易区);国际司法体制,国际刑事法庭(包括 ICTY、ICC 和 ICTR);环境保护;武装冲突问题;条约的解释与实施;经济发展问题;国际法的基本理论问题,如国际法的渊源、原则等。
③ 采取这种表达方式,实际上意味着我对这种观点并不是完全同意的。我个人的观点,简单地说,就是:人的最基本共性就是生物性,亦即发于本能的对生的渴求以及对死的恐惧。人的理性源于情感,当然是在情感的基础上经过大量的加工(通过试错而形成的一系列原则),人的尊严和价值都是在情感和理性的基础上产生的。在人的生活场域彼此差距很大的时候,共同的尊严、共同的价值是不现实的(这就可以解释奴隶社会以及类似的等级森严的社会体制),只有当人的生活模式接近的时候,才有可能产生类似的尊严与价值,但是能否达到"共同的尊严"或者"共同的价值",仍然有待于未来实践的检验。所以,我认为,人生而不自由、不平等,是人的努力奋斗使人们逐渐趋向于自由和平等。
④ Ingrid Detter, *The Law of War*, 2nd ed., Cambridge University Press, 2000, pp.3—4.

员会均进行了很多工作,作出了重要的贡献。① 作为这些努力的一个方面,国际人道法也有迅速的进展。

二、编纂习惯国际人道法:法治化的努力

(一) 法律编纂与战争与武装冲突法律体系的形成

国际人道法的编纂是国际法编纂的一部分。国际社会在战争法律规范的编纂方面作出了重要的努力,取得了相当的成就。1864 年 8 月 16 个国家的代表在日内瓦举行外交会议,研究在各国建立伤兵救助委员会和救助团体,会议结束时,由 12 个国家签署了第一个日内瓦公约,即 1864 年日内瓦公约。以后在关于伤兵救护、改善战地武装部队伤病者境遇、战俘待遇、平民保护等方面,在日内瓦签订了一系列条约。1899 年,国际社会致力于以成文法的形式将散存于世的战争规则和惯例,较全面系统地加以编纂,形成了"海牙公约体系"。海牙诸公约和宣言至今在法律上仍有效力,对战争法的编纂和发展起了重要的推动作用,并产生深远的影响。② 1925 年 6 月 17 日,国际联盟在日内瓦召开了"管制武器、军火和战争工具国际贸易会议",会上,38 个国家签订了《禁止在战争中使用窒息性、毒性或其他气体和作战方法的议定书》,简称 1925 年《日内瓦议定书》,该议定书至今仍为重要的、有法律效力的国际文件。经过 1906、1929 年和 1948 年数次修订补充,1948 年,第十七届国际红十字大会讨论通过、1949 年 8 月由 61 个国家签署的"关于保护战争受难者的日内瓦四公约"。具体为《改善战地武装部队伤者病者境遇的日内瓦公约》(1949 年日内瓦第 1 公约)、《改善海上武装部队伤者病者及遇船难者境遇的日内瓦公约》(1949 年日内瓦第 2 公约)、《关于战俘待遇的日内瓦公约》(1949 年日内瓦第 3 公约)、《关于战时保护平民的日内瓦公约》(1949 年日内瓦第 4 公约)。该四公约于 1949 年 8 月 12 日由中国、苏联、美国、英国、法国等 61 个国家在日内瓦签订,并于 1950 年 10 月 21 日生效。这一系列公约通过进一步的协议——关于保护武装冲突受难者的 1977 年两个《附加议定书》以及 2005 年关于新增特殊标志的《第三附加议定书》得到了

---

① Adrew Clapham, *Human Rights Obligations of Non-State Actors*, Oxford University Press, 2006, pp. 76, 130—136, 271—316.
② "1899 年在海牙召开的第一次国际和平会议对国际法制、和平解决争端、发展和编纂国际法和多边外交的实践所具有的重要历史意义"。见《联合国大会决议:1999 年第一次国际和平会议一百周年纪念活动的成果》(54/27)。

补充与发展。①

在海牙公约体系和日内瓦公约体系之外,还有一些单独的涉及战争与武装冲突规范的公约。主要有1954年《关于发生武装冲突情况下保护文化财产的公约》及其两个《议定书》、1972年《生物武器公约》、1980年《常规武器公约》及其5个《议定书》、1993年《化学武器公约》、1997年关于禁止杀伤人员地雷的《渥太华公约》、2000年《〈儿童权利公约〉关于儿童卷入武装冲突问题的任择议定书》。

除了国家之间签署和认可的国际条约之外,还有1994年出版的《圣雷莫海上武装冲突国际法手册》,由来自政府和与政府关系密切的法律和海军专家,以及红十字国际委员会的代表合作完成。② 2009年哈佛大学主持空军专家和红十字国际委员会代表磋商完成的《空战和导弹战国际人道法手册》。③ 此外,还有瑞士政府和红十字国际委员会2006年开展,2008年通过的《关于在武装冲突中从事活动的私营军事和安保服务公司的规则和良好惯例》(《蒙特勒文件》)。这些规范和"海牙公约体系""日内瓦公约体系"体系共同构成了当前国际社会较为认可的国际人道法规范体系。④

(二) 既有法律编纂的不成体系与红十字国际委员会的再度努力

至今已经形成的国际人道法运作机制并不令人满意。首先,从规则的层面讲,《海牙公约》和《日内瓦条约》体系都不具备足够的约束力:条约参加国数量未能覆盖国际社会的所有成员,这就会使一些国家之间或者内部的武装冲突超出这些条约的调整范围。更加上国际条约本身所约束的范围的局限性,使得这些条约实际上不能囊括当今社会所已经存在或者可能存在的武装冲突。这实际上是国际法不成体系的现状在武装冲突领域的表现。其次,从规范操作的角度讲,虽然《联合国宪章》确立了集体安全机制,但是这种安排具有明显的倾向性,而且并不总是能够发挥作用。在强国或者强大的国家集团欺凌弱小国家的时候,这种安全机制很多时候处于瘫痪状态。在第二次世界大战之后开启的纽伦堡审判和东京审判虽然试图为国际武装冲突规范的法治化作出贡献,但是相关规范仍然需要进一步的

---

① 参见本书第八章四之(二)。
② 〔荷〕弗里茨·卡尔斯霍芬、利斯贝特·泽格费尔德:《国际人道法概论:对战争的限制》(第四版),姜波、王芳译,北京大学出版社2015年版,第137—140页。
③ 哈佛大学编撰:《空战和导弹战国际法手册及评注》,王海平译,中国政法大学出版社2015年版。
④ 参见朱文奇:《国际人道法》,中国人民大学出版社2007年版,第35—68页。

阐释。

基于上述问题,为进一步促进国际人道法的实行,红十字国际委员会应第26届红十字与红新月国际大会委托,经过十年研究,于2005年出版了关于习惯国际人道法规则的报告,即《习惯国际人道法》。① 这套报告分为两卷,第一卷为"规则",600余页,共整理出161项适用于战争与武装冲突的规范,对于每一项规则,都给出了来源、适用范围的简洁以及比较详尽的解释,并伴有例证;第二卷为"实践",分为两册,共4400余页,对于第一卷所属诸项规范在国际法、国内法上的实践情况作了尽管不是毫无遗漏,但也可以说是非常全面的总结和归纳。这份报告所涉及的规范既包括国际武装冲突,也包括非国际武装冲突;所考察的实践包括既有的国际条约、国际司法机构的裁判文书,也包括国内立法和国家的作战指南。红十字国际委员会十分珍视这份重量级的作品,报告出版后,红十字国际委员会分别在欧、美、亚等地区召开圆桌会议,介绍、宣传研究成果并听取政府部门和学术界的意见。学者评论认为,这一努力适逢其时,对于国际习惯人道法的确认、适用和法律效力问题进行了深入和全面的探索。②

在红十字国际委员会的倡导和协助下,中国国际法教学和研究界对习惯国际人道法的编纂予以了初步的关注。2005年至今,已经召开了一系列的国内、国际研讨会,举办了国际人道法研修班,使得这种法律编纂活动受到了较为普遍的重视。数名学者将第一卷规则译为中文,使得国际人道法在中国产生了更为深远的影响。③

(三)《习惯国际人道法》的成就

与此前被称为战争法、武装冲突法或者国际人道法的国际法律文献而言,《习惯国际人道法》这份报告有以下几个方面的特点和优点:

(1) 涉及领域广泛。所涉及的规范既涉及国际武装冲突,也涉及非国际武装冲突;在该项报告确认的161项习惯国际法规则中,只有12项仅适用于国际性武装冲突,2项具体针对非国际性武装冲突,余下的147项对国际性

---

① Jean-Marie Henckaerts and Louise Doswald-Beck, *Customary International Humanitarian Law*, Cambridge University Press, 2005;〔比〕让—马里·亨克茨、〔英〕路易丝·多斯瓦尔德—贝克:《习惯国际人道法·规则》,法律出版社2007年版。
② Theodor Meron, "Revival of Customary Humanitarian Law", 99 *American Journal of International Law*(2005) 817—834.
③ 参见王祥山:《适用于非国际性武装冲突的国际人道法渊源研究》,日内瓦国际红十字委员会(ICRC)编纂:《武装冲突中的国际习惯人道法规则》,载薛刚凌主编:《中国军事法学论丛(2007年卷)》,中国法制出版社2007年版,第318—341、518—539页。

和非国际性武装冲突均适用。这一规范的总结对于占据当今世界武装冲突90%的非国际性武装冲突而言,至关重要。由于《日内瓦公约》及其《第二附加议定书》中适用于非国际性武装冲突的条款仅为这些冲突的受难者提供了最低保护,而各国一直都不愿意在外交会议上承担适用于内战的法律义务,所以本报告的研究试图证明在实践中各国已经承担了更为广泛的义务。

(2)参考基础坚实。所考察的实践既包括既有的国际条约、国际司法机构的裁判文书,也包括 145 个国家的国内立法、军事手册、国家的正式声明(例如抗议、宣言等)、各国在国际会议中所采取的立场、对战场行为的官方报告、国内法院的决议、作战指南。特别基于红十字国际委员会的档案,对近年来大约四十场武装冲突的实践进行了研究。

(3)从目标上看,这部国际人道法的总结体现着国际人道法的普遍性。研究者不仅考虑到各大洲国家的实践,而且也表明全世界、所有文化和文明都对现代国际人道法的发展作出贡献。虽然除了《日内瓦公约》,很多涉及战争与武装冲突的国际条约还没有得到全球通过,然而在该报告的编写者看来,这些规范中已经体现了在国际社会广为支持的原则和规则;与此同时,该报告试图表明,各国制定或接受了大量相同的法律规则。①

三、习惯国际人道法:国际良法?

如果用国际法治的理念与标准来审视这套《习惯国际人道法》的工作,不难发现,虽然研究者做了很多资料收集和整理的工作,进行了较为细致的梳理和编纂,但是相关的问题仍然存在,有一些是相当严重的。其中,从法律规范的角度,关键的问题在于以下两个方面:

(一)收集习惯做法、总结惯例法与法典化之间的矛盾

《习惯国际人道法》作为国际法编纂的一项努力,在价值基点与取向上存在着一个难于化解的内在冲突,也就是一种"法典化期待"和"重述式表象"之间的冲突。如众所知,国际法的编纂有两种方式:一种是仅仅对原有规范进行整理(确定现行法),另外一种则是在整理和总结的基础上进行创

---

① François Bugnion, Customary international humanitarian law, www.themissing.cicr.org/Web/Eng/siteeng0.nsf/html/statement-customary%20law-161105.

新(制订拟议法),从而促进国际法的发展。① 前一种是重述的模式,需要尊重既有的实践,编纂者所做的仅仅是将这种现行有效的国际法规则,特别是不成文的实践归纳出来,述诸文字。如果做法本身之间是不统一、不连贯、甚至彼此矛盾的,则此种编纂必定会显示出这些特点,所以整体性和逻辑性不会很强。后一种则是发展的模式,可能会进一步法典化,即把正在形成中的国际法规则制定成规则,这会使得规范之间更注重逻辑性,总则和分则之间的功能区分更切实,基本原则和具体规范之间的呼应关系更紧密。由于在某一方面的行为经常会存在一些国家之间、地区之间或者不同时间之间的差异,所以这种编纂必须进行取舍,在此基础上有所发展、有所创新。但是,对于这些经过创新之后的更为体系化的规范,编纂者和其他支持者就不能理所当然地称之为"习惯",更不能以习惯的名义要求国际社会的成员普遍遵守;而必须经过国际社会成员的商谈再决定是否可以接受。②《外交特权与豁免公约》《条约法公约》和《海洋法公约》实际上都是这种编纂的结果。

以此为基点观察红十字国际委员会组织编纂的这部《习惯国际人道法》,就发现它陷入到了"创新"与"收集"的夹缝之中。从文本上看,它试图使其所确立的每一项规则都是"收集"来的,正因为有了国际条约、国家的实践或者国内立法、某国军队的行为准则,所以才会有这样的规范,在第二卷中对这些来源进行了详细的说明;但是它所采取的整体形式却是法典式的,包括基本原则,每一领域的总则、分则,最终成为一个体系框架。虽然它并没有明确表示这些规则应当综合起来进行理解,但是对于一个具备基本法律知识的人,这些规则并不是彼此毫无联系、可以各自分别理解的简单列举;而是一个需要彼此参照进行理解的有机整体。但是,这些貌似共同构成一部法典的规范之间是否具有整体性?彼此之间是否存在矛盾?是否有重复和包含的可能?认真分析就会发现虽然不算漏洞百出,但问题着实不少。在这方面有两个例子可作为证明:

第一,关于作战方法的规则与武器的规则。在这套"习惯国际人道法规则"的开始,就规定了战争与武装冲突中的区分原则。其中比较详尽地涉及了区分平民与战斗员、区分民用物体与军事目标、禁止不分皂白的攻击、攻击中的比例性原则、攻击时的预防措施和防止攻击影响的预防措施等方面(规则1—25);接下来对于受保护的任何物体进行了具体列举(规则25—45);在

---

① 王铁崖:《国际法引论》,北京大学出版社1998年版,第145—150页。
② Different views, see A. C. Arend, *Legal Rules and International Society*, Oxford University Press, 1999, pp.176—177.

涉及武器的方面,规定了禁止使用属于引起过分伤害或不必要痛苦的性质的作战方法和手段、禁止使用不分皂白性质的武器两项原则(规则70—71)。值得思考的是:在已经规定了战争与武装冲突中的区分原则的前提下,还有必要规定使用武器方面的规范么?从逻辑上讲,禁止不分皂白的攻击、攻击中的比例性原则是不是应当已经涵盖了禁止使用属于引起过分伤害或不必要痛苦的性质的作战方法和手段和禁止使用不分皂白性质的武器?① 如果是一项制定的法典,这种逻辑关系是应当非常清楚的,但是在这种靠总结、归纳而得来的规范体系的情况下,这种关系却显得含混,进而很难得出一个明确的结论;如果真的使用的话,会造成解释方面很大的麻烦。

第二,关于使用武器的规则方面的问题。正如前面已经谈到的,在武器这一部分的开端就确立了两项原则,即"禁止使用属于引起过分伤害或不必要痛苦的性质的作战方法和手段"和"禁止使用不分皂白性质的武器"。而在后面的规则中有提到了禁止使用毒物或有毒武器(规则72)、禁止使用生物武器(规则73)和禁止使用化学武器(规则74)、禁止使用在人体内易于膨胀或者扁平的子弹(规则75)等,虽然这些实际上仅仅是在重述原则而没有增加,但是仍然可以认为这些规范细化了原则中的内容。但是很多学者和实践者已经注意到了在后面的具体规范中对于核武器的遗漏,这使得这套规则在逻辑上存在着很大的问题。虽然可以从两个方面对这个问题进行辩驳:首先,禁止使用核武器上没有成为国际社会普遍接受的一条习惯规则;其次,使用武器的总体原则实际上已经包含了对核武器这种部分皂白的武器。但是这两种辩驳都没有什么说服力。因为从整部《习惯国际人道法》的编纂上看,很多仅有地方性认可的规范也被收入,那么禁止核武器方面存在的国际规范已经达到了这一标准。② 而如果说总体原则部分说过的其他部分就不

---

① 如果进一步分析的话可以看出:禁止使用属于引起过分伤害或不必要痛苦的性质的作战方法和手段这一点实际上并不是对于武器本身提出的要求,放在对于武器的要求这一部分显得不太妥当;而禁止不分皂白的攻击的要求实际上要高于禁止使用不分皂白性质的武器。这是因为,即使使用可以区分目标的武器,但如果使用者不进行这种区分的话,那么攻击的效果仍会是不分皂白的。而攻击中的比例性原则则是一个过于含混的原则,在实践中很难判断。一个攻击的命令是不是适度的(作者个人对于 proportionality 的解释更喜欢用适度这个词汇),由于事后的判断很难复制攻击时的情况,包括冲突双方的力量对比、天气情况、所获得的信息,所以他人的判断很难替代,更不要说优于指挥者的判断。在这种情况下,这项原则即使不算形同虚设,也只能是聊胜于无。

② 比如1963年苏、美、英缔结的《部分禁止试验条约》、1967年的《拉丁美洲禁止核武器条约》、1968年的《不扩散核武器条约》、1972年的《禁止生物武器公约》、1986年的《南太平洋无核区条约》、1996年的《全面禁止核试验条约》等都说明了国际社会对于限制直至禁止核武器的愿望。值得注意的是,中国国际法学者陈体强教授早在1955年就曾发表论文认为,核武器是为国际法所禁止的。见陈体强:《国际法禁止使用原子武器》,载《人民日报》1955年1月23日;并见于陈体强:《国际法论文集》,法律出版社1985年版,第91—96页。

必再说的话,那么毒物、生物武器、化学武器这些方面也不必重申一遍了。这个问题还不是最棘手的,笔者认为最棘手的问题是关于地雷的规定。相关的规定是：

  规则 81. 当使用地雷时,须特别注意减轻其不分皂白的后果。[IAC/NIAC]①
  规则 82. 使用地雷的冲突方必须尽可能记录地雷的布设地点。[IAC/存疑 NIAC]
  规则 83. 在实际战事结束时,使用地雷的冲突方须移除其布设的地雷,或使其对平民无害,或为其扫除提供便利。[IAC/NIAC]

  这几项规则的问题在于,从规则 82 提到的情况可以看出,使用地雷是被允许的,仅仅是在使用的时候要注意减轻其不分皂白的后果。那么,地雷是否属于不分皂白的武器呢？无论是基于日常对于地雷的理解、还是基于军事上对于地雷的理解,甚至基于这一规则的编纂者的理解,地雷都是不分皂白的武器。因为这里明确地说要"减轻其不分皂白的后果",这就意味着不分皂白的后果是一定会发生的,无法避免,只能减轻。那么这就会与前面的原则相矛盾,因为前面已经明确禁止了不分皂白的武器。而且,从技术上,很难在战术上减轻部分皂白的后果。至于规则 82 和 83,都是在允许使用地雷的基础上进一步提出的要求,这些要求都不严格,允许遗漏;而武器的使用仅仅一丁点的遗漏也可能造成严重的后果。

  从上述两例可以看出,这些规范对"习惯国际人道法"的总结存在着比较严重的缺陷。此种缺陷恰恰是这部《习惯国际人道法》考虑得不全面的地方。实际上,我们还可以进一步追问在这份报告中所收集的规则是不是已经到了"国际习惯"这个高度。因为国际习惯的形成需要一个过程,不能一蹴而就;更不能根据一项未被所有国家认可的条约或者一两个国家的国内立法或实践而确立。以此观之,这部《习惯国际人道法》中所建立的规范体系在何种程度上可以被认为达到了国际习惯的程度,恐怕是一个更为棘手的问题。② 美国

---

 ① 后面方括号中的 IAC 是指该规范适用于"国际武装冲突"(international armed conflict);NIAC 则是指该规范适用于"非国际武装冲突"(non-international armed conflict),而"存疑 NIAC"意味着在非国际武装冲突中是否适用还不能确定。这套规则整体上都作了这样的划分。
 ② 比如,刘大群法官在为《国际刑事法院罗马规约评释》(李世光主编,北京大学出版社 2006 年版)作序的时候,就谈到了中国没有接受《罗马规约》的原因,其中包括该规约所订立和接受的一些规范没有达到国际习惯的程度,而这些规范恰恰是红十字国际委员会推举的《习惯国际人道法》所赞同的。

政府对于该套编纂提出的质疑也主要体现在这一领域。① 由于这一问题有更大的理论争议和实践困难,我们无法在此对总结出的规范进行逐一分析,所以暂且假定其作为习惯的主张可以成立,但必须说明,这一点是非常值得怀疑的。

(二) 国际人道法的法律责任方面的欠缺

被宣称为"习惯国际人道法"的规范被违背的时候,会产生什么后果呢? 这才是法律的最本质问题,也是国际人道法最需要澄清的问题。国际人道法赋予被攻击、被俘虏和伤病人员以权利,相应地,则给从事战争的当事人施加了义务。从法律逻辑的角度,违背这些义务就会导致法律责任。国际法上的责任多种多样,但一般认为,基于国际人道法而产生的法律责任应当是国际刑事责任②,而这种责任应当是主要由个人来承担的。③ 那么这种责任应当由谁来确定、由谁来施加,这是法律由纸面走向操作的核心。如果说,此种责任只能由一些临时性的机构来确定并监督,很难避免其歧视性,进而导致国际法治实现的艰难。④ 如果说这一机构应当是常设的,那么 2002 年成立的国际刑事法院很显然是一个很适合的机构。但是这一机构对于其所确定的刑事责任是有着非常严格的限制的:从所涉及的国家的角度讲,法院只能对成为罗马规约缔约国内的犯罪行为、具有缔约国国籍犯罪人的行使管辖权,

---

① 美国政府提出的质疑包括:确认这些规范的方法是否合适? 是否已经提供了足够的事实和证据支持这些规则? 美国官方认为,由于一些基本的方法上的问题导致了这份研究的一些结论值得怀疑:很多时间还没有达到排他和统一的程度、过于依赖纸面的材料(特别是联大没有约束力的决议),而对于实践的关注不足;注重非政府组织和红十字国际委员会的陈述,不反映国家的态度;对相反的实践赋予的权重不足;国家在参与武装冲突的程度与次数上是不同的,在数量与质量上对国际人道法的贡献是有差异的。见美国国务院法律顾问 John B. Bellinger, III 和美国国防部总顾问 William J. Haynes 致红十字国际委员会主席 Jakob Kellenberger 的信(2006 年 11 月 3 日)。http://geneva.usmission.gov/Press2007/0327CustomaryIntlLaw.html.
② 从国际人道法所涉及的问题上看,严重侵犯平民的生命与健康、侵害平民财产等系列行为均属于刑事上的犯罪。
③ 有文章指出:国家只能承担国家责任,而不能承担国际刑事责任,只有个人才能承担国际刑事责任。我认为此种观点比较符合国际社会法律实施的实际情况。见王虎华:《国家刑事责任的国际法批判》,载《上海社会科学院学术季刊》2002 年第 4 期。
④ 对于现有的临时国际法庭的观点,参见张琼:《前南斯拉夫国际刑事法庭与国际刑法的实施》,载《甘肃社会科学》2008 年第 5 期;李艳军:《前南斯拉夫国际刑事法庭的几个法律问题的探讨》,载《三峡大学学报(人文社会科学版)》2004 年第 4 期;何志鹏主编:《国际法》,清华大学出版社 2014 年版,第 515—520 页。

只有在某些情况下需要非缔约国接受法院的管辖权。① 从犯罪罪名的范围上讲,法院的管辖权限于整个国际社会关注的最严重犯罪。具体而言,法院仅对灭绝种族罪、危害人类罪、战争罪和侵略罪具有管辖权。② 从法院管辖的前提上讲,国际刑事法院强调对国内刑事管辖权所起的是补充作用,而绝不是替代作用。并且特别规定,在有管辖权的国家正在对案件进行调查或起诉、有管辖权的国家经调查决定不起诉、有关人员已经因作为控告理由的行为受到审判、案件不够严重的情况下法院应断定案件不可受理。③ 而在可适用的法律方面,国际刑事法院确定了法院基本法律文件、其他国际法律文件、不违反国际法的国内法律和原则这样一个范围和顺位,这实际上看不出有对于"习惯国际人道法"的认真考虑。这些情况就致使那些被视为习惯国际人道法的规范不能从国际刑事机构的角度加以认同和实施。这当然会使这些规范的约束力大为减弱。

进一步说,如果这些规范仅仅是由有关交战主体自己去主动遵守,或者仅仅被认定为违法而不能被归责、仅仅受到谴责而未受到制裁,那么此种法律实际上是不具有实质约束力的,仍然保持在规范的初级阶段,显然还是没有超越道德的程度。这样一来,红十字国际委员会的努力也可能仅仅具有一种学术上的贡献。

四、习惯国际人道法:全球善治的一个方面?

国际法治的要求不仅包括良法,更要求善治。从这个角度分析,一个值得深入思考的问题是:习惯国际人道法真的能有效地规制战争么?如果有作用的话,具体表现为哪些作用?如何发挥其作用?实际上,讨论这一问题可以分为四个层次:(1)国际法有什么作用?(2)国际习惯如何发生作用?(3)关于禁止使用武力方面的国际法起了什么作用?(4)习惯国际人道法会如何对于战争和武装冲突发生作用?根据这一路径进行分析能得出较有逻辑性的结论。

---

① 《国际刑事法院罗马规约》第12条第3款规定:"如果根据第2款的规定,需要得到一个非本规约缔约国的国家接受本法院的管辖权,该国可以向书记官长提交声明,接受本法院对有关犯罪行使管辖权。该接受国应依照本规约第九编规定,不拖延并无例外地与本法院合作。"这一规定使很多非缔约国感到压力。
② 《国际刑事法院罗马规约》第5条。侵略罪需要进一步商定后方能确定。
③ 《国际刑事法院罗马规约》序言第5段,第1条、第17条。

（一）国际法的作用

国际法本身是否具有约束力是一个非常值得争论的问题。传统上,国际法仅仅是国际社会的实在道德[①],所以不会有真正的、人们所理解的法律约束力。[②] 正因为如此,国家在很大程度上号召他国遵守国际法、主张国际社会共同遵守国际法,但是对于国际法的解释却很可能五花八门、彼此矛盾[③]。由于没有统一的机构进行解释和论证,所以解决问题的实际效能很小。

这一情况由于一系列国际条约的签订而有所改观,但是放弃条约、违背条约的情况仍屡有出现[④],而因此受到法律制裁的情况却为数不多。另一项改变国际法地位、使之由无实际约束力的"道德"固化为可以追究法律责任的硬性规范的是一系列裁判机构的设立,其中包括在第一次世界大战之后设立的审理战争责任人员的法庭;但是引起广泛关注的当然是第二次世界大战之后设立的纽伦堡国际军事法庭和远东国际军事法庭。[⑤] 20 世纪 90 年代设立的前南、卢旺达特别刑事法庭(ICTY、ICTR)的约束力和管辖范围进一步扩大,不仅涉及国际武装冲突,而且对于国内武装冲突亦予以处理。但在这一时刻,仍然可以进一步追问:此种法庭比较明显的选择性是推进着国际社会的法治化,还是重复着国际社会强权政治的主题?[⑥] 2002 年成立的国际刑事法院的运作有可能使这一状况得以改观,其在管辖权等问题上的态度使得国际法治由梦想走入现实。但是,一些大国、强国对于这一体制的冷漠态度使得这种理想的实现大打折扣。从这个意义上讲,国际法的约束力虽然确实在增加,但是问题仍然存在,而且有一些仍然是非常关键性的。

[①] J. L. Austin, *The Province of Jurisprudence Determined* (based on the 5th ed., revised and edited by Robert Campbell), Prometheus Books, 2000, pp. 127, 141—142, 200—201.

[②] 特别是按照奥斯丁学派通常所理解的将法律界定为"命令",国际法很难具有这种命令的约束力。所以直到现在很多国际法的教科书还必须分析国际法是不是真正的法律。对于这一问题较为专门的分析,参见:赵理海:《国际法基本理论》,法律出版社 1990 年版,第 2—50 页;I. A. Shearer, *Starke's International Law*, 11th Ed. Butterworths, 1994, pp. 9 ff.

[③] 值得关注的是,在大多数情况下,即使那些被指为违背国际法的国家也并不直接说"国际法是没有约束力的",而是说"这方面没有形成国际法"或者"这方面的国际法不是这样的"。所以国际法软弱的约束力并不体现为国际社会诸国对这些规范的忽视,而是体现为对这些规范具体内容的争议。

[④] 比如第一次世界大战之后形成的国际条约在签订之后很快就被放弃了;而《苏德互不侵犯条约》几乎在签订之时就注定不会有长久的效力——双方仅仅是出于策略而签订这一条约,任何一方都没打算长期遵守。

[⑤] 相关介绍参见下列著述:梅汝璈:《远东国际军事法庭》,法律出版社、人民法院出版社 2005 年版;余先予:《东京审判》,中国方正出版社 2005 年版;何勤华:《纽伦堡审判》,中国方正出版社 2006 年版。

[⑥] [奥]汉斯·科赫勒(Hans Koehler):《联合国、恐怖主义与国际法治》,何志鹏译,载《法制与社会发展》2004 年第 6 期。

(二) 国际习惯法的功能

如果说,国际公约有可能在一定程度上构建起国际法律规范的骨架的话,那么,国际习惯在这个方面所处的地位仍然很含糊。虽然《国际法院规约》第 38 条非常明确地将国际习惯确立为国际法的渊源,但是究竟哪些行为实践和规范真正体现着国际习惯,标准难以确定,而这恰恰是这一问题的关键之处。① 根据国际法的一般学说,形成一项国际习惯需要反复的行为和心理的法律认同两个重要的条件,但是这两个条件都缺乏一个明确的界限。在什么程度上的实践才算是"反复"? 在什么意义上的表示或者行为才算是"心理认同"? 比如,在国际社会有三个国家采取某一种做法,此外的一个国家既未表示同意、也未表示反对,能否成为对于这个国家具有约束力的一项习惯? 进一步说,如果在国际社会有三个国家采取某种做法;而在这些国家之内的一个国家在其他类似情况下都没有采取此种做法,能否认为形成了一项对该国有约束力的习惯? 对于这些问题似乎仍没有形成一套共同接受的、普遍赞同的规则。② 所以,国际习惯法的约束力改变为另外一个很难界定的问题,即什么才算是真正的国际习惯? 这个问题与国际强行法、对全世界的义务之类的问题一样,在原则上没有分歧,但一旦涉及具体问题,就争论不休了。③

(三) 战争与武装冲突国际法规范的演变及其功能

战争和武装冲突曾经是以往国际法和国际关系的重要方面。④ 在很大

---

① 这一点国际商法上的惯例(国际贸易惯例)和公法上的习惯有明显的差异。在国际商事交往领域,一些非政府间国际组织也会总结和归纳一些惯常做法;甚至在总结和归纳的基础上有所创新。交易的当事人可以通过明示的选择,或者默示的选择,比如采用某些成文商事惯例中的术语,通过格式合同来接受某种惯例。但是在国际公法上,国家之间绝少明示或者默示地选择采用某种习惯,而经常是一国认为对方违背了某种习惯,对方则坚持在这一领域根本没有形成此种习惯。这一点在发达国家与发展国家之间争论对于外国投资的征收和国有化应否补偿、如何补偿的问题上表现得尤为明显(参见余劲松:《国际投资法》,法律出版社 2014 年第 4 版,第 314—342 页)。
② Cf. e.g., *Case Concerning Military and Paramilitary Activities in and against Nicaragua (Merits)*, ICJ Reports, 1986; *Anglo-Norwegian Fisheries Case*, ICJ Reports, 1951; *Asylum Case*, ICJ Reports, 1950; *North Sea Continental Shelf Cases*, ICJ Reports, 1969; *The Case of the S. S. "Lotus"*, PCIJ Reports, Series A, No. 10, 1927.
③ 但有些学者通过博弈论的分析之后认为国家还是愿于接受国际习惯法的,对于这些法律的遵循取决于国家对合作这一价值的重视程度、合作国家的范围、国家的忍耐力、国家之间反复实践的频度以及其他方式实践的情况。See George Norman and Joel P. Trachtman, "The Customary International Law Game", 99 *American Journal of International Law* (2000)541.
④ 传统的国际法是战争法与和平法的二元结构,战争法占据着一半甚至大半的篇幅。比如格老秀斯、普芬道夫的著作都体现着这样的结构。

程度上也可以说战争关系着人类社会的进步与发展。① 也有人认为战争本身是人类存在方式中不可或缺的一个部分。② 在历史上,战争曾经作为国际法实施的方式,后来演变成为国家政策的运作方式。③ 但是,无论如何,20 世纪以后控制战争、试图消除战争成为国际社会的主流,从《巴黎非战公约》到《联合国宪章》,战争逐渐被驱逐出了国际社会允许解决问题的方式体系。④ "诉诸战争的权利"在现代国际法上已经被删除。特别是在《联合国宪章》之中,不仅要求成员国不得采取武力或者使用武力相威胁,而且在非成员国采用武力或以武力相威胁时,成员国还可以采取措施予以制止。这就意味着,禁止武力已经超出了条约规范仅仅约束缔约国的程度,而是可以约束非缔约国,使之遵守。正是基于这一点,一些国际社会的成员和国际法学者认为禁止武力已经获得了"强行法"的地位。⑤

正像国内法的规范如能够得到遵守,国内的法庭、监狱、仲裁机构等就没有必要存在下去一样。国际法的软弱性并不体现在相关规则被违背,而是体现在这些规则被违背之后,没有一套行之有效的问责机制。这就导致了有些国家在违背规则之后迅速受到制裁,另外一些国家则始终逍遥法外。尽管国际舆论谴责,但这些国家仍然我行我素。在禁止战争、禁止使用武力的方面,相关的国际法规范,无论是条约规范还是意图成为强行法的规范,实际上都没有发挥充分的作用。那些意图进行武力攻击的国家未能受到制约,武力攻击之后也未能在比较同等对待的基础上受到制裁;而对于那些没有使用武力攻击的国家而言,似乎即使不存在这些禁止武力的规范,这些国家也不会贸然进行武力攻击。所以,这些禁止使用武力的规范,即使不算是形同虚设,其

---

① 人类社会很多科学技术的发展都是由于战争才得以迅速推进的。情况往往是:一项新的思想和发明只有到了战争时期才分外受到重视,进而由政府大力投入人力和资金,使之迅速发展。参见〔美〕罗德尼·卡黎索:《改变人类生活的 418 项发明与发现》,任东升、李玉良译,百花文艺出版社 2005 年版。
② 比如,马尔萨斯的人口论认为战争与瘟疫一样是减少地球上的人口数量,使物质资源得以基本充足的予以分配的方式。而一些心理学家则认为人类内心之中存在着暴力倾向,而战争时释放这种暴力倾向的一种方式。
③ For a historical review of the wars from the perspective of international law, see Stephen C. Neff, *War and the Law of Nations: A General History*, Cambridge University Press, 2005.
④ 〔加拿大〕卡列维·霍尔斯蒂:《和平与战争:1648—1989 年的武装冲突与国际秩序》,王浦劬等译,北京大学出版社 2005 年版,第 283—291 页。
⑤ 必须说明的是,至今国际社会仍然允许"正义战争",这显然是古代战争理论的延续。现在正义战争的形式主要为民族解放运动、在被攻击时的自卫以及反对恐怖主义(最后一项可能争议最大)。参见 Stephen C. Neff, supra hote ③, pp. 357—394.

效果也很难准确的评估,至少从实践上看,没有明显的约束。①

(四) 习惯国际人道法的作用

思考这个问题有两个逻辑上的关系需要预先理清:首先,在现代国际法的语境下,战争本身是非法的,那么,对于非法的行为有必要再订立规范予以约束么? 其次,如果战争本身是非法的,在从事非法行为的情况下,还有可能遵守例外一套规范么? 看来至今为止国际社会的共识是:现在看来全面禁止战争或者对于所有参战者、至少是主动挑起战争和武装冲突者进行法律制裁不可能,那么就只有首先承认此种战争和武装冲突的现实性。禁止战争与武装冲突的不可能致使国际社会认为关于战争和武装冲突的规范仍有用途,在现实存在的武装冲突中仍有必要存在,甚至进一步明确。与此同时,人们认为战争是政治的延伸,追求的是某种政治目的;那么在采取此种手段的过程中,一些可以为国际社会共同同意的价值和规范还是能够得到遵守的,所以相关的规范仍有其作用。② 如果说,经过国家正式签署、明确规定了国家权利和义务的战争和武装冲突方面的条约法都没有被国家所认真遵守的话,则对于那些内容不很确定、规范比较含混,在是否存在这样的规范上还可以争论、此种规范有没有上升到国际习惯法的程度还有探讨余地的习惯国际人道法而言,其效力就跟为薄弱了。国际法院1996年审理的"威胁或使用核武器的合法性问题"咨询案件的意见就很明显地体现出了习惯国际法的不确定性,特别是在战争与武装冲突领域此种规范的模糊性。③

有的学者乐观地认为,当代战争是当代政治的表现,由于政治在很大程

---

① 这一点已为很多国内学者所认同。参见杨泽伟:《宏观国际法史》,武汉大学出版社2001年版,第232—235、327—334页。此外,21世纪的美军攻击阿富汗、美军攻打伊拉克这类的例子屡见不鲜。与此同时,一些国家退出国际社会在军备控制方面的国际条约从另一个侧面说明了这个问题。

② Cf. e.g., Sandesh Sivakumaran, "Binding Armed Opposition Groups", 55 *Internaional and Comparative Law Quarterly* (2006) 369—394; Marco Sassòli, Antoine A. Bouvier, and Anne Quintin, *How Does Law Protect in War: Cases, Documents, and Teaching Materials on Contemporary Practice in International Humanitarian Law*, 3rd ed., International Committee of the Red Cross, 2011; Frits Kalshoven and Liesbeth Zegveld, *Constraints on the Waging of War*, An Introduction to International Humanitarian Law, International Committee of the Red Cross, 2001.

③ 根据联合国大会的决议,联合国秘书长请国际法院就"威胁或使用核武器在任何情况下根据国际法是不是允许的"提供咨询意见。国际法院经过一年多的努力,得出了意见。这一意见的核心部分对于该问题没有给出明确的回答,而且很多法官提出了声明(5位法官)、反对意见(6位法官)或者不同意见(3位法官)。在意见中多处提到了"习惯国际法",但是对于在这方面的国际法究竟是什么,没有一个明确的解答。Legality of the Threat or Use of Nuclear Weapons, Advisory Opinion, 国际法院网站 www.icj-cij.org/docket/index.php? p1 = 3&p2 = 4&k = e1&p3 = 4&case = 95.

度上已经法律化,所以战争也在法律的规制之下。① 以往国际实践表明,国际人道法已经起到了一定的作用,也就是说,国际人道法是有实施力的。② 但是,学者同样认识到,这些法律规范的强制力具有局限性、内容滞后于高科技的迅速发展,更主要的是,这种约束力仅仅是相对的。③ 由于战争是政治的延伸,或者说是政治的一种表达方式,而政治的精髓在于达到利益分配的目标,而采取的手段则可能考虑得较少,所以用于战争与武装冲突时期人道法很可能被抛置不理,而最终如果达到了目标,成为了战胜者,很可能利益和正义一起归到其名下,而是否违法,则可能无人能够真正审查和追究。这就是人道法本身存在的悖论:由结果的胜负去判断过程的合法性,而战胜者的非法行为经常被推到裁判者的视野之外。这样一来,人道法的适用也许经常会是选择性的,其真正的作用也经常会受到质疑。

五、小　　结

总体看来,国际人道法为国际社会的文明与发展起到了重要的推动作用。然而,国际法体系的每一个进步都是与国际社会自身的力量对比相适应的。在国际法上,规则和社会的实际状况是一对互相牵引、但又不能距离太远的范畴。做一个比喻,国际社会的文明程度就像前进的人一样,规范是一条腿,社会的实际状况是另外一条腿,它们彼此牵引、彼此联动,但绝对不能分离遥远,那样仅能导致整个身体的分解,而不会有很大的"跨越"。所以,编纂国际人道法的努力虽然对于战争与武装冲突法律体系的发展具有很大的意义,但是试图在这一领域形成世界范围内公认并遵守和践行的规范体系,似乎为时尚早。

---

① David Kennedy, *Of War and Law*, Princeton University Press, 2006.
② 参见贾兵兵:《国际人道法简明教程》(英文版),清华大学出版社 2008 年版,第 314—336 页。
③ 丛文胜:《战争法:原理与实用》,军事科学出版社 2003 年版,第 626—628 页。

第十四章　主权豁免的法治尺度

主权豁免是法学领域的"豁免"范畴在国际法上的具体化。豁免制度有其历史渊源和发展进程,随着国际关系的变化,豁免的范围在逐渐缩小。2004年联合国《国家及其财产管辖豁免公约》的开放签字,使得国际社会对于豁免的范围和方式基本达成共识的。然而,近期有关国际组织、国家和国际司法机构的立法与司法实践,再一次将主权豁免的问题推向国际法关注的焦点。就各国立法和司法实践的总体趋势以及国际立法的导向观察,限制豁免无疑将会成为主权豁免国际法的主流模式。就理论上分析,主权豁免这一制度本身也是值得诘问的。从诸多国际法学者所追寻和倡导的国际法人本化立场而言,绝对豁免原则在很大程度上带有前现代观念的痕迹,难于符合全球治理时代的新要求。随着国际法治的理论推进和实践建设,随着人们对国家地位和主权原则认识的逐渐清晰,主权豁免制度可能会步调缓慢、但方向明确地退出历史舞台。因而,可以说,国际法律关系中明确地限制豁免、并在未来的发展进程中不断缩小豁免的空间是可以判定的方向选择。就中国而言,以往的涉外法律实践中总体上坚持绝对豁免的立场,然而也通过一些国内立法文件和国际条约的参与表明了另外的可能。在对当前状况准确把握的基础上,结合强国之路上的法治形象与法治理念的确立,形成主权豁免方面的基本态度和具体清晰的立法模式,不仅有利于中国更有效地参与国际交流与合作,而且有助于在理念和实践上推动中国自身的法治化进程。当前,从绝对豁免的主张转换到限制豁免的立场,有利于展现中国在国际法律事务上与时俱进的风貌,同时也能够更为有力地维护中国自身的利益。

一、问题的提出

(一) 主权豁免所获得的关注

作为国际法理论与实践的一个重要方面,作为国际公法、国际私法和国际经济法诸领域的共同关注①,作为全球化与全球治理格局之下国家主权与行为方式的重要方面,主权豁免②(sovereignty immunity,或称为国家豁免 state immunity、国家及其财产豁免)③这一具有古老历史渊源的问题在21世纪仍然具有重要的影响。④ 从理论研究上看,不仅西方学者出现了大量著述,包括我国在内的各国学者进行了多方研究和介绍。⑤ 作为国际法领域的重要问题之一,主权豁免问题既联系着国家的资格与行为,也联系着与国家相联系的自然人和法人(以下统称私人)的权益的充分实现;既涉及国家之

---

① 国际公法的大多数综合性的论著都会阐述豁免问题,例如 Rebecca MM Wallace and Olga Martin-Ortega, *International Law*, 7thed., Sweet & Maxwell, 2013, pp.140—143;〔德〕W. G. 魏智通主编:《国际法(第五版)》,吴越、毛晓飞译,法律出版社 2012 年版,159—164 页;丘宏达:《现代国际法》,台湾三民书局 2008 年版,第 685—700 页;周鲠生:《国际法》,武汉大学出版社 2007 年版,第 190—196 页;白桂梅:《国际法》(第三版),北京大学出版社 2015 年版,第 207—213 页;国际私法对于国家豁免问题的关注也体现在各种对于国际私法基本问题的著作之中。James Fawcett and Janeen M. Carruthers, *Cheshire, North & Fawcett Private International Law*, 14thed., Oxford University Press, 2008, pp.491—511; David McClean and Kisch Beevers, *Morris: The Conflict of Laws*, 7thed., Sweet & Maxwell, 2009, pp.145—153; John O'Brien, *Conflict of Laws*, 2nd ed., CavendishPublishing, 1999, p.166;韩德培主编、肖永平副主编:《国际私法》(第二版),高等教育出版社、北京大学出版社 2007 年版,第 72—75 页;李双元主编:《国际私法》(第三版),北京大学出版社 2011 年版,第 372—377 页;刘铁铮、陈荣传:《国际私法论》,台湾三民书局 1990 年版,第 609—610 页;国际经济法学者对此问题的阐释,参见曾华群:《国际经济法导论(第二版)》,法律出版社 2007 年版,第 55—57 页;车丕照:《国际经济法概要》,清华大学出版社 2003 年版,第 54—56 页;中文专门论著,参见黄进:《国家及其财产豁免问题研究》,中国政法大学出版社 1987 年版;陈纯一:《国家豁免问题之研究——兼论美国的立场与实践》,台湾三民书局 1990 年版;龚刃韧:《国家豁免问题的比较研究——当代国际公法、国际私法和国际经济法的一个共同课题》(第二版),北京大学出版社 2005 年版;关于在豁免问题上国际私法与公法的交叠,参见 Joan E. Donoghue, "The Public Face of Private International Law: Prospects for a Convention on Foreign State Immunity", 57 *Law and Contemporary Problems* (1994) 305.

② 主权豁免是国家豁免更妥当的提法,参见 Leo J. Bouchez, "The Nature and Scope of State Immunity from Jurisdiction and Execution", 10 *Netherlands Yearbook of International Law* (1979) 3, at 32.

③ 在美国,为了区别于各个州的豁免,称为外国豁免,即 foreign immunity. See: Bryan A. Garner (ed. in chief), *Black's Law Dictionary*, 10th ed., Thomson Reuters, 2014, pp.867—868.

④ Hazel Fox and Philippa Webb, *The Law of State Immunity*, 3rd ed., Oxford University Press, 2013; Xiaodong Yang, *State Immunity in International Law*, Cambridge University Press, 2012.

⑤ 参见宋锡祥、高大力:《从"天宇案"透视国家主权豁免问题》,载《东方法学》2010 年第 1 期;宋锡祥、谢璐:《国家及其财产管辖豁免的国内法调整到国际公约的转变》,载《政治与法律》2007 年第 1 期;王立君:《国家及其财产管辖豁免规则的新发展》,载《法商研究》2007 年第 3 期;王虎华、罗国强:《〈联合国国家及其财产管辖豁免公约〉规则的性质与适用》,载《政治与法律》2007 年第 1 期;肖永平、张帆:《美国国家豁免法的新发展及其对中国的影响》,载《武汉大学学报》2007 年第 6 期;张乃根:《国家及其财产管辖豁免对我国经贸活动的影响》,载《法学家》2005 年第 6 期;赵建文:《国家豁免的本质、适用标准和发展趋势》,载《法学家》2005 年第 6 期。2013 年 4 月 26 日,外交部条法司马新民参赞在北京大学法学院"王铁崖国际法系列讲座"作了国家豁免法的发展动向的报告,证明我国外交部门一直高度重视国家豁免的问题。

间的关系,也涉及国家与私人、私人与私人之间的关系。① 因而,自始至终地受到国际法学者的重视,在国际社会上得到了高度的关注,在我国也已经有了三十余年的讨论与阐发过程。② 特别是近年来,国际社会面临着全球化与全球治理的挑战,一系列新的现象、新的理论、新的问题呈现出来,主权豁免的问题也被推向了前台。从全球的角度看,2005 年初开放签字的《联合国国家及其财产豁免公约》获得了理论家和实践者的兴趣③,它试图为国际社会形成一个新的关于豁免的国际条约,但是,中国、美国、英国、俄罗斯、德国等世界级大国均未批准,即使生效,其影响也必将受到局限。从区域的角度看,欧洲形成了关于豁免的规范,其影响也是非常局限的。20 世纪末至 21 世纪初,美国法院审理了很多涉及国家豁免的案件,也受到了美国公众及法学专家的关注。④ 2012 年,国家主权豁免问题又一次引起了世界特别是中国人的注意。2012 年 2 月,国际法院作出了德国诉意大利一案的判决,将豁免问题视为程序问题,从而绕开了德国违背强行法以及对强迫劳动的赔偿问题。⑤ 更引起了学界的关注和争论。在当前和未来一段时间内,由于武力使用的禁制以及国家介入经济贸易活动日趋频繁,主权豁免的问题会不断发生。如何在理论上看待主权豁免的问题,如何在实践中确立主权豁免问题的立场,是一个具有深刻的理论价值和鲜明的现实价值的重要问题。在这个节点上,对于豁免问题进行清晰的探索和梳理,对于了解此种制度的真相、排

---

① 国内多数通行的国际法、国际私法和国际经济法的教科书都介绍了国家豁免的问题。比如,王铁崖主编:《国际法》,法律出版社 1995 年版,第 130—135 页;梁西主编:《国际法》,武汉大学出版社 1993 年版,第 92—93 页;端木正主编:《国际法(第二版)》,北京大学出版社 1997 年版,第 81—82 页;邵津主编:《国际法(第五版)》,北京大学出版社、高等教育出版社 2014 年版,第 40—46 页;韩德培主编:《国际私法》,高等教育出版社、北京大学出版社 2000 年版,第 73—75 页;黄进主编:《国际私法》,法律出版社 1999 年版,第 196—203 页;余劲松、吴志攀主编:《国际经济法》,北京大学出版社、高等教育出版社 2000 年版,第 32—33 页;陈安主编:《国际经济法学专论》,高等教育出版社 2002 年版,第 233—236 页。

② 我国国际法学者对此问题的讨论已有三十余年。相关的论述包括两部专著(后文涉及)和数十篇文章,文章中具有代表性的包括但不限于:倪征𣪞:《关于国家豁免的理论和实践》,载《中国国际法年刊》1983 年卷,第 3—20 页;陈体强:《国家主权豁免与国际法——评湖广铁路债券案》,载《中国国际法年刊》1983 年卷,第 31—85 页;李泽锐:《国家豁免问题的回顾与前瞻》,载《中国国际法年刊》1986 年卷,第 249—277 页;黄进:《论限制国家豁免理论》,载《中国国际法年刊》1986 年卷,第 278 页;李浩培:《论国家管辖豁免》,载《中国国际法年刊》1986 年卷,第 301 页。

③ 参见马新民:《〈联合国国家及其财产管辖豁免公约〉评介》;黄进、杜焕芳:《国家及其财产管辖豁免立法的新发展》;江国青:《〈联合国国家及其财产管辖豁免公约〉——一个并不完美的最好结果》,均载于《法学家》2005 年第 6 期;邵沙平主编:《国际法》,高等教育出版社 2008 年版,第 86—103 页。

④ Christopher Shortell, *Rights, Remedies, and the Impact of State Sovereign Immunity*, State University of New York Press, 2008, pp.1—4.

⑤ Jarisdictiond Immunities of State(Germany v. Italy:Greece Intervening), Judgment, I. C. J. Reports 2012, p.99.

除相关的误解、建立正确的认识,并在实践上选择妥当的对策均具有很重要的价值。①

(二) 主权豁免的内涵和外延

主权豁免是国家在领土内实施法律的一种例外②,同时也是国家责任的一种免除。③ 包括广义和狭义两种含义。广义的主权豁免是一国的行为与财产不受另一国家的立法、司法和行政约束的情况;包括国家本身、国家代表和有关的行为者的某些行为不受他国惩罚的多种可能,比如国家领导的豁免、外交与领事(外交代表以及某些公职人员)的特权和豁免。狭义的主权豁免则仅仅指国家及其财产的诉讼豁免,是国家在跨国的诉讼中享有优于自然人和法人的特权,具体表现在:首先,管辖豁免,即不经一国明示或默示的同意,另一国司法机关不得受理和审判以该国家、国家财产、国家元首和政府首脑等代表国家的高级官员为被告的民事和刑事诉讼;管辖豁免的范围包括基于政治原因违反合同、政府公债、开发自然资源的特许协议、征收与国有化、领土联系以及侵权行为等。其次,诉讼程序豁免,如果国家同意在外国法院参与诉讼,在诉讼程序上,不得对该国财产采取保全措施,不得强迫其出庭作证。最后,执行豁免,在国家同意参与的诉讼进行(例如,在一国放弃了司法管辖豁免的情况下去)之后,如果该国败诉而未经该国放弃执行豁免,另一国法院不得对该国国家财产采取强制措施,不得对该国的政府高级官员采取民事、刑事强制措施。④ 虽然在国际社会中,主权豁免包括国家行为豁免、国家财产豁免以及国家元首和外交机关、人员的特权和豁免及各子类别,但是一般集中讨论的是国家不能被起诉和扣押财产的方面。本书主要在这一角度探讨主权豁免的问题,外交与领事豁免、国际组织豁免,与本问题具有密

---

① 比如,有学者指出,国际法是随着社会关系的发展而发展的,其演化与状态与国家的利益有密切的关系;尤其是对中国而言,豁免、环境保护、司法解决国际争端、安理会席位增加、海洋权益、外空等领域问题的国际立法直接涉及我国利益,需要我国认真对待,作出对策。参见朱文奇:《中国的发展需要国际法》,载《法学家》2003 年第 6 期。
② Rosalyn Higgins, *Problems & Process: International Law and How We Use It*, Oxford University Press, 1994, p.78; 郭玉军、徐锦堂:《论国家豁免的相对性》,载《武大国际法评论》2003 年第 1 卷。
③ William Slomanson, *Fundamental Perspectives on International Law*, 6th ed., Wadsworth, 2011, pp.75—76.
④ 参见 Peter Malanczuk, *Akehurst's Modern Introduction to International Law*, 7th ed., Routledge, 1998, p.118; 黄瑶:《国际法关键词》,法律出版社 2004 年版,第 32—33 页;段洁龙主编:《中国国际法实践与案例》,法律出版社 2011 年版,第 1 页。

切联系,不过仍有很多差异,本书的主旨并不在于讨论此类问题。① 然而,有关基本理论的探讨似乎同样也适用于主权豁免的其他方面。②

在法律实践和法学理论上,豁免与特权相联系③,和权力、服从等同样属于法律、法学的范畴的变体,从根本上产生于权利与义务这对核心的法学范畴。豁免的本义在于某些主体就特定的事项可以安然不受任何惩罚,即免于承担相关的义务和责任。与之对应的是无能力,即针对享有豁免者无法采取行动。④

豁免作为排除责任的一种特权,是可以放弃的。就主权豁免而言,如果国家在国际协定、书面合同或者在法院对特定诉讼发表的声明或者对特定诉讼的书面函件中表示接受另一国法院的管辖,即是主权豁免的一种明示的放弃;如果一国在另一国法院内提起或者主动介入一项诉讼,或者采取与案情实质相关的诉讼步骤,也视为放弃了豁免;同时,当一国在另一国法院作为原告之时,对于该诉讼的反诉不应主张豁免;反之,如果国家对于以其为被告在外国法院提起的诉讼提起反诉,它也不应对主诉讼主张豁免,这属于主权豁免的一种默示的放弃。⑤ 但是,如果一国在外交压力下被迫放弃豁免,那就会是另外一种情况了。

与主权豁免联系非常密切的还有国家行为理论(act of state theory/non-justiciability doctrine)。该理论是以美国为主而发展起来的,主张国家的政府行为不可受到另一个国家的政府机构包括法院的裁决,而只能认为

---

① 当今,外交、领事豁免已经按照功能和需要进行了重新审核,在1961年《维也纳外交关系条约》和1963年《维也纳领事关系条约》中规定得很清楚,值得争论的问题并不显著。有关论述,参见 Ivor Roberts, *Satow's Diplomatic Practice*, 6th ed., Oxford University Press, 2009, pp. 97—193;黄德明:《现代外交特权与豁免问题研究》,武汉大学出版社2005年版;〔印〕B. 森:《外交人员国际法与实践指南》,周晓林、薛捍勤、丁海华、党苏云、刘力扬译,中国对外翻译出版公司1987年版,第76—151页。
② 值得一提的是,在此基础上还有国际组织及其人员的豁免,但是在这个领域的基本情况与国家豁免相似,所以不单独进行阐述。
③ 很多时候,人们将特权与豁免并提;有的时候,人们用豁免作为外延之一,来解释特权。Bryan A. Garner (ed. in chief), *Black's Law Dictionary*, 10th ed., Thomson Reuters, 2014, p. 1390.
④ "豁免"一词的英语是"immunity",既具有医学上的"免疫"的含义,也具有法学上免予承担义务和责任的含义,这种同词异用的渊源有助于我们更进一步理解该概念。在权利的基础上划分并解读包括豁免在内的有关法学范畴,是学者霍菲尔德(Wesley Newcomb Hohfeld)的贡献,Cf. Hohfeld, *Fundamental Legal Conceptions As Applied in Judicial Reasoning and Other Legal Essays*, ed. Walter Wheeler Cook, Yale University Press, 1923, p.62;这里借鉴了其有关论述。
⑤ 参见国际法委员会:《国家及其财产的管辖豁免条款草案》,第7—9条,中译文载王铁崖、田如萱:《国际法资料选编(续编)》,法律出版社1993年版,第79页。联合国大会第六委员会提交第59届联大讨论的《联合国国家及其财产管辖豁免公约》第7—9条仍然保持了这样的规定。See UN Doc. A/C.6/59/L.16(2004);关于该草案和公约后文还会论及。

其有效。与主权豁免不同的是,这一理论一般并不认为是国际习惯的一部分。①

(三) 进一步研讨主权豁免问题的重要性

当前和未来一段时间内,由于全球化的不断推进,国家之间的交往和联系日益增加,政府介入经济活动日趋频繁,主权豁免的问题会不断发生。在这样的背景下,对国际法中主权豁免的观念与制度的发展及现状进行探究,特别是对到现在为止的国际实践进行系统梳理,以实证主义的方法对于迄今为止的国际与国内案例进行分析,同时对区域性和全球性关于豁免的公约及其背景进行比较,有效地把握国际社会各主要国家在主权豁免上的实践和理论导向,从国际立法与习惯形成的意义上研判主权豁免的基本状态,从理论分析的角度对于国际社会豁免制度的总体情况予以清晰地梳理,是一个具有深刻的理论价值和鲜明的现实价值的重要问题。在审慎考察的基础上研判如何在理论上看待主权豁免的问题,对于通观性地理解主权豁免的基本规范具有重要价值。基于前述分析,探讨如何在实践中确立主权豁免问题的立场,显得十分必要。本书即拟围绕国际法律秩序的实践与理论,解析主权豁免制度现有的体质及其成因、构建国际机制未来的理想、提供国际体制改革的建议,特别是在此基础上分析中国立场对于国际豁免制度的影响,理解中国在豁免方面所面临的国家利益,提供立场和对策选择。

二、绝对豁免的原则与实践

为了梳理主权豁免方面的基本实践,需要对其历史发展与现状进行实证分析。尽管现存的国际法对于豁免问题并没有形成总体一致的习惯②,很多机构和学者仍然试图从本国、区域、国家比较的维度上理清这个问题,因而存在着一些周密而细致地爬梳国际法的历史文献和现实资料,特别是一系列国内立法、国内司法机构的裁决以及国际条约、国际司法机构和仲裁庭的裁判

---

① 有的学者将国家行为理论作为国家豁免问题的一部分,如 Peter Malanczuk, *Akehust's Modern Introduction to International Law*, 7 th revised ed., Routledge, 1997, pp. 121—123;另外一些学者则将之作为独立的问题,如 J. A. Shearer, *Starke's International Law*, 14th ed., Butterworth, 1994, pp. 70, 100—101.

② 梁西主编:《国际法(第三版)》,武汉大学出版社 2011 年版,第 89 页;车丕照:《国际经济法概要》,清华大学出版社 2003 年版,第 55 页。

的研究①,基本揭示了主权豁免的制度概貌。

(一) 豁免制度的西方源流

从国际法的发展历史上看,正如这一体系内的绝大多数规范一样,主权豁免来自于西方国家的学说与实践,不仅在欧美以外的各个早期文明之中并没有明确地体现出主权豁免制度②,而且在威斯特伐利亚体系确立之后的一段时间之内也没有这方面的实例。换言之,在西方历史上,豁免这一原则实际上是与民族国家的兴起和法治化同步的。因为在没有一个成熟的司法体系之时,很难考虑起诉外国国家及其财产,正由于起诉的存在方能引致管辖权,而豁免是管辖权的例外,因而这种环境中也就提不到任何豁免的问题。

关于国家及其财产享受豁免的原因,学者提出了不同的解释。经过归纳,大略包括国际礼让说③、国家主权说(国家的独立平等、国家的尊严)④、

---

① 在此问题上的早期研究,参见 Gamal Moursi Badr, *State Immunity: An Analytical and Prognostic View*, Martinus Nijhoff Publishers, 1984;对于欧洲有关国家及日本对豁免的法律规范及实践的研究,参见 Council of Europe and Gerhard Hafner, Marcelo G. Kohen, and Susan Breau (eds.), *State Practice Regarding State Immunities*, Martinus Nijhoff Publishers, 2006, pp. 168—704;其他各个法域实践的研究研究,参见 Council of Europe, *European Convention on State Immunity: Convention Européenne Sur L'immunité Des États*, 1972; Australia Law Reform Commission, *Foreign state immunity*, Australian Govt. Pub. Service, 1984; Burkhard Heß, "The International Law Commission's Draft Convention on the Jurisdictional Immunities of States and Their Property", 4 *European Journal of International Law* 26 (1993); Andrew Dickinson, Rae Lindsay, James P. Loonam, and Clifford Chance, *State Immunity: Selected Materials and Commentary*, Oxford University Press, 2004.
② 在东方国家,譬如中国,对于外国的君主、使节,亦有一些不同于常人的规则,两国交战、不斩来使算是这方面的一般规则的体现;但是由于从总体上看东方国家并没有尊重规范的传统,所以与外邦交往的规范也并没有被一直尊重,而且也没有十分体系化归纳和总体的承继。
③ 有的学者认为,"允许外国国家的行为就意味着一种豁免,否则外国国家是不能进入另一国的";在此基础上,国家具有了了一种容让外国作为的义务,"不能克减授权的默示义务"。See Jordan CJ of the New South Wales Supreme Court, in *Wright v. Cantrell* (1943) 44 SRNSW 45.
④ 此种观点认为,国家在交往的过程中有尊重他国独立权和依照国际法限制自身属地管辖权的义务。同时,国家在国际社会中都是平等的主权者,在国际法律关系中是平等的主体,相互之间不存在从属的关系,所以相互之间没有管辖和支配的权利。"人们往往说,国家平等的……后果是:按照'平等之间无统治权'的规则,没有一个国家可以对另一个国家主张管辖权。外国管辖豁免往往(而且往往同时)不仅是引申自平等原则,而且是引申自国家独立和尊严原则。"LassaOppenheim, *Oppenheim's International Law*, 9th ed., Vol. 1, Robert Jennings and Arthur Watts (eds.), Longman Group, 1992, p.341;中译本见〔英〕瓦茨、詹宁斯修订:《奥本海国际法》(第九版),第一卷第一分册,王铁崖等译,中国大百科全书出版社1995年版,第277页。

治外法权说和国家间彼此的互惠说。① 不过,人们在追溯豁免制度的源头时,愿意到西方去寻根。大多数学者将 1234 年罗马教皇格里高利九世的教谕"平等者之间无司法管辖权"(*par in parem non habet iuridictionem*)作为豁免的理论基础②,但是值得注意的是,中世纪相当长的时间之内,教皇与教廷的统治是欧洲最高、也是最有效的统治,而君主则仅仅被看作是神圣秩序在特定地理范围的执行者,所以这一教谕虽然指明了各个国王之间不能彼此管辖,但是并不排除教皇于整体秩序的建构、对各个领地的安排。③ 但是,在民族国家兴起之后,这一教谕却被赋予了更为鲜明的含义:国家之间是平等的,如果一国的法院对另一国要求管辖,就可能意味着这一国家高于另一国家,这很显然是不合适的。所以从逻辑上推出了国家享有主权豁免这一结论。据考察,实践中,主权豁免在历史上起步于外交豁免、国家君主的个人豁免以及政府及其代表者在国内的主权豁免制度。

(二) 绝对豁免原则的形成与实践

在这一制度形成的最初阶段,人们笃信教皇原则的权威性,所以主权豁免是以绝对豁免(absolute immunity,或称完全豁免)的形态为各国所接受的。绝对豁免的原则,即从根本上否定对其他国家行使司法管辖权。根据这一理论,国家(政府)的财产及其代表的自由,无论基于何种原因,均得在他国获得豁免,享有豁免的主体包括国家元首、政府首脑、国家本身、中央政府及各部门、其他国家机构、国有公司或者企业等。19 世纪末之前,绝对豁免是各国的普遍实践,构成了古典国际法的当然部分。④ 国家不仅在直接受诉的时候获得豁免,在间接涉及诉讼时亦得豁免。这种主张在 19 世纪末之前得到了西方诸"文明国家"的普遍肯定并在若干法院判决中得以贯彻。欧洲大陆国家的早年实践,不问外国国家财产的用途都给予豁免;在英美法系国家,"绝对豁免原则"最初是通过的判例逐渐形成的,而对该原则的形成最有影

---

① Cf., e.g., D. M. Walker, *The Oxford Companion to Law*, Clarendon Press, 1980, p. 600;黄进:《国家及其财产豁免问题研究》,中国政法大学出版社 1987 年版,第 3—6 页。
② 对这一教谕的考察,参见龚刃韧:《国家豁免问题的比较研究:当代国际公法、国际私法和国际经济法的一个共同课题》,北京大学出版社 1994 年版,第 23—25 页。
③ 对于这段历史的介绍,参见:〔澳〕约瑟夫·A. 凯米莱里,吉米·福尔克:《主权的终结? 日趋"缩小"和"碎片化"的世界政治》,李东燕译,浙江人民出版社 2001 年版,第 14 页。
④ 参见 Sompong Sucharitkul, *State Immunities and Trading Activities*, Frederick A. Praeger, Inc., 1960, pp. 3—23; Gamal Moursi Badr, *State Immunity: An Analytical and Prognostic View*, Martinus Nijhoff Publishers, 1984, pp. 9—20.

响的案件是1812年美国联邦最高法院判决的"交易号案"。① 早期的主权豁免主要是针对战舰和公务船舶,以及主权者的其他财产,在英美法上称为对物诉讼(proceedings/actio in rem),进而延伸到基于侵权和合同对于君主个人的诉讼(proceedings/actio in personam)②,当时采取绝对豁免原则的具体方式是凡涉及君主的财产、行为的诉讼,法院一概尊重被诉者的主权,驳回诉讼请求,不予审理。③ 在涉及国家的民事争议出现之时,值得考虑的解决方式唯有通过外交途径。

(三)英美判例确立的绝对豁免法律原则

英美国家在这方面的若干判例受到了广泛的注意。在美国联邦法院1812年审理的交易号案④中,大法官马歇尔(Marshall)引入了一套被后世的联邦法院所效仿的做法:由对友好外国船舶进行司法扣押而产生的对物管辖权,当主管外交事务的政府机关当庭提出证明的情况下,法院可以承认、准许

---

① "交易号"原是一艘由两个美国公民拥有的私人帆船,其中一个所有者为John McFaddon。1810年12月,当该船在法国水域上航行时,被法国军队拿捕,被装上军用设备充作法国的战舰,改名"Balaou"。1812年,该船在一次航行过程中,由于天气恶劣的原因,被迫进入美国宾夕法尼亚州费城港。John McFaddon在联邦地区法院起诉,声称对该船拥有所有权。因为船舶已为法国战舰,McFaddon就在美国法院体系内起诉法国。法国没有派人出庭应诉,宾夕法尼亚州检察官代表美国政府到庭陈述意见,认为即使该船是从原告那里非法没收的,其所有权也已于没收当时转属法国皇帝,因而请求法院驳回原告起诉并释放该船。地区法院驳回了原告的请求。原告上诉到联邦巡回法院,巡回法院推翻了地区法院的判决。宾夕法尼亚州检察官遂上诉至联邦最高法院。联邦最高法院于1812年作出判决,认为交易号具有公船的性质,作为法国财产享有在美国法院免于管辖。宾夕法尼亚地区法院不具有管辖权,因为该船是根据法国法在法国的水域被征用的。对于John McFaddon的财产,最高法院爱莫能助,因为船舶被另一主权实体合法捕获,从技术上讲,法国政府遵守了法律,并无任何可以控告之处。故撤销巡回法院的判决,并确认了地区法院的判决。*The Schooner Exchange v. McFaddon*, 11 U.S. 116 (1812);中文简介,参见梁淑英主编:《国际法教学案例》,中国政法大学出版社1999年版,第31页。
② 根据英美法的一般原则,对物诉讼以被诉物在其境内作为管辖基础;对人诉讼以被诉者在境内出现(无论临时还是永久)为管辖基础。Robert L. Felix, Ralph U. Whitten, *American Conflicts Law: Cases and Materials*, 5th ed., LexisNexis, 2010, pp.774—776;更加细致的管辖权区分与新发展,参见Peter Hay, Patrick J. Borchers, and Symeon Symeonides, *Conflict of Laws*, 5th ed., West, 2010, pp.349—374.
③ 关于国家豁免的历史起源和国家豁免原则的形成,参见龚刃韧:《国家豁免问题的比较研究——当代国际公法、国际私法和国际经济法的一个共同课题》(第二版),北京大学出版社2005年版,第1—20页。
④ *The Schooner Exchange v. McFaddon*, 11 U.S. (7 Cranch) 116, 3 L. Ed. 297 (1812);中文案情介绍参见:中国政法大学国际法教研室:《国际公法案例评析》,中国政法大学出版社1995年版,第283—285页;陈致中编著:《国际法案例》,法律出版社1998年版,第54—56页。

并授予豁免。① 马歇尔法官指出:"一国在其领土之内的管辖权是排他的和绝对的。如非其自行施加限制,则并不受任何约束。从外部施加而来的任何制约,均意味着主权的相应缩减。……然而,这种类似主权象征的完全的和绝对的管辖权并不要求将外国主权者和它们的统治权力作为管辖的客体。一个主权者在任何方面不从属于另一个主权者,它负有最高的义务不将自己或其主权权利置于另一个主权者的管辖之下,从而贬损其国家的尊严。"② 这一实践建立在国务院与法院共同承认的政策(国家利益)基础之上,当由于对友好外国政府的船舶进行司法扣押而出现争议的时候体现国家利益的最好方式是通过外交渠道来解决而非通过法院的强制程序。

英国法院1820年审理的菲列德里克王子号案③也论证了外国国家及其财产豁免源于国家之间的平等这一主张。1880年英国上诉法院审理的比利时议会号案④、1897年昂德希尔诉赫南德兹一案⑤都遵循了上述原则;在后一案中,法官指出:"每一个国家有尊重其他所有主权国家独立的义务,一个国家的法院对另一个国家政府在其本国领土内所为的一切行为,无权审理。"⑥

在美国联邦最高法院审理的皮萨罗号案(S. S. Pesaro)⑦中,绝对豁免原则得到了最好的体现。商船皮萨罗号在由意大利和美国之间运输货物的过程中由于没有按约定履行义务交货而被诉扣押,后来该船提供了在法院具有管辖权、原告的主张成立时返回或赔偿的保证,继而该船被释放。此时意大利驻美国大使出面主张该船是由意大利政府拥有和经营的,故在美国法院面前享有豁免。在庭审过程中,发现该船与意大利军事力量毫无关系,仅为意大利政府享有所有权和控制权,并通过出租在意大利港口和包括纽约在内的其他港口之间从事商业运输活动。意大利方面主张,此种运输经营并非为了任何私人或者个别政府机构的利益,而是为了意大利整个国家。初审法院

---

① Cf., e.g., *United States v. Lee*, 106 U. S. 196, 209, 1 S. Ct. 240, 251; *Ex parte Muir*, 254 U. S. 533, 41 S. Ct. 187; *The Pesaro*, 255 U. S. 217, 41 S. Ct. 308; *Compania Espanola v. The Navemar*, 303 U. S. 74, 58 S. Ct. 434; *Ex parte Peru*, 318 U. S. 588, 63 S. Ct. 799.
② 11 U. S. 116, 135, 中文片段可见:陈致中编著:《国际法案例》,法律出版社1998年版,第55—56页;黄惠康、黄进:《国际公法国际私法成案选》,武汉大学出版社1987年版,第193—194页。
③ *The Prins Frederick*, 2 Dods. 451, 165 Eng. Rep. 1543 (Adm. 1820).
④ *The Parlement Belge* (1880) L. R. 5 P. D. 197.
⑤ *Underhill v. Hernandez*, 168 US 250 (1897).
⑥ 关于英国的绝对豁免传统与实践,亦可参见 J. A. Shearer, *Starke's International Law*, 14th ed., Butterworth, 1994, p. 191; D. M. Walker, *The Oxford Companion to Law*, Clarendon Press, 1980, p. 600.
⑦ *Berizzi Bros. Co. v. The Pesaro*, 271 U. S. 562 (1926).

承认了豁免的理由,签发了驳回起诉的令状。原告因而上诉。上诉过程中,法官 Van Devanter 在认真分析了交易号案的判决之后,指出:政府从事商业运输活动在以往的法院审理过程中未曾遇到,交易号的判决中也没有提到。这并不奇怪,因为 1812 年的时候,只有私人才从事商业运输;政府介入商业活动是很晚才出现的。不过,交易号案的判决原则并不意味着排除了商用船舶的豁免权。在没有美国政府与其他政府签署的不同目的条约的情况下,政府所拥有的船舶,即使是从事商业活动,也应当与战舰享有一样的权利。

在相当长的时间之内,绝对豁免原则安稳地被接受和遵循,一方面由于当时基本上所有的国家行为都与国家主权事务紧密相连,使得人们认为国家的一切行为与财产均免受外国法院的司法管辖、国家在外国法院的诉讼中可以对自己的所有行为援引管辖豁免无可厚非,另一方面也是由于人们长期受神学和形而上学的指导,难于对现存的教条和学说提出冷静的、理性的思考。

三、限制豁免的探索与立法

限制豁免(restrictive immunity)也可以称为相对豁免(relative immunity)、职能豁免、资格豁免。具体做法是将国家的行为区分成统治行为(acta iure imperii,或称为政府行为、管理行为、公法行为)和商事交易行为(acta iure gestionis,或称为私法行为)。前者属于公共职权的实施,直接出于主权,所以仍然给予豁免;后者属于政府采取商业方式而为行为,与私人无异,故而不给予豁免。

(一) 限制豁免的兴起

社会实践的大幅度变化使得原来被认为无懈可击的原则受到拷问。19世纪末叶以来的实践证明,随着国家在经济管理方面越来越多地介入,甚至越来越多地直接参与国际商事交易,国家绝对主权豁免的做法越来越多地受到质疑。采用绝对豁免原则的时候,人们发现了一些问题:由于财产本身的复杂性,在涉诉时,将国家财产与企业财产混合起来要求豁免并不合适;而且,在适用豁免的时候,采用司法手段解决问题被终止,转而通过外交途径来解决。而外交是政治的一部分,在大多数时候,政治中讲究的并不是公正,而是利益的平衡。① 这样,既可能导致不公正的结果,也不利于效率(因为很多

---

① 一本政治学的小册子十分明确地指出了政治的本质:谁在何时、何地得到什么。Harold D. Lasswell, *Politics: Who Gets What, When, How*, Whittlesey House, 1936. 书中所分析的政治方略直追马基雅维里的《君主论》,很少考虑公正与道德,仅仅策划如何通过宣传、暴力等措施获得利益,这当然与理论上的政治学相去甚远,但是却在很大程度上揭露了实践中政治的嘴脸。

时候政治性处理很可能意味着没有结果)。① 因而,一些欧洲大陆国家不再希望国家的任何行为都得到特殊的对待。限制豁免在各国立法或者法院在审判实践中渐渐升起②,这一倾向到了第一次世界大战后更为明显,越来越成为广泛接受的豁免原则。

第一次世界大战之前,意大利、比利时、荷兰和埃及率先采取了这种立场。据现有资料,比利时法院和意大利法院在 19 世纪末、20 世纪初最先转向限制豁免③,后来,在两次世界大战之间,法国、希腊、罗马尼亚、瑞士、爱尔兰和奥地利相继追随,1918 年瑞士联邦法院在德雷菲斯案件中采用限制豁免;奥地利最高法院在 20 世纪 20 年代转向限制豁免,埃及混合仲裁法庭也继而发展了限制豁免的实践。1951 年,原联邦德国地方法院和高等法院也开始采用限制豁免的方式,并在此后得判决中一直坚持。④

虽然英美法系国家的限制转向晚于大陆法系诸国,但它们还是逐渐抛弃了原来所赞同的绝对豁免原则,接受了新的模式。其理论演变和实践转移值得重视,从英国和美国的一系列判例中可以观察到这种变化的轨迹。如前所述,美国最初采取国家绝对豁免原则,即国家的一切行为和财产,不论性质如何,均享有豁免。⑤ 在 1938 年审理的 *Espanola v. The Navemar* 一案中,国务院并没有承认西班牙船舶 Navemar 号所主张的豁免;被告宣称在提起对物诉讼而被扣押之时正被友好的西班牙共和国所征用并占有,法院基于被诉的船舶并未表现出由国家所占有且并未由外国政府从事公共服务这一事实,否定了其所主张的豁免。⑥ 美国法院指出:在众多的案件之中美国政府都承认了由友好政府所拥有并使用的船舶所具有的诉讼豁免权。⑦ 墨西哥政府所拥

---

① 韩德培主编:《国际私法》,高等教育出版社、北京大学出版社 2000 年版,第 74 页。
② Sompong Sucharitkul, *State Immunities and Trading Activities in International Law*, Frederick A. Praeger, 1959;黄世席:《国际投资仲裁裁决执行中的国家豁免问题》,载《清华法学》2012 年第 6 期。
③ Xiaodong Yang, *State Immunity in International Law*, Cambridge University Press, 2012, pp. 19—22.
④ 〔德〕赫尔姆特·斯泰恩贝格:《联邦宪法法院对外国豁免权问题的判决》,载《当代联邦德国国际法律论文集》,论文集编译委员会编译,北京航空航天大学出版社 1992 年版。
⑤ Gary B. Born and Peter B. Rutledge, *International Civil Litigation in United States Courts*, 5th ed., Aspen Publishers, 2011, pp. 231—232.
⑥ Compania Espanola De Navegacion Maritima, S. A. v. The Navemar, 303 U. S. 68, 58 S. Ct. 432 (1938).
⑦ See, e.g., The L'Invincible, 1 Wheat. 238, 252; The Divina Pastora, 4 Wheat. 52, 64; United States v. Cornell Steamboat Co., 202 U. S. 184, 190, 26 S. Ct. 648, 649; Ex parte Muir, 254 U. S. 522, 531—533, 41 S. Ct. 185, 186, 187; The Pesaro, 255 U. S. 216, 219, 41 S. Ct. 308, 309; Ex parte State of New York, 256 U. S. 503, 510, 41 S. Ct. 592, 593; Compania Espanola v. The Navemar, 303 U. S. 74, 58 S. Ct. 434; Ex parte Republic of Peru, 318 U. S. 578, 588, 63 S. Ct. 793, 799.

有的船舶圣·理卡多号(The San Ricardo)在诉讼中要求豁免,被法院允许,理由是当对该船提出对物诉讼(libel in rem)而采取扣押措施之时,该船正由政府拥有并使用。① 这一实践美国的法院和政府的行政部门都一直追寻而没有产生严重的难题或者困惑。而皮萨罗号案的权威在以后的审判中则受到了严重的削减,比如秘鲁案和墨西哥诉霍夫曼案。② 在墨西哥诉霍夫曼一案中,法院的法官一致同意,否决了墨西哥国家所拥有而非其所占有的船舶的豁免能力,理由是墨西哥政府实际并没有操纵这条船。③ 自此,美国采纳并遵守了减少主权豁免范围的政策,对于外国政府的商业行为不予豁免。其理由是:首先,这一情况已经为国际社会的很多国家所接受;其次,美国政府已经准备当与其商务行为和商务船舶有关时,在外国法院被诉;同时,由于国家在国际社会上参与商务活动的精力大量增多,所以应当让私人与之从事交易,并在法庭上获得他们的权利。④ 正是在上述理念的指引之下,美国法院在审理案件的过程中开始渗透限制豁免的规则,经过一系列案件的挑战⑤,美国国务院法律顾问杰克·B.泰特(Jack B. Tate)在1952年5月19日正式致函美国司法部,认为美国政府已经不再赞同外国政府在其商务活动上提出豁免的主张。⑥ 由此,美国转而采取限制豁免主义的做法⑦,这最终导致了美国1976年10月21日制订的《外国主权豁免法案》(Foreign Sovereignty Immunities Act, FSIA)。⑧ 该法案明确规定,外国从事的商业活动不能在美国法院获得管辖豁免,该外国国家应受美国法院的管辖⑨,此后该法案经过了数次修订,2008年的修订增加了外国从事酷刑、境外杀人、航空器破坏、劫持

---

① *Ervin v. Quintanilla*, 5 Cir., 99 F.2d 935.
② *Ex Parte Republic of Peru*, 318 U.S. 578 (1943); 324 U.S. 30 (1945).
③ *Mexico v. Hoffman*, 324 US 30 (1945).
④ *Alfred Dunhill of London, Inc. V. Republic of Cuba et al* (Certiorari To The United States Court of Appeals For The Second Circuit), 425 U.S. 682, 702.
⑤ *Ex parte Peru*, 318 U.S. 578 (1943); *Republic of Mexisco v. Hoffman*, 324 U.S. 30 (1945).
⑥ 即著名的"泰特公函":Jack B. Tate, Acting Legal Adviser, US Dept. of State, to Acting US Attorney General Philip B. Perlman (May 19, 1952), reprinted in 26 Dept. State Bulletin. 984—985 (1952);其中说明美国国务院决定改变政策,对某些案件,即有关主权私法上的行为的案件,不给予豁免,宣布采取有限制豁免主义的做法。该公函指出,以后遇有外国政府要求豁免时,国务院将随时向司法部提出劝告并将国务院所采取的行动通知司法部。*Department of State Bulletin* 26 (June 23, 1952), for explanations, see: Barry E. Carter, Philip R. Trimble, *International Law*, Little, Brown and Company, 1994, p.588.
⑦ Rosalyn Higgins, *Themes & Theories: Selected Essays, Speeches, and Writings in International Law*, Oxford University Press, 2009, pp. 332—334.
⑧ Foreign Sovereign Immunities Act, *ILM* 15 (1976) 1388 ff.
⑨ 28 U.S.C.A. §§ 1330, 1602—1611,有关评论见肖永平、张帆,《美国国家豁免法的新发展及其对中国的影响》,载《武汉大学学报》2007年第6期;Christopher C. Joyner, *International Law in the 21st Century: Rules for Global Governance*, Roman & Littlefield Publishers, 2005, p.52.

人质,以及对上述活动的物质、资源支持,都被视为国家支持的恐怖主义,不再享受豁免。①

英国的情况与美国十分相似。在亚历山大港案②的判决中,法院所贯彻的原则是由外国政府拥有的、用于一般贸易的船舶,当事人提起了对物诉讼,法院适用了主权豁免原则;而在克里斯蒂娜号案③和乔霍尔的苏丹案④中,英国的法官们指出:主权豁免是否应当涉及由国家拥有的从事一般商业活动的船只,至少是值得怀疑的;在理论上仍悬而未决。到了20世纪70年代,英国在主权豁免领域的实践也发生了立场的变化,在对物诉讼(in rem action)中,改变以往绝对豁免的方式,而采用限制豁免的方式;在对人诉讼(in personam action)中,也同样采取这一原则,不再统一赋予主权豁免,丹宁勋爵明确表示主权者的商业行为不应享有豁免。1977年英国枢密院司法委员会审理菲律宾海军上将号案⑤和英国上诉法院审理尼日利亚中央银行案⑥时,法院拒绝了对商业行为赋予豁免;而且,为了执行与其商业活动有关的判决,采取了扣押外国财产的措施。⑦ 这种做法表明:英国政府已经注意到了第二次世界大战以来,国际上反对绝对的主权豁免理论的倾向,开始赞同限制豁免理论。这一点在1978年7月20日批准、同年11月22日生效的《国家豁免法案》(The State Immunity Act)⑧中得到了进一步证实,而且对于不予豁免的理由列举得更为清楚和详尽。该法案主要规定有:(1)外国国家在英国法院享有司法管辖豁免。(2)豁免的例外:从事商业行为或在英国履行的合同义务(不问该合同是否商业行为)须接受英国法院管辖;并提供了一个"商业行为"较为细致的描述。(3)起诉书通过外交途径送达外国的外交部;从送达日起2个月内外国国家出庭,过期作缺席判决;外国收到判决后2个月内可申请撤销判决。(4)外国国家财产不受法院判决或仲裁裁决的强制执行,在对物之诉中也不得予以扣押、留置或出售。但已获得该外国书面同意执行或

---

① Jordan J. Paust, Jon M. Van Dykes, and Linda A. Malone, *International Law and Litigation in the U. S.*, 3rd ed., West, 2009, pp. 419, 514;黄世席:《国际投资仲裁裁决执行中的国家豁免问题》,载《清华法学》2012年第6期。
② *The Porto Alexandre*, LR (1920) PD30.
③ *The Cristina* [1938] A. C. 485.
④ *Sudan of Johore case* [1952] A. C. 318.
⑤ *The Philippine Admiral v. Wallem Shipping (Hongkong) Ltd.*, [1977] A. C. 373.
⑥ *Trendtex Trading Corporation Ltd.* v. *Central Bank of Nigeria*, (1976) 1 W. L. R. 868; (1976) 3 All E. R. 437; (1977) Q. B. 529.
⑦ *The Philippine Admiral* [1979] A. C. 373.
⑧ Text of the Act, see *International Legal Materials* 17 (1978) 1123 ff; see also http://www.legislation.gov.uk/ukpga/1978/33, for comments, see Georges R. Delaume, "The State Immunity Act of the United Kingdom",73 *American Journal of International Law* 185 (1979).

该外国国家财产正用于或准备用于商业目的的不在此限。这一法案标志着英国正式转变为采取限制豁免原则的国家。

通过立法来确定国家在豁免上的政策,为有英美法律传统的国家纷纷效法。加拿大于1982年颁布了《外国国家在加拿大豁免法》,澳大利亚在1985年通过了《外国国家豁免法》,同样确立了以豁免为一般原则、商事交易、雇佣合同、人身与财产损害、澳大利亚境内的不动产为例外的限制体例①,南非、巴基斯坦和新加坡也都采取了这种方式。

日本法院1928年的判例采用了绝对豁免主义,但2000年的判决则采取限制豁免立场②,此后,还通过国家立法的形式确立了限制豁免的具体规范。③ 相较而言,俄罗斯和一些东欧国家长期承递了苏联的传统,主张国家财产不受另一国管辖,除非财产所属国自愿放弃豁免④,但21世纪后有所改变。⑤ 第三世界国家这方面实践很少,在观念上倾向于对国家及其财产赋予豁免。

(二) 当前在相对豁免问题上的实践

从各国法院在限制豁免的法律实践上看,关键问题是划分何者为主权行为的标准。一般而言,这不以被指控国的观点为依据,而是以法院地国的法律为准绳。也就是说,在法院地的规则看来,国家从事的商业活动和与商业活动有密切联系的行为(比如对正常商业行为进行干涉)均不能得到豁免⑥,而且给予豁免的范围实际上已经很窄小。美国在主权豁免方面的实践数量

---

① Foreign States Immunities Act 1985, Act No. 196 of 1985 as amended up to Act No. 8 of 2010. Donald R. Rothwell, Stuart Kaye, Afshin Akhtarkhavari, and Ruth Davis, *International Law: Cases and Materials with Australian Perspectives*, Cambridge University Press, 2011, pp. 364—367.
② 〔日〕松井芳郎等:《国际法(第四版)》,辛崇阳译,中国政法大学2004年版,第88页。
③ 日本法务省于2009年4月向日本第171届国会正式提交《外国国家及其财产豁免法》(外国等に对する我が国の民事裁判权に关する法律,以下简称为《日本主权豁免法》)草案,先经众参两院全体会议表决通过,于4月24日颁布,并于2010年4月1日起正式实施。日本《主权豁免法》共计3章(总则、外国国家及其财产豁免的范围、民事诉讼程序的特别规定)22条。
④ Ekaterina Bykhovskaya, *State Immunity in Russian Perspective*, Wildy, Simmonds and Hill Publishing, 2008, p.99.
⑤ Daniel J. Michalchuk, " Filling a Legal Vacuum: The Form and Content of Russia's Future State Immunity Law Suggestions for Legislative Reform ", *32 Law and Policy of International Business* (2001) 487; Oleynikov v. Russia, ECtHR App. No. 36703/04, 1st Section, 14 March 2013, para. 67; Sedelmayer v. Russian Federation, Supreme Court of Sweden, 1 July 2011, Pal Wrange, 106 *American Journal of International Law* (2012) 347.
⑥ American Law Institute, *Third Restatement of the Law*, Bd. I, 1987, § 453—155. 关于美国对于外国主权豁免的实践的简要阐述,参见 Thomas Nuergenthal and Sean D. Murphy, *Public International Law*, 3rd ed., Thomson, 2002, pp.222—247.

多,也非常值得关注。① 比如,1995 年美国第九巡回法庭在 Gates 诉 Victor Fine Foods 一案中率先作出了该法不保护外国子公司的解释,从而产生了长达 8 年的各巡回法庭对《外国主权豁免法案》的解释不一致的局面。联邦最高法院经过一段时间的观察,于 2003 年在 *Dole Food Inc. v. Patrikson* 案的判决中对此种争议给予最终的裁断,并通过 2003 年 4 月 22 日颁布的判例,对《外国主权豁免法案》作出解释。该判例认为,该法只适用于外国主权(政府)直接拥有的公司,而不适用于第二层及其以下的子公司,即间接拥有的公司。所有权性质按起诉时的所有权为准。② 与此类似,德国宪法法院将公法范畴的国家行为认定为主权行为,而且即便国家行为只是同主权方面的事务有密切关系也不能成为豁免的充分条件。判断国家行为是否具有主权性质的关键在于国家行为的本质和由此产生的法律关系,而非行为的动机和目的。③ 德国法院审理的菲律宾大使馆账户案清楚地反映了这一点:出租人向法院提出请求,要求菲律宾共和国大使馆支付租金的利息以及法庭费用,法院认为这纯属于私法性质的纠纷,故而不应当适用豁免来对抗原告的这一请求;但是强制执行大使馆的银行账户是违法的。国际法虽然没有明文禁止这种强制执行,但是大使馆的账户被认为与主权有着直接的关系。④ 伊朗国民石油公司案(National Iranian Oil Company)则涉及外国国有公司的地位、公司的德国账户是否可以被质押等问题;联邦法院在审查国有公司的母国是否应当被认为是账户的债权持有人时,指出:法院所在国有权将有关公司视为债权人并依据针对该公司的强制请求权而将该公司的账户上的债权用于质押

---

① 关于美国国家豁免实践的主要案件和基本问题,参见 Lori F. Damrosch, Louis Henkin, Sean D. Murphy, and Hans Smit, *International Law: Cases and Materials*, 5th ed., West,2009, pp. 851—953; Jordan J. Paust, Jon M. Van Dykes, and Linda A. Malone, *International Law and Litigation in the U. S.*, 3rd ed., West,2009, pp. 764—849;黄世席:《国际投资仲裁裁决执行中的国家豁免问题》,载《清华法学》2012 年第 6 期。

② Dole 案的一审是由夏威夷州法庭受理的。Patrikson 等是原告,Dole FoodInc. 是被告。案发后 Dole FoodInc. 将一家以色列国有公司的子公司作为第三方被告卷入此案。该以色列国有公司的子公司试图依据外国主权豁免法将案子移到当地联邦法庭。但当地联邦法庭拒绝受理并指出该子公司不属于《外国主权豁免法》所指的外国主权附属机构。被告不服,两度上诉,最终进入联邦最高法院。负责撰写裁决书的肯尼迪大法官的分析是,外国主权豁免法的原文是:外国政府拥有的"股份"和"其他所有权权益",而股份是公司法的概念。这就说明该法必须用公司法的思维来解释。在公司法中,母公司和子公司是互相独立的实体,外国政府拥有股份的公司指的是母公司,而子公司的股份是由母公司拥有的,不是外国政府直接拥有的,因此得出结论"外国主权豁免法"只适用于母公司。至于"其他所有权权益",肯尼迪大法官认为合理的解释应该是"其他类似股票的直接所有权权益",从而排除了间接所有权。

③ 〔德〕沃尔夫刚·格拉夫·魏智通主编:《国际法(第五版)》,吴越、毛晓飞译,法律出版社2012 年版,第 160—161 页。

④ Bundesverfassungsgericht Entscheidungen (German Federal Constitutional Court Decision, BVerfGE) 46, 342 ff (1977).

以担保请求权之下的债务。[1]

(三) 国际社会关于主权豁免的立法

从国际社会的立法努力而言,各国最早在航海领域开始进行限制豁免的合作努力。随着从事海洋运输和对外贸易的国家的日益增多,1926 年,德国、比利时、丹麦、西班牙、法国、英国、意大利、挪威、荷兰、葡萄牙、瑞典、匈牙利、波兰、罗马尼亚、爱沙尼亚、南斯拉夫、巴西、智利、日本、拉脱维亚、墨西哥等国在布鲁塞尔签订了《统一关于国有船舶豁免的某些规则的公约》,规定载运货物和旅客的国有或国营船舶以及对此项船舶有所有权或经营其业务的国家,均应承担与私有船舶同样的责任,并应适用同样的法院管辖权规则和诉讼程序;专供政府用途的国有或国营船舶不受影响。[2] 1958 年 4 月,由 80 多个国家在日内瓦签订的《领海及毗连区公约》规定,沿海国有权对在其领海内停泊或驶离其内水而通过其领海的从事商业用途的外国政府船舶加以扣押或执行。当时,苏联对此作出声明,认为在外国领海内的政府船舶应享有豁免,因此,仅在船旗国同意的情况下,方可对上述船舶实施强制措施。保加利亚、捷克斯洛伐克、原民主德国、匈牙利、罗马尼亚也作了类似的声明或保留。在第三次联合国海洋法会议上,苏联代表对海洋法公约草案中类似条款仍表示反对,其他一些东欧国家代表也持相同立场。此后在一些区域形成了关于豁免的规范,但影响并不广泛;全球性的立法努力也还没有受到国际社会普遍认可的公约。从国际立法上看,欧洲理事会制定、1972 年 5 月 16 日通过的《欧洲国家豁免公约》于 1976 年 6 月 11 日生效[3],虽然这一公约的接受者只有 8 个国家、效力范围极其有限[4];但该公约的生效是各国纷纷放弃绝对豁免制度走向限制豁免的主要触媒之一;事实上也构成上述英美各国

---

[1] BVerfGE 64, 1, 22 (1984).

[2] Brussels Convention for the Unification of Certain Rules relating to the Immunity of State Owned Vessels, 179 LNTS 199/UKTS No. 15 (1980), Cmnd. 7800, 至今该公约有 30 个缔约国。

[3] European Convention on State Immunity (16 May 1972, ETS No. 74), reprinted in 11 *ILM* 470 (1972); comments seeI. M. Sinclair, "The European Convention on State Immunity", 22 *The International and Comparative Law Quarterly* 254 (1973). 公约共 6 章 41 条及 1 个附加条款;此外该公约还有 1 个附加议定书,即 Additional Protocol to the European Convention on State Immunity (ETS No. 074A),与前述公约同时通过,主要规定的是关于出现纠纷的时候的程序问题,1985 年 5 月 22 日生效。有关文件文本见:http://conventions.coe.int/treaty/en/Treaties/Html/074.htm.

[4] 该公约规定,3 个国家批准时生效。故该公约于 1976 年 6 月 11 日生效(迄 2013 年 10 月 1 日,参加国包括奥地利、比利时、塞浦路斯、德国、卢森堡、荷兰、瑞士、英国)。与该公约同时出现的、规定有关诉讼程序的议定书于 1985 年 5 月 22 日生效,现在有 6 个参加国(奥地利、比利时、塞浦路斯、卢森堡、荷兰、瑞士)。相关评述,参见 Jan Klabbers, *International Law*, Cambridge University Press, 2013, p.101.

国内立法的重要参考。1982年通过、1996年生效的《联合国海洋法公约》在豁免上也采取了限制的原则。①

在上述立法与实践的基础上，联合国大会意识到在国家管辖豁免上制定一套统一、清晰的标准的重要意义，于1977年12月19日通过第32/151号决议，建议国际法委员会(International Law Commission)着手研究国家及其财产管辖豁免的法律，以逐渐发展与编纂这些法律。自1978年起，国际法委员会致力于对主权豁免问题规则的统一化提供一套共同的标准；并于1991年12月9日二读通过了《国家及其财产的管辖豁免条款草案》(Draft Articles on Jurisdictional Immunities of States and Their Property)②。在第46届联大会议上进一步决定在第六(法律事务)委员会内建立没有固定界限的工作组，其任务是考察条款草案中出现的实质问题以达到各国共同同意而顺利缔结条约的目的，并考虑在1994年或以后召开国际会议缔结此项条约(第46/55号决议)。此后的联大会议一直关注着此项工作的进展(1994年12月9日第49/61号、1997年12月15日第52/151号、1999年12月9日第54/101号决议、2000年12月12日第55/150号、2001年12月12日第56/78号、2002年11月19日第57/16号和2003年12月9日第58/74号决议)，2000年12月12日，联大听取了第六委员会工作组的报告，通过第55/150号决议，决定设立国家及其财产的管辖豁免问题特设委员会，在国际法委员会草案的基础上制定一个可以共同接受的公约文本，并采纳联合国第六委员会所设工作组的研讨结果。嗣后，联合国大会一直关注着该领域的进展(第56/78和57/16号决议)；在2003年的第58届会议上，联大决定在2004年3月1日到5日重开特设委员会，使命是制定其以前已然通过的《联合国国家及其财产管辖豁免公约》(草案)的序言与最后条款，并要求其向第59届联大汇报工作成果(第58/74号决议)。在第59届联合国大会上，联大第六委员会2004年11月10日对大会作出报告，并通过这一公约③，于2005年向各国开放签署。该《公约》的第5条对于主权豁免作出了一般规定："一国本身及其财产遵照本

---

① 赵建文：《联合国海洋法公约与有限豁免原则》，载《政治与法律》1996年第2期。
② 30*ILM* (1991) 165 ff. For comments, see Burkhard Heß, "The International Law Commission's Draft Convention on the Jurisdictional Immunities of States and Their Property", 4 *EJIL* (1993) 269—282.
③ *United Nations Convention on jurisdictional immunities of States and their property*, A/C.6/59/L.16 (Nov. 2, 2004); A/59/508. For comments, see Roger O'Keefe and Christian J. Tams (eds.), *The United Nations Convention on Jurisdictional Immunities of States and Their Property: A Commentary*, Oxford University Press, 2013; David P. Stewart, "The UN Convention on Jurisdictional Immunities of States and Their Property", 99 *American Journal of International Law* (2005) 194.

公约的规定在另一国法院享有管辖豁免。"而第 10 条至第 17 条则规定了不享有主权豁免的具体情况,其中包括商业交易、雇用合同、人身伤害和财产损害、财产的所有、占有和使用、知识产权和工业产权、参加公司或其他集体机构、国家拥有或经营的船舶、仲裁协定的效果等方面。在很多国家的国内立法和联合国的《国家及其财产管辖豁免公约》都对"国家"这一概念进行了详细的规定,关于这一问题在国际法的基本理论上当然非常重要,但并不存在着大的争议。① 大多数时候,人们对于何种主体可以构成国家或者属于国家并不存在无法解决的疑问。② 至 2016 年 5 月 18 日,仅有 28 国签署(中国于 2005 年 9 月 14 日签署),21 个国家批准、接受和加入③,根据其自身规定,有 30 个国家批准才能满足生效要求。10 年过去仅有少数国家批准,可见该公约生效面对重复的障碍。尽管联合国国际法委员会和第六委员会经过长期努力,试图通过这一文件为国际社会形成一个新的关于豁免的国际条约④,但是,其效果和效力仍然颇值得怀疑。无论该公约的命运如何,值得肯定的是,随着联合国在主权豁免问题上所订立的法律规范逐渐清晰,关于主权豁免的程序与具体技术问题亦将逐渐消弭。从欧洲公约、联合国公约的情况看,限制豁免即使不能说已经代表了国际法的现状,至少代表了国际法发展

---

① 有关介绍,参见邵津主编:《国际法》(第五版),北京大学出版社、高等教育出版社 2014 年版,第 43—44 页。
② 比如,2003 年出现的仰融在美国法院起诉辽宁省政府的案件,人们首先考虑到的就是豁免的问题。就主体而言,地方政府的行为是否可以援引国家主权豁免当然是一个主体资格的问题。但是,如果我们分析中国的政治结构,就会非常顺利地得出地方政府实为中央政府的延伸、二者共同构成国家政府的结论。这一点在国外的政治格局中也是被同样认识的,有关判例和英美两国关于主权豁免的立法均作了这样的认定。参看 Lassa Oppenheim, *Oppenheim's International Law*, 9th ed., Vol. 1, Robert Jennings and Arthur Watts (eds.), Longman Group, 1992, pp.345—348;〔英〕詹宁斯、瓦茨修订:《奥本海国际法》(第九版),第一卷第一分册,王铁崖等译,中国大百科全书出版社 1995 年版,第 278 页。
③ https://treaties.un.org/pages/ViewDetails.aspx?src=TREATY&mtdsg_no=III—13&chapter=3&lang=en.
④ Doc. A/59/508;depositary notification C. N. 141. 2005. TREATIES—4 of 28 February 2005. 有关评论,参见 Gerhard Hafner and Ulrike Köhler, "The United Nations Convention on jurisdictional immunities of states and their property", 35 *Netherlands Yearbook of International Law* (2004) 3; David P. Stewart, "The UN Convention on Jurisdictional Immunities of States and Their Property", 99 *American Journal of International Law* 2005) 194; David P. Stewart, "The Immunity of State Officials under the UN Convention onJurisdictional Immunities of States and Their Property", 44 *Vanderbilt Journal of Transnational Law* (2011) 1047. 马新民:《〈联合国国家及其财产管辖豁免公约〉评介》;黄进、杜焕芳:《国家及其财产管辖豁免立法的新发展》;江国青:《〈联合国国家及其财产管辖豁免公约〉——一个并不完美的最好结果》;张乃根:《国家及其财产管辖豁免对我国经贸活动的影响》,均载于《法学家》2005 年第 6 期;王立君:《国家及其财产管辖豁免规则的新发展》,载《法商研究》2007 年第 3 期;宋锡祥、谢璐:《国家及其财产管辖豁免的国内法调整到国际公约的转变》,载《政治与法律》2007 年第 1 期;王虎华、罗国强:《〈联合国国家及其财产管辖豁免公约〉规则的性质与适用》,载《政治与法律》2007 年第 1 期。

的基本趋势。

(四) 限制豁免的实践问题

虽然从当前的立法和司法实践上看,限制豁免已经成为大多数国家所认可的倾向①,但是限制豁免理论也存在着很多问题。

首先,这一立场还未成为各国一般接受的习惯法规则。尽管存在着前景可观的国际公约,但是国家之间的争论很显然不能就此平息,发展中国家对于绝对豁免的主张使得公约生效之后约束力仍然有限。

其次,对于国家行为在划分上十分困难。经过一个多世纪的发展,当前多数西方国家对于商业行为不再享受豁免已经基本达成一致;人们更多讨论的是,如何区分管理行为和商业行为②,哪些行为属于商业行为③,以及仲裁协议是否意味着放弃豁免、豁免规范适用于契约与侵权是否一致、国有企业是否属于国家、雇佣契约是否也适用豁免,中央银行与其他银行在豁免上有何差异、管辖豁免与执行豁免的区别与联系,等等。④ 比如,很多学者指出,限制豁免理论基础中含有自相矛盾的因素。⑤ 国家的活动错综复杂,关于什么是主权行为,什么是非主权行为,在理论上提不出一个明确的界限,在实践中面对复杂的情况更是难于论定。而在商业行为的标准上,存在着行为目的论和行为性质论两种观点,单纯从区分的角度分析,行为性质论更有价值,因为几乎国家所有的行为都可以归结为公共目的。⑥ 澳大利亚联邦法院和高等法院在 2009 年的 Garuda 一案中,印证了对国家控股企业的商业行为不予豁免的立场;法国高等法院(Cour de cassation)在 2011 年审理了涉及国家的

---

① August Reinisch, "European Court PracticeConcerning State Immunityfrom Enforcement Measures", 17 *The European Journal of International Law* (2006) 803.
② Sienho Yee, "Foreign Sovereign Immunities, *Acta Jure Imperii* and *Acta Jure Gestionis*: A Recent Exposition from the Canadian Supreme Court", 2 *Chinese Journal of International Law* (2003) 649.
③ 例如,詹宁斯曾经尝试提出一个标准,即如果一项活动,私人也可以从事,则国家为此种行为属于商业行为。Robert Jennings, "The Place of the Jurisdictional Immunity of States in International and Municipal Law", *Vorträge, Reden und Berichte aus dem*, vol. 108, Europa-Institut der Universität des Saarlandes, 1988, p. 5; 中文学界对这一问题的详细分析,参见黄进、曾涛、宋晓、刘益灯:《国家及其财产管辖豁免的几个悬而未决的问题》,载《中国法学》2001 年第 4 期;夏林华:《不得援引国家豁免的诉讼:国家及其财产管辖豁免例外问题研究》,暨南大学出版社 2011 年版。
④ Michael W. Gordon, *Foreign State Immunity in Commercial Transactions*, Butterworth Legal Publishers, 1991; Rosalyn Higgins, *Problems & Process: International Law and How We Use It*, Oxford University Press, 1994, p. 85.
⑤ Ian Brownlie, *Principles of Public International Law*, 7th ed., Oxford University Press, 2008, p. 329.
⑥ Jan Klabbers, *International Law*, Cambridge University Press, 2013, p. 101.

外交财产但明示放弃豁免的案件,在 2013 年 3 月又核查了涉及阿根廷税收和社会收入、但据称放弃豁免的财产,认为没有明示的放弃不视为真正的放弃;新加坡法院也根据契约中放弃豁免的条款对马尔代夫的国家财产进行了扣押;德国法院在处理一件与泰国双边投资条约相关的案件中,则否定了国家没有反对涉及管辖权的仲裁裁决意味着放弃豁免的观点,认为放弃必须意图明确,证据充分。英国法院的一份裁决认为,当时用于或者意图用于商业目的的财产并不构成豁免的例外,相关财产构成商用并非"与商事交易相关"("relating to" or "in connection with"),而是考虑其来源(origin)。① 当然,新出现的实践情况总使得似乎走向一致的规范变得扑朔迷离。提出一套统一的划分标准几乎不可能;因而时常会进入自相矛盾的境地。与此同时,在执行阶段,很多国家仍然不放弃豁免;而且很多国家变通地使用限制豁免原则。

四、现有豁免原则的归结与废除豁免的证成

由上述可知,在国际实践中,尽管主权豁免作为国际法上的一个原则早已确立,但是在这一原则的许多具体方面,尚无统一的国际习惯法规则。国际社会从 13 世纪流传的"绝对豁免"观念遍行于世,到 20 世纪中期以后"限制豁免"原则被各国所普遍接受,并为立法所确认,经历了一个人权与人本观点的发展过程。有的学者面对僵持不下的绝对豁免与相对豁免观点,清醒而明智的指出:绝对主权豁免与相对主权豁免均为特别国际法规则。② 正如一些发展中国家政府主张相对豁免并没有被国际社会良好的确认为习惯法一样,发达国家也无意再承认绝对豁免仍然是各国遵从的习惯。然而,简单的逻辑分析告诉我们,这两种主张之间虽然在一国从事商业活动时是否当然丧失豁免资格存在着尖锐的矛盾,但其中仍然具有共同点,也就是在国家的主权行为享有豁免上是一致的,这构成了绝对豁免与相对豁免之间的交集,这一交集则说明"国家的主权行为享有豁免是一项国际法上良好确立的习惯"这一判断就当前而言准确地反映了实践状况。基于此,我们认为有必要

---

① Leon Chung, Erin Christlo, and Alexandra Payne, Herbert Smith Freehills, "Recent Trends in Sovereign Immunity", http://www.herbertsmithfreehills.com/insights/legal-briefings/recent-trends-in-sovereign-immunity, last visited on Oct. 9, 2013.
② 参见龚刃韧:《国家豁免问题之研究——当代国际法、国际私法和国际经济法的一个共同课题》(第二版),北京大学出版社 2005 年版;车丕照:《国际经济法概要》,清华大学出版社 2003 年版,第 54—56 页。车丕照教授的这一观点,还可见于:车丕照:《国际经济法原理》,吉林大学出版社 1999 年版,第 76—78 页;韦经建、刘世元、车丕照主编:《国际经济法概论》,吉林大学出版社 2000 年版,第 38—40 页。

探讨"国家的主权行为可以得到豁免"这一国际社会共同承认的规范,也就是绝对豁免和限制豁免理论的交集的合理性。① 换句话说,如果这一交集的合法性已经被我们否认,无论是绝对豁免理论,还是相对豁免理论,同样面临着理论上的危机。所以,问题的焦点仍然在于:国家有资格享有豁免么?

对豁免理论基础的审视有助于对此项国际法制度的分析。路易斯·亨金教授曾经提出:几乎没有人质疑主权豁免这一做法,也很少有人认为这种实践需要解释。然而,何以豁免成为国家在自己领土上所具有的自主与控制的例外,其实还是需要一种正当性的论辩的。② 豁免是法律体系中与权力、权利、义务、责任相并列的一个范畴,豁免意味着法律义务或法律责任的免除。

(一) 绝对豁免的理论解释与实践困境

绝对豁免在很大程度上体现了国际关系的现实主义考量。国家及其财产豁免,与针对某些个人的、具有悠久历史的外交、领事豁免虽然在针对主体和所涉事务上是不同的③,但在精神上是一致的,它们之间不仅有近缘关系,甚至可以说外交豁免缘于主权豁免。根据学者的分析,主权豁免的理论根据包括:第一,国家具有平等主权者的身份,主权意味着独立,如果一国法院审理外国国家,就等于干涉了该国家独立的公共行为。故而,虽然国家可以自主地将诉讼提交给外国法院,但任何一个国家都没有义务受制于另一国的管辖,相应地,只要潜在的被告显示出主权者的身份,诉讼即应终止。第二,政治与司法的独立性。国家对外国进行管辖,可以被理解为司法对于外交政策的干预。④

这种思维方式最符合国际关系中的现实主义对于国家所处环境的认识。该学派的共同观念是,在一个无政府的世界中,每一个国家都要增强实力,以

---

① 比如,《奥本海国际法》(第九版)(中国大百科全书出版社 1995 年版)指出:"无论学说的根据是什么,国际习惯法承认有一项一般规则(但有一些重要的例外),即国家不能被诉。"(Lassa Oppenheim, *Oppenheim's International Law*, 9th ed., Vol. 1, Robert Jennings and Arthur Watts (eds.), Longman Group, 1992, p. 343;中译本第一卷第一分册,第 277 页);美国联邦法院近年来审理的案件一直坚持国家元首享有绝对豁免的不可置疑性。See, e. g., Sarah Andrews, *U. S. Courts Rule on Absolute Immunity and Inviolability of Foreign Heads of State*, November 2004, available at: http://www. asil. org/insights/currinsight. htm.

② Louis Henkin, *International Law: Politics and Values*, MartinusNijhoff Publishers, 1995, p. 264.

③ 关于外交豁免与主权豁免的详细比较,参见 Marcelo G. Kohen, "The Distinction between State Immunity and Diplomatic Immunity", Council of Europe and Gerhard Hafner, Marcelo G. Kohen, and Susan Breau (eds.), *State Practice Regarding State Immunities*, Martinus Nijhoff Publishers, 2006, pp. 48—68.

④ Antonio Cassese, *International Law*, 2nd ed., Oxford University Press, 2004, p. 99.

求自保,并在均势的格局下形成稳定。① 以此推论,每一国家都将维护自身的安全和利益视为最主要的关切,为了避免国家核心利益的冲击,以主权豁免来确立国家的独立和平等,其实是避免他国霸权的有效手段。但是,这种做法只能保证国家之间的"共存",却无法促进国家之间的合作。亨金教授从历史的角度去追溯原因,认为这是君主时代留下的思想与制度遗产。② 路易十四"朕即国家"的观点体现了当时君主的普遍观念:君主在本国是主权者,制订法律却不受制于法律,而在国外旅行时,其主权随之而行。③ 其使节也带着一部分主权,君主的船舶或者其他财产,进入其他国家之时,同样拥有君主的主权。既然外交、领事豁免的内在理性是避免对外交人员和首脑的干扰,使其能够顺利地完成公务、参与国际关系,从这种内在理性的差异不难推出,国家事务具有更高的优越性,而是否可以管辖国家自身就是国家事务,就可以自然地得出结论,主权豁免是绝对的。④ 类似地,恩斯特·班卡斯也从博丹、霍布斯德主权理念入手,去探寻豁免的理论基础,并特别提出,格老秀斯较早地阐释了"对外主权"这一概念。⑤ 由此推演,早期国际公法学家瓦特尔、宾刻舒克从人类主权的角度去理解君主及其财产,君主之间完全平等、绝对独立,其个人和国家的尊严都不可降级,平等者之间不能行使权威(par in parem non habet imperium)。正是基于这样的思路,美国最高法院首席法官马歇尔在"交易号案"判词中指出:

> 国家在其领土内的管辖权是排他的和绝对的,除自我限制外,不受任何其他限制。任何来自外部的、在管辖权上施加的有效限制都意味着对其主权的缩减,缩减的程度与受限的程度相同,该主权对该权利的投入与其受限的程度也是相同的。因而,一个国家在其领土内完全和彻底权力的所有例外必须取得国家自身的同意,而不再有任何其他合法的来源。此种同意既可以是明示的,也可以是默示的。在后一情况下,不太容易确定,因为采用推断的方式而带有不确切的性质。但只要取得了理解,就毫不减轻其义务。

---

① 现实主义对于国家在世界秩序中存续方式的讨论,早在汉斯·摩根索1948年出版的《国家间政治》中就已经阐明。Hans J. Morgenthau, *Politics among Nations: The Struggle for Power and Peace*, New York: Alfred A. Knopf, 1948, pp. 13, 21. 结构现实主义大师肯尼思·沃尔兹更加清晰地界定了无政府和均势的内涵与表现,参见 Kenneth N. Waltz, *Theory of International Politics*, Addison Wesley Publishing Company, 1979, pp. 102—128.
② Louis Henkin, *International Law: Politics and Values*, Martinus Nijhoff Publishers, 1995, p. 264.
③ Jan Klabbers, *International Law*, Cambridge University Press, 2013, p. 100.
④ Vaughan Lowe, *International Law*, Oxford University Press, 2007, p. 185.
⑤ Ernest K. Bankas, *The State Immunity Controversy in International Law: Private Suites against Sovereign States in Domestic Courts*, Springer, 2005, p. 185.

世界是由不同的主权者组成的,各持平等的权利、平等的独立,其彼此的利益通过根据人性指引、其欲求所要求的相互交往彼此通好来予以促进。所有主权者在实践中都同意,在某种特别的情况下,绝对的、彻底的各自领土上的主权所赋予的管辖权存在着例外。这种统一在某些情况下可以用共同的做法和产生于做法中的共同观念来予以验证。如果突然、没有预先通知地、以不符合习惯及文明国家所认可的义务的方式形式其领土权力,国家可以正当地被认为违背了其信赖,即使这个信赖可能并不明确地表现。

作为每一个主权者都具有的属性,这种完全和绝对的领土管辖权是不具有域外权力的,它意味着不能期望将外国主权者及其主权权利作为自己的管辖对象。一个主权者在任何方面都不从属于另一个主权者,他负有不把其自身或其主权权利置于另一主权者管辖之下而贬损其国家尊严的最高义务。由此可以假定,他在进入外国领土时,仅当得到了明确许可,或者确信其独立的主权者身份所拥有的豁免虽然没有明文规定,却默示地保留,将适用于其本人。

主权者的这种完全平等和绝对的独立,以及推动其相互交往的共同利益、彼此通好,导致在一些案例中,每一主权者都被达成谅解放弃其一部分完整、排他的领土主权,虽然这种主权是每一国家都拥有的。①

同样,Brett 法官在 Parlement Belge 一案中也作了类似的阐述:作为主权国家绝对独立于国际礼让的结果,每个主权国家都有义务尊重另一主权国家的独立和尊严。国家领土辖区内任何一个法院均不应对任何主权者个人、外国使节、用于公共目标的国家公共财产、使节的财产实施管辖,即使该个人、使节、财产处于其领土之内,按一般规则可以管辖。②

---

① *The Schooner Exchange v. McFaddon*, 11 US (7 Cranch) 116 at 136—137 (1812).
② (1880) 5 PD 197, pp.214—215; see also [1874—1880] All ER Rep. 104, p.114.该案的主要情况如下:Parlement Belge 是一艘悬挂比利时旗帜、由比利时官方运营的运输邮件并承担大量商业运输的船舶。1878 年 2 月 14 日,该船在离开 Dover 海峡时碰撞了英国拖轮 Daring 并使其受损,Daring 向英国法院起诉要求法院扣船,在 Parlement Belge 船上送达令状,令其船东赔偿碰撞损失 3500 英镑,以船舶和运费作为抵押。法院受理该案后,比利时拒绝出庭,王室法律顾问 Bowen 抗辩称,该船系比利时国王的财产,不受英国法院管辖。而且,该船根据 1876 年英比两国《邮政通讯条约》应享受外国军用公船的待遇。但初审法院最终还是向 Parlement Belge 发出扣船令,初审法官 Robert Phillimore 爵士认为,无论是根据国际法的原则、先例还是类比,都不能认为 Parlement Belge 属于公共船舶的范围,并规避于法律和所有私人请求。与此同时,虽然英王又签订条约的权利,但是英比之间的条约没有被任何英国议会通过的国内法所确认,也就是缺乏转化过程,所以这些规范是不能实施的。[(1879) 4 PD 129]王室法律顾问遂将案件提交英国上诉法院。上诉法院认为,Parlement Belge 作为国家拥有的财产,即使可能用于商业目的,根据普通法也仍然免受英国司法管辖,上诉法院认为没有必要再讨论 Robert Phillimore 爵士关于 1876 年英比邮政条约在英国法中的效力的判决是否正确[*The Parlement Belge* (1880) 5 PD 197]。

与此同时,需要从操作、技术、程序的角度说明的是,绝对豁免立场不利于维护国家利益。这是因为从主权豁免原则的运行进程上,可以论断:一国采用绝对豁免的原则等于授柄于人,减少了主张者自身的操控性。这种论断的机理在于:在当今国际法尚无统一的豁免规范的前提下,主权豁免主要是各国立场与态度的问题,而不是一个国际习惯的问题。① 如果我们不将主权豁免视为是一项习惯国际法的规范,而是看成各国分别的、具有约束力的规则,就不难看出,国家在决定主权豁免的限制和范围方面具有很大的自由。② 这是因为,罗萨琳·希金斯说得非常明确:豁免实际上是管辖权主题中的一部分,也就是管辖职能的例外。③ 同样,目前的主流国际法教材也将豁免视为管辖权的限制。④ 基于这一性质,根据国际私法的一般原则,处理案件管辖权的问题,属于程序问题,法庭会根据其自身的规范(法院地法,lex fori)⑤、而非某一当事国自身的法律或者立场来处理问题。这一点也为以往的案例所印证:豁免的决定权在于审理案件的法院。当对于主权豁免的立场存在着差异的时候,一国的主权豁免立场主要由该国的法院予以操作,法院依据该国的豁免立场决定是否受理案件、可否执行。下图所示的英国法院处理此类案件流程明显地说明了法院及法院地法的优越地位:

这就意味着,一国对于主权豁免所采取的立场和态度,仅在本国法院审理案件的时候,才是主动的;而在外国法院审理的、涉及本国的诉讼地位及财产的案件时,该国只是向法院提出请求⑥,处于被动的地位。如果一个国家(A 国)采取限制豁免的立场,则另一国家(B 国)在这一国家被诉的案件可能被法院受理,A 国法院有权利决定是否审理该案,以及如何审理、是否执行相关财产。这就使得 A 国在实施法律时具备相当的主动性。反之,如果

---

① 关于国内法院对于豁免问题的态度,参见 Ernest K. Bankas, *The State Immunity Controversy in International Law: Private Suits Against Sovereign States in Domestic Courts*, Springer; 2005; August Reinisch (ed.), *The Privileges and Immunities of International Organizations in Domestic Courts*, Oxford University Press, 2013.

② Jasper Finke, "Sovereign Immunity: Rule, Comity or Something Else?", 21 *European Journal of International Law* (2010) 853.

③ Rosalyn Higgins, *Problems & Process: International Law and How We Use It*, Oxford University Press, 1994, pp.267, 78.

④ James Crawford, *Brownlie's Principles of Public International Law*, 8th ed., Oxford University Press, 2012, pp.487—506; Andrew Clapham, *Brierly's Law of Nations*, 7th ed., Oxford University Press, 2012, pp.270—284; Malcolm N. Shaw, *International Law*, 7th ed., Cambridge University Press, 2014, pp.506—565;梁西主编、曾令良主持修订:《国际法(第三版)》,武汉大学出版社 2011 年版,第 87—88 页。

⑤ Hazel Fox and Philipa Webb, *The Law of State Immunity*, 3rd ed., Oxford University Press, 2013, p.20.

⑥ 程序问题适用法院地法,见 J. G. Collier, *Conflict of Laws* (3rd ed.), Cambridge University Press, 2004, p.60.

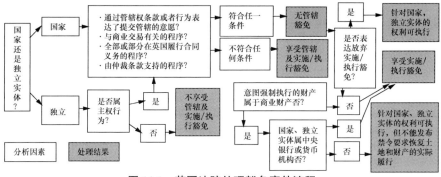

图 14-1　英国法院处理豁免案件流程

一个国家(X 国)采取绝对豁免的立场,则另一国家(Y 国)在该国被诉的案件将给予法院的自身职权或者在 Y 国的抗辩下被法院驳回,使得 X 国对该案无能为力。

表 14-1　主权豁免立场与案件处理结果的关系

法院国的豁免立场	当事国的豁免立场	基本操作过程	案件的处理结果
绝对豁免	绝对豁免	对以国家及国家行为提出的诉讼不予受理;或受理后查明存在豁免情事,在没有放弃豁免的证据时,驳回起诉	绝对豁免
绝对豁免	限制豁免		绝对豁免①
限制豁免	绝对豁免	对涉及国家的诉讼依据本国法进行审查,区分管理行为与商业行为,对前者实行豁免,当事国的抗辩无决定性影响	限制豁免
限制豁免	限制豁免		限制豁免

由上表可以看出,决定案件结果的是法院国的态度,作为被告的案件当事国对案件的影响不是压倒性因素。限制豁免的主动权掌握在法院,法院国只承认外国的属于主权权力的行为享有豁免,而不承认司法性质的、不具有管理权特征的行为享有豁免。具体而言,当一国处理涉及外国国家或/及其财产的案件时,可以根据本国对于豁免条件的理解去决定是否赋予该国家、财产以豁免,在何种情况下赋予豁免等一系列问题。此时,其态度对案件具有决定性的意义,因此掌握着事态发展的动向。② 反之,当该国作为当事人在外国法庭被诉的时候,其对于豁免的态度就仅仅是法庭面前的一种主张,

---

① 如果被告国出庭,可被法院国视为放弃豁免,则与其本国的豁免立场并无实质关系。如果提出管辖权抗辩,则法院国根据本国法,会赋予当事国豁免,因而实际效果等于绝对豁免。
② 参见龚柏华:《中国政府及国有企业在美国法院面临的主权豁免问题分析——兼评美国 Walters 夫妇就"中国制造"手枪质量问题导致儿子死亡告中华人民共和国政府缺席判决执行案》,载《国际商务研究》2010 年第 4 期。

不但对方当事人可以反驳,而且更重要的是,法院有接受或者不接受的最终决定权,案件的结果则完全取决于法院所在国对于主权豁免的立场。因而,此时主张国处于被动状态。前面所列举的中国所接触的案件的情况清楚地表明了这一点。

中国作为一个主张绝对豁免的国家,导致的情况就是:不仅任何当事人在中国法院起诉另外一个国家是不可能的,而且起诉与外国国家有关的财产、直属于外国国家的法人也将被驳回;即使立案,外国国家一方也可以主张中国持绝对豁免的态度而终止诉讼。① 也就是说,中国对于外国国家、国家所有的法人、财产没有任何有效的控制。反之,中国及其国有企业、国有财产却极有可能在其他采取限制豁免的国家被诉,在被诉的时候我们就很难以绝对豁免的主张获得该国法院的支持,因为是否赋予外国国家、国有法人、国有财产以豁免,完全是该国自身决定的。中国就处于完全被动的地位,从根本上受制于其他国家的立场。单纯从国家利益的角度考虑,我国坚持绝对豁免的立场实质上无助于维护我国的国家利益,而仅有利于维护他国利益。

反之,如果采取限制豁免的立场,我国法院就具有了涉及其他国家、国有财产的管辖可能,就可以在互惠的基础上确定豁免的条件与方式。互惠作为当今国际法、国际私法处理司法问题的重要方式,意味着我们可以用自身的管辖权、执行权去制约相关的外国国家,从而在法律层面获得讨价还价的能力。齐大海提出,改变中国在主权豁免上的立场有利于保护中国企业在越来越多的国际交往中的利益②,也可以从这个方面予以理解。这是中国应当采取相对豁免以维护国家利益的核心原因。

由上述分析可知,在操作层面,绝对豁免的立场更有利于维护他国利益,

---

① 我国现行立法(1991年颁布、2007年、2012年修订的《中华人民共和国民事诉讼法》、2010年的《中华人民共和国涉外民事关系法律适用法》及2012年的司法解释)采取了不将国家和国际组织列入诉讼当事人的方式。能够代表中国官方立场的表达如下:

> 有观点认为,应当将外国国家和国际组织列为涉外民事关系主体。然而,我们认为,目前的司法实践中的确有国际组织作为民事案件主体的情形,也有将外国国家列为被告的情形,但这不可避免地会涉及管辖豁免问题的讨论,只有在国际组织或者外国国家明确表示放弃民事案件管辖豁免权的情况下我国法院才能对其行使管辖权。尽管正在研究制定的国家豁免法倾向于转向"相对豁免",我国在实践中一直主张"绝对豁免",而非"相对豁免",在本司法解释中明确将外国国家、国际组织列入,有可能被误认为我国法院已经采取了相对豁免的立场,故虽有将"外国国家或者国际组织"列入的建议,但我们未予采纳。

——《正确审理涉外民事案件切实维护社会公共利益——最高人民法院民四庭负责人答记者问》,载《人民法院报》2013年1月7日第6版。

② Dahai Qi, "State Immunity, China and its Shifting Position", 7 Chinese Journal of International Law (2008) 307.

本国却从根本上缺乏任何约束他国的手段,只能通过政治方式渗透己方立场,取得他国的支持;而采用限制豁免的态度,则获取了制约他国的工具,可以要求对方考虑本国的立场、态度和核心利益。因而,即使从自身利益的角度着想,中国在主权豁免上的立场也不宜于倾向绝对豁免。我们可以得出下面的结论:中国采取限制豁免的态度更有利于中国在世界上的财产及行为的维护。

(二) 限制豁免的理论阐释

限制豁免在一定程度上可以理解为自由主义国际关系的延伸。主权豁免由绝对豁免论向限制豁免论发展的趋势与所处时代的经济状态有着密切的联系。在经济浪潮的推动下,国际关系的形态发生了拓展和转变,国际关系中的一些思想也缓慢地发展。在经济全球化的时代背景下,国家越来越多地参与商业事务,推动着跨国经济活动的发展。此时,主权者的绝对权力、权威曾经是自然的、适当的、其适用是不言自明的,私人的请求不得不向其屈服,但在经济全球化的背景下看起来已经很奇怪了。从君主主权到议会主权,再到共和制中的人民主权,这种在国内宪政体制中的缓慢变革似乎在国际法上没有什么影响,一切依然故我,主权豁免很少受到挑战。在这种背景下,亨金问道,国家作为一个抽象的概念,何以能与君主一样,作为主权者呢?如果在历史上,君主被另一国君主的法律所管辖就认为不可接受的话,很少有人追问,何以国家受制于另一个国家的法律管理也是不可接受的。① 现在主权的意义已经不那么自然和明显,甚至被视为具有敌意;但大多数人仍然坚信,豁免能够维护国家间的友好关系、允许国家间展开适当行为,以维护公共目标不受影响和障碍。

国际关系理论谱系中的自由主义者深刻揭示了当今世界上不仅仅是国家政府之间在交往,国家与私人、跨越国境的私人之间的交往更是频繁和多样,国家之间多层次的相互依赖更是愈加深刻。此时,为了促进国家之间在经济、文化领域的相互合作,特别是非国家层面的合作,需要政府对于交易行为采取负责的态度。② 此时,限制豁免的立场选择更有利于跨国合作。在跨

---

① Louis Henkin, *International Law: Politics and Values*, MartinusNijhoff Publishers, 1995, p. 264.
② Filippo di Mauro, Stephane Dees, andWarwick J. McKibbin, *Globalisation, Regionalism and EconomicInterdependence*, Cambridge University Press, 2008, pp. 1—5; *International Law: Politics and Values*, The Hague: MartinusNijhoff Publishers, 1995, p. 264. 在国际关系上深入阐述相互依赖并获得广泛关注的是基欧汉和奈, Robert O. Keohane, Joseph S. Nye Jr., *Power & Interdependence*, Little, Brown, 1977 (最近一版为第四版, Pearson, 2011), pp. 3—23. 正是他们展开了自由主义的讨论。

国经济交往日益增多、国家主导的经济活动广泛存在的情况下,沿着自由主义的思路,会自然而然地推出,国家应当和其他的商业参加者一样承担义务。如果一贯地坚持绝对豁免理论,这样的做法不利于保护私人合法权益,甚至一些国家会将主权豁免作为"保护伞",以此"逍遥法外"。这种现象出现显然是不公平、不正义的,不符合法律本身的内在价值,也不利于整个经济秩序的良性发展。而限制豁免理论将国家的私法领域行为排除管辖豁免之外,认为国家不仅有公法上的法律人格还有私法上的法律人格。在从事商事贸易交易的过程中,它与普通的私人具有平等的法律地位,不再享有主权豁免。学者们分析,限制豁免主义不仅完全切合主权豁免的主权根据,而且是公正的,也势在必行。① 将国家在私法领域的行为排除适用主权豁免,在哲学上,符合事物客观变化的规律;在法律上,符合法所最追求的公平正义的价值。否则就会出现这样的难题:内容同样的两份合同,一份属于私人,一份属于国家,属于私人的就可以因为违约被起诉,属于国家的就不能,交易公平何在? 在现代商业社会的市场稳定、公正、平等观念之下,绝对豁免日益增加了公司不负担法律责任的可能,变成一种不合时宜的现象。②

(三) 废除豁免的可行性研判

周鲠生教授认为,根据国际法原则,除了条约的约束以外,国家对其行为和财产完全有权在外国主张司法豁免,而不论其行为的性质为何:"[主权豁免原则]是从国家主权、平等、独立的原则出发的,尽管有些国家片面的立法或司法行为限制这一原则,而对外国国家的所谓非主权行为行使管辖权,那仍然是不符合国际法的,可以引起有关国家的抗议而成为国际责任问题的。"③

1. 走下神坛的主权消解了主权豁免的基础

从理论之间的联系来看,主权豁免理论建立在主权绝对的观念基础之上,是国家免责理论的延伸。早在16世纪,法国学者让·博丹在其《论国家六卷书》中就主张"主权是最高的权力,不受法律限制"。主权是国家独立自主的处理自己的对内对外事务的最高权力。它包括对外和对内两个方面。

---

① Rosalyn Higgins, *Problems & Process: International Law and How We Use It*, Oxford University Press, 1994, p.78; 郭玉军、徐锦堂:《论国家豁免的相对性》,载《武大国际法评论》2003年第1卷。
② Rosalyn Higgins, *Problems & Process: International Law and How We Use It*, Oxford University Press, 1994, p.79; Jan Klabbers, *International Law*, Cambridge University Press, 2013, pp.100—101.
③ 周鲠生:《国际法》(上册),商务印书馆1976年版,第215页。

对内主要体现为至高无上性；对外则体现为独立平等性。此后的政治学者和国际法学者一直论证着国家主权下面的一些特征：最高、独立、平等、不可置疑、不可凌驾其上。以此为基础进行推理，自然能够得出这样的结论：国家是主权者，主权的特征是对一切人无条件地发布命令，没有国家通过法律所表示的同意，不能要求国家负担赔偿责任，否则取消了国家主权。国家主权的对内最高属性导致国家的属地管辖权；而国家主权在国际关系中与其他国家的平等则导致了国家不能在其他国家的领域内受到管辖，为了保障主权、维护主权，必须允许国家享受豁免。① 这种主权不受拘束、主权者不会犯错的思想盛行于资产阶级革命后的许多国家。其后又出现了多个具体解释主权豁免理由的理论，如"主权无拘束论""绝对主权论""主权命令说""人民利益论""个人责任论"等。

前述的以绝对的、至高的、不可置疑、不可动摇的主权为基础而证明主权豁免为合理的理论或者来自于毫无基础的君权神授理论（认为国王是上帝在尘世的代言人，人民除了服从有权柄的人之外别无选择，更不必说要求其承担责任）；或者来自于虚构的社会契约理论（认为国家是人们通过社会契约放弃自然权利而形成的，主权者就此而具有了绝对的约束力），或者来自于空想的形而上学国家论（认为国家是绝对精神在政治生活中的体现，自然具有至高无上的性质，所以国家是不必负责任的）。这些理论的一个共同特点就是都来自于哲人或者浪漫的政治思想家的冥思苦想或者向壁虚设，而没有真正思考社会生活的事实。这些理论虽然在一定程度上服务于社会生活，但是以之为揭示国家、主权本质的理论似乎都不够彻底。在国家职能迅速扩展、国家侵权现象逐渐增多、民权运动日益高涨的情况下，上述的任何一种悬浮理论都缺乏足够的解释力和说服力；所以我们必须既面对国际关系的现实，又对此种现实持冷静批判的态度。以客观、历史的视角来看，国家正在走下神坛，国家及其主权都不再是神圣的、不可捉摸的事物，国家仅仅是对于利益进行地域性划分的一种维度；主权也仅仅是为了完成公众的信托的一种手段；是为了达到人民福利、实现人民权利的工具。这意味着空泛的、没有具体利益主体的原则是不能被接受的，正如空洞的、没有利益指向的法律规范是值得怀疑的一样。这是认识豁免问题的前提。以此为基础，随着人们对于人权越来越多的重视，私人（自然人和法人）在国家面前的地位会有所提升，国家必须在法治的范围内行动；不符合国际强行法而违背甚至人权的行为都会受制于法院的裁判之下，豁免的范围和可能性会逐渐缩小，

---

① 韩德培主编：《国际私法》，高等教育出版社、北京大学出版社2000年版，第73页。

直至消失。①

有的学者提出,"国家未经他国同意,有权对他国的行为及财产进行管辖,否定了主权平等的国际法原则。"②这种说法是靠不住的。主权平等并不意味着一国不能对另一国的行为和财产进行裁判和处理。在国家之间联系非常紧密的全球化背景之下,国家的行为日趋多样化,国家之间的利益交叉日益增多。此时,国家不可避免地直接或间接地对他国的行为或者财产进行处理。在这种情况下,只要国家彼此之间都同意这种不带有打击和报复意味的法律管辖和裁判,在公平合理的法治原则下妥善处理涉及国家的纠纷,并不会导致国家之间法律地位的不平等。以往的审判权都与统治与服从关系紧密联结在一起,特别是西方封建社会国王与封建领主之间的管辖区分尤其如此。现代的司法管辖已经并不完全意味着屈从,而可能仅仅是判断是非曲直的一种手段。所以,国家接受外国法院的管辖并不意味着其地位的丧失或者降低。在这样的背景下,"如果一个国家在外国领域内服从通常的司法程序,特别是如果一个国家像法治国家所表现的趋势那样,将对它提出的求偿提交自己的法院管辖,国家的平等、独立或尊严是不因此受到任何明显的损害的"。③

2. 国家职能的确定否定了主权豁免的目的

如果我们把法律的进步看成是一个从身份到契约的进程④,如果我们把国际关系看成是从武力到外交、从外交到法律的过程⑤,如果我们认识到现

---

① 当前,国际人权法和国际人道法的发展对于传统的国际法有很大的突破。以往在国际法院中的自愿管辖原则正在被新的审判机构所改写。联合国安理会设立的前南特别法庭和卢旺达特别法庭以及国际刑事法院都突破了上述原则,而由英国、智利国内法院审理的皮诺切特(Pinochet)一案也对于国家元首和工作人员豁免提出了挑战。
② 陈安主编:《国际经济法学专论》,高等教育出版社 2002 年版,第 235 页。
③ Lassa Oppenheim, *Oppenheim's International Law*, 9th ed., Vol. 1, Robert Jennings and Arthur Watts (eds.), Longman Group, 1992, p.342;中译本见《奥本海国际法》(第九版),第一卷第一分册,瓦茨、詹宁斯修订,王铁崖等译,中国大百科全书出版社 1995 年版,第 277 页。
④ "[W]e may say that the movement of the progressive societies has hitherto been a movement from *Status to Contract.*" Henry Summer Naine, *Ancient Law: Its Connection with the Early History of Society and Its Relation to Modern Ideas*, 10th ed., Henry Holt and Company, 1906, p.165. 车丕照教授在《身份与契约——全球化背景下对国家主权的观察》(载《法制与社会发展》2002 年第 5 期)中提出,主权是国家的身份,源于明示或默示的约定;全球化使国家置身于更多的契约约束之中而并未减损国家的身份。笔者认为,将主权理解为身份是一个有效而便捷的方式,但身份是否由一系列的权力、权利和义务、责任构成,身份可否能够被抽空上述权能而独立存在,也许是值得进一步考量的问题。
⑤ Louis Henkin, *How Nations Behave: Law and Foreign Policy*, 2nd ed., Frederick A. Praeger, 1979, p.5.

在法治的核心观念就是对国家和政府保持警觉,防止其滥用权力①,就不难推理出:首先,国家与个人的关系不应当用身份来替代彼此交往、等价有偿的性质,而应当用契约的权利义务、诚实守信来进行衡量。违约应当有赔偿、有救济。如果国家确实是一公共利益为目的对私人的财产进行征用、对私人的权益进行限制,当公共利益可以证实、征用与限制手段公开、无歧视之时,是可以接受的,但补偿是必要的。因为在国家面前,多数企业和个人仍然是弱者。②为了公众的更大利益而进行的活动而要求私人较小的利益让步,这是可以理解和接受的。但是,并不应由此而导致对个体利益的剥夺和侵占。如果为了一个集体的利益而遏制私人利益,不仅没有赔偿,而且连在法院起诉的机会都没有,就很容易形成制度性的不公,特别是无法防范公权力的滥用。在这种情况下,就应当以行政复议、诉讼、国际仲裁等手段赋予当事人在程序上要求救济的机会。进而,如果国家只是以公益为名对私人进行剥夺,或者利用其所具有的优势地位、滥用公权力对私人权益构成侵蚀,再不赋予当事人在东道国或其他国内、国际司法、准司法渠道获得救济的资格,则很可能导致明显的不公正。国家、国家财产及国家元首、政府首脑享受的豁免通过在程序上对诉权的阻断形成了实质上阻断相对一方实体权利的后果。因为东道国的国内救济已经无果而终,在其他国家所寻求的救济被豁免所清除,国际诉讼和仲裁必须以当事国的事先概括获特别同意为前提,在这里的假设中,国家很难接受国际司法或者准司法机制的约束。这种以规则与制度去威胁和危害当事人的合法权利、合法预期,使得当事人的权益丧失、却无法以任何方式弥补的状态,仅能说明一个问题:相关的法律是缺乏正当性的。与此同时,国家侵害、或者可能侵害私人的权利,既不能以国家的身份置之不理,使个人处于不利地位,也不能要求私人的母国采取武装暴力方式。法律是一种价值排序,是一种选择。值得一提的是,在国际关系中虽然存在着外交保护的可能,但是这种方式启动困难,而且由于国家力量的差异,国家利益的考量,容易导致不公正。国家一般不会为了私人的利益而与另一国交恶③,而一旦采取措施,则很可能目标并不在于保障、恢复个人的权益,而是增进国家

---

① "Power tends to corrupt, and absolute power corrupts absolutely. Great men are almost always bad men." John Emerich Edward Dalberg Acton (1834—1902). Letter, April 5, 1887, to Bishop Mandell Creighton. Louise Creighton (ed.), *The Life and Letters of Mandell Creighton*, Longmans, Green, and Company, 1906, vol. 1, ch. 13.
② 当然,在这个问题上,不能排除例外。19世纪后半叶以后,洪都拉斯、危地马拉、哥斯达黎加等中美洲国家的经济命脉被美国联合果品公司和标准果品公司所控制,被称为"香蕉共和国"。
③ Rosalyn Higgins, *Problems & Process: International Law and How We Use It*, Oxford University Press, 1994, pp.51—52.

的权力和其他利益。① 如果考虑不再赋予豁免,用法律这种人类数千年探索出来的、相对文明和公正的方式来处理问题,至少给了私人和国家同样的机会,不至于使一方在压力下屈从,而扭曲本应存在的保障和法律面前的基本平等。

李·卡普兰认为,主权豁免实际上体现了主权平等和地域管辖这两项国际法原则之间的紧张,而地域管辖则向主权平等让位。20世纪关于主权豁免的各国立法已经超越了原有国际法发展进程中为主权平等所预想的空间。更主要的是,在涉及人权问题之时,国家应当不再享有豁免②,对此问题的探讨在国际刑法上具有很重要的地位。③ 2000年英国法院审理的皮诺切特案就确立了在违反国际法关于禁止酷刑的规范的时候拒绝赋予豁免的原则,虽然这个原则并不被认为是具有普适意义的。④ 主权国家作为人民的引领与代表者应当有效地应对人民的质询和要求,承担起自己的义务。"保护的责任"的主张就表达了这个方面的思想基础和价值指向,虽然其细节很值得进一步考量。⑤ 以这样的视角考量主权豁免问题,就会发现国家、政府已经完全具备了对民众负责的能力和意识,而不再是一个以免责求存续的特权组织。在这样的思想观念背景下,在国际社会整体放弃豁免的阶段应当为时不远。⑥ 当然,现实主义的基本考量很多时候仍然是国家观念和行动的出发点,国家对于自身短期利益的追求会超越对于人本主义理念和全球化伦理的

---

① 例如中国在清朝末期所经历的马嘉理事件、亚罗号事件,都是国家宣称对私人进行外交保护而进行跨国武力活动、侵害另一国主权的例子;19世纪,外交保护和人道主义干涉的滥用对于公正的国际秩序是一个威胁。
② Lee M. Caplan, "Sate Immunity, Human Rights, and *Jus Cogens*: A Critique of the Normative Hierarchy Theory" 97 *American Journal of International Law* 2003) 741. 在酷刑的问题上,即使是国家管理的行为,享受豁免也是值得怀疑的。参见 Sévrine Knuchel, "State Immunity and the Promise of *Jus Cogens*", 9 *Northwestern Journal of International Human Rights* (2011) 149; Lorna McGregor, "Torture and State Immunity: Deflecting Impunity, Distorting Sovereignty", 18 *The European Journal of International Law* (2007) 903; J. Brohmer, *State Immunity and the Violation of Human Rights*, Springer, 1997.
③ Rosanne van Alebeek, *Immunities of States and Their Officials in International Criminal Law and International Human Rights Law*, Oxford University Press, 2008.
④ (2000) 1 AC 147, for comments, see Gillian D. Triggs, *International Law: Contemporary Principles and Practices*, 2nd ed., LexisNexis Butterworths, 2011, pp.460—470.
⑤ 对这一问题的探讨,参见何志鹏:《保护的责任:法治黎明还是暴政重现》,载《当代法学》2013年第1期。
⑥ 笔者对这一问题的先前研究,参见何志鹏:《对国家豁免的规范审视与理论反思》,载《法学家》2005年第1期。

倡导,在豁免的问题上开倒车。①

　　就主权豁免的目的这个问题的分析,可能会有三个答案:第一,为了国家工作的正常进展;第二,为了保证国家的威严;第三,保证国家之间的平等。当然,还可以进行其他的分析,但是大抵离不开这几个方面。② 我认为,这几个理由都不能完全让人建立起一个理性的确信。如果在这些理由中表达的是国际关系中的正价值,这些价值均可以不用豁免的方式而表达;同时豁免也并不能充分表达这些价值。就第一个理由而言,人们很难说一个没有豁免的制度体系就会阻碍国家的正常活动。显而易见的是,现代公司并不具有豁免,但是其活动开展得很顺利。在这一点上我们还是可以相信人类的基本理性和自由主义的基本推断的。换言之,一个国家完全可以在没有豁免这一盾牌的防护之下正常地进行活动。就第二个理由而言,在前提上我们就需要诘问:国家需要威严做什么？如果我们不得不把国家看成是一个横行霸道的恶魔,或者一个独裁专断的家长,这种威严可能有利于命令的执行和意志的落实,但是从根本上也会导致人们的愤恨,从而使此种通知的根基受到动摇。如果国家是一个在理性的指导下作出决策、在经济分析的基础上发布命令的体系,那么这种威严实际上是不必要的,而会通过其正常的活动而获得公众的信赖。而且,通过豁免而维护威严的思路本身也不可取:豁免只能导致人们对于享有此种特权者提出质疑,决不能因此而获得什么威严。现代社会,我们越来越深刻地认识到,国家仅仅是在公众的支持之下提供公共物品的载体和承担公共事务管理的主体,对于这样一种服务性的主体(现在国家法治化的过程一个重要的口号就是打造服务型政府),需要以一种温和的姿态面对公众,而根本没有任何必要建立所谓的威严。就第三个理由而言,国家之间的平等主要来自于国家之间能够共同协商有关问题,国际事务由国家之间

---

① 特别值得关注的是,人本主义思想以及其所促动的国际法的发展,在20世纪出现了"普遍管辖"的观念。但这种观念在实施的过程中经常会遇到很多问题:一国根据这一原则所进行的管辖往往遭到其他国家的反对和挑战。例如 Arrest Warrant of 11 April 2000 (Democratic Republic of Congo v Belgium), Judgment, I. C. J. Reports 2002, p.3. 杜兹纳由此提出,所有的普遍管辖权最后在在国际法院更广泛的管辖权面前都变成了特别管辖权。Costas Douzinas, "The metaphysics of jurisdiction", in Shaun McVeigh (ed.), Jurisprudence of Jurisdiction, Routledge-Cavendish, 2007, p.21.
② 还有的学者提出,国家在侵权行为上享有豁免是因为国家拥有的资源与国家试图实现的各种利益对资源的需求相比,存在着相对匮乏性;有些国家利益与国家侵权对象寻求的法定救济过程具有排斥性(季涛:《论国家侵权责任豁免的理论基础》,载《杭州大学学报(哲学社会科学版)》1998年第4期)。这一点并不能证明国家享有豁免的合理性,因为私人所拥有的资源相对于其所希求完成的目标而言也是稀缺的,甚至任何时候,稀缺性都是最主要的前提预设(特别是在经济学领域);国家利益与受侵害的对象在寻求法定救济过程中具有排斥性,这一点在私人诉讼之中也会看到。问题是,为什么国家享有豁免,而私人则不然？这种论证不具有根本性,所以不是有说服力的论证。

以民主和人权的方式来进行治理,而决不意味着所有的国家都可以逍遥法外,以豁免的大旗来为所欲为。有学者评价国际法院审理的德国诉意大利案,认为是主权对人权的胜利①,这一点并不特别奇怪。换句话说,即使国家没有豁免这一防护罩,国家之间依然平等——正如公民之间,没有任何豁免,但是彼此的平等是有法律保障的。② 主权豁免制度在理论上存在着缺陷,在实践中面临着实践的困惑,所以最终的结果即是从国际法的规范中去除。

现代国家的地位已经发生了巨大的改变。原来的政府在国内是一个强硬的统治者,在国际社会(或者还无法成为一个"社会")是一个决定战争、征服或者被他国强迫政府的角色。而今,政府仅仅是一个地域单位,在其上起到了组织作用的政府应当致力于使人民安居乐业、健康发展。因而,大量国家参与国际商事行为,而且此种概率越来越高;此时,国家应当站在与私人(自然人或者法人)同等的地位上,否则很显然有悖于现代法律的基本意旨。国家为了执行公务,应当具有权利和权力,但是这就已经足够了,没有必要再从公正、平等、可预期的法律之外再寻求高于他人的豁免,构造法治的障碍。③ 如果国家一方可以主张豁免,而对方则只能按照约定承担责任,双方很显然站在极不平等的交易位置上,导致交易利益的单向倾斜。而且,实际上,在一个国家平稳的政局之下,一般是不会出尔反尔地违背契约的,也就没有必要拿出主权豁免的宝剑来防护自己;放弃主权豁免正是促进国家政府的法治化。

随着在国际法上国家责任制度的建立健全④,国家不再像以往那样是一

---

① Onder Bakircioglu, "Germany v Italy: The Triumph of Sovereign Immunity over Human Rights Law", 1 *International Human Rights Law Review* (2012) 93—109.
② 从国家的平等地位来证明豁免显然牵强。首先,无论是从法律规范上还是从实际情况上看,国家之间,正如个人之间一样,既没有法律上的平等也没有真正的平等。《联合国宪章》第2条第1款、第27条第3款(国家在法律上的平等与在现实中的不平等很难区分,五大常任理事国共同同意实质上就意味着不平等)、国际组织(如国际货币基金组织和欧洲联盟)中的加权表决票都说明了这一点。其次,即使是为了缔造一种平等的形态,豁免也无法为此贡献力量。真正达到平等是应当是在经济、政治、军事上力量的矫正,而不是司法管辖这样的问题。如果每个国家的法院都有权管辖涉及其他国家的诉讼,这仍然不会导致现有力量均衡的打破。
③ 早在二百多年前,法国政治家西耶斯(Emmanuel Joseph Sieyès)就指出:"能够阻止人们损害他人的法律是好法律;既不能直接地又不能间接地服务于这个目的的法律必定是坏法律;因为它们妨碍自由,并与真正的良好的法律相对立。……任何人也不应对法律未予禁止的事物拥有独一无二的特权;否则就是夺走公民们的一部分自由。……所有特权都是不公正的,令人憎恶的,与整个政治社会的最高目的背道而驰。"——《论特权第三等级是什么?》,冯棠译,商务印书馆1990年版,第2,3页。
④ 关于国家责任的基本理论,参见 James Crawford, *Brownlie's Principles of Public International Law*, 8th ed., Oxford University Press, 2012, pp.539—603;有关联合国在此方面的规则草拟及系列研讨和实践,参见贺其治:《国家责任法及案例浅析》,法律出版社2003年版。

个除了战争征服之外不服从于任何意志的主体,所以对于国家进行管辖和裁判不仅是可能的,而且也是必要的。与此同时,许多国家开始通过判例和立法建立健全了国家赔偿制度。由于人民对缺乏救济手段的不满情绪逐渐高涨,要求国家用其所具有的财力来为其行为承担起责任。因而,国家主权豁免的理论已经走向了黄昏。在国内,一些国家被迫在某些领域放弃国家主权豁免观念,国家赔偿进入相对肯定阶段。例如,法国把国家行为区分为:统治行为、管理行为和权力行为。对征兵、课税、立法和司法等行为统治行为,国家仍享有豁免权;对执行公务、管理公共财产等管理行为,国家承担赔偿责任;对邮政、航空等私经济行为,国家依照民法负担赔偿责任。例如,瑞士《民法典》第69条确认了国家赔偿责任,1958年的《联邦与雇员赔偿责任法》进一步扩大和健全了国家赔偿责任。美国、英国和日本第二次世界大战以后相继公布的《联邦侵权赔偿责任法》《王权诉讼法》和《国家赔偿法》成为这些国家建立国家赔偿制度的重要标志。①

3. 人权的国际保护质疑了主权豁免的合理性

如果按照严格的人本主义理想来分析,无论是绝对豁免、还是限制豁免,都存在其问题。因为绝对豁免和限制豁免在国家的公务行为上享受豁免是存在共识的,而限制豁免理论所要区分的国家管理行为与商业行为不仅标准难于确立,且存在正当性证明的理论障碍。费茨莫里斯认为,国家并不因为从事商业行为就不再是主权者②;赫希·劳特派特也认为,即使国家从事与其日常的政治与行政事务之外的经济行为,国家仍然作为一个服务于整个共同体的公共机构而存在。③ 虽然有的学者认为,"主权豁免对于维护和谐的国际关系是必不可少的"④,但国家主权平等、互惠或者礼让、国内法对于外国国家的管辖会被视为不友好的行为、国内法院审理此类案件的争端事实涉及政策问题,不适于国内法院审理这些理由⑤都不是特别靠得住。美国关于外国主权豁免审判根源、确立了主权豁免先例的交易号案就揭示了这样的道理:法律从文本的意义上看,并不总是公正的。McFaddon的财产被"盗取"

---

① 马怀德:《制度变迁中的国家赔偿》,互联网上资源:http://www.jcrb.com.cn/ournews/asp/readNews.asp?id=46182.
② Gerald Fitzmaurice, "State Immunity from Proceedings in Foreign Courts", 14 *British Year Book of International Law* 101 (1933).
③ Hersch Lautherpvcht, "The Problem of Jurisdictional Immunities of Foreign States", 28 *British Year Book of International Law* 220 (1951).
④ 赵建文:《国家豁免的本质、适用标准和发展趋势》,载《法学家》2005年第6期。
⑤ I. A. Shearer, *Starke's International Law*, 11th ed., Butterworths, 1994, p.192; Jean-Flavien Lalive, "L'immunité de jurisdiction des États et des Organisations Internationales", 84 *Recueil des cours* 205, Hague Academy of International Law, 1953.

了,可是在法律上这种征用行为确实是完全合法的。无论法官如何判决,都不可能既满足 McFaddon 又满足法国政府。值得进一步思考的问题就是:这种无法达到公正的起点在哪里呢? 显然,在于法律对征用的许可。如果征用的条件是予以被征用者有效的补偿并取得其同意,类似的事件就会消失;如果根据各国国内法律的基本原则,私人财产具有神圣不可侵犯的性质,政府不得任意剥夺个人的财产,那么到国际场合,为什么就可以被一个外国政府所任意侵夺呢? 就是根据现代国际法一般的"国民待遇"原则,这种做法也是不能被接受的。从法理学的角度看,国家政府以及国际组织的职能部门为了公共利益,可以享受一些特权。但这些特权应以实现公共利益为限,且以不损害私人正当权益为原则。进而言之,在任何情况下,这些部门与人员均不应享有豁免。因为豁免意味着在侵害合法权益、不履行法定义务之时,不仅不会引致法律责任,而且失去了追究法律责任的渠道和程序。所以,希金斯才评论:在国际法体系分配利益与负担的时候,没有任何原因让私人去承担国家追求其政治与对外政策自由的代价。[①]

  国际社会从 13 世纪流传的"绝对豁免"观念遍行于世,到 20 世纪中期以后"限制豁免"原则被各国所普遍接受,并为立法所确认,经历了一个人权与人本观点的发展过程。第二次世界大战以来,随着世界经济社会的迅速发展,各国民主政治和人权事业也取得长足的进步。笔者认为,在权力和权利的体系中,人(自然人)的利益与自由是核心和基础。[②] 人权在国际法中的作用,是一个理想与修辞影响加大、主权国家对于公众舆论愈加敏感、国际组织开发此种敏感度并将理想与修辞法律于国内政策和国家行为的体现。[③] 从这个意义上讲,任何超越可以实际感触和考量的利益的原则与规范都是虚假的,只有实在的人的利益与自由才是制度与规范构建的真实基础。无论是认识问题还是解决问题都应当以此为出发点。以是论之,主权豁免这种制度对于相对一方而言,至少在程序上抹煞了其寻求正义的可能性(而程序上的正义在很多时候要高于实体的正义,更何况在豁免的情况下程序正义的丧失就很可能意味着向对方一无所获);对于要求豁免的国家而言,仅仅是为某些

[①] Rosalyn Higgins, *Problems & Process: International Law and How We Use It*, Oxford University Press, 1994, p.85.
[②] 对此观点的详细阐述,见于何志鹏:《权利基本理论:反思与构建》,北京大学出版社 2012 年版,第 259—266、297—308 页。
[③] Louis Henkin, *How Nations Behave*, Columbia University Press, 1979, p.229.

主体牟取了不正当的利益,这当然是一个法治社会所不能鼓励的。① 所以,就私人而言,他(她、它)与国家一样,站在法律价值的最高点上,所以不能以"主权豁免"这样的原则来排斥个人获得法律救济的权利。

从建构主义的国际关系理论看,国际社会的状态与发展是一个基于观念和沟通形成的结构。② 当前,很多国际法学者认为,人本主义的观念在国际社会得到了广泛的认同,法治国家的理念深入到各种文化、各个地域。③ 全球治理的观念向全球传播,多元主体、多种模式的治理结构不仅成为对现实状况的描述,也成为对未来发展方向的预期。尊重人权、注重国家对人权的认可和维护成为全球治理的重要价值指向。在这样一个背景下,就不难理解很多学者都在豁免问题上从限制豁免更向前走一步,即废除豁免。劳特派特在1951年提出了废除豁免的主张,被一些学者所接受。④《奥本海国际法》对于主权平等、国家独立与尊严作为主权豁免的理论基础提出了质疑:"值得怀疑的是这些考量中的任何一项为豁免原则提供了令人信服的基础。如果一国在外国领土上受制于其管辖权,对于平等权、独立或者国家尊严没有任何明显的损害——特别是,如果这个国家,像法治国家所展示的趋势一样,在本国法院中也会出庭处理针对它的诉求。在诉讼中赋予豁免实际上就导致了对于可能为有效的法律请求的拒绝司法赔偿。由此,豁免是很有不合理

---

① 一些国外学者从人权保护的角度探讨了豁免制度的合理性,并倾向于否定态度。See, E. g., Leandro de Oliveira Moll, "State immunity and denial of justice with respect to violations of fundamental human rights", *Melbourne Journal of International Law*, October, 2003; Lee M. Caplan, "State Immunity, Human Rights, and *Jus Cogens*: A Critique of the Normative Hierarchy Theory", 97 *American Journal of International Law* (2003) 741; Kerstin Bartsch and Björn Elberling, "*Jus Cogens* vs. State Immunity, Round Two: The Dicision of the European Court of Human Rights in the *Kalogeropoulou et al. v. Greece and Germany* Decision", 4 *German Law Journal* (2003), No.5.
② 关于建构主义国际关系理论的奠基性阐述,参见 Alexander Wendt, *Social Theory of International Politics*, Cambridge University Press, 1999, pp.169—178.
③ Theodor Meron, *The Humanization of International Law*, Brill Academic Publishers, 2006; 曾令良:《现代国际法的人本化发展趋势》,载《中国社会科学》2007年第1期;张晓京:《论国际法的人本主义理念》,载《湖北社会科学》2006年第11期;何志鹏:《人的回归:个人国际法上地位之审视》,载《法学评论》2006年第3期;何志鹏:《全球化与国际法的人本主义转向》,载《吉林大学社会科学学报》2007年第1期。潘抱存、潘宇昊撰写的《中国国际法理论新发展》(法律出版社2010年版)在第三章中也讨论了维护全人类安全和幸福的国际法、坚持人本主义的国际人权法、实现国际民主与法治的国际组织法、维护全人类利益的国际刑法等问题。
④ Hersch Layterpacht, "The Problems of Jurisdictional Immunities of Foreign States", 28 *British Year Book of International Law* 220 (1951); Jean-Flavien Lalive, "L'immunité de jurisdiction des États et des Organisations Internationales", 84 *Recueil des cours* 205, Hague Academy of International Law, 1953

之处的。"①

有学者主张,坚持主权豁免原则并不会导致国家与相对一方交易者之间的不平等,也不会导致私人的利益无从保障。② 这种理论更是不能接受的。特别是在其论证过程中以放弃豁免作为理由,恰恰说明了豁免所导致的不平等的必然性;至于仲裁、外交保护等非诉讼方式的采用,很显然存在着缺陷:仲裁意味着双方事先的同意,而外交保护又往往要求首先"用尽当地救济"(exhaust local remedies),外交保护作为一种政治手段经常受制于国家之间的关系,既不能常规性的作为维护权利的方式,也不是总有效果。换言之,法律诉讼的方式具有不可替代的优势。"给予诉讼豁免,实际上等于对于各本来可能是法律上有效的求偿,拒绝给予法律上的救济。"③所以,如果一个政府是诚信的政府,那么豁免对其毫无价值,因为这是一个根本用不上的制度;反之,如果一个政府是一个存心诈骗、通过违约等方式获取利益的机构,那么民众肯定会视之为寇仇,这种政府即使一次两次会使用豁免,但是自然人、法人与其交往的机会不会再多,政府本身的存在也岌岌可危。从制度设计上讲,国家应当在国际关系中信守承诺,在其与国民的关系之间亦应树立起此种形象。④ 因而,当我们着眼于以人本主义建构一种理想的国际关系状态,废除豁免是一个良知的选择。

4. 主权豁免不足以成为抵御强权政治的盾牌

有的学者担心,对于大多数发展中国家而言,国家综合实力尚较薄弱,相应的制度也不够完备,如果限制或者废除豁免,会不会为大国的强权政治所摆布,处于一种相对被动的局面?笔者认为,强权政治在当今国际关系中的存在是不可否认的,在有些国际决策中还具有很重要的地位。但是,抵御此种情况的方式并不是筑起高墙,不同意他国法院甚至国际司法机构对本国行为的裁断、将本国的人员和财产都用豁免的保护衣罩起来。这种做法只会使这些国家孤立、隔绝,最终不仅无法保护这些人员和财产,而且可能导致本国在国际上的声誉一片狼藉,经济力量极为微弱(由于强调豁免而导致的隔绝

---

① Robert Jennings and Arthur Watts (eds.), *Oppenheim's International Law*, Volume I, 9th ed., Longman Group, 1992, p.342;这种观点在劳特派特修订的第八版中即已表述,参见王铁崖、陈体强译本,商务印书馆1971年版,第206—208页。
② 姚梅镇:《国际经济法概论(修订版)》,武汉大学出版社1999年版,第42页;陈安主编:《国际经济法学专论》,高等教育出版社2002年版,第235页。
③ Lassa Oppenheim, *Oppenheim's International Law*, 9th ed., Vol. 1, Robert Jennings and Arthur Watts(eds.), Longman Group, 1992, p.342;中译本见〔英〕瓦茨、詹宁斯修订:《奥本海国际法》(第九版),第一卷第一分册,王铁崖等译,中国大百科全书出版社1995年版,第277页。
④ S. Bandes, "Treaties, Sovereign Immunity, and 'The Plan of the Convention'", 42 *Virginia Journal of International Law* (2002) 743—756.

使得在国际上寻求资源的最佳配置变得困难),政治体制岌岌可危。

只有通过在国际谈判之中争取不同发展水平、不同力量国家之间的平衡,争取发展中国家更多的利益,不盲从和武断的处理国际事务,才有可能逐渐减少强权政治的发生。从这个意义上讲,在国际社会上应当逐渐建立和推行民主体制,宣传和鼓励任何一个国家在国际关系中都应当遵守国际规范,尊重法治原则。以此为基础,构建起对发达国家、发展中国家的长远、可持续发展均有裨益的规范体系和治理模式,使得全球各国能建立起公平合理的伙伴关系,这样才能遏制大国强权,维护弱小国家的利益。

而主权豁免却达不到消减强权政治的效果。因为众所周知,由法院判决来决定国家的责任与赔偿实际上是用各国的国内法规范来决定国家财产去处的方式,这种方式并非绝对公正,因为法院的判决往往会存在着本国保护主义的倾向,结果可能会对涉诉的外国国家不利。但无论如何,这种方式一般会适用法治原则,涉诉国家具有一定的预期性。而在法院审理有关国家案件的过程中,国家并不仅仅是一个被动的接受者,它也可以在案件审理过程中据理力争,而且就英美国家的大多数判例而言,表面上巨大的赔偿数额实际上执行的却并不大,所以采用相对豁免或者索性废除豁免并不必然地失去国家利益。

与之相反,在国家获得了管辖权和财产豁免之后,继之而来的可能是以外交方式解决问题,因为外交关系之中会更多地体现国家之间利益的分配和力量的比较,外交解决(比如外交保护)来自于国家之间的竞争,更明显地体现了国家之间实力的比较与角逐;这不仅不能避免而且有可能增加大国强权的情况,这对弱小国家更有威胁。在采取豁免的国家之内,强权国家仍然可以在此机制之下采取双重标准,对弱小国家不利。① 换言之,豁免问题与国家之间的力量对比并没有必然的联系,与强权政治并没有正相关或反相关的因果关系,限制和废除豁免不必然导致国家利益的受损和丧失,坚持绝对豁免也并不免疫于强权政治。

从这个意义上讲,主权豁免这种制度在很多方面并不人性化,其面临的命运可能是逐渐退出历史舞台,成为陈迹。此时,国家本身放弃特权、具有充分的问责能力为重构豁免制度创造了可能性;国家在国际事务中的多重身份;对于国家平等的法律身份的追求以及对人权的保护为反思豁免制度提供了必要的舞台。随之,国家应当考虑限制豁免;而且豁免的范围会越来越少,

---

① 在美国,曾经有案例要求外国对该国驻美外交官员放弃豁免,进而进行审判,使其承担刑事责任;而对有关国家监禁、审讯美国外交官员的情况却极力抗议,认为外交豁免是国际法的习惯和国际公约的规定。

直至消除。虽然放弃豁免是法治的国际社会的一个必然选择,但是现在宣告豁免的终结似乎还为时尚早。① 但是从国际社会法治化、理性化的前景来看,废除豁免不失为一条光明的前途。

必须看到,国际法人本主义的发展道路困难重重,豁免制度的前景也依然模糊。21世纪以后国际法院在数个案件中都对刑事案件中的国家元首和外交部长的豁免问题持保守态度,对普遍管辖权的主张构成挑战。② 德国的一系列判决实际上都是在维护和强化豁免,特别是对于涉及国家在人权方面的责任所引致的诉讼。③ 本章开始部分提到的德国在国际法院提起的针对意大利的诉讼对人权优于豁免的观点提出了严峻的挑战。诉讼中,德国请求法院禁止意大利执行其国内法院2008年的判决,该判决要求德国赔偿纳粹战争中意大利受害者损失100万欧元。德国认为,意大利未能尊重德国管辖豁免权,体现在三个方面:(1) 意大利允许在本国法院提起针对德国的民事诉讼;(2) 意大利对位于其本国、用于非商业目的的德国政务性机构组织采取了"限制措施";(3) 意大利宣布由希腊法院作出的针对德国的判决在意大利法院具有可强制性。况且,德国已经根据1961年签署的一份协议对意大利作出了相应赔偿。国际法院2011年9月开始听取双方的口头辩论,2012年2月作出判决,将豁免问题识别为程序问题,从而绕开了德国违背强行法以及对强迫劳动的赔偿问题,并最终认定德国不负有对纳粹战争中的意大利受害者进行赔偿的强制性义务。此后,意大利最高法院裁定支持了国际法院的判决,推翻了2008年判决的效力。这个案件说明,在大国对自己权力和利益争夺的路上,更倾向于选择主权豁免这种对自身有利的制度,而不愿意遵守人本主义这种道德上的标范,无论它被称为强行法、对一切的义务,还是任何其他的术语。德国与意大利一案充分反映出了国际关系中的诸多问题,用主权豁免的程序识别覆盖和优越于个人权利,甚至被视为强行法的基本人权规范也会被忽略。这说明国际关系中的国家权力仍然超越人权,人本主义的理想在现实政治中仍然难于实现。国家权力超越个人权利;政治地位、利益选择超越个人主义。

---

① 2000年7月20日的 Holland v. Lampen-Wolfe 一案的判决中,Lord Millett 对于基于统治权享有豁免的原则再度肯定,并认为"已经构成了一项国际惯例"。判决文件可在英国上议院网站查阅电子版:http://www.parliament.the-stationery-office.co.uk/pa/ld199900/ldjudgmt/jd000720/hollan—1.htm.

② 具体讨论,参见张乃根:《国际法原理》(第二版),复旦大学出版社2012年版,第116—117页。

③ See, e. g., BVerfGE 46, 342ff; NJW-RR 2006, 198ff; BVerfGE 117, 141ff; BVerfGE 64, 1, 22; BVerfG 2, 1, BvR 2495/08; BGHZ 155. 279. BYerfGK 7, 303ff.

五、中国的主权豁免实践与主张

从中国的角度看,关于主权豁免的问题一直很重要,也曾有过一些值得关注的实践,以及一些国内立法和国际立法的经验。从现行政策上看,我国以坚持(绝对)豁免为原则,以放弃豁免为例外。也就是主张在坚持豁免的原则下,考虑国际关系的实际情况,对主权豁免作出例外规定。① 从历史上看,一系列以中国国家、地方政府或国有企业为被告的案件使得国家豁免在国际法上的基本规范、国内立法与实践的总体方向成为政府和学界共同关注的问题。1927 年 9 月上海临时法院民事庭对李柴爱夫兄弟诉苏维埃商船队(Rizaeff Freers v. The Soviet Merchantile Fleet)一案的判决是中国最早接触主权豁免的案件,采取了绝对豁免的态度。② 包括豁免在内的一系列国际法问题对中国的发展具有重要影响。③

(一)"湖广铁路债券"和"善后大借款"案

在一系列案件中,我国主张主权豁免,并取得较为理想的结果,湖广铁路债券案就是其中之一。"湖广铁路债券案"④是中华人民共和国政府与主权豁免问题的一次正式接触,也获得了国际法学界的广泛关注。案情并不复杂:1911 年中国清政府与美、德等国银行组成的财团签订了一份借款 600 万金英镑的借款合同,规定这些外国银行以中国清朝政府的名义在金融市场上发行债券,合同期限为 40 年,利息五厘。1938 年起该债券停付利息,1951 年到期的本金实未支付。1979 年,美国公民杰克逊等代表所有持此种债券的人在美国阿拉巴马州地方法院东部分庭对中华人民共和国提起诉讼,要求中华人民共和国还本付息并承担诉讼费。称这笔债券是清朝政府发行的商业债券,清政府被推翻后,国民政府在 1938 年以前曾付过利息。因此,中华人民共和国政府有义务继承这笔债券。该法院遂向中华人民共和国外交部长

---

① 黄进、曾涛、宋晓、刘益灯:《国家及其财产豁免的几个悬而未决的几个问题》,载《中国法学》2001 年第 4 期。
② 中华民国十五年民事第四八八五号。案情及法院判决梗概,参见丘宏达:《现代国际法》(第三版),陈纯一修订,台湾三民书局 2012 年版,第 730—731 页。
③ 比如,有学者指出,国际法是随着社会关系的发展而发展的,其演化与状态与国家的利益有密切的关系;尤其是对中国而言,豁免、环境保护、司法解决国际争端、安理会席位增加、海洋权益、外空等领域问题的国际立法直接涉及我国利益,需要我国认真对待,作出对策。参见朱文奇:《中国的发展需要国际法》,载《法学家》2003 年第 6 期。
④ *Russell Jackson, et al. v. The People's Republic of China*, 550 F. Supp. 869 (N.D. Ala. 1982); *Jackson v. People's Republic of China*, 794 F. 2d 1490 (1986); *Jackson v. People's Republic of China*, United States Court of Appeals, Eleventh Circuit, 801 F. 2d 404 (9/3/86).

发出传票,要求中华人民共和国于收到传票后 20 日内提出答辩,否则将缺席判决。中国拒绝此传票,将其退回。1982 年底,阿拉巴马州地方法院缺席判决,认为根据现行国际法原则,一国的政府更迭通常不影响其原有的权利和义务,作为清朝政府和国民政府的继承者的中华人民共和国政府有义务偿还其前政府的债务。此外,根据美国 1976 年《外国主权豁免法案》§1605 的规定,外国国家的商业行为不能享受主权豁免。湖广债券是商业行为,不能享受国家主权豁免。中华人民共和国偿还原告 41313038 美元,加利息和诉讼费;如不执行,将扣押中华人民共和国在美国的财产并予以强制执行。1983 年初,中国外交部部长吴学谦向美国递交备忘录,主张主权豁免是重要的国际法原则,以《联合国宪章》确认的国家主权平等原则为基础,中国作为一个主权国家无可争辩地享有司法豁免权。美国行使管辖权、作出缺席判决、威胁强制执行的行为,违反了主权平等原则和联合国宪章。中国聘请当地律师律师特别出庭,要求撤销缺席判决、驳回起诉;美国司法部和国务院向法院出具了美国利益声明书,支持中国的动议。1984 年 2 月,该法院重新开庭,以其 1976 年《外国主权豁免法案》不溯及既往为理由,撤销前述判决,驳回原告起诉。1986 年 7 月,杰克逊等人不服,提出上诉,被上诉法院驳回;1987 年 3 月,美国最高法院又驳回了原告复审的请求。

"善后大借款"案的起因与前一案非常相似。1913 年,成立不久的国民政府面对西方强迫接受历史遗留债务的不利财政状况,与由英、德、法、俄、日银行签署了 1913 年重组贷款协议(The Chinese Government Reorganisation Loan Agreement),即善后大借款,贷给中国政府 2500 万英镑,以中国盐税及四省的中央税收总和作担保,发行相应的债券,年息 5 厘,载明"债券上设定的义务对中国政府及其继承者有约束力"。规定从贷款之日起开始偿还贷款本金,中国政府还款的日期不得超过 26 年。当时美国因此举不利中国主权拒绝参加,本金与利息的清偿仅在发行银行与美国本土之外的城市得到承认,然而不禁止发行银行把债券出售给美国公民。一些美国投资者购得此种债券。1939 年起南京国民政府停止支付此项利息。债券持有人数次要求国民政府恢复债息支付;1949 年中华人民共和国中央人民政府成立后,亦未支付债券利息,而且 1960 年到期的债券的本金也拒绝偿还。1968 年,美国根据 1949 年的《国际理赔法》成立了外国理赔解决委员会(Foreign Claims Settlement Commission),处理因中国 1949 年 10 月 1 日至 1966 年 11 月 6 日期间国有化等方式造成损失的美国公民申诉。第二次索赔期间,委员会受理了从 1966 年 11 月 6 日至 1979 年 5 月 11 日的申诉。美国持有前项债券的公民向该委员会请求索赔,但遭拒绝。1979 年中美建交、恢复了双边的经贸关系之后,形成1979年一揽子解决协议,解决1949年10月1日至1979年5月11日之间所有因国有化、征用、接管等方式而提起的财产纠纷诉讼。美国的一个组织聚集了持有上述债券的人,并通过政治手段给中美两国政府施压,试图索回债券本息,但未成功。美国联邦最高法院2004年6月7日对"奥地利共和国诉奥特曼"一案的裁决中,认定奥地利第二次世界大战期间的行为违背了国际法,1976年的《外国主权豁免法案》(FSIA)对于具有溯及力。① 此判决使美国债券持有人认为有胜诉可能。2005年5月6日,美国公民莫里斯在美国纽约南区地方法院起诉中华人民共和国等被告,要求偿还前项债券的本金与利息900亿美元。中国提出要求驳回其诉请,提出中华人民共和国享有主权豁免,且所诉行为不在美国《外国主权豁免法案》列举的例外之中。该法院于2007年3月21日作出一审判决。法院认为:本案不符合《外国主权豁免法案》规定作为主权豁免例外的商业行为的"直接影响"(direct effect in the U. S.)标准,且诉讼时效已届满,债券持有人没有资格提起诉讼。②

回顾湖广铁路债券案③以及相似的一系列案件就不难知道,由于中国特殊的历史背景和经济环境,豁免问题经常处于很多跨国争议的焦点。中国一贯坚持,国家及其财产享有豁免是国际法的基本原则,反对限制豁免说。同时认为有必要把国家本身的活动和国有企业的活动区分开来,并认为国有企业是具有独立法律人格的经济实体,不应享有豁免。进而,认为国家可以在个案中主动表示放弃该项豁免权,但我国到外国法院特别出庭,就其管辖权问题提出抗辩,不应被视为默示接受该外国的司法管辖。进而,如果外国国家无视国际法,任意侵犯我国的主权豁免权,我国可以对该外国国家采取相应的报复措施。④

(二) 沃特斯夫妇诉中国工商银行等案

沃特斯夫妇(Debbie Walters 和 Max Walters)诉中国工商银行、中国银行、中国建设银行及中华人民共和国案是一个涉及执行豁免的案件。该案源

---

① *Republic of Austria v. Altmann* ,541U. S. 677 (2004).
② *Marvin L. Morris, Jr. v. The People's Republic of China et al* ,478 F. Supp. 2d 561(2007); 2006年11月15日,债券持有人庞斯(Gloria Bolanos Pons)和索里亚(Aitor Rodriguez Soria)也对中华人民共和国提起类似诉讼。*Pons v. The People's Republic of China* ,66 F. Supp. 2d 406 (S. D. N. Y., 2009). 相关讨论见宋锡祥、谢璐:《国家及其财产管辖豁免的国内法调整到国际公约的转变——兼论莫里斯和仰融两案》,载《政治与法律》2007年第1期;黄进、李庆明:《2007年莫里斯诉中华人民共和国案述评》,载《法学》2007年第9期。
③ 陈体强:《国家主权豁免与国际法——评湖广铁路债券案》,载《中国国际法年刊(1983年)》,中国对外翻译出版公司1984年版;亦见于陈体强:《国际法论文集》,法律出版社1985年版,第296—318页。
④ 参见周忠海主编:《国际法》,中国政法大学出版社2007年版,第143—144页。

于先前的沃斯特夫妇诉 Century Int'l Arms, Inc.①和中华人民共和国案。沃特斯夫妇上世纪购买了中国企业设计、生产并出口到美国的 SKS 半自动步枪,由于该步枪的质量问题故障走火而导致其 13 岁的儿子 Kale Ryan Walters 在 1990 年的一次打猎活动中去世。沃特斯夫妇遂于法院起诉生产公司和中华人民共和国。因中国政府未予出庭,美国密苏里州西区联邦法院于 1996 年缺席判决判中国政府赔偿 1000 万美元。由于中国无意履行该判决确定的赔偿款,沃特斯夫妇 1998 年向密苏里法院提出申请,请求法院扣押和执行中国的财产,但经周折,均未获满足,导致判决作出 10 年之后仍然没有执行,沃特斯夫妇遂申请将判决的执行期限延长 10 年,获法院同意。2009 年 10 月,沃特斯夫妇向法院请求扣留中国工商银行、中国银行、中国建设银行在纽约的分行中的中国政府财产;中国工商银行等提出反对,要求撤销该申请。受理该案的美国纽约州南区联邦法院在 2010 年 2 月以该财产"超出豁免法案所规定的执行豁免例外的情形"②为由,裁定驳回原告要求,撤销沃特斯夫妇的申请;2010 年 3 月,原告提起上诉,经过审理之后,第二巡回法院 2011 年 7 月 7 日作出判决,认为即使中国未出庭主张豁免,地区法院的判决在根据《主权豁免法》撤销原告请求上亦无任何错误,中国并未放弃执行豁免,申请人亦无权利请求对于中国的机构、实体予以执行,而只能对中国国家自身执行。因此驳回上诉,维持原判。③

（三）仰融案与天宇案

仰融诉辽宁省政府案主要是源于 2002 年辽宁省政府宣布决定,宣布国际上市公司"华晨中国"的总裁、首席执行官和董事仰融在该公司的权益,以及仰融任副主席的中国金融教育发展基金会在该公司的股权属国有财产,并解除了仰融的相应职务。此案背后股权的认定较为复杂,仰融从华晨集团董事长到被解除职务的过程也比较曲折,但与仰融本人在企业决策中个人欲望膨胀、独断专行、缺乏理性不无关系。仰融在 2002 年试图向北京市高级人民法院起诉寻求救济被驳回后,2003 年向美国百慕大法院请求禁止华晨中国

---

① 一家北美著名的销售剩余和过时武器的公司,进口并销售步枪、半自动步枪、短枪、左轮手枪、刺刀、匕首等。http://centuryarms.biz/index.asp.
② Walters v. Industrial and Commercial Bank of China, Ltd, et al., Dkt. No. 10-806-cv (2d. Cir. July 2011);中国学者对于该案的关注与分析,见龚柏华:《中国政府及国有企业在美国法院面临的主权豁免问题分析——兼评美国 Walters 夫妇就"中国制造"手枪质量问题导致儿子死亡诉告中华人民共和国政府缺席判决执行案》,载《国际商务研究》2010 年第 4 期;李庆明:《中国国家财产在美国的执行豁免——以沃尔斯特夫妇诉中国工商银行为例》,载《武汉大学学报(哲学社会科学版)》2013 年第 4 期。
③ 28 U.S.C. § 1610(a)(2)和§ 1610(c).

出售股权的禁令,并起诉,但均被驳回。2003年8月,仰融、仰融夫人及仰融管控的香港华博财务有限公司在美国哥伦比亚特区地区联邦法院起诉辽宁省政府,指控辽宁省政府"实施征收原告的股份、其他股本权益和其他财产的方案,并且为了自己的商业利益控制这些财产"。法院受理该案,以特快形式将传票寄往中国司法部,请司法部转辽宁省政府。司法部根据国际民事司法合作的一般规则拒绝了司法文书送达请求;法院遂以外交途径送达该案的法律文书。仰融认为,"中国金融教育发展基金会"在"华晨中国"的股权应属于其个人财产,而辽宁省政府则认为,"华晨中国"为国有资产控股,是国有企业。辽宁省政府认为,仰融指控其征收华博在华晨中国的股权,而征收是典型的政府行为。这些行为不能将最初的征收行为转换成商业行为。进而主张无论是《外国主权豁免法案》的商业行为例外(28 U. S, C. §1605(a)(2)),还是征用例外(28 U. S. C. §1605(a)(3)),都不适用。故认为法院缺乏对标的管辖,请求驳回仰融的诉讼请求。法院审理后认为,辽宁省政府征收华晨中国的股份是主权行为,辽宁省政府享有豁免。根据美国《联邦民事诉讼规则》在2005年作出判决,驳回仰融的起诉。仰融等原告方对地区法院拒绝适用商业行为例外提出质疑,随后提出上诉,对地区法院拒绝适用商业行为例外提出质疑。上诉法院重新审查了地区法院对依据《外国主权豁免法案》§1605(a)(2)"商业行为"例外的规定,于2006年7月7日作出判决,维持原判,驳回起诉。①

  天宇案也是一个企业声称因政府行为而导致损失的诉讼。天宇网络公司(以下简称"天宇")注册成立于英属维京群岛,法人地址在加拿大,是内华达企业"中国宽带公司"的全资子公司。2000年,天宇与成都华宇信息产业股份有限公司(以下简称"华宇")成立合资公司,为成都市提供宽带服务。华宇以其"华宇HFC网络"服务技术出资,天宇则以现金形式出资。天宇在签订协议之时已知华宇系由政府出资并管理。但"华宇HFC网络"的部分股权由四川华西集团有限公司(另外一家国家控股公司,简称华西)所有,天宇并不知情。2001年5月11日,中国国家广播电影电视总局发出《关于制止广播电视有线网络违规融资的紧急通知》,要求尽快采取行动,禁止外商独资、合资、合作经营广播电视有线网络,并严禁私人资本经营广播电视有线网络。2001年7月4日,四川省政府有关部门发布了与国家通知内容一致的

---

① *Yang Rong and Broadsino Company*, *Ltd. v. Liaoning Provincial Government*, 362 F. Supp. 2d 83 (D. D. C. 2005); *Yang Rong, et al.*, *v. Liaoning Province Government*, 452 F.3d 883(DC Cir. 2006). 有关评论,参见杨松:《从仰融案看跨国诉讼中的国家豁免问题》,载《政治与法律》2007年第1期。

《关于坚决制止违规融资建设、经营有线电视网络的紧急通知》。2002 年 12 月 12 日,华西公司按上述通知要求与华宇签订了企业分立协议,华宇失去对"华宇 HFC 网络"的控制权,但是未告知天宇。2003 年 7 月,华宇通知天宇,由于政府执行广电总局的通知,终止合资协议。为此,双方发生纠纷,协商不成。2005 年,天宇在美国犹他州联邦地区法院提出起诉四川省政府、成都市青羊区政府,称被告政府为了获取利润而诱导华宇违反合资协议,因原告对合资企业的巨额投资而获取不当得利;原告的母公司和股东丧失了从合资企业中可以取得的预期利润,并导致其母公司不得不重组。2006 年 12 月 11 日,法院作出判决,以主权豁免为由撤销了案件。2007 年 1 月 17 日,天宇在美国第十巡回上诉法院提出上诉。2008 年 7 月 15 日,第十巡回上诉法院作出判决,维持原判。初审法院和上诉法院都认为,管辖权豁免的商业例外需要考量具有直接和美国境内两个影响标准。本案虽然有实质性影响,却不能被认定为直接影响。美国公司仅因未能收到海外款项而造成的经济损失,并不足以构成《外国主权豁免法案》所规定的管辖权豁免商业例外,因此对该诉讼没有管辖权。①

(四) 刚果金案

中国在走向限制豁免的路上由于对香港法院审理刚果金案提供的意见而受到了质疑。② 刚果民主共和国与中国国有企业中铁集团达成协定,以刚果民主共和国(以下简称刚果金)提供开矿权换取中国提供大量基建投资。美国基金公司 FG Hemisphere Associates LLC③ 从刚果金的若干债权人处获得未偿还的债权,2008 年 5 月发现中铁在刚果金有大型投资项目,遂以刚果金债权人身份在香港法院以刚果民主共和国、中铁股份有限公司等公司为被告,申请执行仲裁裁决,要求将中铁 1.02 亿美元采矿入场费用抵债。刚果金认为,提供矿产予国营的中国中铁,以换取中国中铁于当地投资大量基建,包括高速公路、机场、医院及公营房屋等,这属两个主权国的国家行为,香港法

---

① *Big Sky Network Canada Ltd. v. Sichuan Provincial Government*, 533 f. 3d 1183 (10th Cir. 2008);肖永平、张帆:《从天宇公司案看美国法院关于"直接影响"的认定》,载《河南省政法管理干部学院学报》2009 年第 2 期;龚柏华、曹姝:《加拿大天宇网络公司就合资企业被迫解散在美国法院告四川省政府案评析》,载《国际商务研究》2009 年第 3 期;宋锡祥、高大力:《从"天宇案"透视国家主权豁免问题》,载《东方法学》2010 年第 1 期。

② James Crawford, *Brownlie's Principles of Public International Law*, 8th ed., Oxford University Press, 2012, p.504.

③ FG Hemisphere Associates LLC 是美国纽约的一家专门对新兴国家和不良资产进行投资的有限公司。FG 在其他法院执行程序中已受偿到 278 万美元,在向香港法院申请强制执行仲裁裁决时仍有约 1.02 亿美元的债权没有收回。

院不宜对此案作出裁决。刚果金于初审时提出,即使主权国的国家行为说法不成立,刚果金在香港也享有"绝对豁免权",即主权国家在香港法院享有绝对豁免,刚果金不需要对债务予以偿还。刚果金方观点获得初审法官支持,裁定香港法院对本案没有管辖权,撤销对刚果金的禁令和原仲裁裁决的执行令。上诉阶段,香港律政司加入诉讼,上诉庭坚持香港特区沿用普通法制度,有关交易不能得到绝对豁免,以 2 比 1 的投票结果推翻了刚果金胜诉的判决。遭上诉庭裁定败诉的刚果金不服,向终审法院上诉,要求终审法院就豁免权问题提请人大释法。外交部通过驻港特派员公署在每级法院作出裁决前,均向香港特区政府政制及内地事务局发出函件,指出我国一贯坚持的主权豁免原则并统一适用于全国,包括香港特别行政区;香港特别行政区如果实行与中央立场不一致的主权豁免原则将对国家主权造成损害等。代表刚果金的律师 Barrie Barlow 指出,香港有责任与内地采取相同立场,以免损害国际关系。2011 年 6 月 8 日,香港终审法院作出临时判决,裁定香港特别行政区应遵循中央人民政府决定采取的主权豁免规则,刚果民主共和国享有主权豁免,香港法院对刚果民主共和国无司法管辖权;同时决定根据《香港特别行政区基本法》第 158 条的有关规定就本案提请全国人大常委会释法。本案涉及豁免问题的性质识别,即主权豁免政策究竟属于"外交事务"还是属于"法律问题"。如果是外交事务,则根据《基本法》的明确规定,属于中央政府的权限范围,香港特区的司法机关应当对此予以尊重和遵循;如果是法律问题,那么根据《基本法》的相关规定和香港原有法律传统,应当由法院独立地进行审理和判决。① 2011 年 8 月 26 日,全国人大常委会作出了《关于〈中华人民共和国香港特别行政区基本法〉第十三条第一款和第十九条的解释》,认为主权豁免直接关系到一国与外国国家的关系和该国对外政策的实施,直接涉及国家的对外关系和利益,属于香港《基本法》第 13 条第 1 款规定的"外交事务",因此,中央人民政府有权决定此方面规则或政策并在全国范围内统一实施。故香港特区终审法院于 2011 年 9 月 8 日就刚果金案遵循全国人大释法,作出最终判决,认为香港特区法院对刚果金并无司法管辖权。② 有学者认为,中国政府的这一立场不仅不符合国际趋势,也与自己的实践不

---

① 秦前红、黄明涛:《对香港终审法院就"刚果金案"提请人大释法的看法》,载《法学》2011 年第 8 期;尹雪萍:《一国两制视野下的国家主权豁免问题:分歧与协调》,载《东岳论丛》2011 年第 11 期;袁发强:《基本法的解释与香港法院司法管辖权——以刚果主权豁免案为例》,载《政治与法律》2011 年第 5 期。

② *FG Hemisphere Associates LLC v Democratic Republic of Congo*, CACV 373/2008 & CACV 43/2009; *DRC v. FG Hemisphere Associates LLC*, Hong Kong Court of Final Appeal, Judgment of 8 June 2011.

统一①;有的学者则认为,本案将"一国两制"制度下主权豁免规则的适用问题以及中国的主权豁免立法问题提上了议程,并为主权豁免立法及其区际适用问题提供了一定的解决路径和实践经验。已经有学者提出,我国在主权豁免问题上一直主张的"绝对豁免"态度与世界潮流甚不相符。② 如前所论,即使不要求与世界潮流相吻合,不考虑社会公正的法治目标或者国际法的人本主义精神,而仅仅从国家自身利益的角度,也应当认识到,绝对豁免的主张不仅无法增益自身的利益,而且会减损自身的利益。因此,采取限制豁免的原则并不必然对中国不利,我们完全可以考虑适时转变态度,在国家主权豁免上更加具有弹性。③

(五) 国际立法的参与

中国对豁免一直十分关注,曾经缔结或参加了一些双边和多边的涉及主权豁免的国际条约。中国 1980 年参加的 1969 年《国际油污损害民事责任公约》第 11 条规定,缔约国就油污损害赔偿案件放弃对油污损害所在缔约国法院的管辖豁免;1993 年批准的《国际救助公约》也承认用于商业目的之国有船舶或国有货物不得享有豁免权;1996 年批准的 1982 年《联合国海洋法公约》第 32、95、96 条规定了军舰、政府公用船舶的豁免权。中国积极参加了《国家及其财产管辖豁免公约草案》的全部磋商和起草过程,并签署了 2004 年《联合国国家及其财产管辖豁免公约》。在一些双边的条约中,也体现出了放弃豁免的意愿。④

(六) 国内立法

随着我国对外交往的增多,出现了很多对于豁免进行放弃的做法。这主要体现在有关双边协定、特许协议和法律规范之中。我国的一些国内法律对豁免问题制定了一些条文。比如,1982 年的《海洋环境保护法》开始规定了豁免的例外;1992 年颁布的《领海及毗连区法》第 10 条进一步规定,外国政府的船舶在从事商业活动时不享有豁免权。2005 年 10 月 25 日颁布并生效

---

① Yilin Ding, "Absolute, Restrictive, or Something More: Did Beijing Choose the Right Type of Sovereign Immunity for Hong Kong?", 29 *Emory International Law Review* (2012) 997. 当然,作者认为限制豁免已经构成了习惯国际法,还可商榷。
② 秦前红、黄明涛:《对香港终审法院就"刚果金案"提请人大释法的看法》,载《法学》2011 年第 8 期;黄世席:《国际投资仲裁裁决执行中的国家豁免问题》,载《清华法学》2012 年第 6 期。
③ 郭玉军、刘元元:《评 FG Hemisphere Associates LLC 诉刚果民主共和国及其他人案》,载《时代法学》2012 年第 2 期。
④ 段洁龙主编:《中国国际法实践与案例》,法律出版社 2011 年版,第 3 页。

的《外国中央银行财产司法强制措施豁免法》是我国在主权豁免事项上进行立法的一个标志,该法确立了对外国中央银行财产给予财产保全和执行的司法强制措施的豁免的一般原则,以放弃豁免为例外,同时对外国中央银行及其财产进行了界定,并规定豁免原则同时受制于互惠原则。但是该法内容简略(只有4条),适用主体与范围有限。在经济交往实践中,我国将国家的行为和国库财产与国有企业的活动及其财产区分开来,这些企业自主经营、独立核算、独立承担责任和风险。

虽然中国对于很多采用限制豁免的国际立法采取积极态度,但是,在主权豁免问题上的态度依然摇摆不定。这不仅使司法工作人员产生疑惑,同时给司法实践带来很多的不确定性。由于没有明确的法律规范,导致此类问题只能通过外交途径解决,以至于不仅在理论上存在着不同的认识,在实践中也具有大量的困惑。因此,在这方面,不仅需要学者的深入分析,也需要实践领域的调研和思考。一些学者和实践人员建议,我国需尽快颁布一部适用于祖国大陆和特别行政区的、全国统一的主权豁免法,形成系统性的法律规则。① 当前,有很多学者认为,与其分别的设置例外,不如直接采用限制豁免原则。② 且不论例外与限制二者的高下、优劣,就中国作为国际社会中一个诚实、守信的成员的角度,从中国融入全球化交往的意愿的角度,采取限制豁免的做法都不失为一条理想的途径。因为,正如前文所阐述的,限制豁免既是国际法规范的一种发展趋势,也是以人为本的国际法治秩序的内在需求。

六、小　　结

我们经历着权力多元的发展趋势;由国家一元统治的情况正在消退,由国际组织、国家、非政府组织等多层面共同参与构建秩序的全球治理结构正

---

① 邵津主编:《国际法》(第五版),北京大学出版社、高等教育出版社2014年版,第45页。
② 很多教材和著作都将限制豁免理解为一种世界性的趋势,如董立坤:《国际私法论》,法律出版社2000年第2版,第191页;王铁崖主编:《国际法》,法律出版社1995年版,第132页;韩健:《现代国际商事仲裁法的理论和实践》,法律出版社2000年修订版,第498页;林欣、李琼英:《国际私法理论诸问题研究》,中国人民大学出版社1996年版,第78页以下。一些论文也持这样的观点,如黄进、曾涛、宋晓、刘益灯:《国家及其财产豁免的几个悬而未决的问题》,载《中国法学》2001年第4期;梁淑英:《浅析国家豁免的几个问题》,载《政法论坛》,2000年第2期;潘梅:《国家有限豁免趋势浅议》,载《华南师范大学学报(社科版)》1997年第4期。更有学者认为限制豁免主义正确处理了领土管辖权与国家豁免权的国际公法关系和国家当事人与私方当事人之间的国际私法关系,具体体现了国际民商事新秩序的发展要求,并且已经成为不以人的意志为转移的世界趋势;因而"旗帜鲜明地支持限制豁免主义理论"。参见郭玉军、徐锦堂:《论国家豁免的相对性》,载《武大国际法评论(第一卷)》,武汉大学出版社2003年版,第40页。

在逐渐确立;国家越来越被人们认清本质,从而走下原来政治神学家和其他理论家、实践者设立的神坛。这意味着国家行为的理性化、国家地位的世俗化。在这个时候,国家为了人类共同的利益和共同的未来,必将越来越受到约束和限制,这就要求在共同制定的、体现各方面实际情况的、公正合理的共同规则之下进行活动,而不是任意妄为。古典国际法中战争权的消失正是这一转变的第一步。国际法治的要义就是公民的权利与自由受到了越来越多的承认、重视和保障。国家在这样一个法治框架之中,必然是越来越体现出组织人民、领导人民实现福利。

主权豁免已经在各国国内和国际的立法司法实践中存在了数百年;经历了一个初现雏形的萌芽期,逐渐成熟、沉淀为一项广为接受的国际习惯的发展期,制度上的冲突和实践中的矛盾大量出现、难于调和的退缩期。而今,在经济力量的推动下,在学术解说、媒体宣传和政府支持的护佑之下,全球化的浪潮冲击着每一个国家,从国家到公民都广泛的经受着全球化的影响。为了应对全球化,在世界上兴起了全球治理的理论。这对我们认识国际法提供了一个新的视角,对我们重新思考包括主权豁免问题在内的国际法原则与制度造就了新的尺度。特别是国际社会在国际法编纂方面的不断努力,为我们更明晰地观察国际法问题提供了坚实的基础,在此基础上我们可以展望有关制度的未来。具体在主权豁免领域,联合国《国家及其财产管辖豁免公约》的通过促使我们重新回顾主权豁免的来源、基础,考量主权豁免的未来。

在主权豁免上存在的矛盾,显示出了全球治理存在的弊病。全球治理的理想在实践运行的层面无法回应国家间政治的现实。在理念上,全球治理强调以人为本的治理模式,构划了一个充满温情的、国家之间能够相互合作的理想;但本质上,国家之间的相互竞争、国家为了自身的利益与影响而斗争却是一个不得不面对的现实。[①] 如果按照理想的状态,国家会很好地履行国际义务,在招致其他国家和私人损失的时候能够承担法律责任;但是,现实中,国家更愿意减少、甚至消除一切责任。

考量中国在主权豁免问题上的立场,不仅要充分了解国际社会在这方面的实践,也应当对于豁免的理论基础和制度目标予以明确认识,更应当谨慎判断国际法的未来发展趋势,并有效分析中国自身的价值观念和利益取向。关于主权豁免原则的适用范围,世界各国的实践始终存在着对立和分歧,目前仍然立场各异,少数发展中国家仍然坚持绝对豁免原则,这成为主权豁免

[①] 王逸舟:《国际政治概论》,北京大学出版社2013年版,第6页。

的关键理论问题。① 因此,决定一个国家采取什么豁免立场,在很大程度上更多地取决于该国家的国内经济体制以及在国际交往中的利益权衡。主权豁免问题的本质是处理好法院所在地国领土管辖权与外国主权豁免之间以及国家与外国私人或法人之间的两组关系。为了平衡这两组关系,既要防止国家或政府机关利用豁免特权逃避与外国私人、法人之间法律关系的义务和责任,也要防止通过无限扩大国内法院管辖权而对外国国家滥诉。不仅存在很多的利益需要确立豁免的立场;也需要通过中国的立场来引导国际法的发展未来。因此,从价值的维度对于主权豁免应当具有何种规则予以预期,构建全球性的主权豁免规范,是中国参与国际法治的重要方面。综合考虑上述因素,在当前历史阶段,中国应当采取限制豁免的态度,这不仅仅由于限制豁免已经为世界上绝大多数国家所接受,成为更普遍的实践;也不仅仅是因为中国签署了《联合国国家及其财产豁免公约》,更主要的是这种态度对中国自身有利而无弊。当前,我国正致力于建设成为一个民主、法治的国家,我国的宪法中明确地规定了"尊重和保障人权"的条文;而我国《国家赔偿法》规定了"国家机关和国家机关工作人员违法行使职权侵犯公民、法人和其他组织的合法权益造成损害的,受害人有依照本法取得国家赔偿的权利。国家赔偿由本法规定的赔偿义务机关履行赔偿义务"。我国在入世的承诺中接受了 WTO 的国民待遇原则和最惠国待遇原则,这意味着我国政府对内建立健全信用与威望,对外尊重国家与私人的合法权益,对于这样一个处于发展状态之中的政府而言,并不存在坚持绝对豁免的必要性。所以,我国可以按照国际法律发展的基本趋势,适时地采纳限制豁免原则,并在未来的发展中逐渐消除豁免。

---

① Ian Brownlie, *Principles of Public International Law*, 7th ed., Oxford University Press, 2008, pp. 329—330.

第十五章 国际司法的法治困境与未来方向

国际司法是保障法律权利得以实现的重要屏障,但是当前的国际司法权总体上非常薄弱,而且严重地受制于大国的政治意愿。国际法院所处理的应答联合国大会提出的科索沃临时自治机构单方面宣布独立是否符合国际法的咨询案件,就非常鲜明地体现出了国际司法的局限性。法院采取了转换命题、缩小国家领土完整原则的适用范围以及忽略自决权与领土完整权的明显冲突的方式,得出了具有误导性和危险性的咨询意见。这意味着国际司法体制在大国政治中难于维持公正,国际法在一定程度上仍是大国强权的包装。在这种情况下,中国应进一步认清当今世界大国操纵国际法的现实,同时利用国际法促进中国的发展,并通过中国的发展推动国际法的成熟和完善。

一、问题的提出

尽管有些学者乐观地认为当今世界已经进入了一个法治的时代,因为一系列的国际组织,特别是国际司法机构的存在,国际社会的法律治理已经达到了相当的范围,产生了很大的影响①;但是,冷战过后的全球化浪潮在很大程度上是英、美企业和政府联手推动的一场人为运动。② 而所谓的全球治理的观念,诚然为世界带来很多知识资源和制度启迪,不过也经常会成为强权政治多元结构的托辞。③ 北大西洋公约组织(以下简称北约或 NATO)对南

---

① 参见赵海峰等:《国际司法制度初论》,北京大学出版社 2006 年版,第 1 页。
② 20 世纪末兴起的反全球化运动的主要主张就是反对欧美国家对于全球化的推动。参见〔美〕伊曼纽尔·沃勒斯坦:《地缘政治学和当前的世界乱局》,载〔巴西〕特奥托尼奥·多斯桑托斯、谢曙光、高铦主编:《霸权与反霸权:全球化的局限与地区化进程》,社会科学文献出版社 2008 年版;〔英〕戴维·赫尔德、安东尼·麦克格鲁:《全球化与反全球化》,陈志刚译,社会科学文献出版社 2004 年版,第 22—77 页。
③ See Mark Duffield, *Global Governance and the New Wars: The Merging of Development and Security*, Zed Books, 2001; D. Lewis, *Global Governance and the Quest for Justice-Volume I: International and Regional Organizations*, Hart Publishing, 2006; O. S. Stokke, Examining the Consequences of International Regimes, in O. S. Stokke, and G. Hønneland (eds.), *International Cooperation and Arctic Governance: Regime Effectiveness and Northern Region Building*, Routledge, 2007, pp.13—26; K. Dingwerth and P. Pattberg, Global Governance as a Perspective on World Politics, 12 *Global Governance* (2006)198.

斯拉夫联盟共和国(以下简称南联盟)的轰炸、阿富汗战争、伊拉克战争以及美国蔓延到世界的经济危机等一系列事件让我们看到：不仅"没有政府的治理"①是危险的，而且所谓"历史的终结"②也还远没有到来。21世纪的国际社会纵然并非纯粹意义上的丛林社会，但仍然是一个无政府的、强权操纵的、道德上的至善和法律上的正义难以彻底实现的社会。

司法是国际法的应用阶段，也最能显示出国际法规范的模糊性缺陷。1996年，国际法院在核武器案中的咨询意见结论是国际法对于在极端情况下是否允许使用核武器没有明确的规则③，即使这样的结论也有很多法官提出了反对意见。④ 从史久镛先生对于国际法院的运作和裁判所做的描述和评价，可以看出国际法具有历史传统、民族文化的特征。⑤ 同样，2010年7月22日，国际法院针对联合国大会(以下简称大会)提出的"科索沃临时自治机构单方面宣布独立是否符合国际法"的咨询问题作出的"2008年2月17日通过科索沃独立宣言不违反国际法"的咨询意见⑥(以下简称"科索沃独立案咨询意见")即显示出国际法本身的不成体系和不完善。国际法院科索沃独立案中的咨询意见一出，不仅引致各国和国家集团立即作出不同的反应，也引发了关于国际关系、国际法领域的很多审视和反思。这一案件反映出了当今国际政治格局下法律所处的困境，为我们深刻认识当今世界的国际关系提供了新的、鲜明的例证，也促使我们更认真地考量现实境况下的中国立场与对策。

二、对科索沃独立案咨询意见的关键点评价

国际法院作出"科索沃独立宣言不违反国际法"的意见的基本理由有以下两点：(1) 国家实践并没有禁止宣布独立的做法；(2) 虽然科索沃单方面

---

① 参见〔美〕詹姆斯·罗西瑙：《没有政府的治理》，江西人民出版社2001年版，第326页。
② 参见〔美〕弗朗西斯·福山：《历史的终结及最后之人》，黄胜强、许铭原译，中国社会科学出版社2003年版，第14—25页。
③ *Legality of the Threat or Use of Nuclear Weapons*, Advisory Opinion of 8 July 1996, ICJ Reports 1996, p. 226, para. 105.
④ See Declaration of President Bedjaoui, Declaration of Judge Herczegh, Declaration of Judge Shi, Declaration of Judge Vereshchetin, Declaration of Judge Ferrari Bravo, Separate Opinion of Judge Guillaume, Separate Opinion of Judge Ranjeva, Separate Opinion of Judge Fleischhauer, Dissenting Opinion of Vice-President Schwebel, Dissenting Opinion of Judge Oda, Dissenting Opinion of Judge Shahabuddeen, Dissenting Opinion of Judge Weeramantry, Dissenting Opinion of Judge Koroma, Dissenting Opinion of Judge Higgins.
⑤ 杨亮庆、陈磊：《中国政府从没问过我对案子怎么看》，载《中国青年版》2010年8月10日，http://zqb.cyol.com/content/2010-08/10/content_3365951.htm.
⑥ Available online at http://www.icj-cij.org/docket/files/141/15987.pdf.

宣布独立的做法为国际法上的领土完整原则所禁止,但领土完整的原则仅限于国家之间的关系,不适用于国家内部关系。从联合国安理会(以下简称安理会)的实践中我们也无法推断出国际社会对于宣布独立的一般禁止。而自决权的范围以及是否存在"补偿性脱离"权的问题超过了大会所提出的问题范围,所以国际法院也不予考虑。由此,一般国际法对于宣布独立并无可适用之禁止规范,故科索沃单方面宣布独立并不违背一般国际法。联合国安理会第1244(1999)号决议(以下简称第1244号决议)①确立了国际法律义务,是国际法院作出"科索沃独立宣言不违反国际法"的意见的国际法依据。《关于临时自治的宪政框架》(以下简称《宪政框架》)具有国际法的特质,既是根据第1244号决议而创制的特别法律秩序,也是处理南联盟内部事务的问题的依据。2008年2月17日,科索沃宣布独立之时,第1244号决议和《宪政框架》都没有被废止,联合国依据此两文件派驻的官员仍在科索沃履行职责,因此,此两文件构成了国际法院在回答大会提出的相关问题时可供考虑的国际法。根据第1244号决议联合国派驻官员在科索沃暂时停止了塞尔维亚主权在科索沃境内的行使并创制了一个临时体制。国际法院认为,宣布独立的并不是具有过渡性质的科索沃临时自治机构,而是具备代表科索沃人民资格的代表。第1244号决议虽然为联合国会员国和联合国机构设定了义务,却没有为其他行为者设定义务,也没有明确规定科索沃的最终地位。安理会并未宣称其承担着决定科索沃最终地位的职责,因此也就不禁止2008年2月17日科索沃宣布独立的行为。因此,科索沃宣布独立的行为并没有违背第1244号决议。国际法院的这份咨询意见表面上分析得很连贯,理由似乎也都说得通,但在内容和论证的深层有很多值得认真思考和商榷的地方。

(一) 对自决问题的曲解:符合与违背

从国际法院"科索沃独立咨询意见"中,我们不难发现,国际法院在好几个方面非常明显地转换了命题,而这种命题的转换对于作出结论至关重要。例如,在认识自决问题的时候,国际法院就曾两次采用了转换命题的策略。②

首先,对于大会将宣布独立的主体界定为"科索沃临时自治机构"(Pro-

---

① S/RES/1244 (1999), 10 June 1999,中文本见 http://www.un.org/chinese/aboutun/prinorgs/sc/sres/99/s1244.htm.
② 很多法官对这一方式持反对态度,除了后文引注中提到的外,特别分析这一问题的是本努纳(Bennouna)法官。See Dissenting Opinion of Judge Bennouna, paras. 27—35.

visional Institutions of Self-Government of Kosovo)①,国际法院的咨询意见没有确认这一点。根据国际法院的解释,独立宣言的作出者应为具有此项权能的主体,《科索沃独立宣言》的作出者并非科索沃临时自治机构,而且在用阿尔巴尼亚语作出的独立宣言原文之中并未出现"科索沃议会"的名词,加之联合国秘书长特使对《科索沃独立宣言》持沉默态度,因此,独立宣言的作出者并非科索沃临时自治机构而是科索沃人民的代表。笔者认为,这种分析颇有深意,因为第1244号决议以及根据该决议制定的《宪政框架》都规定,科索沃临时自治机构的权限仅为负责科索沃内部日常事务的管理,其显然不具有宣布独立的权能。国际法院把宣布独立的主体由科索沃临时自治机构转换为科索沃人民的代表,显然是为了增加独立宣布方主体的合法性。②

其次,大会提出的咨询问题是"科索沃临时自治机构单方宣布独立的行为是否符合国际法"。针对这一问题,国际法院从问题的措辞入手,指出可以将这一问题理解为"相关国际法是否禁止宣布独立,如果禁止,则显然不符合国际法"。笔者认为,这一理解很欠缺说服力。③ 从逻辑上分析,"被国际法所禁止"和"符合国际法"之间还是有区别的,即违背一定不符合,但不违背却未必就符合,可能出现既不被国际法所明文禁止也不符合国际法的规范和原则的行为。虽然从一般的法理原则来说,法律不禁止的就是人民的权利,但就科索沃临时自治政府宣布独立这一行为来说,有两项权利是相互对立的:民族自决与国家主权和领土完整。即使宣布独立的行为不为国际法所禁止,国际法也未允许其通过此种方式破坏国家领土完整。所以,在这种权利冲突的语境下,"法无规定即权利"的推论是不成立的。④

(二) 国际法上的自决:宗旨与发展

现代国际法中的民族自决,是殖民地摆脱宗主国而获得政治独立并进而

---

① 该机构的成立依据参见第1244号决议第10段:"授权秘书长,在有关国际组织的协作下,在科索沃设立国际民事存在,以便在科索沃建立一个临时行政当局,使科索沃人民能够在南斯拉夫联盟共和国内享有高度自治,并进行过渡行政管理,同时设立临时民主自治机构并监督其发展,以确保科索沃所有居民有正常和平生活的条件"。
② 有的法官认为,法院作出的此种论断仅仅出于其自身的愿望,而无任何根据。See Dissenting Opinion of Judge Koroma, Separate Opinion of Judge Sepúlveda-Amor, Dissenting Opinion of Judge Bennouna, para. 63.
③ 布鲁诺·希马(Bruno Simma)法官认为,国际法院对于联大决议中的问题解释得毫无必要地局限,而且可能带有误导性。See Declaration of Judge Simma, para. 10.
④ 布鲁诺·希马(Bruno Simma)法官指出,这种对国际法的解释已经相当过时,实际上它还延续着常设国际法院在"荷花号"(The Lotus)案中的思路,即国际法不明文禁止的就具有合法性。或许值得考虑的是国际法是否对一些问题持中立态度,或者容许一些情况存在,Declaration of Judge Simma, paras. 2—3; see also Separate Opinion of Judge Yusuf, paras. 7—10.

追求经济独立发展的一种原则,在第一次世界大战之后被国际社会所认可。① 其本意是结束大国强权,使殖民地获得自由、独立和民生幸福。但是,在殖民体系已经结束的今天,这种传统的自决已经失去了生存的土壤。而与传统的"外部自决"相对应的"内部自决"开始进入人们的视野。今天,那种被压迫民族的自决虽然受到了国际社会的广泛承认,但显然不再具有行使的机会。与之相对应,虽然有学者极力推崇没有任何殖民体制约束的人民享有自决权,但这种权利尚无法获得现有国际法文献的充分支持和国际法学者的广泛认同,所以其合法性还很不充分。② 在实践中,这种"民族自决"在很多时候成为分裂国家的借口③,或者大国博弈的堂皇理由,大国在一些"问题区域"争夺利益,人民的真正意志和利益被弃之不顾。俄罗斯承认南奥塞梯和阿布哈兹独立就是典型的实例,只不过美国成了维护国家统一的一方,俄罗斯成了鼓励分裂的一方。④ 就科索沃独立问题而言,当科索沃存在大规模冲突的时候,人民是沉默的大多数。当科索沃已经在联合国的代管之下,阿尔巴尼亚族不再存在人道主义危险反倒是其境内的其他人种受到威胁之时,"民族"开始了"自决"。值得深思的是,这种自决的真实性有多大?它究竟代表了人民的声音还是某些强权大国以人民为旗号所进行的全球霸权的推进和扼制思维的继续?可以引起进一步思考的是:科索沃是否仍然是冷战格局在巴尔干的反映?所以,大国政治中的"民族自决"往往会变成"买椟还珠",大国的权力争夺很可能导致"鹬蚌相争,无人得利"的结果。⑤

在国际法的民族自决原则上,由于存在着很多矛盾和敏感的问题,至今为止,国际条约和习惯尚无直接具有操作性的规范可以遵循。或者说,国际社会在这个问题上故意留了一个缺口和空白。在这种情况下,讨论一种行为是否违背国际法,在逻辑上多少有些滑稽。因为各国在政治上故意留出空白,使之无明确的规范;而法律上则以无明确的规范为由,认定单方宣布独立

---

① Ian Brownlie, *Principles of Public International Law*, 7th ed., Oxford University Press, 2008, pp. 579—582.
② 对这一问题的深入分析,参见白桂梅:《论内部与外部自决》,载《法学研究》1997 年 3 期;白桂梅:《国际法上的自决》,中国华侨出版社 1999 年版,第 49—90 页。
③ 有学者认为,20 世纪以后,自决权经历了以国际法原则为重心转移到以国内法原则为重心的过程,同时也是自决权自身内涵不断扩大的历史过程。在这一过程中,自决权先后主要是独立权、国家主权、人权、发展权、人民主权和自治权。自决权的内涵及其重心转移表明,通过"独立公投"等方式企图分裂国家是不符合国际法原则和国内法原则的。参见范毅:《论自决权的性质———一种国际法与国内法的综合分析》,载《现代法学》2005 年第 3 期。
④ 成长:《俄罗斯承认南奥塞梯独立公投合法性美不承认》,http://news.xinhuanet.com/world/2006—11/14/content_5328786.htm;刘洋、聂云鹏:《俄罗斯承认南奥塞梯和阿布哈兹独立》,http://news.xinhuanet.com/newscenter/2008-08/26/content_9718205.htm.
⑤ 只有非常少的法官关注到了国际法的人本主义方向,并考虑了科索沃人民的状况。See Separate Opinion of Judge A. A. Cançado Trindade, paras. 53—155, 161—176.

的行为不违法,这样一来,法律就没有全面考虑相互矛盾的两股力量,而是通过选择性的分析落入了政治留下的陷阱,反映了强权政治的意志。

(三) 对主权与领土完整的曲解:国家之间的规范?

在科索沃独立问题中,民族自决与国家主权和领土完整构成了直接的冲突。① 当前,国际主权和领土完整的内涵同样是模糊的。在"科索沃独立咨询意见"中,国际法院过于狭窄地理解领土完整,通过解读一系列国际文件将其解释成只是国家之间的关系的准则而非国际法的一般原则,这实际上是犯了机械主义的错误。一般国际法作为国际社会的规范,其所针对的是所有的国际行为体。国际法上的主要行为体是国家或者国际组织,国家主权和领土完整是国际社会的基本原则就属于一般国际法的准则,不仅在国家之间的关系上不能违背这一基本原则,国际组织也不能违背这一基本原则。如果将国际组织理解为国家之间通过国际社会契约而形成的、行使国家之间所让与的权利的机构,那么国际组织除了具有更高的配置资源的权能,不应当具有国家所不具有的实体权力(权利)。不难理解,国际法院通过这种狭窄的解释,拓宽了民族自决的范围,缩小了国家及其领土完整的范围。偏离了正义的轨道,也就误读了人民的利益。②

虽然由于国际法的发展,国家主权的内涵发生了很多变化③,但主权原则仍是国际关系和国际法的基石。同样地,国家内部的组织和个人也不应当拥有破坏国家领土完整的权利。在国际法与国内法的关系上,国际法应当是

---

① 有学者则认为,在国家主权和领土完整问题上,自决权的主体应当是全国人民。国际法上的自决权的主体是人民而不是民族。殖民地人民和外国占领下的人民作为人民自决权的主体应当是暂时的或例外的情形,主权国家的全体人民和少数者人民作为自决权的主体才是长期的和正常的情形。参见赵建文:《人民自决权的主体范围》,载《法学研究》2008 年第 2 期。笔者认为,这种解读更符合《经济、社会和文化权利国际公约》和《公民权利和政治权利国际公约》等国际人权文件的宗旨,同时也能避免人民自决与国家领土完整在操作上的冲突。

② 有学者认为,人民自决权与国家的领土完整是统一不可分割的。人民自决权不具有改变现有国家边界的效力,国际法不承认一国的少数人民通过自决实行单方面分离的一般权利,国际法尚未肯定也未否定"救济性分离权";国际法承认有关各方经自由协议达成的分离安排的合法性,国际社会应当通过多种途径实现人民自决权与国家领土完整的和谐统一,有关国家应当依照国际法解决因单方面分离行为而引发的冲突。参见赵建文:《人民自决权与国家领土完整的关系》,载《法学研究》2009 年第 6 期。

③ See Stéphane Beaulac, "The Social Power of Bodin's "Sovereignty" and International Law", 4 *Melbourne Journal of International Law* (2003) 1; Stephen D. Krasner, "The Hole in the Whole: Sovereignty, Shared Sovereignty, and International Law", 25 *Michigan Journal of International Law* (2004)1; Oona A. Hathaway, "International Delegation and State Sovereignty", 71 *Law and Contemporary Problems* (2008)115; John H. Jackson, "Sovereignty-Modern: A New Approach to an Outdated Concept", 97 *American Journal of International Law* (2003)782.

补充性、从属性的,国内法有规定同时又不违背国际强行法的,应当视为是国家的自主权利。而在独立和主权的问题上,国内机构是不具有国际法上的行为资格的,国际法不会规定其行为方式。对于这些组织机构的行为方式应当由国内法来判断。而塞尔维亚实际上早就宣布科索沃的宣布独立行为是违背该国国内宪法的,所以在塞尔维亚内部,科索沃宣布独立的行为不是一项符合法律的行为。如果国际法院没有充分的理由认为塞尔维亚的宪法与塞尔维亚承担的国际义务相冲突,则应当根据国际法上的不干涉内政原则尊重塞尔维亚的国内法判决。这就也意味着,科索沃宣布独立的行为实际上并不在国际法调整的范畴之内①,或者说是不符合国际法的。正如一些法官指出的,第1244号决议构成适用于解决科索沃独立问题的特别法,要求在尊重南斯拉夫联盟(后来的塞尔维亚)领土完整的基础上寻求政治解决的谈判方案,然而科索沃的这一独立主张却意在终结在科索沃境内的、依据该决议而建立的国际存在,所以这一独立主张违背了第1244号决议。同时,科索沃宣布独立的行为不仅违背了《宪政框架》,而且违背了国际法上的主权和领土完整原则。②

那么,在民族自决和国家主权与领土完整两种权利相互冲突的时候,该如何取舍呢?③ 国际法院在"科索沃独立咨询意见"中为什么抛弃后者而取前者呢? 在笔者看来,从功利主义的角度来看,考虑取舍的后果,尊重国家主权和领土完整更有利于国际社会的和平、稳定和安全。④ 根据这一判断,我们有理由认为,虽然国际法院的咨询意见并没有直接的约束力⑤,且美国等大国也强调国际法院作出的这一咨询意见仅针对科索沃独立问题而不具有先例的效果,但这一咨询意见依然是一个隐藏着危险和隐患的结论。⑥ 科索

---

① 关于这一观点,see Separate Opinion of Judge Yusuf, para. 5.
② See Dissenting Opinion of Judge Koroma, Cf. Dissenting Opinion of Judge Skotnikov, paras. 12—16.
③ See Paul R. Williams and Francesca Jannotti Pecci, Earned Sovereignty: Bridging the Gap between Sovereignty and Self-Determination, 40 *Stanford Journal of International Law* (2004) 1; Jeff J. Corntassel and Tomas Hopkins Primeau, Indigenous "Sovereignty" and International Law: Revised Strategies for Pursuing "Self-Determination", 2 *Hawaiian Journal of Law & Politics* (2006) 52.
④ 黄瑶也指出,冷战后,自决原则的进一步发展使之与分离权的联系日趋密切。在殖民主义之外,单方面分离权挑战国家主权和领土完整原则,但包括分离权的自决原则并没有成为实在国际法规范。为避免这两项原则之间的对立冲突,应当使自决原则的适用受到领土完整原则的限制;而在国内,一国应切实保障少数民族的自治权。黄瑶:《后冷战时期的国家领土完整原则与人民自决原则》,载《法学家》2006年第6期。
⑤ 参照《联合国宪章》第94、96条;《国际法院规约》第65—68条。See also ICJ Reports 1950, p. 71; ICJ Reports 1962, pp. 168—337.
⑥ See Dissenting Opinion of Judge Skotnikov, para. 17.

沃这种宣布独立的行为如果不视为违背了国际法,则会产生危险的后果;抛弃不当干涉的背景,允许单方宣布独立,无疑为大国强权留下了更多可能。如果认定其合法性,则可能陷入混乱的深渊。

三、对国际司法体制的认识与反思

从国际法院"科索沃独立咨询意见"中,我们也能体会国际司法体制存在的问题和弱点。国际法的界限不清,明文允许和禁止的范围都不大,很多问题处在允许和禁止之间。这就使得很多国际争端的处理没有真正有操作性的规范可以依据。而且更严重的是,由于国际法规范本身措辞的原则性和模糊性,很多违背国际法的行为也可能无法被追究;很多国际法所鼓励的行为也无法成为现实。例如,国际法明确禁止非在联合国授权的前提下使用武力和武力威胁的规定,就经常被某些国家以"预防性自卫"为借口破坏。而国际法所屡屡主张的发展权、国际经济新秩序却根本无法落实。在此种国际法规范不完善的前提下,国际裁判试图显示出公平和正义本来就不是一件容易的事。然而,国际司法存在的关键问题还不在这里,而在于国际司法体制在大国政治之中的尴尬局面和法律操作的文化倾向性。

(一) 政治利益格局下的国际司法体制难题

在一个给定的政治体系里,政治对于法律具有主导性。政治是法律产生和发挥作用的前提,因为法律作为社会规范,由特定的政治权力机关制定和认可,靠特定的政治权力强制、以社会成员权利的方式实施,而且必须在相对稳定的社会与政治秩序中发挥作用。① 也就是说,法律是政治运行的一种方式,是一种更为高级的、更为成熟的、更为文明的方式。② 所以,在法律与政治之间,政治具有主导性、决定性③,法律体制对政治体制会有反作用,基本上一个完善的政治体制会与法律良性互动,而在一个不完善的政治体制里,法律会被边缘化,所起的作用很小,或者成为政治的附庸。

国际政治与国际法之间的关系是这种一般原理的一种具体表现。当前

---

① 王浦劬等:《政治学基础(第二版)》,北京大学出版社 2006 年版,第 14—15 页。
② 从这个意义上讲,法律也具有协调政治关系、规范政治行为、促进政治发展、解决政治问题的功能。参见张文显主编:《法理学(第三版)》,高等教育出版社、北京大学出版社 2007 年版,第 367—369 页。
③ 一般来说,谈到司法独立,人们容易想到美国最高法院。但是从美国最高法院的发展却能明显地看出其与政治之间的密切联系。参见任东来、胡晓进等:《在宪政舞台上——美国最高法院的历史轨迹》,中国法制出版社 2007 年版,第 107—135 页。

的国际体制仍然是一个无政府的体制,不存在超国家的权威,国际组织虽然得以发展,但大国政治的基调并未改变。从国际关系理论上分析,自由主义、建构主义对于当代的国际关系都有一些正确的论断。但是,现实主义对于国际关系本质的判断仍然具有警示性。所以,国际司法这种带有理想主义色彩的体制很难充分发挥作用,而只是国际政治舞台上的一个角色。① 大国之间以政治争夺利益,小国在政治的夹缝中生存,在法律的边缘处寻找空间。

有实证分析学派的法律学者认为,恶法得到妥当的遵守比良法得不到妥善的遵守要好。② 如果仅从形成秩序的角度看,这种论断可能有些道理;但是,如果考虑到正义、自由这些同样重要的法律价值,这一论断就很值得怀疑。只能说,不完善的法律和不完善的遵守都是不值得肯定的,二者之间也不具有量的可比性。在没有目标明确、价值适合、内容清晰的法律的前提下,执法、守法、司法均将陷入迷茫、困惑之中。或者根本无从实施,或者实施也只能取得更坏的效果。当今的国际法就是一个缺乏良法的规范集合。从形式上,不同领域和区域的规范发展不均衡、不成体系;在内容上,由于国家间的争议使得最为敏感、最容易出现争端的问题都没有明确的规则;即使一些确定的规则也带有明显的强权政治的痕迹。在这样的背景下,寻求达到善治的目标是非常困难的。如果概括性地描述国际法治的现状,可以说是:未成良法,难能善治。在这种情况下,忽视国际法与国际政治二者的紧密联系,或者忽略国际法问题的政治背景,很容易导致判断的错误。抛开政治格局,纯粹追求法律之内的正义是不可能的。在政治矛盾的夹缝中,在政治利益的冲突中,试图追求折中的、大家都能满意的"司法正义"也是不可能的。③ 科索沃的很多问题,如同前南斯拉夫的问题一样,都有着背后的大国操纵。因此,在这里,独立问题在很大意义上是一个政治博弈问题而绝非纯粹的法律问题。如果完全按照法律问题来理解,就可能会导致误读。针对这样一种令人疑惑的"独立",国际法院试图通过表面的文字解释来形成正义各方都能接受的判断结论,很难说实现了公平和正义。

---

① 参见苏晓宏:《变动世界中的国际司法》,北京大学出版社2005年版,第31—37页。
② 法理学者奥斯丁认为,法理学的任务是对一般法律的概念和特点进行整理与分析,澄清和阐述现有法的概念和结构,其主要的方法是分析,而不是评论和批判,即即"法理学研究实在或严格称谓的法,而不考虑其好坏。""法律的存在是一回事,它的优缺点是另一回事。"这就是著名的"恶法亦法论"。John Austin, *The Province of Jurisprudence Determined*, London: John Murray, 1832, p.294;有关评论,参见张文显:《二十世纪西方法哲学思潮研究》,法律出版社1996年版,第85页。
③ 参见王林彬:《国际司法程序价值论》,法律出版社2009年版,第158—159页。

(二) 普遍性国际法的缺位

政治倾向会影响法律的判断。有些是外在的,有些是内在的。国际法院的"科索沃独立咨询意见"是按照法官多数意见作出的,其中欧美法官居多数。在这种情形之下,欧美法官的内心倾向就容易被解释成国际法院的意愿。从应然的角度讲,国际法既然是调整各国关系的制度体系,那么应该反映各种文化、各种立场,然而在当今这个虽云全球化实际上在地理上、政治上、经济上、理念上显现出分裂的世界上统一和谐的国际法远未成型。① 国际法本身也不成体系地被不同领域、不同范围的规范所割据。对于很多问题,条约之间存在冲突,习惯之间存在冲突,人们对于国际法的认识更存在冲突。在这样的条件之下,国际裁判机构要根据国际法来处理问题,就必然面临一系列的决择。尽管国际法院在很多场合下反复表明,其仅仅是一个司法机关,不承担立法的职能,但法院的选择和解释在这个碎片化的国际法律体系地图之上的指引作用是不可忽视的。此时,国际法院能做到独立、公正吗?

今日之国际法,从总体上看,仍然大量沿袭了欧美国家的传统习俗,反映了欧美国家的价值取向。从常设国际法院到国际法院,从纽伦堡审判、东京审判,到前南斯拉夫、卢旺达特别刑事法庭,再到国际刑事法院,无不体现出大量英美法系的痕迹以及少量的大陆法系的特征,发展中国家的文化传统、价值追求在其中分量微小。这种发展中国家的缺位无疑影响了国际法作为"天下之公器"的地位和威信。理论上,国际法院所有的法官都具有独立的身份并秉持专业精神和职业操守来处理案件,但他们每个人的文化背景都是其自身不能破除和克服的。欧美的政治背景、法律文化背景在国际法院占据优势,国际法院在很多时候不得不代表欧美的政治声音和法律立场。虽然这种声音和立场的客观的存在无疑为国际审判的公正性蒙上了一层阴影。② 说它存在阴影,倒不是说它一定不公正,但在一些模棱两可、规范缺失的敏感政治问题上,国际法院很可能以法律的名义包装起西方的政治主张,以正义、独立的外表交给国际社会,让各国及人民消化和接受。

(三) 国际法发展的辩证认识

在相当长的一段时间之内,国际法都会是国家之间协商的结果,不会有超国家的体制命令国家必须遵从,不会有强制的约束力。因此,国际法表现

---

① 参见刘芳雄:《国际法院咨询管辖权研究》,浙江大学出版社2008年版,第177—178页。
② 参见苏晓宏:《变动世界中的国际司法》,北京大学出版社2005年版,第107—117页。

为协议法、平位法、弱法,这是其与国内法的显著差异。① 国际法本质上是不同的力量、利益、立场之间的博弈,参与博弈的行为体越多,这一规范就越能够保证平衡和公正,也就越稳定和健康;反之,如果参与博弈的行为体很少,规范就可能偏颇。这一点和生物多样性的原理是一致的。这就是国际法的单国立场和普遍属性之间的辩证法。人们对国际法抱着良法善治的理想,但是现实的国际法却在很多时候是强权政治的体现。如果一味地迎合现实,可能会导致国际法体系没有进步;而一味地追求理想则可能由于在现实中无法适应而最终变成空想。国际关系中的理想主义在20世纪初期的失败和现实主义的悲观循环观点就是这两种倾向在于国际法相邻的领域的表现。② 这就是国际法的现实与理想之间的辩证法。因此,作为国际社会的行为体,必须一方面清楚地认识到大国政治的现实,努力在这种格局中不被边缘化,实现自己的富强和发展;另一方面必须在发展的过程中努力实现公平和正义,为国际法在价值取向层面和程序操作层面的改进作出力所能及的贡献,并最终改变现实,促成理想。作为一个国际社会的行为体而言,如果能够在国际法的形成、解释、应用阶段,更清晰地展现自己的利益取向,更明确地坚守自己的立场,更多地应用自己的力量,则更容易促进国际法的持续和发展,更容易促进国际法治的实现。

四、对中国与国际法互动发展的启示

理想中的国际秩序是国际社会形成了价值定位适当、规范运作妥善的法治体系,其标准是国际良法和全球善治。但是,现实中的国际秩序却是尚未形成良好的规范,既有的规范也不能很好地运行。国际法院处理的很多领土争端、海域争端就足以证明这一点:如果规范明确,就不会有这种权限不清、引致争端的情况。针对当今国际关系和国际法的理想与现实存在着相当大的反差的情况,中国作为一个发展中的大国,应当采取何种立场、作出怎样的

---

① 对于国际法的性质的讨论,可以追溯到奥斯丁。他认为法律应当是主权者的命令,而国际法显然不符合这一界定,所以国际法不是严格意义上的法,而仅仅是实证道德。参见 John Austin, *Lectures on Jurisprudence*, 5th ed., John Murray, 1911, pp.173, 182—184. 当代国际法学者对这一问题的分析,参见 Malcolm N. Shaw, *International Law*, 7th ed., Cambridge: Cambridge University Press, 2014, pp.1—9; Alina Kaczorowska, *Public International Law*, 3rd ed., Routledge Cavendish, 2005, pp.8—13.

② See Robert Jackson and Georg Sørensen, *Introduction to International Relations: Theories and Approaches*, 4th ed., Oxford University Press, 2010, pp.58—90; John Baylis, Steve Smith, and Patricia Owens, *The Globalization of World Politics: An Introduction to International Relations*, 4th ed., Oxford University Press, 2007, pp.90—107.

抉择呢？笔者认为，以下几个方面的认识对于中国的策略选择具有建设意义：

(一) 认清当今世界大国操纵国际法的现实

在国际法律规范的运行中，强权政治时常显现出来。大国利益和大国主张经常以国际法的名义包装起来。值得赞赏的是，迄今为止，中国政府始终清醒地认识到当今的国际社会仍然是一个强权主导的社会，仍然是一个大国博弈的社会，仍然是一个实力优于美德和规则的社会。在这种强权政治的背景下，就应当以追求强大的方式获得更多的自由和机遇，至少避免被欺辱。所以中国始终强调自身的经济、军事、社会、文化发展，通过发展而在国际社会赢得一席之地。在对国际事务的处理上，也始终坚持协商、谈判等政治方式，而不是盲目乐观地追寻全球化的迷梦，相信当今世界已经进入法治时代的宣讲。

在这样的主导认识基础上，中国应对国际司法有清醒的评估，对国际审判、裁决继续持谨慎态度。以法律的方式行大国意志之实，并不会导致法治，而只会是更加隐蔽和堂皇的强权政治。中国面临着台独、疆独、藏独等一系列问题，而这些问题都有境外的势力插手和支持。[①] 因此，如果任由这种西方主导的国际法发展、支配整个国际体制，我们就有可能将自己陷入到被动的境况和无穷的麻烦之中。所以，不能盲目地相信国际司法体制的公正性，不能一味地赞同、追随任何以法律为名义的国际行为或者结论。国际法院"科索沃独立咨询意见"警示我们：过于信赖国际司法体制是幼稚的，"九一八"事变之后中国的国民政府盲目相信国联的态度[②]，实际上就是对大国之间的博弈缺乏深刻的认识而导致的。这对于今天我们认识国际法律问题，仍然具有借鉴的意义。

---

① 就台独问题而言，自 2000 年民进党执政台湾地区，台独势力猖獗。2007 年以后，台独分子在试图以加入重要国际组织的方式达到台独目的这一问题上，首次以台湾名义申请加入联合国和世界卫生组织；在所谓的台湾前途问题上，越发强调自决一说。所以有学者提出，对于中国学界和政府来说，无论从长还是从近计议，都有必要充分利用国际法院这一国际社会最重要的司法机构的各种机制，加强对国际法院案例的研究，以期挫败台独分子的不轨图谋。参见曾令良主编：《21 世纪初的国际法与中国》，武汉大学出版社 2005 年版，第 310—326 页；严泉、何薇：《台湾地区立法机构与"法理台独"应对》，载《现代台湾研究》2013 年第 6 期；朱松岭、许崇德、易赛键：《"法理台独"理论根源之批判》，载《福建师范大学学报（哲学社会科学版）》2010 年第 3 期；刘芳雄：《国际法院视角下的反台独问题研究》，载《时代法学》2009 年第 2 期；萧凯：《反对"法理台独"的三个国际法理论》，载《东方法学》2008 年第 2 期。

② 英、美、法等国在"九一八"事变之后采取的不积极追究日本责任的态度最终导致了国际联盟在日本入侵中国的问题上没有明确的立场，中国受到了严重的损失。参见王绳祖主编：《国际关系史·第五卷(1929—1939)》，世界知识出版社 1995 年版，第 59—76 页。

（二）更广泛地利用国际司法机制解决中国问题

法治是各国人民都追求的秩序理想,所以法律的话语具有更强的正当性。而且,中国要进一步努力,敢于在国际场合用法律的语言表达自己的声音,勇于用法律的工具维护自己的正当利益。① 因为国际法治远未实现,法律在很多时候还是大国强权的工具,所以我们应当更多地创造和利用法律的武器,来避免大国强权以法律的形式形成对我们不利的后果,更应当通过法律的形式来表达利益、维护利益。既然国际社会的主要旋律仍然是强权政治,就应当毫不退缩地主张和维护国家利益,并在适当的时机以法律的方式使之正当化。在这一方面的立场和行为还有待强化。

中国在 21 世纪初提出了构建和谐世界的主张。必须承认,这一理念对于当今的国际关系体系是具有启示意义的。它意味着用更加宽容的态度来面对不同的文明,而不是强调文明的冲突,更不赞成在不同文明之间挑起冲突。但是,和谐既不意味着无视现实冲突的存在,也不意味着无原则的退让,对既存的争端采取和稀泥的态度。只有正面认识客观存在的冲突并且用妥善的方法解决冲突,才有可能实现真正的和谐。制度经济学的研究表明:产权明晰对于定分止争而言十分关键,因而,解决冲突首先应当判明是非。而以法律的手段解决争议,显然是可信度比较高、效果比较好的途径。从这个意义上讲,充分利用司法途径解决中国当前所面临的一系列国际纠纷对于维护我国的权益,实现周边的稳定和世界的和谐具有重要的意义。2010 年 9 月发生的日本官方扣留靠近钓鱼岛的中国渔船的事例充分证明了通过法律渠道明确争议地区归属的重要意义:如果没有双方信服的法律依据,小规模的领土归属模糊就会导致很严重的政治态势。中国作为国际经济、政治领域的大国,当前参与国际立法的积极性日益提高。但是,在参与国际司法方面,还显得十分谨慎,在利用国际司法体制维护我国的合法利益方面还有很多值得改进的地方。② 例如,中国积极地参与了第三次联合国海洋法会议,参与了国际海洋法法庭的活动,派驻了法官(赵理海、许光建、高之国);但是,对于中国所面临的诸多海洋方面的争端,却始终没有积极地采取司法渠道予以解决。这就导致包括南海诸岛、东海大陆架和钓鱼岛在内的多项海洋争端处于问题频发③,却始终缺乏有说服力的法律结论,这对于维护我国的海洋安

---

① 参见罗欢欣:《中俄边界争端中的国际法争议》,载《东方法学》2010 年第 2 期。
② 参见姜世波:《大国情结与国际法的学术研究心态》,载《山东社会科学》2009 年第 2 期。
③ 例如,中、日、韩在东海大陆架上的争议,美国和韩国在东海的联合军事演习、中国大陆人民和台湾人民反对日本占领钓鱼岛的一系列行动,等等。

全、建立完善的海洋法制是不利的。① 虽然我国长久以来对于国际司法体制缺乏信任,对于在国际司法体制中能够争得利益也缺乏充分的信心,但国际社会法治化的方向是确定的,中国意图成为真正的世界大国,不仅要有军事、经济、政治、技术等方面的实力,也需要有法律方面的形象和能力。所以,应当更加积极地研究相关的法律规范与司法程序,通过深入研究有关规范和司法实践掌握可能出现的争讼的主动权,力争尽早地用司法手段来维护我国的海洋权益。同样,在维护中国企业、居民等在外国的利益方面,也应当更多地采用法律的手段予以解决。

(三) 以推动国际良法促进全球善治,通过中国的发展促进国际法的发展

没有中国发展的世界,不可能是和谐的世界。在清醒认识国际法现存的结构性缺陷的同时,中国作为在国际社会具有广泛影响的大国,还应当秉承善意,利用其日益强大的经济力量以及在世界上日益增大的影响,对于国际法的良性发展贡献力量。这种力量首先体现在立法层面的积极参与上。当前的国际法具有很强的可塑性,因此,中国应积极参与国际协商和立法活动。中国政府和学术界应当密切配合,能动地推动国际法的发展,而非被动地接受现有的国际法体系,为国际法的健康发展提供支持。到现在为止,我们在国际社会的很多表达还很苍白,缺乏法律和文化的支持,没有充分地形成中国立场、中国风貌、中国话语。这就难免给人怀疑和困惑,很多外国人,甚至一些中国人都有中国在有些时候表现得富而不强、富而无文,甚至为富不仁的错觉。为了消除这样的误解,中国在发展的过程中,应当倡导和推动国际法在价值上真正实现公平与正义,推广亚洲、非洲、拉丁美洲的国际法理念,形成更具有广泛代表性的发展中国家的国际法,使之与具有西方大国文化血统的传统国际法相互融合、相互砥砺,最终使国际法具有更广泛的代表性。从国际法的立场上看,中国人不要迷信西方的法律理念,不要被其貌似和逻辑的观点和似乎雄辩的言辞所吓倒。应当相信,在相当多的问题上,国际法的原则和规范还远未定型,而且,即使是定型的规则,也必然要随着时代的发展而不断变革。值得注意的是,有些西方大国,即使在违背国际法的时候,也会振振有词,或者说是对国际法的创新,或者说是通过违法来摒弃旧的国际法,由此发展出新的国际法。在这样的情况下,中国就应当在国际场合、外交领域更积极地利用法律手段,从而推进国际法规范向着良法的方向演进。

---

① 参见金永明:《论中国海洋安全与海洋法制》,载《东方法学》2010 年第 3 期。

中国对于国际法的贡献还应当体现在对于国际法运行机制的平衡。在国际法的执法阶段和守法阶段,中国可以为国际法治的形成作出贡献。例如,在形式上通过促进机构的整合和机构间的合作逐渐改变不成体系的现状,形成一个更加完善的国际法运作体系;通过严格和善意地履行条约,为国际守法作出典范。由于在国际法的运行过程中,可能出现不公正的情况,所以,中国必须对于既存的不公正、不合理的国际司法问题予以揭示,在本身不干涉司法的独立性的同时,也不允许其他国家干涉司法的独立。因而,应当更主动地参与国际法律活动,在国际立法中敢于发出自己的声音、表明我们的立场和理想,在国际司法中提出我们的观点和贡献,在国际执法中有我们的制度设计。通过这种方式,树立中国作为法治国家的形象,并以这种方式影响世界朝着真正的法治方向发展。当然,这种参与也不会是盲目和贸然的。中国不会是一个在国际法律体制中无知无畏的信口开河者。问题在于,我们以往的参与都过于谨慎、过于保守,现在应当更多一些勇气和自信。在这种勇气和自信的支持下,我们还需要深入到西方法治话语体系的纹理之中,掌握这套话语体系,与其对话;发现这套话语体系自身内在的价值问题、逻辑矛盾,揭示这套话语体系的弊病,从而融会中国的理念和主张,表达我们自己的观点。这和一百多年前,中国面对西方的工业与技术霸权而采取的"师夷长技以制夷"的思路是一致的。也就是说,在我们发展的初期,只能选择先进入他们的国际法话语体系,然后利用这一话语体系表达和实现我们的利益,并最终形成中国的国际法话语体系。

五、小　　结

国际法与国际社会的主流意识息息相关。① 随着国际社会相互依赖的增强、整体意识的提高,中国应当倡导全球共同的风险和命运,共同的追求和未来,使各国逐渐抛弃势力均衡的思维,树立长远、广泛的利益观。使各国以及国际组织、非政府组织认识到在相互依赖的背景下,秉持零和博弈的思维的落后性,倡导共赢的正和博弈观。也就是说,中国要有全局意识,兼济天下的抱负和理想;与此同时,在世界不能达成共识之时,还必须有能力先保护自身的利益和发展机遇。

---

① 郝铁川从第二次世界大战后国际社会主流意志对侵略国意志的改造、联合国对其成员国意志的约束、其他国际组织对其成员国意志的改造等角度,论证了现代法律不仅仅是国家意志的体现,同时还是国际社会主流意志的体现,并论述了国际社会主流意志形成的原因与途径。参见郝铁川:《法仅仅是"国家意志的体现"吗?——兼论法亦为国际社会主流意志的体现》,载《法律科学》1998 年第 3 期。

中国政府和学术界的立场和做法有很多是值得赞赏的,不过也有一些还有待强化。中国古籍《易经》有云:自强不息,厚德载物。只有一方面不断增强自己的实力,另一方面通过法律的方式提高自身的道德形象,通过法律来表达中国的道德追求,才能实现中国的发展和世界的和谐。

第十六章　国际法治视野中的欧洲联盟体制*

欧洲联盟是区域国际法治的一个典型范例。通过规范的改进和机构的完善，欧洲联盟已经初步形成了区域的良法，达到了以人本主义为基础、以可持续发展为目标的法律价值，同时也注重在各个领域形成善治。当然，在一体化发展的道路上也存在着一些障碍和问题，有待于在未来的制度发展中进一步提高。

一、欧盟作为区域体制的国际法治地位

众所周知，现在的欧盟遇到了不少困难。因为2008年美国次贷危机的影响，欧盟的数个成员国（希腊、意大利、西班牙、葡萄牙、爱尔兰）面临主权债务危机，给整个欧洲联盟的稳定和前景带来影响。自2011年开始，英国屡次讨论其在欧盟中的境况，并试图采取措施退出欧盟。这也为欧盟的未来带来了诸多不确定性。尽管如此，欧盟作为区域性国际合作的重要尝试，作为拥有28个成员国的重要经济体，仍然有很多值得我们分析和审视的方面，它在国际法治领域的贡献和引领作用更是不能忽视。

前文已述，作为构建国际关系秩序的目标，"国际法治"这一术语可以简单而直观地被理解为国际场合下的法律至上，或云"国际事务的法律之治"。国际法治以国际社会为环境，以法治为核心，要求在各个领域、各个层面实现"良法"和"善治"，即内容与目标设定良好、形式完善的规范在国际事务中被普遍地崇尚与遵行，实现国际社会的法治。从中可以看出，判断国际法治的两条重要标准即为国际良法和全球善治。

国际良法是对于国际法律规范从内容到形式上的一系列要求。作为内容方面的要求，这些法律必须基于妥当的价值目标，体现国际社会共同认可的价值标准，具体而言，国际法治的规范体系应当以人本主义为基础①，以地

---

* 本章在作者与于喜华合作的《国际法治视野中的欧洲联盟体制》（中国欧洲学会欧洲法律研究会2008年年会论文）基础上修改而成。

① 〔德〕尤尔根·哈贝马斯：《关于欧洲宪法的思考》，伍慧萍、朱苗苗译，上海人民出版社2013年版，第1—17页。

区之间、国家之间的和谐共进为原则,实现全球社会的可持续发展;在形式上,国际法治依据的法律规则应当简明扼要、清晰流畅、逻辑严谨、体系完善,明了地规定权利义务的配置,法律责任的归责原则、归责方式,具有可预期性、可裁断性,整体贯通其精神主线。① 就当前而言,要求国际法治所依据的规范在形式上是好的,主要是针对国际法不成体系的问题。

全球善治是国际法治在运作方式上的要求,即实现对于国际良法的有效实施。从法律的角度考察,全球善治至少包括以下几个方面的含义:在立法环节,采用民主而透明的立法程序,使各有关方面都有机会参与规则制定,在其中表达自己的意见;在执法环节,有相应的明确的执行机构保证国际法原则和规范能够在所意定的范围内广泛、平等、无歧视地适用,并对主体的遵循情况进行监督、考察和评估,提出改正的建议和意见;另外,还需建立有效的争端解决和问责机制,使得那些违背法律规定的行为受到司法机关的处置,存在争议的国际问题得以诉诸司法机构得到公正的解决。

国际法治还可以被理解成一个现实进程的描述。在当前的国际社会背景下,追求国际良法与全球善治的国际法治理想已经成为全球治理的一个方向,是国际社会的一种潮流,一种不容回避的大趋势。但是,必须认识到,虽然经济的全球化发展、法律的国际交流、全球性问题(如资源短缺、环境恶化)的出现和加剧等因素对国际法治的发展发挥了强劲的推动作用,我们也不能忽视诸如国际局势均衡性差、西方中心主义等消极因素对其发展所起的消极的阻碍作用。就目前情况来说,国际法治仍处在一种初级阶段,而没有形成整体的格局,只是呈现出分地区、分生活领域的零星分布状态。其中,欧洲联盟体制作为一种区域的超国家的国际组织,可以被视为实现国际法治的重要例证和良好典范。在国际法治建设还处在初级阶段的今天,欧盟为我们提供了丰富的实践经验和参照素材,"可以理解为通往宪政的世界社会的关键一步"②,也是建立国际法治的一个相对典型的范本。本章即对欧盟在法治方面取得的成就进行分析探讨,并从中找出其获得成功的深层次原因以及面对的挑战,希望能对仍处于初级阶段的国际法治建设有所裨益。

二、欧洲联盟体制在实现国际良法过程中的努力

欧盟诸国,虽然存在着很多政治、经济、文化上的差异,但是,相近的基督

---

① 此类要求即郑成良教授所称的法的"形式价值",参见郑成良主编:《现代法理学》,吉林大学出版社 1999 年版,第 168 页,并见本书第一章第三部分。
② 〔德〕尤尔根·哈贝马斯:《关于欧洲宪法的思考》,伍慧萍、朱苗苗译,上海人民出版社 2013 年版,第 23 页。

教文明、邻近的地理位置,还是为欧盟各国确立共同的法律价值奠定了基础。而且,如我们所知,现代法治的思想来自欧美,现代国际法的观念基础来自欧美。在欧盟的发展进程中,将欧洲文明的价值目标融入其法律体制之中,并加入国际政治和现代治理的因素。① 这些因素也使得欧盟法律体系非常容易找到与国际法治的价值要求契合的方面。

(一) 以人本主义为基础

国际良法应是建立在人本主义基础之上的,而非以国为本。人本主义强调以人为本的治理,意味着关心人的价值和尊严,重视人的处境与感受,处理对人类生存和发展有意义的问题。人权法是人本主义在法律中的最系统的体现。② 而欧洲联盟被认为是世界上最具人权理念、人权保护水平最高的区域性组织,是其他地区人权保障机制的典范。欧盟无论在其法律一体化的进程中还是司法实践中,都体现了其尊重和保障人权,以人为本的价值理念。

虽然欧洲共同体的正当性建立在"商品、人员、服务、资本"自由流动的基础上③,但是这些自由的目标主要还是形成一个统一的市场,完成法德和解,应对共产主义国家的威胁。在成立之初的欧共体条约中,并没有关于人权保护的相关规定,这是因为当时的欧共体以实现经济一体化作为首要目标,导致其对于人权问题有所遗漏。但这并不意味着欧共体完全忽视人权问题,当时的各成员国基于已有《欧洲人权公约》和欧洲理事会来处理欧洲人权问题,故没有必要在共同体条约中再加以规范的观点,使得人权条款在共同体条约中没有体现。但在其后的保护人的基本权利的司法实践中,证明这一观点是盲目乐观的。为了弥补共同体条约中对人权问题的遗漏,欧共体法官参照一般法律原则和成员国共同宪法,尤其是《欧洲人权公约》,充分行使自由裁量权,进行司法解释,通过判例的方式将人权观念逐步引入到欧共体法律体系中。在这个过程中,欧共体法院的努力是不容忽视的。④ 在其后的欧共体条约和各种文件中,人权问题越来越受到重视,人本主义也在其中得到体现。

1986 年 2 月欧共体 12 国签署了《单一欧洲法令》,并于 1987 年 7 月 1 日

---

① 关于从三大欧洲共同体到欧盟的发展历史,参见 Paul Craig and Gráinne de Búrca, *EU Law: Text, Cases, and Materials*, 6th ed., Oxford University Press, 2015, pp.1—27.
② 对这一问题的深入分析,参见曾令良:《现代国际法的人本化发展趋势》,载《中国社会科学》2007 年第 1 期;何志鹏:《全球化与国际法的人本主义转向》,载《吉林大学社会科学学报》2007 年第 1 期。
③ Catherine Barnard, *The Substantive Law of the EU: The Four Freedoms*, 4th ed., Oxford University Press, 2013.
④ 参见臧彦:《欧洲法律一体化的人权基础》,吉林大学 2007 年博士学位论文,第 91—94 页。

生效。该法令将人的基本权利和民主作为欧共体的目标,而人权则作为欧洲政治合作的一项重要内容在法令中被明确提及,可见对其的重视程度。另在1989年12月通过的《共同体工人基本社会权利宪章》中,更是明确规定欧共体内部市场的建立要保证欧共体工人享有的社会权利,包括自由迁徙权、禁止强迫劳动、男女机会平等、健康和安全的工作环境等。并要求各成员国应以立法或雇佣双方集体协议的形式对这些基本社会权利予以贯彻落实。《共同体工人基本社会权利宪章》是欧共体制订的第一部人权文件,虽然宪章仅是一个政治宣言,对各成员国不具有法律拘束力,但却是欧共体人权观念及注重人在内部市场中的基本权利的集中体现。

1992年的《马斯特里赫特条约》(又称为《欧洲联盟条约》)将尊重人权正式确定为欧盟的基本原则,在欧盟保护人权方面具有里程碑式的意义。该条约在其序言中指出"各成员国坚持自由、民主原则,尊重人权和基本自由及法治"。条约第F条(后经《里斯本条约》修正后为第6条)明确规定:"联盟应尊重各成员国的国家特性,成员国的政体应建立在民主的原则之上;联盟应尊重基本权利;这些权利受1950年11月4日在罗马签署的《保护人权和基本自由的欧洲公约》的保障,并因其源自成员国的共同宪法传统而成为共同体法的一般原则。"条约还明确提及对社会权利的保护。《马斯特里赫特条约》作为欧盟的宪法性文件,将尊重人权提升到基本原则的高度,再次表明人权在欧盟法律体系中重要地位。在其后的《阿姆斯特丹条约》开始了欧盟的系统的人权立法,条约第6条规定:"联盟以各成员国一致认同的自由、民主、尊重人权和基本自由以及法治等原则为基础。"第49条又将全面尊重人权列为加入欧盟的前提条件,将人权视为欧盟存在的价值基础。2000年12月在尼斯会议上通过的《欧盟基本权利宪章》在其序言中阐明了其宗旨:欧洲人民在共同价值的基础上分享和平的未来,努力创设一个更加紧密的联盟;不可转让的、普遍的人的尊严、自由、平等和团结等价值是联盟成立的依据……并规定了各项公民和政治权利及经济、社会和文化权利。宪章虽然被通过,但因没有被纳入欧盟条约而缺乏条约的效力性规定,其所规定的各项基本权利并不具备直接的法律约束力。尽管如此,作为欧盟的第一部有关基本权利的宪法性文件,仍具有深远意义。

此外,欧盟各成员国2004年签署(虽然非常遗憾,最终没有批准生效)的《欧盟宪法条约》中关于人的各种权利的规定尤为引人注目。该《宪法条约》中明确规定"尊重人的尊严、自由、民主、平等、法治和尊重人权,包括属于少数民族个人的权利,是本联盟赖以建立的价值",另就欧盟公民权和欧盟加入《欧洲人权公约》等事项做了相应的规定。此外,该《宪法条约》第二部分系统地规定了欧盟的基本宪章,这标志着欧盟已经建立起较为独立与完善的人权法律保护体系。欧盟作为一个非专门性国际人权组织,能在其章程中如此大篇幅的规定有关人权事项,恰恰说明了其对人权的重视,表明了其以人的利益和追求为制定规范的价值指向的立场。虽然这一《宪法条约》最终未能成功,但是作为其缩减本的《里斯本条约》继承了其中的人本体制,特别体现在《欧洲联盟条约》第2、6条、第9—12条。①

(二) 以可持续发展为目标

可持续发展的前提是发展,其目的是为了增进人类的福利,改善人类的生活质量,是以人为本的发展观。从其内涵上看,可持续发展要求兼顾代内公平与代际公平,即在地球上同时生存的人能够得到公平待遇,享有同样的发展权利和过上幸福生活的权利,与此同时,要考虑后世各代的发展可能,不能以牺牲后代人的利益来满足当代人的要求。此外在追求人类自身发展的同时,也要考虑人与动植物、自然体之间的公平关系(域际公平),注重环境和资源的维护,而不应逾越环境与资源的承载能力。

可持续发展与环境保护有着密切的关系,二者构成统一的有机整体。环境建设作为实现可持续发展的重要内容为可持续发展提供适宜的资源和条件,为发展保驾护航。可持续发展则把环境保护作为它积极追求的最基本目标之一。欧共体在1970年就提出了"环境无国界"的口号。随着欧共体内部经济的发展,环境问题日益突出,为了应对这一问题,欧共体在1972年召开的各国和政府首脑参加的高峰会议中提出了所谓的"13项计划",并要求理事会据此形成共同体的环境政策,至此,环境问题开始受到欧共体的重视,大规模的环境保护运动也正式开始。1987年7月生效的《单一欧洲法令》对欧共体环境政策具有重大影响。它强调"环境要求应成为共同体其他政策的基础",首次以条约的形式确立了欧共体环境保护的政策和法律地位。

直到1992年的《马斯特里赫特条约》在对环境保护作了进一步阐述之后,才正式提出了欧盟"可持续发展"的目标,形成了欧盟法律的可持续发展概念。而1997年的《阿姆斯特丹条约》则将可持续发展列为欧盟的优先目标,进一步在法律上明确了可持续发展原则的地位。进入21世纪之后,全球经济发展与环境恶化的矛盾进一步尖锐,欧盟亦面临着可持续发展的严重考验。基于此,欧盟在2000年制订的里斯本战略中把可持续发展作为重要政策来实施。里斯本战略的目标就是"至2010年,将欧洲建设成为世界上最具

---

① Treaty on European Union (Consolidated version 2012), 2012/C 326/01, *Official Journal of the European Union*, Vol. 55, October, 26, 2012, p. 13.

活力和最具竞争力的知识经济社会"。为了实现这一战略目标,该项战略以建设和谐社会、振兴经济、可持续发展作为三大支柱,相互支持,相互促进,共创欧洲美好未来。① 这又一次明确了可持续发展的法律地位,为其进一步实现奠定了法律基础。2001 年,欧盟在其颁布的《环境 2010:我们的未来、我们的选择》指令中指明了未来 5 年至 10 年内欧盟环境政策的目标。该指令明确规定在气候变化、自然和物种的多样化、环境与健康、自然资源和废弃物四个领域内优先执行环境与发展综合决策,并制定了执行的具体措施。此外还明确了现在的环境问题包括气候变化、空气污染、水资源等。

20 世纪 80 年代以来,欧盟制订了许多关于环境保护与可持续发展的决策和法律。除了在上述的基础性文件中明确及肯定了可持续发展的法律地位,还制定了一系列其他的重要的法律法规,为这一目标的实现提供了法律保障,如《综合污染防治管理指令》(IPPC)、《环境影响评价指令》(EIA)、《战略环境影响评价指令》(SEA)、《关于某些工业活动的重大事故危害指令》等。这些政策和法律以环境保护为出发点,以实现可持续发展为其目标,对可持续发展中的环境保护问题予以了高度重视。此外在国际合作方面,欧盟不仅在确定国际公约的法律效力上表现出积极支持的态度,而且在不同程度上把相应的国际环境公约确定的目标在各成员国国内立法上进行相应的调整与补充。总之,欧盟通过各种法律途径和手段对可持续发展这一目标给与了肯定。②

(三) 以地区之间、国家之间的和谐共进为原则

和谐的前提是承认差异,并在差异的基础上追求各得其所、各安其分,在相互合作、配合中形成整体的秩序。和谐是对霸权体制的否定和替换。霸权体制经常会以强力甚至是武力要求其他国家遵从、趋同,而和谐的世界体制中虽然可能有等级秩序,但这种等级秩序领导者(或领袖国家)是以道德的优越性作为立身之本的,并采取文化包容的态度,通过一种友善的、非对抗性的形式构建全球的结构与秩序。③ 从范围的角度讲,和谐世界包含三个部分:国家之内、国家之间和国家之外(人与环境)。就欧盟而言,其中的人与环境之间的和谐共进问题已在上面的可持续发展目标中论述过,这里不再详

---

① 《欧盟可持续发展战略》,见 http://www.most.gov.cn/gnwkjdt/200508/t20050827_24290.htm。
② Damian Chalmers, Gareth Davies, and Giorgio Monti, *European Union Law: Text and Materials*, 3rd ed., Cambridge University Press, 2014, pp.925—930.
③ 参见易显河:《国家主权平等与"领袖型国家"的正当性》,载《西安交通大学学报(人文社科版)》2007 年第 5 期。

述。而对于成员国之间以及成员国各地区之间的和谐发展问题,欧盟则一直予以高度重视。回顾欧盟成立和发展的历史,从中不难看出,成员国签订的一个个基础条约推动着欧洲一体化进程,在不同发展阶段所缔结的各大条约,在一定程度上都是追求欧盟某一领域或多个领域的共同发展。如1951年在巴黎签订的《欧洲煤钢共同体条约》,目的是为煤炭与钢铁业建立一个共同的市场,将煤炭和钢铁业的生产置于共同管理之下;1957年签署的《欧洲经济共同体条约》和《欧洲原子能共同体条约》,则是为了建立欧洲共同市场和实现原子能的和平利用。随后的《马斯特里赫特条约》将欧洲一体化的进程推到了一个新的层次,在原来的三个共同体基础之上又确定了两个合作领域,即共同的外交与安全政策及司法和内政事务的合作。

在现行的欧盟体制下,仍存在一些区域发展不平衡问题,例如区域经济发展不平衡问题就曾一度阻碍了欧洲一体化的进程。为了解决这些问题,欧盟做了大量的工作,制订了一系列政策,并取得了一定的成就。在这个过程中,完备的法律规范和制度基础对于欧盟实现各成员国和地区的和谐共进起到了关键作用。欧盟在宪政和相关法律条文中对有关区域协调政策进行了规定,使得这些政策的实施变得有法可依。1958年签订的《欧共体共同条约》是欧共体的基本法律基础之一。该条约在前言中就明确规定:"期望通过缩小区域间的差距和降低较贫困地区的落后程度,加强各国经济的一致性和保证它们的协调发展。"该条约同时在第十四篇中通篇明确了区域问题的重要性以及解决区域问题的法律规范。相关的法律规定在后来的《欧洲联盟条约》基本法中也有所体现并愈加重视,如《欧洲联盟条约》第3条第3款规定:"欧盟的目的在于促进经济和社会发展,实现高就业水平和维持可持续与平衡发展。"在随后的里斯本会议中,欧盟制订了里斯本战略,将建设和谐社会作为重要政策来实施。

此外,欧盟的成员国也制定了各种促进各区域和谐发展的法律体系,以德国为例,其联邦宪法规定,联邦政府与州政府之间是一种相互协调的关系,在地区经济发展中联邦政府必须担当占50%比重的任务。根据改善地区经济结构的法律,德国制定了"地区经济的框架计划",被誉为德国地区经济发展的"圣经"(每年度有一个框架计划),它规定什么地区该受援助,援助多少,是宪法精神的具体化。可以看出,德国政府很少通过"人治"的政策优惠和扶持来支持区域发展,而是一切依法律行事。宪法、改善地区经济结构的法律等,在促进德国各地区和谐共进方面起着关键性作用。[①]

[①] 参见陈瑞莲:《欧盟国家的区域协调发展:经验与启示》,载《政治学研究》2006年第3期。

欧盟通过基础性条约及相关法律文件对促进地区之间、国家之间的和谐共进这一原则进行了确认和具体的规定,将抽象的理念具体落实到法律体系中,使其从一种号召、愿望走进更具权威和约束力的领域之内,并更具可操作性。最终通过法律的运作来促进实现这一原则,使其成为欧盟体制下的各行为者的行为准则。

(四) 法律规范的体系化

法律规范在形式上符合良法的要求,应当简明扼要、清晰易懂、体系完善、逻辑严谨。其中最为重要的是在体系上应该构建成一个有机的整体,而不是条款分割、互不联属。欧盟拥有一整套独特的法律体系,为其内部和各成员国的活动提供了可靠的机制保障。

欧盟法的主要渊源即表现为各成员国之间达成的关于欧洲共同体和欧盟的基础条约和后续条约,包括前面提过的《欧洲煤钢共同体条约》《欧洲经济共同体条约》《欧洲原子能共同体条约》以及建立欧盟的《马斯特里赫特条约》和修改欧盟条约的《阿姆斯特丹多约》等。上述条约被称为宪章性条约,发挥着犹如国内法中宪法的作用。欧盟法的派生渊源是指根据基础条约所赋予的权限,由欧盟的主要机构制定的各种规范性的法律文件,主要包括条例(Regulation)、指令(Directive)、决定(Decision)等。此外欧盟法的渊源还包括司法解释及其判例、内部规范性文件等。①

欧盟法的体系化还表现在对以上各种法律渊源效力的明确规定,使它们有明确的位阶,彼此之间保持协调一致,进而使整个法律体系结构更加严密。条约可视为欧盟的宪法,是欧盟的根本大法,在适用上不仅优先于成员国的一般法律,而且优先于成员国的宪法。就是说,条约具有毫无限制的绝对优先适用的效力。条例是指在欧盟整个范围内可直接和统一适用的规定,被认为是基础条约的实施细则,具有普遍适用、统一的约束力。条例被制定和公布后,便自然地融入了成员国的内国法律体系。它无须经过成员国的立法机构通过转换立法的程序或以批准的方式使其成为国内法。条例通常由欧洲议会与欧盟部长理事会主席签署后,以 26 种官方语言文字公布在《欧盟公报》及其官方网站上,并自公布后的第 20 天开始生效。指令是指为履行与欧盟有关条约上的义务而作出的对特定成员国有约束力,并指令成员国在一定期限内通过国内立法程序将其转换成国内立法,以履行该义务的法律规定。修订后的《欧洲联盟运行条约》第 288 条(原《欧共体条约》第 249 条)规定:

---

① John Fairhurst, *Law of the European Union*, 10th ed., Pearson Education Limited, 2014, pp. 56—86.

"对于每个被指令的成员国,指令对于将获得的结果方面具有约束力,但是应当为该成员国留有可供选择的形式和方法。"这就表明,指令仅对将达到的目的和得到的结果具有约束力,而对于行为的形式和方法则不加限定。依据欧盟基础法律的相应规定,欧洲议会与理事会、理事会与委员会均可共同制定条例(法规)、发布指令、作出决定。决定是一种执行决议,既可以对成员国作出,也可以对公司或个人作出,对指明的成员国、公司或个人均有约束力。所以,决定不具备普遍性,其适用范围只是指向一个或几个成员国,以至只指向某个法人或自然人。公司或个人可以就决定请求欧洲法院予以撤销。欧盟对基础法律及其派生法的制定,具有完全的自主性,这些法律对其成员国具有直接的效力和优先适用性,协调了欧盟法与成员国国内法之间的关系,从而使欧盟法律具有某些超国家的因素,加快了欧洲一体化进程。特别是欧洲法院通过其审判实践,不断补充和完善欧盟法律,其判例为欧盟法律确立了直接效力原则和优先原则等重要的法律原则,与司法解释一起成为欧盟法的渊源之一。①

三、欧洲联盟体制在善治领域的努力

作为国际法治的重要实践,欧盟在组织规划和规范运行方面也作出了很多的努力,为国际法治的操作提供了不少可资借鉴的经验。

(一) 立法过程中的善治

"善治"首先表现在民主而透明的立法程序。《欧洲联盟条约》在其序言和第 2 条中明确宣称"各成员国坚持自由、民主原则,尊重人权和基本自由及法治"。欧盟的立法主体主要有:欧盟议会、理事会和欧盟委员会。其负责立法的范围不同,均有明确规定。其中,议会是欧盟内唯一一个由欧洲人民直选产生的欧盟层面的机构,《欧洲联盟运行条约》第 22 条(原《欧共体条约》第 19 条)第 2 款根据住所地原则、在与内国国民在同等条件下规定了这些欧盟外国公民的积极的与消极的选举权。议会由结成欧共体的各国人民的代表组成,于 1979 年举行了第一次选举,每五年一届,到目前已举行了六次大选。议员的任期为 5 年,他们的行为是独立的,不受任何政党或政府指示或命令的限制,不得同时担任许多机关的工作。议员是由欧洲公民通过自由而秘密的投票直接普选产生,以成员国人口多寡为主,综合考虑民族之间

---

① 参见刘兆兴:《论欧盟法律与其成员国法律之间的关系》,载《环球法律评论》2006 年第 3 期。

和政党之间的力量和利益等因素,适当照顾小国进行分配。欧洲议会的体制近似西方国家的国内议会。

欧盟议会作为唯一的民选立法机构,是立法程序中民主成分的最主要的体现者,其立法权限呈逐渐扩大趋势,代表着欧盟立法程序中的民主成分的增强。议会是由欧洲煤钢共同体的共同大会演变而来的,最初仅享有咨询和监督权。在《单一欧洲法令》之后正式被称为"欧洲议会",并通过了所谓的"合作程序",使得它有权对理事会的初步决定提出修改意见,并具有对立法草案二读的权力。在此后的《马斯特里赫特条约》中确立的"共同决策程序"中,议会成为与理事会享有平等权力的共同立法机关。在随后的《阿姆斯特丹条约》和《尼斯条约》中都将该程序的适用范围扩大到越来越多的政策领域,使得欧洲议会的决策权大大提高。欧盟的立法程序包括咨询程序、合作程序、共同决策程序和决策程序。① 而这四种程序中,共同决策程序的适用范围是最广的,除了农业、司法与内政事务等问题以外,多数欧盟立法都属于共同决策程序的适用范围。而欧洲议会恰恰在这一程序中与欧盟部长理事会置于同一立法位置上,发挥着重要的作用,这也是欧盟立法民主机制强化的一种表现。

(二) 执法过程中的善治

法律的生命力在于它在社会生活中的具体实施,无论是多么民主多么科学的法律如果得不到贯彻实施,也终将是一纸空文。执法是法律实施中的重要组成部分,是法律实现的主要途径。欧盟通过条约的直接规定以及司法实践,确定了一系列规则、原则,明确了欧盟法的地位,协调了其与各成员国法的关系,以保障其法律的顺利实施。

欧盟适用从属性原则处理欧盟与成员国之间的关系问题。从属性原则指凡是成员国能够自己处理的问题,欧盟不加干预,只有当成员国自己不能处理时,欧盟才加以干预。首次明确指出从属原则的文件是由欧洲议会1984年通过的《建立欧洲联盟条约草案》,随后其被载入了欧盟条约的序言,而且还作为其正文的条款予以规定,可见该原则的重要地位。它的主要作用是调整欧盟和成员国之间的权力关系。但它不是直接分配二者之间的权力,而是确立二者特别是欧盟一方应如何行使其权力。其根本目的是:确保欧盟

---

① 详见 Paul Craig and Gráinne de Búrca (eds.), *The Evolution of EU Law*, 2nd ed., Oxford University Press, 2011, pp.41—83;雷珉:《欧盟立法程序中的"共同决定"》,载《中国人大》2013年第3期;王保民、崔东晓:《欧盟立法评估制度研究》,载《行政与法》2011年第5期。

条约中的各项措施(不论由谁来采取)在效果上最好,在方式上最贴近民众。① 在后来的《欧共体条约》中的第 3b 条还具体规定了在欧共体中从属原则的适用范围和检验标准。

要使得欧盟法能够在欧盟内部已经存在各自独立完整的法律体系的各成员国内得以适用,即要明确其与各成员国法的关系问题。对此,欧盟法律的直接适用原则和优先性原则,构成了欧盟法律体系的两大支柱,使欧盟法律具有了某些超国家的因素,保证了其在欧盟内部的顺利实施。

欧盟法律对其成员国的直接适用性,是指欧盟法在全体成员国国内可直接适用,即该法律的有效条款不需要经过成员国的再立法程序或进一步制定补充措施就能直接为成员国或其公民所援引,其国内法院也必须直接适用。由于具有这样的直接适用性,欧盟法律自动成为成员国国内法的组成部分,成员国不必再采取任何措施。直接适用原则是欧洲法院在一系列判决中确认和发展起来的。在范杰恩德鲁斯(Van Gen en Loos)案中,欧洲法院第一次确立了欧共体法的直接适用原则。欧洲法院认为:欧共体条约的目标是建立一个共同市场,这一共同市场的运行与共同体内当事各方直接相关。条约的目标表明,条约不只是一个在缔约国间创设相互权利义务的协议,而且可在缔约国国内产生直接效力,共同体法的主体不但包括成员国,也包括成员国的公民。由此,欧共体法律的直接适用原则得以确立。

由于欧盟法律在其成员国直接适用,必然会产生欧盟法律与各成员国法律之间的冲突问题。对于此问题,基础条约未作明确规定,欧洲法院在司法实践中确立了共同体法优先原则,即在实践中,当欧盟法与其成员国法律之间产生冲突时,欧盟法律具有优先于成员国法律的效力,这就是欧盟法律对其成员国的优先适用原则。确立优先适用原则的主要理论依据是成员国建立欧共体就承认将一部分权力移交共同体并限制自己的主权,而正是由于成员国的主权的有限让渡使欧盟产生了实质性的权力,使欧盟法律能够直接地、优先地适用于成员国及其公民或法人。需要注意的是欧盟法具有比成员国国内法律更高的法律效力,但这并不意味着成员国的相关国内法由此而无效,在欧盟法未规定的情况下,仍可有效适用。

(三) 司法过程中的善治

司法环节是法律运行的重要环节,要确保经确立的法律规范被严格遵守,违法者的法律责任得以追究,就应建立主体之间的监督、控告体制,即建

---

① 参见曾令良:《论欧洲联盟法中的从属原则》,载《武汉大学学报(哲学社会科学版)》1999 年第 2 期。

立有效的争端解决和问责机制。欧洲法院(包括初审法院)作为欧共体司法保障体系的支柱,在欧盟中处于独立的地位,在欧洲一体化的过程中发挥着举足轻重的作用。

在司法实践中,欧洲法院通过其广泛的、强制性的管辖权,有效解决了欧洲联盟内各成员国之间以及各成员国同欧盟机构之间的法律纠纷,更重要的是其对欧盟议会、欧盟理事会、欧盟委员会以及成员国作出的法令拥有司法审查的权利,从而保证了欧共体条约的有效实施。欧盟法院行使司法审查权的主要方式有:直接诉请宣告无效;对不作为行为提起诉讼;诉请确认非法;在损害赔偿之诉中对有关法令的合法性进行审查;根据成员国法院的请求,对该法院正在审理的案件中涉及的欧盟法令的含义及其合法性问题进行预先裁决。其中直接诉请宣告无效和对不作为行为提起诉讼为直接诉讼,诉请确认非法和预先裁决为间接挑战,是针对欧盟的一般性措施,而前者的成功则至少满足三个条件:存在一个可审查的行为或不作为,申请方具有出庭资格,被告方行为存在违法性。根据条约规定,欧盟法院可对欧盟委员会、欧盟理事会所作出的所有行为/措施进行司法审查,包括条例、指令、决定这三种形式,对于意见和建议当其能够影响当事人的法律利益或带来法律后果或能产生约束性法律效果时亦具有可审查性。除了行政规章之外,欧盟法院还对欧盟议会所制定的意在对第三方直接产生法律效力的法律有审查权。①

欧洲法院还在权威性地解释法律的过程中,通过发挥其司法能动性,不断积极地发展其造法性功能,创设新的法律规范并形成新的法律原则。这些原则一方面逐步确立了其与成员国法院的关系,保证了法律的统一适用。例如先决裁决制度,以及之前提到的直接适用原则和优先效力原则,此外还有默示平行等原则。正是这些原则使得建立在条约基础上的欧共体司法制度能够发展到目前这种相对完善和成熟的状态,使欧洲法院和成员国法院之间建立一种协调合作的体制性关系,共同担负着对欧共体法律实施的司法监督职责。另一方面诸如禁止歧视原则、国家责任原则等新原则的确立,很大程度上丰富了欧盟法的内容,并促进其发展,填补了欧盟基础条约的漏洞和不足,对欧盟法律发展和欧洲一体化作出了重要贡献。②

---

① Nigel Foster, *Foster on EU Law*, 5th ed., Oxford University Press, 2015, pp. 211—254.
② 详见赵西巨:《欧盟法中的司法审查制度——对〈欧共体条约〉第 230 条的释读——以欧洲法院的判决为视角》,载《北大法律评论》第 6 卷第 2 辑(2005)。

四、欧洲联盟国际法治进程的原因和面临的挑战

欧盟在区域国际法治方面堪称领跑者。但是这种领跑者的地位并不是凭空而来的,它是一个重要历史文化、政治经济共同运动的结果。同时也必须看到,这个体制中存在着一些困难和问题,值得我们关注。

(一) 欧洲联盟在国际法治上取得的成就

从上面的分析可以看出,欧盟在实现法治方面取得了突破性成就。欧盟由最初的欧洲煤钢共同体,已经发展成拥有 28 个成员国,从大西洋延伸到地中海的高度一体化的区域性组织,它拥有统一的货币欧元,有独立的包括欧盟理事会、欧盟委员会、欧盟议会以及欧盟法院在内的决策机构,拥有自己的权力实体。它已由原来的经济共同体发展成为高度统一、自治的经济政治实体。在实现国际法治的道路上,如何处理国际法治与国家主权的关系,无论在理论上还是实践上都是一个难点,国家主权的"最高权力"与国际法治的"国家外治理"之间的冲突一直阻碍着国际法治前进的步伐。[①] 那么,欧盟作为一个超国家的区域性组织,是如何在其一体化进程中逐步实现了在其内部各成员国之间的法治的呢? 其原因是多方面的,但其中至少要包括以下几个方面:

1. 欧盟成员国的积极意愿

欧盟各成员国国家对其主权在经济、政治等方面的适当让渡是最主要的原因。经济主权是国家主权的基本组成部分,欧盟各成员国为了建立欧洲联盟体制而对其主权的让渡恰是从经济层面开始的。其中最为有力的证明即是欧洲中央银行和欧元这两个超国家性事物的诞生。欧洲中央银行的独立地位主要是由《马斯特里赫特条约》和《欧洲中央银行体系章程》确立的。其赋予了欧洲中央银行、各个参加国的中央银行以及决议机构的组成人员在履行条约赋予的职责时,完全独立于各成员国政府以及欧共体的其他决策机构的地位,并对其独立地位进行了相应的立法和司法保障。这一系列规定表明了欧洲中央银行的超国家性以及各成员国部分金融权的丧失。货币主权被认为是国家主权在货币领域的体现,然而欧洲货币一体化的发展特别是欧元的引入,却是对这一主权提出了挑战。欧元恰是欧盟各成员国将自己的货币主权自愿让渡给欧盟这一超国家组织的结果。政治主权是国家主权的核心

[①] 国家主权与国际法治的关系问题,详见何志鹏:《国际法治的理念、理路与理想》,载《清华法治论衡》第 4 辑(2004)。

组成部分。与经济主权的让渡相比,让渡象征国家独立地位的外交与安全决策权的政治主权过程则不那么顺畅。1992年正式签订的《马斯特里赫特条约》使得欧盟共同外交和安全政策有了重大进展,例如将防务和军事安全引入了这一机制的范围等,但由于是各成员国之间相互妥协的结果,仍存在一定的局限性,后经《阿姆斯特丹条约》《尼斯条约》《里斯本条约》的调整补充,欧盟各成员国在这一领域的国家政治主权让渡终于初见成效。另外,欧盟议会的产生和运作亦是各个成员国让渡部分政治决策权的结果,而欧盟法院的诉讼管辖则是主权权利中司法管辖的部分让渡。

从欧盟的发展历程可以看出,其一体化进程中出现的每次危机,都是各成员国经过谈判和协商,相互妥协后得以解决的。而在这一过程中,成员国对其主权进行部分让渡往往是解决问题的关键。也正是欧盟各成员国的主权让渡行为使得欧盟法治有了发展的空间和实现的可能。

2. 欧盟的地缘合作优势

欧盟之所以能够在法治方面取得成功,与欧盟内部特殊的主客观因素是分不开的。在客观上,欧盟有其独特的经济、政治环境。欧洲作为资本主义国家比较密集的地区,相对于国际社会而言,欧盟各国的经济发展普遍处于领先地位,这在客观上缩小了国家之间的距离,同时要求更为宽松自由的市场环境,追求各国之间能够在经济规范上达成妥协甚至统一以及经济领域的一体化。另一方面各成员国之间经济水平差异较小这一客观事实又为实现贸易、金融自由化和经济领域的法治,奠定了较好的基础。在政治层面,首先就各国国内政治而言,各国奉行的民主政治是实现欧共体层面的民主的前提,而民主政治恰是实现法治的政治基础。在国际层面,欧盟不存在像国际社会中美国那样持霸权主义态度的国家,不顾国际成文规范和他国建议的采取单边主义。欧盟成员国中,如前所述,各国经济实力没有太大差别,而一国的经济实力往往决定其综合实力,在全球化程度逐渐加深的今天,如果一味地追求自己利益,实行类似于美国的单边主义,势必为其带来更多的不利益。因而各国往往采取在共同发展的大背景下追求自身的发展、自身利益最大化的政策。如法国、德国作为欧盟中经济实力较强的成员,恰恰是他们在推动欧盟一体化进程中发挥了举足轻重的作用。而这种平等、合作、发展的理念,正是法治赖以实现的基础。

从主观上分析,欧盟实现法治与欧洲人民的传统观念有关。在人类历史上,国家和民族之间的融合并不少见,但是像欧盟这样在条约的基础之上各国让渡部分主权而建立起来的高度统一的组织却是十分罕见的。深入分析欧盟发展的历史可以看出,欧洲民众对建立统一的欧洲共同体的"欧洲观念"的认可是推动欧洲一体化发展的基本动因之一。第二次世界大战之后，在欧洲民众中因受外来文化冲击而增强的"欧洲自我意识"逐渐增强，也因战乱频繁而产生了希望和平、寻求联合的愿望，在这点上，不仅是欧洲民众，在欧共体各国中，无论是战胜国、还是战败国，尤其是在曾经一度兵戎相见的英法、法德之间，也逐步达成了和平、联合求发展的共识。① 正是这种对欧洲观念的认可以及这种观念的深入人心，使得欧盟得以顺利建立，欧盟的相关法律政策的实施有了广泛的民众基础。

3. 欧盟发展的外在环境

欧盟能够在法治方面取得成功，在传统上必须考虑冷战之后欧洲各国在军事安全领域受到的来自苏联的压力。所以尽管法德之间以往矛盾重重，仍然能够达成和解，并进行战略合作。而在 20 世纪 80 年代之后，则与其所处的全球化的背景有密切关系。共同的生存空间，使我们的行为总是会彼此影响。而全球性问题的出现和加剧更是使得单边法治无济于事。世界各国都面临着诸如环境恶化、资源短缺的共同问题，而国际法治即是解决这一问题的方案之一。另一方面，现代国际社会中不存在世界政府，所以无论在单级国际关系中，还是多级国际关系中，无论是强国还是弱国，都不能够独立解决所有问题，而必须与他国展开各种交往，才能实现愿望，维护权益。然而，在国际法治尚未实现的今天，欧洲由于其特殊的自然环境以及人文环境，寻求区域内法治以求解决这类问题、实现长久发展当是明智之举。

（二）欧洲联盟在实现法治道路上的挑战

欧盟在实现法治的道路上尽管已经取得了很大的成就，但就其目前状况来说，仍面临着挑战，在其前进的道路上仍存在着很多障碍，从《欧盟宪法条约》的失败中即可窥见一斑。②

1. 提升民主状况的挑战

从欧盟和欧洲民众之间的关系层面来分析，不难看出，欧盟在其向政治联盟转变的过程中，一直面临着民主缺乏论者的指责，而欧盟"民主赤字"问题，从 20 世纪 80 年代起受到越来越多人的关注。近年来民众要求减少"民主赤字"、参与欧盟决策的呼声越来越高，欧盟也一直试图设法解决这一问题。欧盟的"民主赤字"主要体现在两方面，一是决策缺乏透明度而不受公

---

① 参见郭剑寒：《全球化背景下的国家主权与主权让渡——以欧盟为视角》，北大法律信息网，http://article.chinalawinfo.com/article/user/article_display.asp? ArticleID = 29324。
② 国内学者对于《欧盟宪法条约》的介绍和分析，参见傅聪：《描绘欧洲未来的蓝图——欧洲一体化进程中的宪法条约解析》，载《欧洲研究》2005 年第 4 期。

民监督。二是作为唯一的民选机构的议会权限过小,缺乏欧洲民众的认可和支持。就前一方面而言,其根本问题在于欧盟精英和欧洲民众在关注点上没有达成一致。回顾欧洲一体化的过程不难发现,以往的政治蓝图往往只是精英人物的设计,整个过程普通民众很难参与,可以说是没有参与或参与很少。欧洲理事会的议事过程则更是几近封闭状态,通常是各成员国政府之间进行利益的讨价还价,除了最后的成文决议以外,其余一概秘而不宣,这种决策过程也很难直接反映民意。人民只能被动地接受结果,这就造成了精英政治和民众诉求之间的错位。精英们往往更多的关注如何才能使欧盟成为世界多极化中的一极,如何增强欧盟的综合实力等政治问题。相比较而言,普通大众更关心的是与切身利益相关的自身就业、社会保障等问题,以及由精英们设计的政治蓝图会对这些事项产生积极的或是消极的影响。而欧盟一体化进程的实现不仅需要精英人物的蓝图设计,亦离不开普通民众的鼎力支持。而在二者失之交臂的情况下,法国、荷兰两国为了迎合国内的民主呼声将《欧盟宪法条约》交由全民公决,以致最终被否决的结果,作为民主的代价,也就都在情理之中了。

　　欧盟"民主赤字"的另一个重要方面就是欧盟议会的权利缺失问题。作为唯一的民选机构,欧洲议会却并不具有各成员国国家议会通常拥有的立法权,事实上仅相当于欧盟的一个执行监督和咨询机构。虽如前所述,其权限在欧盟的立法过程中呈扩张趋势,但距离民主政治理论中的民选机构的核心地位还相距甚远,不论是在立法权还是对行政机构的选举、监督权方面,欧洲议会的权力目前都十分有限。在立法方面,欧洲议会不但不能提出法律草案,甚至部分法案的生效都无需欧洲议会的批准。在重要的政治人事任免问题方面,欧洲议会并没有任命欧盟委员会主席(某种程度上相当于欧盟政府首脑)的权力。即使欧委会各委员(相当于政府中各部部长)也是由各成员国政府经过商议后而直接决定的。此外对一般民主制度中议会所享有的重要权力即对财政预算的审批,欧洲议会的影响力也相对有限。作为欧盟政治机构中唯一由各成员国选民直接选举产生的机构,欧洲议会对以上种种重要权力的缺失,在法理上造成了欧盟作为一个超国家的政治机构对于民主制度的缺失。①

　　《欧盟宪法条约》为了解决这一问题,在制订过程中虽然扩大了参与人

----

① 详见胡瑾、宋新宁、戴炳然、郇庆治、罗红波、阿蒂纳、王学玉、伍贻康、裘元伦:《欧盟宪法危机与欧洲一体化》,载《欧洲研究》2005 年第 5 期;冯仲平、孙恪勤、张健、刘明礼、孙晓青、王莉:《欧盟"宪法危机":根源及影响》,载《现代国际关系》2005 年第 7 期;钱能欣:《略谈欧盟制宪危机的历史成因》,载《欧洲研究》2005 年第 6 期。

数,尽量让程序透明化,同时加大了欧盟议会的某些权限,但其所作的改进非常有限,并未解决根本的民主问题。这既是《欧盟宪法条约》受挫的关键原因,也是欧盟在法治道路上的重要阻碍。

2. 国家利益平衡的挑战

从欧盟成员国之间关系的角度,可以说,作为《欧盟宪法条约》"缩水版"的《里斯本条约》是典型的政治妥协折中的产物,是各国利益平衡的结果。[①]随着欧盟一体化进程的加快发展,欧盟的超国家因素也不断加深,但其超国家性的实现毕竟是以成员国方面的认可为基本前提的。而就目前国际形势来看,国家利益依然是各成员国的首要考虑因素。2008年金融危机之后,欧盟诸国对于是否给陷入债务危机的国家提供援助进行了热烈的争论;2015年开始出现来自西亚以外的难民涌入欧洲的状况,各国纷纷关闭人口自由流动的关境,欧盟国家引以为豪的《申根协定》受到了冲击。其曾促进各国为了获得更多的利益而作出某种程度的妥协或让步,从而对欧盟一体化起了一定的推动作用,同样,各国也会因坚持自己的利益诉求而难于与别国达成一致。由于欧盟各成员国的经济政治发展不平衡,加上地域条件、政治经济文化背景等因素的综合影响,各国的利益追求不可能完全一致。至此,历时4年的立宪过程,更多的是对各国利益的一种协调。从某种意义上说,《里斯本条约》的出台即是各国利益平衡的结果,是各方权衡现实与理想之后经过利益交换达成的一致。

以欧盟决策机制中的投票表决权问题为例。长期以来,投票表决一直是欧盟制宪过程中各国争议最大,最激烈的焦点问题。对此,《里斯本条约》确立了以"双重多数"为特点的有效多数表决机制,即需得到55%以上的成员国成员,且这55%的成员国成员至少应来自15个国家并代表65%以上的欧盟人口的赞同。这一原则一出台,即得到了法国、德国等人口相对众多的国家的拥护,并主张取消在很多领域内赋予成员国的一票否决制。而以西班牙、波兰为代表的欧盟中小国家,则要求回到《尼斯条约》中对小国较为有利的规定,即不考虑其人口比例和所缴预算份额较小的实际情况,获得与法国、德国等大国几乎相同的表决份额。此外,期待欧盟成为独立国家组成的自由市场的英国却强烈反对取消在多个领域取消一票否决制。基于上述各国的不同要求,《里斯本条约》最终虽然确立了"双重多数"表决原则,但为了照顾小国的利益,还增加了"紧急刹车"规定。同时,《里斯本条约》也兼顾了英国

[①] 参见施学光:《从里斯本战略和〈欧洲宪法条约〉的困境看欧洲联盟21世纪发展前景》,载《世界经济与政治论坛》2007年第3期;贺长年:《〈欧洲宪法条约〉:欧盟的危机与前景》,载《人大研究》2005年第12期。

的利益。将一些敏感的政策领域如税收、国防等排除在"双重多数"原则的适用范围之外。

从以上的分析可以看出,《里斯本条约》作为各国利益平衡的产物,其本身即存在着不足和缺陷。它虽兼顾了各方利益,但它不可能是一个令各方完全满意的结果。因此,当把《里斯本条约》交给各国议会表决或付诸全民公决投票时,必然要面对各国反对党或者对条约不满的民众对其反对意见的表达。而就实现欧盟法治而言,国家以利益作为唯一的出发点,国家之间所存在的这种利益的对立,却是实现法治的重要阻碍因素。①

3. 区域公权力与国家意愿之间妥协的挑战

在欧盟与国家之间的关系层面来看,如前所述,欧盟各成员国通过主权让渡,实现了欧盟一体化,也为法治的实现提供了空间,但各国家对其主权让渡的过程从来都不是一帆风顺的。一方面,国家出于对自己利益的追求,经过仔细的利益衡量,让渡部分主权,形成国际社会契约,以实现单个成员国所无法实现的共同利益。但由于各国的利益诉求不可能完全一致,要找到一个能让各方都满意的解决方案是几乎不可能的,而只能寻求一种平衡。《欧盟宪法条约》的命运可以作为证明:虽然《欧盟宪法条约》在首脑会议上得到了通过,它仍然是欧盟集权和成员国主权让渡之间平衡的结果。而在各国目标不能完全得到满足的情况下,显然仍需要保留自己的主权以维护自身的利益。另一方面,《欧盟宪法条约》的规定中进一步体现了欧盟集权化的倾向,而一些国家如英国关于欧盟成为"超级国家"的忧虑更是越来越多地影响着欧盟一体化的进程。如前所述,各成员国只是希望通过欧盟获得其单靠一己之力所不能得到的利益,而并不想因此失去国家的独立的主体地位。这一思想使得国家主权让渡的实现更是举步维艰。这也在一定程度上阻碍了实现欧盟法治的步伐。

在《欧盟宪法条约》遭遇失败后,欧盟27国领导人在2007年12月13日正式签署了《里斯本条约》,该条约应在所有成员国批准后于2009年1月1日生效。《里斯本条约》在很大程度上保留了《欧盟宪法条约》相对于《尼斯条约》的新内容,而二者间的一个主要区别在于,《里斯本条约》舍弃了所有宪法性词语和有关欧盟象征的表述。很显然,这一修改的主要目的是为了避免把条约付诸全民公决,以便条约能在各成员国顺利获得批准。在欧盟27个国家中已经有26个计划或已经通过议会表决完成批准程序,只有爱尔兰

---

① 相关讨论,参见程卫东:《〈里斯本条约〉:欧盟改革与宪政化》,载《欧洲研究》2010年第3期;金玲:《〈里斯本条约〉与欧盟共同外交与安全政策》,载《欧洲研究》2008年第2期;吴江:《〈里斯本条约〉的出台:解析和展望》,载《欧洲研究》2008年第1期。

根据本国法律规定需要通过公投来批准。然而在 2008 年 6 月 12 日举行的公投中,爱尔兰民众以 53.4% 的反对率否决了这一条约。爱尔兰民众否决条约的直接原因是民众对欧盟一体化发展和政府的不满,而根本原因则在于政治精英和普通民众对一体化进程的认识存在巨大鸿沟等。① 可以看出,《里斯本条约》面对的问题很大程度上与欧宪是相同的。与其不同的是,在《里斯本条约》被爱尔兰否决的情况下,英国议会仍然完成了条约的批准程序,在其后举行的欧盟峰会上,欧盟首脑达成的基本共识是《里斯本条约》面对的形势不如之前的"宪法危机"严重,仍存在复活的空间。后来的实践证明了这一点:2009 年 11 月 3 日捷克签署了《里斯本条约》之后,该条约获得欧盟当时全部成员国的批准,并于 2009 年 12 月 1 日正式生效,欧盟的制宪危机终于度过,当然是在《里斯本条约》降低了一体化的前提之下取得成功的。

欧债危机之后,欧盟各成员国在是否为受困国家提供资金予以解困方面出现的差异,也是公权力如何使用、各成员国之间的意愿如何达到平衡的一个鲜明例证。

五、小　结

国际法治拥有着全球法治、区域法治等不同范围,超国家之治、国家间之治、次国家之治等不同的层次;欧洲联盟作为一个超国家的区域性组织,为实现国际法治进行了多方面的探索,取得了不少成就,也出现了系列问题。必须承认,欧盟作为当前世界上政治经济一体化程度最高的区域性组织,其在法治方面取得的成就是值得关注的。欧盟制订了一系列价值目标设定妥当、体系完善的条约、指令等具有法律效力的规范性文件,为法治的实现提供了规范基础。同时,通过相关机构的运作及法律适用上的各种原则的确立,保证了这些规范能够得到有效的实施。而所有这些的实现都是以其成员国的主权部分让渡为最基本的前提,同时也与欧盟自身的特点及其所处的全球化背景密切相关。当然,欧盟一体化进程及其法治的实现也不是一帆风顺的,《欧盟宪法条约》的失败及《里斯本条约》面临的危机恰恰说明了这一点。主权债务危机、难民危机等问题也说明欧盟在其实现法治的道路上仍然面临着诸多障碍。如何处理欧盟集权与国家主权之间的关系,平衡各国间不同的利益诉求,实现真正意义上的民主,这一系列问题都亟待解决。但法治作为谋

---

① 参见刘明礼:《爱尔兰否决〈里斯本条约〉与欧洲一体化前景》,载《国际资料信息》2008 年第 7 期。

求共同发展、实现各国利益的有效途径不会停滞,欧盟的一体化建设也将继续向前。欧盟未来的发展趋势必定是在逐渐加强完善民主机制的基础之上,通过各成员国进一步的主权让渡,与他国达成利益上的平衡,在追求共同发展的前提下实现各国自己的利益诉求。

第十七章　国际法治与联合国的未来

国际法治意味着国际良法和全球善治,这二者的实现都要求一个具有广泛影响和高度权威的国际机构来引领和带动。联合国被寄予厚望,其自身也积极推进着国际法治的进程。但是,虽然联合国自成立以来取得了很多重要的成绩,但是比起其当初的抱负和实现国际法治的目标还是显得效果不足、力不从心。国际社会存在着诸多问题,联合国的内部也有很多弊病。联合国的数次改革虽然取得了一定的成绩,但还是没有取得根本突破。国际法治的基本理念要求联合国突破困境,实现更为深刻的体制变革:逐渐变革主权至上的传统国际关系理念,真正实现人民利益,认清全球化的误区,促进国际社会的全面发展,突破契约社会的国际关系而逐渐建立国际社会契约的新体制。虽然国际法治的真正实现存在诸多困难,但是联合国仍有重要的价值和发展的前景,以联合国为核心的基础推进和改良,国际法治仍然具备必要性。

一、问题的提出

在考量国际法治的实现路径之时,在第二次世界大战之后建立的、以维持国际和平及安全、发展国际友好关系、促成国际合作、协调各国行动为宗旨①的联合国自然地承载起了这一期待②,而且其自身也为实现这一目标作出了很多努力。③

---

① 《联合国宪章》第1条。
② Malcolm N. Shaw, *International Law*, 7th ed., Cambridge University Press, 2014, pp.22, 888, 920.
③ 《千年宣言》中最早提到了国际法治的问题(Resolution 55/2);2004年秘书长关于法治与冲突和后冲突地区的转型审判的报告(S/2004/616)、2005年世界首脑峰会最后成果(Resolution 60/1)、2006年秘书题为"Uniting ourstrengths: enhancing United Nations support for the rule of law"(A/61/636-S/2006/980 and Corr.1)的报告都十分重视法治的问题,并建立起法治协调与资源小组(Rule of Law Coordination and Resource Group)、联合国法治股(Rule of Law Unit)以及若干下属机构。2007年,墨西哥和列支敦士登提请联合国大会讨论国家和国际社会两级法治的问题,联大以61/39号决议授权第六委员会讨论。2008年,联合国正式讨论国家和国际社会两级法治的问题,秘书长并就此做了报告(A/63/64);2008年的秘书长报告提出要强化和协调联合国法治行动, Report of the Secretary-General: Strengthening and coordinating United Nationsrule of law activities, A/63/226;2008年12月和2009年12月,联合国大会通过关于国家和国际社会两级法治的决议(A/RES/63/128, A/RES/64/116),要求联合国大会、秘书长、国际贸易法委员会、国际法委员会、法院等机构在其各自的职责范围内促进法治发展。2010年4月9日,联合国法治股召开会议,讨论国际刑事审判与国家制止有罪不罚的能力问题。

迄今为止，联合国已经存在了七十余年。① 这一组织所经历的七十余年，是世界人民在反法西斯战争胜利之后，反思战争与力促和平的新时代②；是诸国在备尝对立的苦果之后走向合作的新时代③；是殖民国家体系瓦解、新国家大量独立并追求发展的新时代；是基本人权日益得到重视、并在全球范围内获得承认、提倡和保障的新时代④；是世界环境与资源受到普遍的关注、并在质疑传统的发展模式的基础上追寻以人为本的、以科学为依据的可持续发展的新时代⑤；是国际法规范趋向于法律化、并且更多进行司法运作的新时代。⑥ 在这期间，人类在政治、军事经济、外交、法律等领域收益颇丰。

---

① 1945年10月24日，经过长期准备，50个国家在美国的旧金山签署了《联合国宪章》，成立了联合国，成为继国联之后处理普遍国际事务与全球问题的中心，承载着构建世界秩序的庄严使命。
② 在联合国的创立之初，国际法的最大进步即体现在战争权的废止；见 Peter Malanczuk, *Akehurst's Modern Introduction to International Law*, 7th ed., London: Rutledge, 1997, pp. 26—28. 联合国采取的一系列维和行动也取得了一定的成效。参见黄光耀：《冷战后联合国维和行动发展评析》，载《南京师大学报（社会科学版）》2004年第3期；王杏芳：《冷战后联合国的维和行动》，载《当代世界》2002年第9期；牛志军、邹前：《从阿富汗战争、伊拉克战争看联合国在当今国际反恐中的地位和作用》，载《国际关系学院学报》2004年第6期。1988年，联合国维和部队获得诺贝尔和平奖；2001年，联合国与其秘书长科菲·安南再度获得诺贝尔和平奖（此外，联合国难民高级专员曾两度获得诺贝尔和平奖，联合国儿童基金会曾获得过一次诺贝尔和平奖）。
③ 例如，《联合国宪章》第1条第3款将国际合作作为联合国宗旨之一；联合国大会在1970年全体一致通过的《关于各国联合国宪章建立友好关系及合作之国际法原则之宣言》中特别细致地阐释了各国依据联合国宪章彼此合作的义务。有关讨论，参见黄炳坤：《国际经济合作与国际法》，载《武汉大学学报（社会科学版）》1982年第3期；Werner Levi：《论国际合作与国际法》，赵增辉译，《四川师范学院学报（哲学社会科学版）》1991年第1期；徐杰、冯以新：《论国际法上的国家主权与国际合作》，载《法学评论》1992年第1期；车丕照：《和平发展与国际合作义务》，载《法学家》2004年第6期。
④ 在这个方面较为全面的总结，参见 Philip Alston (ed). *The United Nations and Human Rights, A Critical Appraisal*, Oxford University Press, 1992. 据说，这本书由 Philip Alston 和 Frederic Megret 联合主编第2版，预计牛津大学出版社2016年出版（但在2005年之前即有此种消息）；Rosa Freedman, *The United Nations Human Rights Council: A Critique and Early Assessment*, Routledge, 2013; Alex Conte and Richard Burchill, *Defining Civil and Political Rights: The Jurisprudence of the United Nations Human Rights Committee*, 2nd ed., Ashgate, 2009; Patanjali Nandan Chaturvedi, *The United Nations and the Human Rights*, MD Publications Pvt Ltd, 2010; Julie A. Mertus, *The United Nations and Human Rights: A Guide for a New Era*, 2nd ed., Routledge, 2009；国内学人的讨论，参见王文：《联合国的人权思想与实践》，载《中国青年政治学院学报》2004年第6期；何志鹏：《人权全球化与联合国的进程》，载《当代法学》2005年第5期。
⑤ 从1972年的斯德哥尔摩人类环境会议开始，联合国在环境方面召开了一系列会议，发布了一系列宣言，通过了一系列公约，并且组织专门的委员会探讨"可持续发展"的问题。可以说，迄今为止，人类在环境方面取得的全球性进展均与联合国有着极为密切的关系。
⑥ 联合国在国际法编纂和通过创立国际法院受理国家之间的诉讼案件以及联合国大会、安理会等机构请求处理的咨询案件，使国际法前所未有的法律化，并通过司法途径适用这些规范；今天，虽然对于"国际法究竟是不是法律"这个问题仍然存在争论，但是争论的内容已经和一个世纪以前的情况大不相同，而且越来越多的人倾向于承认国际法是法律。

但是,这种信息上的增量、制度的强化、关系的变革并不意味着当今的世界已经进入了法治甚至和谐的理想状态;更不意味着人们可以高枕无忧的享受成功的果实。恰恰相反,我们所处的世界还远未形成令人满意的法治秩序,国际关系基本上还是一个无政府社会,其中还存在着很多不安定、不健康的因素,致使包括《联合国宪章》序言在内的很多崇高美好的理想还无法落实。① 由全球化、恐怖主义、单边干涉等现象所表征的冷战结束后国际关系的深刻变化,要求联合国正面回应"保护的责任""预防性自卫"、国家领土完整与人民自决权的关系、摆脱国际法律秩序危机、形成善治的问题。② 检讨联合国所处的问题、解读国际关系与国际法的困境,对于清楚地认识联合国改革的前景以及国际法治的未来都有着至为关键的意义。③

二、联合国的结构性问题与法治理想的偏离

1945 年的《联合国宪章》比较全面地阐明了联合国的抱负。在序言中,提出联合国的宗旨是为了使以后的人民"免遭今代人类两度身历惨不堪言之战祸",实现基本人权、人格尊严与价值,以及男女之间、大小国家之间的平等,创造维持正义、尊重国际法义务的环境,"促成大自由中之社会进步及较善之民生",促进国家之间的容恕及和睦相处,维持国际和平及安全,接受不使用武力的原则,促成全球人民经济及社会进展。为达到上述宗旨,联合国决定采取有效集体办法来维持国际和平及安全;在人民平等和自决原则基础上发展友好的国际关系,为解决国际经济、社会、文化及人类福利问题、在不歧视的基础上促成国际合作,由这一组织构成协调各国行动的中心(《联合国宪章》第 1 条)。进而,《联合国宪章》确立了一系列的原则和措施,建立了一系列的机构,来约束成员国、联络成员国,使其所确立的宗旨和目标得以实现。④ 可以说,作为一项普遍性国际条约,《联合国宪章》确立的是一套继承

---

① 梁西教授指出,由于国际无政府状态的加剧,国际社会仍然动荡不安,从战争废墟上建立起来的联合国已无力制止战争,国际秩序处于风雨飘摇之中。梁西:《国际法的危机》,载《法学评论》2004 年第 1 期。
② 杨泽伟:《联合国改革的现实基础》,载《国际观察》2007 年第 6 期。
③ 有学者指出:联合国按照宪章推进国际法治的进程,对加强国际法治作出了重要贡献。要建立一个公正、安全、和平的法治世界,必须加强和协调国际法治。见邵沙平、苏洁澈:《加强和协调国际法治——国际法新趋势探析》,载《昆明理工大学学报(社会科学版)》2009 年第 5 期。
④ 国内学人关于《联合国宪章》及其在现实国际生活中的作用与影响的论述,参见许光建主编:《联合国宪章诠释》,山西教育出版社 1999 年版。

了传统国际法的基本精神、同时又具有新的内容和价值取向的法律机制。①然而,时至今日,我们发现,这些目标并没有真正实现。联合国的宏远抱负对今日之人类而言仍然仅仅是一个充满诱惑的幻想。不可否认,联合国在促进和平与安全、促进发展、创立人权法律体系和保护人权的机制方面确实作出了坚实的、有很多是不可替代的努力②,但同样不容忽视的是,联合国所面临的问题是多方面的。其中既包括内部的问题,也包括外部的问题。其主要缺陷表现在以下方面:

(一) 官僚化的臃肿机构和文牍主义使其效率低下

联合国运作的半个多世纪以来逐渐演变成一个官僚体系,形成了臃肿的机构和文山会海的习惯,这导致其效率低下,很多预期的事情难以完成③,所有的议程均进展缓慢。"在联合国系统内,各主要立法大会必然规模庞大,包括所有方面,以保证有适当的方面参与,妥善地作出决策。但是,为了包容各方,理事机构及其委员会也往往规模非常庞大。这可能限制它们审查诸如预算事项、资源分配、监督和风险管理等问题并作出决策的潜在效力。同样,管理层对大型理事机构决策过程提供支助的工作既复杂,成本也高。因此,理事机构内部决策过程可能往往未臻完美,也不定期进行有辅导的评价或自我评价。与此同时,文件的内容庞杂、简洁清晰度不足进一步降低了工作的实际意义。"④2006年秘书长的报告就指出:"秘书处提出的报告铺天盖地,会员国应接不暇。报告信息量很大,但没有从战略角度加以编排,因此作为分析工具的用处极为有限。特别是第五委员会,目前每年收到270多份报告,但其中没有一份报告完整、全面、协调地阐述秘书处的管理业绩。过多的报告,使秘书处和会员国都疲于应付。会员国不得不对秘书处官员详加盘问,以设法了解全貌,但即便如此,也是事倍功半。报告篇幅过长,数量过多,

---

① 日本国际法学者松井芳郎等认为,现代国际法经历着一种"构造转变",而《联合国宪章》就是这种转变的关键一步。参见〔日〕松井芳郎等:《国际法(第四版)》,辛崇阳译,中国政法大学出版社2004年版,第9页。杨泽伟教授在《宏观国际法史》(武汉大学出版社2001年版,第291—293页)中谈到,《联合国宪章》现已成为国际法的重要部分,联合国体系的存在也是国际法发展的体现。
② 具体情况,参见联合国网站中的专题"形象与现实:联合国答问",http://www.un.org/chinese/aboutun/ir/index.html.
③ 比如国际法委员会的预定议程,有一些无限期搁置,有一些在建立之初就拟订讨论的问题现在仍在讨论之中。参见 Lassa Oppenheim, *Oppenheim's International Law*, 9th ed., Vol. 1, Robert Jennings and Arthur Watts (eds.), Longman Group, 1992, pp.105—109;〔英〕詹宁斯、瓦茨修订:《奥本海国际法》(第九版,第一卷第一分册),王铁崖等译,中国大百科全书出版社1995年版,第57—61页。
④ 《全面审查联合国系统内施政和监督独立指导委员会的报告》,A/60/883,增编1和增编2,2006年,

还往往提交得太迟,留给会员国审查报告的时间太少。"①

与此同时,联合国各机构雇佣了大量的雇员,对于联合国的经费是一笔最大的支出。联合国刚成立时只有1500名工作人员,到现在共有近4万名员工;其分支机构还有近万名咨询和顾问,大大增加了薪金负担。据不完全统计,联合国大会下设委员会达69个,仅经社理事会下设的委员会就有31个之多,联合国正式员工的工资将占整个预算支出的近八成。同时,由于管理不善,出现了一些贪污腐败和严重浪费现象。这不仅导致联合国预算总额逐年增加,同时也导致会员国对其质疑和诘难,拖欠会费,而使联合国陷入财政困难。②

(二) 安理会的程序阻碍使其在和平与安全方面虚弱瘫痪

半个多世纪以前设计的联合国框架和机制在一些潜在的威胁和挑战面前经常不能作出及时有效的反应,更加上某些大国近年来的单边主义政策倾向严重削弱了联合国的信誉和权威。这一点在安理会的问题上体现得尤为突出。由于联合国安理会的常任理事国否决制度,冷战时期,美苏两国、两个国家集团的对抗得使安理会处于半瘫痪状态,无法采取具有实际意义的措施以维护和平与安全。冷战结束后,美国在世界上所具有的压倒性军事优势又使得安理会处于被动的位置,在一些时候,某些国家甚至企图将联合国当作其实施单边主义政策的附庸。③ 其中最为鲜明的例子就是2011年安理会针对利比亚设置禁止区的决议,导致了利比亚政府的覆亡,并进而在很多国家带来了难民危机。这种虚弱的位置,对于一个以维护和平和安全为己任的全球性组织而言,无疑是极不相称的,也无法树立一个具有引导力、决策力和执行力的组织机构的形象。

(三) 大会的有限权能使其运转事倍功半

如果将联合国的机构与国家、公司作比较的话,联合国大会是联合国的"议会""股东大会",应当享有较为全面的立法、审议、监督权力,可实际却不是这样。根据《联合国宪章》第四章的规定,大会的职权包括对宪章范围内事项的"讨论"(第10条)、对国际和平与安全的一般问题的"建议"(第10条

---

① 联合国秘书长报告《着力改革:构建一个更强有力的世界性组织》,A/60/692,7 March 2006,第82段。
② 陈淑芬:《联合国财政改革的国际法分析》,载《时代法学》2009年第2期。
③ 很早就已经有学者注意到,西方大国的强权政治和世界经济与社会发展问题,近年来已成为国际社会的重要议题。这些问题的产生使联合国面临着新的挑战。孙建社:《联合国面临的挑战与发展》,载《南京师大学报(社会科学版)》1996年第1期。

与第 11 条)、对于危害和平安全问题"提请安理会注意"、对于安理会处理或停止处理的国际安全事件获得"通知"(第 12 条)、对于国际合作、发展问题进行"研究"和"建议"(第 13 条)、对妨害国际友好关系的情势提出解决"建议",但不能妨碍安理会的活动(第 14 条)、"收受"安理会及其他机关的报告、接受托管非防御区领土(具有军事战略意义的领土由安理会托管。当然,托管的问题已经随着帕劳共和国的成立而结束了,第 15 条)、审核预算、分配会费负担(第 16 条)。这样一个在权限上十分虚弱的机构怎么能够承担起为国际社会树立规范的职责呢？在这里就可以解释为什么学者对于联大决议的效力充满怀疑①,为什么联大提出的主张总是迟迟得不到响应。

(四) 微薄的实效未能实现其宏大的目标

联合国建立了大量的机构,为自己建立了一套宏伟的目标,但是由于存在着先天的不足,致使其进展十分缓慢,收效十分有限。这就造成了联合国的规范欠公正、运转低效率、操作乏力度、整体无秩序。

从维护国际和平与安全的角度看,联合国为世界上的冲突解决作出的贡献并不明显,倒是经常看到大国的斡旋、调停;联合国的地位和组成似乎已经注定其对于尖锐的争端根本解决不了,对于强权的行为无法制止和惩罚。2003 年 3 月,美英等国绕过联合国,发动了伊拉克战争。这一事件严重动摇了以联合国为中心的集体安全机制。② 局部战乱无以平息,舆论乱人眼目。由于战争、灾荒而造成的难民问题,使国际环境难以稳定,这也导致人的基本

---

① 车丕照:《经济全球化趋势下的国际经济法》,载《清华大学学报》2001 年第 1 期;比较:秦娅:《联合国大会决议的法律效力》,载《中国国际法年刊》1984 年卷,第 164 页。从积极的意义上看,联合国大会的决议表现了国际社会的一种价值取向,体现了国际舆论的趋向,应当被认为是国际法辅助渊源的一个方面,参见 D. H. N. Johnson, "The Effect of Resolution of the General Assembly of the United Nations", *The British Yearbook of International Law*, vol. 32, 1955—1956, p. 117.

② 国内学人对于伊拉克战争对于国际法的影响,发表了一些看法。总体观点认为这一战争对于国际法的现状提出了挑战,对国际秩序的未来具有深刻的影响。参见丁成耀.:《对国际法上"自卫权"的探讨——兼评美国发动伊拉克战争的"自卫"理由》,载《法制与社会发展》2003 年第 4 期;饶戈平、吴慧、刘敬东、朱文奇、王志文、陶正华、刘楠来、李红云、王可菊、柳华文:《伊拉克战争与国际法笔谈会》,载《环球法律评论》2003 年第 2 期;梁西:《国际法的危机》,载《法学评论》2004 年第 1 期;梁西:《世界情势与国际法律秩序的危机》,载《法学研究》2004 年第 2 期;古祖雪:《从伊拉克战争看国际法面临的冲击与命运》,载《法律科学》2004 年第 3 期;王秀英:《美英军事打击伊拉克的国际法分析》,载《法律科学》2004 年第 4 期;牛志军、邹前:《从阿富汗战争、伊拉克战争看联合国在当今国际反恐中的地位和作用》,载《国际关系学院学报》2004 年第 6 期。黄瑶认为,国际法在伊拉克战争这场战争中面临的挑战,美英对伊动武没有合法的依据,它引起相应的国际法律责任;不能因为这场战争而否认禁止使用武力原则的作用。参见黄瑶:《伊拉克战争的国际法思考》,载《法制与社会发展》2003 年第 5 期。

权利并没有真正得以实现。

与此相对,国际法在七十多年来最大的进步并不体现在联合国框架之下寻求国际和平与发展的努力(虽然这方面并不是毫无进展,但这种发展根据国际关系学者的观念,主要归因于大国之间的势力均衡和核威慑),而是体现在经济领域逐步迈向自由化的努力①,这与其说是法治的力量,还不如说是资本的力量;与其说是表达了国际社会各种不同声音的联合国的贡献,还不如说是代表了社会强势的资本家的关税与贸易总协定(GATT)及其后继者世界贸易组织(WTO)的贡献。即便如此,我们也不得不遗憾地看到,贫富差距在进一步加大:我们生活在一个富裕的世界上,全球年收入已超过了31万亿美元。在这个世界上,一些国家的人均年收入在4万美元以上。但是,也是在同一个世界上,有28亿人(发展中国家人口一半以上)的人均年收入却在700美元以下。其中,12亿人每天的收入还不到1美元。由于这种情况的存在,发展中国家每天有3.3万名儿童夭折。在这些国家中,每分钟有一个以上的妇女死于分娩。贫穷使得1亿以上的儿童(其中的多数为女孩)没有机会上学。在人口不断增长(估计在未来的50年里,人口还会增加30亿)的同时,要降低贫困水平是一项巨大的挑战。② 在环境保护和资源维护方面,由于环境与私利密切相连,资源的消耗与私人(包括自然人和法人,特别是跨国公司)的收益相连,使得富国不肯在保护环境方面让步,而穷国则没有能力解决这一问题。

上述情况不仅不符合全世界各国的共同利益、不符合联合国的宗旨和原则,也不利于国际法治的发展。因而,联合国的发展需要在这一节点进行回顾、反思、批判,并探讨其发展的方向与速度。

---

① 比如,在 GATT/WTO 发展的过程中,规范的构建与整合速度极快,1986—1994 年的乌拉圭回合所构之多边贸易法律框架,涉及范围前所未有的广泛,其规范的强度也大大高于联合国框架下的大多数条约(当然,这并不意味着 WTO 的争端解决机制没有问题);与此同时,WTO 所创制的贸易争端解决机制,无论从约束力还是从效率上看,都高于国际法院的同类情况。自 1946 年建立时起,截至 2015 年 11 月 11 日,国际法院受理案件共 156 件,其中 129 件为争讼案件,27 件为咨询案件,有 16 件在审理中(www.icj-cij.org/docket/index.php?p1=3&p2=2,另有 1922—1940 年,国际法院的前身常设国际法院受理争讼案件 29 件,咨询案件 27 件);而截至同时,WTO 的争端解决机构共受理案件 499 件,再加上 1947 年至 1994 年底的 100 多件 (https://www.wto.org/english/tratop_e/dispu_e/dispu_status_e.htm; https://www.wto.org/english/tratop_e/dispu_e/gt47ds_e.htm),这种效率和信誉上的差距是十分明显的。

② 世界银行中国网页,http://www.worldbank.org.cn/Chinese/Overview/overview_about_whatiswb.htm。

三、联合国的改革过程与国际法治的困境

(一) 全球化理论以及联合国未来的预测

无论我们持何种态度,一个无法否定的事实是:我们处在一个全球化的时代。关于全球化,人们提出了不同的理论。"世界国家"论者认为政治全球化将导致世界国家的出现,认为政治全球化将导致世界国家的出现,国家主权已经过时、消亡或萎缩,应当限制乃至取消国家主权。"新帝国主义"论者认为政治全球化将导致帝国领导下的世界秩序,政治全球化的目标是维持帝国领导下的世界秩序。单极世界和强权政治是这种世界秩序的基础。而"全球治理"论者则认为政治全球化将导致全球治理,他们认为,民族国家依然是全球政治中最基本、最重要的治理主体,主权平等依然是全球治理机制合法性的基础,同时主权范畴需要进行必要的调整和变革。相应的,它们分别为联合国改革规划了不同的前景。赞成世界国家者在联合国的未来上基本属于"继承派",他们主张彻底修改或重写《联合国宪章》,对联合国结构进行激进的改革,进一步加强大国在联合国中的支配地位,或者干脆用"第三代国际组织"来取代联合国。新帝国主义思想者在联合国改革的问题上基本属于"解散派",他们从总体上反对联合国,认为没有联合国这样的国际组织世界会更好,主张采取单边主义的国家政策,反对双边主义或多边主义的国家政策。他们提出若要保留联合国,那么它只能是大国推行外交政策的工具,而不应成为独立的政治力量,更不能由第三世界国家霸占联合国。赞成全球治理观点者对联合国改革持渐进主义观点。[1] 渐进改革论者主张在联合国基本结构和《联合国宪章》的框架内进行改革,通过改革,提高联合国的效率,促进联合国的民主化,使联合国在全球治理中发挥更大的作用。[2] 由于全球治理是当今世界秩序的主导思想,所以总体上人们基本上倾向于认为联合国的存在仍然必要,但是改革也同样势在必行,并提出了一系列的改革主张。[3]

(二) 联合国自身的改革进程

这些情况导致了再联合国成立之初开始,改革联合国的呼声就在这一组

---

[1] John Baylis and Steve Smith, *The Globalization of World Politics: An Introduction to International Relations*, 3rd ed., Oxford University Press, 2006, pp. 728—740.
[2] 何增科:《全球民主治理与联合国改革》,载《当代世界与社会主义》2004 年第 1 期。
[3] 陈须隆:《浅论联合国改革》,载《国际问题研究》2004 年第 3 期。

织的内部和外部不断涌现①,联合国本身也意识到了这一问题,并进行着改革的举措。② 联合国改革的主张自 1947 年即被提及③,而真正采取行动也有十余年的历史,从布特罗斯·加利任联合国秘书长实际已开始了改革的步伐。④ 科菲·安南于 1997 年就任秘书长后,在这方面做了持续的努力,采取步骤改进联合国的运作,并推进其前任实行的改革。具体包括迅速整合联合国的组织架构,减少重叠的职能并改进协调和问责,建立了由高级行政人员组成的内阁。并领导了对维持和平行动的全面改革,人权宣传工作被纳入联合国的所有主要工作领域。考虑到民间社会和私营部门对发展和世界事务的新影响,确定了与两者进行合作的新办法。2000 年召开的千年首脑会议通过了《千年宣言》,就世界各国要在新世纪努力实现的一套明确目标和具体目标达成了前所未有的协议,试图建立一种更加开放和一致、更具创新性和信心的文化,推进了联合国改革的进程。2002 年,安南发起了第二次改革计划,以确保联合国的各种不同活动与《千年宣言》中确定的优先事项相符合,并提出其他措施,以便改组三个大的部门,以及改进国家一级的协调一致性和加强行政程序。⑤

2005 年是联合国的改革年。联合国发言人办公室 2005 年 3 月 20 日公布了联合国秘书长安南为振兴联合国拟定的改革报告。报告呼吁各国达成新的集体安全共识、采取实际行动落实千年发展目标、重视保护人权并对联合国进行广泛的机构改革。3 月 21 日,安南向第 59 届联大正式提交了题为《大自由:为人人共享安全、发展和人权而奋斗》的报告,主要包括发展、安全、人权和机构改革 4 大部分。报告还附有一份安南为当年 9 月联合国首脑会议拟定的议程,其中包含了他提出的所有重要改革倡议。此后,各国围绕安理会扩大等联合国改革议题进行了激烈的交锋,经过多轮艰苦谈判,各国终于在 9 月召开于纽约联合国总部的世界峰会上通过了联合国改革的指导方案《成果文件》。该《成果文件》为从发展、安全、人权和机构四方面入手改造联合国确立了温和的大致框架,在消灭贫穷、反对国际恐怖主义、加强安全

---

① Maurice Bertrand, "The Historical Development of Efforts to Reform the UN", in Adam Roberts, Benedict Kingsbury (eds.), *United Nations, Divided World. The UN's Roles in International Relations*, 2nd ed., Oxford University Press 1993, pp. 420—436; Yves Beigbeder, *United Nations Organizations. The Long Quest for Reform*, MacMillan Press 1997.
② 有关资料,参见 http://www.un.org/reform/.
③ 〔法〕A. 诺沃斯洛夫:《伊拉克危机之后的联合国》,原文载法国《外交政策》2003 年 3/4 期合刊,中文文摘来自《国外社会科学》2004 年第 6 期。
④ 1993 年,在当时秘书长加利的建议下,联合国成立了"联合国改革委员会"。见布特罗斯—加利:《联合国的改革》,载《外交学院学报》2004 年第 5 期。
⑤ 这些方面的具体情况,可以参见联合国网站的介绍:http://www.un.org/chinese/reform/dossier.htm;http://www.un.org/chinese/reform/chronology.htm.

及保护人权方面只取得了有限的进展;围绕发展、和平与安全、人权以及联合国内部改革四大方面提出了很多原则性的共识;各国在核不扩散和裁军、扩大秘书长权限、恐怖主义的定义、扩大安理会等在有关联合国改革实质内容上的尖锐分歧并未得到弥合。各会员国重申了 2000 年联合国千年峰会确立的目标,到 2015 年将世界贫困人口降至目前的一半。文件认为,全球化使各国面对的威胁相互关联,穷国、弱国遭受的威胁也会影响富国、强国,反之亦然。各国应就全球面对的共同威胁达成共识,并在此基础上建立新的集体安全观。报告指出,贫穷、艾滋病、恐怖主义、大规模杀伤性武器、战争等都是人类面对的共同威胁,各国应平等对待,不能偏废。报告强调,作为安全共识的一部分,各国应就"何时及如何"动用武力维护世界和平与安全达成一致。报告指出,《联合国宪章》第 51 条指出,主权国家有权在遭到袭击时进行自卫,包括对"迫在眉睫的"威胁采取"先发制人"的军事行动。但是,对于"潜在的"或"非迫在眉睫的"威胁,是否"预防性"地采取军事行动,应由安理会决定。报告建议安理会通过决议,明确其授权动武应遵循的原则,其中应包括威胁严重性、动武目的、军事选择与威胁是否相对应、军事行动成功的机会等。报告强烈要求各国在 2006 年 9 月之前就恐怖主义的定义达成一致,并通过包含这一定义的《关于国际恐怖主义的全面公约》。报告提出了一系列推动落实千年发展目标的建议,其中包括要求发达国家为增加官方发展援助制定时间表,以及在 2006 年底前结束多哈回合世界贸易谈判。同时,报告还就各国应重视人权等问题提出了建议。

2006 年 3 月的报告《着力改革联合国:构建一个更强有力的世界性组织》勾勒出此后数年秘书处管理改革的宏大愿景,涉及秘书处的管理问题,确认了联合国在人员征聘、发展和保留的方式方面,在采购货物和获得服务来源的方式方面,以及在经管纳税人的资金并对其作出说明的方式,以全面提高效力和成果方面,需要进行大力改革。2006 年下半年的另外三份报告①对这一愿景作出了详细论述,这三份报告都就具有关键重要性的管理程序和结构提出了影响深远的建议,为联合国的工作构划了全新的途径。这三份报告如果能够导致具体而又有意义的改革,将有可能提高联合国组织

---

① 这三份报告是:关于"全面审查治理和监督情况"的报告、"联合国内部司法系统重新设计小组"的报告,以及"联合国全系统一致性问题高级别小组"的审查报告。全面审查治理和监督情况的报告是由公共行政专家组成的指导委员会在 7 月提交的,对联合国、各基金、方案和专门机构内部的治理和监督情况进行了独立的评价,提出了一系列对现有管理和治理结构可能具有深远影响的改进措施、建议,包括设立一个强有力的独立审计咨询委员会,增强内部监督事务厅的业务独立性。联合国内部司法系统审查报告是由外部司法专家组成

的效力,使之更好地对各种需要作出回应。不过,由于这些建议牵涉影响深远的组织和财务问题,所以实施起来步履维艰。与此同时,联大第 61 届会议正在处理 2006 年 8 月发表的有关人事改革的详细后续报告——"着力加强人力建设"(附件一和附件二)所提出的有关人力资源改革的详细提议。这一揽子综合性建议提出了多项根本性的改革,以使联合国人力资源管理系统与最佳做法接轨。这些建议包括建立更积极主动、更具针对性、更快速的征聘制度,在流动性方面将总部与外地工作人员合为一体处理,提供更多的职业发展机会,精简、简化合同安排,统一服务条件,特别是要照顾到在艰苦工作地点服务的人员。

在机构改革方面,联合国大会和安理会于 2005 年 12 月 20 日分别通过第 60/180 号①和第 1645(2005)号②决议,授权建立建设和平委员会。有关决议同时授权设立建设和平基金(Peacebuilding Fund,PBF)和建设和平支助办公室(Peacebuilding Supporting Office,PBSO)。以上三个机构共同构成了联合国建设和平构架。这一委员会是在美国的主张之下建立的。美国提出,需要建立这样的委员会对于争端之后的情势提供建议并在建设和平的使命、重建与稳定的努力之间进行沟通。③ 2006 年 3 月,第 60 届联大通过决议,决定设立人权理事会,取代原来的人权委员会。人权理事会是联大的下属机构,总部设在瑞士日内瓦。联合国人权理事会建立了普遍定期审议机制(即世界各国一律平等,无论是发展中国家还是发达国家,每隔四年都接受一次人权状况审议)、人权特别机制、专家咨询机制以及理事会议程和议事规则等。④

就迄今为止十余年的发展情况来看,联合国改革的进展非常缓慢。2005 年峰会闭幕后,联合国改革的具体成果迟迟不见踪影。2005 年,日本、德国、巴西和印度提出的安理会扩大方案被非洲联盟宣布拒绝,四国后来放弃了争

的"重新设计小组"于 2006 年 7 月提交的。报告认为,现有的内部司法系统"不合时宜,运作不良,效力低下,缺乏独立性",所以建议设计一个"全新的司法系统",要使它"具有专业水平,具有独立性,实行分权制"。全系统一致性问题高级别小组的建议由莫桑比克、挪威、巴基斯坦三国总理担任共同主席的高级别小组于 2006 年 11 月提出。该报告目的在于帮助联合国对目前庞大而又分散的联合国大家庭进行精简,使它能够发挥潜力,支持各国实现千年发展目标。高级别小组指出,联合国必须进行大刀阔斧的改革,以便能够以"一体行动"履行它的使命,特别是在国家一级,如果能够克服不同机构各自为政的分散状态,联合国将可发挥比现在大得多的作用。

① A/RES/60/180.
② S/RES/1645(2005).
③ R. Nicholas Burns, Under Secretary for Political Affairs, *Testimony As Prepared Before the Senate Foreign Relations Committee*, Washington, DC, July 21, 2005.
④ http://www.un.org/chinese/hr/issue/hrc.htm.

取加入联合国安理会的努力,联合国在安理会改革这一部分陷入停滞。①2007 年,第 62 届联大一致作出第 62/557 号决定,要求加大努力、推进安理会改革的决心,2009 年 2 月启动的政府间谈判正式推进了安理会的改革。2008 年,联合国秘书长潘基文再次强调提出,联合国应当有能力应对先发制人的外交、气候变化、提升贫困国家的发展能力,并实施内部改革。② 除了气候变化领域在 2015 年签订了可以作为成果的《巴黎协定》之外,贸易领域的国际多边立法陷于停滞,区域主义抬头;贫富分化并无改善趋势,恐怖主义的势头也有增无减。总体上说,联合国改革的进程极为缓慢,其理想目标的实现也阻隔重重。

(三) 联合国改革的重点与难点

应当说,联合国的改革是一个涉及方面众多、彼此联系密切,甚至牵一发而动全身的问题。在这里,政治上的强权政治问题、经济上的发展问题、组织上的效率问题是联合国改革的重点问题。③

首先,安理会的改革是联合国改革的核心部分,也是最受国际社会关注的部分。正如中国在联合国指出的:"安理会很多时候的表现与各国政府和人民的期待仍有差距。一些和平与安全问题在安理会议程上多年未得到解决。非安理会成员接触、参与安理会的工作仍面临困难。在一些问题上,安理会的反应和行动不够及时、不够充分。有些时候当事国的意见未能得到应有的重视。另一些本质上不属于安理会职权范畴的问题则被反复提交安理会,在安理会内、会员国之间时常引发争议。"④其最基本的问题包括(而不限于):(1) 安理会的使命究竟是什么?如何在不同的情况下完成这一使命?(2) 安理会的运作程序是否合适?特别是其所确立的大国一致原则是否合乎国际社会发展的基本要求?⑤

当前,安理会改革主要着眼在承认第二次世界大战结束初期确立的大国一致原则的基础上进行微调,而以何种方式增加安理会理事国的数量,包括增加常任理事国的数量及确立新增常任理事国的地位,以及增加非常任理事

---

① 值得注意的是,中国的《人民日报》在 2005 年 7 月 5 日至 7 日连续发表 3 篇关于联合国改革的文章,对于安理会扩大表明了态度:这不是最急的问题,有更重要的问题需要解决;不是要争取一国之利,而要考虑世界的发展。
② http://www.org/apps/news/story.asp?NewsID=252148.
③ 吴妙发:《联合国改革:一项重大的国际政治建设工程》,载《国际问题研究》2004 年第 5 期。
④ 《刘振民大使在第 63 届联大关于安理会报告与安理会改革联合辩论时的发言(2008 年 11 月 18 日)》,http://www.china-un.org/chn/zgylhg/lhgzyygg/t522736.htm.
⑤ Joseph E. Schwartzberg, *Revitalizing the United Nations: Reform through Weighted Voting*, Institute for Global Policy, World Federalist Movement, 2004.

国的数量。① 在这方面,联合国成员国提出了一系列差异很大的主张②,体现了国家之间政治地位的较量和经济实力的权衡。然而,问题仍然存在。比如,增加安理会的常任理事国对现有的常任理事国是一种权力的缩减,这种缩减是否能够使这些大国接受? 同时,增加安理会的常任理事国是否会使现在对关键问题已经很难达成一致意见的安理会运作更加吃力? 更重要的是,如果要增加安理会的常任理事国,哪一国适合加入? 这一点尤其争执不下。令人忧虑的是,很少有国家真正从维护全球利益、关注人民命运的角度来考虑安理会的地位、运作方式和发展前景的问题。与此同时在和平与安全领域,对恐怖主义的定义达成一致、对使用武力和预防性行为达成一致、对于建设和平的使命划定框架、涵盖"保护的责任";,恐怖主义问题已经成为国际社会共同关注的重要问题。如何界定恐怖主义、如何应对恐怖主义、保护平民不受伤害,联合国已经作出了一系列的举措,通过了相关的规范。但是,这些比起实际的需要并不充足,还需要大量的具有可操作性的规范来面对恐怖主义的问题。所以有的国家建议制定《国际恐怖主义综合公约》来解决此等问题。

安理会的改革急切需要,但方案不同。实际上超越成员国的替换问题。有的学者指责说,理事会结构松散、过于依赖常任理事国。经过七十余年的运作,安理会的程序规则仍然是"临时"的。理事会的很多问题是秘密的、以全体协商的方式解决的,既没有复审的可能,也没有问责性,更缺乏未来议事可供参考的足够记录。安理会通过大量的决议,但执行的却很少;由于其行动被认定为具有"双重标准",激起了很多不满。大多数时候安理会都像大国的俘虏一样,与世界民众的需要联系很小。十个非常任理事国就像长途火车上的短期旅客一样。虽然在工作方式上有些小的进步,但总体来看,安理会仍然改变很小,类似寡头政治,并与整个世界脱节。③

---

① 见联合国秘书长关于联合国改革的报告《大自由:实现人人共享的发展、安全和人权》(A/59/2005),第167段。
② 关于安理会改革的问题,参见梁西:《国际困境:联合国安理会的改革问题——从日、德、印、巴争当常任理事国说起》,载《法学评论》2005年第1期;日本关于改革联合国、使其自身进入联合国安理会的宣传,见于日本外务省的网站 http://www.mofa.go.jp/policy/un/reform/;尚可参阅 G4 London Declaration, http://www.mofa.go.jp/policy/un/reform/press0507.html。中国提出:安理会改革的首要问题是通过扩大成员使安理会的代表性、包括区域代表性再次体现平衡。改革应当优先增加发展中国家、特别是非洲的代表性,只有这样才能纠正安理会结构上长期存在的缺陷。《刘振民大使在第63届联大关于安理会报告与安理会改革联合辩论时的发言(2008年11月18日)》,http://www.china-un.org/chn/zgylhg/lhgzyygg/t522736.htm。
③ James Paul and Céline Nahory, "Theses Towards a Democratic Reform of the UN Security Council", Global Policy Forum, July 13, 2005, http://www.globalpolicy.org/security/reform/2005/0713theses.htm。

其次,安理会之外也需要一系列的改革领域与措施。当然,安全问题特别是安理会扩大这一问题不应成为联合国改革唯一的话题。只有将发展、安全和人权三者都加以考虑,才能使这次改革成为一次公正、合理的改革。如何提高联合国的效率,减少冗员、减少不必要的文件和会议、提高联合国工作的透明度、减少其腐败的可能(伊拉克石油换食品的丑闻进一步说明了联合国内部机构和运作机制改革的重要意义),同样是值得我们重视的。比如,在人权领域,有人提倡,应当在新成立的人权理事会内形成有效的人权机制,应对严峻的人权形势,对于大规模的人权侵犯事实(制度性的酷刑以及大范围的剥夺自由)也应采取有效行动,重组联合国在世界各地的人权保护工作。在发展领域,现代的经济发展,要求构造以市场经济和民主政治为基础的国家、国际机制,强调国家的职责、法治、政府对人民承担责任、良好的经济政策,建立起一套充分有效的利用各种资源(公有、私有,本国、外国)的发展框架。对于特别贫困的国家谋划发展的政策、通过有效的援助和减免债务投入更多的发展援助、为贫穷国家提供市场准入的环境来建起其发展的能力,是为世界可持续发展所必需,也是当前联合国的重要使命之一。

联合国的预算问题也是关键问题之一。联合国是目前世界上最大的一个非营利性的由世界各主权国家组成的政府间国际组织,其经费大多来源于各会员国所缴纳的会费。会费主要由经常性预算、维和费用和国际法庭费用三部分组成,由会员国按照"能力支付"的原则分摊。《联合国宪章》第19条规定:"凡拖欠本组织财政款项之会员国,其拖欠数目如等于或超过前两年所应缴纳之数目时,即丧失其在(联合国)大会的投票权"。很多人提出,需要进行预算与管理改革,包括有意义的管理、行政与预算改革,使其更为可靠、有效。主要需要达到预算纪律、可问责性及项目的可操作性审查,以求联合国能够更完善的运作,而不是仅仅依赖于少数国家的施与。

总体来看,联合国的改革取得了一些成就,也仍然存在很多问题。特别是面对着国际社会的诸多主题,联合国有必要筛选出重要事项,予以协调。在环境领域、在公共健康领域、国际商事秩序领域,都有进一步改革的空间。

四、国际法治的指引与联合国的未来方向

联合国是现代国际法律秩序的代表之一,国际法规范的内容很多由该组织建议和修正,国际法的实施在该组织内体现得最为全面和透彻。由于联合国的普遍代表性,以及其所处理事务的广泛性,联合国体制的问题实际上涵盖和代表了国际法和国际关系中的主要困境,揭示了国际法治所面临的问

题。可以说,从联合国改革的进程,可以看出国际社会法治化的发展。从这个意义上讲,反思联合国的发展进程,对于我们深刻认识国际法治的现状提供了鲜明而权威的范例;关注联合国的改革及其未来,对于我们思考国际法治的前景具有不可替代的重要意义。从联合国改革的实践看来,国际法律秩序面临着严峻的挑战,国际法治面临着复杂的未来。国际社会需要进入到正常的轨道,联合国就必须更有凝聚力、更有效力、更为公正和透明。

(一) 淡化国本主义,走向人民利益:人本主义的国际法治观

直到现在,国家及其主权在国际法中始终占据着核心的地位。① 在联合国的发展过程中,主权也是一个最核心的理论与制度问题。② 人们主张主权的"至高性":在绝大多数情况下允许主权者人以选择相关的决策与规范,在对外交往中国家可以独立行为,不听从任何力量的胁迫。在很多场合,主权成了不参加合作、不服从规范、不愿意改变现状、不受人支配的终极理由。主权原则作为至上原则,既有优势也有不足:主权在一些情况下固然能保证国家利益,但是在同样多的情况下(如果不是更多的话)会导致国际法律秩序难于真正的落实,导致国家地位始终处于原子状态,国际关系始终处于社会契约论者所称的"自然状态"(也就是剑拔弩张的状态)③,而非"法治状态"。正是从这个意义上,一些国际法学者才主张祛除主权这个字眼。④ 问题之一就是呈现出国家主义而导致的对抗:发展中国家的主权壁垒,发达国家主权终结的攻势。这里的区分非常清楚:弱国主张免于侵犯,强国不必主张也无人敢犯。在这一基础上构建秩序之艰难可想而知。比如:大国强权的主导地位,各国短期的、局部的利益至上而忽视彼此的依赖和长久的发展;以单一的

---

① Ian Brownlie, *Principles of Public International Law*, 7th ed., Oxford University Press, 2008, pp. 289—290.
② 有关主权平等、主权者作为责任者等问题,参见杨泽伟:《联合国改革与现代国际法:挑战、影响和作用》,载《时代法学》2008 年第 3 期。
③ 古典学者康德从契约论那里得来灵感,认为国家的原始状态(自然状态)是战争状态(与霍布斯的《利维坦》同出一辙),见其论文《永久和平论》,中译本载于《历史理性批判文集》,何兆武译,商务印书馆 1990 年版,第 104 页。虽然战争状态这一点值得怀疑,但说国家之间经常处于彼此戒备、彼此防范的状态,可能并不夸张。
④ 实际上,早在 20 世纪初,法学哲学家狄骥就根据它的社会连带学说(我现在有点怀疑这种学说是不是称作"社会团结"更好些,特别是读了涂尔干的《社会分工论》以后)认为国家主权本来就是虚无的。但是近来的国际法学者在这一点上说得更切中肯綮。比如美国的 Louis Henkin 和 John H. Jackson 等。从 Louis Henkin 的表述来看,人们所认识的主权的诸般内涵(或可称国家的基本权利)如平等、独立、管辖、自卫均仍存在,而且十分重要,他反对的仅仅是那种抽象的、神话一般的、当作思想与制度盾牌的主权观(参见 Louis Henkin, *International Law: Politics and Values*, The Hague: MartinusNijhoff Publishers, 1995, pp. 8—10),这一点本质上无可厚非,但也不排除在简单理解之后出现的强权误读。

价值和理念去要求其他国家,崇尚自由竞争而没有充分的顾及公平。过于强调主权对于全球合作、实现共同的可持续发展肯定是不利的。所以有学者指出,现代的国际法必须超越共存的国际法,走向合作的、共进的国际法。① 到现在为止的国际社会结构一直以国家主权为基石。联合国是由主权国家组成的国际组织,主权平等原则是联合国成立和存在的基石。当前的联合国机制,不能真正地推进国际合作②,反倒使大国对峙和强权政治成为难于抗拒和阻挡的现实,这显然不利于国际法治的发展。七十余年来,联合国在发展国家主权理论上作出了积极贡献,但是也存在着不尽如人意的局限和困难,更面临着新形势的挑战。

值得关注的是,主权国家编织国际社会这一结构已经受到了质疑:特别是在国际社会的关系日益复杂、利益分配机制日趋多元化、决定人们命运与幸福的因素日趋多样以后,国家作为维护人们利益的主宰者和屏障的唯一性已经冲破,公司、非政府组织在这方面的地位越来越引人注目。与此同时,国际社会也面临着从主权本位走向人权本位的契机,个人的国际法地位、对人权的普遍关怀隐含着将来可能直接从人的幸福的角度来实现国际秩序的前景。

在联合国的发展变革进程中,很多人关注的仍然是哪个国家获益多少③,比如,美国官方人士就明确指出,联合国改革是美国外交政策成功安排与实施的重要工具。④ 必须说明,在很多时候,以国家利益的名义所采取的行动其结果往往仅仅是一部分人的利益,而并不是人民的福利。⑤ 在联合国

---

① See, e.g., Pierre-Marie Dupuy, "International Law: Torn between Coexistence, Cooperation and Globalization", *European Journal of International Law*, Vol. 9 (1998) No. 2; Sienho Yee, "Towards an International Law of Co-progressiveness", in Sienho Yee & Wang Tieya (eds.), *International Law in the Post-Cold War World: Essays in Memory of Li Haopei*, Routledge, 2001, pp. 18—39.
② 从联合国的框架下讨论国际经济新秩序的努力以及为了实现可持续发展而提出的《二十一世纪议程》的落实与执行情况即可见一斑。参阅"国际经济新秩序",《中国大百科全书·政治学》,中国大百科全书出版社 1992 年版,第 122 页;《国际经济百科全书》,中国大百科全书出版社 1987 年版,第 255—258 页;杨泽伟:《新国际经济秩序研究》,武汉大学出版社 1998 年版,第 10—16、29—60 页。
③ 比如,数年前,我在关注联合国改革的过程中,注意到一个网站上的一个标题:Experts Agree: A Strong U. N. is Good for U. S. (http://globalization.about.com/od/unreform/a/gingrichmitch.htm),这实际上表明了国际秩序的一个通病,也表明了联合国改革的症结。
④ R. Nicholas Burns, On United Nations Reform, Press Release: US State Department (22 July 2005, 3:08 pm, available at: http://www.scoop.co.nz/stories/WO0507/S00377.htm).
⑤ 例如,国际经济学已经证明,采取保护主义措施对于保护国的消费者、生产者、劳动者整体福利小于采取自由贸易的方式。但是很多国家仍然采取保护主义的措施,是因为其政府更多地受生产者联盟控制,而不受缺乏表达机会的消费者和劳动者所左右。所以,在国际政治中,也需要警惕国家成为小利益集团的传声筒和保护伞。

的发展上,应当更加关注世界人民在多大程度上增加了幸福与安宁。在武力使用、环境保护、公共健康等问题上,更加广泛地确立国际法律制度体系,由此约束主权者的利益界定和政策选择,联合国在这方面的功能和意义显然还不够清晰。① 在这方面,联合国应当推进国际社会的民主,建立充分的协商体制,逐渐推广共识,在价值、原则同意的基础上形成统一的价值理念。

(二) 破除全球化魅影,促进全面进步:可持续发展的国际法治观

当今的时代被称为一个全球化的时代,而联合国是地域范围最广、涉及领域最多的全球性组织。按照最粗浅的推理,这一组织应当在这个时代广泛发挥作用,最充分的体现其功能。但实际上该组织却左支右绌,颇显无能为力。为什么会出现此种情况呢?在这里,我们就需要更明晰地理解所谓"全球化"的真实含义,并且知道"全球化"中的全球指向和联合国这一全球机构的指向是不同的。"全球化"基于经济的导引,包括世界银行、国际货币基金组织以及始终与联合国保持距离的"关税与贸易总协定"及其继承者"世界贸易组织"在内的全球性经济组织在这里起着关键的作用;以欧盟为代表的区域性组织也具有全球化的示范作用。②

全球化的精髓在于商业的全球化,归根结底就是资本的全球化,这会导致资本家的全球控制,构建一种资本控制下的全球体系,形成资本霸权。资本霸权本质上就是富人霸权、富人统治。这种经济上的强势发展在政治上自然导致资本影响下的帝国主义:在全球化旗号下发展起来的"新罗马帝国"将不只是用武力来推进全球秩序,更主要是用金钱的力量来控制世界。与此相对,联合国走的是另外一条路:除了少数机构强调强势领导(如安理会和作为其专门机构的国际货币基金组织、世界银行集团)以外,多数机构都强调民主。国际社会的民主很显然是违背资本运行的逻辑的,这里就出现了一对难于调和的矛盾:霸权的寡头之治的要求与民主的多方决策的主张在经济

---

① 日本学者功刀达郎提出,应当从相互依存的多元化的世界现实出发,重新评价国际法,修改国家主权的概念,明确行使武力的基本原则,培养开放、民主的国际体系;重构联合国体系内的合作伙伴关系,使之在和平与安全保障领域发挥积极作用。〔日〕功刀达郎:《从全球公共政策视角审视日本和平宪法、国际法与联合国》,田思路译,载《太平洋学报》2009 年第 3 期。

② 关于区域经济一体化与全球化的关系,可能存在着不同的理解。简单分析,这两种潮流是相反相成的关系。相反是说区域经济一体化会起到贸易转移的作用,阻碍全球商品、资本、人员等的自由流动;相成则是说区域经济的一体化从内容上说与全球化的要求并无二致,区域经济一体化可以作为全球化的地域性预演,其发展有助于全球化水平的提升。所以,2005 年 5 月法国人在全民公决反对《欧盟宪法条约》时有一种主张就是反对全球化。这致使该条约最终未能通过,在形式和内容上大幅后退之后的欧盟《里斯本条约》在 2009 年年底生效(见本书第十六章)。很显然,欧盟的发展被视为全球化进程的一部分。

全球化与政治多元化层面出现了冲突,究竟是"富人决断"还是"多数决定",这不是一个能够取中间道路的问题。

从这个意义上讲,全球化只是一个承载了很多天真、美好憧憬的魅影,很多学者给了全球化的概念与特征一系列的界定,实际上有很多是自相矛盾的。① 全球化存在着很多难于控制的负面因素,认识全球化必须对之进行去魅,在充分认识全球化的缺陷的基础上控制全球化的方向、牵制全球化的进程,使人类社会的发展不至于被经济增长的单向度价值所覆盖。但是,由于全球化代表者资本的理想,所以推广资本发展的组织机构更愿意彰显其优长,屏蔽其弊害。②

联合国主要试图在较广泛的领域构建一种全球的法律秩序,与资本和商业的全球化具有不同的逻辑。在这一背景下,联合国需要加大力度鼓励发展(发展中国家的发展)、解脱贫困,而不仅仅是宣传口号,而应当推进具有实际操作意义的措施推进发展中国家的能力建设。在发达国家与发展国家的经济、政治关系方面,联合国应敦促发达国家迈出更大的步伐,根据其能力提出更切实的援助规划并予以实施。

(三)变革契约社会,构建社会契约:文明共存的国际法治观

联合国既不是一个世界政府,也不是像欧盟那样具有独立征税权、对国家具有一定强制约束力的超国家组织,由此看来,联合国运转机制中的阻碍是意料之中的:作为"国家间的法"的国际法从来也没有过长期平等约束所有国家的经验,正是基于这现实,法理学者和国际法学者才长期存在着"国际法是不是法"的争论,而且对于这一疑问最肯定的回答也仅仅是:国际法是一种比较弱的法,其约束力与国内法是不能比的,这意味着国际法治的进路存在着先天的不足。而此种缺陷的核心原因在于:国际社会是一个契约社

---

① 比如,很多学者都提出,全球化进程会导致全球的民主进程。这一点实际上并不周延:全球化可能会将民主的价值观推到世界各地,但是根本不可能实现真正的全球民主。就连资本主义大国都存在着资本控制下的"精英民主",那么在世界的范围内怎么可能出现普遍的民主呢? 再比如,一些学者认为,全球化会导致文化的多元化,这一点也必须深入地分析:在全球化发展的初级阶段,会出现一些混合类型的文化,看起来文化类型增多了,但是这些类型会逐渐彼此渗透、融合,消除特性、异质,增加相同性,最终成为一个或者几个大的文化类别。这就是全球化文化最终的统一。这正像颜色的混合:将几种不同的颜色放到一起之后(排除化学反应的情况),首先看起来是更加绚烂的更多颜色的产生,最终是只有一种颜色。

② 例如,香港城市大学的全球化专家 Yash Ghai 教授曾经谈过一个小细节:WTO 曾举办过一系列关于全球化的讲演活动,预期邀请他作为讲演人之一,当他提供讲稿以后,主办者提出:必须改掉它关于全球化弊端的内容。Yash Ghai 教授坚持不改,所以也就没有被进一步邀请参加讲演。

会,而契约社会具有与生俱来的不稳定性。当今的国际社会是一个典型的契约社会:国际社会的主要主体——国家之间,彼此互不管辖,在名义上各自主权平等;国家至上没有任何共同尊重的权威,国家之间的关系依靠明示和默示的契约来进行维系。而从理论上分析,在没有更高权力监督和执行的情况下,契约本身的约束是很弱的,缔约者在没有外在监督与约束的情况下很难完好的遵守和履行契约,而很可能采取机会主义,随着自身的利益而选择遵守、改变或者毁弃约定。在国际契约社会之中,没有最高权威,各国都在本身主权的指导之下从事一种博弈。因此,可谓一说,国际社会直至今日仍然处在十分初级和原始的状态,法治状态远远没有实现。那些天真的国际法的信仰者过于强调和信赖契约的内在约束力①,却没有想到如果没有一个外在的监督的话,这种契约几乎是没有任何强制性的。②

笔者认为,弥补由于契约体系而造成的国际社会分散化、权威性的不足,需要通过国家之间改变契约关系来达到一种相对稳定的国际社会结构。达致此种结构的手段有两个:第一是建立具有整合、配置资源权能的超国家机构;第二是建立新的帝国体系,由一个强大的国家号令天下。后者明显不符合社会进步的基本形态,违背国际社会大多数成员的意志;前者的实现困难重重,实现世界政府遥不可及③,但是逐渐建立国际法治、推进国际社会共同面对风险和危机的能力还是有可能的。在这种背景下,可以延伸社会契约理论在构建国内秩序上的观点,构建起更具有强制力的国际社会契约。④ 按照

---

① 很多学者都认为,国际法的存在基础就是"约定必须信守"(pacta sunt servanda)这一原则。Malcolm N. Shaw, *International Law*, 7th ed., Cambridge University Press, 2014, pp. 7, 21, 67; Ian Brownlie, *Principles of Public International Law*, 7th ed., Oxford University Press, 2008, pp. 548, 620.
② 值得注意的是,中国古代有一句话:"人而无信,不知其可也",人如果不遵守契约,人们可能会不再愿意与之交往,但是也没有什么更进一步的惩戒和规训;斯宾诺莎在他的《神学政治论》里谈到:"一般地说来,没人会遵守他的诺言,除非是怕有更大的祸害,或希望有更大的好处。"(〔荷兰〕斯宾诺莎:《神学政治论》,温锡增译,商务印书馆1963年版,第215页。)这都说明,契约是没有任何内在神圣性和约束力的。
③ 这一论断的具体推论过程如次:契约社会具有先天的缺陷,即在没有监督者之时契约的执行力容易被利益所冲淡;所以靠契约形成理想的国际社会缺乏可行性。这是我们就要考虑,人类社会的结构是如何形成的。从历史上看,人类社会是由于集团化生活、自然而然的进行分工,构造出社会位阶而形成的,并且在这种分工的基础上出现国家;国际社会如果能效仿此种方式大约能形成一种稳定的局面;但由于国家之间的关系已经超越了当初形成国内社会的人与人的关系的水平(考虑人与人当初以及知道现在的彼此依存程度、单个的人在自然面前的软弱和渺小,而国家很显然不是这种情况),所以国家之间的自然分工很难实现。如果人为的实现此种分工,那就是通过世界政府或者一个强大的帝国。世界政府首先存在着出现的程序危机,很可能成为帝国的翻版,很难实现世界的民主(这实际上是契约困境的循环论证);而帝国的出现与发展显然是违背当前世界各国都遵从和主张(至少在表面上)的国家独立与平等原则的。
④ 相关讨论,见本书第四章。

社会契约论的观点,个人在原初状态(卢梭、洛克、霍布斯等所称的自然状态,或者罗尔斯所称的无知之幕)之下,将本来拥有的自由通过集体缔约,让渡给一个组织(后来的政府和国家),由这个组织配置资源,行使引领、协调和配置资源的功能。虽然这种观点不符合历史事实,也缺乏逻辑缜密性(比如,人民究竟与谁缔约,尚未成形的组织何以成为缔约的一方),但这种思路对于我们构想今天的国际社会还是有帮助的。在国际社会契约的逻辑之下,国家之间可以通过一个共同的契约将一些调控权力交给一个共同的机构(类似于世界政府)①,由这个机构来指挥国家的行动、保障国家的权益、协调国家之间的利益、实现国家关系的和谐与国际秩序的稳定。在这种情况下,联合国应当承担起更多的职责:首先,虽然很多国家确实在一起组建了一些机构来处理某些方面的问题,但是这些机构或者过于软弱,无法操持,或者仅仅成为少数强国的代言人,根本无法实现民主体制,无法保护基本人权。其次,作为国家是否遵守契约的良好监督者,避免国家仅仅出于自身的利益而决断是否遵守约定的情况。在历史上,背弃契约的情势屡见不鲜,这就需要一个强有力的契约监督者。

为此,联合国的发展变革必须反映国际关系民主化、法治化这一的潮流,应当确保广大中小国家有更多机会、更实质性地参与决策,加强有关机构对会员国的问责制,确保联合国的各项工作的工作始终反映绝大多数会员国的普遍愿望。同时,联合国必须健全维持和平、国际合作和立法的机制,进一步发挥积极作用。② 联合国集体安全机制对国际安全体系和平转型的贡献,将取决于其改革和制度创新多大程度上能够适应和管理国际安全威胁多元化和复杂化的新现实,以及如何在国际体系转型中强化联合国集体安全机制的能力建设。③ 联合国应当提高规范的程序合法性与实体约束力,无论是安理会的决议还是一般性的国际条约;在此基础上着力健全司法体制,以更高的效率、更公正可信的方式解决国际争端。

知易行难,正如本书第六章已经分析过的,国际法治的困难在于约束大国的任性,国际法治的希望也在于约束大国的任性。联合国现存的弊端在于大国主导、大国操纵;其他有效实现联合国的理念和宗旨也有赖于大国的利益观念转变和资源支持。而大国之间的不信任会长期存在,为权力而斗争的

---

① 如第四章所述,国际社会契约形成的依然是一个半超国家、半国家间的体系,也就是说,国家仍享有非常大的权力和广泛的功能。而前人想象的"世界政府"都已经取代了国家,享有广泛的权力和大量的资源。
② 〔加拿大〕爱德华·麦坤尼:《国际法与冷战后时期的世界新秩序》,梅红译,载《现代国际关系》1992年第5期。
③ 陈东晓:《试述国际安全体系转型中的联合国改革》,载《国际观察》2007年第5期。

情况也难于短期改变。从这个意义上讲,联合国的变革和完善必将是一个长期而艰辛的过程,其中有可能反复、有可能出现波折,但人类的理性会指引方向,突破障碍,逐渐达到目标。

五、小　　结

经历了七十余年的风雨,与联合国成立之初相比,国际形势发生了翻天覆地的变化。作为由 192 个主权国家组成的最广泛、最受关注的国际组织,联合国采取深度改革措施既是大势所趋,更是人心所向。我们深知,改革联合国绝非易事。由于现在的国际法律秩序并不像国内法律秩序一样,有一套居高临下的决策与监督机构,而是一个主权国家林立、彼此在资格上平等的博弈体系,所以国际法律规范就很难具有强制的效力,联合国的改革前景也就受制于各国的实力地位的差异,但是通过使世界各国政府及其人民了解人们面临的共同问题,改革联合国,使之成为一个高效、透明、法治的体系还是有希望的。[①]

显而易见,当前国际社会这种契约社会的格局很难改变,因为我们既不会欢迎为了突破国家之间的契约而建立一个自上而下集中管制的、在强权压服之下的帝国式的"仁慈政治""和平社会",也很难相信国家之间会在短期之内推举一个共同的"世界政府",以建立共同的宪政体制。国家之间这种既依存又矛盾的关系无法根本消除。从这个意义上讲,我们所关注的国际法治不健全的现状无法迅速地得到根本的解决,国际社会也不可能在不经过长期努力而根本上形成好的秩序。国际法长期之内不会替代、等同于国内法;国家之间的利益博弈将长期持续。但这并不意味着联合国的改革以及朝向国际法治的努力不会有任何成效。国际关系、国际秩序可以在作为弱法的国际法的框架下微调,逐步实现小范围变化、改良的期望。在条件成熟的时候,国际社会契约逐渐强化,联合国的改革就可能会承载人们更多的法治理想。

[①] 龚向前从集体安全制度、国际争端解决机制、国际经济新秩序、国际人权法、国际法的发展与编纂等方面着手,分析了联合国半个多世纪以来在建立新的国际法律秩序上所取得的成就与不足;并探讨了在当前国际形势下联合国存在的问题与危机,同时肯定了联合国的地位仍然是不可或缺的,它未来将继续在国际法律秩序的改善与发展上起到关键作用。龚向前:《联合国与国际法律秩序的发展》,载《政治与法律》2004 年第 1 期。

第十八章　WTO 的国际法治观察

　　国际法治意味着在国际的层面上实现良法善治的社会状态,这是国际法的理想,也是国际社会的阶段性目标。从理论的角度看,国际法治是一个"极限"式的维度,各种国际机制可能逐渐迈向、接近法治,却很难说已经达到了法治的理想。从现实的角度讲,WTO 虽然在法律实施方面取得了很大的成就,却不能因此而认为其已经是法治的典范。它在发展权、知识产权等实体方面,在法律制定的民主程度和成员纳入的公正性上尚存在诸多未达到良法、善治的要求之处。观察 WTO 的贡献与局限,首先要求我们在国际法的大语境中考虑 WTO 的制度体系,而不是将之作为完全独立的单元分析其长短优劣;其次要分析 WTO 在国际法的体系中是否具有引领和示范的效应。分析这一问题,应当明确,如果以静态的、绝对的良法善治标准来看待和评价,则 WTO 没有达到国际法治的目标。而如果以动态的、相对的视角来分析,则 WTO 在规则结构、体系发展、规范施行方面所取得的成就,确实优于国际法的绝大多数部门和领域,可以成为当代国际法治的样板和典范。对于这一问题的论断,必须结合具体的语境和目的,而就当代中国的国际经济法立场而言,宜缓称"WTO 是模范国际法"。

一、问题的提出

　　国际经济法治是国际法治的重要方面,取得了很多成就,也还存在着很多问题。[①] 在国际法治的各个领域之中,值得关注的对于 WTO 成就与问题的研讨。WTO 是国际法治的典范,或者"WTO 是模范国际法"是近几年来在中国国际经济法学界提出的一个命题,一些在国际法、国际经济法、WTO 领域素有研究的学者提出了将 WTO 的法律规范和运作作为榜样来进行教学和研究的观点,其中最有代表性的是曾任职于商务部条法司、后转入清华大学任教授的杨国华博士。他在很多会议和讲座上都旗帜鲜明地提出了 WTO 是

---

① 对于相关问题的探讨,参见何志鹏:《国际经济法治:全球变革与中国立场》,高等教育出版社 2015 年版。

模范国际法的主张。① 其主要观点摘录如下：

> 我认为,从理论和实践看,WTO 堪称"模范国际法"。从理论看,WTO 争端解决机制具有强制管辖权和强制执行力。只要一个成员提起诉讼,另一个成员就必须应诉;裁决必须执行,否则 WTO 可以授权报复。
>
> WTO 是"管用的",是模范国际法。主要体现在以下三个方面:(1) WTO 是管理贸易的,并且在贸易领域建立了一套国际规则。(2) WTO 的决策机制,是"全体一致"(consensus),也就是"一国一票",所有协议都经每一个成员同意才能生效。成员之间的平等,增强了 WTO 的"公信力"。这与谁的块头大或者谁更有钱谁的决策权就大的机制有本质区别。"法律面前人人平等"的法律是好的法律。(3) WTO 的争端解决机制是有效的。这套机制有"强制管辖权",还有"强制执行力"。从实践看,WTO 在短短 16 年的时间里,已经受理了 438 个案件,作出了近 200 份裁决。这些裁决都得到 WTO 成员的普遍尊重——绝大多数案件,被诉方都修改了自己的措施,而极少数案件,被诉方以 WTO 争端解决程序所允许的方式,暂时提供补偿,或者由胜诉方暂时"中止减让"(报复)。因此,我们认为,"有执行力"的法律是好的法律。值得提及的是,在这些案件中,一半以上是发展中国家诉发达国家的。WTO 是和平解决国家之间争端的场所。使用这套机制,有利于国家之间关系的健康发展。
>
> 从中国情况看,加入 WTO 十一年来,已经有 29 起案件,其中 10 起案件作出了裁决,而这些裁决都得到了执行。② 例如,中国诉美国的反倾销和反补贴案(第 379 号),中国诉欧盟的反倾销案(第 397 号),中国获得了胜诉,而美国和欧盟都修改了相关立法和反倾销反补贴税率。当然,如果这些修改没有完全符合 WTO 裁决,中国是可以启动 WTO 的执行监督机制的,也就是就其执行措施再次诉诸 WTO 争端解决机制(DSU21.5)。与此同时,中国败诉的案件,中国也认真执行了裁决。例如,美国诉中国的知识产权案,中国《著作权法》第 4 条第 1 款"依法禁止出版、传播的作品不受本法保护",被认定不符合 WTO 规则,于是,在 2010 年 3 月,全国人大就修改了这一条款,现在法律中就没有这个条款

---

① 其中范围比较广的是 2012 年 5 月在西安召开的中国国际法学术年会和 2012 年 11 月在北京召开的中国社会科学论坛暨第九届中国国际法论坛。
② 引者注:截至 2016 年 5 月,中国参与的案件数为:作为申诉方 13 件,作为被诉方 34 件,作为第三方,130 件。具体情况见 WTO 官方网站:https://www.wto.org/english/trafop_e/dispu_e/dispu_by_country_e.htm.

了。我在多个场合讲过,这件事情应当写入中国法制史,因为这是第一次在国际上输了官司而修改国内法的事件。再如,美国诉中国的汽车零部件案,WTO 裁决中国的"构成整车特征零部件"政策不符合中国加入 WTO 承诺,因为中国承诺的是整车进口关税 25%,而零部件进口关税 10%,不能将零部件按照整车的关税征收。于是,我们修改了这个政策,现在已经不存在"构成整车特征零部件"这个政策了。因此,在国际上,我们是理直气壮地宣布:中国认真执行了 WTO 裁决。

按照亚里士多德对法治的定义——"良好的法律得到良好的实施",WTO 已经建立了一种"国际法治",使得国际法从"软法"(soft law)变成了"硬法"(hard law),即从国际法对国家不可预测的软约束,成了名副其实的硬约束。这套机制之所以有效,与专家组和上诉机构的裁决报告中详尽的法律解释和充分的法律论证是有关的。专家组报告一般长达 400 页,上诉机构报告一般长达 150 页,对"涉案措施是否符合相关协定"这一问题进行了详细的解释和论证。因此,WTO 裁决是"以理服人"的。我们认为"讲理"的法律是好的法律。因此,我们认为,WTO 是模范国际法,而中国在 WTO 中也已经有了一定的实践,因此我们应当重视 WTO 的研究。①

与杨国华博士类似,一些学者也作出了 WTO 是国际法典范的论断。②与此同时,很多学者提出了通过 WTO 来促进中国法治的观点③,或者用

---

① 资料来源:杨国华博士于 2012 年在西安中国国际法学会学术年会和第九届国际法论坛上的发言大纲(未刊本),蒙杨国华博士惠寄,特致谢忱。在另外的场合,杨国华博士还提出:(1) WTO 是中国唯一具有严格意义上的国际法律实践的部门,也就是只有在这个国际组织,中国有案例;(2) WTO 中国案例是法学教学与研究的宝库:20 份裁决,并且还在增加;多达 1 万页;法律分析很精彩;(3) 可以使用"纯粹案例教学法",把某个案件的整个报告或者相对独立的法律问题段落交给学生阅读,上课讨论。
② 有学者指出,随着国家之间的高度依赖与合作以及"全球治理"概念的提出,国际法治成为应对全球化挑战的理性抉择。作为国际法治的重要组成部分,WTO 法治是国际法治的典例。赵骏、韩小安:《WTO 法治和中国法治的砥砺与互动》,载《浙江大学学报(人文社会科学版)》2011 年(第 41 卷)第 5 期,第 147—162 页。
③ 例如,Esther Lam, *China and the World Trade Organization: A Long March Towards the Rule of Law*, Kluwer Law International, 2009; Martin G. Hu, "WTO's Impact on the Rule of Law in China", *The Rule of Law: Perspectives from the Pacific Rim*, Mansfield Dialogues in Asia, pp. 101—105; Cao Jianming, "WTO and the Rule of Law in China", 16 *Temple International & Comparative Law Journal* (2002) 379; Cao Siyuan, "How Will WTO Membership Promote the Rule of Law in China", http://www.cipe.org/sites/default/files/publication-docs/articleab5e.pdf.

WTO 规范来衡量中国法治水平的观点。① 这实际上也是把 WTO 当作一个法治的模范。如果单就中国而言,这并不是一个大问题,因为中国的法治建设还处于相对初级的阶段,WTO 的透明度要求对于中国政府、行政法治化而言确实很有意义。中国也确实在加入 WTO 之前按照 WTO 的要求修改了很多国内立法、行政规章和相关措施,在加入 WTO 之后也在行政立法、行政执法方面取得了长足的进步。这一观点引起了一些争鸣和讨论。② 但是,能否由此更广泛地认为 WTO 可以作为国际法治的模范,认为国际法治的理想在 WTO 的身上就实现了? 笔者认为,这一论断,无论其真伪,背后都有着很多值得探讨的问题和观念。本书拟对这一论断作简单的拆解,分析其背后隐含的核心信息、观念指向和实践逻辑。并就这一论断可能产生的影响、当代中国的话语选择提出见解。

二、作为国际法一部分的 WTO

"WTO 是模范国际法"这一论断的隐含前提,是"WTO 是国际法",或者更明确地说,WTO 是国际法的一部分,而不是外在于国际法的独立王国,不是可以置整个国际法体系于不理的特殊体系。或者进一步说,WTO 是国际经济公法的一部分,国际经济公法是国际公法的主要方面。

WTO 是国际经济组织,作为"全球经济治理的四大支柱"③之一,尽管具有很多特殊性,但并不独立于国际法体系,与任何其他国际经济体制一样,都具有国际法的一些基本特征。WTO 的发展和进步是整个国际法发展进步的

---

① Leïla Choukroune, "The Compromised 'Rule of Law by Internationalisation'", *China Perspectives*, No. 2012/1, pp.9—14; Susan Ariel Aaronson, "Is China Killing the WTO?", *The International Economy*, Winter 2010, pp.40—43.

② 在这个问题上,基本上存在着总体肯定 WTO 的观点、对于 WTO 持有保留的肯定态度和相对质疑 WTO 的观点。前者的阐释可见于赵丽芳:《杨国华:WTO 是国际法治的典范》,载《WTO 经济导刊》2015 年第 1 期;另有杨国华:《亲历法治——WTO 对中国法治建设的影响》,载《国际法研究》2015 年第 5 期;杨国华:《WTO 是模范国际法——在中国国际法年会上的讲话》,载杨国华:《WTO 中国案例评析》,知识产权出版社 2015 年版,第 366—370 页;曾令良:《WTO:一种自成体系的国际法治模式》,载《国际经济法学刊》第 17 卷第 4 期等;中间的态度可见赵骏、韩小安:《WTO 法治和中国法治的砥砺与互动》,载《浙江大学学报(人文社会科学版)》2011 年第 5 期;曾令良:《WTO 法治面临的主要挑战及其应对》,载《法学杂志》2011 年第 9 期;持后一种观点的可以参见陈安:《论 WTO 体制下的立法、执法、守法与变法》,载《国际经济法学刊》第 17 卷第 4 期;何志鹏、孙璐:《贸易公平与国际法治:WTO 多哈回合反思》,载《东方法学》2011 年第 2 期。

③ Jan Wouters and Jed Odermatt, "Comparing the 'Four Pillars' of Global Economic Governance: A Critical Analysis of the Institutional Design of the FSB, IMF, World Bank, and WTO", 17 *Journal of International Economic Law* (2014) 49.

一个具体领域①，"WTO 规则是国际法一般规则的一部分"。② WTO 的争端解决应被视为国际法争端解决提升的一部分③；裁决的执行是遵守国际法的一个方面④，WTO 的宪政化问题实际上是国际法宪政化的一个层次。⑤ 例如，它与所有的国际组织一样，具有独立行政管理职能甚至是主权的成员驱动，成员之间在组织中的法律地位上平等、规范的确立基于成员协商、博弈，规范的遵行主要靠成员的自我约束，规范的实施取决于成员的"主体间性"。Cottier 注意到了这样一个事实：1992 年出版的《奥本海国际法》第一、二卷的最末简短地提到了 GATT，讨论最惠国待遇的问题。而那时的多数国际公法著作都不会讨论国际贸易的问题。⑥ 其实反之亦然，国际经济法的著作、特别是 WTO 的著作，也很少在结构和框架的角度讨论国际法。

就这一点而言，不仅可以对 WTO 作出这样的论断，对于欧盟法也应当做这样的论断。在《马斯特里赫特条约》生效之后，有些学者鉴于欧盟的迅速发展，认为它已经超越了国际法，而成为一种特别的法律部类，即超国家法。这实际上是对国际法僵化理解的结果：国际法随着时代的发展而不断变化，有可能包含很多新形式，从这个意义上看，超国家法也是国际法的一种形式，是国际法与国际关系的新趋势。

基于这样的认识，我们就很能接受这样的分析：随着国际经济法引起了越来越多的国际公法学者的兴趣，国际公法的传统原则越来越多地进入国际

---

① 赵维田：《WTO 与国际法》，载《法律适用》2000 年第 8 期；赵维田：《一套全新法律体系——WTO 与国际法》，载《国际贸易》2000 年第 7 期。
② 周忠海：《论国际法在 WTO 体制中的作用》，载《政法论坛》2002 年第 4 期；周忠海：《WTO 规则与国际法》，载《河南省政法管理干部学院学报》2002 年第 4 期；周忠海：《论国际法在 WTO 争端解决机制中的作用》，载《北京市政法管理干部学院学报》2002 年第 2 期。
③ 在这方面的讨论，参见张乃根：《试析 WTO 争端解决的国际法拘束力》，载《复旦学报（社会科学版）》2003 年第 6 期；张乃根：《论 WTO 争端解决机制的几个主要国际法问题》，载《法学评论》2001 年第 5 期；张乃根：《论 WTO 争端解决机制的若干国际法问题》，载《河南省政法管理干部学院学报》2001 年第 4 期；张帅梁：《非 WTO 国际法规范适用于 WTO 文化贸易的可行性——以中美文化产品案的法律适用问题为视角》，载《国际经贸探索》2012 年第 3 期；许楚敬：《直接适用抑或非直接适用：WTO 争端解决中的非 WTO 国际法规则》，载《西南政法大学学报》2011 年第 2 期；许楚敬：《WTO 争端解决中"有关国际法规则"的一个解释工具》，载《学术研究》2010 年第 12 期；李双元、李娟：《从世贸组织争端解决机制谈国际法效力的强化》，载《时代法学》2005 年第 6 期。
④ 胡建国：《美欧执行 WTO 裁决的比较分析——以国际法遵守为视角》，载《欧洲研究》2014 年第 1 期；韩逸畴：《WTO 争端解决机制及其对国家声誉的影响研究》，载《当代法学》2015 年第 2 期。
⑤ 蔡从燕：《国际法语境中的宪政问题研究：WTO 宪政之意蕴》，载《法商研究》2006 年第 2 期；左海聪、范笑迎：《WTO 宪政化：从"司法宪法论"到"贸易民主论"》，载《当代法学》2013 年第 6 期。
⑥ Thomas Cottier, "International Economic Law in Transition from Trade Liberalization to Trade Regulation", 17 *Journal of International Economic Law* (2014) 671.

贸易、投资法的领域之中。领域之间的相互理解仍然非常重要,相关的概念应当更多地被各个领域所共同理解和接受。①

只有在国际法的大背景下去分析 WTO 的长短优劣,才有可能具有广阔的视角和深入的认知。"WTO 是模范国际法"正是在这样一种系统的观念之下认识 WTO 与国际法的关系问题的。

三、国际法的不成体系性

与上一个讨论前提紧密相连,"WTO 是模范国际法"论断隐含的另一个理念是国际法的各个板块、各个领域、各个方面差距相当大、对比相当明显,有些已经相当先进,可以作为典范;有的则发展缓慢,有的甚至还很落后,需要被牵动、甚至反思、批判,而模块之间是可以对比和效仿的。这就呼应了当代国际法的另外一个论断,即国际法的碎片化(不成体系)。

如果有一个完整的、金字塔状的国际法体系的话,就不存在某一板块成为典范的可能性。因为所有的规则都应当在同样的上位规则要求下确立,所有的制度都应当在同样的要求下运行,既不能不足,也不宜僭越。现实的国际法显非如此。尽管很多人都怀疑国际法的法律性,但也不排除很多人(包括国际立法、国家、学者)仍然期待、至少是畅想一种可以通行于世的"一般国际法"。而事实上,这在很大程度上仅仅是一种不切实际的假想而已。从理论上说,只有那些不以国家同意为前提的国际法规范才能算是一般国际法。由此,符合要求的仅有获得普遍认可的一般法律原则和达到强行法程度的习惯法。这两种情况在当今世界均未真正形成。很多人认为《联合国宪章》的第 2 条属于一般法律原则,但并没有真正形成普遍的约束力;关于强行法,不仅在具体包含项目上没有达成一致,而且其效果也颇为令人质疑。国际法院在 2012 年针对德国诉意大利的国家豁免一案②清楚表明,现行国际法并不认为强行法可以绕过主权豁免这种程序规则而予以适用,就说明强行法也并不是总有约束力的。绝大多数规则,如果不能论断说所有规则的话,都是在某一地域、某一方面确立着某种秩序的。国际法的这种碎片化状态,

---

① Donald McRae, "International Economic Law and Public International Law: The Past and the Future", 17 *Journal of International Economic Law* (2014) 627.
② 见第十四章第一部分。相关讨论参见曾文革、王曦:《国家豁免规则与人权保护例外论争的新发展——国际法院"国际管辖豁免"案解析》,载《云南大学学报(法学版)》2014 年第 4 期;李本、谢斌:《也谈国际强行法与国际豁免的冲突》,载《法律科学》2013 年第 6 期;郭玉军、刘元元:《国际强行法与国家豁免权的冲突及其解决——以德国诉意大利案为视角》,载《河北法学》2013 年第 1 期。

自然有其历史与政治的原因,然而国际法各个板块互不连属、在规则上各行其是、在组织机构和具体操作层次很少相互配合,这是当代世界国际法的一个现实状况,是我们不能否认、无法回避的客观结构,也是我们思考"WTO有没有资格作为模范国际法"这一问题的重要前提。

四、WTO在国际法治理想面前的缺陷

(一) 全面的"国际法"意味着"国际法治"

模范国际法的内涵,应当首先从国际法这一词汇开始。如果静态地看,国际法仅仅是一堆处理国际关系的规则、条文、约章、制度,这些规则由于基于国家同意,具有平位性、契约性。如果要更加全面深入地理解国际法,我们尚需跳出静态的、文本上的规则,而看其运作,也就从立法、守法、执法、司法这样多维的角度去分析法律的产生和运作过程。这样一来,国际法就是一套活的法律,每一项国际法都是一个有生命起点、生命展开、绽放直至生命终结的规则。我们要观察国际法也就包括了纸面的、静态的国际法规则和生活中的、动态的国际法规范的运作。由此,对于国际法的观察和评价就演化成了"国际法治"。也正是基于这样的解读,包括杨国华博士在内的很多中外学者都是从法治的角度去看待国际法的。

(二) "国际法治"意味着国际良法和全球善治

如果模范国际法意味着达到国际法治的理想,那么我们就有必要再度简要地、结合国际贸易领域阐释国际法治的理想。也就是分析是否订立起了"国际良法",这套规则的运作是否形成了"全球善治"。①

首先,国际良法,意味着在价值设定上,相关的规则应当达到人本主义、文明间共存和可持续发展的目标。(1) 人本主义,亦即规范应当着眼于人的幸福与发展,而非单纯注重物质资料的提升或者与人民实际利益无关的"集

---

① 笔者在更广泛的意义上对于国际法治的解读和分析,参见何志鹏:《国际社会契约:法治世界的原点架构》,载《政法论坛》2012年第1期;何志鹏:《国际社会的法治路径》,载《法治研究》2010年第11期;何志鹏:《国际法治:一个概念的界定》,载《政法论坛》2009年第4期;何志鹏:《国际法治的理论逻辑》,载《中国国际法年刊2008》,法律出版社2009年版;何志鹏:《国际法治:和谐世界的必由之路》,载《清华法学》2009年第1期;何志鹏:《国际法治:良法善治还是强权政治》,载《当代法学》2008年第2期;何志鹏:《国际法治:现实与理想》,载《清华法治论衡》第四辑,清华大学出版社2004年版。关于国际贸易领域法治的基本问题探究,参见何志鹏:《贸易公平与国际法治:WTO多哈回合反思》,载《东方法学》2011年第2期;何志鹏、孙璐:《以自由促进发展:国际经济法治的价值尺度》,载《法治研究》2011年第2期。

体利益"的促进。具体而言,国际贸易应当着眼于互通有无、促进就业、提升人民生活水平,而不纯然是贸易顺差或者外汇储备。(2) 文明间共存,意味着我们所讨论的国际法制度应当能够推进不同地域、不同文化背景、不同发展形态的国家和地区之间的交流、理解和信任,而不是进一步形成壁垒、加剧文明的冲突或者形成文化霸权主义、文化帝国主义。在贸易领域,国际贸易法治应当有利于东西方文明的交流、促进文化之间的协调和共同繁荣。(3) 可持续发展意味着国际制度的设立应当不仅着眼于经济的增长或者权力的增加,更应当考虑人类内部的公平(域内公平)、人类社会与自然界之间的平衡(域际公平),以及前后代人之间的公平(代际公平)。正是在这样一个指标的衡量之下,我们才说,20 世纪 70 年代提出的国际经济新秩序主张并不是异想天开、无理取闹、无事生非,而是确实有着其内在的伦理基础的。

其次,全球善治,意味着在国际法律规范的形式方面和运作的全过程中体现出一个良好治理的社会体系所应当具有的状态,具体包括:(1) 民主、科学的立法程序,也就是法律规范的确立有充分的论证,既符合客观的情况(例如环境标准、关税比例、非关税措施的程度),也符合各国的意愿,体现了各成员意志的充分协商与妥协。(2) 相对稳定合理的法律形式,也就是法律不朝令夕改,给社会成员以合理的预期;法律内容明确清晰,使得社会成员了解价值的排序;法律之间应当没有矛盾,避免规则冲突和社会主体的无所适从。(3) 总体良好的守法状态,即各成员对于规范的要求能够总体上认真地对待和努力地遵行,内在地形成一种约束意识,从而整体形成良好的社会秩序。(4) 严格有序的执法机制。也就是在静态法律规范的基础上设立机构,负责规范的实施状况监督,对于不能很好遵从国际规范的成员提供一种外在的约束。(5) 平等而权威的司法系统。在成员之间、成员与机构之间存在法律方面或者关于法律的争议时,应当有一个为公众共同认可、接受、尊重的司法体系,并且能够高效率地提出方案、为各方接受地解决问题。

由上述的若干指标,可以形成一个"模范国际法"的基本标准,以此判断相关的国际法律机制是否成熟、是否完善。

(三)"模范国际法"的背景与目标

之所以会出现"模范国际法"这样的论断,其社会背景在于国际法存在着发展的不平衡性。就整个国际法而言,其发展的程度还比较初级,还没有大规模超越昔日奥斯丁所界定的"实证道德"的水平,所以良法虽然已经逐渐形成,但善治为时尚远。具体而言,由于不存在一个世界政府,在国际层面也就不存在体系化的立法机关和立法规划,不存在普遍的、超国家的权威要求所有国家遵循国际法,故而,除了为数不多的原则(而不是规则)被视为强行法而试图让世界各国普遍遵守①之外,绝大多数规范都是"特别法",基于国家的选择,仅适用于有限的地域范围之内和个别事项之上。在这种背景下,不同的事项领域、不同的地理区域就存在着发展程度不同的国际法。正是此种情况的存在,一些学者们提出了"国际法不成体系"的论断,并成为联合国国际法委员会讨论的议题之一。这种国际法内部发展的不平衡,使得国际法各部门、各领域之间可以进行横向比较:国际环境法处于比较初级但发展迅速的阶段,国际武力使用的法律处于遵守状况十分不理想的状态,国际司法总体上处于选择性强、不对称的状态,等等。在这种语境下,"模范国际法"才成为可能。

(四) WTO 作为国际法治典范的不足

如果从一个自然法学派的理想主义角度来看待 WTO,那么它的诸多缺陷很显然难以使之成为国际法的模范。有学者认为,国际法的逻辑结构可以大略分为三个层次:第一层是作为国际法系统的哲学和理论基础;第二层是国际法体系中的操作规则、原则和概念;第三层是世界政治体系操作方面的规则、原则和概念。② 以这样的标准分类,WTO 在每一个层次都有值得疑问之处。

WTO 中存在问题是非常明显的,其中包括:

第一,WTO 在价值角度的问题。WTO 作为多边贸易体制,在促进发展权方面虽然取得了一些进步,但总体上仍然显得非常不足。法律争论在本质上都是政治策略较量的表现,法律分析表面上是规则、显得严肃而庄重,实际上都是政治利益和力量的较衡,都是服务于政治需求的。③ 虽然法律实证主义者试图在原则、概念、规范的"纯粹法学"框架内进行法律分析,从而试图避开道德、经济、政治等一系列争论④,但是,无论是国内法,还是国际法,都

---

① 当然,这些原则的具体列表并不明确,一般而言,除了侵略行为被视为违背强行法之外,其他规范均为有效确立。进而,一些基本被公认的原则也没有真的被普遍遵守,例如侵略行为实际上在20世纪后半叶以后并不少见。而且更糟的是,这些不遵守的行为并没有受到有效的惩治,例如美国入侵伊拉克,虽然很多人提出反对,但是显然没有任何法律责任可言。
② Shirley V. Scott, *International Law in World Politics*, Lynne Rienner Publishers, 2004, p. 88. Scott 是在整体国际法上讨论这种逻辑结构的,实际上,如果考虑不同区域、不同领域国际法并存的不成体系状态,更适于在较小的结构内讨论体系的问题。
③ Ibid., p. 117;姚建宗:《法律的政治逻辑阐释》,载《政治学研究》2010 年第 2 期;姚建宗:《论法律与政治的共生:法律政治学导论》,载《学习与探索》2010 年第 4 期。
④ 对于纯粹法学的讨论,参见周赟:《纯粹法学与纯粹法律——论原则性法典》,载《政法论坛》2007 年第 6 期。

不是孤立的,而必须在社会背景中来进行思考。国内法尚且如此,国际法作为初级的法律就更是难以避免。法律之辩,要义在于能否用丰富的知识、严谨的逻辑、高超的技巧来有效地维护其所服从和服务的立场和利益。完全超越立场的正义,和绝对的自由一样,是不可能的。① 所以,优秀的法律工作者,并不在于脱离了政治立场和利益倾向,而在于既清醒地认识到法律之外因素的重要性,又能够很好地把握这些因素,把这些关切、预期通过法律这种人们共同接受的话语表达出来,将经济、政治的诉求转化为法律的论证。WTO 作为国际法的一个部分,自然有其价值取向。很多人认为,经济相互依赖是开启世界和平之门的钥匙。② 这个观点表面上似乎合理,但是深入细节,回顾一下世界历史,就不难得知,世界上有多少战争是因为贸易而引起的? 而具体到贸易诸议题上,成员之间更是存在着分歧。"在价值问题上的持续争论一方面表明了贸易问题上国家话语的重要性,另一方面也揭示了此种话语包含很多争议。"③从总体价值追求上说,WTO 有没有真正通过促进经济贸易交往而实现人类的普遍福利,或者说,像一些学者所主张,实现人权,并非清晰而明确的。甚至还可以进一步追问,国际经济贸易交往是否在促进了一些人的福利的同时,也剥夺了一些人的福利? "全球贸易规则需要在文化和社会价值上进行研讨和争论,GATT 规则不适当地推进一套价值而遏制另一套价值,因而需要予以监督。自由贸易并非在社会或文化上中立的。"④在 WTO 发展进程中出现的"反全球化"潮流实际上就是民众和知识界对于单向度追求自由贸易的观念的实践回击。⑤

如果我们不深入研讨这一问题,而仅仅认为国际经贸交往是一个善的价值追求的话,那么,WTO 有没有被缔造成一个推进公平、完善贸易的体制呢? 在财富鸿沟、数字鸿沟面前,WTO 是扩大了马太效应,还是塑造着世界公平?

---

① 关于正义概念的多义性,可参见唐士其:《儒家学说与正义观念——兼论与西方思想的比较》,载《国际政治研究》2003 年第 4 期。
② Ralph Folsom, Michael Gordon, John Spanogle, Peter Fitzgerald, and Michael Van Alstine, *International Business Transactions: A Problem-Oriented Coursebook*, 11th ed., West, 2012, p.419.
③ David Armstrong, Theo Farrell and Hélène Lambert, *International Law and International Relations*, 2nd ed., Cambridge University Press, 2012, p.248.
④ Philippe Sands, *Lawless World: America and the Making and Breaking of Global Rules*, Allen Lane, 2005, p.104.
⑤ Giorel Curran, *21st Century Dissent: Anarchism, Anti-Globalization and Environmentalism*, Palgrave Macmillan, 2007; Luis Alberto Fernandez, *Policing Dissent: Social Control and the Anti-Globalization Movement*, Rutgers University Press, 2008; Greg Buckman, *Globalization: Tame It or Scrap It?: Mapping the Alternatives of the Anti-Globalization Movement*, Zed Books, 2004.

实际上,发展中国家在这些国际规则面前是有着改良的愿望和行动的。① 发展中国家在联合国框架下所推动的一系列关于国际经济新秩序的"软法",虽然有很多争议,不过确实代表了一种目标明确的坚韧努力。② 很多发展中国家认为,原来资本主义国家为促进工业化和发展曾经使用的那些经济刺激手段(贸易壁垒、进出口补贴)均被 WTO 的新纪律和制度标准所禁止,这实际上是不公平的。而一些新的标准对于发展中国家裨益甚微,有些还有坏处。《补贴与反补贴措施协定》《农产品协定》《有贸易有关的知识产权协定》中的很多规则,根据发达国家与发展中国家的实际情况,都是不利于发展中国家的。③ 这些情况都说明,WTO 的规范确立没有充分考虑发展中国家的需要。④ 而在外部价值上,贸易与环境保护、贸易与人权等一系列问题也引起了人们的沉思。⑤ 在以往的基础上进一步突破的必要性仍然存在⑥;在推崇自由贸易的时候在知识产权与人权、贸易与环境方面的关注仍然欠缺。⑦

第二,WTO 在程序领域的问题。从程序的角度观察,WTO 有没有做到科学决策、民主立法? 严格而统一的执法? 有没有有效促动所有成员善意守法,并形成公正、透明、高效的司法体系? 这些问题显然是值得考量的。当前,WTO 决策的过程仍显繁琐,其民主性仍然不足;在规范执行的环节,WTO 的规范并没有理想中的那么被妥善遵守。至于争端解决,也仍存在着公正和效率方面的问题。⑧

从外部关系上,在贸易体制和国际货币基金体制之间存在着断裂⑨,

---

① Rosalyn Higgins, *Problems and Process: International Law and How We Use It*, Oxford University Press, 1994, p. 12.
② Ibid., pp. 26—28.
③ Donatella Alessandrini, *Developing Countries and the Multilateral Trade Regime: The Failure and Promise of the WTO's Development Mission*, Hart Publishing, 2010, pp. 1—10.
④ Antonio Cassese, *International Law*, 2nd ed., Oxford University Press, 2005, p. 518.
⑤ 许耀明:《气候变化国际法与 WTO 规则在解决贸易与环境纠纷中的矛盾与协调》,载《政治与法律》2010 年第 3 期;文萍:《从国际法角度论 WTO 规划与多边环境协议的协调》,载《重庆社会科学》2003 年第 5 期;王慧:《环境税的国际协调与 WTO 规则的完善》,载《当代法学》2015 年第 2 期。
⑥ 陈安:《论 WTO 体制下的立法、执法、守法与变法》,载《国际经济法学刊》第 17 卷第 4 期(2010),第 28 页。
⑦ Sol Picciotto, "Defending the Public Interest in TRIPS and the WTO", revised version to appear in Peter Drahos and Ruth Mayne (eds.), *Global Intellectual Property Rights: Knowledge, Access and Development*, Palgrave, 2002.
⑧ 何志鹏:《WTO 的法治化与中国立场》,载《国际经济法学刊》第 17 卷第 4 期(2010),第 74—79 页。
⑨ Vera Thorstensen, Daniel Ramos, and Carolina Muller, "The 'Missing Link' Between the WTO and the IMF", 16 *Journal of International Economic Law* (2013) 353.

WTO 与区域贸易协定的争端解决之间存在着难于协调的问题①,在社会责任与人权方面,WTO 仍有需要改进之处。② 在内部程序上,对于争端解决机制也不断有人提出新的建议③;有学者批评,在决策上,WTO 的协商一致原则很可能会掩盖一些成员的真实意愿。④ 有学者建议通过改革贸易政策审议机制保持 WTO 的优先性⑤,Qureshi 和 Ziegler 针对贸易政策审议机制,就提出了强化信息收集权力、扩展信息渠道、加快公布进程、中立专业评估、成员交叉质询、积极坦诚审议、统一分析框架、强化后续步骤等八条改良建议。⑥ 撒哈拉以南国家利用 WTO 争端解决机制的能力不足,对于促进其贸易与发展无疑是不利的。⑦ 有学者已经就 WTO 如何让弱小国家有机会加入争端解决机制提出了建议。⑧ WTO 在赋予发展中国家更多的机会、更大的发展潜力方面还有很多可以做却没有做的,这一点说明了 WTO 的良法理想还没有达到。WTO 虽然对各国提出了很明确的实施要求,具有将国际法融入到国内法治体系中的愿望,但是在新成员加入的阶段存在着不均衡性。秦娅教授针对中国加入 WTO 议定书所呈现的"超 WTO 义务"问题进行分析,认为 WTO 的加入程序还有改革的空间。⑨ 这也就意味着,从程序的角度,

---

① Armand C. M. de Mestral, "Dispute Settlement under the WTO and RTAs: An Uneasy Relationship", 16 *Journal of International Economic Law* (2013) 777.
② Christian Vidal-León, "Corporate Social Responsibility, Human Rights, and the World Trade Organization", 16 *Journal of International Economic Law* (2013) 893.
③ Marco Bronckers and Freya Baetens, "Reconsidering financial remedies in WTO dispute settlement", 16 *Journal of International Economic Law* (2013) 281; Geraldo Vidigal, "Re-Assessing WTO Remedies: The Prospective and the Retrospective", 16 *Journal of International Economic Law* (2013) 505.
④ Wenwei Guan, "Consensus Yet Not Consented: A Critique of the WTO Decision-Making by Consensus", 17 *Journal of International Economic Law* (2014) 77.
⑤ Julien Chaisse and Mitsuo Matsushita, "Maintaining the WTO's Supremacy in the International Trade Order: A Proposal to Refine and Revise the Role of the Trade Policy Review Mechanism", 16 *Journal of International Economic Law* (2013) 9.
⑥ Asif H. Qureshi and Andreas R. Ziegler, *International Economic Law*, 2nd ed., Sweet & Maxwell, 2007, pp. 394—396.
⑦ Amin Alavi, "African Countries and the WTO's Dispute Settlement Mechanism", 25 Development Policy Review (2007) 25.
⑧ Intan Murnira Ramli, *Development and the Rule of Law in the WTO: The Case for Developing Countries and their use of Dispute Settlement Procedures*, Cameron May, 2008; Gregory Shaffer, "Developing Country Use of the WTO Dispute Settlement System: Why it Matters, the Barriers Posed, and its Impact on Bargaining", paper prepared for WTO at 10: A Look at the Appellate Body, Sao Paulo, Brazil, May 16—17, 2005, http://dspace.cigilibrary.org/jspui/bitstream/123456789/28127/1/Developing%20country%20use%20of%20the%20WTO%20dispute%20settlement%20system.pdf? 1, 2012 年 9 月 20 日访问.
⑨ Julia Ya QIN, "'WTO-Plus' Obligations and Their Implications for the World Trade Organization Legal System: An Appraisal of the China Accession Protocol", 37 *Journal of World Trade* (2003) 483—522.

WTO 也算不上是一个完整的"法治体系"。① 对于这样一个体系,我们如果心安理得地将之视为国际法治的标尺,那么,或者是因为我们所理解的法治要求过低;或者是我们对国际政治的现实预期太低;或者是我们对于 WTO 的表现评价过高。无论如何,笔者都不觉得 WTO 已经达到了法治的标准。

WTO 充满雄心的领域扩张使其规则确立遇到了越来越大的压力和阻碍。② 从《哈瓦那宪章》未能如期建立"国际贸易组织"、GATT 作为多边贸易规则在 1947 年临时生效,不仅多边贸易体制的参加者在不断的增多,其所涉及的经济交往领域也在逐渐扩张。一系列的贸易谈判(回合)在关税减让上功不可没,其中肯尼迪回合使缔约方的平均关税下降 35%。在非关税壁垒方面也不断努力,最为显著的是东京回合所进行的一系列尝试,形成了很多准则(code)。但是这些规范都是 GATT 中的特区,并非所有的缔约方都需加入,而是靠单独的选择(à la carte)。乌拉圭回合不仅结束了这种零碎分割的状态,而且扩展战果,确立了服务贸易、投资、知识产权、纺织品与服装等新规则,用同一套纪律来约束所有成员(当然,有例外,有特殊安排)。仅在政府采购、民用航空器、奶制品方面存在"复边协议"。③ 其中有些规则,在以中国为代表的发展中国家看来早就应当并入的(纺织品与服装、农产品),属于积极的、可圈可点的尝试。但有些就值得怀疑:其中引起较大争议的即为知识产权,而到了 2001 年开启多哈回合的时候,则更试图将领域拓展到竞争等领域。这种不断拓展或许有其逻辑的必要性和必然性,但是不加限定目标和确定边界的体系,最后会导致体系的消解,这是所有体系曾经遭遇的问题。不仅如此,WTO 范围的广泛化还导致了其规则形成的效率低下,雄心勃勃的多哈回合不仅没有在最初预期的时间完成,而且,拖延十年亦无结果,即是明证。国家之间在一个集中的范围内可能有共同的需求,形成共同的规范④,但是在更大的范围之内,就可能分歧巨大,而且随着成员的增多,集体行动的逻辑凸显,效率也就无法保障。更何况其近年来遭遇制度发展停滞的困境,在金融风暴的负面影响和区域、双边机制的压力下,进入波谷,难于柳暗

---

① 参见何志鹏:《WTO 的发展取向论》,载《现代法学》2010 年第 2 期。
② Asif H. Qureshi and Andreas R. Ziegler, *International Economic Law*, 2nd ed., Sweet & Maxwell, 2007, pp.340—341.
③ Paul Demeret, "The Metamorphoses of the GATT: From the Havana Charter to the World Trade Organization", 34 *Columbia Journal of Trade Law* (1995) 123.
④ Hans Morgenthau, *Politics among Nations: The Struggle for Power and Peace*, Kenneth W. Thompson, David Clinton (eds.), 7th ed., McGraw-Hill, 2005, pp.284—285.

花明。①

所有的问题都是可以追问和质疑的。WTO 的价值困境、扩张阻碍、程序缺憾、体系碎片,使得其与完美的国际法治理想距离非常遥远,几乎没有资格被称道。

五、WTO 对国际法治现实引领之可能

然而,如果我们换一个视角,还有另外一种论断的机会:模范可以并不是完美无缺者,而可以是比其他同等者略好一些的榜样或典范。就像说,劳动模范不一定是各个方面都优秀,只要比其他同辈的劳动者好一些,就有资格入选。具体言之,就是试图揭示:根据我们的国际社会、国际法现在所处的总体状态,WTO 在其中处在一个较为先进的位置;与国际法其他模块的制度相比,WTO 的法治程度比较高;与其历史上曾经存在的规则与运行相比,WTO 现在的规范完善化、治理现代化程度比较好。

(一) WTO 作为国际法治典范的基本语境

如果我们说"WTO 是模范国际法"这一论断可以成立的话,那么一定应当附上几个不可或缺的条件:

第一,国际法的整体发展程度比较低,是初级的法律,而且不成体系。WTO 的法律规则及其运作是在这样一个低起点之上形成的一个初步完善、基本成型的体制。与国内法的很多制度比起来,WTO 的制度远远算不上是典范。

第二,即使在国际法的范围内,WTO 也仅仅是在某些方面比较出色,具体包括成员之间普遍的不歧视待遇、初步运行良好的贸易政策审议机制和被证明比较有效的争端解决机制。但其他领域的国际法亦有其成功,可以作为典范之处。例如,欧洲法院所确立的欧盟法优先适用、直接适用的原则,以及在此基础上形成的高度成熟的欧洲统一市场,并由此拓展到货币、人权、外交等领域;区域和全球人权法律体制所建立的规范和审议、申诉、来文等制度,都可以视为国际法的重要进步。在这个意义上,WTO 并非一枝独秀,而是与数种其他机制一起代表了国际法的新进展。

第三,对于法治,在理论上的认识更适于将之看作一个远景目标,而在现

---

① 车丕照:《WTO 对国际法的贡献与挑战》,载《暨南学报(哲学社会科学版)》2014 年第 3 期; Thomas Cottier, "The Common Law of International Trade and the Future of the World Trade Organization", 18 *Journal of International Economic Law* (2015) 3.

实中则更适于将各种法律机制理解成一个动态发展的过程,看成是一个个"在路上"的机制。就 WTO 自身而言,绝非到现在为止尽善尽美、无可挑剔,而是有很多需要改进和提高之处。WTO 在成为良法的路上还应当更进一步地体现出对发展中国家发展能力的培养,采取更为积极的措施对发展中国家予以更有效的帮助,特别应避免以自由市场原则为借口破坏其他价值,例如公共健康、环境保护和资源维持、劳动者的基本权益与自由,等等。在走向善治的路上,还应当增加发展中国家的参与,避免其成为发达国家之间的"富人俱乐部",提高 WTO 决策和运行的民主性①,在更加公正的基点上引领国际贸易体制的法治化进程。② 唯其如此,WTO 才有资格作为"国际法的模范",才能在一个不断发展和进步的世界文明体系中高扬法治的旗帜,促进国际法的健康发展。

(二) WTO 作为国际法治典范的基本表现

WTO 在法治领域的贡献是被很多学者所承认和接受的。如果我们简单地进行一个横向比较的话,就不难发现,WTO 可以被视为国际组织中较为成熟的体制有三大功能:对于贸易事项进行谈判、对于既有协定进行监督、对于贸易争端进行解决。③ 这些方面都有一些成就。或者切换到法律的语言,在立法、司法、执法、守法方面,都取得了很大的进步。虽然不能说进行得很彻底,但从 GATT 到 WTO,世界贸易体制确实在经历着从"权力导向"到"规则导向"的发展。④ WTO 对于透明度的要求产生了深远的影响,甚至影响了一些国家贸易主管部门的行为方式和思维方式。⑤ WTO 体制对于方兴未艾的非正式贸易规则的接受和肯定,也使其兼容性、时代性得以提升。⑥ 其中不仅包括规范日益明确、与时俱进,"法律体系基本形成,并且具有规范的体系

---

① 何志鹏:《WTO 体制的发展取向论》,载《现代法学》2010 年第 2 期。
② 何志鹏、孙璐:《贸易公平与国际法治:WTO 多哈回合反思》,载《东方法学》2011 年第 2 期。
③ William J. Davey, "The WTO and Rules-Based Dispute Settlement: Historical Evolution, Operational Success, and Future Challenges", 17 *Journal of International Economic Law* (2014) 679.
④ John H. Jackson, "The Crumbling Institutions of the Liberal Trade System", 12 *Journal of World Trade Law* (1978) 93, at 99; see also John H. Jackson, *The Jurisprudence of GATT and the WTO: Insights on Treaty Law and Economic Relations*, Cambridge University Press, 2000, pp. 6—10.
⑤ Chris Downes, "The Impact of WTO Transparency Rules: Is the 10,000th SPS Notification a Cause for Celebration? —A Case Study of EU Practice", 15 *Journal of International Economic Law* (2012) 503.
⑥ Joost Pauwelyn, "Rule-Based Trade 2.0? The Rise of Informal Rules and International Standards and How they May Outcompete WTO Treaties", 17 *Journal of International Economic Law* (2014) 739.

结构和一定程度的宪法化"①,也包括这些规则受到了较为普遍的尊重和遵守②,在讨论与俄罗斯的贸易关系时,美国人把 WTO 的规范作为贸易领域的国际法治纪律的首要部分。③ 还包括发展中国家的利益初步受到关注,更包括贸易政策审议及至初步构成了国际执法的雏形,精心设计的争端解决程序及其在实践中较为成功的经验为国际司法提供了一个新的模板④,WTO 自己也不无骄傲地称为"一个独特的贡献"。⑤ 我们也乐于认同,由于贸易在当今这个全球化的世界中所起的重要作用,以及 GATT 到 WTO 过程中的成功努力,国际贸易法从当初很少被人关注的国际法的一部分变成当今国际法的显著方面。⑥ 一些学者由此认为,法理学家哈特所预言的"国际法受到一种制裁制度的强化"成为现实。⑦

(三) WTO 在国际法治参照系中的典范意义

WTO 这一体系并不完美,但总体来说还算成功。比起由一项项双边投资协定和少数区域体制形成的国际投资"意大利面碗"(spaghetti bowl),WTO 的统一纪律好了很多。当然,将双边、区域自由贸易协定容纳进来就不同了,也成了混杂的"意大利面碗"。不过相较而言,投资领域迄今仍然未能形成一套接受范围广、认可度高的纪律,远低于国际贸易法治的成熟度。在货币领域,自从 1971 年的布雷顿森林体系被牙买加体系所替代,几乎就进入了国际货币无体系的时代,美元作为主要国际货币所面临的"特里芬难题"从未真正解决。在金融领域,在"创新"与监管之间如何确立平衡的问题从

---

① 曾令良:《WTO:一种自成体系的国际法治模式》,载《国际经济法学刊》第 17 卷第 4 期 (2010),第 36 页。
② Marc L. Busch, Rafal Raciborski, Eric Reinhardt, "Does the Rule of Law Matter? The WTO and US Antidumping Investigations", May 14, 2008, http://userwww.service.emory.edu/~erein/research/AD.pdf, 2012-9-30.
③ "Strengthening the Rule of Law for U. S. Business in Russia", Testimony of Alan Larson before the Senate Finance Committee, March 15, 2012, http://www.finance.senate.gov/imo/media/doc/Larson%20Testimony.pdf. 很多国内学者也追随美国著名国际贸易法学者 J. H. 杰克逊的观点,认为 WTO 是一个"以规则为基础"的政府间国际组织。"规则导向"在历史发展中超越"权力导向"而形成,"规则之治"在各方面体现,作为一种核心价值为法治奠定了基础。张燕君:《"规则之治"在 GATT/WTO 体系下的演进》,清华大学 2006 年硕士学位论文。
④ 何志鹏:《WTO 的法治化与中国立场》,载《国际经济法学刊》第 17 卷第 4 期,第 70—73 页。
⑤ Understanding the WTO: Settling Disputes: A unique contribution, http://www.wto.org/english/thewto_e/whatis_e/tif_e/disp1_e.htm, 2012 年 9 月 20 日访问。
⑥ James Bacchus, "Groping Toward Grotius: The WTO and the International Rule of Law", Address at Harvard Law School, Cambridge, Massachusetts, October 1, 2002, http://www.worldtradelaw.net/articles/bacchusgrotius.pdf, pp.6—7.
⑦ 黄东黎:《WTO 规则运用中的法治——中国纺织品特别保障措施研究》,人民出版社 2005 年版,第 5 页。

未解决,"巴塞尔协定"作为金融领域的"软法"虽然起到了很重要的作用,但是真正有效的多边监管守则至今阙如。因此,WTO 是国际经济法律体制中较为完善的。而与北美自由贸易协定、欧盟等较为完善的体制相比,WTO 的成员是最多的。而与那些成员数量同样很多的体制相比较,WTO 的效果和执行力是最好的。比如,《儿童权利公约》已经有 195 个成员国,但是儿童权利受侵犯的状况却十分严重,联合国儿童基金会、儿童权利委员会都做了很大贡献,不过对于很多奴役儿童、性剥夺、武装冲突中的儿童保护等问题却难于作出有效的措施。就人权的总体格局而言,除了《欧洲人权条约》和欧洲人权法院的成就比较令人满意,《美洲人权公约》和美洲人权法院尚可接受(要考虑美国的缺席),全球性人权监督机制相当薄弱,人权理事会启动的普遍定期审查机制虽然效果尚好,但是只有督促的作用,却很难实质性地介入,而且此种机制与 WTO 的贸易政策审议机制有颇多相近之处,是制度互鉴的结果。在气候变化领域,《京都议定书》是一个非常出色的努力,但大国参与的缺位使得这一机制大为减色,而后京都时代的规范设定,小岛国对于海平面增高的损失与损害(loss and damage)主张的无法有效回应问题也令人遗憾。从更大范围的事项看,联合国有 193 个成员国,但是在武力使用、武器削减等重大问题上,常常毫无进展。① 而 WTO,作为一个具有 161 个成员的重要机构②,得到了绝大多数成员的高度尊重,避免了很多贸易战。在中国政府针对来自美国的取向电工钢征收双反税的时候,美国会考虑在 WTO 解决争端,而不是直接采取报复措施;当认为中国没有很好地履行 WTO 裁决的时候,美国也优先考虑进一步通过 WTO 来解决问题,而从未规划再启鸦片战争之类的举措。中国、欧盟等国家、国家集团,都非常严肃地对待 WTO 的规范和裁决,不能不说是值得认可的。③ 正是因为 WTO 的成功之处,人们对它寄予厚望。针对区域贸易协定(FTAs)之间所存在的诸多差异、不协调之处,而形成的"意大利面碗"情势,人们期待 WTO 应当承担起协调 FTAs 行动的职能,将规范集中起来,将运作过程彼此配合。④

由此而论,当我们将"模范国际法"界定为一个比较的概念,当我们将观

---

① 张橙:《借鉴 WTO 规则思考国际法改革——读杰克逊〈主权、WTO 与国际法的根本性变革〉》,载《社会科学战线》2008 年第 11 期。
② 2015 年 7 月 27 日,WTO 总理事会通过了哈萨克斯坦的入世文件,仅剩下批准一项程序。如获批准,哈萨克斯坦即成为第 162 个成员。
③ 陈卫东:《从国际法角度评欧共体对 WTO 争端解决机制的政策与实践》,载《法学评论》2000 年第 4 期;徐崇利:《中国的国家定位与应对 WTO 的基本战略——国际关系理论与国际法学科交叉之分析》,载《现代法学》2006 年第 6 期。
④ Mitsuo Matsushita, "A View on Future Roles of the WTO: Should There be More Soft Law in the WTO", 17 *Journal of International Economic Law* (2014) 701.

察 WTO 是否属于模范国际法的问题改换到另外一个维度,那就是一个现实主义的维度,一个横向与纵向比较的维度,就可以说,WTO 作为当代国际法体系的一部分,尽管在实体和程序上均有不足,尽管在价值和结构上都含缺陷,它依然具有明显的比较优势。既然人们都认可"人无完人"的论断,也很容易理解世界上也没有尽善尽美的国际法。从这个视角观察,WTO 确实有机会入选"模范国际法"。

六、"WTO 作为国际法治典范"论断话语化的后果

如果说,认为 WTO 不是模范国际法的观点代表了一种理想主义的坚持的话,认为 WTO 是模范国际法的观点则体现了一种现实主义的妥协。那么,我们面对于 WTO 是否构成模范国际法这一问题的讨论,其启示意义究竟何在?思考这一论题所可能带来的理论与实践效应,是我们不能回避的问题。这个问题可以分为三个层次:

(一)以持论主体为分界的意义

从持论者工作领域的层次,我们可以从两分法的意义上来看待前面分析的结论:

第一,对于与专门研究 WTO 以及对 WTO 的实践具有实质参与职能的机构和人员而言,更适于将 WTO 的法治化是为一个未完成的任务,更适于以自强不息的精神去反思和批判 WTO 的规则与实践,以止于至善的理念去促进和推动 WTO 的改良和革新,而不适于高枕无忧地躺在既有的成就上睡大觉、不思进取。这种自满的态度不仅会导致体制的问题无疑解决、缺陷难于弥补,体系失于修缮而逐渐破败,体制中的受害者(在一定程度上包括中国)难于扭转其受损害的状态,而且鉴于国际法各种机制不断演进的客观现实,WTO 这种"暂时领跑者"的地位很可能被人权、环境等其他领域、模块的进步所超越,失去模范国际法的资格。

第二,对于国际法的整体观察和其他领域而言,更适合于厚德载物地认同 WTO 的领先地位,由此看清国际法整体上的不足和各个局部的缺陷,将 WTO 作为他山之石,找到各个领域可以从 WTO 身上学到什么,有哪些做法可以效法,有哪些经验可以借鉴,由此取长补短。经过一个部分、一个部分的提升和进化,国际法治的整体境况就会得以改善,正如星星之火可以燎原,通过国际法各板块的相互比较、接纳和借鉴,形成国际关系全局法治化的大趋势、大转型。当然,吸收和借鉴显然并非静态、僵化的效仿,而是一边看到

WTO 体制的优势,根据本板块国际关系与国际法的形势予以适当修正,一边予以改善和更新,从而力图不断形成新的国际法典范,实现国际法治整体的螺旋式上升和结构性进步。

(二) 将 WTO 论断为国际法治典范可能导致的问题

如果我们把 WTO 认识成为是一套"模范国际法",则容易产生以下几个方面的负面影响:

首先,对国际法整体状况的误判。人们对于国际法的现状和未来可能会产生更多的忧虑。在 WTO 体制中,我们总能找出一些还达不到法治标准的领域和环节,比起其他国际法的方面,总有一些不同或者不足;比起国内较为成熟的法律系统,总还存在着缺陷。例如,在 WTO 的体系中还应当充分考虑民主的因素,不仅仅是一国内部的民主,更应考虑国际民主。[①] 就 WTO 中各项议题发展的速度而言,自由贸易比较快;平等、公正、发展比较慢;司法进程比较快,但决策的民主进程比较慢。当人们看到这样的被视为"模范国际法"的规范体系存在着这样那样内容、形式、运作上的缺陷和问题的时候,整体国际法的水准就会被低估,国际法所存在的多元性和复杂性就可能被淡化。

其次,对其他领域国际法律体制的忽视。前文已述,很多国际法的领域都已经有独特的突破,促进了国际法的发展,为国际法其他部门和领域的发展树立了方向。国际法的价值应当是多元的。其中文化的多样性、对于国家自主性的尊重是当今国际体制中比较欠缺的。而 WTO 的争端解决,即使在整个国际法体系中是非常成功的,也仅仅是其贸易法律的一部分,而远非全部。在此情况下,很多国际法的其他机制都无法按照 WTO 的机制去效仿。无论是从处理问题的领域而言,还是从处理问题的方法而言,贸易体制都是具有特色的。它与人权、领土、海洋、空间、环境等问题是不同的。因而,WTO 机制能够为其他机制所追随的并不多。例如,WTO 的协商一致(consensus)决策方式不能说就一定比联合国大会的一国一票、安理会的大国一致、国际货币基金组织及世界银行等组织的加权表决更加合理。WTO 的贸易政策审议机制也很难说就优于联合国人权理事会的普遍定期审议(Universal Periodic Review)机制。在这个意义上,将 WTO 体制作为其模范国际法,我们将很

[①] Matteo Cervellati, Piergiuseppe Fortunato, Uwe Sunde, "Democratization and the Rule of Law", July 9, 2009, http://www.wto.org/english/res_e/reser_e/gtdw_e/wkshop10_e/fortunato_e.pdf; Robert Wolfe, "See you in Geneva? Democracy, the Rule of Law and the WTO", Working Paper 16, School of Policy Studies, Queen's University, March 2001.

可能看到其示范意义不足。更科学、更能为公众接受的说法是:WTO 的某些方面可以作为现代国际法其他领域的模范。

再次,对 WTO 多边贸易体制的僵化理解。如果我们坚持将 WTO 作为模范国际法,WTO 可能失去自身的方向和动力。WTO 在 1947 年 GATT 的基础上经过不断的探索,特别是在缔约方/成员的推动下,取得了长足的进步,获得了世人的瞩目。但其自身发展的过程中,也存在着诸多的问题,存在着自我否定、自我更新。例如,在与贸易有关的知识产权方面,WTO《与贸易有关的知识产权协定》订立了一个很高、很严格的标准,受到了很多发展中国家的反对①,在多哈会议以后,WTO 关于知识产权的规范实际上在试图放宽、确立例外。当前,WTO 还在邀请专家研究分析一些具体问题和政策,而且成员之间就各贸易领域进行磋商,试图进一步确立新的规范或者修正原有的规范。也就是说,WTO 自身也面临着自我完善、自我提升、自我改进的境况,也会在国际机构和专家的建议下、在成员和民众的推动下改革规范和运作。如果将 WTO 视为模范国际法,则不利于理解 WTO 自身的前进,不符合事物发展变化的客观规律。

因而,以科学和客观的态度看,我们还不能说 WTO 就已经是完美法治,就已经步入了法治理想国。

(三) 在国家立场层面的潜在影响

从国家话语的层次,向度可能会变得单一,讨论也可能受到利益和立场的限制。如果仅仅限于学术领域的讨论,自然是百花齐放、百家争鸣,但如果转变为国家立场、国际讨论的话语,甚至国际社会发展的意识形态,情况就不一样了。相关的观点就可能影响国家的战略定位、具体决策、方向选择。中国作为一个国际经济体制中的重要国家,在 WTO 体系中占据何种地位,享有哪些权利和义务,这些权利与义务是否公平,有些学者已经作出了评论。最明显的问题就在于,中国入世时所接受的特别保障措施条款、由稀土案所显露的《中国加入 WTO 议定书》的第 11 条第 3 款所存在的问题,都说明中国还没有取得与其他贸易伙伴同样的权利。有人认为,WTO 作为一种俱乐部式的公共物品,本来就不应该是免费加入的。中国的加入过程就是既有成员避免中国"搭便车"的过程:当中国人在对着入世喊"狼来了"的时候,西方人也

---

① 吴汉东:《知识产权的私权与人权属性——以〈知识产权协议〉与〈世界人权公约〉为对象》,载《法学研究》2003 年第 3 期;何志鹏:《知识产权与国际经济新秩序》,载《法制与社会发展》2003 年第 3 期;黄玉烨:《知识产权利益衡量论——兼论后 TRIPS 时代知识产权国际保护的新发展》,载《法商研究》2004 年第 5 期。

在忧心忡忡地喊着"龙来了"。① 中国在漫长的复关、入世过程中要付出一些代价、要作出一些承诺是没有疑问的,而且谈判时间越长,条件就越苛刻。但值得分析的是这些条件是否正当、是否必要。很多学者都从入世之后中国贸易额、GDP 的增长来分析中国在 WTO 体制中的获益,并得出中国主要是 WTO 体制的受益者这个观点。我对这个分析持保留态度。② 从贸易的角度看,有售出就一定有进账,无论赔赚。那么,如何衡量赔赚呢? 有些成本是可以计算的,而有些成本是不能计算的。可以计算的成本包括原材料的价格、加工过程中的资源消耗、从购买原材料到售出产品的各种交易成本,这些都可以通过账面的数字予以衡量;不能计算的成本主要有两项:第一项是劳动力的价格,第二项是环境成本。劳动力的价格表面上体现为工资,但是,这个工资是不是合适? 人的劳动真实价格究竟多少? 对于劳动力的绝对值,恐怕没有人能够给出明确的回答。如果仅考虑相对值,就可以进一步分析,与其他国家相比,劳动应当值多少钱? 这种相对价格可能因为参照系不清晰而显得复杂,但是与发展程度类似的国家相比,中国出口产业的劳动力价格是否基本持平? 这恐怕也是可以疑问的。第三种衡量价格的手段是"构成价格",既考虑劳动力工作的内容和性质,赋予其健康体面的生活的价格,这一点,在相当长的时间内,我们的贸易产业是欠账的。从这些角度看,我们的出口产品很多是低利润的,其中最明显的就是压低劳动力的价格。在国际市场上,中国既不设计服饰名牌、世界名表、超级跑车、豪华游艇、私人飞机、高档珠宝等价格昂贵的奢侈品,也不发明 CPU、发动机等难以被替代、高附加值的高科技内核产品,也难于参与民用大型飞机等集成尖端产品的竞争,而主要是制造劳动密集型产品,可见中国外贸的长期要诀就是压低劳动力价格。此种方式对于整个国家的发展并无弊病,但是人民的健康指数、幸福指数可能由此被拉低。环境成本是最有可能被外部化的,关于这一点,很多经济学、环境科学著作已经论述得很清楚。中国通过外贸而获取外汇,而国内环境水平是否得到了足够的保护,这恐怕是个不用复杂阐述的问题。在全球环境没有得到良好维持的大环境下,中国的环境、资源同样没有得到有效的维护。如果考虑中国的很多出口产品属于资源密集型产品,那么中国外贸数额是否就赚到了钱,或者说,是否得到了公平的回报,似乎是可以进一步讨论的。这就类似于一个儿童,即使在不那么公平、不那么舒适的环境下,也会增高、长大,这是自然规律。但是这个儿童长大的过程中,可能因为营养不良而出现病

---

① Raj Bhala, "Enter the Dragon: An Essay on China's WTO Accession Saga", 15 *American University International Law Review* (2000) 1469.
② 参见何志鹏:《WTO 的法治化与中国立场》,载《国际经济法学刊》第 17 卷第 4 期(2010)。

症,也可能因为受到压制而在心理上存在阴影。如果我们用这个儿童增高、长大的简单事实片面地说明他的环境是好的,那显然是不适当的。

  由是论之,就中国而言,我们一方面是现行贸易体制的参与者,在很大程度上也是受益者,不过同时也在这个体制中受到了剥夺和损害。就中国入世的得失而言,我们同样可以说,我们有得,不过肯定也有失;我们短期看,可能获得了一些钱,但长期看,是否促进了国家的经济与社会的长久、健康、可持续发展,仍然是值得讨论的。因而,从国家话语的角度看,我们必须主张渐进式地改良WTO的体制,将WTO的价值目标从"自由贸易"推向"公平贸易",从"商品、服务、资本的自由流动",到"商品、服务、资本的健康有效流动"。也就是说,中国的国家立场必须建立在改良和进步这个论调上,而不能满足于现有的体制,因为现有的体制对于我们自身而言,就仍然存在着很多不利的方面。

七、小　　结

  法治是一个美好的理想目标,无论是国内法治,还是国际法治,都是一个类似于数学上的极限一样可以永远靠近、却从来不能算真正达到的目标。或者说,法治比较适宜被看成是一个彼岸的理想状态,我们所做的一切,可能会贴近这个理想状态,却不能算是已经达到了这个状态。因此,从现实的情况看,认定任何一个体系是"完美法治"都是存在风险的。不仅因为其自身必定存在着诸多的不适当之处,从而不能真正地达到完美,而且因为其体系也必定在发展进程中,有待于不断地完善和改进。因此,从发展的路向上看,更有必要于从历史进程的角度去理解法治,而不希求以结果或者目标的方式去认识法治。我们也就需要一个"动态法治"和"作为过程的法治"的观念,也就是从辩证发展的维度去理解国际、国内法律体系,从其发展的方向和进程速度去观察和评价某一国际法律体制。[①] 只有这样,才能有助于有关法律机制自身的发展。相反,如果没有一个动态的、过程的认识,我们就可能僵化地看待一项法律制度,忽视了其自身成长和发展的未来。从这个意义上讲,包括贸易、人权、环境在内的国际法律机制,都是走在法治的路上的各个方面,但能否说实现了法治,似乎为时尚早,甚至无法论定。

  可以认为,WTO是国际法治典范的论断在很大程度上是因为对于WTO体系的热爱而得出的论断,而这一论断在目前国际关系与国际法的现实状况

---

  ① 对这一问题的深入讨论,参见何志鹏、孙璐:《国际法的辩证法》,载《江西社会科学》2011年第7期。

之下是具有合理性的。然而,对于 WTO 的成就,既不能夸大,也不能忽略。无论是从研究的视角,还是从实践的立场上,都不能满足于其现有的成就,不能失去批判的精神和前进的动力。特别是从国家立场上,必须警惕"模范国际法"话语化所引致的负面效应。当然,更要提倡充分考虑其他机制效仿和推进的可能性,以一点带全面,总体推进国际关系的法治化,国际社会整体协调、稳定、持续发展。

结　　论

　　人类社会一直处在发展之中。任何规则制度、原则理念都要经受时代主流思想意识的检验而后决定命运。有些理念和思想历久而不衰,有些规则和制度则朝出而夕改。如果说在社会发展的过程中确实有什么规律可以遵循的话,那就是,总体上人的尊严、理性、权利和意志被越来越多地关注和重视,那些对人的权利进行不合理的限制、剥夺、抑制的思维和体制被越来越多地抵制并消除。当前,随着全球化的发展、全球治理的推开,国际社会正在走向法治化。虽然国际法治的要素仍有歧异,有待于理论上的继续探索,但更主要的是实践层面的努力。

　　国际法治是国际事务的法治化和法治观念与实践的国际化。具体而言,是指国际社会各行为体共同崇尚和遵从人本主义、和谐共存、持续发展的法律制度,并以此为基点和准绳,在跨越国家的层面上约束各自行为、确立彼此关系、界定各自权利和义务、处理相关事务的模式与结构。

　　国际法治的根源和基础是法治。法治意味着有法之治、良法之治、尚法之治。法治是一种确立了理想状态的目标和尺度,它意味着有限政府、有责政府、有信政府,一个在规则约束之下的政府,自政府以降,依法从事。国际法治的概念是法治这一法律目标在国际法上的自然延伸。[①] 国际法治的直接目标就是构建一种"国际法律秩序"。无论是国内法律事务的国际化还是国际事务的法治化,实际上都是要构建某一方面、某一领域的超越国家领土范围的法律秩序。而这种秩序或者是从无序发展而来,或者是从其他方面的秩序发展而来,统而言之,即依照法律规范的规定、按照法律的程序和法治的精神进行处理,纳入跨国的轨道,提上法律的议程。

　　国际法不仅要有它的现实,而且要有它的理想。没有现实,无法认可和解决当前的问题;没有理想,法律也就失去了完善的动力和前进的方向。国际法治首先是作为这样一个理想体系而存在的,所以它有资格作为国际法的灵魂,导引国际法不断除旧布新、吐故纳新、见贤思齐、止于至善。

[①] 郑永流:《法治四章》,中国政法大学出版社2002年版,第161—164页。

国际法治的合法性基础在于国际关系与国际法的人本主义。说当今社会存在着人本化的趋势,但是这种趋势只是就过去所发生的事实作出的推断,却不是未来发展方向的必然规律,更不能说未来的世界一定会在每一件事上都体现出人本主义的精神。① 在国际法乃至整个国际关系的发展进程中,有些因素可能会导致此种趋势的逆转。而且,在国际关系人本化转向的进程中,人本化的法律规范和法律行为并不会自然而然地出现,它需要各行为体积极参与、努力争取,才有可能在更多的问题上形成人本化的规范与行为。所以,包括中国在内的国际关系主体必须密切关注国际局势的发展,确立正确的导向。同时要注意的是,霸权主义的国际关系和人本主义的国际法之间有着很大的距离,在国际法的人本主义理想与现阶段不成熟、不成体系的结构之间也有着巨大的距离。但是,霸权主义并不总是人本主义的对立物。霸权极有可能阻碍人本主义,也有可能在某一时段推进人本主义,但是最终会偏离人本主义。

国际法治也同样可以用来描述国际法各个方面、各个领域的总体状态和进步进程。在这个意义上看,抽取武力使用、人权保护、主权豁免、欧洲联盟、世界贸易组织,观察它们在国际法治方面取得的成就,也分析其仍然存在的问题,不失为整体和局部探究国际法治理论和实践的样本。国际法在近年来获得了突飞猛进的发展,然而法律仍总是滞后于实践的变化。国际关系的云诡波谲不断地给法律带来新的问题,需要法律去适应和变革。历史发展将留下很多回顾和反思的机会,但是选择的机会往往只有一次。所以必须非常谨慎。国际社会的主要困境就在于强权的难免,法治的艰辛。和平领域的步履艰难和经济领域的势如破竹实际上反映的是同一个问题:那就是大国意志和国家角逐②,最终导致国际关系中合作与竞争相替换出现,经济上的全球化与政治上的无政府状态使得国际社会生活发生的重大变革,国家边界的传统意义在淡化,但是由此而发生的问题也层出不穷。③ 有这种无政府主义导致了国际社会的法治特色仍然缺乏,真正的发展道路充满艰辛。

---

① Theodor Meron, *The Humanization of International Law*, Brill Academic Publishers, 2006.
② 美国政治思想家约瑟夫·奈(Joseph S. Nye)认为,全球化的第一层含义是经济领域,可称为经济全球化,指商品、服务、资金、信息远距离的流动;第二层是环境方面,在空中或海洋里远距离的物质传送,影响全球环境,包括艾滋病、酸雨等对全世界的影响;第三层是军事全球化,使用武力的危险促使了军事上的联系;第四层是社会与文化的交流,包括宗教的传播和科技知识的推广;第五层体现在其他领域,如政治、法律、娱乐、时尚和语言等方面。在很多时候,全球化还是体现在大国的角逐上,亨廷顿的《文明的冲突》则从不同文明的互不相容性上看待国际关系,其观点并不真的符合国际社会的真实情况,但至少表达了一些美国学者的观点,也是美国官方被灌输或者本身主张的观点。
③ 梁西:《世界情势与国际法律秩序的危机》,载《法学研究》2004年第2期。

中国作为国际社会中不断发展壮大的新兴大国,中国在国际法治上的立场既关乎自身的利益,也关乎世界发展的方向。对于中国而言,如何认识和利用这一变局,促动国际法的健康发展,是这一问题的核心所在。作为正在崛起中的大国,一方面需要积极参与到全球治理的体制之中,推进和维护国际法治的建设;另一方面要充分利用国际法的话语表达自身的立场与信念,提升法治中国的国际形象。背离法治源于大国,走向真正的法治也依靠大国。只有大国秉持诚意构建规则、遵守规则,世界秩序才更加具有法治色彩、更可预期。很多国际关系论者认为,在新的世纪中,中国应当在国际秩序中以新兴大国的身份发挥作用。① 我们不仅应当坚持自己的主张(但并不意味着在必要的时候不做变通),而且应当有更充分的论证,通过更有理、有力的方式表达出来,让世界有机会知悉中国的立场、观点和理由,从而为建构具有中国文化特色的国际秩序而奠定基础。② 中国在 21 世纪初提出了建设和谐世界、构建命运共同体的主张。和谐世界、命运共同体绝不是一个抽象的概念,它体现在各项国际事务之中;它不仅仅是一个构想,更应该体现为一系列具体的指标和切实的努力。所以,中国政府应当更深入地思考如何在各项国际事务、特别是重大、前沿的国际事务上真正地体现和谐,促动对共同未来、共同利益、共同命运、共同梦想的认可与追求,进而促动国际社会的法律构建、法律发展、法律变革,最终提出具有中国文化标志的国际法治发展的时间表和路线图。

---

① 俞新天等:《国际体系中的中国角色》,中国大百科全书出版社 2008 年版,第 31—36 页。
② 很多学者指出,中国的国家身份仍然在不断探索与调整之中,当前大国意识的逐渐觉醒。在国家身份与利益的关系中,身份并不是一个终极变量,恰当的逻辑应该是利益建构身份,身份决定行为。参见李开盛:《理解中国外交:1949—2009 民族复兴进程中的国家身份探求》,中国社会科学出版社 2011 年版;秦亚青:《国际体系与中国外交》,世界知识出版社 2009 年版;王逸舟:《创造性介入:中国外交新取向》,北京大学出版社 2011 年版;白云真:《当代中国外交变迁和转型:国家与社会关系的视角》,中国社会科学出版社 2011 年版。

参考文献

中文著作和论文

白桂梅:《国际法》(第三版),北京大学出版社 2015 年版。
蔡从燕:《类比与国际法发展的逻辑》,法律出版社 2012 年版。
蔡拓:《全球主义与国家主义》,载《中国社会科学》2000 年第 3 期。
车丕照:《法律全球化与国际法治》,载《清华法治论衡》第三卷。
车丕照:《国际法规范等级化的趋势及其影响》,载《吉林大学社会科学学报》1991 年第 3 期。
陈安主编:《国际经济法学》(第六版),北京大学出版社 2013 年版。
陈安主编:《国际经济法学专论》(第 2 版),高等教育出版社 2007 年版。
陈纯一:《国家豁免问题之研究——兼论美国的立场与实践》,台湾三民书局 1990 年版。
陈体强:《国家主权豁免与国际法——评湖广铁路债券案》,《中国国际法年刊(1983 年)》,中国对外翻译出版公司 1984 年版。
端木正主编:《国际法》,北京大学出版社 1997 年版。
段洁龙主编:《中国国际法实践与案例》,法律出版社 2011 年版。
龚柏华:《中国政府及国有企业在美国法院面临的主权豁免问题分析——兼评美国 Walters 夫妇就"中国制造"手枪质量问题导致儿子死亡告中华人民共和国政府缺席判决执行案》,载《国际商务研究》2010 年第 4 期。
龚柏华、曹姝:《加拿大天宇网络公司就合资企业被迫解散在美国法院告四川省政府案评析》,载《国际商务研究》2009 年第 3 期。
龚刃韧:《国家豁免问题的比较研究——当代国际公法、国际私法和国际经济法的一个共同课题》(第二版),北京大学出版社 2005 年版。
郭玉军、李洁:《论国际法中文化与贸易冲突的解决——以 2005 年 UNESCO〈保护和促进文化表现形式多样性公约〉为中心》,载《河北法学》2008 年第 6 期。
郭玉军、刘元元:《评 FG Hemisphere Associates LLC 诉刚果民主共和国及其他人案》,载《时代法学》2012 年第 2 期。
郭玉军、徐锦堂:《论国家豁免的相对性》,载《武大国际法评论》2003 年第 1 卷。
韩德培主编、肖永平副主编:《国际私法》(第二版),高等教育出版社、北京大学出版社 2007 年版。
何志鹏:《保护的责任:法治黎明还是暴政重现》,载《当代法学》2013 年第 1 期。
何志鹏:《对国家豁免的规范审视与理论反思》,载《法学家》2005 年第 1 期。
何志鹏:《国际法哲学导论》,社会科学文献出版社 2013 年版。
何志鹏:《国际经济法治:全球变革与中国立场》,高等教育出版社 2015 年版。
贺其治:《国家责任法及案例浅析》,法律出版社 2003 年版。
黄进:《国家及其财产豁免问题研究》,中国政法大学出版社 1987 年版。
黄进、杜焕芳:《国家及其财产管辖豁免立法的新发展》,载《法学家》2005 年第 6 期。
黄进、曾涛、宋晓、刘益灯:《国家及其财产管辖豁免的几个悬而未决的问题》,载《中国法学》2001 年第 4 期。

黄进、李庆明:《2007年莫里斯诉中华人民共和国案述评》,载《法学》2007年第9期。

黄世席:《国际投资仲裁裁决执行中的国家豁免问题》,载《清华法学》2012年第6期。

黄德明:《现代外交特权与豁免问题研究》,武汉大学出版社2005年版。

贾少学:《论国际法与国内法关系及法哲学研究范式的转换》,载《吉林公安高等专科学校学报》2007年第1期。

江国青:《〈联合国国家及其财产管辖豁免公约〉——一个并不完美的最好结果》,载《法学家》2005年第6期。

李庆明:《中国国家财产在美国的执行豁免——以沃尔斯特夫妇诉中国工商银行为例》,载《武汉大学学报(哲学社会科学版)》2013年第4期。

李浩培:《条约法概论》,法律出版社2003年版。

李浩培《国际法的概念和渊源》,贵州人民出版社1994年版。

李浩培:《李浩培文选》,法律出版社2001年版。

李双元主编:《国际私法》(第三版),北京大学出版社2011年版。

梁淑英主编:《国际法教学案例》,中国政法大学出版社1999年版。

梁西主编、曾令良主持修订:《国际法》(第三版),武汉大学出版社2011年版。

梁西主编:《国际组织法总论》,武汉大学出版社2001年修订第5版。

廖诗评:《条约冲突基础问题研究》,法律出版社2008年版。

刘杰:《论经济全球化与国际关系的结构性衍变——一种国际政治经济学视角的理解》,载《世界经济研究》2003年第2期。

刘铁铮、陈荣传:《国际私法论》,台湾三民书局1990年版。

刘贞晔:《国际政治领域中的非政府组织(一种互动关系的分析)》,天津人民出版社2005年版。

刘志云:《现代国际关系理论视野下的国际法》,法律出版社2006年版。

刘作翔:《迈向民主与法治的国度》,山东人民出版社1999年版。

论文集编译委员会编译:《当代联邦德国国际法律论文集》,北京航空航天大学出版社1992年版。

罗国强:《国际法本体论》,法律出版社2008年版。

马新民:《〈联合国国家及其财产管辖豁免公约〉评介》,载《法学家》2005年第6期。

那力、何志鹏:《WTO与环境保护》,吉林人民出版社2002年版。

漆思:《中国共识:中华复兴的和谐发展道路》,中国社科出版社2008年版。

秦前红、黄明涛:《对香港终审法院就"刚果金案"提请人大释法的看法》,载《法学》2011年第8期。

丘宏达:《现代国际法》(修订三版),陈纯一修订,台湾三民书局2012年版。

饶戈平:《试论国际组织与国际组织法的关系》,载《中外法学》1999年第1期。

饶戈平:《论全球化进程中的国际组织》,载《中国法学》2001年第6期。

饶戈平主编:《国际组织法》,北京大学出版社1996年版。

饶戈平主编:《国际组织与国际法实施机制的发展》,北京大学出版社2013年版。

饶戈平、黄瑶:《论全球化进程与国际组织的互动关系》,载《法学评论》2002年第2期。

上海交通大学环太研究中心(金应忠整理):《构建和谐世界:持久和平共同繁荣——"建设持久和平、共同繁荣的和谐世界"学术讨论会综述》,载《解放日报》2006年3月27日第13版。

邵津主编:《国际法》(第五版),北京大学出版社、高等教育出版社2014年版。

邵沙平主编:《国际法院新近案例研究》,商务印书馆2006年版。

邵沙平、赵劲松:《伊拉克战争对国际法治的冲击和影响》,载《法学论坛》2003年第3期。

盛洪生:《当代国际关系中的"第三者":非政府组织研究》,时事出版社2004年版。

宋健强:《和谐世界的"国际刑事法治"——对国际刑法的价值思考》,载《中国刑事法杂志》2007

年第 2 期。

宋锡祥、谢璐：《国家及其财产管辖豁免的国内法调整到国际公约的转变——兼论莫里斯和仰融两案》，载《政治与法律》2007 年第 1 期。

宋锡祥、高大力：《从"天宇案"透视国家主权豁免问题》，载《东方法学》2010 年第 1 期。

汪嘉波：《构建和谐世界 保障全球安全》，载《光明日报》2005 年 11 月 2 日第 12 版。

汪太贤：《西方法治主义的源与流》，法律出版社 2001 年版。

王虎华、罗国强：《〈联合国国家及其财产管辖豁免公约〉规则的性质与适用》，载《政治与法律》2007 年第 1 期。

王慧：《战后区域性国际组织的特点及局限性》，载《山东师大学报（社会科学版）》2000 年第 6 期。

王杰、张海滨、张志洲主编：《全球治理中的国际非政府组织》，北京大学出版社 2004 年版。

王立君：《国家及其财产管辖豁免规则的新发展》，载《法商研究》2007 年第 3 期。

王莉君：《全球化背景下的国际刑事法院与国际法治》，载《环球法律评论》2004 年第 4 期。

王人博、程燎原：《法治论》，山东人民出版社 1998 年版。

王铁崖主编：《国际法》，法律出版社 1995 年版。

王铁崖主编、魏敏副主编：《国际法》，法律出版社 1981 年版。

王铁崖：《国际法引论》，北京大学出版社 1998 年版。

王铁崖：《王铁崖文选》，中国政法大学出版社 2001 年版。

王铁崖、田如萱：《国际法资料选编》，法律出版社 1982 年版。

王献枢主编：《国际法》，中国政法大学出版社 1994 年版。

王逸舟：《国际政治概论》，北京大学出版社 2013 年版。

夏林华：《不得援引国家豁免的诉讼：国家及其财产管辖豁免例外问题研究》，暨南大学出版社 2011 年版。

杨松：《从仰融案看跨国诉讼中的国家豁免问题》，载《政治与法律》2007 年第 1 期。

肖永平、张帆：《美国国家豁免法的新发展及其对中国的影响》，载《武汉大学学报》2007 年第 6 期。

肖永平、张帆：《从天宇公司案看美国法院关于"直接影响"的认定》，载《河南省政法管理干部学院学报》2009 年第 2 期。

易显河：《国家主权平等与"领袖型国家"的正当性》，载《西安交通大学学报（人文社科版）》，2007 年第 5 期。

易显河：《向共进国际法迈步》，载《西安政治学院学报》2007 年第 1 期。

尹雪萍：《一国两制视野下的国家主权豁免问题：分歧与协调》，载《东岳论丛》2011 年第 11 期。

袁发强：《基本法的解释与香港法院司法管辖权——以刚果主权豁免案为例》，载《政治与法律》2011 年第 5 期。

俞可平：《全球治理引论》，李惠斌、薛晓源主编：《全球化与公民社会》，广西师范大学出版社 2003 年版。

曾令良：《论国际法的人本化趋势》，载《中国社会科学》2007 年第 1 期。

曾令良：《中国国际法学话语体系的当代构建》，载《中国社会科学》2011 年第 2 期。

张丽华：《非零和博弈——国家主权和国际组织关系的再思考》，载《社会科学战线》2004 年第 2 期。

张乃根：《西方法哲学史纲（增补本）》，中国政法大学出版社 2002 年版。

张乃根：《国际法原理》（第二版），复旦大学出版社 2012 年版。

张乃根：《国家及其财产管辖豁免对我国经贸活动的影响》，载《法学家》2005 年第 6 期。

张文显：《法哲学范畴研究》（修订版），中国政法大学出版社 2001 年版。

张文显:《法哲学通论》,辽宁人民出版社2009年版。
张文显:《张文显法学文选》,法律出版社2011年版。
赵海峰:《国际司法制度初论》,北京大学出版社2006年版。
赵建文:《国家豁免的本质、适用标准和发展趋势》,载《法学家》2005年第6期。
郑成良主编:《现代法理学》,吉林大学出版社1999年版。
郑成良主编:《法理学》,高等教育出版社2012年版。
郑先武:《全球经济新秩序的国际政治经济学解读——罗伯特·吉尔平"国家中心"现实主义观点述评》,载《国际论坛》2003年第5期。
郑永流:《法治四章》,中国政法大学出版社2002年版。
中国现代国际关系研究院美欧研究中心:《反恐背景下美国全球战略》,时事出版社2004年版。
周鲠生:《国际法》(上、下册),商务印书馆1980年版、武汉大学出版社2007年版。
朱文奇:《国际刑法》,中国人民大学出版社2007年版。
朱文奇:《国际人道法》,中国人民大学出版社2007年版。
朱文奇主编:《国际法学原理与案例教程》(第二版),中国人民大学出版社2009年版。
朱文奇、李强:《国际条约法》,中国人民大学出版社2008年版。
朱福惠:《宪法至上——法治之本》,法律出版社2000年版。
朱晓青主编:《变化中的国际法:热点与前沿》,中国社会科学出版社2012年版。
卓泽渊:《法治泛论》,法律出版社2001年版。
卓泽渊:《法治国家论》,中国方正出版社2001年版。

中文译作

〔法〕雷蒙·阿隆:《和平与战争:国际关系理论》,朱孔彦译,中央编译出版社2013年版。

〔埃及〕萨米尔·阿明:《全球化时代的资本主义——对当代社会的管理》,丁开杰等译,中国人民大学出版社2005年版。

〔德〕乌尔里希·贝克:《全球化时代的权力与反权力》,蒋仁祥、胡仁译,广西师范大学出版社2004年版。

〔新加坡〕阿努拉·古纳锡克拉、〔荷兰〕塞斯·汉弥林克、〔英国〕文卡特·耶尔:《全球化背景下的文化权利》,张毓强等译,中国传媒大学出版社2006年版。

〔美〕康威·汉德森:《国际关系:世纪之交的冲突与合作》,金帆译,海南出版社、三环出版社2004年版。

〔英〕詹宁斯、瓦茨修订:《奥本海国际法(第九版)》第一卷第一分册、第二分册,王铁崖等译,中国大百科全书出版社1995、1998年版。

〔美〕凯尔森:《法与国家的一般理论》,沈宗灵译,中国大百科全书出版社1996年版。

〔美〕亨利·基辛格:《世界秩序》,胡利平、林华、曹爱菊译,中信出版集团2015年版。

〔美〕莉萨·马丁:《利益、权力和多边主义》,载〔美〕莉萨·马丁、贝思·西蒙斯编:《国际制度》,黄仁伟等译,上海人民出版社2006年版。

〔德〕哈拉尔德·米勒:《文明的共存:对塞缪尔·亨廷顿"文明冲突论"的批判》,郦红、那滨译,新华出版社2002年版。

〔美〕威廉·内斯特:《国际关系:21世纪的政治与经济》,姚远、汪恒译,北京大学出版社2005年版。

〔印〕B.森:《外交人员国际法与实践指南》,周晓林、薛捍勤、丁海华、党苏云、刘力扬译,中国对外翻译出版公司1987年版。

〔日〕松井芳郎等:《国际法(第四版)》,辛崇阳译,中国政法大学出版社2004年版。

〔日〕大沼保昭:《人权、国家与文明:从普遍主义的人权观到文明相容的人权观》,王志安译,生活·读书·新知三联书店 2003 年版。

〔美〕詹姆斯·N. 罗西瑙:《没有政府的治理》,张胜军、刘小林译,江西人民出版社 2001 年版。

〔美〕约翰·罗尔克:《世界舞台上的国际政治(第 9 版)》,宋伟等译,北京大学出版社 2005 年版。

〔美〕马格丽特·E. 凯克、凯瑟琳·辛金克:《超越国界的活动家:国际政治中的倡议网络》,韩召颖、孙英丽译,北京大学出版社 2005 年版。

〔德〕彼德斯曼:《国际经济法的宪法功能与宪法问题》,何志鹏、孙璐、王彦志译,高等教育出版社 2004 年版。

〔德〕沃尔夫刚·格拉夫·魏智通主编:《国际法(第二版)》,吴越、毛晓飞译,法律出版社 2002 年版。

〔德〕W. G. 魏智通主编:《国际法(第五版)》,吴越、毛晓飞译,法律出版社 2012 年版。

〔韩〕柳炳华:《国际法》,朴国哲、朴永姬译,中国政法大学出版社 1995 年版。

〔日〕国际法学会:《国际法辞典》,外交学院国际法教研室核订,世界知识出版社 1985 年版。

〔苏联〕Φ. И. 科热夫尼科夫:《国际法》,刘莎等译,商务印书馆 1985 年版。

〔美〕赖斯曼:《国际法:领悟与构建——W. 迈克尔·赖斯曼论文集》,万鄂湘等编译,法律出版社 2007 年版。

〔英〕苏珊·马克斯:《宪政之谜:国际法民主意识形态批判》,方志燕译,上海译文出版社 2005 年版。

〔美〕约瑟夫·威勒:《欧洲宪政》,程卫东等译,中国社会科学出版社 2004 年版。

〔英〕安东尼·奥斯特:《现代条约法与实践》,江国青译,中国人民大学出版社 2005 年版。

〔英〕克莱尔·奥维、罗宾·怀特:《欧洲人权法:原则与判例》(第三版),何志鹏等译,北京大学出版社 2006 年版。

〔奥〕曼弗雷德·诺瓦克:《公民权利和政治权利国际公约》评注(修订第二版),孙世彦等译,生活·读书·新知三联书店 2008 年版。

〔英〕帕特莎·波尼、埃伦·波义尔:《国际法与环境》(第二版),那力等译,高等教育出版社 2007 年版。

〔法〕米海依尔·戴尔玛斯—马蒂:《世界法的三个挑战》,罗结珍等译,法律出版社 2001 年版。

〔美〕爱蒂丝·布朗·魏伊丝:《公平地对待未来人类:国际法、共同遗产与世代间衡平》,汪劲等译,法律出版社 2000 年版。

外文著作和论文

Alebeek, Rosanne van., *Immunities of States and Their Officials in International Criminal Law and International Human Rights Law*, Oxford University Press, 2008.

Alston, Philip, yan Goodman, and Henry J. Steiner (ed.), *International Human Rights in Context:Law, Politics, Morals*, 3rd ed., Oxford University Press, 2007

Alvarez, José E., *International Organizations as Law-maker*, Oxford University Press, 2005.

Amerasinghe, Chittharanjan F., *Diplomatic Protection*, Oxford UniversityPress, 2008.

Anaya, S. Jame., *Indigenous Peoples in International Law*, Oxford University Press, 2000.

Anton, Donald K., *International Environmental Law: Cases, Materials, Problems*, LexisNexis/Matthew Bender, 2007.

Art, Robert J. and Robert Jervis, *International Politics: Enduring Concepts and Contemporary Issues*, 9th ed., Longman, 2008.

Atapattu, Sumudu A., *Emerging Principles of International Environmental Law*, BRILL, 2006.

August, Ray, *ternational Business Law: Text, Cases, and Readings* (3rd ed.), Prentice Hall, 2000.

Australia Law Reform Commission, *Foreign State Immunity*, Australian Govt. Pub. Service, 1984.

Babiker, Mohamed Abdelsalam, *Application of International Humanitarian and Human Rights Law to the Armed Conflicts of the Sudan: Complementary or Mutually Exclusive Regimes?*, Intersentia Uitgevers N V, 2007.

Bacchus, James, *Groping Toward Grotius: The WTO and the International Rule of Law*, http://www.worldtradelaw.net.

Baderin, Mashood A., *International Human Rights and Islamic Law*, Oxford University Press, 2005.

Badr, Gamal Moursi., *State Immunity: An Analytical and Prognostic View*, Martinus Nijhoff Publishers, 1984.

Bankas, Ernest K., *The State Immunity Controversy in International Law: Private Suites against Sovereign States in Domestic Courts*, Springer, 2005.

Bedi, Shiv R. S., *The Development of Human Rights Law by the Judges of the International Court of Justice*, Hart Publishing, 2007.

Bernstein, Steven. and ErinHannah, "Non-State Global Standard Setting and the WTO: Legitimacy and the Need for Regulatory Space", 11 *Journal of International Economic Law* (2008) 575—608.

Birnie, P. W. and Alan Boyle, *International Law and the Environment*, 2nd ed., Oxford University Press, 2002.

Bodansky, Daniel, Jutta Brunnée and Ellen Hey (eds.), *The Oxford Handbook of International Environmental Law*, Oxford University Press, 2007.

Bouchez, Leo J., "The Nature and Scope of State Immunity from Jurisdiction and Execution", 10 *Netherlands Yearbook of International Law* (1979) 3.

Boyle, Alan and Christine Chinkin, *The Making of International Law*, Oxford University Press, 2007.

Brierly, J. L., *The Law of Nations: An Introduction to the International Law of Peace*, 6th ed., 1963, Claredon Press, ed. by Sir Humphrey Waldock.

Brohmer, J., *State Immunity and the Violation of Human Rights*, Springer, 1997.

Brownlie, Ian, *Principles of Public International Law*, 7th ed., Oxford University Press, 2008.

Bull, Hedley, *The Anarchical Society: A Study of Order in World Politics*, Columbia University Press, 1977.

Buchanan, Allen, *Justice, Legitimacy, and Self-Determination: Moral Foundations for International Law*, Oxford University Press, 2004.

Buzan, Barry, *The United States and the Great Powers: World Politics in the Twenty-first Century*, Polity Press, 2004.

Byers, Michael (ed.), *The Role of Law in International Politics: Essays in International Relations and International Law*, Oxford University Press, 2000.

Byers, Michael, *Custom, Power and the Power of Rules: International Relations and Customary International Law*, Cambridge University Press, 1999.

Bykhovskaya, Ekaterina, *State Immunity in Russian Perspective*, Wildy, Simmonds and Hill Publishing, 2008.

Cali, Basak, *The Legalization of Human Rights*, Taylor & Francis, 2007.

Caplan, Lee M., "State Immunity, Human Rights, and *Jus Cogens*: A Critique of the Normative Hierarchy Theory", 97 *American Journal of International Law* 741 (2003).

Capps, Patrick, "The Kantian Project in Modern International Legal Theory", *European Journal of International Law*, Vol. 12 (2001), No. 5, pp. 1003—1025.

Carty, Anthony, *Philosophy of International Law*, Edinburgh University Press, 2007.

Casanovas, Oriol, y Rodrigo, Angel J, *Casos y textos de derecho internacional público*, 6. a ed., Tecnos Editorial, 2010.

Cassese, Antonio, *International Law*, 2nd ed., Oxford University Press, 2005.

Charnovitz, Steve, "The WTO's Environmental Progress", 10 *Journal of International Economic Law* (2007) 685—706.

Chayes, Abram, and Antonia Handler Chayes, *The New Sovereignty: Compliance with International Regulatory Agreements*, Harvard University Press, 1995.

Chen, Albert H. Y., *Human Rights in Asia*, Taylor & Francis, 2007.

Clapham, Andrew, *Brierly's Law of Nations*, 7th ed., Oxford University Press, 2012.

Cogan, Jacob Katz. "Noncompliance and the International Rule of Law," 31 *The Yale Journal of International Law*, (2006) 189—210.

Collier, J. G., *Conflict of Laws* (3rd ed.), Cambridge University Press, 2004.

Compa, Lance A. *Human Rights, Labor Rights, and International Trade*, University of Pennsylvania Press, 2003.

Condon, Bradly J., *Environmental Sovereignty and the WTO: Trade Sanctions and International Law*, Hotei Publishing, 2006.

Cottier, Thomas, Joost Pauwelyn, and Elisabeth Burgi (ed.), *Human Rights and International Trade*, Oxford University Press, 2006.

Crawford, James, *Brownlie's Principles of Public International Law*, 8th ed., Oxford University Press, 2012.

Crawford, James. *Chance, Order, Change: The Course of International Law*, Hague Academy of International Law, 2014.

Council of Europe, *European Convention on State Immunity: Convention Européenne Sur L'immunité Des États*, 1972.

Council of Europe, and Gerhard Hafner, Marcelo G. Kohen, and Susan Breau (eds.), *State Practice Regarding State Immunities*, Martinus Nijhoff Publishers, 2006.

Damrosch, Lori F. Louis Henkin, Sean D. Murphy, and Hans Smit, *International Law: Cases and Materials*, 5th ed., West, 2009.

David, P., "The UN Convention on Jurisdictional Immunities of States and Their Property", 99 *American Journal of International Law* (2005)194.

Delaume, Georges R., "The State Immunity Act of the United Kingdom", 73 *American Journal of International Law* (1979) 185.

Deutsch, Eberhard P., *An International Rule of Law*, University Press of Virginia, 1977.

Dicey, A. V., *Introduction to the Law of Constitution*, 8th ed., Liberty Fund Inc. 1982 (based on the edition of 1915).

Dicken, Peter, *Global shift: Mapping the changing contours of the world economy*, 5th edn, London: Sage Publications Ltd, 2007.

Dickinson, Andrew, Rae Lindsay, James P. Loonam, and Clifford Chance, *State Immunity: Selected Materials and Commentary*, Oxford University Press, 2004.

Dine, Janet, *Companies, International Trade and Human Rights*, Cambridge University Press, 2005.

Ding, Yilin, "Absolute, Restrictive, or Something More: Did Beijing Choose the Right Type of Sovereign Immunity for Hong Kong?", 29 *Emory International Law Review* (2012)997.

Donnelly, Jack, *International Human Rights*, 3rd ed., Westview Press, 2006.

Donoghue, Joan E, "The Public Face of Private International Law: Prospects for a Convention on Foreign State Immunity", 57 *Law and Contemporary Problems* (1994) 305.

Evans, Malcolm D, *International Law*, 4th ed., Oxford University Press, 2014.

Falk, Richard, *Human Rights Horizons*, Taylor & Francis, 2007.

Fawcett, James, and Janeen M. Carruthers, *Cheshire, North & Fawcett Private International Law*, 14th ed., Oxford University Press, 2008.

Felix, Robert L. and Ralph U. Whitten, *American Conflicts Law: Cases and Materials*, 5th ed., LexisNexis, 2010.

Finke, Jasper, "Sovereign Immunity: Rule, Comity or Something Else?", 21 *European Journal of International Law* (2010) 853.

Fitzmaurice, Gerald, "State Immunity from Proceedings in Foreign Courts", 14 *BYIL* (1933)101.

Foque, Rene, "Global Governance and the Rule of Law", in Karel Wellens (ed.), *International Law: Theory and Practice, Essays in Honour of Eric Suy*, Martinus Nijhoff Publishers, 1998.

Forsythe, David P., *Human Rights in International Relations*, 2nd ed., Cambridge University Press, 2006.

Foster, Michelle, *International Refugee Law and Socio-Economic Rights: Refuge from Deprivation*, Cambridge University Press, 2003.

Fox, Hazel and Philippa Webb, *The Law of State Immunity*, 3rd ed., Oxford University Press, 2013.

Franck, Thomas M., *Fairness inInternational Law and Institutions*, Oxford University Press, 1995.

Franklin, Bob., *The New Handbook of Children's Rights*, Taylor & Francis, 2007.

Fukuyama, Francis, *The End of History and the Last Man*, Free Press, 1992.

Gerber, David J., "Competition Law and the WTO: Rethinking the Relationship", 10*Journal of International Economic Law* (2007) 707—724.

Giddens, Anthony, *Beyond Left and Right*, Stanford University Press, 1994.

Gilpin, Robert, *The Political Economy of International Relations*, Princeton University Press, 1987.

Goldsmith, Jack L. and Eric A. Posner, *The Limits of International Law*, Oxford University Press, 2005.

Goldstein, Judith L.,*et al.*, eds. *Legalization and World Politics*, MIT Press, 2001.

Goodin, Robert E., "Toward an International Rule of Law: Distinguishing International Law-Breakers from Would-be Law-Makers," *Current Debates in Global Justice*, 2005, 225—246.

Gordon, Michael W., *Foreign State Immunity in Commercial Transactions*, Butterworth Legal Publishers, 1991.

Graber, Christoph Beat, "The New UNESCO Convention on Cultural Diversity: a Counterbalance to the WTO?"9*Journal of International Economic Law* (2006) 3.

Green, Andrew. and Michael Trebilcock, "Enforcing WTO Obligations: What Can We Learn from Export Subsidies?" 10 *Journal of International Economic Law* (2007) 653—683.

Guruswamy, Lakshman D. and Burns H. Weston, Geoffrey W. R. Palmer, and Jonathan C. Carlson, *International Environmental Law and World Order: A Problem-Oriented Coursebook*, 2nd ed., West Publishing Company, 1999.

Hafner, Gerhard, and Ulrike Köhler,"The United Nations Convention on jurisdictional immunities of states and their property", 35*Netherlands Yearbook of International Law* (2004)3.

Hahn, Michael, "A Clash of Cultures? The UNESCO Diversity Convention and International Trade Law," 9 *Journal of International Economic Law* (2006)523—544.

Hannum, H. S. James Anaya, Dinah L. Shelton, and Richard B. Lillich, *International Human Rights: Problems of Law, Policy, and Practice*, 4th ed., Aspen Publishers, 2006.

Harris, David, *Cases and Materials on International Law*, 7th ed., Sweet & Maxwell, 2011.

Hay, Peter. Patrick J. Borchers, and Symeon Symeonides, *Conflict of Laws*, 5th ed., West, 2010.

Held, David. Anthony McGrew, David Goldblatt, and Jonathan Perraton, *Global Transformations: Politics, Economics, and Culture*, Stanford University Press, 1999.

Henkin, Louis, *How Nations Behave*, Columbia University Press, 1979.

Henkin, Louis, *International Law: Politics and Values*, Martinus Nijhoff Publishers, 1995.

Heß, Burkhard, "The International Law Commission's Draft Convention on the Jurisdictional Immunities of States and Their Property", 4 *European Journal of International Law* (1993)26.

Hewson, Martin. and Timothy J. Sinclair (eds.), *Approaches to Global Governance Theory*, University of New York Press, 1999.

Hidetoshi Hashimoto, *Prospects for a Regional Human Rights Mechanism in East Asia*, Taylor & Francis, 2007.

Higgins, Rosalyn, *Problems & Process: International Law and How We Use It*, Oxford University Press, 1994.

Higgins, Rosalyn, *Themes & Theories: Selected Essays, Speeches, and Writings in International Law*, Oxford University Press, 2009.

Hunter, David. James Salzman, and Durwood Zaelke, *International Environmental Law and Policy*, 3rd ed., Foundation Press, 2006.

Huntington, Samuel P., *The Clash of Civilization and the Remaking of World Order*, Touchstone: Simon & Schuster, 1996.

Hutchinson, Allan. and Patrick Monahan, *The Rule of Law: Ideal or Ideology*, Carswell,1987.

Jennings, Robert, "The Place of the Jurisdictional Immunity of States in International and Municipal Law", *Vorträge, Reden und Berichte aus dem*, vol. 108, Europa-Institut der Universität des Saarlandes, 1988.

Jessup, Phillip C., *Transnational Law*, Yale University Press, 1956.

Joyner, Christopher C., *International Law in the 21st Century: Rules for Global Governance*, Roman & Littlefield Publishers, 2005.

Jurgielewicz, Lynne M., *Global Environmental Change and International Law*, University Press of America, 1996.

Kanter, Arlene S., Mary Pat Treuthart, Eva Szeli, Kris Gledhill, and Michael L. Perlin (ed.). *International Human Rights and Comparative Mental DisabilityLaw: Cases and Materials*, Carolina Academic Press, 2006.

Lalive, Jean-Flavien. "L'immunité de juridiction des États et des Organisations Internationales", 84 *Recueil des cours* 205 (Hague Acad. Int'l Law, 1953).

Lauterpacht, Hersch, "The Problems of Jurisdictional Immunities of Foreign States", 28 *British Yearbook of Intenational Law* (1951)220.

Lowe, Vaughan, *International Law*, Oxford University Press, 2007.

Mauro,Filippo di, Stephane Dees, and Warwick J. McKibbin, *Globalisation, Regionalism and EconomicInterdependence*, Cambridge University Press, 2008.

McGregor, Lorna, "Torture and State Immunity: Deflecting Impunity, Distorting Sovereignty", 18 *The European Journal of International Law* (2007) 903.

Kegley, Charles W. Jr., Eugene R. Wittkopf, *World Politics Trend and Transformation*, 9th ed., Thomson Learning, 2004.

Keohane, Robert O. Joseph S. Nye Jr., *Power& Interdependence*, Boston: Little, Brown, 1977(newest ed. 4th, Pearson, 2011.

Kibel, Paul Stanton, *The Earth on Trial: Environmental Law on the International Stage*, Taylor & Francis, 2007.

Kirchner, Andree, *International Marine Environmental Law: Institutions, Implementation and Innovations*, Kluwer Law International, 2003.

Kiss, Alexandre. and Dinah Shelton, *Guide to International Environmental Law*, BRILL, 2007.

Klabbers, Jan, *International Law*, Cambridge University Press, 2013.

Knuchel, Sévrine, "State Immunity and the Promise of *Jus Cogens*", 9 *Northwestern Journal of International Human Rights* (2011) 149.

Kohen, Marcelo G., "The Distinction between State Immunity and Diplomatic Immunity", Council of Europe and Gerhard Hafner, Marcelo G. Kohen, and Susan Breau (eds.), *State Practice Regarding State Immunities*, Martinus Nijhoff Publishers, 2006.

Köchler, Hans, *The United Nations, The International Rule of Law and Terrorism*, Fourteenth Centennial Lecture, Supreme Court of the Philippines & Philippine Judicial Academy, 2001.

Köchler, Hans, *Democracy and the International Rule of Law. Propositions for an Alternative World Order. Selected Papers Published on the Occasion of the Fiftieth Anniversary*, Springer, 2001.

Lauren, Paul Gordon, *The Evolution of International Human Rights: Visions Seen*, 2nd ed., University of Pennsylvania Press, 2003.

Landler, Mark, "The U. S. Financial Crisis Is Spreading to Europe", *New York Times*, September 30, 2008.

Likosky, Michael B., *Law, Infrastructure, and Human Rights*, Cambridge University Press, 2006.

Louka, Elli, *International Environmental Law: Fairness, Effectiveness, and World Order*, Cambridge University Press, 2007.

Janis, Mark W. and John E. Noyes, *International Law: Cases and Commentary*, 2nd ed., West Group, 2001.

McClean, David, and Kisch Beevers, *Morris: The Conflict of Laws*, 7th ed., Sweet & Maxwell, 2009.

McGinnis, John O. and Mark L. Movsesian, "The World Trade Constitution", *Harvard Law Review*, Vol. 114 (2001), pp. 511—605(中译本〔美〕约翰·O. 麦金尼斯、马克·L. 莫维塞西恩:《世界贸易宪法》,张保生、满运龙译,中国人民大学出版社2004年版)。

Malanczuk, Peter, *Akehurst's Modern Introduction to International Law*, 7th ed., Routledge, 1998.

Mark, Gibney, *International Human Rights Law: Returning to Universal Principles*, Rowman & Littlefield Publishers, Inc., 2008.

Marks, Susan, *The Riddle of All Constitutions: International Law, Democracy, and the Critique of Ideology*, Oxford University Press, 2000.

Martin, Francisco Forrest. Stephen J. Schnably, Richard Wilson, Jonathan Simon, and Mark Tushnet, *International Human Rights and Humanitarian Law: Treaties, Cases, and Analysis*, Cambridge University Press, 2006.

Michalchuk, Daniel J., "Filling a Legal Vacuum: The Form and Content of Russia's Future State Immunity Law Suggestions for Legislative Reform", 32 *Law & Pol'y Int'l Bus.* (2001) 487.

Morgenthau, Hans J., *Politics among Nations: The Struggle for Power and Peace*, Alfred A. Knopf, 1948.

Hans Morgenthau, *Politics among Nations: The Struggle for Power and Peace*, Kenneth W. Thompson, David Clinton (eds.), 7th ed., McGraw-Hill, 2005.

Mullerson, Rein *International Law, Rights and Politics*, Taylor & Francis, 2007.

Murray, Rachel, *The Role of National Human Rights Institutions at the International and Regional Levels: The Experience of Africa*, Hart, 2007.

Mushkat, Roda, *International Environmental Law And Asian Values: Legal Norms And Cultural Influences*, UBC Press, 2005.

Nardin, Terry, *The Rule of Law in International Relations*, International Legal Theory (Publication of the ASIL), Vol. V, No. 1, 1999.

Neuhold, N., *Environmental Protection and International Law*, Springer, 1991.

Noland, Markus. Li-gang Liu, Sherman Robinson, and Zhi Wang, *Global Economic Effects of the Asian Currency Devaluations*. Policy Analyses in International Economics, No. 56. Institute for International Economics, 1998.

Nye, Joseph S. and John D. Donahue (ed.), *Governance in a Globalizing World*, Brookings Institution Press, 2000.

O'Brien, John, *Conflict of Laws*, 2nd ed., CavendishPublishing, 1999.

O'Keefe Roger. and Christian J. Tams (eds.), *The United Nations Convention on Jurisdictional Immunities of States and Their Property: A Commentary*, Oxford University Press, 2013.

Okafor, Obiora Chinedu, *The African Human Rights System: Activist Forces and International Institutions*, Cambridge University Press, 2007.

Oppenheim, L., *Oppenheim's International Law*, 9th ed., Vol. 1, Robert Jennings and Arthur Watts (eds.), Longman Group, 1992, and other erlier editions. 中译本:[英]詹宁斯、瓦茨修订:《奥本海国际法》,第九版,第一卷第一分册,王铁崖等译,中国大百科全书出版社1995年、1998年版。

Orford, Anne, *Reading Humanitarian Intervention: Human Rights and the Use of Force in International Law*, Cambridge University Press, 2007.

Paust, Jordan J., Jon M. Van Dykes, and Linda A. Malone, *International Law and Litigation in the U. S.*, 3rd ed., West, 2009.

Pauwelyn, Joost, "New Trade Politics for the 21st Century", 11 *Journal of International Economic Law* (2008) 559—573.

Pempel, T. J., *The Politics of the Asian Economic Crisis*. Ithaca, Cornell University Press, 1999.

Petersmann, Ernst-Ulrich, "Constitutionalism and International Adjudication: How to Constitutionalize the U. N. Dispute Settlement System?" 31 *New York University Journal of International Law and Politics*. 753 (1999).

Petersmann, Ernst-Ulrich, "How to Promote the International Rule of Law? Contributions by the World Trade Organization Appellate Review System", 1 *Journal of International Economic Law* (1998) 25—48.

Pitzke, Marc, "The World as We Know It Is Going Down", www. spiegel. de/international/business/0,1518,578944,00. html.

Provost, René, *International Human Rights and Humanitarian Law*, Cambridge University Press, 2005.

Qi, Dahai, "State Immunity, China and its Shifting Position", 7 *Chinese Journal of International Law* (2008)307.

Reinisch, August, "European Court PracticeConcerning State Immunityfrom Enforcement Measures", 17 *European Journal of International Law* (2006) 803.

Reinisch, August (ed.), *The Privileges and Immunities of International Organizations in Domestic Courts*, Oxford University Press, 2013.

Riemer, Neal, Douglas W. Simon, Joseph Romance, *The Challenge of Politics*, CQ press, 2006.

Ries, Philippe, *The Asian Storm: Asia's Economic Crisis Examined*. Trans. by Peter Starr, Tuttle, 2000.

Roberts, Ivor, *Satow's Diplomatic Practice*, 6th ed., Oxford University Press, 2009.

Rolén, Mats, *International Governance on Environmental Issues*, Springer, 1997.

Rothwell, Donald R., Stuart Kaye, Afshin Akhtarkhavari, and Ruth Davis, *International Law: Cases and Materials with Australian Perspectives*, Cambridge University Press, 2011.

Russett, Bruce. Harvey Starr, and David Kinsella, *World Politics: the Menu for Choice*, 7th ed., Thomson Learning, 2004.

Sands, Philippe, *Principles of International Environmental Law*, 2nd ed., Cambridge University Press, 2003.

Schutter, Oliver De (ed.), *Transnational Corporations and Human Rights*, Hart Publishing, 2006.

Schwarze, R., *Law and Economics of International Climate Change Policy*, Springer, 2001.

Shaw, Malcolm, *International Law*, 6th ed., Cambridge University Press, 2008.

Shaw, Malcolm, *International Law*, 7th ed., Cambridge University Press, 2014.

Shearer, I. A., *Stark's International Law*, 11th ed., Butterworths, 1994.

Shelton, Dinah, *Remedies in International Human Rights Law*, Oxford University Press, 2006.

Shortell, Christopher, *Rights, Remedies, and the Impact of State Sovereign Immunity*, State University of New York Press, 2008.

Siegel, Richard Lewis, *Employment and Human Rights: The International Dimension*, University of Pennsylvania Press, 1994.

Sinclair, I. M., "The European Convention on State Immunity", 22 *The International and Comparative Law Quarterly* 254 (1973).

Slomanson, William, *Fundamental Perspectives on International Law*, 6th ed., Wadsworth, 2011.

Stewart, David P., "The UN Convention on Jurisdictional Immunities of States and Their Property", 99 *American Journal of International Law* 194 (2005).

Stewart, David P., "The Immunity of State Officials under the UN Convention onJurisdictional Immunities ofStates and Their Property", 44 *Vanderbilt Journal of Transnational Law* 1047 (2011).

Stoker, Gerry, "Governance as theory: five propositions", *International Social Science Journal*, No 155 (March 1998).

Sucharitkul, Sompong, *State Immunities and Trading Activities in International Law*, Frederick A. Praeger, 1959.

Taylor, Prue, *Ecological Approach to International Law*, Taylor & Francis, 2002.

Tierney, Stephen, "Reframing Sovereignty? Sub-State National Societies and Contemporary Challenges to the Nation-State", 54 *International & Comparative Law Quarterly* (2005) 161—183.

Trouwborst, Arie, *Evolution and Status of the Precautionary Principle in International Law*, Kluwer Law International, 2002.

Tsagourias, Nikolaos K., *Jurisprudence of International al Law: The Humanitarian Dimension*, Manchester University Press, 2000.

Vavallar, Georg, *Kant and the Theory and Practice of International Right*, University of Wales Press, 1999.

Voon, Tania, "UNESCO and the WTO: a Clash of Cultures?" 55 *International & Comparative Law Quarterly* (2006) 635—651.

Wallace, Rebecca MM. and Olga Martin-Ortega, *International Law*, 7th ed., Sweet &

Maxwell, 2013.

Waller, Spencer Weber, "Neo-Realism and the International Harmonization of Law: Lessons from Antitrust", 42 *University of Kansas Law Review* (1994) 557.

Wallerstein, Immanuel, *The Decline of American Power*, The New Press, 2003.

Waltz, Kenneth N., *Theory of International Politics*, Addison Wesley Publishing Company, 1979.

Warkentin, Craig, *Reshaping World Politics, NGOs, the Internet and Global Civil Society*, Roman & Littlefield Publishers, 2001.

Watts, Sir Arthur, "The International Rule of Law", 36 *German Yearbook of International Law* (1993) 15—45.

Weiss, Edith Brown, Stephen C. McCaffrey, Daniel Barstow Margraw, and A. Dan Tarlock, *International Environmental Law and Policy (Casebook)*, 2nd ed, Aspen Publishers, 2006.

Weissbrodt, David. Joan Fitzpatrick, and Frank Newman, *International Human Rights Law, Policy, and Process*, 3rd ed., LexisNexis, 2001.

Weissbrodt, David. and Connie de la Vega, *International Human Rights Law: An Introduction*, University of Pennsylvania Press, 2007.

Wendt, Alexander. *Social Theory of International Politics*, Cambridge University Press, 1999.

Wilson, Richard Ashby, *Human Rights in the 'War on Terror'*, Cambridge University Press, 2005.

Wolfrum, Rüdiger, *Conflicts in International Environmental Law (Beiträge zum ausländischen öffentlichen Recht und Völkerrecht)*, Springer, 2003.

Wright, Shelly, *International Human Rights, Decolonisation and Globalisation*, 2007.

Yang, Xiaodong, *State Immunity in International Law*, Cambridge University Press, 2012.

Yee, Sienho, "Foreign Sovereign Immunities, *Acta Jure Imperii* and *Acta Jure Gestionis*: A Recent Exposition from the Canadian Supreme Court", 2 *Chinese Journal of International Law* 649 (2003).

Young, Oran R. (ed.), *Global Governance: Drawing Insights from the Environmental Experience*, MIT Press, 1997.

Zhuang, Juzhong and J. Malcolm Dowling, *Causes of the 1997 Asian Financial Crisis: What Can an Early Warning System Model Tell Us?*, ERD Working Paper No. 26, October 2002.

索　引

安理会　5,17,53,78,82,85,93,107,127,129,136,147,167,180,209,245,271,299,308,337,339,343,346,348,351,353,355,358—365,368,369,374,376,377,380,382,383,388,391,393—397,402,403,407,412,447,473,485,498,533,536,537,540—545,548,551,571

奥本海　14,88,239,241,261,299,317,338,450,462,465,474,481,482,535,557

白桂梅　21,38,91,263,329,349—351,354,358,360,365,408,411,424,444,500

保护的责任（R2P）　28,55,83,91,140,204,284,290,291,312,343,346,348,357,362,363,365,367,373—375,381,386,387,476,534,544

贝克,乌尔里希　10,16,18,19,27,31,101,133,134,196,206,224

辩证　195,196,230,301,306,314,362,397,505,506,574

布朗利,伊恩　38,181,317,354,360,415

车丕照　6,7,10,35,45,70,93,104,118,130,144,151,265,310,324,444,449,464,474,533,537,565

初级法　78,79,81—83

大国　36,38,47,48,50,54—62,66,82,85,86,92,117,119,125,127,129,131,132,135,140,142,148,154,157,158,166,167,172—187,189,192—194,199,202,209—211,220,222,225,228,232,234,235,237,240,242,243,271,276,281,286,291,296,299,301,302,367,368,370—375,377,381—383,387,388,391—394,396,407,421,423,482—484,495,496,500,504,507—509,536—539,543,544,547,551,569,571,577,578

大国政治　50,125,140,172—188,209,296,371,373—375,380,386,395,396,496,500,503,504,506

戴西（戴雪）　4,37

德沃金　378

多边主义　16,17,233,235,346,358,359,539

法治　3—10,13,15—18,22,23,30,35—49,51—53,55,56,58—64,66—79,81—83,85—90,92,93,95,107,108,114,116—118,120—122,128,130,138,140,143—145,147,150—152,154,158—160,164,165,167,168,170—172,174,175,177,185,189,193,197,212,213,221—224,229,230,236—238,244,251,254,256,274,276,278,280—283,292,293,303,306,309,311,312,320,323,324,326—333,336,340,343,345,346,348,367,375,381,385,390,393,395,398,428,430,431,439,444,450,473,474,476—478,480,481,483,484,492,494—496,

506,507,509,510,512—515,520,524—526,528—530,532,534,538,545,546,550—553,555,556,559,560,563—568,570—578

——薄法治　68,71,78

——厚法治　68,71,78

——形式法治　6,67,69,70,74—78,81—83,85

——实质法治　69,74,77,93

非政府组织　3,11—13,18—21,26,32,36,38,41,44,49,54,55,104,120,140,142,145,147,150,151,153,162,164,168,170,177,207,226,234,248,249,254,256,267,272,273,280,285,303,323,330,344,403,408,409,425,436,493,510,547

废除豁免　464,472,481—484

风险社会　10,31,32,62,94,101,109,113,133,134,137,139,143,145,146,196,197,207,236

干涉　49,54,70,91,92,114,115,147,172,173,189,192,193,204,206,207,222,227,231,242—246,248,270,271,274,275,286,289,333,337—343,346,348—360,362,363,365,368—371,373,375,377,381,383,386,387,390—393,396,397,412,458,465,502,503,510,534

个人　3,4,13,20—22,29—33,37,44,55,57,62,64,72,75,77—84,87—91,98,115,117,118,140,155,158—162,164,170,194,202,205,212,222,226—228,231,233,234,238—241,244,245,249,253,255—274,279—283,285,292,293,300,323,329—334,337,338,342,343,353,354,368,372,378—380,403,412,413,416,423,429,435,437,451,452,464—467,473,475,478,480,481,484,

488,489,501,505,515,520,547,551

"国本主义"　28,238,239,243—245,293

国际法　6—12,14—22,24—26,28,29,33—35,37—59,61—70,78—93,99,100,105,108,115—118,121—123,126,127,129—131,134,135,140,142,143,147,148,150—153,161—170,173—176,179—181,183,185,189—192,194,200,203—208,210—212,217,218,221—225,229—233,235—250,252—275,277—285,287—320,323—327,329,330,332,334,335,337—341,343,346—351,353—368,370—374,376—383,386,391,392,394—435,437—453,455,458,459,461,462,464,465,467,468,470—474,476,478,480—487,491—510,512—514,532—538,545—572,574—578

——国际法的二元价值　87

——国际法的性质　240,293,505

国际法理论　11,22,63,64,66,128,162,166,169,200,294,295,298,299,302—305,311,313—315,320,350,411,414,418,444,481,507

国际法程序　82,84

国际法院　34,39,45,55,82,84—86,88,91,107,111,121,127,147,150,153,167,209,221,225,260,263,265,269,280,297,299,300,304,308,317,319,328,334,352,353,357,360,366,367,377,380,397,398,411,412,414,415,417,420,421,426,440,442,446,473,476,478,484,496—499,501—507,533,538,558

国际法治　3—10,13—16,18,20—23,27—29,33—48,50—60,62—67,69,70,78,81—90,92—94,118—121,130,138,141,144,149—154,156—160,163,164,166,167,170—173,185,189,190,195,202,

203, 212, 221—225, 228, 229, 231, 233—236, 238, 239, 247, 249, 252, 254, 256, 271, 274, 278, 288, 291, 293—295, 301, 303—309, 311, 312, 314, 317, 320, 323—326, 331, 334, 339, 345, 346, 348, 363, 366, 367, 376, 395, 396, 398, 399, 418, 426—429, 433, 437—439, 444, 493—495, 504, 506, 508, 510, 512—514, 520, 523, 524, 526, 530, 532, 534, 538, 539, 545—553, 555, 556, 559, 561, 565—568, 570, 571, 574, 576—578

国际关系理论 31, 47—51, 54, 60, 95, 100, 108—110, 158, 162, 173, 177, 183, 190—192, 197, 198, 218, 225, 230, 236, 290, 291, 296, 297, 302, 313, 314, 370, 389, 396, 471, 481, 504, 569

——现实主义 153

——自由主义 13, 29, 30, 47, 49, 50, 52, 95, 100, 108—110, 119, 153, 158, 167, 182, 186, 191, 197, 198, 206, 207, 210, 211, 216, 217, 228, 266, 291, 296, 297, 314, 370, 378—380, 383, 389, 396, 423, 471, 472, 477, 504

——建构主义 47, 51, 100, 108—110, 119, 158, 185, 186, 197, 198, 216, 217, 239, 290, 296, 297, 314, 370, 396, 399, 422, 481, 504

国际人道法 20, 22, 26, 29, 160, 191, 325, 358, 363, 370, 375, 376, 428—438, 442, 443, 473

国际社会 3, 4, 7—9, 11, 13, 15—25, 29, 33—37, 39, 41—53, 55—59, 62, 64—67, 70, 78—82, 84, 86, 87, 89, 91—96, 98—100, 103—111, 114—118, 121—126, 130, 132, 135—141, 143, 144, 146, 148, 150—155, 158, 159, 161, 162, 164—171, 173, 175, 177, 182, 184, 185, 189—196, 198—200, 203—206, 212, 213, 216, 217, 219, 221—225, 229—233, 235, 236, 239, 240, 242—249, 251—256, 258—261, 264—266, 268, 275, 277—283, 285—292, 294, 296—298, 300, 301, 303, 306, 309, 311—314, 318—320, 323, 324, 327, 328, 332, 335—339, 345—347, 349, 350, 352, 354, 356—360, 362—368, 370, 373—377, 379—383, 386, 387, 389, 390, 392, 394—398, 402, 404—408, 412, 414—418, 420, 422—424, 426, 428—431, 433—435, 437—444, 446, 447, 449, 450, 456, 460, 462, 464, 465, 476, 478, 480, 481, 483, 484, 493, 494, 496—502, 505—510, 512, 513, 525, 526, 532, 534, 536—538, 543—553, 559, 566, 572, 575—578

"国际社会本位" 286—288

国际社会契约 29, 30, 32, 37, 93—132, 134, 136—149, 169, 185, 209, 229, 374, 389, 390, 501, 529, 532, 550—552, 559

国际秩序 7, 9, 47—49, 52, 54, 56, 94, 96, 99, 108, 116, 119, 120, 124, 125, 127, 129, 130, 138, 151, 152, 160, 163, 164, 167, 171, 173—176, 178, 179, 182, 183, 185, 192, 194, 195, 197, 200, 202, 206—209, 216, 223, 225, 229—232, 236, 240, 278, 285, 298, 309, 332, 368, 371, 377, 384, 388, 390, 391, 395, 396, 441, 475, 506, 534, 537, 547, 551, 552, 578

国际组织 3, 11, 13—19, 21, 32, 34, 35, 37, 39, 40, 44, 49, 54, 66, 88, 90, 94, 100, 104, 105, 109—112, 114—117, 120, 121, 124, 127—129, 135, 140, 142, 144, 145, 150—152, 157, 162, 164, 165, 168—170, 177, 182, 184, 207, 212, 222, 223, 226, 229, 235, 245, 247, 254, 256, 263, 264, 266, 267, 269, 273, 275, 277, 281—283, 287, 296, 301, 303, 317, 323, 339, 341, 354, 356, 360, 372,

374,376,377,382,386,392,394,400—403,405,406,408,409,411,414,416,417,419,422,425,426,429,440,444,447,448,470,478,480,481,493,496,498,501,504,507,510,513,539,545,547,552,555,557,567,568

国家 3—31,34—37,39—42,44—68,70—73,78—80,82—148,150—189,191—195,197—201,203—217,219—235,237—310,312,313,316—318,320,323—325,327,329—344,346—352,354—396,399—408,411—416,418—426,429—434,436—442,444—458,460—505,509,510,513—515,517—530,532—534,536,538—552,554,555,557—565,567—569,571—578

国家利益 55,101,109,118,122,146,148,150,155—161,163,164,185,186,189,200,201,207,215,219,231,232,235,237—240,244,245,247,253,265,279,280,298,305,307,312,315,333,335,336,348,371,372,422,449,453,468,470,475,477,483,508,528,546,547

国家行为 13,16,19,29,52,92,104,116,121,143,152—155,157,158,163,164,166,169,176,183,185,207,240,243,256,258,290,370,406,408,418,419,423,424,426,447,448,454,459,463,469,479,480,490,491,494

哈贝马斯 12,96,99,117,158,168,183,200,201,215,298,376,378,390,419,512,513

哈特 74,84,115,240,246,251,378,568

"和平与发展" 56,191,192,205,208

和谐 24,30—33,44,47,56,62,68,73,94,99,105,107,118,120,137—139,146,148—150,160,161,168,188—190,194—196,199—202,236,237,249,332,509,513,517—519,576,578

"和谐发展" 56,203,205,208

和谐世界 4,6,7,117,118,130,148,151,190,192—204,206,207,216—218,221,224—231,233—237,314,324,396,397,508,517,559,578

赫尔德 11,99,103,117,140,200,201,382,383,496

亨金 114,115,254,299,465,466,471

吉登斯 10,11,101,133

价值 4—6,11,16,21,28,29,33—37,44,46,56,57,64,65,67—69,72—75,77—83,87—95,98,100,107,108,114,118,120,126,129—131,133,136—141,143,144,146,151,157—159,163,164,168,169,173,174,183,187,189—194,197,198,203,205,206,208,209,211,212,216,219,221,222,228,229,231,233,236,238,239,249,250,252—254,256,274,275,278,281,284—289,292,294,295,297,300,302,303,305,308,311,313,314,316,320,323,324,331,336,337,344,346,356,366,367,374,376,378—381,383,385,386,388—390,395—397,404,410,411,417,418,421,423,424,429,433,440,442,446,447,449,463,472,475—477,481,482,494,495,504—506,509,510,512—516,530,532,534,537,547—549,559—563,566—568,570,571,574

绝对豁免 444,449,451—455,457,458,460,463—465,468—472,479,480,483,485,491,492,494,495

康德 72,88,90,96,99,108,117,159,163,

187,200,206,218,228,230,376,378,379,
384,385,390,546

科索沃 91,121,350,353—355,364,377,
380,394,496—505,507

可持续发展 6,19,24,30—33,47,53,63,
102,137—139,150,161—163,165,188,
202,204,205,207,214,231,233,234,236,
238,250,252,253,256,276,278,279,376,
483,512,513,516,517,533,545,547,548,
559,574

劳特派特 299,479,481

利比亚 92,173,176,183,232,290,339,
348,357,359,362,368—370,372,374,
377,380,385,388,391,393—395,536

立法 3,4,6,14,15,17,19,34,36,39,49,
54,59,64,69,72,73,76,77,79,81,82,84,
88—90,92,93,121,126,127,131,140,
141,164,165,168,175,208,223,224,229,
231,236,238,248,249,254,255,261,265,
269,272,277,279,280,285,291,293,299,
304,309,310,312,313,317,319,324,327,
335,339,340,342,344,348,359,372,390,
393,396,397,399,400,402,404,406—
411,413,415,417—420,425,426,432—
434,436,444,446,447,449,454,455,458,
460—464,470,472,476,479,480,485,
487,492—494,505,507—510,513,515,
517,519—522,524,527,535,536,543,
551,554,556,558—560,563,567

联合国 4—6,11,14,17—19,22,24,27,
29,33,40,42,43,45,53,56,58,64,66,78,
80,82,84,85,87,90,91,94,104,107,111,
117,120,122,124,126—132,136,146,
147,150,154,161,162,165—167,176,
181,183,191,192,194,197,205,208—
210,214,223,232,233,235,244,245,248,
253,260,263,265,266,268—271,273,
275—279,285,286,290,293,299—301,
304,307—311,315,317,319,324,327—
329,331,333—343,346—349,351,353—
356,358—362,364,365,368,369,371,
373—377,380,382,383,389—392,395—
397,402,403,405—407,409,412,415—
417,420,421,424,429,431,439,441,442,
444—446,448,460—462,473,478,486,
492,494,495,498—500,502,503,507,
508,510,532—549,551,552,558,561,
563,569,571

联合国大会 6,87,127,162,209,223,253,
260,270,271,276,300,304,324,327,328,
333,339,348,353,355,377,380,397,401,
403,406,407,417,419—421,430,442,
448,461,496,497,532,533,536,537,
542,571

联合国改革 146,534,539—543,545—
547,551

良法 3,27,33,44,57,66—68,70—79,82,
83,86,87,93,121,176,221,229,236,238,
293,306,309,345,438,504,506,509,512,
519,553,559,560,564,567,576

——国际良法 27,70,121,222,238,324,
433,506,509,512—514,532,559

领土完整 122,124,147,156,198,199,
244,300,303,309,339,347,354,374,376,
380,381,394,396,496,498,499,501,
502,534

卢梭 73,90,94,96—99,110,113,154,
163,182,244,389,551

罗尔斯 69,90,96—98,103,376,378,379,
384—386,551

美国 12—14,21,35,36,43,49,55,60—
62,76,86,89,115,124—126,135,136,

145,154,158,159,163,166,167,173,174,
179,181,184,186,193,202,208,209,211,
213—215,219,221,228,229,240—242,
245,253,254,279,284,286,289,297,
299—302,306,310,312,313,333,339,
349—351,353,354,357,358,361,376,
377,384,386—388,390,391,393,394,
401,405,407,416,417,421,430,436,
444—446,448,451—459,462,465,466,
469,475,479,483,485—490,496,497,
500,502,503,505,508,512,525,532,536,
537,542,546,547,554,555,561,568,
569,577

民主 3,8,17,20,29,30,36,37,42,45,62,
68,69,75,79,81,99,102,103,106,113,
117,118,120,121,129,131,136,138,140,
141,143—145,147,154,165,170,173—
175,177,186,193,194,196,197,199,201,
206,208,209,211,215,221,224,227,228,
235,236,239,251,276,278,281,282,291,
298,309,320,331,337,346,353,357,358,
371,372,375,376,381—387,390,392,
395,396,403,460,471,478,480,481,483,
490—492,495,498,500,502,513,515,
520,521,525—528,530,531,539,545,
548—551,553,557,560,563,567,571

欧洲联盟(欧盟) 11,19,23,33,43,85,
101,106,145,162,167,223,248,269,270,
275,402,478,512—516,518—521,523,
524,526,528,530,577

全球化 3,6,7,10—12,14—19,23,24,
27—33,41,45,47,49—52,54,56,57,65,
66,69,70,80,81,85,95,99,101,102,
131—134,136,137,152,156,158,161,
162,165,174,182,193,194,197,199,

205—208,212—216,219,222,224—227,
231,234—238,243,246,248,250—252,
254—256,266,272,274,285—287,297,
303,307,323,324,356,382,383,445,446,
449,471,474,476,481,493,494,496,505,
507,513,514,525,526,530,532—534,
537,539,541,548,549,555,562,568,
576,577

全球治理 3,6,12,14,16,18—20,24,44,
52,60,62,64,66,82,99,105,120,121,
149,152,169,170,194,197,207,212,213,
224,235,252,254,256,267,285,291,425,
426,429,444—446,481,493,494,496,
513,539,555,576,578

人本主义 21,28—30,32,44,47,57,89,
114,118,121,137—140,150,158,159,
165,179,192,207,231,232,238,239,
249—251,253,254,256,257,272,274,
278,279,281,287—290,292,293,324,
346,356,366,367,370,372,376,386,390,
396,428,429,476,479,481,482,484,492,
500,512,514,546,559,576,577

人道主义干涉 26,28,83,91,92,173,274,
312,325,339,349—352,354—356,358,
360,362,367,372,382,383,386,397,475

人格 11,77,80,94,110—112,120,239,
258,260,264,265,280,281,283,327,337,
394,472,487,534

人权 3,6,11,18,20,22—27,29,30,32,
39,41,52,53,57,63,68—70,72,73,75,
77—81,84,86—91,93,98,106,107,113,
118,120,121,123,128—131,137,138,
140,142,144,149,151,159,160,167,168,
173,174,179,182,189,191—193,197,
204,208—211,215,221—223,225,227—
229,231,232,235,238,241,243,247,249,

251—254,256,257,260,262,263,266—269,273—282,284—293,295,300,303,304,323—346,350,353,355—357,359,363,365—370,372,374—377,380,381,383—392,396,398,400,403,404,406,408,409,416,423,428,429,473,475,476,478—481,483,484,495,500,501,514—516,520,533—535,540—543,545,547,551,552,558,562—564,566,569—572,574,577

人权本位　251,252,274,276—278,281—288,292,293,547

软法　34,223,335,373,398—427,555,563,569

善治　3,36,44,47,57,66,67,70—76,78,79,82,83,86—88,92,93,118,121,131,140,147,173,176,197,221,229,236,238,293,306,309,323,345,376,380,438,504,506,512,520—522,534,553,559,560,567

——全球善治　36,70,121,148,224,238,324,438,506,509,512,513,532,559,560

邵津　15,38,223,264,266,339,359,445,462,493

"世界困境"　217

世界贸易组织（WTO）　11,17,538

世界秩序　16,47,49,52,53,59,60,94—96,99,104,115—117,127,130,134,135,138,141,150,160,162,172,174,175,186,189,190,194,197,198,200,203,206,216,234,236,301,314,351,375,379,389,465,532,539,578

守法　36,37,59,71,79,87,88,117,153,166,167,175,224,229,236,291,297,313,324,344,370,504,510,556,559,560,563,567

司法　6,17,20,37—39,49,53,54,56,59,

64,68,72,79,83,85,86,88,91,92,106,116,123,127,140,142,151,153,167,168,170,225,229,236,243,254,262,263,265,269,270,273,293,295,297,304,308,309,317,320,324,328,330,334,335,339,342,344,357,359,367,372,376,380,397,402,403,406,407,412—414,417,420,429,432,433,444,447,449—454,456,457,459,463,465,467,469,470,472,474,475,478,479,481,482,485—487,489,491,493,494,496,497,503—505,507—510,513,514,518—525,533,541,542,551,557,559—561,563,567,568,571

王铁崖　14,18,80,115,150,174,190,261—263,269,274,285,298,299,304,307—310,338,347—349,417,419,433,445,448,450,462,474,481,482,493,535

无政府社会　48,66,80,104,105,144,175,197,200,216,217,368,534

武力使用　25,70,79,123,126,176,192,290,295,325,346—349,358,361,362,376,391,392,396,397,402,423,428,429,446,548,561,569,577

希金斯,罗萨琳　65,412,468,480

习惯　16,30,34,67,85,111,150,168,182,201,240,259—261,263,266,277,280—284,297,299,300,310,339,351,352,355,359,360,373,395,397—399,402,406,407,409—412,414—417,419—421,425,428,430,432—440,442,448,449,463—465,467,468,483,491,494,500,505,535,558

限制豁免　444,454—458,460,462—465,468—472,479—481,483,487,490—493,495

叙利亚　92,173,180,183,290,291,339,346,372,374,376,377,380,385,388,393,394

亚里士多德　3,4,43,68,70,71,77,163,201,378,386,393,395,555

於兴中　3

张文显　3,4,8,10,30,45,73,75,189,212,238,240,251,296,300,378,381,503,504

正义　44,53,55,63,67,68,72—75,78,80—82,84,87,90,91,117,118,129,139,140,150,151,173,175,206,231,232,241,278,281,301,303,309,346,348,361,369,370,372,376—393,395,396,441,443,472,480,497,501,503—506,509,534,562

执法　17,76,79,84,88,116,167,175,229,231,236,238,254,293,297,309,320,324,335,344,372,407,408,412,414,504,510,513,521,556,559,560,563,567,568

中国　3,4,6—8,10—14,17,18,23,24,28—30,34,35,37,39,45,47—49,52,53,56—64,66—74,76,77,86,88,89,92,93,95,99—102,106,110,116,118,121,126,127,130—132,134,140—142,145,148,149,156,157,159,161,162,165,166,171—173,177,179,181,183,186,187,189—194,197—206,208,210—221,224—226,230—232,234—238,240,242,244,246,248—251,253—255,257,259,261,263,264,271,273,275,277—280,282,284,285,294,295,297—320,325,326,331—334,336—340,342,346,348,356,360,362,366,376—378,380,381,383,385,388,392,393,395—400,403,411,412,418,422,426,427,430—432,435,436,439,444—447,449—452,456,458,462—465,469—471,474,475,481—497,500,503,505—512,514,521,533—535,537,538,542,543,546,547,549,550,553—556,559,562—565,567—570,572—574,576—578

"中国两难"　218

中国立场　53,56,107,162,294,295,301,303,305,306,308,309,312,314,317,320,449,497,509,553,563,568,573

中国霸权论　60

中国威胁论　60—62,198

中国责任论　60,62,63

中国殖民论　60,62

主权　9,17,20,24,28,33,37,49,52—55,57,65,83,87—89,91,92,94,98,103—106,108—110,112—120,122,123,125,128,139—141,145,147,149,151—154,169,172,175,182,186,192,193,198,199,204,207,213,216,222,224,228,235,238—240,242—248,252,253,257,263,265,277,278,281—286,288—293,299,300,302,303,306—309,336,338,339,341—343,346,351,354,356,359,362,367,372,374,375,380,381,383,386,389—392,394,396,400,405,413,423,444,445,450—454,456—459,463—467,469,471—476,478—481,486,489—491,498—502,505,512,517,522,524—526,529—533,539,541,545—548,550,552,557,569

主权豁免　85,128,169,413,444—452,454,456—462,464—466,468—474,476—495,558,577

自决　22,140,269,278,286,300,303,351,362,380,381,394,496,498—502,507,534

后　　记

　　摆在您面前的这本书,是我对于国际法治问题思考的一个阶段性成果,也是迄今为止我写得最用心、最细致的一本书。如果做一个简单的回望,我在理论上试图有所突破的书是《权利基本理论》(北京大学出版社 2012 年版),实际上关于权利的源泉与基础的认识也是我所有研究的观念基础;在框架上试图有所贡献的是《国际法哲学导论》(社会科学文献出版社 2013 年版),虽然没有像斯宾诺莎的《伦理学》那样精密的设计,但依然试图确立一些国际法的基本范畴。不过,这本《国际法治论》,则既试图在理论上略有推进,也在结构框架上做些努力。前者体现在对于国际法治及其基本标准进行界定,后者体现在进一步梳理国际法治的近期方向、远景目标与终极关怀,斟酌中国与国际法治的交叉互动关系。自觉每一步都还踏实,至于是否说清楚了,还需要您的判断和评价。如果能提出批评和指正(欢迎致函 hezp@ jlu. edu. cn),促动我进一步学习和思考,那更是我梦寐以求的。

　　2002 年左右,在尊敬的老师车丕照教授和学兄王彦志博士的影响之下,我开始关注和思考国际法治这个问题。而今,研究和关注这一主题已十年有余。这十多年间,欣然地看到对于国际法治的研究逐渐拓展,引起了越来越多的人的兴趣,而且也进入了中国国家的主流话语体系。更值得快慰的是,这一术语并不再仅仅是一个需要从外国引入、要我们理解外国人如何认识的概念。它在国内已经受到了广泛的认可和关注,而且就我的观察和评价,就国际法治这一问题的研究,我们暂时比国外的研究更加系统、更加细致、更加深入。身处这一潮流之中,我确实觉得从事的这项研究很有意义。

　　感谢我敬爱的车丕照老师。没有车老师 2000 年在《清华法治论衡》(第一辑)上的长文,以及后续的一系列研究,就不可能有我对国际法治问题的兴趣。没有车老师的引导和鼓励,我包括这一论题在内的很多研究也不会如此持续深入。

　　感谢我的学兄、同事王彦志博士。彦志为人和蔼、思路敏捷、观点睿智,尤其在国际法治论题的发展前景上,他十余年前就非常有远见地认为这是一个非常重要、有意义的问题,我正是相信了这种判断,才一直研讨下去。

这本书中的很多章节,都是在我以前发表的论文基础上拓展完善(有很多论文发表的时候就是或多或少删减过的)而成的,虽然难免遗漏,我还是要衷心感谢《清华法治论衡》《政法论坛》《吉林大学社会科学学报》《浙江大学学报》《法商研究》《法学评论》《法学家》《当代法学》《国际经济法学刊》《武大国际法评论》《东方法学》《国际法研究》等杂志,感谢他们延请的审稿人给我的投稿很多非常有益的建议,感谢上述杂志对于这些文章的肯定和支持。

学术研究不可能离开环境,所以我总是以感恩的心态面对吉林大学,感谢我所在的法学院、公共外交学院、理论法学研究中心,感谢在这些机构和我共事的各位老师。他们的宽容、谅解、友善、支持,使我能够心态阳光、情绪平和地工作。吉林大学图书馆、法学院图书馆也提供了很多资料方面的支持。感谢拙荆孙璐副研究员和犬子何聿维同学,他们对我经常不能陪他们,而是自己跑去读书和写作表示了最大限度的理解;孙璐同志不仅承担了绝大多数家务劳动,还毫无怨言地根据我的要求,去查找、翻译和整理一些材料。

这本书的完成,受到了国家社科基金后期项目的资助,谨对评审专家的辛勤劳动和社科基金办公室工作人员的踏实工作表示感谢和敬意。

在本书出版过程中,北京大学出版社的编辑同仁以高度的敬业精神和令人叹服的耐力为本书能够精益求精作出了很多扎实的工作。钦佩之情,难以言表。

一如既往地,我采取和遵从着"批判现实主义"的研究方法,以现实为基础去看待和分析国际社会法治化的道路,同时以理想为归依去评价和建议国际关系法治化的未来。当然,这种努力还需要不断地深化和细化。2016年6月23日,英国采用公投的方式决定退出欧盟。虽然具体的操作程序和结果尚不能逆睹,其对于英国、欧盟、世界其他部分的影响也难于简单预测,但至少说明,对于区域一体化的趋势、步调和模式,是需要审视和反思的。如果不能很好地解决一体化所引致的分配公平问题,不能妥善保障一体化进程中的社会安定与人员安全,那么,在这个区域架构之中,国际法治的根本目标就未能实现,就需要重新定位、另行规划路线。国际法研究,如同任何法律研究一样,不尚空谈,而注重证据。所以,在这方面,我还有很多知识需要学习。

读书,观察,思考,笃行,如万壑松风,奇趣靡限,似听涛观海,壮阔无垠。

国际法虽然算不上精深,但相当博大,面对浩繁的知识、思想、问题,单个人显得很渺小。不过因为乐之好之,也就不觉其苦,反觉充实和愉悦。在读书和思考中体会知识和思想的美好,不亦快哉!?

如果尊敬的读者,在阅读的过程中也觉得能够有所启迪、有所感悟、有所质疑、有所追问,那么我的所有努力就都收到了超值的回馈。

何志鹏

2016 年 7 月 11 日

于吉林大学